DREI WURZELN – EIN UNTERNEHMEN

125 Jahre Bilfinger Berger AG

DREI WURZELN – EIN UNTERNEHMEN

125 JAHRE BILFINGER BERGER AG

von Bernhard Stier und Martin Krauß

ifu – Institut für Unternehmensgeschichte

Titelbilder

Schwarzweißbilder:

Rheinbrücke Worms

Teliu-Tunnel, Rumänien

Bayerischer Platz, Berlin

Hintergrundbilder:

Hochhaus „Gallileo", Frankfurt am Main

Neue Svinesundbrücke, Norwegen/Schweden

Bibliografische Information der Deutschen Bibliothek:

Die Deutsche Bibliothek verzeichnet diese Publikation in der Deutschen Nationalbibliografie; detaillierte bibliografische Daten sind im Internet über <http://dnb.ddb.de> abrufbar.

Herausgeber:	Bilfinger Berger AG
Gesamtherstellung:	ifu– Institut für Unternehmensgeschichte
Redaktion/Satz/Umschlaggestaltung:	Jochen Baumgärtner, ifu
Endkorrektur:	Oliver Fink, Sandhausen

ISBN 3-89735-411-X

Diese Publikation ist auf alterungsbeständigem und säurefreiem Papier (TCF nach ISO 9706) gedruckt entsprechend den Frankfurter Forderungen.

Korrespondenzadresse:
ifu im **verlag regionalkultur**

Stettfelder Straße 11 • 76698 Ubstadt-Weiher • Telefon (07251) 69723 • Fax 69450
e-mail: info@unternehmensgeschichte.com • Internet: www.unternehmensgeschichte.com

INHALT

VORWORT

Bilfinger Berger entstand durch die Fusion traditionsreicher Baugesellschaften, deren Anfänge
bis ins Jahr 1880 zurückreichen. Das 125-jährige Jubiläum im Jahr 2005 ist Anlass, uns intensiv
mit der Unternehmensgeschichte auseinander zu setzen. Für das vorliegende Buch wurde die
Entwicklung der drei Vorläuferunternehmen Grün & Bilfinger, Julius Berger und Berlinische
Boden-Gesellschaft sowie ihre Verschmelzung zur Bilfinger + Berger Bauaktiengesellschaft
erstmals umfassend und wissenschaftlich fundiert aufgearbeitet. Es wendet sich an Mitarbeiter,
Kunden und Geschäftsfreunde sowie an alle, die sich für die Geschichte des Unternehmens
interessieren. Darüber hinaus zeichnet es ein Bild der deutschen Bauwirtschaft vom Kaiserreich
bis zur Zeit der Wiedervereinigung.

Bilfinger Berger hat sich immer wieder durch aktives unternehmerisches Handeln frühzeitig auf Veränderungen des wirtschaftlichen Umfelds eingestellt. Das Unternehmen zählt
heute nicht nur zur Spitzengruppe der international tätigen Baukonzerne, sondern ist auch
ein führender Immobilien- und Industriedienstleister. Flexibilität, Solidität und die Fähigkeit
zum Wandel haben uns stark gemacht. Sie sind auch weiterhin Garanten einer erfolgreichen
Unternehmensentwicklung.

Mein Dank gilt den Autoren, Professor Dr. Bernhard Stier und Dr. Martin Krauß. Allen Lesern
wünsche ich eine anregende Lektüre.

Herbert Bodner, Vorstandsvorsitzender der Bilfinger Berger AG

EINLEITUNG

DREI WURZELN – EIN UNTERNEHMEN

ASPEKTE EINER UNTERNEHMENSGESCHICHTE DER BILFINGER BERGER AG

Im Herbst 1975 entstand die Bilfinger + Berger Bauaktiengesellschaft durch Zusammenschluss der Grün & Bilfinger AG in Mannheim mit der Wiesbadener Julius Berger-Bauboag AG. Dieses Unternehmen war wiederum erst 1969 aus der Fusion der Julius Berger AG und der BAUBOAG in Düsseldorf hervorgegangen, die bis 1954 als Berlinische Boden-Gesellschaft firmierte. Die Ursprünge der Grün & Bilfinger AG, des ältesten der drei Unternehmen, reichen bis 1880 zurück, die beiden anderen entstanden ein Jahrzehnt später. Die Geschichte von Bilfinger Berger erstreckt sich daher, vermittelt durch die Vorläuferunternehmen, über einen Zeitraum von 125 Jahren. In ihr fließen die historische Überlieferung und die Traditionen von drei Gesellschaften zusammen, die lange Zeit völlig unabhängig waren. Durch die stufenweise Fusion und das innere Zusammenwachsen dieser Unternehmen, ihrer Organisationen und nicht zuletzt ihrer Kulturen entstand Bilfinger Berger in seiner heutigen Gestalt.

Für eine Darstellung der Geschichte des Unternehmens wäre es allerdings unzulässig, die Gegenwart rückblickend auf die Vergangenheit zu projizieren, also die Entwicklungsstränge der drei Vorläuferunternehmen bereits von Beginn an zu bündeln und ausschließlich im Hinblick auf die 1975 entstandene Gesellschaft zu betrachten. Die Annahme, die Geschichte habe den heute erkennbaren Weg einschlagen müssen, würde die historische Wirklichkeit verfälschen. Es gehört zu den Grundprinzipien geschichtswissenschaftlichen Arbeitens, Strukturen, Prozesse und handelnde Personen aus den jeweiligen Bedingungen ihrer Zeit heraus zu verstehen und zu beurteilen. Dies gilt auch für jede Unternehmensgeschichte mit wissenschaftlichem Anspruch. Eine vereinheitlichende Darstellung würde zudem wichtige Aspekte der Geschichte von Bilfinger Berger verfehlen und der Eigenart des Unternehmens nicht gerecht werden, die insbesondere darin besteht, immer wieder schwierige Übergänge und Anpassungsprozesse erfolgreich zu bewältigen. Diese Fähigkeit zum Wandel lässt sich mehrfach beobachten: bei der Erschließung neuer Märkte in den zwanziger Jahren, beim Neuaufbau der ehemals in Berlin beheimateten Unternehmen nach dem Zweiten Weltkrieg in Westdeutschland, in besonderem Maß während der Fusionsepoche zwischen 1965 und 1980 und schließlich bei der strategischen Neuausrichtung in der jüngsten Vergangenheit.

Eine wissenschaftlich fundierte Untersuchung der Geschichte von Bilfinger Berger muss deshalb sowohl die Kontinuität der einzelnen Vorläuferunternehmen berücksichtigen als auch die gemeinsame Entwicklung bis hin zur späteren Verschmelzung. Dieser Forderung trägt die vorliegende Darstellung Rechnung, indem sie zunächst die Vorläuferunternehmen als selbstständige und unabhängige Einheiten mit eigener Geschichte und Struktur, aber auch mit jeweils eigenem und unverwechselbarem Charakter darstellt. In einem zweiten Schritt wird anschließend die Phase des Zusammenwachsens und des Entstehens der neuen Gesellschaft untersucht. Dabei wird deutlich, dass der Wandel der Volkswirtschaft in der Bundesrepublik in den sechziger Jahren die Unternehmensgeschichte maßgeblich beeinflusste. Die drei Gesellschaften näherten sich einander an, und ab 1969 erfolgte schrittweise die Fusion. Treibende Momente waren dabei die langfristigen Folgen des Krieges, die eher zu einer Schwächung der Unternehmen führten, die sie aus eigener Kraft nicht überwinden konnten. Hinzu kam der beeindruckende Aufstieg der Bauwirtschaft seit den fünfziger Jahren und das von außerordentlicher Dynamik geprägte gesamtwirtschaftliche Umfeld mit dem Trend zur Bildung immer größerer industrieller Einheiten. Von entscheidender Bedeutung war schließlich die Strategie der Dresdner Bank, die in den sechziger Jahren begann, ihre noch aus der Vorkriegszeit stammenden Beteiligungen an allen drei Gesellschaften zu bündeln. Die Weichen für die Entstehung von Bilfinger Berger wurden also bereits vor dem engeren Fusionszeitraum der Jahre 1969 bis 1975 gestellt. Die ersten beiden Jahrzehnte der Bundesrepublik markieren deshalb eine wichtige Übergangzeit in der Geschichte des Unternehmens, denn in dieser Phase verstärkten sich bei aller Verschiedenheit der Tätigkeitsgebiete die konvergierenden Tendenzen.

Im ersten Teil des vorliegenden Bandes stehen die selbstständigen Vorgängergesellschaften der heutigen Bilfinger Berger AG im Mittelpunkt. Behandelt werden ihre Gründung und ihr Aufbau in den Jahrzehnten vor dem Ersten Weltkrieg, ihre Entwicklung in den Jahren der Weimarer Republik und in der Zeit des Nationalsozialismus bis zum Ende des Zweiten Weltkriegs. Dabei ermöglicht es die vergleichsweise gute Quellenlage, die Geschichte der Grün & Bilfinger AG ausführlich darzustellen, während in den Kapiteln zu Julius Berger und zur Berlinischen Boden-Gesellschaft eher einzelne, für die Entwicklung der Unternehmen typische Aspekte betont werden. Im zweiten Teil setzt sich die getrennte Betrachtung der drei Vorläuferunternehmen fort. Im Mittelpunkt stehen der Wiederaufbau in der Nachkriegszeit sowie die Entwicklung in den fünfziger und frühen sechziger Jahren. Daran schließt sich im dritten Teil die Untersuchung der Fusionsepoche an: von den ersten Plänen zu Beginn der sechziger Jahre, über den Zusammenschluss von Julius Berger und BAUBOAG sowie die Beteiligung von Grün & Bilfinger an Berger-BAUBOAG bis hin zur Vollfusion im Jahr 1975. In diesem Zeitraum fielen die wichtigsten Entscheidungen in der gesamten Geschichte des Unternehmens, so dass es angebracht ist, ihn besonders ausführlich zu behandeln. Die Fusionskapitel bilden damit in gewisser Weise das Kernstück des ganzen Bandes, dies wird nicht zuletzt durch den Stellenwert gerechtfertigt, welche diese Epoche im Gedächtnis des Unternehmens bis heute besitzt. Mit dem Abschluss der Fusion um das Jahr 1980 beginnt die Zeitgeschichte des Unternehmens. Sie ist geprägt vom Wandel des wirtschaftlichen Umfelds der Bundesrepublik sowie vom Auf und Ab der deutschen Bauindustrie. Der Bilfinger + Berger Bauaktiengesellschaft gelangen in dieser Zeit die weitere, überaus erfolgreiche Internationalisierung, der Aufstieg zu einem der größten deutschen Bauunternehmen und schließlich der erfolgreiche Aufbau einer Dienstleistungssparte. Die Umfirmierung zur Bilfinger Berger AG im Jahr 2001 verdeutlicht diesen erneuten Wandel.

Ein Leitmotiv der Geschichte von Bilfinger Berger ist die bereits angesprochene erfolgreiche Bewältigung von Übergängen und die beträchtliche Anpassungsleistung, welche das Unternehmen angesichts sich verändernder politischer, gesamtwirtschaftlicher und branchenspezifischer Rahmenbedingungen von Beginn an immer wieder erbringen musste. Der Bilfinger Berger

AG bzw. ihren Vorläuferunternehmen gelang es im Verlauf der 125-jährigen Geschichte stets, sich weiterzuentwickeln. Solche Prozesse lassen sich jedoch nur deutlich machen, wenn Unternehmen als soziale Organisationen verstanden werden, die im historischen Prozess gleichermaßen agieren, reagieren und interagieren. Ihr Handeln ist in die Entwicklung von Wirtschaft und Technik, aber auch von Gesellschaft und Politik der jeweiligen Zeit eingebunden. Deshalb wird in der Darstellung der Unternehmensgeschichte in den einzelnen Epochen vom Kaiserreich über die Weimarer Republik und die nationalsozialistische Zeit bis zur Bundesrepublik jeweils das allgemeinhistorische, politische und ökonomische Umfeld nachgezeichnet, in welchem sich Grün & Bilfinger, Julius Berger und die Berlinische Boden-Gesellschaft bewegten und das die drei Unternehmensgeschichten bei aller Eigenständigkeit letztlich doch wieder verbindet.

Die Quellenlage zu den drei Vorläuferunternehmen, insbesondere die archivalische Überlieferung für die Zeit vor 1945, ist unterschiedlich: Am umfangreichsten sind die Bestände zur Grün & Bilfinger AG; die Entwicklung des Unternehmens ist dokumentiert in Geschäftsberichten, Bilanzen, Vorstands-, Aufsichtsrats- und Hauptversammlungsprotokollen. Vorhanden sind auch Briefe, Zeugnisse und andere persönliche Dokumente von Angehörigen der Familie Bilfinger. Derart umfangreiche Quellen sind von Julius Berger nicht überliefert. Er veröffentlichte jedoch seine Lebenserinnerungen, die zusammen mit einer Festschrift Aufschluss über die Gründung und Entwicklung des Unternehmens bis 1930 liefern. Nur wenige Unterlagen gelangten nach dem Zweiten Weltkrieg zum neuen Firmensitz nach Wiesbaden, darunter befinden sich unter anderem Aufsichtsratsprotokolle, Bilanzen und Geschäftsberichte. Die Berlinische Boden-Gesellschaft ist das Vorläuferunternehmen mit der schlechtesten Überlieferung; aus der Zeit vor 1945 sind hier nur einige wenige Akten vorhanden. Das Unternehmen hat seine Tätigkeit jedoch in einer Reihe von Publikationen dokumentiert und auch von Georg Haberland existiert eine gedruckte Autobiographie. Neben Quellen aus dem Unternehmensarchiv von Bilfinger Berger wurden ergänzend Bestände anderer Archive ausgewertet. Für die Fusionsepoche erwiesen sich insbesondere Unterlagen aus dem Historischen Archiv der Dresdner Bank als wertvoll. Lücken in der Überlieferung zur Berlinischen Boden-Gesellschaft konnten mit Archivalien aus dem Historischen Institut der Deutschen Bank geschlossen werden. Die im Bundesarchiv Koblenz zugänglichen Akten des Bundesministeriums für wirtschaftliche Zusammenarbeit gaben Auskunft über die Tätigkeit in Nigeria im Kontext der deutschen Entwicklungshilfe. Darüber hinaus wurden mit einer Reihe von Zeitzeugen Interviews geführt, die vor allem die Entwicklung der drei Vorläuferunternehmen in den sechziger Jahren sowie die Fusionsphase intensiver beleuchteten und halfen, das aus den Akten gewonnene Bild zu differenzieren.

Dr. Christoph Bernhardt, Berlin, gab den Verfassern zahlreiche Anregungen und Hinweise zu Georg Haberland, zur Berlinischen Boden-Gesellschaft und zum Terraingeschäft im Kaiserreich. Dr. Hans-Detlef Mebes, Schwetzingen, stellte sein Wissen und seine umfangreiche Materialsammlung zum Rüstungsprojekt „Malachit" bei Halberstadt zur Verfügung. Beate Schreiber und das Team von Facts & Files in Berlin leisteten wertvolle Hilfe bei der Beschaffung von Archivalien. Michael Jurk und seine Mitarbeiterinnen und Mitarbeiter im Historischen Archiv der Dresdner Bank sowie Dr. Martin L. Müller im Historischen Institut der Deutschen Bank unterstützten die Verfasser in kollegialer Art und Weise. Ihnen allen sei hiermit herzlich gedankt.

Mannheim, im Mai 2005　　　　　　　　　　　　　　　　Bernhard Stier, Martin Krauß

TEIL 1

DIE VORLÄUFERUNTERNEHMEN
VOM AUSGEHENDEN 19. JAHRHUNDERT BIS 1945

Die Geschichte der Bilfinger Berger AG begann im Jahr 1880, als der Baumeister August Bernatz aus Speyer im damals reichsdeutschen Lothringen ein erstes größeres Projekt ausführte. Nach der Übersiedelung in die aufstrebende Handels- und Industriemetropole Mannheim im Jahr 1883 und mehrfachem Gesellschafterwechsel entstand aus dem auf Hafen- und Flussbau spezialisierten Baugeschäft das Unternehmen Grün & Bilfinger. Ab 1906 war es eine Aktiengesellschaft mit maßgeblicher Beteiligung der Dresdner Bank. Zum Wasser- und Brückenbau kam nach der Jahrhundertwende der Bau von Eisenbahnstrecken und Tunnels. Auf allen Tätigkeitsgebieten erarbeitete sich Grün & Bilfinger einen hervorragenden Ruf als Anbieter technisch überzeugender Ingenieurleistungen.

Im westpreußischen Zempelburg, einem Landstädtchen mit etwa 3.500 Einwohnern, übernahm der Fuhrunternehmer Julius Berger seit 1890 Aufträge beim Straßen- und Eisenbahnbau. 1895 übersiedelte er in die Bezirkshauptstadt Bromberg und gründete dort ein Baugeschäft, das 1905 unter Mitwirkung des A. Schaafhausen`schen Bankvereins in eine Aktiengesellschaft umgewandelt wurde. 1910 verlegte Berger den Sitz seines auf den Tiefbau spezialisierten Unternehmens in die Reichshauptstadt und erweiterte das Tätigkeitsgebiet auf ganz Deutschland sowie das Ausland. Gleichfalls in Berlin gründete im Februar 1890 Salomon Haberland gemeinsam mit zwei Partnern die Berlinische Boden-Gesellschaft. Als Terraingesellschaft plante und erschloss das von Haberlands Sohn Georg geleitete Unternehmen ganze Stadtviertel in der expandierenden Metropole. Es kaufte Grundstücke auf, plante die Anlage von Straßen und Plätzen, erstellte Bebauungspläne und verkaufte anschließend die Parzellen an Bauunternehmer und Privatleute. 1893 übernahm die Dresdner Bank zwei Drittel des Aktienkapitals der Berlinischen Boden-Gesellschaft.

Die verbindende Klammer zwischen den drei Unternehmen bildete das deutsche Kaiserreich. Die Gründung des ersten Nationalstaates auf deutschem Boden im Jahr 1871 schuf nicht nur eine politische und militärische Großmacht in Mitteleuropa, sondern mobilisierte zugleich immense ökonomische Wachstumskräfte. Kapitalistische Dynamik und technischer Fortschritt machten Deutschland innerhalb weniger Jahre auch zu einer der wirtschaftlich führenden Nationen. In der zweiten Hälfte des 19. Jahrhunderts vollzog sich jener grundlegende wirtschaftliche und gesellschaftliche Strukturwandel, der mit dem Begriff „Industrialisierung" gekennzeichnet wird. Angestoßen durch die „industrielle Revolution" und getragen von Leitsektoren wie dem Eisenbahnbau, der Stahlindustrie, dem Maschinenbau, der Elektrotechnik und der Großchemie entwickelte sich Deutschland – regional unterschiedlich – vom Agrarstaat zum Industriestaat.

Zwischen 1867 und 1914 nahm die Bevölkerung im Gebiet des Deutschen Reichs von 40 auf 67 Mio. Einwohner zu. Gleichzeitig setzte eine wirtschaftliche Aufwärtsbewegung ein, die prinzipiell bis zum Ersten Weltkrieg anhielt, wenn sie auch zeitweilig von Perioden der Stagnation und des langsameren Wachstums unterbrochen wurde. Die gesamte Wirtschaftsleistung wuchs von 15 auf 52 Mrd. Mark, pro Einwohner bedeutete das eine Steigerung von 380 auf 780 Mark. Die verschiedenen Sektoren der Volkswirtschaft waren in Hinsicht auf Beschäftigung, Investitionen, Produktion und Beitrag zum Sozialprodukt in unterschiedlichem Maß an diesem Aufschwung beteiligt. An erster Stelle stand die Industrie, zunehmend auch der Dienstleistungsbereich, die Landwirtschaft stagnierte dagegen und fiel gegenüber den anderen Sektoren zurück.

Mit dem Wachstum und Strukturwandel der Wirtschaft ging die Urbanisierung einher, die Städte dehnten sich aus und veränderten ihr Gesicht. Vor allem an Rhein und Ruhr, aber auch in anderen Regionen Deutschlands entstanden industrielle Ballungszentren. Neue Wohnquartiere wurden errichtet und die Infrastruktur ausgebaut. Hiervon profitierte die Bauwirtschaft, die ihrerseits einen Strukturwandel durchlief. Die handwerklichen, von einem Maurermeister geführten Bauunternehmungen verschwanden zwar nicht und spielten vor allem im Wohnungsbau weiterhin eine große Rolle, sie wurden jedoch ergänzt durch neu entstehende kapitalintensive Großbetriebe. Beim Bau von Brücken, Hafenanlagen und anderen Infrastruktureinrichtungen setzte sich der Beton als Baustoff immer mehr durch. Die Bauaufgaben wurden komplexer und in den Unternehmen lösten Ingenieure mit wissenschaftlich fundierter Ausbildung die traditionellen Baumeister ab.

Die Arbeitsproduktivität in der Bauwirtschaft nahm zwischen 1850 und 1913 um rund 0,8 Prozent pro Jahr zu. Diese Steigerungsrate war wesentlich niedriger als in anderen Industriezweigen, etwa dem Maschinenbau oder der Chemie. Im Gegensatz dazu war das Baugewerbe trotz einzelner Großbetriebe insgesamt noch stark von einer arbeitsintensiven, eher handwerklichen Produktionsweise geprägt. Zum großen Anteil der Handarbeit kamen weitere Besonderheiten, die eine rasche und durchgreifende Modernisierung nach dem Vorbild der Fabrikindustrie behinderten: die Tatsache, dass Bauen überwiegend Unikatfertigung ist, das Fehlen zentralisierter Produktionsstätten und schließlich die Witterungsabhängigkeit. Die Leistungssteigerung beruhte hauptsächlich auf einer extensiven Vermehrung des Produktionsfaktors Arbeit. Die Zahl der Arbeiter und Angestellten in der Bauwirtschaft stieg zwischen 1875 und 1900 von 530.000 auf 1,24 Mio., ihr Anteil an der Gesamtbeschäftigung erhöhte sich von 9,7 auf 13 Prozent. Damit stand die Branche Mitte der 1880er-Jahre nach der Metallverarbeitung und der Bekleidungsindustrie an dritter Stelle aller Industriegruppen, 1913 war sie mit 1,63 Mio. Beschäftigten und einem Anteil von knapp 14 Prozent an die zweite Stelle gerückt. Gleichwohl machten sich auch im Baugewerbe modernisierende und rationalisierende Momente bemerkbar. Zu nennen sind neben der bereits erwähnten zunehmenden Verwendung von Beton, vor allem die großindustrielle Zementproduktion und der vermehrte Einsatz von Kraftmaschinen. Hinzu kam eine immer stärkere Verwissenschaftlichung, in deren Folge statische Berechnung und systematische Materialprüfung das Bauen nach Erfahrung und Probieren ablösten.[1]

Zwischen 1850 und 1913 vervielfachten sich die Investitionen in den verschiedenen Baubereichen, wenngleich die Entwicklung nicht kontinuierlich verlief, sondern dem Rhythmus der

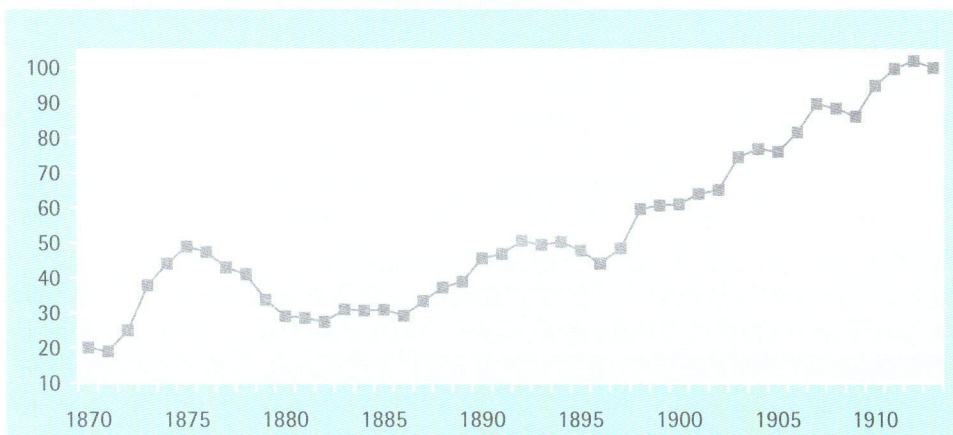

Index der
deutschen
Bauproduktion
1870–1913[2]

Konjunktur folgte. Angeheizt durch den Gründerboom erlebte die Bauwirtschaft nach 1870 zunächst einen heftigen Aufschwung. Der Index der Bauproduktion stieg innerhalb weniger Jahre auf mehr als das Doppelte, ging aber zwischen 1875 und 1880 wieder relativ stark zurück. Es folgte eine Stagnationsphase, bis in der zweiten Hälfte der 1880er-Jahre ein langanhaltender Aufschwung begann, der 1895/96 und 1908/09 jeweils kurz unterbrochen wurde.

Alle drei Vorläuferunternehmen der heutigen Bilfinger Berger AG entstanden in den 1880er- und 1890er-Jahren in einem von wirtschaftlicher Dynamik geprägten Umfeld und hatten Teil am ersten deutschen Wirtschaftsaufschwung. Sie unterschieden sich jedoch in ihrer Tätigkeit und auch hinsichtlich ihrer Kultur: Grün & Bilfinger wurde geprägt durch eine schwäbisch-sparsame und auf Solidität bedachte Mentalität der Gründerpersönlichkeiten. Als Ingenieure scheuten sie vor technischen Herausforderungen nicht zurück, waren bei kaufmännischen Risiken aber eher vorsichtig. Julius Berger entsprach dagegen dem klassischen Typus des Selfmademan, der Wagnissen aufgeschlossen gegenüber stand. Mit Fleiß und Unternehmungsgeist arbeitete er sich aus kleinen Verhältnissen zum angesehenen Geschäftsmann empor. Durch die Leistungen seines Unternehmens im In- und Ausland erwarb er sich gleichzeitig einen ausgezeichneten fachlichen Ruf. Der Schwerpunkt von Haberlands Berlinischer Boden-Gesellschaft lag dagegen auf kaufmännischem und planerischem Gebiet und umfasste neben der Grundstücks- und Wohnungswirtschaft auch das damit verbundene Finanzierungsgeschäft. Eigentliche bauunternehmerische Tätigkeit kam erst später hinzu.

Die unterschiedlichen Wege, welche die drei Unternehmen in ihren jeweiligen Regionen und auf ihren spezifischen Tätigkeitsgebieten seit dem ausgehenden 19. Jahrhundert einschlugen, werden im Folgenden näher beleuchtet.

KAPITEL 1

DIE GRÜN & BILFINGER AG
SÜDWESTDEUTSCHE INGENIEURSKUNST

Anders als bei den Wettbewerbern Holzmann oder Hochtief fällt die Anfangsphase des Bauunternehmens Grün & Bilfinger nicht in die Frühzeit der Industrialisierung in der Mitte des 19. Jahrhunderts, sondern in die Zeit der beginnenden Hochindustrialisierung. Ähnlich wie Johann Philipp Holzmann oder die Brüder Helfmann stammte auch der Unternehmensgründer August Bernatz noch aus einem traditionellen handwerklich-gewerblichen Milieu. Er wurde jedoch bereits nach

wenigen Jahren durch August Grün und Paul Bilfinger abgelöst, beides Ingenieure mit solider wissenschaftlich-technischer Ausbildung. Grün verfügte zudem über große Berufserfahrung, Bilfinger über einen entsprechenden familiären Hintergrund, sein Vater und sein Onkel waren ebenfalls Bauingenieure. Als Unternehmer spezialisierten sich Grün und Bilfinger daher auf technisch anspruchsvolle Projekte wie den Bau von Hafenanlagen, Brücken, Eisenbahnlinien und Tunnels. Hochbauaufträge führten sie im Gegensatz zu Philipp Holzmann oder den Brüdern Helfmann nicht aus. Es gelang ihnen damit in relativ kurzer Zeit, ihr Unternehmen auf dem deutschen Markt zu etablieren und zu den Großunternehmen der Bauwirtschaft aufzuschließen.[3]

AUGUST BERNATZ

August Bernatz wurde 1844 in Speyer als Sohn eines Maurermeisters geboren. Er besuchte die Lateinschule bis zur vierten Klasse, die er 1859 nach dem Tod seines Vaters verlassen musste. Danach erhielt er eine Ausbildung im elterlichen

Arbeiten am Weiher von
Gondrexange, 1880

Betrieb, der zunächst von seiner Mutter, später von seinem Bruder Ferdinand geleitet wurde. 1868 trat er als Baumeister in den Dienst der Pfälzischen Eisenbahnen, ab 1871 war er zusammen mit seinem Bruder als Bauunternehmer tätig. In der gemeinsamen Firma war August Bernatz für den Tiefbau verantwortlich, es handelte sich dabei um kleinere Brückenbauwerke, eine Kaimauer im Speyerer Hafen und Arbeiten an der städtischen Kanalisation. Das erste größere Projekt, an dem Bernatz mitarbeitete, war die Eisenbahnbrücke über den Rhein bei Germersheim in den Jahren 1874 bis 1877.

Durch den Bau eines Barackenlagers für das Militär im lothringischen Metz kamen die Gebrüder Bernatz mit dem Festungsbaumeister Georg Weis in Kontakt. Mit ihm zusammen gründeten sie 1880 die Firma Weis & Bernatz und übernahmen einen Auftrag für Erneuerungs- und Ausbauarbeiten am Weiher von Gondrexange in der Nähe der lothringischen Ortschaft Hemmingen. Dort zweigt der Saar-Kohlen-Kanal in nördlicher Richtung vom Rhein-Marne-Kanal ab, der Weiher dient zur Regulierung des Wasserstands in beiden Kanälen. Um die Bedingungen für die Schifffahrt zu verbessern, waren umfangreiche Bagger- und Dammbauarbeiten durchzuführen. August Bernatz leitete die Baustelle vor Ort und beschäftigte zwei Jahre lang rund 400 Arbeiter.[4]

Nach Abschluss der Arbeiten am Weiher von Gondrexange im Oktober 1882 wurden die Geräte und Werkzeuge der Firma Weis & Bernatz auf Schiffe verladen und in den Hafen von Speyer transportiert, sie bildeten den Grundstock für August Bernatz' eigenes Unternehmen. Dieser ging zunächst ebenfalls in seine Heimatstadt zurück, wählte aber rund ein halbes Jahr später Mannheim als Standort für sein *Wasserbaugeschäft mit Dampfbaggerei*. Das aufstrebende badische Handels- und Industriezentrum bot dafür wesentlich bessere Voraussetzungen als Speyer.

Mannheim war zu diesem Zeitpunkt noch Endpunkt der Rheinschifffahrt, die in der zweiten Hälfte des 19. Jahrhunderts erheblich zugenommen hatte. Im Mannheimer Hafen erfolgte der Umschlag von Waren und Massengütern wie Getreide, Kohle und Petroleum auf die Eisenbahn und auf Schleppkähne, die den Neckar bis Heilbronn befuhren. Der Mannheimer Hafen befand sich seit seiner Eröffnung im Jahr 1840 in stetigem Ausbau. Ab 1866 war der im Zuge der Tulla'schen Rheinbegradigung angelegte Friesenheimer Durchstich befahrbar, danach erfolgte bis 1871 die Korrektur der Neckarmündung. Rheinschiffe konnten nun auch im Neckarhafen ankern, der Altrhein wurde zum Floßhafen. Von 1870 bis 1876 wurde der Mühlauhafen erbaut, 1885 folgten die beiden Becken des Binnen- hafens. Mannheim war daher für ein im Tief- und Wasserbau tätiges Unternehmen ein aussichtsreicher Standort.[5]

August Bernatz richtete sein Büro in gemieteten Räumen im zweiten Stock des Hauses F 7, 23 ein. Lagerplatz und Werk- statt befanden sich zunächst noch in Ludwigshafen auf dem Gelände der späteren Walzmühle, da dort die Pacht niedriger war als in Mannheim.[6] Eines seiner ersten Projekte waren Nass- baggerarbeiten im Neckar auf Höhe des Friedhofs. Mit dem gewonnenen Material wurde das Baugebiet in den ehemaligen Baumschulgärten (Quadrate L 7 bis L 15) aufgefüllt. Es folgten Erdarbeiten auf dem Lindenhof, die Auffüllung des Gewanns Kuhweide beim städtischen Schlachthof sowie der Bau von Kaimauern im Mühlauhafen und im Neckarhafen. Außerhalb Mannheims übernahm er Aufträge für Bagger-, Erd- und Wasser- bauarbeiten in Ludwigshafen, Mainz und im Kreis Karlsruhe. In der Anfangszeit beschäftigte Bernatz zwischen 25 und 50 Arbeiter, der Kern seiner Mannschaft war schon auf der Baustelle in Lothringen tätig gewesen. Das Unternehmen besaß einige Großgeräte, darunter drei ältere Flussbagger, mehrere Kiestransportschiffe, einen schwimmenden Dampfkran sowie ein kleines Dampfschleppboot.[7]

BERNATZ & GRÜN

Als 1885 der Mannheimer Binnenhafen angelegt wurde, entstan- den auch zwei neue Drehbrücken. Eine am alten Zollhafen, sie diente zur Erschließung des Binnenhafens für die Eisenbahn, eine weitere überbrückte die Hafenmündung in den Neckar. Die Ar- beiten an den Fundamenten dieser Brücken leitete der Ingenieur August Grün, ein anerkannter Spezialist für Brückengründungen.

August Grün (1847–1915)

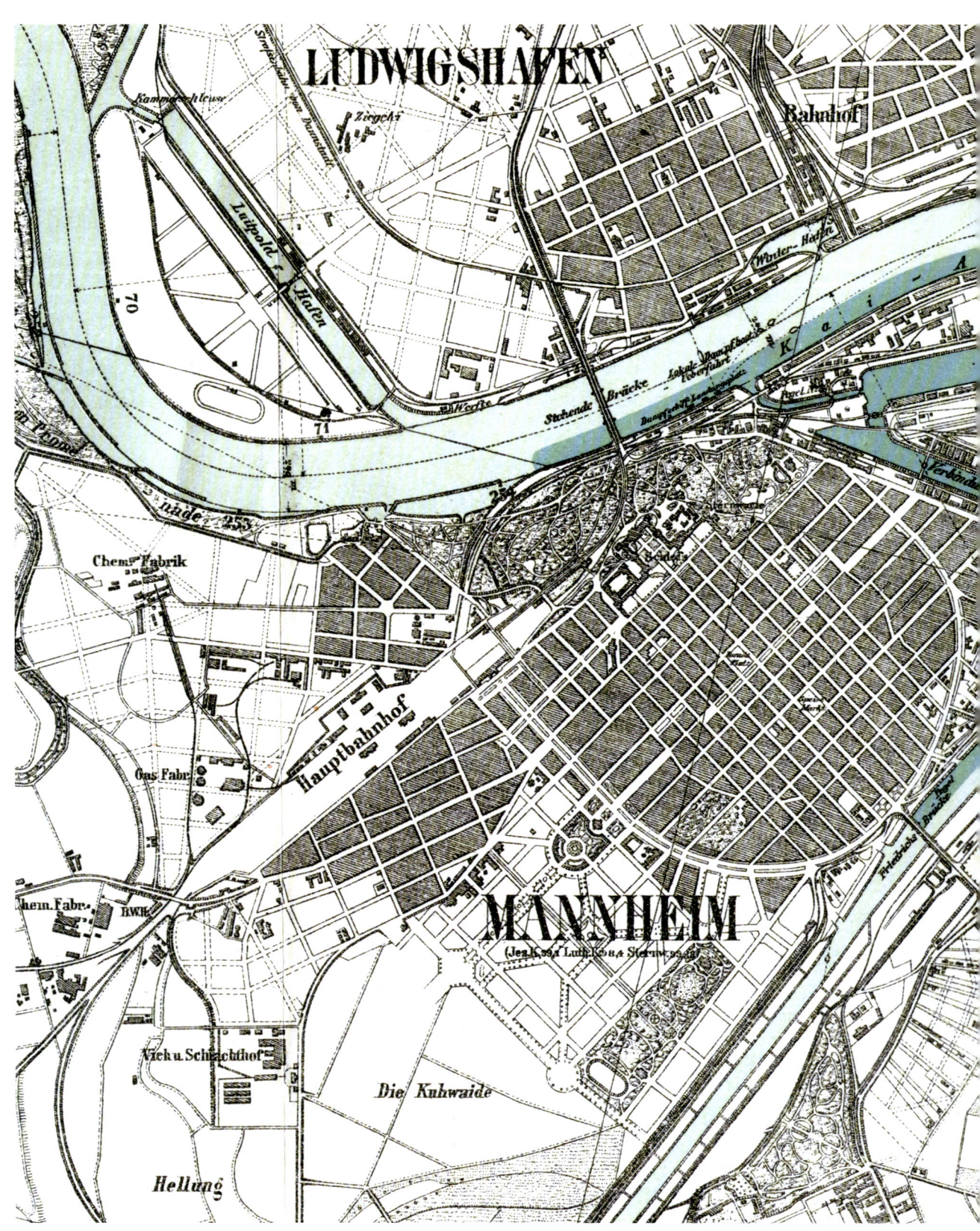

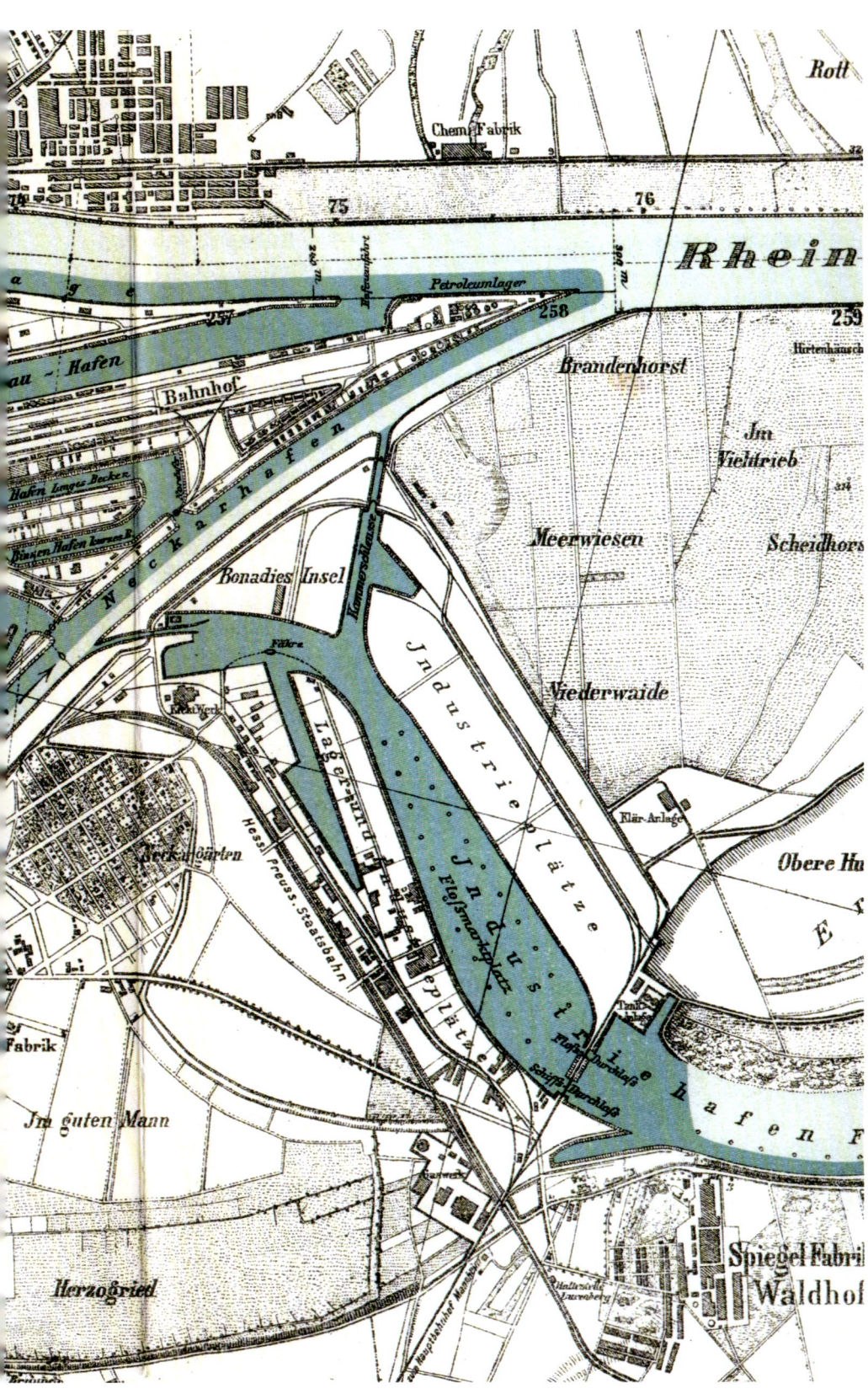

Die Mannheimer
Hafenanlagen, 1903

Dabei lernte er August Bernatz kennen, der ebenfalls im Binnenhafen arbeitete. Möglicherweise waren sie sich auch bereits beim Bau der Rheinbrücke in Germersheim begegnet, wo Grün als Bauleiter tätig gewesen war. Beide verfolgten gemeinsame Interessen und ergänzten sich in ihren Fähigkeiten. Bernatz hatte mittlerweile als Unternehmer in Mannheim Fuß gefasst und war bestrebt, sich über seine traditionellen Arbeitsgebiete hinaus zu entwickeln. Grün verfügte über vielfältige Kenntnisse und Erfahrungen im Brückenbau und besaß im Gegensatz zu Bernatz die notwendige Qualifikation, um an Ausschreibungen und Wettbewerben für Ingenieurbauwerke teilzunehmen. Außerdem suchte er nach einer Gelegenheit, sich selbstständig zu machen. Sie schlossen sich daher zusammen und gründeten im März 1886 das Bauunternehmen Aug. Bernatz & Grün.[8]

August Grün wurde am 10. Juni 1847 in Steinbach bei Schwäbisch Hall geboren. Nach dem Besuch der Latein- und der Oberrealschule absolvierte er von 1865 bis 1868 ein Ingenieurstudium am Polytechnikum Stuttgart und begann 1869 seine berufliche Laufbahn in der Maschinen- und Brückenbaufirma der Gebrüder Benckiser in Pforzheim. Benckiser war damals einer der führenden Brückenbaubetriebe. Das ursprünglich um 1680 als markgräflich-badische Eisenschmelze und Hammerschmiede gegründete Unternehmen errichtete im Jahr 1851 in Pforzheim die erste schmiedeeiserne Gitterbrücke in Süddeutschland.

Standfeste Fundamente für Brückenpfeiler

Bis zur Mitte des 19. Jahrhunderts wurden Brücken meist auf gerammten Holzpfählen oder Pfahlrosten gegründet. Mit dem Ausbau des Eisenbahnnetzes stiegen die Anforderungen an den Brückenbau, da die Bauwerke nun wesentlich höheren Belastungen ausgesetzt waren. Die Ingenieure suchten daher nach einer Methode, die Brückenfundamente möglichst standfest zu gründen. Beim Bau der Rheinbrücke zwischen Straßburg und Kehl in den Jahren 1859 bis 1861 führte der französische Ingenieur Edouard Fleur Saint-Denis erstmals eine Senkkastengründung unter Druckluft aus. Diese Technik wurde von August Grün aufgegriffen, 1875 bei der Gründung der Rheinbrücke bei Germersheim erfolgreich angewandt und danach permanent weiterentwickelt.[9]

Bei dieser Gründungsmethode wird zunächst ein unten offener Senkkasten, auch Caisson genannt, aus Stahl oder Beton hergestellt und auf das Flussbett abgelassen. Anschließend presst man das von unten eindringende Wasser mit Druckluft aus. Über eine Luftschleuse können Arbeiter in den Caisson einsteigen und den Boden abtragen, der mit Eimern und Ketten nach oben befördert

Luftschleuse zum Einstieg in einen Senkkasten, Rheinbrücke Düsseldorf-Neuss, 1909

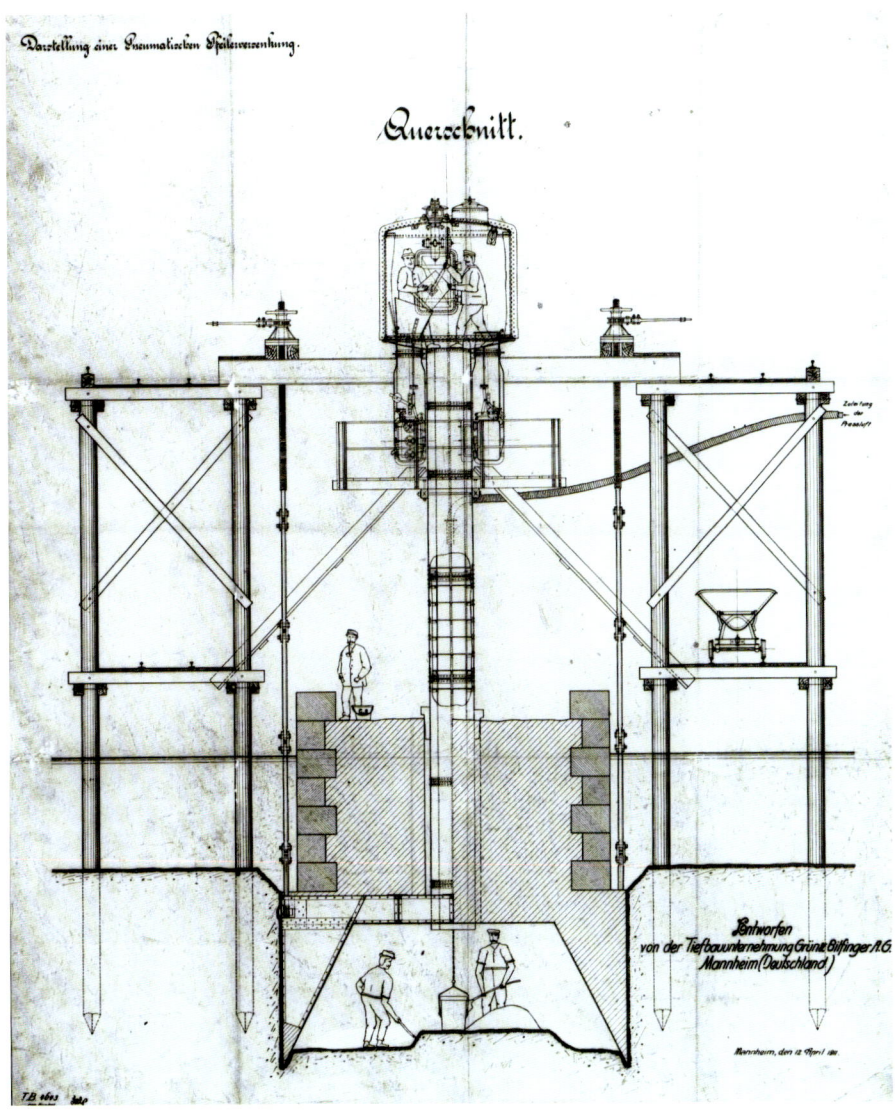

und ausgeschleust wird. Dabei bewegt sich der Senkkasten allmählich nach unten, bis er Fels oder andere tragfähige Schichten erreicht. Gleichzeitig wird der Brückenpfeiler über dem Senkkasten aufgemauert. Die Arbeitskammer wird schließlich ausbetoniert, so dass der Senkkasten ein monolithisches Fundament des Pfeilers bildet.

Arbeiten unter Druckluft sind mit erheblichen gesundheitlichen Risiken verbunden. Die Anpassung an den normalen Luftdruck beim Ausschleusen muss langsam erfolgen, andernfalls tritt die so genannte Caisson- oder Taucherkrankheit auf. Deren physiologische Ursachen waren in der zweiten Hälfte des 19. Jahrhunderts noch nicht genau erforscht und viele Arbeiter litten durch zu schnelles Dekomprimieren an der Caissonkrankheit, bei der es auch zu Todesfällen kam.[10] 1920 wurde erstmals eine „Verordnung zum Schutz

der Pressluftarbeiter" erlassen, die arbeitsmedizinischen Erkenntnissen Rechnung trug.[11]
Druckluftgründungen waren eine der Kernkompetenzen von Grün & Bilfinger. Die Technik
wurde nicht nur im Brückenbau, sondern auch bei der Gründung anderer Bauwerke
eingesetzt. Ab den 1960er-Jahren verlor sie auf Grund der Weiterentwicklung im Bereich
der Pfahlgründung allmählich an Bedeutung.

Einer der maßgeblichen Ingenieure bei Benckiser war von 1849 bis 1888 Bernhard Rudolf Bil-finger, der Vater der ersten Mannheimer Bilfinger-Generation. Unter seiner Leitung entstanden zahlreiche Brücken in Baden und der Schweiz, darunter die Rheinbrücken bei Waldshut (1858), zwischen Straßburg und Kehl (1859-1861) und zwischen Mannheim und Ludwigshafen (1865/66).[12] Nach einer Unterbrechung durch den deutsch-französischen Krieg war August Grün ab 1871 erneut für Benckiser tätig. Er war Bauleiter bei zahlreichen Projekten und entwickelte sich dabei vor allem zum Spezialisten für Brückengründungen.

Das gemeinsame Unternehmen Aug. Bernatz & Grün wurde am 29. März 1886 als offene Handelsgesellschaft in das Mannheimer Handelsregister eingetragen. Die in diesem Jahr ausgeführten Projekte unterschieden sich zunächst wenig von denjenigen in der Zeit davor. Im Neckarhafen wurde ein hölzernes Bohlwerk in eine Kaimauer umgebaut, im Binnenhafen wurden Baggerarbeiten durchgeführt und die Rampen für den Neckarauer Übergang wurden aufgeschüttet und befestigt. Technisch anspruchsvoller war dagegen die Verlegung eines Dükers für die Kanalisation durch den Neckar im Jahr 1887. Gleichzeitig stieß das Unternehmen auch wirtschaftlich in eine neue Dimension vor und übernahm den Auftrag für den Bau einer Kaimauer am Rhein im Wert von 1,3 Mio. Mark.

Vom Wert her etwas niedriger, aber wesentlich prestigeträchtiger war der Auftrag zum Bau der Friedrichsbrücke, den die Firma Bernatz & Grün 1888 erhielt. Mit diesem Projekt konnte sie sich endgültig als leistungsfähiges Bauunternehmen etablieren. Bei der zwischen 1842 und 1845 errichteten ersten festen Mannheimer Neckarbrücke, der so genannten Kettenbrücke, waren schon bald nach Fertigstellung Probleme an den Pfeilerfundamenten aufgetreten, die Benutzungsbeschränkungen notwendig machten. In der zweiten Hälfte des 19. Jahrhunderts entwickelte sich Mannheim zur Industriestadt, die Bevölkerung nahm zu und mit ihr der Verkehr in die Neckarvorstadt und in die Nachbarorte. In den achtziger Jahren des 19. Jahrhunderts passierten täglich 26.000 Personen und 2.800 Zugtiere die Kettenbrücke, die dem stetig zunehmenden Verkehr nicht mehr gewachsen war. 1885 begannen die Planungen für den Bau einer neuen Neckarbrücke und im Oktober 1887 wurden die Wettbewerbsentwürfe eingereicht.[13]

Bernatz & Grün beteiligte sich gemeinsam mit dem Stahlbauunternehmen Gebrüder Benckiser und dem Mannheimer Architekten Manchot am Wettbewerb und gewann den ersten Preis. Den zweiten Platz belegte ein Entwurf des renommierten Brückenkonstrukteurs Heinrich Gerber aus München, an dem auch Anton von Rieppel mitgearbeitet hatte. Er war Direktor der Brückenbauanstalt in Gustavsburg am Main, die zur Maschinenbau-Aktiengesellschaft Nürnberg gehörte.[14]

Der Entwurf von Bernatz & Grün, den Gebrüdern Benckiser und dem Architekten Manchot überzeugte vor allem hinsichtlich der von August Grün entworfenen Pfeilerbauten, der eiserne Überbau erschien den Juroren dagegen weniger gelungen. Hier gaben sie dem Vorschlag von Gerber und Rieppel den Vorzug. Man entschied sich daher für eine Kombination aus beiden Entwürfen und im Dezember 1888 wurde der Bauvertrag zwischen der Großherzoglichen Rheinbauinspektion als Auftraggeber und den Firmen Bernatz & Grün sowie der Maschinen-bau-Aktiengesellschaft Nürnberg als Auftragnehmer abgeschlossen. August Grün übernahm die Bauleitung und vertrat die Arbeitsgemeinschaft gegenüber dem Bauherrn. Der Auftrag

umfasste Gründung und Bau der Pfeiler und Widerlager, Lieferung und Montage des eisernen
Überbaus sowie den Bau einer Hilfsbrücke und den Abbruch der Kettenbrücke.[15]

Eine Besonderheit dieses Projekts war, dass die neue Brücke exakt in der Achse der bestehenden Kettenbrücke entstand und diese erst abgebrochen werden konnte, nachdem die
Pfeiler und Widerlager der neuen Brücke fertig gestellt waren. Die Bauarbeiten begannen im
April 1889. Bei der Gründung der beiden Widerlager traten bald unerwartete Schwierigkeiten
auf, da sich der Baugrund als nicht ausreichend tragfähig erwies. Für das linke, nahe am Fluss
gelegene Widerlager musste vom ursprünglichen Plan abgewichen und eine aufwändigere
Senkkastengründung gewählt werden. Eine besondere Herausforderung war auch der Bau der
beiden Brückenpfeiler unmittelbar neben den bestehenden Pfeilern der Kettenbrücke. Dabei
bestand die Gefahr, dass deren Standfestigkeit noch weiter beeinträchtigt wurde. Während
die Fundamente der alten Pfeiler nur bis zur Flusssohle reichten, wurden die neuen drei bzw.
fünf Meter tiefer gegründet. Insgesamt waren vier Caissons unter Anwendung der Druckluft-
technik abzusenken. Diese Arbeiten erfolgten rund um die Uhr mit achtstündigen Schichten
für die Arbeiter. Dank der vielfältigen Erfahrungen von August Grün auf diesem Gebiet verlief
die Gründung der Brücke problemlos und konnte vertragsgemäß bis zum 1. Dezember 1889
beendet werden.

Im zweiten Baujahr wurde zunächst eine Hilfsbrücke errichtet. Sie hatte die gleiche Fahr-
bahnbreite und Tragfähigkeit wie die Kettenbrücke, so dass der Verkehr einschließlich der
Pferdebahn wie bisher passieren konnte. Danach wurde die Kettenbrücke demontiert, ihre Pfeiler
abgebrochen und die Fundamente unter Wasser gesprengt. Im Juni 1890 begann die Montage
des eisernen Überbaus der neuen Brücke, dessen Einzelteile zuvor bei der Brückenbauanstalt
Gustavsburg angefertigt worden waren. Eisenkonstruktion, Fahrbahn und Gehwege waren
im Oktober fertig gestellt, anschließend erfolgte eine sorgfältige Belastungsprobe. Nachdem
diese erfolgreich beendet war, konnte die neue Brücke am 31. Oktober 1890 für den Verkehr

freigegeben werden. Im folgenden Jahr wurden dann
noch Restarbeiten an der Brücke selbst erledigt sowie
die Zufahrtsstraßen und Uferbauten fertig gestellt.
Die Brücke kostete insgesamt rund 1,2 Mio. Mark und
damit 41.000 Mark weniger als veranschlagt. Die Stadt
Mannheim hatte ein Drittel der Baukosten zu tragen,
hinzu kamen noch 36.000 Mark für die vier allegorischen
Figuren Poseidon, Demeter, Hermes und Industria an den
Brückenköpfen.[16]

Am 29. September 1891 weihte der Badische Groß-
herzog Friedrich I. die nach ihm benannte Brücke ein.
Im Verlauf des großangelegten Festakts wurde August
Grün als Anerkennung für die erfolgreiche Abwicklung
des Projekts der Zähringer Löwenorden erster Klasse
verliehen. Sein Kompagnon August Bernatz erhielt keinen Orden und fühlte sich zurückgesetzt. Das Verhältnis
zwischen beiden wurde dadurch so nachhaltig gestört,
dass Bernatz im März 1892 aus dem gemeinsamen
Unternehmen ausschied. Er betätigte sich danach nicht
mehr als Unternehmer, wurde aber ein Jahr später in den
Mannheimer Stadtrat gewählt und gehörte der 1895
gebildeten Kommission an, die den geplanten Bau des
Industriehafens begutachtete. Im Jahr 1900 zog Bernatz nach
Heidelberg, später verlegte er seinen Wohnsitz nach Konstanz,
wo er am 18. Februar 1908 starb.[17]

Paul Bilfinger

(1858–1928)

Mainbrücke Aschaffen-

burg, 1890

GRÜN & BILFINGER

Die Geschäftsanteile von August Bernatz übernahm zum
1. April 1892 Paul Bilfinger, ab diesem Zeitpunkt firmierte das
Unternehmen als Grün & Bilfinger OHG. Paul Bilfinger wurde am

15. Mai 1858 in Bern geboren, wo sein Vater Bernhard Rudolf Bilfinger ein Brückenbauprojekt der Firma Benckiser leitete. Er besuchte das Gymnasium in Pforzheim und anschließend das Stuttgarter Polytechnikum. Im Herbst 1887 legte er die württembergische Staatsprüfung zum Regierungsbaumeister ab. 1888 trat Paul Bilfinger für zwei Jahre eine Stelle bei Bernatz & Grün an und ging als Bauleiter nach Aschaffenburg, wo das Unternehmen eine Straßenbrücke über den Main errichtete. Für August Grün war sein neuer Geschäftspartner also kein Unbekannter. Außerdem bestand eine bewährte Beziehung zu dessen Vater, mit dem Grün bereits bei Benckiser zusammengearbeitet hatte und der ab 1888 in leitender Position bei der Brückenbauanstalt Gustavsburg tätig war.[18]

Auch was ihre schwäbisch geprägte Herkunft und Ausbildung betraf, standen sich August Grün und Paul Bilfinger nahe. Als Ingenieure legten sie Wert auf Gründlichkeit, Solidität und Sparsamkeit. Ihre Mentalität prägte das Unternehmen jahrzehntelang und kam unter anderem im vergleichsweise bescheidenen Verwaltungsgebäude der Firma, dem *Stammhaus* in der Mannheimer Akademiestraße zum Ausdruck. Ab dem 1. Juni 1892 mietete die Grün & Bilfinger OHG zwei Stockwerke mit insgesamt acht Räumen und einer Küche mit Speisekammer im Haus des Kaufmanns Rudolf Haas im Quadrat F 8, Nr. 21/22 (später Akademiestraße 4–6).[19] Im Erdgeschoss

*„Stammhaus" der Grün &
Bilfinger AG in der
Mannheimer Akademie-
straße, um 1900*

des Gebäudes befand sich noch lange das Kaiserliche Postamt Nr. 4. In den folgenden Jahren wurden zunächst weitere Räumlichkeiten im gleichen Gebäude angemietet und 1898 konnte das gesamte Anwesen erworben werden. 1904 kam noch das Nachbarhaus Nr. 8 hinzu, dessen Rück-gebäude grundlegend aus- und umgebaut wurde.[20] An diesem Standort am Rand des Mannheimer Hafengebiets blieb die Unternehmenszentrale von Grün & Bilfinger bis zum Jahr 1959.

Da sich die beiden Inhaber des Unternehmens häufig persönlich um ihre Baustellen kümmerten, konnten sie das stetig zunehmende Arbeits-pensum bald nicht mehr allein bewältigen. Für Paul Bilfinger lag es da-her nahe, seinen jüngeren Bruder Bernhard Karl als dritten Teilhaber zu gewinnen. Bernhard Karl Bilfinger kam am 23. Januar 1862 in Konstanz zur Welt. In Pforzheim und Stuttgart besuchte er das Realgymnasium, anschließend studierte er Ingenieurwissenschaften an der Technischen Hochschule Berlin und am Polytechnikum Stuttgart. Im März 1884 erwarb er den Titel Regierungsbauführer. Seine Praktikantenzeit absolvierte er in der mittlerweile nach Ludwigshafen verlagerten Brückenbauanstalt von Benckiser, im Technischen Büro der Dortmunder Eisen- und Stahlwerke und in der Bauabtei-lung der Straßburger Straßenbahngesellschaft. Danach legte er die zweite Staatsprüfung zum Regierungsbaumeister ab und trat 1889 eine Stelle bei der Brückenbauanstalt Gustavsburg an. Dort war er unter anderem mit dem Bau der Wuppertaler Schwebebahn befasst. Seine Karriere entwickelte sich jedoch nicht nach seinen Vorstellungen, so dass er das Angebot seines Bruders zum Eintritt bei Grün & Bilfinger ab Januar 1898 annahm.[21]

*Bernhard Karl Bilfinger
(1862–1924)*

*Technisches Büro im
„Stammhaus", um 1910*

STAMMBAUM DER FAMILIE BILFINGER

Bernhard Rudolf Bilfinger
1829–1897

– Studium am Polytechnikum Stuttgart
– 1849–1888: Brückenbauingenieur bei Benckiser in Pforzheim
– 1888–1897: Direktor der Brückenbauanstalt der MAN in Gustavsburg

Paul Wilhelm Bilfinger
1858–1928

– Studium am Polytechnikum Stuttgart
– Praktikantentätigkeit bei Benckiser
– 1887: Regierungsbaumeister
– 1888–1890: Brückenbauingenieur bei Bernatz & Grün in Mannheim
– 1892: Kompagnon von August Grün (Grün & Bilfinger OHG)
– 1906: Vorstandsmitglied der Grün & Bilfinger AG
– 1924: Generaldirektor der Grün & Bilfinger AG

Bernhard Michael Bilfinger
1889–1960

– Bauingenieur
– 1914: Eintritt bei Grün & Bilfinger
– 1920: stellv. Vorstandsmitglied
– 1924: ord. Vorstandsmitglied
– 1928–1955: Vorstandsvorsitzender

Carl Bernhard Bilfinger
1782–1855

Pfarrer in Sulzbach am Kocher

Otto Paul Bilfinger
1835–1921

– Studium am Polytechnikum Stuttgart
– ab 1855: Brückenbauingenieur bei Benckiser in Pforzheim
– 1868–1889: Leiter der Brückenbauanstalt von Benckiser in
  Ludwigshafen
– 1898–1900: Tätigkeit bei Grün & Bilfinger

Bernhard Karl Bilfinger
1862–1924

– Studium am Polytechnikum Stuttgart
– 1887: Regierungsbaumeister
– 1887–1897: Brückenbauingenieur bei MAN in Gustavsburg
– 1898: Eintritt bei Grün & Bilfinger
– 1906: Vorstandsmitglied der Grün & Bilfinger AG

Friedrich (Fritz) Bilfinger
1893–1995

iplom-Kaufmann
920: Eintritt bei Grün & Bilfinger
952–1959: kfm. Direktor

Wilhelm Bilfinger
1896–1967

– Bauingenieur
– 1923: Eintritt bei Grün & Bilfinger
– 1936: stellv. Vorstandsmitglied
– 1938–1962: ord. Vorstandsmitglied
– 1962–1967: stv. AR-Vorsitzender

Bernhard Bilfinger
1894–1916

Rheinkaimauer in Mannheim, 1892

KOMPETENZ IM BRÜCKEN- UND TUNNELBAU

In den 1890er-Jahren erweiterte das Unternehmen seinen Tätigkeitsbereich nach und nach über Mannheim hinaus. Auch das Spektrum der ausgeführten Arbeiten wurde zunehmend breiter und umfasste schließlich alle Bereiche des Ingenieurbaus. Baggerarbeiten, der Bau von Kaimauern, das Verlegen von Dükern und andere Arbeiten im Bereich des Wasserbaus machten einen großen Teil des Geschäfts aus. Im Kraichgau, im Schwarzwald und in Rheinhessen entstanden Eisenbahnlinien mit allen zugehörigen Bauwerken. Ein besonders anspruchsvolles Projekt war die Hunsrückbahn zwischen Boppard und Kastellaun mit fünf Tunnels und zwei großen Talbrücken. Die „Königsdisziplin" des Unternehmens war jedoch der Brücken-

bau. Es errichtete sowohl massive gewölbte Brücken über kleinere Flüsse wie den Main bei Aschaffenburg, Miltenberg und Freudenberg als auch die Unterbauten für weit gespannte Stahlbrücken. Entlang des Rheins war Grün & Bilfinger am Bau fast aller Brücken beteiligt, dabei entwickelte sich die Technik der Druckluftgründung mehr und mehr zur gefragten Kernkompetenz des Unternehmens. Eines der frühen Glanzstücke war die Straßenbrücke über den Rhein bei Worms, die in den Jahren 1897 bis 1900 nach einem preisgekrönten Entwurf von Grün & Bilfinger erbaut wurde.

Im ersten Jahrzehnt des 20. Jahrhunderts kristallisierte sich das Rheinland als ein besonders wichtiger regionaler Schwerpunkt der Unternehmenstätigkeit heraus. In Krefeld, Düsseldorf, Neuss, Ruhrort und Duisburg wurden zahlreiche Arbeiten im Bereich des Hafen- und Wasserbaus ausgeführt. Die niederrheinische Industrieregion prosperierte und Grün & Bilfinger konnte davon profitieren. Auch hier erlangte der Brückenbau besondere Bedeutung, allein in Köln war das Unternehmen am Bau von drei Rheinbrücken beteiligt: der Südbrücke, der Hohenzollernbrücke und der Straßenbrücke Köln-Deutz. Weitere große Brückenprojekte in der Region waren die Eisenbahnbrücken Ruhrort–Homberg und Düsseldorf–Neuss.

Hafen Worms, 1910

Neckardüker Mannheim, 1901. Im Hintergrund die Friedrichsbrücke

Düker im Floßhafen Mannheim, 1901

Wasserkraftanlage Poppenweiler am Neckar, 1907

Eisenbahn Boppard-
Kastellaun, Viadukt
über die Hubertus-
schlucht, 1906

Eisenbahn Waldkirch-
Elzach, 1900

Eisenbahn Eppingen-
Steinsfurth, 1899

Eisenbahn Gau-Alges-
heim-Bad Münster
am Stein, 1901

Rheinbrücke Worms,
1900

Rheinbrücke Ruhrort-
Homberg, 1905

Hohenzollernbrücke
Köln, 1907

Mainbrücke
Freudenberg, 1906

Mit dem Tunnelbau erschloss sich das Unternehmen nach der Jahrhundertwende auch in technischer Hinsicht einen wichtigen neuen Tätigkeitsbereich. Der erste von Grün & Bilfinger gebaute Tunnel war ein 780 Meter langer zweigleisiger Eisenbahntunnel im Verlauf der Strecke Bruchsal–Bretten, der zwischen 1903 und 1906 entstand. Für die Bahnlinie Boppard–Kastellaun im Hunsrück waren insgesamt fünf eingleisige Tunnel mit Längen zwischen 65 und 125 Metern zu erstellen. Größere Dimensionen erreichte der Goldbergtunnel bei Hagen mit 2.200 Metern. Mit den bei diesen Projekten gesammelten Erfahrungen konnte man sich an technisch anspruchs- vollere Aufgaben wie die Instandsetzung des Schönhuter Tunnels bei Waldenburg in Schlesien wagen. Das einsturzgefährdete Bauwerk wurde in den Jahren 1909/10 durch den Einbau eiserner Rahmen sowie betonierter Gewölbe und Widerlager grundlegend erneuert.[22]

Wesentlich größere technische Probleme waren beim Bau des Distelrasentunnels zwischen 1910 und 1914 zu bewältigen. Nördlich von Schlüchtern überwindet die Bahnlinie Frankfurt–Bebra– Berlin den so genannten Landrücken, die Wasserscheide zwischen Main und Weser. Die Strecke war bereits damals eine der wichtigsten Eisenbahnverbindungen Deutschlands. Beim Bau der Bahn im 19. Jahrhundert hatte man auf eine Untertunnelung des Landrückens verzichtet und stattdessen zur Überwindung des Gebirges eine Spitzkehrenanlage eingerichtet, bei der die Züge in der Station Elm die Richtung wechseln mussten. Diese Lösung erwies sich auf Dauer als unbefriedigend, so dass man sich schließlich entschloss, doch einen Tunnel zu bauen. Im Dezember 1908 erhielt Grün & Bilfinger den Auftrag zum Bau des 3.500 Meter langen Distelrasentunnels, der ursprüngliche Auftragswert belief sich auf rund 5,9 Mio Mark. Schon bald nach Beginn der Arbeiten im Frühjahr 1909 traten auf Grund der geologischen Verhältnisse unerwartete Schwierigkeiten auf. Während in der Mitte des Tunnels standfester Sandstein vorhanden war, wurde in beiden Portalzonen

Distelrasentunnel Schlüchtern, Transport von Abraum durch den Sohlstollen, 1910

überraschend Ton angetroffen. Diese Schichten konnten mit der üblichen bergmännischen Tunnel-
baumethode nicht durchfahren werden, da die Zimmerung aus Holz dem Gebirgsdruck nicht
standhielt. Zur Sicherung des Sohlstollens wurde dieser zunächst mit stabilen eisernen Rahmen
ausgebaut. Damit war der Zugang zum standfesten Gebirge gesichert, so dass dort weitergearbeitet
werden konnte. Nach Prüfung aller in Frage kommenden Möglichkeiten, entschloss man sich,
die Tonstrecken mit Hilfe von Vortriebsschilden aufzufahren. Die Schilde, Stahlkonstruktionen in
der Form des Tunnelprofils, wurden mit hydraulischen Pressen abschnittsweise in die Tonschicht
vorgedrückt. Die dabei freigelegte Strecke wurde sofort mit einer Wandung aus Stahl gesichert
und anschließend standfest ausbetoniert. Diese Baumethode, der so genannte Schildvortrieb, war
zwar vorher schon gelegentlich angewandt worden, etwa beim Bau des Elbtunnels in Hamburg
durch Philipp Holzmann,[23] die von Grün & Bilfinger in Schlüchtern eingesetzten Druckschilde
waren mit elf Metern Durchmesser allerdings die weltweit größten Konstruktionen dieser Art.
Für beide Portalzonen wurde ein eigener Schild benötigt, deren Herstellung und Montage jeweils rund ein Jahr dauerte. Die Bauzeit verlängerte sich dadurch entsprechend und die Kosten
stiegen auf rund 9,5 Mio. Mark. Am 1. Mai 1914 konnte der Distelrasentunnel schließlich in
Betrieb genommen werden. Er war sowohl vom Auftragswert als auch vom technischen und
personellen Aufwand her das größte bis dahin von Grün & Bilfinger ausgeführte Projekt.

*Distelrasentunnel
Schlüchtern,
Druckschild, 1910*

Im Jahr 1910 waren auf der Baustelle bis zu 800 Arbeiter beschäftigt, darunter zahlreiche Italiener und Angehörige anderer Nationalitäten. Mit der erfolgreichen Abwicklung dieser ausgesprochen komplexen Bauaufgabe hatte sich das Unternehmen auch im Bereich des Tunnelbaus als leistungsfähiger Anbieter etabliert.[24]

KEIN ERFOLG BEI DER MANNHEIMER JUNGBUSCHBRÜCKE

Indessen war die Entwicklung von Grün & Bilfinger nicht nur von Erfolgen gekennzeichnet, es mussten auch Fehlschläge hingenommen werden. So kam das Unternehmen trotz jahrelanger Bemühungen beim Bau einer zweiten Straßenbrücke über den Neckar in Mannheim nicht zum Zug. Um 1885 bildete sich in Mannheim ein Bürgerkomitee mit dem Ziel, eine Brücke oder einen Fußgängersteg zwischen dem Stadtteil Jungbusch und der Neckarstadt zu errichten. Das Bauwerk sollte mit Hilfe einer Lotterie finanziert werden. Das Komitee beauftragte die Firma Bernatz & Grün mit der Ausarbeitung von Plänen, Beschreibungen und statischen Berechnungen. Eine weitere Studie zur Wahl eines geeigneten Bauplatzes legte das Unternehmen 1890 vor. Es zeichnete sich bald ab, dass eine Brücke an dieser Stelle nur mit vergleichsweise hohem Aufwand zu realisieren war. Große Rheinschiffe mussten den flussaufwärts gelegenen Neckarhafen auch bei hohen Wasserständen anfahren können. Außerdem waren die an beiden Ufern verlaufenden Bahngleise mit Rampenbauwerken zu überbrücken. Daher musste die Fahrbahn der Jungbuschbrücke rund sieben Meter höher liegen als die der Friedrichsbrücke. Die Beratungen über das Projekt zogen sich hin. Verschiedene Varianten, darunter eine Eisenbahnbrücke zur Anbindung des geplanten Industriehafens, wurden entwickelt und wieder verworfen. Im März 1896 legte das städtische Tiefbauamt schließlich einen konkreten Plan samt Kostenvoranschlag vor, aber erst im Oktober 1898 bewilligte der Bürgerausschuss die Mittel für einen Wettbewerb. Die öffentliche Ausschreibung erfolgte im Oktober 1900, die Entwürfe konnten bis zum 1. Mai 1901 eingereicht werden.[25]

Die Grün & Bilfinger OHG beteiligte sich am Wettbewerb, schließlich war sie durch die bereits angefertigten Studien bestens mit dem Projekt vertraut. Mit großem Engagement wurden insgesamt fünf verschiedene Entwürfe ausgearbeitet und eingereicht. Das Unternehmen hatte damit zunächst auch vollen Erfolg, die beiden Entwürfe *Sichel* und *Freie Bahn* erhielten den ersten und den zweiten Preis, der Entwurf *Jungbusch-Neckarvorstadt* wurde angekauft. *Sichel* und *Freie Bahn* waren in Zusammenarbeit mit der Brückenbauanstalt Gustavsburg erarbeitet worden. Beide Entwürfe sahen zwei Bögen mit rund 60 Meter lichter Weite zur Überbrückung des Hafengebiets am linken und des Neckarvorlands am rechten Ufer vor. Der Fluss selbst sollte mit einem rund 115 Meter weiten Bogen überspannt werden. Im Entwurf *Sichel* waren alle drei Bögen aus Eisen konstruiert, bei *Freie Bahn* nur der mittlere, die beiden seitlichen dagegen aus Beton.[26]

Eine Variante zu diesem Entwurf sah an Stelle der Eisenkonstruktion für den mittleren Bogen ein Gewölbe aus Klinkermauerwerk vor. Dieser Vorschlag erregte in der Fachwelt großes Aufsehen. Theodor Landsberg, Professor an der TH Darmstadt und einer der renommiertesten deutschen Experten für Brückenbau schrieb darüber:

Der Entwurf bildet in gewissem Sinne für den Ingenieur den bemerkenswertesten Teil des ganzen Wettbewerbs. Mit einer geradezu verblüffenden Kühnheit wird von ausgezeichneten und in langer Praxis erfahrenen Ingenieuren ein Bauwerk vorgeschlagen, welches alles Herkömmliche um ein Bedeutendes übersteigt. Und an diesen Vorschlag knüpft sich das verpflichtende Angebot, die Ausführung des kühnen Baues zu einer bestimmten Summe zu übernehmen.

Entwurf „Sichel"

Vielleicht wird man in späterer Zeit von diesem Wettbewerb an die Zeit der „gewölbten Riesen-brücken" rechnen.[27]

Auch das Preisgericht würdigte den Vorschlag, riet aber von einer Ausführung ab: *Der kühne und sorgfältig bearbeitete Entwurf verdient hohe Anerkennung. Immerhin ist die bisher bei gewölbten Brücken ausgeführte größte Lichtweite wenig mehr als die Hälfte von der hier vorgeschlagenen. Wenn auch die Möglichkeit der Ausführung unbedenklich zugestanden wird, so muß doch darauf hingewiesen werden, daß sich beim Bau sehr große und unerwartete Schwierigkeiten ergeben können. Die Wahl dieses Entwurfs würde demnach ein Wagnis be-deuten, welches wir der Stadt Mannheim umsoweniger empfehlen können, als die Höhenlage der Fahrbahn in Brückenmitte um etwa drei Meter das notwendige Maß übersteigt.[28]*

Nach eingehender Prüfung der Vorschläge empfahl das städtische Tiefbauamt, den Entwurf *Freie Bahn* in der ursprünglichen Form auszuführen. Die Kosten wurden auf rund 2,3 Mio. Mark veranschlagt. Am 20. Juli 1901 stimmte der Stadtrat dem Projekt zu. Das anschließende Genehmigungsverfahren zog sich jedoch in die Länge, da die Wasserbauverwaltung Bedenken geltend machte und verlangte, die Brückenfahrbahn um einen Meter anzuheben. Der Entwurf wurde daraufhin mehrfach überarbeitet und erst am 14. März 1904 erhielt die Stadt die Bau-genehmigung. Das städtische Tiefbauamt beabsichtigte, den Auftrag an die Grün & Bilfinger OHG zu vergeben. Das Unternehmen hatte bereits am 31. Dezember 1903 ein Angebot für den Bau der Brücke abgegeben und erklärte sich am 17. August 1904 bereit, dieses bis zum Frühjahr 1905 aufrecht zu erhalten, falls es zusammen mit der Brückenbauanstalt Gustavsburg den Zuschlag erhalten sollte. Der Stadtrat war jedoch nicht bereit, den Auftrag ohne weiteres an Grün & Bilfinger zu vergeben und ließ das Projekt im Januar 1905 erneut ausschreiben.[29]

Daraufhin wurden neun Angebote eingereicht, das billigste stammte von Philipp Holzmann. Das Frankfurter Unternehmen war bereit, den Brückenbau für rund 1,3 Mio. Mark zu übernehmen. Grün & Bilfinger beteiligte sich nicht an der neuen Ausschreibung, sondern verwies auf das frühere, öffentlich bekannte Angebot. Zu einer Preissenkung sah man sich nicht in der Lage. Auch andere namhafte Brückenbauunternehmen gaben keine Angebote ab, da sie nicht damit einverstanden waren, dass Planunterlagen aus dem Wettbewerb zur Grundlage einer öffent-lichen Ausschreibung gemacht wurden. Das Tiefbauamt sah die Dinge ähnlich und empfahl dem Stadtrat unter Berufung auf *die bei Konkurrenzverfahren gültigen allgemein anerkannten*

Grundsätze, das Projekt der Urheberin Grün & Bilfinger OHG zu übertragen. Da deren Angebot jedoch rund 84.000 Mark teurer war, erhielt Holzmann am 7. April 1905 den Zuschlag.[30] Die Jungbuschbrücke wurde dann in den Jahren 1905 bis 1907 von Holzmann nach dem Entwurf von Grün & Bilfinger erbaut. Die jahrelangen Bemühungen des Unternehmens um das Projekt blieben letztlich ohne Erfolg.

BAU DER ZENTRALWERKSTATT IM MANNHEIMER INDUSTRIEHAFEN

Im Jahr 1891 regte die Mannheimer Handelskammer den Ausbau des bis dahin nur als Floß-hafen genützten Altrheinarms zwischen der Friesenheimer Insel und den Neckargärten an. An seinen Ufern sollten sich vor allem Industriebetriebe ansiedeln, die Massengüter verarbeiteten und auf den kostengünstigen Transport auf dem Wasserweg angewiesen waren. Nach mehr-jährigen Planungen wurde 1895 der Bau des Industriehafens beschlossen und ein Jahr später erfolgte die Ausschreibung für den Ausbau des rechten Ufers, den Zuschlag erhielt Philipp Holzmann.[31] Der erste Bauabschnitt war 1899 vollendet und auf Grund der großen Nachfrage nach Bauplätzen für Industrie- und Gewerbebetriebe wurden bereits im März 1900 auch die Arbeiten auf dem linken Ufer und der Bonadiesinsel ausgeschrieben. Insgesamt mussten 2,5 Mio. Kubikmeter Boden ausgebaggert und aufgeschüttet werden. Zur Erschließung des Geländes waren 2.600 laufende Meter Uferbefestigung, 4.800 Meter Gleisbett und 3.000 Meter Straßen herzustellen. Hinzu kamen die Aufschüttung eines Querdamms mit Floßdurchlass und der Bau einer Drehbrücke für die nördliche Zufahrt. Die Grün & Bilfinger OHG gab das günstigste Angebot ab und erhielt im Mai 1900 den Auftrag. In technischer Hinsicht war das Projekt keine besondere Herausforderung, aber auf Grund der großen Mengen des zu bewegenden Materials war es wirtschaftlich ausgesprochen interessant. Die Auftragssumme belief sich auf rund 2,3 Mio. Mark. Das von Schwimmbaggern zur Vertiefung der Fahrrinne aus dem Altrhein geförderte Material wurde mit Elevatoren am Ufer aufgeschüttet. Trockenbagger hoben in der näheren Umgebung weiteren Boden aus, der mit einer Feldeisenbahn zu den Einbaustellen im Industriehafen transportiert wurde. Zusammen mit der Brückenbauanstalt Gustavsburg erhielt Grün & Bilfinger auch den Auftrag zum Bau der nach Philipp Diffené, dem ehemaligen Präsi-denten der Mannheimer Handelskammer, benannten Drehbrücke. Sämtliche Arbeiten konnten innerhalb von drei Jahren planmäßig durchgeführt werden.[32]

Mechanische Werkstätte
im Gebäude im Industrie-
hafen, 1906

Werkstättgebäude der
Grün & Bilfinger AG im
Mannheimer Industrie-
hafen, 1906

Mechanische Werkstätte, 1940

Werkstattgebäude nach der Erweiterung, 1920

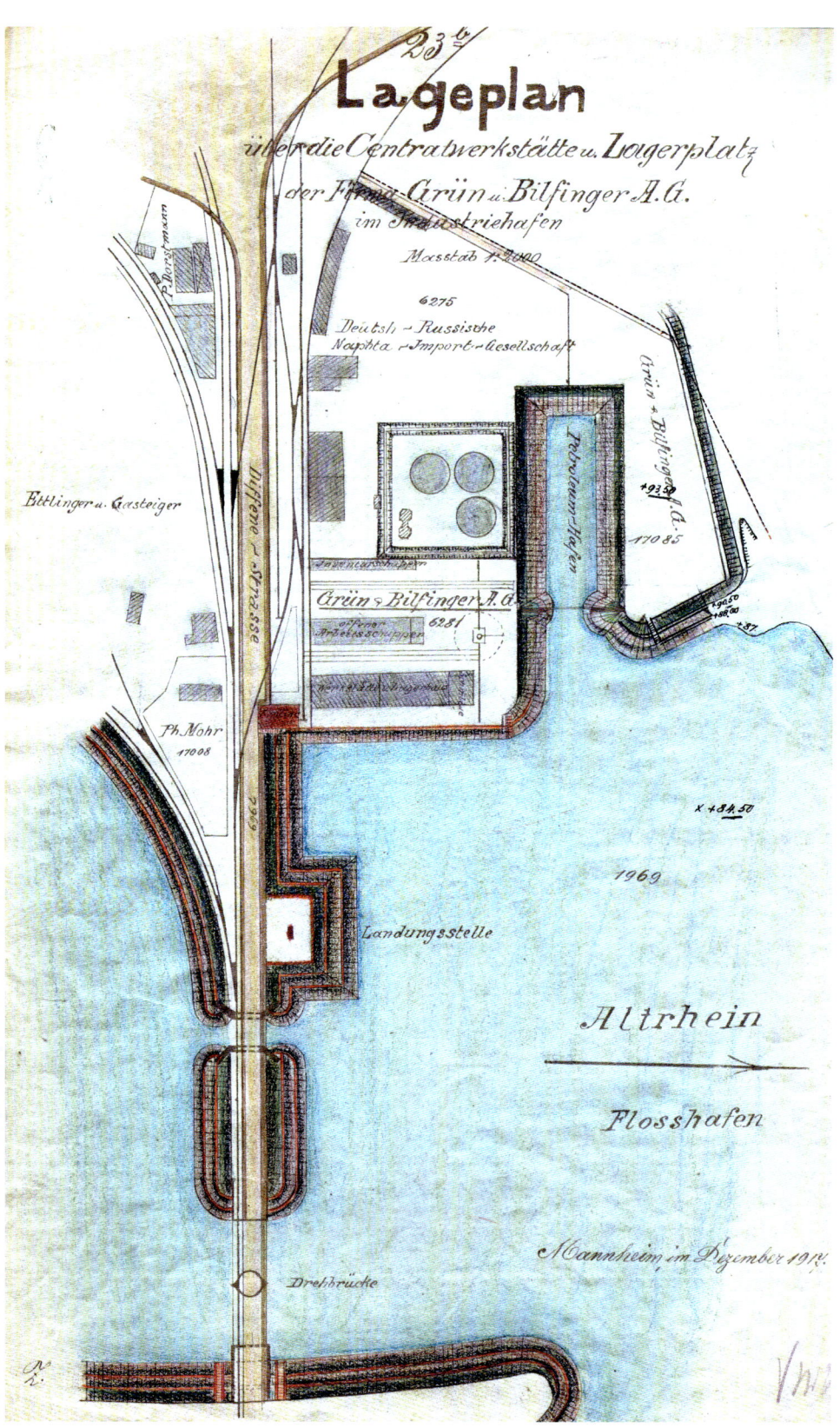

Zu den Betrieben, die sich im neuen Mannheimer Industriehafen ansiedelten, zählte auch die Grün & Bilfinger OHG. Sie erwarb 1903 ein 7.750 Quadratmeter großes, unmittelbar nördlich der Diffenébrücke gelegenes Areal auf dem linken Ufer. Das Gelände bot ideale Voraussetzungen für die Anlage einer Werkstätte mit Lager- und Schiffsanlegeplatz. Das Unternehmen verfügte mittlerweile über mehrere Schwimmbagger und Elevatoren sowie Schleppboote und Schuten. Die offene Verbindung zum Rhein war von großem Vorteil, da Grün & Bilfinger zur gleichen Zeit im Kölner Raum mehrere bedeutende Aufträge im Brücken- und Wasserbau übernahm.

1904 errichtete das Unternehmen im Industriehafen ein dreistöckiges Werkstattgebäude und befestigte das Ufer mit einer 100 Meter langen Wand aus Eisenplatten, an der Schiffe und schwimmende Großgeräte festmachen konnten. Seit den achtziger Jahren des 19. Jahrhunderts war der Maschinenpark des Unternehmens ständig gewachsen und es benötigte geeignete Räumlichkeiten zur Reparatur und Lagerung der Geräte. Bereits 1889 hatte die Firma Bernatz & Grün zu diesem Zweck eine Halle in der Nähe des Neckarhafens gemietet.[33] 1893 wurde erstmals ein Maschineningenieur eingestellt, der nicht nur für die Wartung des vorhandenen Geräts, sondern auch für Sonderanfertigungen und Neukonstruktionen zuständig war. Im neuen Gebäude wurde deshalb für die maschinentechnische Abteilung eine komplette mechanische Werkstätte mit allen notwendigen Werkzeugmaschinen eingerichtet.

Das Firmengelände im Industriehafen wurde in den folgenden Jahren mehrfach erweitert und ausgebaut. 1912 entstand dort eine Anlage zur Serienfertigung von Betonpfählen, die über den Rhein zu einer Baustelle in Tanga/Tansania verschifft wurden. Da der Gerätepark von Grün & Bilfinger ständig größer wurde, erwies sich das Werkstattgebäude bald als zu klein. 1916 beschloss man daher die Errichtung eines Erweiterungsbaus mit Bahnanschluss.[34] Hohe Preise und Materialknappheit sowie der Mangel an Arbeitskräften infolge des Ersten Weltkriegs verzögerten allerdings seine Fertigstellung, die sich bis 1920 hinzog. Eine Inschrift an der Giebelwand des Gebäudes verweist auf die politisch bewegte Zeit, in der es entstand: *Schwer war der Anfang, schwerer noch das Ende.*

ERWERB EINES STEINBRUCHS IN OLSBRÜCKEN

Vor allem im Bereich des Brückenbaus verarbeitete Grün & Bilfinger seit jeher große Mengen Werkstein. Des öfteren musste das Unternehmen die Steine auch selbst liefern, in diesen Fällen wurden meist in der Nähe der Baustelle gelegene Steinbrüche gepachtet und ausgebeutet. Bei den zeitgenössischen Architekten war Sandstein als Material sehr beliebt und häufig wurde die Verwendung eines ganz bestimmten Steins vorgeschrieben. 1906 erhielt Grün & Bilfinger den Auftrag zum Bau der Pfeiler der Kölner Südbrücke, wobei auf Weisung des Architekten besonders hochwertiger Sandstein aus Olsbrücken bei Kaiserslautern verwendet werden musste. Als Lieferant kam in erster Linie die Firma Holzmann in Betracht, die in Olsbrücken einen großen Steinbruch besaß und nach Ansicht von Grün & Bilfinger den Stein überhaupt erst *in Mode gebracht* hatte. Für die Pfeilerbauten der Südbrücke wurden 2.600 Kubikmeter Sandstein benötigt; Holzmann verlangte 92 Mark pro Kubikmeter, Josef Walter aus Lauterecken, dessen Steinbruch *nur wenige hundert Meter vom Holzmann'schen Bruch entfernt* lag, dagegen nur

Steinbruch Lauter, um 1900

85 Mark. Als Holzmann von dem Konkurrenzangebot Walters erfuhr, drängte man diesen, höhere Preise zu verlangen und war sogar bereit, dessen Steinbruch aufzukaufen, um sich ein Monopol zu sichern. Dies wollte die Geschäftsführung von Grün & Bilfinger verhindern, sie erteilte Walter den Auftrag zur Lieferung der Steine und sicherte sich gleichzeitig das Vorkaufs-recht für dessen Bruch. Beim näheren Hinsehen stellte sich jedoch heraus, dass Walter die von Grün & Bilfinger *gestellten Lieferungsbedingungen und Termine nicht einhalten* konnte, da er nicht *auf Großbetrieb eingerichtet* war. Außerdem reichte die Kapazität seines Steinbruchs nicht aus, so dass noch ein benachbarter Betrieb mit herangezogen werden musste, dessen Eigentümer jedoch mit Walter verfeindet war. Um nicht *doch noch auf Holzmann angewiesen zu sein*, kaufte Grün & Bilfinger schließlich im Dezember 1906 beide Steinbrüche mit allen dazugehörenden Gebäuden und Einrichtungen für insgesamt 133.000 Mark.

Das gesamte Areal lag günstig im Tal der Lauter zwischen den Ortschaften Kreimbach und Olsbrücken, wo der *schon vorhandene Arbeiterstamm ansässig* war. Der *Steinhauerplatz* grenzte direkt an die Eisenbahnlinie nach Kaiserslautern und ein Gleisanschluss konnte mit *geringen Mitteln* hergestellt werden. Die Kapazität des Bruchs wurde auf 240.000 Kubikmeter Steine geschätzt, außerdem bot er genug Platz zur Ablagerung des Abraums. Die der Investition zu Grunde liegende Rentabilitätsberechnung ging von einer Verzinsung des Anlagekapitals mit sechs Prozent bei einem jährlichen Absatz von 1.100 Kubikmetern aus. Dies schien problemlos möglich zu sein, da Holzmann in den Jahren zuvor 2.500 Kubikmeter pro Jahr bei steigender Nachfrage verkauft hatte. Durch den Auftrag für die Kölner Südbrücke war der Steinbruch auf

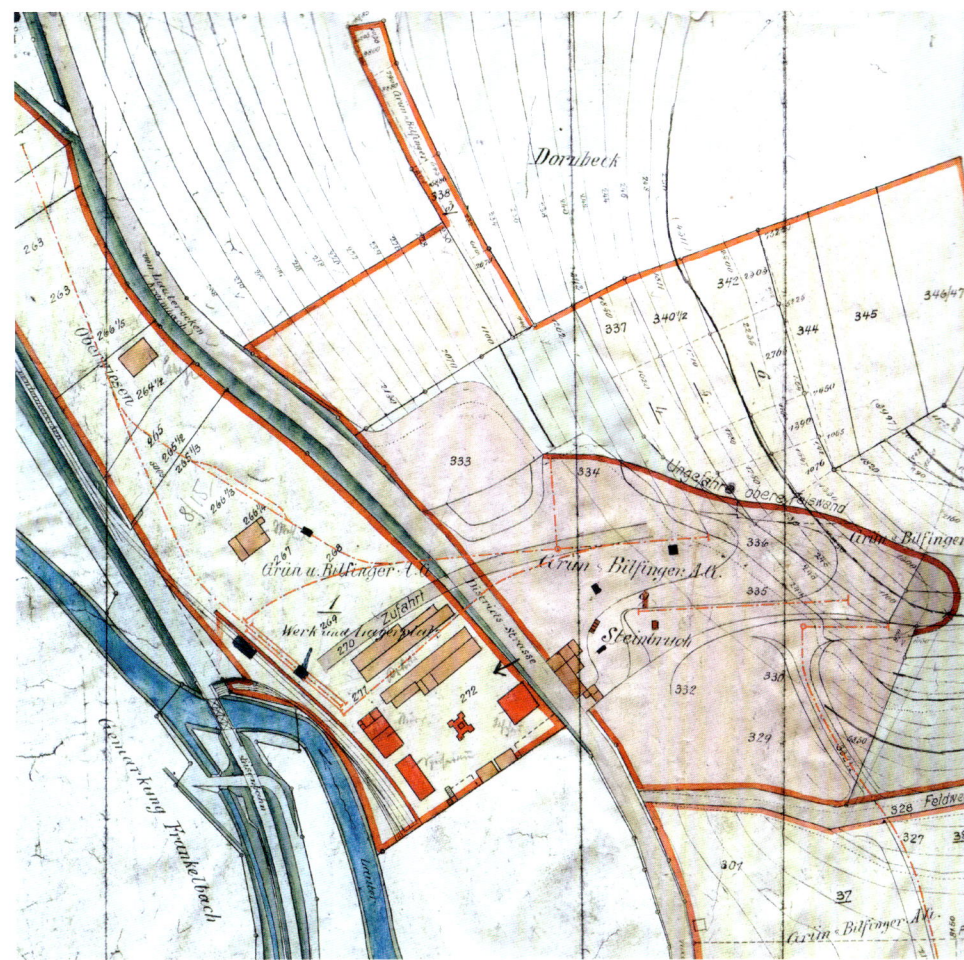

Lageplan des Stein-
bruchs Olsbrücken,
1907

drei Jahre hinaus ausgelastet, darüber hinaus waren weitere Projekte in Aussicht. Ein positiver Nebeneffekt war schließlich, dass Grün & Bilfinger durch den Erwerb des Steinbruchs in der Pfalz eine Filiale auf bayerischem Territorium nachweisen konnte, was die Chancen des Unternehmens erhöhte, bei Ausschreibungen in Bayern berücksichtigt zu werden. Die Investition erwies sich in der Tat als lohnend und der Steinbruch blieb bis in die 1970er-Jahre im Besitz des Unternehmens.[35]

UMWANDLUNG IN EINE AKTIENGESELLSCHAFT

Bereits um die Jahrhundertwende war die Grün & Bilfinger OHG das mit Abstand größte Bauunternehmen in Mannheim und Umgebung. Im Jahr 1892 beschäftigte es zehn Angestellte, 1902 waren es 73 und 1905 bereits 110. Diese arbeiteten entweder im *Stammhaus* in der Akademiestraße, dort waren die kaufmännische Abteilung und das Konstruktionsbüro untergebracht, oder in der *Centralwerkstätte* im Industriehafen. Andere waren als Bauführer, Schachtmeister oder Buchhalter auf den Baustellen tätig. Die Zahl der Arbeiter schwankte je nach Auftragslage, stieg aber zwischen 1902 und 1905 ebenfalls von rund 1.600 auf 3.000.[36]

Das Unternehmen erwirtschaftete Gewinne, sie betrugen im Durchschnitt der Jahre 1892 bis 1902 rund 200.000 Mark pro Jahr, wobei die Einzelwerte jedoch zwischen 30.000 Mark (1895) und 450.000 Mark (1902) schwankten. Der Reingewinn wurde jährlich an die Teilhaber August Grün, Paul Bilfinger und Bernhard Karl Bilfinger ausgeschüttet. Diese erhielten bei ausreichender Höhe der Gesamtsumme zunächst fünf Prozent Zinsen auf ihren jeweiligen Geschäftsanteil, ein danach noch verbleibender Rest wurde gleichmäßig aufgeteilt. Das im *Geheimbuchkonto* verbuchte Stammkapital der OHG wuchs von rund 1,5 Mio. Mark im Jahr 1899 auf 2,1 Mio. im Jahr 1902, wobei die drei Partner jedoch unterschiedlich hohe Anteile hielten. Die Anteile von August Grün und Paul Bilfinger hielten sich in etwa die Waage. Bernhard Karl Bilfinger, der erst 1898 in das Unternehmen eingetreten war, erhöhte seinen Anteil kontinuierlich, blieb aber in der Rolle des Juniorpartners.[37]

Geschäftsanteile
der drei Teilhaber
1899 und 1902

	1899		1902	
A. Grün	608.681,10 M	41,30 %	817.113,56 M	38,49 %
P. Bilfinger	615.732,34 M	41,77 %	836.606,10 M	39,41 %
B. K. Bilfinger	249.498,30 M	16,93 %	469.280,34 M	22,10 %

Obwohl der Kapitalbestand des Unternehmens im Lauf der Jahre wuchs, blieben dem Umfang des Geschäfts finanzielle Grenzen gesetzt. Das wurde vor allem deutlich, als die drei Teilhaber planten, auch im Ausland Aufträge zu übernehmen. Sie versprachen sich davon höhere Gewinne als im oft wenig profitablen Inlandsgeschäft. Allerdings waren Auslandsaufträge auch mit höheren Risiken behaftet. Man entschloss sich daher, das Grundkapital zu erhöhen und das Unternehmen in eine Aktiengesellschaft umzuwandeln. Als Partner für diese Transaktion konnte die Dresdner Bank gewonnen werden, mit der Grün & Bilfinger seit 1902 zusammenarbeitete. Davor war das traditionsreiche Mannheimer Bankhaus W. H. Ladenburg & Söhne Hausbank des Unternehmens gewesen.[38]

Am 10. März 1906 wurde der Gesellschaftsvertrag der Grün & Bilfinger AG abgeschlossen, der Eintrag ins Handelsregister erfolgte am 29. März. Die Teilhaber der bisherigen OHG brachten ihr Unternehmen als Sacheinlage auf Basis der Bilanz vom 31. Dezember 1905 in die Aktiengesellschaft ein. Die Aktiva bestanden aus Bargeld, Bankguthaben, Effekten, Immobilien, Maschinen, Geräten, Werkzeugen und weiteren Vermögenswerten im Gesamtwert von 4,307 Mio. Mark. Dem standen Bankschulden und andere Passiva in Höhe von 1,442 Mio. Mark gegenüber, so dass sich das *Reinvermögen* auf 2,865 Mio. Mark belief. Nach Abzug von Beiträgen der OHG zur Tiefbau-Berufsgenossenschaft und der Anrechnung des Gewinns aus einer Beteiligungsgesellschaft in Ruhrort wurde das von den Teilhabern eingebrachte Sachvermögen auf 2,832 Mio. Mark festgesetzt. Sie erhielten dafür Aktien im Nennwert von 1.000 Mark pro Stück.

Das Stammkapital der Aktiengesellschaft sollte vier Millionen Mark betragen. Um diese Summe zu erreichen, erhöhten August Grün und die Gebrüder Bilfinger ihre Anteile auf zusammen

A. Grün	996.000 M	996 Aktien	35,17 %	Sacheinlagen der drei Teilhaber in die AG
P. Bilfinger	1.018.000 M	1018 Aktien	35,95 %	
B. K. Bilfinger	818.000 M	818 Aktien	28,88 %	
A. Grün	1.055.000 M	1055 Aktien	26,375 %	Stammkapital der Grün & Bilfinger AG 1906
P. Bilfinger	1.079.000 M	1079 Aktien	26,975 %	
B. K. Bilfinger	866.000 M	866 Aktien	21,65 %	
Dresdner Bank	980.000 M	980 Aktien	24,50 %	
Heinrich Maas	20.000 M	20 Aktien	0,5 %	

drei Millionen Mark. Eine weitere Million übernahmen die Dresdner Bank und ihr Mannheimer Filialleiter Heinrich Maas.[39]

August Grün wurde zum Vorsitzenden des Aufsichtsrats der Grün & Bilfinger AG gewählt. Sein Stellvertreter war Hans Schuster, Vorstandsmitglied der Dresdner Bank in Berlin. Weitere Mitglieder des Gremiums waren Heinrich Maas, Leiter der Dresdner Bank-Filiale in Mannheim, Anton von Rieppel, mittlerweile Direktor der Vereinigten Maschinenfabrik Augsburg-Nürnberg, und der hohenzollernsche Landesbaurat Max Leibbrand aus Sigmaringen.

Von Rieppel in den Aufsichtsrat zu berufen lag nahe, schließlich pflegte Grün & Bilfinger mit der von ihm aufgebauten Brückenbauanstalt Gustavsburg eine durch zahlreiche Projekte bewährte Partnerschaft. Seit Gründung der MAN AG im Jahr 1898 stand von Rieppel mit an der Spitze eines der größten Unternehmen in Süddeutschland, außerdem saß er in den Vorständen mehrerer Spitzenverbände der Industrie. Seine Mitgliedschaft im Aufsichtsrat war daher für Grün & Bilfinger ausgesprochen vorteilhaft. 1918 legte er *wegen allzu großer Geschäftsüberlastung* sein Mandat nieder, was der Vorstand sehr bedauerte. Man bat ihn, *im Interesse der Gesellschaft* im Aufsichtsrat zu bleiben, von Rieppel blieb jedoch bei seinem Entschluss.[40]

Anton von Rieppel (1852–1926)

Auch in den folgenden Jahrzehnten gehörten dem Aufsichtsrat von Grün & Bilfinger stets zwei Vertreter der Dresdner Bank an, ein Vorstandsmitglied und der Leiter der Mannheimer Filiale. Auf Hans Schuster folgte 1914 Felix Jüdell. Filialleiter Heinrich Maas starb 1907, seine Nachfolger waren Anton Reiser (bis 1910) und Ferdinand von Zuccalmaglio (ab 1911). August Grün blieb bis zu seinem Tod am 15. März 1915 Aufsichtsratsvorsitzender, 1916 übernahm Max Leibbrand dieses Amt. Der 1851 geborene Leibbrand gehörte derselben Generation wie August Grün an, hatte wie dieser das Polytechnikum Stuttgart absolviert

und im Krieg 1870/71 in einem württembergischen Regiment gedient. Von 1877 bis 1918 war er Vorstand des Landesbauamts im Kleinstaat Hohenzollern-Sigmaringen und unter anderem verantwortlich für den Bau der hohenzollerischen Landesbahn.[41]

Vier Personen bildeten den ersten Vorstand der Grün & Bilfinger AG: Paul und Bernhard Karl Bilfinger waren ordentliche Mitglieder, der Leiter des Technischen Büros Emil Böhmler und der Kaufmann Wilhelm Fabel ihre Stellvertreter. Die beiden Bilfinger-Brüder blieben jeweils bis zu ihrem Tod im Amt. Bernhard Karl Bilfinger starb am 24. September 1924, Paul Bilfinger am 4. Januar 1928. Sein Sohn Bernhard Michael war ab 1921 stellvertretendes und ab 1924 ordentliches Vorstandsmitglied. Bernhard Karls Sohn Wilhelm rückte 1936 in den Vorstand nach, dessen Bruder Fritz war ab 1920 als Kaufmann im Unternehmen tätig.

DAS ERSTE AUSLANDSGESCHÄFT

Im Jahr 1906 akquirierte die Grün & Bilfinger AG ihren ersten Auslandsauftrag, die betriebsfertige Erstellung der Donau-Eipeltal-Bahn, einer 65 Kilometer langen Gebirgsbahn im Norden Ungarns. Das Unternehmen betrat dabei in mehrfacher Hinsicht Neuland, denn es übernahm nicht nur den Bau der Bahnlinie, sondern auch deren Finanzierung und letztlich sogar den Betrieb. Das Projekt barg damit erheblich höhere Risiken als ein reiner Bauauftrag. Erschwerend kam hinzu, dass man bei Grün & Bilfinger zu diesem Zeitpunkt noch über keinerlei Erfahrung mit den spezifischen Anforderungen und Problemen des Auslandsgeschäfts verfügte. Treibende Kraft hinter dem Projekt war August Grün, der sich persönlich und schließlich auch finanziell sehr stark engagierte, indem er einen Großteil der anfallenden Verluste aus seinem Privatvermögen beglich.

Im Dezember 1906 erwarb der Vorstand die Konzession zum Bau der Bahn. Der Aufsichtsrat ging zu diesem Zeitpunkt davon aus, dass es möglich sei, *die Finanzierung einer Finanzgruppe zu übertragen,* und Grün & Bilfinger daher nur *ein reines Baugeschäft* abzuwickeln habe. Man verhandelte mit der Eisenbahnrentenbank in Frankfurt am Main, das Institut gehörte zum Interessenkreis der Dresdner Bank und war auf die Finanzierung von Bahnprojekten in Ungarn spezialisiert. Am 26. Februar 1907 berichtete August Grün im Aufsichtsrat, dass die Verhandlungen kurz vor dem Abschluss stünden und Grün & Bilfinger entweder *am Finanzierungsgewinn beteiligt* werde oder *eine Abfindung* für die Überlassung der Eisenbahnpapiere an die Bank erhalten solle. Eine Einigung kam jedoch nicht zu Stande und das Unternehmen musste die Finanzierung des Bahnbaus selbst übernehmen. Dabei zeichnete sich von Anfang an ein Defizit ab und bereits im Juni 1907 kam der Aufsichtsrat zu der Erkenntnis, *dass in Zukunft von Finanzgeschäften dieser Art abgesehen und nur das reine Baugeschäft gepflegt werden solle.*[42]

Die in der Konzessionsurkunde des ungarischen Handelsministeriums genehmigte und von Grün & Bilfinger aufzubringende Bausumme betrug rund 6,5 Mio. österreichisch-ungarische

Kronen.[43] Sie bildete gleichzeitig das Stammkapital der Donau-Eipeltal-Lokalbahn AG in Budapest, der Eigentümerin der Bahn. Sämtliche Aktien übernahm zunächst die Mittelrheinische Baugesellschaft mbH mit Sitz in Mannheim, eine eigens zu diesem Zweck gegründete Tochtergesellschaft der Grün & Bilfinger AG, Geschäftsführer waren August Grün und das kaufmännische Vorstandsmitglied Wilhelm Fabel. Rund 1,9 Mio. Kronen des Grundkapitals der Donau-Eipeltal-Lokalbahn AG konnten als Stammaktien gegen Barzahlung beim ungarischen Staat, bei Gemeinden und Gebietskörperschaften im Einzugsbereich der Bahn sowie bei Privatinvestoren untergebracht werden. Die restlichen Aktien blieben im Besitz von Grün & Bilfinger. Die Mittelrheinische Baugesellschaft übernahm den Bauauftrag von der Donau-Eipeltal-Lokalbahn AG, ausgeführt wurde er von der Grün & Bilfinger AG als Subunternehmerin. Die Dresdner Bank gewährte der Mittelrheinischen Baugesellschaft einen Kredit zur Bezahlung der Bauleistung und erhielt als Sicherheit eine Option auf die Bahnaktien. Da Grün & Bilfinger für diesen Kredit eine Bürgschaft leisten musste, trug das Unternehmen das gesamte Risiko des Projekts, das sich letztlich durch Dividendeneinnahmen und eine Wertsteigerung der Eisenbahnaktien rentieren sollte.[44]

Die Erwartungen erfüllten sich jedoch nicht. Zunächst gab es Schwierigkeiten bei der Beschaffung geeigneten Personals zur Bauleitung vor Ort. August Grün reiste mehrfach selbst nach Ungarn, um das Projekt voranzubringen. Dabei wurde er im August 1908 zusammen mit einem Buchhalter, der Lohngelder mit sich führte, von Arbeitern überfallen und beraubt.[45] Die Bahn sollte ursprünglich im November 1908 in Betrieb gehen, der Termin verzögerte sich jedoch bis Juli 1909, da die ungarischen Staatsbahnwerke Schienen und anderes Material nicht rechtzeitig

Donau-Eipeltal-Bahn,
Stationsgebäude Nagy-
Oroszi, 1908

lieferten. Bis Dezember 1908 waren die Baukosten bereits auf über 6,6 Mio. Kronen angestiegen und die Dresdner Bank bestand auf einer Nachzahlung in Höhe von 590.000 Mark. Diesen Betrag leisteten August Grün und die Gebrüder Bilfinger bis April 1911 aus ihrem Privatvermögen, wobei Grün mit 300.000 Mark den Löwenanteil übernahm, Paul Bilfinger zahlte 161.000 Mark, sein Bruder Bernhard Karl 129.000. Als Sicherheit mussten August Grün und Bernhard Karl Bilfinger Aktien von Grün & Bilfinger im Nennwert von 450.000 bzw. 120.000 Mark bei der Dresdner Bank in Mannheim deponieren. Um weiteren Risiken vorzubeugen, stellte die Grün & Bilfinger AG außerdem aus ihrem 1908 erwirtschafteten Gewinn 200.000 Mark als stille Reserve zurück.[46] Doch auch dieser Betrag reichte nicht aus, bis zum März 1910 hatte sich ein weiteres Minus von 530.000 Mark angehäuft. Um diesen Verlust auszugleichen, wurden zunächst stille Reserven in Höhe von 250.000 Mark aufgelöst und der Rest aus den Gewinnen der Jahre 1910 und 1911 beglichen.[47]

Insgesamt hatten die Grün & Bilfinger AG und ihre Gründer bei ihrem ersten Auslandsgeschäft über eine Million Mark verloren. Dieser Misserfolg wirkte offenbar nach, denn obwohl man weitere Projekte sondierte, insbesondere in Südamerika, wurden vor dem Ersten Weltkrieg keine Auslandsaufträge mehr übernommen. Ab 1909 war Grün & Bilfinger am Bau einer großen Wasserkraftanlage bei Laufenburg am Hochrhein beteiligt. Das Unternehmen führte

Wasserkraftwerk Laufenburg, Schalung der Turbinensaugschläuche, 1911

Wasserkraftwerk
Laufenburg,
„Kabelluftbahn", 1910

Rheinkorrektion
Laufenburg, 1910

dort umfangreiche Felssprengarbeiten aus und errichtete das Turbinenhaus. Diese Baustellen befanden sich überwiegend auf Schweizer Gebiet, es waren aber keine Auslandsprojekte im eigentlichen Sinn, da den Verträgen mit der Deutsch-Schweizerischen Wasserbau-Gesellschaft in Frankfurt am Main deutsches Recht zu Grunde lag.[48]

Außerdem erweiterte die Grün & Bilfinger AG ihren Tätigkeitsbereich in die deutschen Kolonien in Afrika. In Lomé/Togo errichtete das Unternehmen in den Jahren 1911 und 1912 zusammen mit der Brückenbauanstalt Gustavsburg eine eiserne Landungsbrücke, die ein durch Seegang zerstörtes, älteres Bauwerk ersetzte. Ein ähnliches Projekt wurde zusammen mit der Brückenbau Flender AG aus Benrath in Swakopmund/Südwestafrika ausgeführt, hierbei handelte es sich um einen kompletten Neubau. Die Arbeiten begannen ebenfalls 1911 und waren bei Ausbruch des Ersten Weltkriegs 1914 noch nicht abgeschlossen, daher ging die Baustelleneinrichtung bei der Besetzung der Kolonie durch britische Truppen verloren. Beide Projekte wurden vom Reichskolonialamt in Berlin in Auftrag gegeben und nach den Bedingungen des „Kolonialvertrags" ausgeführt. Die Vergütung für die erbrachten Bauleistungen bestand dabei aus vier Komponenten: Erstens einem Festbetrag *als Ersatz für die heimischen Verwaltungskosten und die sonstigen nicht nachzuweisenden Selbstkosten;* zweitens den *zur Erfüllung der vertragsmäßigen Leistungen aufgewendeten und nachgewiesenen Selbstkosten,* wobei jedoch die in einem Kostenvoranschlag festgelegte *Stichsumme* die Obergrenze bildete; drittens einem *Unternehmergewinn in Höhe von 10 % der nachgewiesenen Eigenkosten;* viertens einer *Ersparnisprämie von 25 % des Betrags,* um welchen die Eigenkosten unter dem Kostenvoranschlag blieben. Dieser Vertrag barg für das Unternehmen relativ geringe Risiken, sofern der Kostenvoranschlag realistisch kalkuliert war und bei der Bauausführung keine unvorhergesehenen Probleme auftraten. Außerdem bot er durch die *Ersparnisprämie* zusätzliche

finanzielle Anreize, die Selbstkosten niedrig zu halten, was wiederum für den Auftraggeber von Vorteil war.[49]

Zwei weitere Projekte von Grün & Bilfinger in Afrika dienten ebenso wie die Landungsbrücken in Lomé und Swakopmund der Erweiterung bestehender Hafenanlagen: In Tanga/Tansania und Duala/Kamerun errichtete das Unternehmen Kaimauern aus Stahlbeton. Die Arbeiten in Tanga wurden in den Jahren 1912 und 1913 ausgeführt, dabei kamen die im Mannheimer Bauhof in Serienfertigung hergestellten Betonpfähle zum Einsatz. Die Baustelle in Duala wurde 1913 eingerichtet und war bei Kriegsbeginn in vollem Gang. Auch hier ging wertvolles Gerät verloren, darunter ein Seebagger.[50]

GANG AN DIE BÖRSE

Das misslungene Engagement in Ungarn stand zunächst auch einem Börsengang der Grün & Bilfinger AG im Weg. Er sollte es dem Unternehmen prinzipiell ermöglichen, seine finanzielle Basis durch eine Erhöhung des Grundkapitals und die Ausgabe neuer Aktien zu verstärken. Im April 1911 erklärte sich die Dresdner Bank grundsätzlich bereit, sämtliche Aktien des Unternehmens an den Börsen in Berlin und Frankfurt am Main einzuführen. Dabei sollten zunächst jedoch nur die von der Bank gehaltenen Papiere im Nominalwert von einer Million Mark dem Publikum zum Kurs von 135 Prozent zum Kauf angeboten werden. Es zeichnete sich jedoch bald ab, dass die wenig Erfolg versprechende Beteiligung des Unternehmens an der Donau-Eipeltal-Bahn eine Börsenzulassung erschwerte. Im Lauf des Jahres 1911 verkaufte die Grün & Bilfinger AG daher die Aktien der Donau-Eipeltal-Lokalbahn AG.[51]

Im März 1912 unternahm das Unternehmen dann einen zweiten Anlauf zu einem Börsengang. Die drei Großaktionäre August Grün, Paul Bilfinger und Bernhard Karl Bilfinger verpflichteten sich gegenüber der Dresdner Bank, ihre Aktien nicht vor Ablauf des Jahres 1912 auf den Markt zu bringen. Am 27. April 1912 wurde der Verkaufsprospekt von der Zulassungsstelle der Berliner Börse genehmigt und am 9. Mai konnten die vorgesehenen 1.000 Aktien zum Kurs von 132 Prozent bei der Dresdner Bank in Berlin und ihren Filialen in Frankfurt am Main und Mannheim gezeichnet werden. Die Aktien stießen auf großes Interesse beim Publikum und waren noch am gleichen Tag mehrfach überzeichnet.[52] Die Fachpresse beurteilte die Emission und die Erfolgsaussichten der Grün & Bilfinger Aktie allerdings wesentlich skeptischer als die Anleger. Kritisiert wurde vor allem, dass nur ein Viertel der Aktien auf den Markt kam, und dass ein in der Bilanz für 1911 verbuchter Gewinn in Höhe 100.000 Mark nicht aus dem operativen Geschäft, sondern dem Verkauf der Anteile an der Mittelrheinischen Baugesellschaft stammte.[53] Die Befürchtung der Börsenexperten traten jedoch nicht ein. Die Grün & Bilfinger AG erwirtschaftete jährlich steigende Gewinne und zahlte ihren Aktionären nicht nur die satzungsgemäße Dividende von vier Prozent des Grundkapitals, sondern zusätzlich noch eine *Superdividende* von 3 bzw. 3,5 Prozent.

Rund dreißig Jahre nachdem sich August Bernatz in Mannheim niedergelassen hatte, war Grün & Bilfinger in zahlreichen deutschen Regionen vom Rheinland bis nach Ostpreußen aktiv. Niederlassungen bestanden in Köln und in München, die Gründung einer weiteren in Berlin wurde ins Auge gefasst. Grün & Bilfinger zählte zu den etablierten Bauunternehmen in Deutschland. Die Wahl des Standorts Mannheim durch Bernatz hatte sich als richtig erwiesen, der lokale Markt spielte bei der Entwicklung des Unternehmens eine wichtige Rolle. Durch den Eintritt von August Grün 1886 und Paul Bilfinger 1892 gewann das Unternehmen in hohem Maß an technischer und unternehmerischer Kompetenz. Anders als die Wettbewerber Holzmann oder Hochtief konzentrierte sich Grün & Bilfinger auf Ingenieurbauprojekte und stieg in relativ kurzer Zeit zu einem der führenden deutschen Unternehmen in dieser Sparte auf. Dabei waren allerdings auch Rückschläge zu verkraften, ausgerechnet in Mannheim verlor man den prestigeträchtigen Auftrag zum Bau der Jungbuschbrücke an Holzmann und bei ihrem ersten Auslandsgeschäft bezahlten die Firmengründer im Wortsinne reichlich Lehrgeld. Von Projekten

Jahr	Bilanzgewinn (Mio. M)	Dividende (% des GK)
1906	0,395	4 + 3
1907	0,410	4 + 3
1908	0,422	4 + 3
1909	0,453	4 + 3
1910	0,516	4 + 3,5
1911	0,530	4 + 3,5
1912	0,533	4 + 3,5
1913	0,585	4 + 3,5
1914	0,593	4 + 2
1915	0,613	4 + 2
1916	0,817	4 + 4
1917	0,757	4 + 4
1918	0,706	4 + 4
1919	0,749	4 + 4
1920	1,533	4 (S), 6 (V) + 6
1921	1,545	4 (S), 6 (V) + 6
1922	18,184	4 (S), 6 (V) + 36

S = Stammaktien, V = Vorzugsaktien

Bilanzgewinn und Dividende der Grün & Bilfinger AG 1906–1922

in den deutschen Kolonien abgesehen, hielten sie sich danach von weiteren Engagements außerhalb Deutschlands zurück. Erst in den 1920er-Jahren konnte sich Grün & Bilfinger auch auf ausländischen Märkten etablieren.

August Grün und die Gebrüder Bilfinger waren weit mehr als Firmeninhaber im rein rechtlichen oder kaufmännischen Sinn. Sie begründeten eine Unternehmenskultur, die Grün & Bilfinger bis weit in die zweite Hälfte des 20. Jahrhunderts prägte. Ihre Charakteristika waren hohe Ingenieurskunst, Solidität und Sparsamkeit. Man war stets bereit, technisch anspruchsvolle und schwierige Projekte zu übernehmen, ließ aber bei unternehmerischen Wagnissen wie der Expansion in neue Geschäftsbereiche große, mitunter zu große Vorsicht walten.

„Eine faule Emission"

Berliner Aktienexperten zum Börsengang von Grün & Bilfinger

Die Dresdner Bank bringt 4 Millionen Mark Aktien der Grün und Bilfinger Aktienge-
sellschaft in Mannheim zur öffentlichen Zeichnung und zwar zum Preise von 132 %.
Ein oberflächlicher Blick in den Prospekt sagt uns sofort, dass es sich um ein weit
überschuldetes Unternehmen handelt, dessen hoch bilanzierte Liegenschaften und
Gebäude außer in Mannheim, noch in Orten sich befinden, deren Namen wohl keiner der
Zeichner bisher gehört hat, nämlich: Seckenheim, Olsbrücken, Schlüchtern, Oldenbüttel
usw. Was solche Terrains wert sind, ist von hier aus sehr schwer zu beurteilen. [...]

Die Bilanz macht den Eindruck, als wenn es dringend notwendig wäre, schleunigst
eine Sanierung vorzunehmen, oder Grün u. Bilfinger durch neue Geldmittel aktionsfähi-
ger zu machen. Neben 4 Millionen Aktienkapital bestehen über 1½ Millionen Kreditoren,
fast ½ Million Konto-Korrentschuld bei den Banken und 2½ Millionen Avalschulden,
während die greifbaren Aktiva aus 10.000 M Kasse und 8.000 M Effekten bestehen, denn
das „Holzkonto" von ¼ Million, sowie den „Bestand von Materialien und Reserveteilen
auf den Baustellen und Lagerplätzen", sowie die Debitoren von über 2 Millionen Mark
wird im Ernstfalle niemand als greifbares Aktivum bezeichnen wollen. [...]

Wir können nicht verstehen, dass die Zulassungs-Stelle der Berliner Börse eine Einfüh-
rung zuließ, die auf Grund einer so aufgestellten Bilanz erfolgt. Wenn nicht die Erfahrungen
bei der Baufirma Mosler u. Wersche noch frisch in aller Gedächtnis wären, würde man die
Emission der Dresdner Bank noch verstehen und damit entschuldigen, dass sie eine günstige
Emissionszeit nützen möchte, einen alten Ladenhüter wenigstens teilweise loszuwerden.
Bei dem Zusammenbruch der Firma Mosler u. Wersche handelt es sich noch vorwiegend
um Berliner Häuser oder Terrains [...], während es sich bei den Mannheimer Aktien um
Liegenschaften in Mannheim, Seckenhausen [sic!], Olsbrücken, Schlüchtern, Oldenbüttel
usw. handelt. Die Gefahr ist also bei der Grün u. Bilfinger Aktiengesellschaft viel größer,
als die Gefahr für die Dresdner Bank bei der Firma Mosler u. Wersche war.

Nach all dem Gesagten können wir unseren Lesern nur raten, die Hände von der
neuesten Emission der Dresdner Bank wegzulassen. Selbst der Hinweis, dass die Ge-
sellschaft einen Steinbruch in Olsbrücken besitzt, kann uns von der Bonität der neuen
Aktien nicht überzeugen. Von diesem Kaliber von Börsenwerten haben wir schon mehr
als genug in unserem Kurszettel, jede Vermehrung ist von Übel.

Die Berliner Börse hat nicht den Ehrgeiz, alle kleinen Lokalwerte, die in ihrer Heimat
kein Unterkommen mehr finden, aufzunehmen, damit, außer an den Tagen der Emission,
vielleicht einmal dann und wann einige Tausend Mark notiert werden können – wenn
gerade das Emissionshaus für sein Patenkind interveniert.

Berliner Börsen-Courier vom 8. Mai 1912.

Am Vorabend des Ersten Weltkriegs waren bei Grün & Bilfinger zahlreiche Arbeiten im Gang, darunter der Bau einer neuen Eisenbahnbrücke über den Rhein zwischen Rüdesheim und Bingen mit der zugehörigen Anschlussbahn auf linksrheinischem Gebiet. Diese Brücke war ein rein militärisches Projekt, sie sollte den Aufmarsch deutscher Truppen gegen Frankreich beschleunigen. Der kommende Krieg warf also bereits seine Schatten voraus.[54]

GRÜN & BILFINGER IM ERSTEN WELTKRIEG

Der Ausbruch des Ersten Weltkriegs am 1. August 1914 beendete für die Grün & Bilfinger AG und ihre Beschäftigten eine Zeit *ruhiger Fortentwicklung ohne besonders einschneidende Ereignisse,* wie der Vorstand noch das Geschäftsjahr 1913 charakterisiert hatte.[55] Wehrpflichtige Arbeiter und Angestellte folgten dem Aufruf zur Mobilmachung, die meisten wohl mit der weit verbreiteten Illusion, nach einem siegreich bestandenen Abenteuer an Weihnachten wieder zu Hause zu sein. Die Arbeiten auf den Baustellen ruhten kurzfristig, wurden dann aber bald wieder aufgenommen. Von einer Ausnahme abgesehen, wurden auch alle laufenden Projekte von Grün & Bilfinger fortgesetzt, wobei sich allerdings bereits ab Herbst 1914 die Rahmenbedingungen durch fehlende Arbeitskräfte und steigende Preise verschlechterten. Der Krieg brachte auch neue Aufträge mit sich, zunächst zur provisorischen Wiederherstellung von gesprengten Brücken und Tunnels, dann, nachdem die deutsche Offensive im Westen zum Stillstand gekommen und in den Stellungskrieg übergegangen war, auch zum systematischen Ausbau des Eisenbahnnetzes in Belgien und Deutschland.

Im Oktober 1914 setzte sich wohl auch beim Vorstand der Grün & Bilfinger AG die Erkenntnis durch, dass der Krieg länger dauern würde, als im August angenommen. Um den Kontakt zu den Mitarbeitern aufrecht zu erhalten, begann man mit der Herausgabe *von Mitteilungen an unsere im Kriege befindlichen Angestellten.* Das vierseitige Informationsblatt erschien monatlich und enthielt neben Personalnachrichten meist vaterländisch gestimmte Abhandlungen aus der Feder von Vorstandsmitglied Wilhelm Fabel, der als Schriftleiter für den Inhalt der *Mitteilungen* verantwortlich war. Auf diesem Weg erfuhren die Mitarbeiter unter anderem vom Tod des Firmengründers und Aufsichtsratsvorsitzenden August Grün am 15. März 1915. Mit zunehmender Dauer des Krieges häuften sich auch in den *Mitteilungen* die Todesanzeigen. So gab Bernhard Karl Bilfinger in der Ausgabe vom 1. Juni 1916 den „Heldentod" seines Sohnes Bernhard bekannt, nicht ohne zu erwähnen, dass dessen Regiment bei der Verlegung von der Ost- an die Westfront mit einem der ersten Militärzüge die neue Rheinbrücke bei Rüdesheim passiert hatte. Die *Mitteilungen* wurden im Januar 1917 eingestellt, nachdem Bernhard Karl Bilfinger in einer Vorstandssitzung die *Angriffe, denen seiner Ansicht nach der Reichskanzler* [Theobald von Bethmann-Hollweg, d. Verf.] *im Leitartikel der No. 26 ausgesetzt worden* war, kritisiert

und eine Gegendarstellung verlangt hatte. Wilhelm Fabel weigerte sich jedoch, *gegen seine Überzeugung zu handeln* und legte die Schriftleitung nieder. Da keine Einigung erzielt werden konnte, beschloss der Vorstand schließlich, die Herausgabe der *Mitteilungen* einzustellen.[56]

Obwohl die besagte Ausgabe nicht überliefert ist und daher der konkrete Anlass der Auseinandersetzung nicht näher beschrieben werden kann, dürfte es kein Zufall sein, dass sich der Konflikt innerhalb des Vorstands über die Politik der Reichsregierung im „Hungerwinter" 1916/17 entspann, als sich die wirtschaftliche Lage in Deutschland dramatisch verschlechterte und Kanzler Bethmann-Hollweg zunehmend ins Kreuzfeuer der Befürworter expansionistischer Kriegsziele geriet. Die großen Schlachten des Jahres 1916 um Verdun und an der Somme waren ohne greifbare Ergebnisse geblieben, hatten aber bislang unvorstellbare Opfer an Menschenleben gefordert und riesige Mengen Material und Munition verbraucht. Die im August 1916 etablierte „Dritte Oberste Heeresleitung" unter Hindenburg und Ludendorff forderte daraufhin die totale Mobilisierung sämtlicher ökonomischer Ressourcen und Arbeitskräfte. Das „Hindenburgprogramm" zur Steigerung der Rüstungsproduktion führte letztlich aber zu einer gefährlichen Überhitzung der Wirtschaft mit enormen Preis- und Lohnsteigerungen. Zusätzlich verschärft wurde die Krise durch gravierende Engpässe bei der Lebensmittelproduktion und der Kohleförderung sowie den zeitweiligen Zusammenbruch des Eisenbahnsystems. Unter diesen Umständen wurde es auch für die Grün & Bilfinger AG

Arbeitskräftemangel während des Ersten Weltkriegs: Frauen beim Bau von Startbahnen für Wasserflugzeuge auf Norderney, 1915

zunehmend schwieriger, Arbeitskräfte zu erhalten, Baustoffe zu beschaffen und deren Transport zu organisieren.

Im Lauf des Jahres 1917 änderte sich die wirtschaftliche Lage Deutschlands nicht zum Besseren. Auch auf militärischen Gebiet konnte kein Durchbruch erzielt werden, im Gegenteil, die fatale Strategie des uneingeschränkten U-Boot-Krieges führte zum Kriegseintritt der USA auf der Seite der Alliierten. Erst der Zusammenbruch des Zarenreiches und das Ausscheiden Russlands aus dem Kriege verschaffte der Militärführung etwas Luft. Durch die Erfolge im Osten ermuntert, entschlossen sich Hindenburg und Ludendorff, in einer großen Offensive im Frühjahr 1918 alles auf eine Karte zu setzen. Noch einmal wurden alle militärischen und ökonomischen Ressourcen mobilisiert. Nach beachtlichen Anfangserfolgen, brach die Offensive jedoch im Juni 1918 zusammen, der Krieg war für Deutschland endgültig verloren.[57]

Diese Erkenntnis hatte sich bei weitblickenden Personen schon deutlich vor dem Waffenstillstand am 11. November 1918 durchgesetzt. Bereits im April 1918 regte Aufsichtsratsmitglied Felix Jüdell vom Vorstand der Dresdner Bank an, im neutralen Ausland eine *Zweigfirma* der Grün & Bilfinger AG zu gründen oder sich an einem *gleichartigen ausländischen Unternehmen* zu beteiligen, da es nach dem Krieg *für deutsche Firmen nicht leicht sein werde, Auslandsaufträge zu erhalten.*[58] Diese Idee konnte allerdings nicht mehr realisiert werden. Die Verantwortlichen bei Grün & Bilfinger waren in der zweiten Jahreshälfte 1918 vollauf damit beschäftigt, den Baustellenbetrieb im Inland aufrecht zu erhalten und gleichzeitig Personal und Gerät aus den besetzen Gebieten abzuziehen, was jedoch nur zum Teil gelang.

DIE LAGE NACH KRIEGSBEGINN

Unmittelbar nach Kriegsbeginn lagen *infolge der allgemeinen Unsicherheit und Verwirrung durch die Mobilmachung* zunächst alle Baustellen der Grün & Bilfinger AG still. Sie kamen jedoch relativ rasch wieder in Gang, mit Ausnahme der Arbeiten für die Festung Graudenz an der Weichsel. Hier hatte das Unternehmen im Juni 1914 einen Auftrag für umfangreiche Erd- und Betonarbeiten im Wert von 10,8 Mio. Mark übernommen. Auf Anordnung der preußischen Militärbehörden wurde nach Kriegsbeginn der Baubetrieb eingestellt und im März 1915 das gesamte Projekt storniert.[59]

Zu den Baustellen in Duala und Swakopmund brach der Kontakt ab. Bernhard Karl Bilfinger hatte sie noch im Juni und Juli 1914 besucht und befand sich zum Zeitpunkt des Kriegsausbruchs auf der Rückreise. Um britischen Kriegsschiffen zu entgehen, steuerte sein Dampfer Pernambuco Brasilien an, von wo aus die Passagiere auf eigene Faust nach Deutschland zurückkehren mussten. Bernhard Karl Bilfinger gelang dies erst im September 1914 via Rio de Janeiro und Amsterdam. Die rasche Besetzung der deutschen Kolonien Kamerun und Südwestafrika durch französische und britische Truppen brachte das Ende der Bauprojekte mit sich. Das Personal wurde interniert oder geriet in Gefangenschaft, der umfangreiche und wertvolle Gerätepark wurde von den Kriegsgegnern beschlagnahmt.[60]

Schon bald kristallisierte sich auch für die Bauindustrie der Arbeitskräftemangel als ein Hauptproblem der Kriegswirtschaft heraus. Unmittelbar nach Kriegsbeginn hatte es zunächst noch ein Überangebot an *Bauhandwerkern und Hilfsarbeitern* gegeben, vor allem verursacht durch Arbeitseinstellungen im Hochbaugewerbe. Dies änderte sich durch den unerwarteten Kriegsverlauf rasch. Die deutsche Offensive im Westen brach im Herbst 1914 zusammen, der Stellungskrieg begann und zusätzliche Soldaten mussten mobilisiert werden. *Die Einberufung selbst des ungedienten Landsturms entzog dem Arbeitsmarkt die Kräfte aufs Rascheste und es konnten schon gegen Jahresende Arbeiter [...] nur mit besonderen Versprechungen und gegen Lohnerhöhung eingestellt werden, ohne dass damit aber völlig die Bedürfnisse befriedigt waren.* Auf einzelnen Baustellen wurden bereits 1914 Kriegsgefangene eingesetzt, die nach Ansicht des Vorstands aber keinen *vollwertigen Ersatz* für reguläre Arbeitskräfte darstellten.[61]

Eine weitere Folge des Krieges waren Preissteigerungen für zahlreiche Produkte, insbesondere *Erzeugnisse der Metallindustrie, Öle und Fette, Kohlen, Baustoffe, Brennstoffe, Gummi- und Dichtungsartikel.* Die dadurch verursachten Kosten konnten größtenteils nicht an die Auftraggeber weitergegeben werden, mit denen man noch Verträge auf der Basis von *Friedenspreisen* abgeschlossen hatte. Es war daher nicht zu vermeiden, dass einige noch vor Kriegsbeginn übernommene Projekte mit Verlusten abschlossen. Diese wurden jedoch durch neue, kriegsbedingte Aufträge von Behörden und militärischen Dienststellen mehr als ausgeglichen, zumal diese in der Regel auf der Basis von so genannten Selbstkostenverträgen abgewickelt wurden. Der Unternehmer erhielt dabei die nachgewiesenen Selbstkosten sowie einen Gewinnzuschlag. Grün & Bilfinger übernahm bereits im Herbst 1914 Aufträge zur Instandsetzung von Eisenbahnlinien, Brücken und Tunnels in Belgien, Frankreich und Ostpreußen sowie für Arbeiten an Befestigungsanlagen in Straßburg, Neubreisach und Köln.[62]

Wiederaufbau der Maasbrücke Lalour, Frankreich, 1916

*Provisorische Straßen-
brücke über die Alle,
Friedland/Ostpreußen,
1914*

*Provisorische Eisen-
bahnbrücke über die
Alle, Belastungsprobe,
Friedland/Ostpreußen,
1915*

*Wiederherstellung des
Tunnels Montmédy/
Frankreich, 1914*

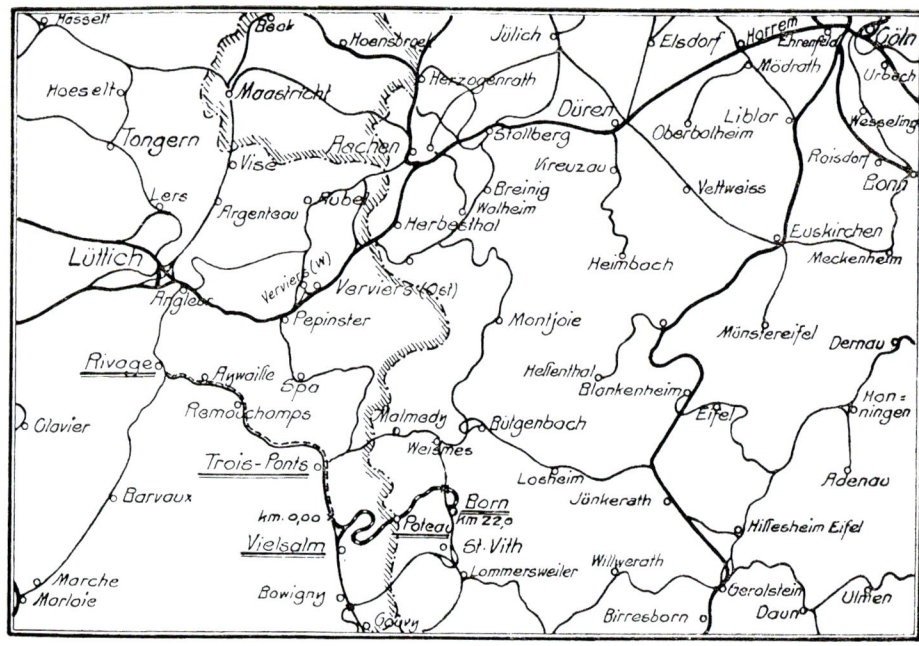

Karte der „Kriegsbahn"
Rivage-Vielsalm-Born

DER AUS- UND NEUBAU STRATEGISCHER EISENBAHNLINIEN IM WESTEN

Durch das Andauern des Krieges im Westen und die verlustreichen Materialschlachten gewann der Ausbau der Infrastruktur in den besetzten Gebieten an Bedeutung. Die Eisenbahn war das bei weitem wichtigste Verkehrsmittel für den Transport von Truppen und Material aus

Talbrücke Vielsalm,
Belpen, 1916

Deutschland in die Etappe. Unmittelbar nach dem Feldzug 1914 waren zunächst gesprengte Bauwerke wieder in Stand gesetzt worden. In einer zweiten Phase begann 1915 der Aus- und Neubau von drei strategisch wichtigen „Kriegsbahnen" im Osten Belgiens. Auftraggeber war der Chef des Feldeisenbahnwesens General Wilhelm Groener bzw. die ihm unterstehende Militär-Generaldirektion der Eisenbahnen in Brüssel. Dabei wurden komplexe Bauaufgaben wie die Erstellung von Brücken und Tunnels an Unternehmen vergeben, die sie mit eigenem Personal ausführten, während die Gleise meist von Eisenbahntruppen verlegt wurden. Die Grün & Bilfinger AG war am Bau von zwei Linien beteiligt: Südlich von Spa wurde die Strecke zwischen Rivage und Vielsalm zweigleisig ausgebaut, hinzu kam eine neue Verbindungsbahn von Vielsalm über Poteau nach Born auf damals deutschem Territorium. Ein kompletter Neubau war die Linie von Tongres über Visé und Gemmenich nach Aachen, die zur Entlastung der bestehenden Verbindung zwischen Lüttich und Aachen dienen sollte.[63]

Auf der Strecke zwischen Rivage und Vielsalm war Grün & Bilfinger mit dem Ausbau eines Tunnels bei Trois-Ponts beschäftigt, der von belgischen Truppen auf dem Rückzug gesprengt worden war. Im Herbst 1914 hatte das Unternehmen zunächst das beschädigte Gewölbe in der Mitte des Tunnels ausgebessert und ihn wieder befahrbar gemacht.[64] Zwischen Mai und Dezember 1915 wurde das Bauwerk dann für zweigleisigen Betrieb erweitert, wobei der Bahnverkehr permanent aufrechterhalten werden musste. Von April 1915 bis Juli 1916 errichtete Grün & Bilfinger außerdem bei Vielsam einen Talübergang für die neue Bahn nach Poteau und Born. Das 260 Meter lange und bis zu 33 Meter hohe Viadukt wurde in massiver Bauweise aus Beton und Mauerwerk erstellt. Hinzu kamen umfangreiche Erd- und Baggerarbeiten für die Bahntrasse.[65]

Ausbau des Tunnels Trois-Ponts/Belgien, 1915

Für die 50 Kilometer lange Neubaustrecke zwischen Tongres und Aachen mussten vier Tunnel und sechs große Brückenbauwerke erstellt werden. Das ganze Projekt war in 17 Lose unterteilt, die an deutsche Unternehmen nach den oben erläuterten Bedingungen des „Kolonialvertrags" vergeben wurden. Zusammen mit der Brückenbauanstalt der MAN in Gustavsburg reichte Grün & Bilfinger Entwürfe für zwei Brücken über die Maas bzw. den Maaskanal bei Visé sowie für die Geultalbrücke bei Moresnet ein, sie war mit einer Länge von 1.100 Metern das größte Bauwerk der gesamten Strecke. Alle drei Brücken waren weit gespannte Stahlkonstruktionen auf betonierten Pfeilern, da die Projekte nur bei dieser Bauart innerhalb der vom Militär geforderten Bauzeit von eineinhalb Jahren zu realisieren waren. Der Bau von massiven gewölbten Viadukten dieser Größe hätte wesentlich länger gedauert und mehr Arbeitskräfte und Material erfordert. Die Entwürfe von Grün & Bilfinger und MAN erhielten den Zuschlag, die Arbeiten wurden allerdings getrennt an vier Stahlbau- und drei Tiefbauunternehmen vergeben. Grün & Bilfinger übernahm die östliche Hälfte der Pfeilerbauten für die Geultalbrücke, die westliche ging an die Dyckerhoff & Widmann AG. Die Unterbauten der Maas- bzw. der Maaskanalbrücke erstellte das Münchner Unternehmen Sager & Wörner. Die Stahlüberbauten wurden von MAN Gustavsburg, Gutehoffnungshütte (GHH) Oberhausen, Dortmunder Union sowie Hein & Lehmann in Düsseldorf geliefert.

Karte der „Kriegsbahn"
Tongres–Visé–
Gemmenich–Aachen

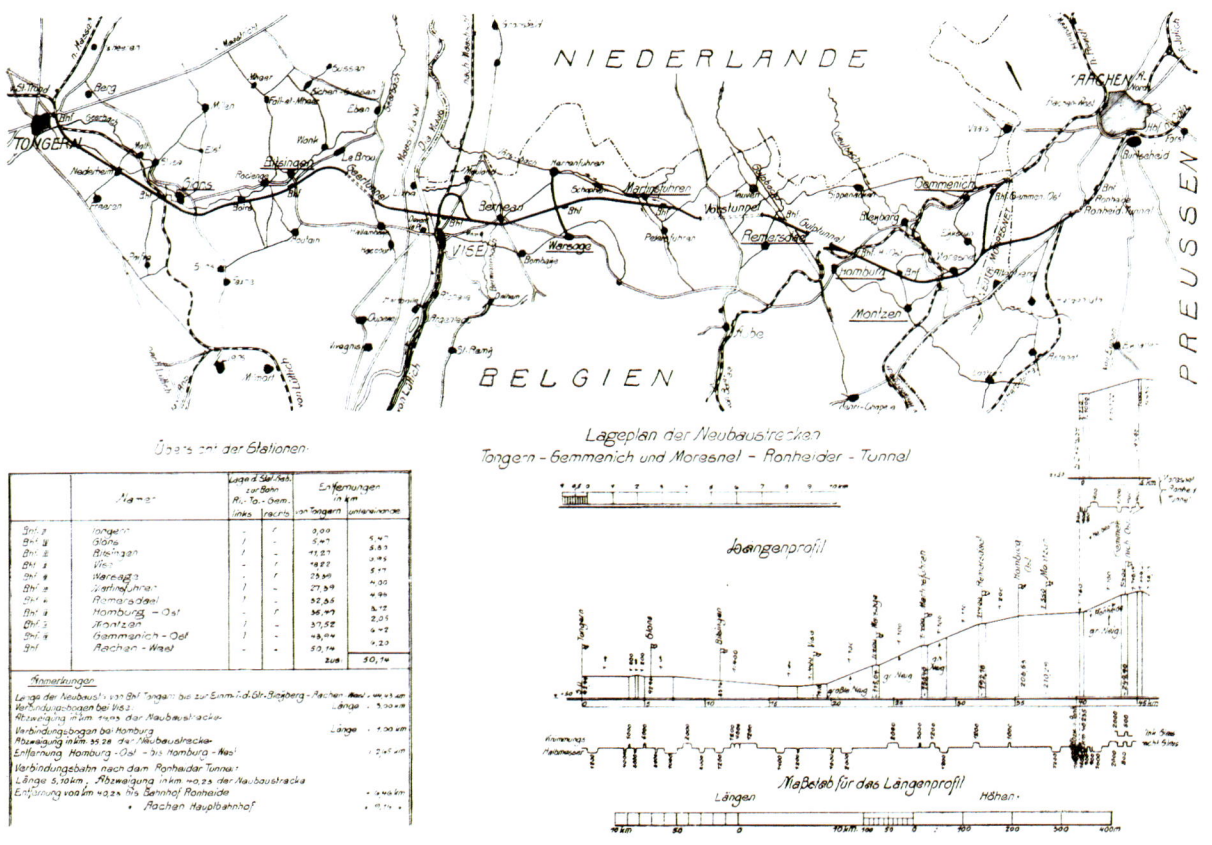

Grün & Bilfinger errichtete das östliche Widerlager sowie elf der insgesamt 21 Pfeiler, die teilweise 50 Meter über dem Talgrund aufragen und in bis zu 10 Meter Tiefe gegründet wurden. Allein für das Los von Grün & Bilfinger mussten über 22.000 Kubikmeter Beton verarbeitet werden, wobei die Beschaffung der Baustoffe nicht unproblematisch war. Der benötigte Kies wurde zum größten Teil im Rhein gebaggert, auf dem Wasserweg durch Holland nach Antwerpen transportiert und dort auf die Eisenbahn umgeladen. Da die neutralen Niederlande mitunter den Transit verweigerten, musste zeitweilig auf Kies aus einer Grube in Geilenkirchen bei Aachen zurückgegriffen werden. Das Unternehmen beschäftigte auf dieser Baustelle zwischen 100 und 200 Arbeiter, vorwiegend Belgier, nur die Angestellten und einzelne Facharbeiter waren Deutsche. Auf der Baustelle herrschte häufig Mangel an Arbeitskräften, zumal auch auf den Nachbarlosen Arbeiter gesucht wurden. Innerhalb eines Jahres wurden die Löhne um neun Prozent angehoben, um die Arbeiter zu halten, die zusätzlich zu ihrem Lohn auch kostenlose Verpflegung erhielten. Die Bauarbeiten begannen im August 1915, im Februar 1917 konnte die Brücke in Betrieb genommen werden. Sie wurde nach General Wilhelm Groener benannt, ehemals Chef des Feldeisenbahnwesens und von Herbst 1916 bis August 1917 Leiter des Obersten Kriegsamts, der im Rahmen des Hindenburg-Programms geschaffenen zentralen Behörde zur Steuerung der Kriegswirtschaft.[66]

Pfeiler der Geultal-
brücke bei Moresnet/
Belgien, 1916

Neben den Unterbauten für das Geultalviadukt erhielt Grün & Bilfinger den Zuschlag für ein weiteres Los der Neubaustrecke von Tongres nach Aachen. In der Nähe der Ortschaft Veurs errichtete das Unternehmen zwischen 1915 und 1918 einen 2.100 Meter langen Doppeltunnel. Grün & Bilfinger hatte der militärischen Eisenbahnverwaltung diese Bauform vorgeschlagen, da eine eingleisige Tunnelröhre schneller fertig gestellt werden konnte als eine zweigleisige und die Bahnlinie daher zu einem früheren Termin befahrbar war. Die erste Röhre wurde im Februar 1917, die zweite im Januar 1918 in Betrieb genommen.

Der Veurs-Tunnel war in jeder Hinsicht das größte Projekt von Grün & Bilfinger während des Ersten Weltkriegs. Noch mehr als auf anderen Baustellen bereitete hier die Anwerbung geeigneter Arbeitskräfte Schwierigkeiten. Vor Kriegsbeginn hatte das Unternehmen auf seinen Tunnelbaustellen überwiegend italienische Arbeiter beschäftigt, die Spezialisten im Tunnelbau waren. Bei Abgabe des Angebots für den Veurs-Tunnel war man davon ausgegangen, auch für dieses Projekt wieder Italiener anwerben zu können. Durch den Kriegseintritt Italiens an der Seite der Alliierten im Mai 1915 war dies jedoch nicht mehr möglich und den noch in Deutschland verbliebenen Italienern, die früher für Grün & Bilfinger gearbeitet hatten, *verweigerten die stellvertretenden deutschen General-Kommandos, [...] trotz wiederholter und eindringlicher Vorstellung und Befürwortung durch die Militär-General-Direktion der Eisenbahnen, die Ausreise mit der Begründung, dass diese Leute auch in Deutschland zu dringenden Heeresarbeiten gebraucht würden.*

Montage des Stahlüberbaus der Geultalbrücke bei Moresnet/Belgien, 1916

Man versuchte, in der Schweiz Tunnelarbeiter zu engagieren, erzielte aber nicht den gewünschten Erfolg. Schließlich ging das Unternehmen dazu über, *aus den Gruben des Lütticher Beckens Bergarbeiter anzuwerben und für den Tunnelbau anzulernen. Um diese Leute zum Übertritt zu bewegen, mussten hohe Löhne und außerdem Prämien gewährt werden*, und zwar sowohl für Arbeitsleistungen als auch um die Arbeiter an die Baustelle zu binden. *Die Schwere der Arbeit und die Nässe im Tunnel sowie die Abgelegenheit der Arbeitsstelle, die besonders für Feierstunden wenig Zerstreuung bot, sagten den Leuten nicht zu und viele traten nach kurzer Tätigkeit wieder aus.* Auf Anraten des Auftraggebers wurde auch das *Industriebüro Brüssel* eingeschaltet, es sollte belgische Arbeitskräfte für die deutsche Wirtschaft rekrutieren. Die Zusammenarbeit wurde jedoch bald wieder eingestellt, da *statt Tunnelarbeitern meist schwächliche Gelegenheitsarbeiter aus der Großstadt zugewiesen* wurden, während das *Industriebüro* gleichzeitig *die kräftigen Leute* von der Baustelle für Betriebe in Deutschland abwarb.

Auch die Beschäftigung von 200 russischen Kriegsgefangenen, die dem Unternehmen im Mai 1916 von der Heeresverwaltung zugewiesen wurden, war ein Fehlschlag. Die Gefangenen mussten in einem eigenen Lager untergebracht werden, dessen Einrichtung und Unterhaltung hohe Kosten verursachte. Außerdem war ihre Arbeitsleistung *so gering, dass die Firma, um größere Verluste zu vermeiden, am 27. September 1916 den Antrag stellen musste, die Gefangenen wieder wegzunehmen.* Aus Sicht des Unternehmens war es durchaus *begreiflich,*

Baggerarbeiten am Voreinschnitt des Veurs-Tunnels, Belgien, 1916

dass bei den Gefangenen keine Arbeitslust vorhanden war. Unverständlich war dagegen die Haltung ihrer zahlreichen militärischen Bewacher, die nicht bereit waren, *bei der Anweisung und Anleitung der Gefangenen mitzuwirken.* Nach Ansicht von Grün & Bilfinger wollte die Militärverwaltung mit dem Einsatz von Kriegsgefangenen den Lohnforderungen der freien Arbeiter begegnen und diesen demonstrieren, dass man nicht auf sie angewiesen sei. Erreicht wurde jedoch das genaue Gegenteil, *da die Russen bei jedem nichtigen Anlass einfach die Arbeit verweigerten, und da die Wachmannschaft nicht eingriff, wurden insbesondere bei den belgischen Arbeitern die Lohnforderungen nur immer größer und die Leistungen geringer.* Der Abzug der Kriegsgefangenen wurde von der Bauleitung daher *als Wohltat empfunden.*

Nach langen Bemühungen wurden schließlich *150 deutsche Bergleute aus dem Siegener Bergbaubezirk von verschiedenen Truppenteilen* freigestellt, sie konnten relativ rasch als Tunnelarbeiter angelernt werden. Ein daraufhin gestelltes *weiteres Gesuch um Freigabe einer größeren Anzahl deutscher Bergleute* wurde von den Militärbehörden jedoch abgelehnt, ebenso wie ein Antrag, auf *österreichischem Gebiet selbst Leute anzuwerben.* Stattdessen wurden *70 kroatische, nicht felddienstfähige Mineure* nach Veurs geschickt. Sie waren *zwar keine vollwertigen Tunnelarbeiter* und machten *durch hohe Lohnansprüche, häufiges Fernbleiben von der Arbeit, Raufhändel usw. viele Schwierigkeiten.* Da ihnen der Tunnelbau aber doch *nicht fremd* war, trug ihre Arbeitsleistung durchaus zur raschen Fertigstellung der ersten Röhre bei.

Beim Bau des Veurs-Tunnels waren zeitweilig über 3.000 Arbeiter beschäftigt, die von Grün & Bilfinger untergebracht und verpflegt werden mussten, denn die Baustelle lag abseits von größeren Ortschaften. Da die in den benachbarten Losen tätigen Bauunternehmen ebenfalls nach Arbeitskräften suchten, war es wichtig, die Arbeiter nicht nur durch hohe Löhne, sondern auch durch soziale Einrichtungen auf der Baustelle zu halten. Dazu zählten geräumige und saubere *Unterkunfts- und Schlafräume, die Verabreichung guter Kost* sowie die *Einrichtung von Verkaufstellen,* in denen *Arbeiterbedarfsartikel zu billigen Preisen zu erhalten waren.* Das Unternehmen betrieb eine eigene Viehwirtschaft mit zahlreichen Rindern, Schweinen, Schafen und Hühnern. Fleisch, Wurstwaren, Käse und Milch wurden selbst erzeugt, dazu diente unter anderem eine komplette Schlachterei mit allen notwendigen Einrichtungen. Die Unterbringung der Arbeiter war unterschiedlich und sicher vom sozialen Status abhängig. Es gab sowohl Wohnbaracken mit Einzelzimmern, als auch solche mit Schlafsälen für bis zu 70 Personen. Hinzu kamen Küchen, Speise- und Aufenthaltsräume, Badeanstalt, Wäscherei und Krankenstation. Einschließlich aller Werkstätten, Maschinenhäuser und Lagerschuppen umfasste die gesamte Baustelleneinrichtung 167 Gebäude.

Im Verlauf der Jahre 1916 und 1917 traten immer häufiger Engpässe bei der Beschaffung von Zement, Kies und anderen Materialien auf. Deren Transport nach Veurs stellte eine zusätzliche Herausforderung dar. Während der gesamten Bauzeit mussten 33.000 Waggons mit Baustoffen über das ohnehin chronisch überlastete Eisenbahnnetz herangeschafft werden. Für Maschinen, Geräte und Lebensmittel wurden weitere 600 Wagenladungen benötigt. Doch nicht nur logistische Probleme sondern auch bürokratische Hemmnisse und Kompetenzwirrwarr behinderten den Baufortschritt. Im Juli 1915 begann das deutsche Militär mit der Errichtung eines elektrisch geladenen Grenzzauns zwischen Belgien und den Niederlanden, der zunächst mitten durch das

Baugelände führen sollte. Die Grenzschutzeinheit war über die Linienführung der Bahn nicht informiert und die Bauleitung wusste umgekehrt nicht, dass ein Zaun errichtet werden sollte. In langwierigen Verhandlungen gelang es zwar, diesen etwas zu verschieben, die Belange des Unternehmens wurden dabei jedoch kaum berücksichtigt, so dass sich Einrichtungsarbeiten und Transporte verzögerten und verteuerten. Die eigentlichen Tunnelbauarbeiten gestalteten sich auf Grund der geologischen Verhältnisse als ausgesprochen schwierig. In die Stollen drangen große Mengen Wasser ein, die permanent abgepumpt werden mussten. Zur Beschleunigung des Vortriebs wurden insgesamt drei Schächte abgeteuft, so dass die Tunnelröhren von mehreren Stellen aus gleichzeitig aufgefahren werden konnten.

Nach der Fertigstellung der zweiten Tunnelröhre im Januar 1918 waren noch Restarbeiten zu erledigen und die Baustelle zu räumen. Der Abtransport von Maschinen und Materialien war zunächst jedoch nicht möglich, da die deutsche Frühjahrsoffensive sämtliche Bahnkapazitäten in Anspruch nahm. Während dieser Zeit rollten täglich zwischen 120 und 150 Militärzüge durch den Veurs-Tunnel zur Front. Erst im Sommer 1918 konnten 200 Wagenladungen mit Baugeräten nach Deutschland und zu anderen Baustellen auf den Weg gebracht werden. Auf Anordnung der Militär-Generaldirektion der Eisenbahnen durften sämtliche landwirtschaftlich genutzten Gebäude, Wohnbaracken für Angestellte, ein Sägewerk und eine Reparaturwerkstätte nicht demontiert werden. Die Behörde glaubte noch immer an einen deutschen Sieg und wollte die

Eisenbahntunnel bei Veurs/Belgien, 1918

Anlage nach Kriegsende als Erholungsheim für Eisenbahner nutzen. Als sich die militärische Lage dann für die deutschen Truppen zusehends verschlechterte, konnte die Baustelle nicht mehr geordnet geräumt werden. Der immer noch vorhandene Viehbestand musste mit Verlust an die Einwohner der umliegenden Ortschaften verkauft werden, die Baracken wurden zerlegt, konnten aber nicht mehr abtransportiert werden. Die letzten Arbeiter und Angestellten von Grün & Bilfinger verließen Veurs am 12. November 1918. Sie ließen zahlreiches Gerät zurück, darunter zehn Kilometer Feldbahngleise und 55 Rollwagen.

Als man zum Jahresende 1918 Bilanz zog und die Baustelle abrechnete, ergab sich ein Gesamtaufwand von 14,2 Mio. Mark. Der dem Bauvertrag zu Grunde liegende Kostenvoranschlag sah dagegen nur 12,6 Mio. vor. Grün & Bilfinger begründete die Steigerung der Baukosten zum einen mit der *gewaltigen Steigerung der Löhne und der Preise für Baustoffe und Betriebsmittel* infolge des 1916 aufgestellten Hindenburgprogramms, zum anderen mit der unerwartet langen Kriegsdauer. Bei Ausschreibung der Bauarbeiten im Frühjahr 1915 habe man allgemein angenommen, *dass mindestens die zweite Röhre unter friedlichen Verhältnissen fertiggestellt werden könne, weil an eine Verlängerung des Krieges über das Jahr 1916 hinaus weder die ausschreibende Behörde noch irgendeiner der sich bewerbenden Unternehmer gedacht habe.* Da Grün & Bilfinger nachweisen konnte, dass die Verteuerung nicht auf eigenes Verschulden zurückzuführen war, wurden die Mehrkosten vom Auftraggeber anerkannt und bezahlt.[67]

Nach 1918 war man bei Grün & Bilfinger sichtlich darum bemüht, dass die Arbeiten im Zusammenhang mit den Kriegsbahnen nicht in Vergessenheit gerieten. Man war stolz auf die insbesondere beim Bau des Geultalviadukts und des Veurs-Tunnels unter extrem schwierigen Bedingungen erbrachten Leistungen, *die alle selbst in Friedenszeiten in Deutschland erreichten Fortschritte* überragten.[68] In vergleichsweise umfangreichen Beschreibungen wurden die Projekte intern dokumentiert, in den Werbebroschüren der zwanziger Jahre tauchten sie jedoch nicht auf. Da man in dieser Zeit verstärkt ins Auslandsgeschäft einsteigen wollte, war es nicht opportun, mit den im Auftrag des deutschen Militärs errichteten Bauwerken zu werben.

KRIEGSWICHTIGE EISENBAHNBAUTEN IN DEUTSCHLAND

Die unerwartet lange Dauer des Krieges führte dazu, dass auch in Deutschland militärisch wichtige Eisenbahnprojekte vorangetrieben wurden. Bereits im Zusammenhang mit der Ausarbeitung des Schlieffen-Plans hatte Wilhelm Groener als Generalstabsoffizier in den Jahren 1906 und 1911 den Bau zusätzlicher Rheinbrücken gefordert, um den deutschen Aufmarsch gegen Frankreich beschleunigen zu können. Dazu zählten die Brücken bei Rüdesheim, Neuwied und Remagen.[69] Vor Kriegsbeginn war lediglich mit dem Bau der Brücke zwischen Rüdesheim und Bingen begonnen worden, sie wurde 1915 fertig gestellt. Die Brücken bei Neuwied-Engers und Remagen wurden ab Herbst 1916 errichtet, die Bauwerke waren konstruktiv weitgehend identisch, die Entwürfe stammten von dem Mannheimer Architekten Karl Wiener. In beiden Fällen übernahm Grün & Bilfinger den Bau der Widerlager, Flutbrücken und Strompfeiler. Hinzu kam der unmittelbar an die Brücke von Remagen anschließende Tunnel durch die „Erpeler Ley" auf dem

rechten Rheinufer. Der Auftragswert für alle drei Projekte betrug insgesamt 4,7 Mio. Mark, die beiden Brücken wurden noch vor Kriegsende, der Tunnel erst 1919 fertig gestellt.[70]

    Völlig in den Anfängen stecken blieb ein weiteres Großprojekt mit militärischem Hintergrund: der Bau einer neuen Bahnlinie auf dem rechten Moselufer. Teil dieser Strecke sollte ein 2.500 Meter langer Tunnel zwischen den Ortschaften Treis und Bruttig sein. Im Frühjahr 1917 erhielt die

Grün & Bilfinger AG den Auftrag zum Bau dieses Tunnels im Wert von fast acht Millionen Mark. Er wurde allerdings erst 1920 fertig gestellt und blieb das einzige Bauwerk der geplanten neuen Moselbahn, auf deren Weiterbau Deutschland im Vertrag von Versailles verzichten musste.[71]

DIE FINANZIELLE ENTWICKLUNG WÄHREND DES ERSTEN WELTKRIEGS

Im letzten Friedensjahr erbrachte die Grün & Bilfinger AG eine Bauleistung von 16,8 Mio. Mark, der Auftragsbestand zum Jahresende betrug 10,1 Mio. Im Vergleich dazu gingen 1914 Leistung und Auftragsbestand deutlich zurück. Rein zivile Projekte wurden nicht mehr vergeben und die großen Aufträge mit militärischem Hintergrund gingen erst in den folgenden Jahren ein. 1915 konnte bereits eine Zunahme registriert werden und am Jahresende entsprachen die neu akquirierten Aufträge fast dem Wert der Jahresleistung. Diese erreichte in den Jahren 1916 und 1917 mit jeweils rund 19 Mio. Mark den Höchststand. 1918 ging sie leicht zurück, lag aber immer noch auf dem Niveau von 1913. Mit einem vergleichsweise hohen Auftragsbestand von 15,1 Mio. ging die Grün & Bilfinger AG dann ins erste Nachkriegsjahr.

Jahr	Bauleistung	Auftragsbestand (zum 31.12.)
1912	12,0	16,7
1913	16,8	10,1
1914	12,5	5,7
1915	14,4	14,2
1916	19,2	13,1
1917	19,1	12,5
1918	16,9	15,1
1919	25,2	20,0
1920	72,9	69,1
1921	100,6	106,6

Leistung und Auftragsbestand der Grün & Bilfinger AG 1912–1921 (Mio. M)

Während des gesamten Ersten Weltkriegs erwirtschaftete die Grün & Bilfinger AG Gewinne. Die höchsten Überschüsse wurden 1916 erzielt, der in der Bilanz ausgewiesene *Reingewinn* betrug rund 816.000 Mark. Darüber hinaus konnten offene und stille Reserven in Höhe von fast 1,5 Mio. Mark geschaffen werden. Hinzu kamen *Rückstellungen und Rückhalte auf Bauten und berechtigte Nachforderungen,* so dass Grün & Bilfinger zum Ende des Geschäftsjahrs 1916 über *Gesamt-Reserven* von rund 5,5 Mio. Mark verfügte. Der auf Grund des Kriegsgewinnsteuergesetzes vom 21. Juni 1916 zu zahlende Betrag in Höhe von 800 Mark fiel dagegen kaum ins Gewicht.[72] Die gute Ertragslage spiegelte sich auch in der Dividende: zu Beginn des Krieges wurde die Ausschüttung vorsichtshalber von 7,5 auf 6 Prozent des Grundkapitals reduziert, da der weitere Verlauf der Geschäftsentwicklung noch nicht absehbar war. 1916 wurde die Dividende dann auf acht Prozent erhöht und auf diesem Niveau bis 1919 beibehalten.[73] Grün & Bilfinger profitierte also durchaus vom Ersten Weltkrieg. Im Vergleich mit anderen Unternehmen, insbesondere der Metall verarbeitenden Industrie, fiel die Steigerung der Dividenden jedoch eher bescheiden aus. So erhöhte beispielsweise die Württembergische Metallwarenfabrik (WMF) in Geislingen ihre Ausschüttung zwischen 1914 und 1917 von vier auf 20 Prozent, Daimler zahlte 31 Prozent für 1916 und 26 Prozent für 1917. Bei MAN und GHH wurden im Durchschnitt der Jahre 1914/15 bis 1917/18 Dividenden von 15 bzw. 18,8 Prozent gezahlt.[74]

DIE WEIMARER REPUBLIK

Die Zeit der Weimarer Republik zwischen November 1918 und Januar 1933 war geprägt durch eine permanente Abfolge politischer und wirtschaftlicher Krisen, die nur durch kurze Phasen relativer Stabilität unterbrochen wurden. Die Novemberrevolution von 1918 besiegelte das Ende des militärisch und wirtschaftlich erschöpften Kaiserreichs; Deutschland wurde Republik. Aus den Wahlen zur Nationalversammlung im Januar 1919 gingen SPD, DDP und Zentrum als Sieger hervor und bildeten die „Weimarer Koalition". Mit Unterstützung von Reichswehr und Freikorps gelang es den republiktreuen Kräften, die Aufstandsbewegung der sozialistischen Linken niederzuschlagen. Alle Versuche, in Deutschland ein Rätesystem nach russischem Vorbild einzuführen, scheiterten. Das Privateigentum und die Grundlagen des kapitalistischen Wirtschaftssystems blieben unangetastet.

Gleichwohl veränderten sich durch die Novemberrevolution die wirtschaftlichen Machtverhältnisse: Die Gewerkschaften wurden sowohl vom Staat als auch von den Unternehmern als legitime Interessenvertretung der Arbeiter anerkannt. Mit der Allgemeinverbindlichkeit von Tarifverträgen, der Einführung des Achtstundentags und der Einrichtung von Betriebsräten konnten die Gewerkschaften wesentliche Forderungen durchsetzen. Im Gegenzug verzichteten sie auf eine grundlegende Neuordnung der Eigentumsverhältnisse. In den ersten Jahren der Weimarer Republik hatten die Gewerkschaften großen Einfluss auf die Gestaltung des Arbeits- und Tarifrechts und die Entwicklung des Sozialstaats. Hohe Löhne und sozialpolitische Errungenschaften nahmen revolutionären Bestrebungen den Wind aus den Segeln und trugen dazu bei, dass die Arbeiter den neuen Staat akzeptierten.

Eine der wichtigsten Aufgaben nach Kriegsende war die Demobilisierung von rund sieben Millionen Soldaten und ihre Wiedereingliederung in das Wirtschaftsleben. Der Staat unterstützte diesen Prozess durch Investitionen in die Infrastruktur. Lange geplante Projekte wie der Neckar-Donau-Kanal wurden nun mit Hochdruck vorangetrieben und dienten auch als Arbeitsbeschaffungsmaßnahmen. In den Jahren 1920 bis 1922 erlebte die deutsche Wirtschaft eine Phase der Hochkonjunktur, in der nahezu Vollbeschäftigung herrschte. Der Nachkriegsboom endete in der Hyperinflation des Jahres 1923. Ursprung der Geldentwertung war die Kriegsfinanzierung des Deutschen Reiches durch Anleihen. Nach Kriegsende wurde die Inflation zunächst weiter bewusst in Kauf genommen, sie verhinderte Massenarbeitslosigkeit, förderte die Investitionstätigkeit und erleichterte der Regierung nicht zuletzt die Zahlung der ersten Raten der im Vertrag von Versailles festgelegten Reparationsleistungen. Im Sommer und Herbst 1923 erreichte die Inflation jedoch Ausmaße, die sowohl Unternehmen als auch Privatpersonen normales Wirtschaften unmöglich machten. Der staatliche Eingriff war unausweichlich. Im Oktober 1923 wurde zunächst die durch eine hypothekarische Belastung des gewerblich genutzten Grundbesitzes gedeckte Rentenmark eingeführt, sie stellte das Vertrauen der Bürger in die Währung wieder her. Flankiert wurden die währungspolitischen Maßnahmen durch drastische Sparmaßnahmen der öffentlichen Hand und Steuererhöhungen. Im August 1924 konnte dann die am Goldstandard orientierte Reichsmark als neues gesetzliches Zahlungsmittel eingeführt werden.

Die wirtschaftliche Entwicklung nach Überwindung der Inflation war zunächst geprägt von der Stabilisierungskrise der Jahre 1924/25. Es folgten die „Goldenen Zwanziger Jahre", eine Zeit relativer Prosperität und des Wirtschaftswachstums, die mit dem „Schwarzen Freitag" ihr Ende fand. Der Zusammenbruch der New Yorker Börse am 25. Oktober 1929 markiert den Beginn der Weltwirtschaftskrise. Durch die Deflationspolitik der Regierung Brüning zusätzlich verschärft, erzeugte die Krise massenhaft Arbeitslosigkeit und trug wesentlich zum Niedergang der Weimarer Republik bei. Erst die Präsidialkabinette Papen und Schleicher begannen zaghaft mit Arbeitsbeschaffungsmaßnahmen durch öffentliche Bauaufträge. Diese Politik wurde nach 1933 von der nationalsozialistischen Regierung aufgegriffen und mit hohem propagandistischen Aufwand umgesetzt. [75]

KRIEGSENDE, NOVEMBERREVOLUTION UND INFLATION

Als Folge des Waffenstillstands musste Grün & Bilfinger mehrere Baustellen in den besetzten Gebieten im Westen und Osten räumen, wobei zahlreiche Maschinen und Geräte zurückgelassen wurden. Darunter befanden sich beispielsweise Feldbahngleise mit einer Gesamtlänge von 34 Kilometern, die auf anderen Baustellen dringend benötigt wurden. Die Reichsregierung zahlte eine Entschädigung von 16 Mark pro Kilometer, die Kosten für die Neuanschaffung betrugen jedoch 65 Mark. Allerdings lag der Buchwert des Materials deutlich unter der Entschädigungssumme.[76] Die Baustellen in Deutschland konnten trotz einiger Störungen weitergeführt werden, es kamen sogar einige neue als Arbeitsbeschaffungsmaßnahmen und Notstandsarbeiten hinzu. Der Auftrags-

Baustelle Jettenbach
am Inn, 1924

bestand zum 31. Dezember 1918 bezifferte sich auf 15 Mio. Mark. Die durch das Kriegsende verloren gegangenen Aufträge hatten einen Wert von 6,5 Mio. Mark, sie konnten durch Neuaufträge für das Jahr 1919 in Höhe von 5 Mio. Mark ersetzt werden. Der Reingewinn betrug rund 706.300 Mark und lag damit nur knapp unter dem Vorjahreswert von 757.300 Mark. 320.000 Mark wurden als achtprozentige Dividende auf das Grundkapital ausgeschüttet, 200.000 Mark gingen als Gewinn-beteiligung an Vorstand, Aufsichtsrat und ausgewählte Angestellte.[77] Insgesamt hatte das Kriegsende also keine gravierenden Folgen für Grün & Bilfinger. Der Auftragsbestand konnte im Wesentlichen gehalten werden. Das in den besetzten Gebieten zurückgelassene Gerät fehlte zwar auf anderen Baustellen und musste mittelfristig zu vergleichsweise hohen Preisen neu beschafft werden, unter bilanztechnischen Aspekten gesehen, schlug der Verlust jedoch nicht zu Buche.

Im ersten Halbjahr 1919 wurden die Lohnforderungen der Arbeiter deutlich spürbar und mit dem im April 1919 erstmals abgeschlossenen Reichstarifvertrag wurde auch im Tiefbaugewerbe der Achtstundentag eingeführt.[78] Nicht nur die Arbeiter, auch die Angestellten organisierten sich und stellten ihre Forderungen. Trotz steigender Löhne und Gehälter entwickelte sich die Geschäftslage für Grün & Bilfinger durchaus zufrieden stellend. Sowohl die fertig gestellten als auch die abgebrochenen militärischen Projekte konnten problemlos abgerechnet werden, die Schadensersatzansprüche für verloren gegangenes Gerät wurden voll befriedigt. Im ersten Halbjahr 1919 konnten neue Aufträge im Wert von rund 13,3 Mio. Mark akquiriert werden, darunter der Bau einer Wasserkraftanlage in Jettenbach am Inn und ein Abzweig des Mittel-landkanals nach Hildesheim. Der Vorstand war mit dem Auftragsbestand und der Auslastung der Kapazitäten zufrieden.[79]

Ausbaggerung des
Stichkanals nach
Hildesheim, 1920

In der zweiten Hälfte des Jahres 1919 machte sich die seit 1914 schleichend zunehmende Geldentwertung in Deutschland mit einem ersten kräftigen Schub bemerkbar. Während der Index der Großhandelspreise von Januar bis Juni nur um 17,6 Prozent gestiegen war, betrug die Steigerung zwischen Juli und Dezember 136,9 Prozent.[80] Auch die Preise für *Bau- und Betriebsstoffe* stiegen deutlich, so dass sich Bauunternehmer und Auftraggeber mit ständig steigenden Kosten konfrontiert sahen. Neue Projekte wurden daher kaum noch ausgeschrieben und laufende Arbeiten wegen zu hoher Kosten teilweise eingestellt. Grün & Bilfinger konnte in diesem Zeitraum keine nennenswerten Auftragszugänge verbuchen. Der Jahresüberschuss bewegte sich mit rund 750.000 Mark auf dem Niveau des Vorjahres, die Dividende blieb unverändert.[81] Große Hoffnungen setzte der Vorstand zum Jahresende 1919 auf die Realisierung des Neckar-Donau-Kanals. Die Entwurfsplanung für dieses anspruchsvolle Projekt hatte Grün & Bilfinger zwischen 1917 und 1919 im Auftrag des Südwestdeutschen Kanalvereins erarbeitet.

Im ersten Halbjahr 1920 verlangsamte sich der Preisanstieg, bei einzelnen Bau- und Betriebsstoffen war sogar ein Rückgang zu beobachten, die Löhne stiegen jedoch weiterhin.[82] Infolge des ersten Inflationsschubs nahm bei Grün & Bilfinger der Kapitalbedarf zu. 1916 waren zur Aufrechterhaltung des laufenden Geschäftsbetriebs zwei Millionen Mark pro Monat notwendig gewesen, im Mai 1920 mussten dafür rund sechs Millionen aufgewendet werden. 1914 betrugen die durchschnittlichen Kosten für eine Baustelleneinrichtung 200.000 Mark, 1920 dagegen 1 bis 1,5 Mio. Mark, wobei insbesondere Neuanschaffungen von Maschinen und Geräten zu Buche schlugen. Eine Feldbahnlokomotive kostete nun 200.000 statt 15.000 Mark, ein Bagger 1,5 Mio. statt 60.000 Mark.[83]

Da die flüssigen Mittel nicht mehr ausreichten und die Kreditaufnahme niedrig bleiben sollte, entschloss man sich, das Grundkapital zu erhöhen. Der Vorstand schlug dem Aufsichtsrat vor, das Grundkapital um fünf Millionen Mark auf neun Millionen zu erhöhen. Um eine Überfremdung des Unternehmens zu verhindern, sollten 1.000 Aktien (1 Mio. M) mit zehnfachem Stimmrecht ausgestattet und dem Vorstand zum Kurs von 110 Prozent zur Verfügung gestellt werden. Die übrigen 4.000 Aktien sollte ein Bankenkonsortium übernehmen und sie den bisherigen Aktionären im Verhältnis 2:1 anbieten.[84]

Felix Jüdell, der Vertreter des Dresdner Bank-Vorstands im Aufsichtsrat, hegte jedoch Bedenken gegen zu viele Vorzugsaktien. Er schlug dagegen vor, das Grundkapital nur um vier Mio. Mark zu erhöhen, eingeteilt in 3.500 Stammaktien und 500 Vorzugsaktien mit zehnfachem Stimmrecht. Die Vorzugsaktien sollte nach einem Vorschlag von Aufsichtsratsmitglied Robert Sinner ein Konsortium aus den Mitgliedern von Vorstand und Aufsichtsrat übernehmen. Die Stammaktien sollten folgendermaßen verteilt werden: 2.000 Stück sollte ein Bankenkonsortium zum Kurs von 110 Prozent übernehmen und sie den Aktionären im Verhältnis 2:1 und zum Kurs von 115 Prozent anbieten. 200 Aktien waren für die Angestellten von Grün & Bilfinger, 300 für den Aufsichtsrat reserviert. Die restlichen 1.000 Aktien sollte die Dresdner Bank auf eigene Rechnung übernehmen und bestmöglich platzieren, wobei ein über 110 Prozent liegender Erlös zwischen Bank und Unternehmen geteilt werden sollte.[85]

Mit dem Schiff über die Schwäbische Alb: Der Neckar-Donau-Kanal

Bereits in der ersten Hälfte des 19. Jahrhunderts ließ die württembergische Regierung Studien für eine Wasserstraße zwischen Neckar und Donau ausarbeiten. Von Anfang an spielte dabei das bayerische Konkurrenzprojekt eines Rhein-Main-Donau-Kanals eine große Rolle. Doch die Pläne kamen nicht recht voran, unter anderem weil der Bedarf fehlte. Die Neckarschifffahrt bediente die Strecke Mannheim-Heilbronn, das übrige Transportaufkommen bewältigte die Eisenbahn problemlos. Dies änderte sich schlagartig mit dem Ersten Weltkrieg. Schon bald traten im Schienenverkehr gravierende Engpässe auf, außerdem schnitt die britische Seeblockade Deutschland von Rohstofflieferungen ab, so dass eine Verbindung zwischen Rhein und Donau auch aus strategischen Überlegungen heraus wünschenswert erschien. Hinzu kam die zunehmende Verknappung des Hauptenergieträgers Kohle, die den Bau von Wasserkraftanlagen rentabel machte. Nachdem Bayern die Pläne für die zwar längere, aber einfacher zu realisierende Rhein-Main-Donau-Verbindung vorantrieb, kamen auch in Baden und Württemberg die Dinge in Bewegung. 1916 wurde der Südwestdeutsche Kanalverein gegründet, um das Projekt zu forcieren. Er wollte die Planungen nicht allein staatlichen Behörden überlassen, die getrennt einzelne Abschnitte bearbeiteten, sondern beauftragte die Grün & Bilfinger AG mit der Ausarbeitung eines Konzepts für die gesamte Strecke.[86]

Am 19. Dezember 1919 stellte Vorstandsmitglied Emil Böhmler auf einer Tagung des Kanalvereins in der Mannheimer Kunsthalle das Projekt vor: Von Mannheim bis Plochingen folgte die Wasserstraße dem Flusslauf des Neckars, der durch zahlreiche Schleusen

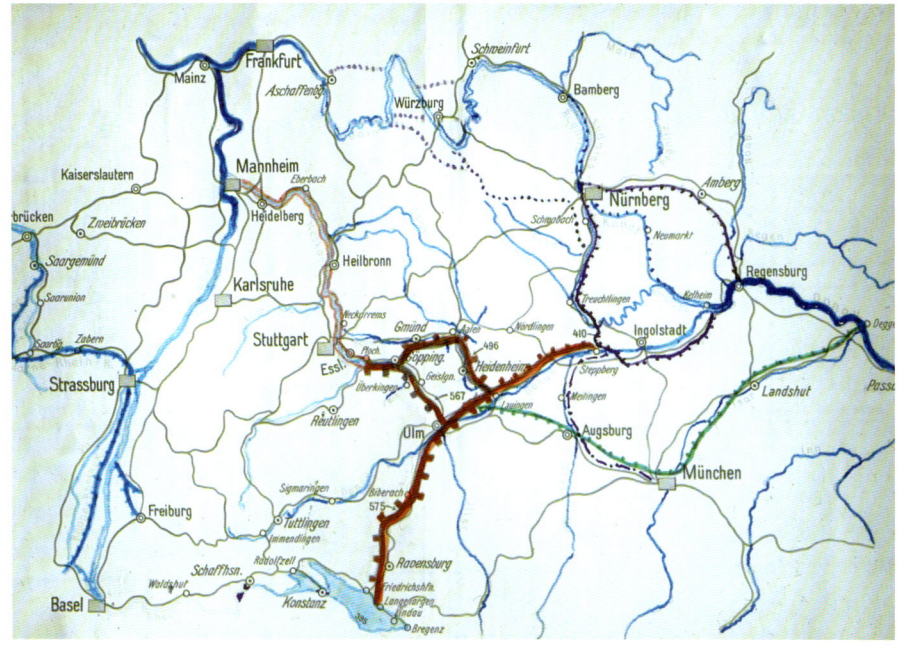

Karte des geplanten Neckar-Donau-Kanals mit Varianten der Linienführung

und Staustufen kanalisiert werden musste. Auch die obere Donau zwischen Ulm und Kehlheim sollte für die Schifffahrt ausgebaut werden. Die eigentliche Herausforderung für die Ingenieure war jedoch die Überquerung der Schwäbischen Alb. Man erwog zunächst den Bau eines 25 Kilometer langen Tunnels zwischen Geislingen und Ulm, der jedoch rund 150 Millionen Mark mehr gekostet hätte als eine offene Kanalstrecke. Doch auch diese war nicht einfach zu erstellen. Herkömmliche Kammerschleusen waren wegen des Wasserverlustes beim Schleusenvorgang für die wasserarme Alb nicht geeignet. Mechanische Schiffshebewerke hielt Böhmler für unzuverlässig, er schlug stattdessen so genannte Tauchschleusen vor, eine von Grün & Bilfinger entwickelte Hebewerk-Variante. Die Lasten des Schiffes und des wassergefüllten Troges werden dabei von großen, walzenförmigen Schwimmkörpern getragen. Die gesamte Konstruktion schwimmt in einem großen Wasserbecken und kann mit vergleichsweise wenig Kraftaufwand auf und ab bewegt werden. Die Baukosten für den Neckar-Donau-Kanal von Mannheim bis Kehlheim berechnete Böhmler auf 422 Millionen Mark. Da an allen Neckar- und Donaustaustufen Wasserkraftwerke vorgesehen waren, sollte ein Großteil der Ausgaben durch die Erzeugung elektrischer Energie wieder wett gemacht werden.[87]

In der jungen Weimarer Republik war die Stimmung für das Projekt zunächst günstig, da es auch als Arbeitsbeschaffungsmaßnahme dienen sollte. 1920 bewilligte der Reichstag ein Sofortprogramm von 10 Millionen Mark, und obwohl die Pläne noch längst nicht bis ins Detail durchgearbeitet waren, begann man mit dem Bau der ersten Neckarstaustufen. Inflation und politische Widerstände führten jedoch kurz darauf wieder zu Verzögerungen. Es stellte sich auch schon bald heraus, dass die Rentabilitätsberechnungen auf viel zu optimistischen Annahmen beruhten. Trotzdem wurde weitergebaut und 1935 war die Wasserstraße zwischen Mannheim und Heilbronn fertig gestellt. Nach dem Zweiten Weltkrieg ging es zunächst mit neuem Elan weiter, 1958 wurde Stuttgart erreicht, 1968 Plochingen. Zu diesem Zeitpunkt hatte man allerdings den ehrgeizigen Plan, die Schwäbische Alb mit dem Schiff zu überqueren, längst stillschweigend aufgegeben, auch wenn die geplante Trasse noch bis in die 1970er-Jahre hinein nicht bebaut werden durfte.

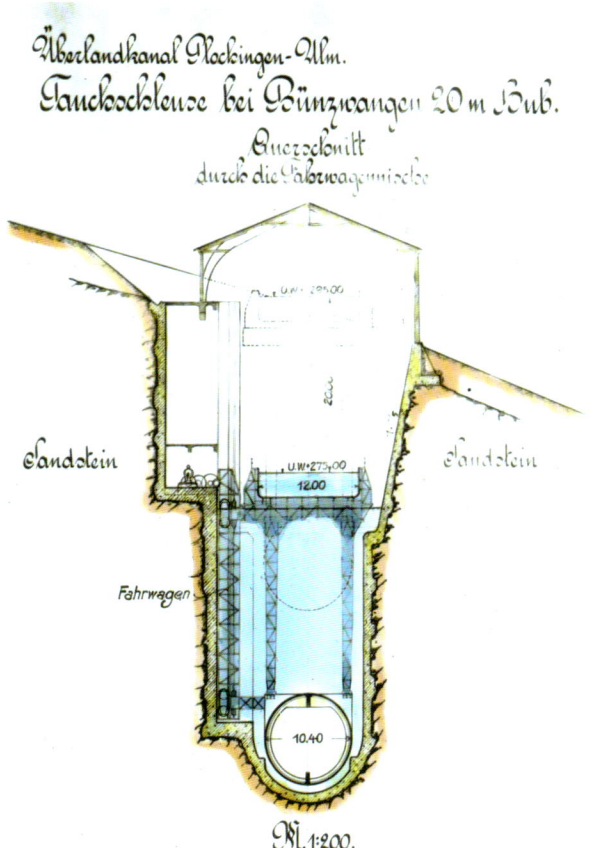

Entwurf einer Tauch-
schleuse für den
Neckar-Donau-Kanal

Diesem Vorschlag entsprechend, wurde die Kapitalerhöhung von der Generalversammlung der Grün & Bilfinger AG am 19. Mai 1920 beschlossen. Die Stammaktien waren bei Zeichnung zu 100 Prozent, die Vorzugsaktien dagegen nur zu 25 Prozent einzuzahlen.[88] Nach den Bestimmungen einer Bundesratsverordnung über die Errichtung von Aktiengesellschaften vom 2. November 1917 musste die Kapitalerhöhung vom badischen Innenministerium und vom Direktorium der Reichsbank genehmigt werden. Das Ministerium war grundsätzlich dazu bereit, betonte aber, dass das zehnfache Stimmrecht der Vorzugsaktien nur zum Schutz gegen eine Überfremdung des Unternehmens eingesetzt werden dürfe und verlangte, dies in der Satzung festzuschreiben. Da dazu erneut die Generalversammlung einberufen werden musste, bat die Grün & Bilfinger AG das Ministerium, zunächst die Begebung der 3.500 Stammaktien zu genehmigen. Die Genehmigung erfolgte und am 21. Juli 1920 zeichnete die Mannheimer Filiale der Dresdner Bank alle neuen Stammaktien zum Kurs von 110 Prozent.[89] Die Bank verwertete die Aktien wie vereinbart: 2.000 Stück wurden den Aktionären zum Kurs von 115 Prozent angeboten, wobei auf zwei alte Aktien eine junge bezogen werden konnte. 1.000 Stück wurden zu einem durchschnittlichen Kurs von 162,9 Prozent frei verkauft, aus dem Mehrerlös erhielt die Grün & Bilfinger AG rund 400.000 Mark. 500 Stück gingen an Angestellte, Vorstandsmitglieder und Aufsichtsräte.[90]

Die Ausgabe der Vorzugsaktien konnte im November 1920 ohne Satzungsänderung in die Wege geleitet werden, da die Verordnung über die staatliche Genehmigung zur Errichtung von Aktiengesellschaften vom November 1917 am 15. Oktober 1920 außer Kraft gesetzt wurde.[91] Am 15. Dezember 1920 schlossen die Mitglieder des Aufsichtsrats und des Vorstands als Konsortium einen Vertrag mit der Grün & Bilfinger AG, in dem die Übernahme der 500 Vorzugsaktien wie folgt geregelt wurde:

Die Aktien sollten für zehn Jahre im Besitz des Konsortiums bleiben und die Ausübung des Stimmrechts einheitlich durch einen weisungsgebundenen Bevollmächtigten erfolgen. Für die Beschlussfassung des Konsortiums genügte die einfache Stimmenmehrheit, wobei mindestens drei Mitglieder anwesend sein mussten.[92] Die beiden Zweige der Familie Bilfinger verfügten damit über eine eindeutige Mehrheit innerhalb des Konsortiums, so dass keine Beschlüsse gegen ihren Willen gefasst werden konnten.

Aufsichtsrat	
Max Leibbrand	30
Felix Jüdell	30
Ferdinand von Zuccalmaglio	30
Robert Sinner	30
Ernst Geber	30
Vorstand	
Paul Bilfinger	150
Bernhard Karl Bilfinger	150
Philipp Völker (stv.)	20
Karl Hübler (stv.)	20
Ernst Ufer (stv.)	10

Verteilung der Vorzugsaktien 1920

Durch die Kapitalerhöhung flossen der Grün & Bilfinger AG abzüglich sämtlicher Spesen und Kosten frische Mittel in Höhe von 4,413 Mio. Mark zu.[93] Sie verschafften dem Unternehmen jedoch nur geringen Spielraum, denn allein in den ersten zehn Monaten des Jahres 1920 mussten 3,893 Mio. Mark für die Neuanschaffung von Maschinen und Geräten aufgewendet werden. Die Steigerung der Löhne und Gehälter machte sich nun auch bei den Angestellten bemerkbar. Im Mannheimer Tarifbezirk stiegen die Gehälter im Juni 1920 um 22,4 Prozent und weitere Erhöhungen waren zu erwarten. Ein verheirateter Diplom-Ingenieur verdiente 2.000 Mark im Monat, ein Buchhalter 1.850 Mark.[94] Von der Kapitalknappheit abgesehen, war die Lage des Unternehmens aber durchaus zufrieden stellend. Die Bauleistung betrug im Jahr 1920 72,9 Mio. Mark, der Auftragsbestand belief sich zum Jahresende auf 69,1 Mio. Es wurde ein Reingewinn von rund 1,3 Mio. Mark erzielt, die Dividende betrug acht Prozent des Aktienkapitals.

Da sich der Inlandsmarkt infolge knapper öffentlicher Kassen und starker Konkurrenz zunehmend schwieriger gestaltete, versuchte Grün & Bilfinger, ins Auslandsgeschäft einzusteigen, wobei man sich zunächst auf ehemals neutrale Länder konzentrierte. Mit dem Berliner Unternehmen Lenz & Cie. GmbH wurde ein Abkommen über ein gemeinsames Vorgehen im Ausland geschlossen und die Vorstandsmitglieder Bernhard Karl Bilfinger und Karl Hübler reisten im Oktober 1920 nach Griechenland, um dortige Projekte zu sondieren. Das in Deutschland nicht benötigte Nassbaggergerät war zum Großteil an Firmen in Dänemark und den Niederlanden vermietet, die Bezahlung erfolgte mit stabilen Devisen, was sich im Verlauf der Inflation als großer Vorteil erwies. Zusammen mit der Fried. Krupp AG bearbeitete man das Projekt einer 2.800 Meter langen Eisenbahnbrücke über den Hoangho in China.[95]

Montage des Stahlüberbaus der Lidingö-Brücke bei Stockholm, 1924

Bei diesem Projekt kamen deutsche Anbieter jedoch nicht zum Zug, der Auftrag ging an ein belgisches Unternehmen. Mehr Erfolg hatte die Grün & Bilfinger AG in Schweden, 1921 erhielt sie zusammen mit dem Stahlbauunternehmen Louis Eilers aus Hannover den Auftrag für den Bau der Lidingö-Brücke über den Lilla Värtan bei Stockholm. Grün & Bilfinger übernahm dabei die technisch anspruchsvollen Gründungsarbeiten, die anteilige Auftragssumme betrug 2,5 Mio. schwedische Kronen – vor dem Hintergrund der in der zweiten Hälfte des Jahres 1921 wieder anziehenden Inflation eine höchst willkommene Devisenquelle. Auf die Lidingö-Brücke folgte eine Reihe weitere Aufträge in Schweden, das skandinavische Land war in den zwanziger und frühen dreißiger Jahren ein wichtiger Auslandsmarkt für Grün & Bilfinger.[96]

Gründung der Pfeiler für die Årsta-Brücke bei Stockholm, 1926

Wohnhäuser aus Munitionskisten

In den frühen zwanziger Jahren waren Baustoffe knapp und teuer. Reichlich vorhanden waren dagegen Materialreste aus dem Ersten Weltkrieg, wie jene 300.000 Munitionskisten, die im Frühjahr 1921 in Mannheim versteigert wurden. Paul Bilfinger erfuhr von der bevorstehenden Auktion und hatte die Idee, die Kisten als Baumaterial zu verwenden. Ein bei Grün & Bilfinger beschäftigter Architekt schlug vor, 100.000 Kisten zu erwerben, um daraus transportable Bauhütten herzustellen. Im Verlauf der Versteigerung kam das Unternehmen jedoch in den Besitz sämtlicher Kisten, für deren Transport mehrere Güterzüge notwendig waren. Der Vorstand entschloss sich daraufhin, die Munitionskisten auch zum Bau einfacher Wohnhäuser zu verwenden und ließ auf dem Bauhof

„Probehaus" aus
Munitionskisten

ein Probehaus errichten. Die Kisten wurden durch Nägel verbunden und mit Schlacke gefüllt. Die Abdichtung der Fugen erfolgte mit Papierfilzen.

Das Probehaus überzeugte und das Verfahren wurde unter der Bezeichnung „Zellenbauweise" als Gebrauchsmuster angemeldet. Im Oktober 1921 wurde in Speyer das erste Wohnhaus erstellt, weitere folgten in den Mannheimer Stadtteilen Seckenheim und Rheinau, in Berlin-Spandau sowie im bayerischen Aufkirchen. Letzteres diente bis 1963 als Dienstwohnung für Angestellte der Bayernwerke AG. Wie ursprünglich geplant, wurde aus den Munitionskisten auch eine Reihe von Bauhütten gefertigt.

Ein Vorteil der Zellenbauweise bestand darin, dass die Häuser schneller bewohnbar waren als konventionell errichtete. Der Preisunterschied im Vergleich zu gemauerten Gebäuden war jedoch nicht so groß wie erwartet. Die Unternehmensleitung entschloss sich daher im Dezember 1921, den Großteil der Munitionskisten an eine Eigenheimgesellschaft in Ludwigshafen zu verkaufen. Einige fanden schließlich noch in der belgischen Kolonie Kongo als *Trägerkisten* Verwendung.[97]

Wohnhaus aus Munitionskisten, Speyer, 1921

Ausbau des Neckars zur
Wasserstraße: Seiten-
kanal, Schleuse und
Wasserkraftanlage bei
Heidelberg-Wieblingen,
1925

Auf dem deutschen Baumarkt nahm 1921 der Konkurrenzdruck immer mehr zu. Der Vorstand berichtete an den Aufsichtsrat: *Auf Arbeiten, die im Submissionswege ausgeschrieben werden, sind immer noch zahlreiche Bewerber vorhanden. Mitunter gehen 40 und mehr ernsthaft zu nehmende Firmen auf die Arbeit ein. Die Unterschiede in den Angeboten sind noch immer sehr groß. Darin drückt sich am besten die Lage auf dem Arbeitsmarkt unseres Gewerbes aus.*[98]

Im Mai 1921 wurden die ersten Lose der Neckarkanalisierung ausgeschrieben. Für die Anlage der Staustufe Neckarsulm waren 930.000 Kubikmeter Bagger- und Erdarbeiten zu leisten. Es bewarben sich 28 Unternehmen, die Angebotssummen schwankten zwischen 18,8 und 42,4 Mio. Mark, das Angebot von Grün & Bilfinger lag mit 27,8 Mio. im Mittelfeld.[99] Bei anderen Losen sah es ähnlich aus, man hoffte jedoch, bei den Aufträgen für Schleusen und Kraftwerksanlagen eher zum Zug zu kommen. Angebote zu nicht auskömmlichen Preisen lehnte der Vorstand von Grün & Bilfinger ab.

Doch auch die sorgfältigste Angebotskalkulation schützte nicht vor Verlusten, vor allem langfristige Projekte bargen erhebliche Risiken. Zwar wurden für Materialien und Löhne gleitende Preise vereinbart, nicht jedoch für die Allgemeinkosten, wozu insbesondere die Instandhaltung der Maschinen und Geräte zählte. In Zeiten zunehmender Geldentwertung entstanden hierdurch rasch Verluste. Dies war vor allem beim Bau der Wasserkraftanlagen in Jettenbach am Inn und in Aufkirchen an der Isar der Fall. Ein sechswöchiger Arbeitskampf im bayerischen Baugewerbe in den Monaten August und September 1921 verschärfte die Situa-

tion auf diesen Baustellen noch zusätzlich. Schließlich konnten die Verträge aber in teilweise schwierigen Nachtragsverhandlungen mit den Auftraggebern an die veränderten Verhältnisse angepasst werden, so dass dem Unternehmen noch ein kleiner Gewinn blieb. Bei weiterhin gutem Auftragsbestand wurde auch für 1921 ein Gewinn von rund 1,5 Mio. Mark ausgewiesen und die Dividende von acht auf zehn Prozent erhöht.[100]

Im Lauf des Jahres 1922 wurde die gesamtwirtschaftliche Situation immer kritischer. Vor allem bei öffentlichen Auftraggebern wurde das Geld knapp und die Zahlungsmoral verschlechterte sich. So war beispielsweise die Stadt Hanau mit 20 Mio. Mark für Arbeiten zum Ausbau des Mainhafens im Rückstand, die schließlich eingestellt wurden. Im Oktober 1922 summierten sich Außenstände und Nachforderungen der Grün & Bilfinger AG auf 109 Mio. Mark. Dem standen Bankkredite in Höhe von 62 Mio. Mark gegenüber. In normalen Zeiten hatte das Unternehmen nur während der *Hauptbauperiode* Kredite in Anspruch nehmen müssen, die dann gegen Ende des jeweiligen Geschäftsjahrs wieder zurückgeführt werden konnten. Wegen der Inflation war dies aus eigener Kraft nicht mehr möglich. In dieser Situation blieben nach Ansicht von Paul Bilfinger nur zwei Möglichkeiten: entweder eine Erhöhung des Aktienkapitals oder der Anschluss an einen *kapitalkräftigen Konzern.* Der Aufsichtsrat befürwortete zunächst die zweite Lösung und ermächtigte den Vorstand, entsprechende Verhandlungen zu führen.[101]

Der ins Auge gefasste Partner war die Bergwerksgesellschaft „Vereinigte Welheim", die zum Stinnes-Konzern gehörte. Geleitet wurde das Unternehmen von Walter Spindler, einem engen

Vertrauten von Hugo Stinnes. Spindler hatte bereits beim Anschluss der Hochtief AG an den Stinnes-Konzern die entscheidende Rolle gespielt. Im Februar 1921 hatten Spindler und der Leiter der Hochtief-Niederlassung in Essen, Eugen Vögler, zunächst über eine Interessengemeinschaft zwischen Hochtief und Welheim verhandelt. Im weiteren Verlauf des Jahres erwarb die Bergwerksgesellschaft dann im Zuge von Kapitalerhöhungen die Mehrheit der Hochtief-Aktien und Spindler wurde Aufsichtsratsvorsitzender.[102]

Geplant war zunächst, das Grundkapital von Grün & Bilfinger um 32 Mio. Mark auf 40 Mio. zu erhöhen. Der Welheim-Konzern sollte Aktien im Nennwert von 20. Mio. – also die Hälfte des Grundkapitals – erhalten und dafür 60 Mio. Mark zahlen. Die restlichen 12.000 Aktien sollten den bisherigen Aktionären gratis angeboten werden.[103] Die Verhandlungen mit Walter Spindler führten jedoch nicht zum gewünschten Ergebnis. Der Vorstand von Grün & Bilfinger erwartete eine Zahlung von mindestens 125 Mio. Mark, außerdem scheute er wohl auch prinzipiell davor zurück, einen neuen Hauptaktionär mit eigenen unternehmerischen Interessen ins Boot zu holen. Daher rückte eine Kapitalerhöhung mit Hilfe der Dresdner Bank in den Mittelpunkt der Überlegungen. In diesem Fall sollte das Grundkapital nur um 16 auf 24 Mio. Mark erhöht werden. Die Hälfte der neuen Aktien sollten die Altaktionäre zum Kurs von 175 Prozent erwerben können, die übrigen der Dresdner Bank *zur bestmöglichen Verwertung überlassen werden.* Zum Schutz vor Überfremdung sollten 1.500 neue Aktien für die Verwaltung von Grün & Bilfinger reserviert werden, außerdem wollte der Vorstand das Stimmrecht der Vorzugsaktien verdoppeln.[104]

Im Dezember 1922 erarbeitete die Mannheimer Filiale der Dresdner Bank ein Exposé zur Kapitalerhöhung. Dargestellt wurden zwei Möglichkeiten: eine Erhöhung auf 35 Mio. unter Beteiligung des Stinnes-Konzerns, der die Hälfte des Kapitals übernehmen sollte, oder eine Erhöhung auf 25 Mio. mit Unterstützung der Dresdner Bank. Bei dieser Variante sollten den bisherigen Aktionären 8.000 neue Aktien im Verhältnis 1:1 zum Kurs von 175 Prozent angeboten werden. 2.000 Aktien sollte das Konsortium aus Vorstand und Aufsichtsrat, das bereits die Vorzugsaktien hielt, zu den gleichen Bedingungen übernehmen, die restlichen 7.000 Stück sollte die Dresdner Bank verwerten. Um einen möglichst hohen Ertrag zu erzielen und den Kurs zu schonen, schlug die Bank folgendes Verfahren vor: Ausgewählte, mit dem Unternehmen besonders verbundene Aktionäre sollten der Bank insgesamt 3.500 alte Aktien überlassen und dafür jeweils eine junge gratis sowie eine weitere zum Bezugspreis von 175 Prozent erhalten. Die alten Aktien sollten dann außerbörslich an Kunden der Dresdner Bank in Mannheim und bei anderen Filialen verkauft werden. Unter der Annahme, dass für die alten Aktien ein Preis von 8.000 Prozent des Nominalwertes zu erzielen sei, sollten dem Unternehmen dann nach Abzug aller Spesen und Provisionen rund 233 Mio. Mark zufließen. Diese Vorgehensweise bot außerdem den Vorteil, dass nur 3.500 Aktien und damit 14 Prozent des Grundkapitals an dritte Aktionäre gingen, während bei einer Kapitalerhöhung mit Hilfe des Stinnes-Konzerns diesem 50 Prozent des Kapitals zugefallen wären.[105]

Am 8. Januar 1923 stimmte der Aufsichtsrat im Umlaufverfahren der Kapitalerhöhung auf 25 Mio. Mark zu, sie wurde am 29. Januar durch eine außerordentliche Generalversammlung der Grün & Bilfinger AG formell beschlossen.[106] Mit der eigentlichen Transaktion, dem Verkauf von 3.500 alten Aktien, wurde bereits am 8. Januar begonnen. Paul Bilfinger stellte der Dresdner Bank

aus seinem Bestand 1.600 Aktien zur Verfügung, sein Bruder Bernhard Karl 900, das Aufsichtsratsmitglied Ernst Geber ebenfalls 900 und Arthur Grün, Sohn von August Grün, steuerte 100 Stück
bei. Die Bank verkaufte diese Aktien bis zum 27. Januar in unterschiedlich großen Tranchen
zum durchschnittlichen Kurs von 12.550 Prozent, erlöst wurden 439.372.000 Mark.[107]
1.500 Aktien übernahm die Zentrale der Dresdner Bank in Berlin, die übrigen gingen an
andere Filialen und Bankhäuser sowie an Kleinanleger, darunter zahlreiche Mitarbeiter der
Dresdner Bank in Mannheim. Zu Beginn der Verkaufsaktion befürchteten die Vorstandsmitglieder Philipp Völker und Ernst Ufer, der *Spindler-Konzern* könne sich den *freihändigen
Verkauf alter Aktien zunutze* machen und dann *Schwierigkeiten bei der Generalversammlung*
hervorrufen. Dies war jedoch nicht der Fall.[108] Insgesamt erzielte die Grün & Bilfinger AG
aus der Kapitalerhöhung einen *Bruttoerlös* von 462.197.000 Mark, nach Abzug aller Kosten
und Bankspesen verblieb ein *Reinerlös* von 326.638.000 Mark.[109]

Vor dem Hintergrund der galoppie-
renden Inflation wurde dieser Kapitalzufluss jedoch rasch bedeutungslos. Preise
für Bauleistungen waren kaum noch zu
kalkulieren und längerfristige Verträge
mussten permanent angepasst werden.
Löhne und Gehälter wurden zunächst
monatlich entsprechend dem offiziellen
Preissteigerungsindex erhöht, später ging
man zur Ausgabe von Notgeld auf den
Baustellen über. Vorstandsmitglieder, Prokuristen und Handlungsbevollmächtigte
erhielten eine wertbeständige Zahlung in
Schwedenkronen als Vorschuss auf ihre
Gewinnbeteiligung. Im Oktober 1923
kam der Geschäftsbetrieb weitgehend
zum Erliegen. In den kaufmännischen
und technischen Büros musste Kurzarbeit
mit 30 Wochenstunden eingeführt wer-

den, auf dem Bauhof im Mannheimer Industriehafen wurden Arbeiter entlassen.[110] Erst nach
der Währungsstabilisierung im November 1923 normalisierten sich die Verhältnisse allmählich
wieder.

Die Bilanz des Jahres 1923 wies bei einer Gesamtsumme von 487.140 Billionen Mark einen
Reingewinn von rund 120.861 Billionen aus. Die Geschäftsleitung war sich allerdings darüber
im Klaren, dass die *Papiermarkbilanz keinen der Wirklichkeit entsprechenden Nachweis des
Geschäftsergebnisses und keinen Maßstab für das wirklich vorhandene Vermögen* darstellte,
sondern nur als rein formaler Rechnungsabschluss anzusehen war. Erst die Goldmarkbilanz
konnte einen realistischen Eindruck der Lage des Unternehmens vermitteln.[111]

Die Aufstellung der Goldmark-Eröffnungsbilanz zum 1. Januar 1924 bot dem Unternehmen
einen gewissen Spielraum in der Bewertung von Außenständen, Liegenschaften, Maschinen und

Geräten. Entscheidend war die Frage, wie hoch das Aktienkapital angesetzt werden sollte. Man ging zunächst von fünf Millionen Goldmark aus. Im Vorstand wurden jedoch Bedenken laut, nicht über das ehemalige Grundkapital von vier Millionen hinauszugehen. Um *die Aktien über pari zu bringen*, sei eine Verzinsung des Kapitals in Höhe von neun bis zehn Prozent anzustreben und bei einem Grundkapital von fünf Millionen müsse entsprechend mehr Dividende gezahlt werden. Außerdem fürchtete man um die Glaubwürdigkeit, da bei allen Verhandlungen mit Auftraggebern betont wurde, dass das Unternehmen *bei Arbeiten während der Inflationszeit* einen Teil seiner Substanz verloren habe. Die Festsetzung des Grundkapitals über *Friedensstand* würde daher *leicht zu missverständlichen Deutungen Veranlassung geben und Angriffspunkte bieten*. Auch aus steuerlichen Gesichtspunkten und in Hinblick auf das geplante *Industrie-belastungsgesetz* sei ein niedriges Aktienkapital von Vorteil. [112]

Innerhalb des Vorstands gingen die Meinungen über die richtige Höhe des Grundkapitals auseinander. Paul Bilfinger befürwortete fünf Millionen Goldmark, der Kaufmann Ernst Ufer lehnte dies ab und setzte sich für vier Millionen ein. Man ließ verschiedene Bilanzentwürfe ausarbeiten und legte sie dem Aufsichtsrat vor. Dieser entschied sich für den Mittelweg und legte das Aktienkapital mit 4.410.000 GM fest, eingeteilt in 24.500 Stammaktien zu 180 GM. Eine außerordentliche Generalversammlung genehmigte am 15. Dezember 1924 die Goldmark-Eröffnungsbilanz und die damit verbundenen Satzungsänderungen. [113]

Über den Umgang mit den im Rahmen der ersten Kapitalerhöhung 1920 geschaffenen Vorzugsaktien kam es innerhalb des Vorstands zum Konflikt. Am 24. September 1924 starb Bernhard Karl Bilfinger, der 150 Stück gehalten hatte. Zunächst sollten die Vorzugsaktien folgendermaßen neu verteilt werden:[114]

Verteilung der
Vorzugsaktien
1920 und 1924

Vorstandsmitglied	ursprüngliche Verteilung 1920	vorgeschlagene Verteilung 1924	tatsächliche Verteilung 1924
Paul Bilfinger	150	150	300
Bernhard Karl Bilfinger († 1924)	150	–	–
Karl Hübler	20	50	20
Philipp Völker	20	50	20
Ernst Ufer (stv.)	10	50	10
Bernhard Michael Bilfinger (stv.)	–	50	–

Paul Bilfinger entschied sich jedoch nach wenigen Tagen anders und beanspruchte 120 Vorzugs-aktien für sich, die restlichen 30 sollten an die übrigen Vorstandsmitglieder verteilt werden. Hübler, Völker und Ufer gaben in der Vorstandssitzung *ihrer Verwunderung über diesen Antrag Ausdruck.* Ernst Ufer verzichtete auf die Übernahme weiterer Vorzugsaktien und schlug vor, diese ganz ab-zuschaffen. Nach längerer Diskussion einigte man sich darauf, Paul Bilfinger alle freigewordenen Vorzugsaktien zu überlassen. Der Beschluss wurde jedoch kurz darauf obsolet, da die Vorzugsaktien im Zuge der Neufestsetzung des Grundkapitals ersatzlos gestrichen wurden.[115] Vorstand und Auf-sichtsrat erhielten dafür als Vorzugsaktionäre eine Entschädigung von insgesamt 40.000 RM.[116]

ZWISCHEN INFLATION UND WELTWIRTSCHAFTSKRISE

Die Jahre 1924 und 1925 markieren sowohl in personeller als auch in wirtschaftlicher Hinsicht einen Einschnitt in der Geschichte der Grün & Bilfinger AG. Am 24. September 1924 starb Bernhard Karl Bilfinger im Alter von 62 Jahren. Paul Bilfinger war damit der letzte Vertreter der Gründergeneration im Vorstand. Um seine herausgehobene Position gegenüber den ande-ren Vorstandsmitgliedern auch formell deutlich zu machen, verlieh ihm der Aufsichtsrat am 20. November 1924 den Titel „Generaldirektor". Bis zu seinem Tod am 4. Januar 1928 amtierte er damit faktisch als Vorstandsvorsitzender. Sein Sohn Bernhard Michael Bilfinger, seit 1921 stellvertretendes Vorstandsmitglied, wurde zum ordentlichen Vorstand ernannt.[117]

Auch innerhalb des Aufsichtsrats gab es Veränderungen. Max Leibbrand starb am 6. Februar 1925; er hatte dem Gremium seit Gründung der Aktiengesellschaft im Jahr 1906 angehört und war seit 1916 Vorsitzender gewesen. Im Vorstand wurde die Frage der Wiederbesetzung ausführ-lich diskutiert. Paul Bilfinger sprach sich dafür aus, *wieder einen Techniker mit entsprechendem Rang und Namen* zu berufen und brachte den württembergischen geheimen Baurat Richard Graner ins Spiel. Philipp Völker war der Meinung, dass *ein abgebauter höherer Staatsbeamter oder eine führende Persönlichkeit der technischen Wissenschaften* für das Unternehmen nützlich sein könne. Ernst Ufer bevorzugte dagegen eher einen Vertreter der Großindustrie, namentlich von AEG oder Krupp.[118] Paul Bilfinger konnte sich letztlich mit seinem Vorschlag durchsetzen, zumal Graner bereit war, sofort in den Aufsichtsrat einzutreten. Auch George de Thierry, Professor für Wasserbau an der Technischen Hochschule Berlin und Vorsitzender der Deutschen Gesellschaft für Bauingenieurwesen, wurde ein Aufsichtsratsmandat angeboten. De Thierry akzeptierte, bat aber um ein Jahr Aufschub, da er noch mit anderen Aufgaben beschäftigt war.[119] Am 22. Mai 1925 berief die Generalversammlung der Grün & Bilfinger AG Richard Graner in den Aufsichtsrat, der ihn zum Vorsitzenden wählte. Sein Vertreter war Felix Jüdell vom Vorstand der Dresdner Bank, der dieses Amt bereits seit 1914 innehatte.[120]

In wirtschaftlicher Hinsicht war die Entwicklung der Grün & Bilfinger AG 1924/25 durch die „Stabilisierungskrise" geprägt. Der Bauboom der unmittelbaren Nachkriegszeit mit zahl-reichen öffentlichen Aufträgen war vorüber. Das Geschäftsjahr 1924 bezeichnete Paul Bil-finger zwar als *befriedigend*, im Vergleich mit den Vorkriegsjahren war die Leistung jedoch um fast die Hälfte geschrumpft: 1924 wurden rund 8,9 Mio. RM umgesetzt, 1913 waren es 16,8 Mio. M gewesen. Gestiegen war dagegen die steuerliche Belastung des Unternehmens von

8.000 M im Jahr 1913 auf 423.000 RM 1924. Auch die allgemeinen Kosten hatten sich deutlich von 3,23 auf 11,05 Prozent erhöht. Erheblichen Anteil daran hatten die Personalkosten: Die Zahl der Angestellten war 1925 nur rund fünf Prozent höher als 1913, die Gehaltssumme war dagegen um 57 Prozent gestiegen.

Die Verhandlungen mit Auftraggebern über *Nachforderungen aus der Inflationszeit* waren gut verlaufen, so dass Grün & Bilfinger über eine hohe Liquidität verfügte. Insgesamt war die Bauwirtschaft jedoch in einer extrem schwierigen Situation, da sich zu viele Unternehmen im Markt bewegten. *Unterbietungen* waren an der Tagesordnung und es bestand kaum Aussicht, *auf dem Submissionsweg Aufträge zu erhalten.* Der Vorstand setzte daher verstärkt darauf, *durch Ausbau der Beziehungen zu beschränkten Ausschreibungen herangezogen zu werden und durch Sonderkonstruktionen andere Wettbewerber auszuschalten.*[121]

Angesichts der schwierigen Situation in Deutschland war der Vorstand bemüht, weitere Auslandsmärkte zu erschließen. Als besonders günstig wurden die Aussichten in Südamerika bewertet. Hans Burkhardt, der Leiter der Zweigniederlassung Berlin, bereiste von Januar bis Oktober 1925 Brasilien und Argentinien, *um dort Geschäftsverbindungen anzuknüpfen und Projekte auszuarbeiten.*[122] Er kontaktierte in Buenos Aires Mauricio Kinbaum, einen ehemaligen Mitarbeiter von Grün & Bilfinger, der dort ein Baugeschäft betrieb und Interesse an einer Zusammenarbeit mit dem deutschen Unternehmen hatte. Burkhardt vereinbarte zunächst eine Arbeitsgemeinschaft mit Kinbaum und übersiedelte im März 1926 samt Familie nach Buenos Aires, um dort eine Niederlassung der Grün & Bilfinger AG aufzubauen. Im gleichen Jahr konnten auch die ersten Aufträge akquiriert werden: der Bau von Eisenbetonstraßen in Montevideo/Uruguay und der eines Pumpenhauses zur Wasserversorgung einer Eisenbahngesellschaft in San Fernando/Argentinien.[123]

Personalstruktur der Grün & Bilfinger AG 1913 und 1925[124]	1913	1925
Technische Angestellte	170	160
- Stammhaus	49	56
- Baustellen und Niederlassungen	121	104
Kaufmännische Angestellte	78	100
- Stammhaus	50	55
- Baustellen und Niederlassungen	28	45
Angestellte insgesamt	248	260
Gehaltssumme	63.000 M	99.000 RM
Arbeiter	4.000	3.500

In Europa war Schweden weiterhin ein interessanter Markt. Nach Abschluss der Arbeiten an der Lidingö-Brücke bemühte sich Grün & Bilfinger um Anschlussaufträge und gründete die Tochtergesellschaft A.B. Fundament. Das Grundkapital in Höhe von 100.000 Kronen wurde dem bei der Lidingö-Brücke erwirtschafteten Gewinn entnommen. Das neue Unternehmen konnte bereits 1924 zwei Aufträge übernehmen.[125]

Ein weiterer Schwerpunkt der Auslandsaktivitäten entstand 1924/25 in Südosteuropa. In Rumänien trat Grün & Bilfinger zusammen mit der Philipp Holzmann AG als Bieter für den Bau des Teliu-Tunnels auf, schreckte letztlich aber vor den Vertrags- und Finanzierungsbedingungen der rumänischen Regierung zurück. Der Auftrag ging dann an die Julius Berger Tiefbau AG. Gemeinsam mit der Berliner Baufirma Lenz & Co. sondierte Grün & Bilfinger die Märkte in Bulgarien und in Griechenland, letzterer wurde als besonders aussichtsreich eingeschätzt. In der Realität blieben die Geschäfte in dieser Region aber hinter den Erwartungen zurück. In Sofia übernahm man 1924 einen Auftrag für Wohnungsbauten und gründete mit Lenz & Co. ein Gemeinschaftsunternehmen. Da jedoch der bulgarische Staat als Auftraggeber nicht die erforderlichen Mittel aufbringen konnte, kamen die Arbeiten häufig ins Stocken und wurden schließlich ganz eingestellt. Auch ein weiteres Projekt in Bulgarien, der

Gründung eines Pumpenhauses in San Fernando/Argentinien, 1927

Herstellung von Fahrbahndecken aus Eisenbeton in Montevideo/ Uruguay, 1927

Bau einer 18 Kilometer langen Wasserleitung zur Versorgung von Sofia verlief nicht zufrieden stellend. In Griechenland konnte nur ein Auftrag akquiriert werden, zusammen mit Lenz & Co. und einem lokalen Unternehmen übernahm Grün & Bilfinger im August 1925 den Bau der Kanalisation in Thessaloniki.[126]

Die Bildung von Arbeitsgemeinschaften war vor allem im Ausland nicht ohne Risiken. Dies zeigte sich besonders deutlich bei einem Auftrag zum Ausbau des Hafens von Suez, den Grün & Bilfinger 1924 zusammen mit der Philipp Holzmann AG übernahm. Bei diesem Projekt hatte Holzmann die technische Federführung und stellte den Bauleiter, der seiner Aufgabe jedoch nicht gewachsen war. Im Jahr 1925 entstand auf dieser Baustelle ein Verlust von rund 660.000 RM und das Ergebnis verbesserte sich erst, nachdem ein erfahrener Ingenieur von Grün & Bilfinger die Bauleitung in Suez übernahm.[127]

Insgesamt beurteilte der Vorstand in seinem Geschäftsbericht an den Aufsichtsrat das Jahr 1925 *als eines der schwersten [...], das die deutsche Wirtschaft durchzumachen hatte. Kapitalnot und Absatzmangel traten so stark in Erscheinung, dass nicht nur Inflationsgründungen, sondern auch alte und gut fundierte Unternehmungen in Schwierigkeiten kamen.* Im Vergleich zu kleineren Bauunternehmen verfügte Grün & Bilfinger über *einen umfangreichen Verwaltungsapparat und Gerätepark*, der bei rückläufiger Auftragslage hohe Kosten verursachte. Zur Durchführung großer und anspruchsvoller Bauaufgaben war ein *erfahrener Stamm* technischer und kaufmännischer Angestellter und Facharbeiter notwendig, der nicht abgebaut werden konnte, ohne die Wettbewerbsfähigkeit zu beeinträchtigen. Die Allgemeinkosten ließen sich daher nicht auf das gewünschte Maß reduzieren.[128]

Besonders unbefriedigend war aus Sicht des Vorstands das Verhältnis zwischen Angeboten und Aufträgen. 1925 wurden 423 Angebote bearbeitet, daraus resultierten nur 40 Aufträge. Da *bei fast jeder Bewerbung eingehende Berechnungen angestellt und oft umfangreiche Unterlagen bearbeitet* werden mussten, war ein Großteil der geleisteten Arbeit weitgehend unproduktiv. Bei öffentlichen Ausschreibungen wurden häufig *80 und mehr Angebote* abgegeben, und Aufträge konnten *nur zu sehr gedrückten Preisen hereingeholt werden*. Das Unternehmen war daher bestrebt, *in verstärktem Maße zu beschränkten Ausschreibungen herangezogen zu werden*. Bei diesen Projekten, *für die nur ein bestimmter Kreis von Unternehmungen in Frage* kam, hoffte man mit entsprechender Erfahrung, *gut vorgebildetem Personal* und einem umfangreichen Gerätepark *bessere Preise und Bedingungen zu erzielen*. Allerdings waren nach Ansicht des Vorstands Wettbewerber wie Philipp Holzmann oder Wayss & Freytag bei beschränkten Ausschreibungen im Vorteil, da sie auf Grund ihrer Verbindungen zur Deutschen Bank, die im Bereich der Industriefinanzierungen sehr aktiv war, eher mit der Zuweisung von Aufträgen rechnen konnten.[129]

Auch nach Überwindung der Stabilisierungskrise in der zweiten Hälfte der 1920er-Jahre führte nur etwa jedes zehnte Angebot zu einem Auftrag. Günstiger waren die Verhältnisse allerdings im Ausland, hier konnte in den Jahren 1928 und 1929 mit 23,8 bzw. 27,3 Prozent eine wesentlich bessere Quote erzielt werden. Hinzu kam, dass Auslandsaufträge meist ein größeres Volumen hatten, so betrug beispielsweise 1928 die durchschnittliche Auftragssumme im Ausland 2,8 Mio. RM, im Inland dagegen rund 942.000 RM.[130]

Vor allem auf dem Inlandsmarkt herrschte nach wie vor große Konkurrenz. Trotzdem gelang es Grün & Bilfinger im Jahr 1928, Aufträge im Gesamtwert von über 45 Mio. RM zu akquirieren. Davon hatten acht einen Wert von mehr als einer Mio. Reichsmark. Das mit 14,9 Mio. RM weitaus größte Projekt war der Bau eines Marinearsenals in Alfeite bei Lissabon, das im Rahmen der von Deutschland zu leistenden Reparationen erstellt wurde. Auch in Frankreich konnte Grün & Bilfinger nach längeren Bemühungen einige Reparationsaufträge übernehmen, darunter den Bau der Hafenmole „La Joliette" in Marseille im Wert von 1,5 Mio. RM.

Besonders prestigeträchtig war der Auftrag zum Bau der Brücke über den Kleinen Belt in Dänemark mit einem anteiligen Auftragswert von 5,2 Mio. RM. Das Unternehmen hatte sich mit einem technischen Sondervorschlag zur Gründung der Brücke durchgesetzt, die speziell entwickelten „Röhrenschürzensenkkästen" ermöglichten eine sichere Gründung der Brücke in 40 Metern Tiefe ohne Anwendung von Druckluft. Das Projekt fand weltweit große Beachtung und prägte für Jahrzehnte das Image von Grün & Bilfinger als Spezialisten für technisch besonders anspruchsvolle Bauaufgaben.

Jahr	Angebote	Aufträge insges.	in %	Durchschnittliche Auftragssumme (RM)	Auftragssumme insgesamt (RM)
1921	154	12	7,8		
1922	176	20	11,4		
1923	176	19	10,8	155.800	2.960.000
1924	331	43	13,0	204.900	8.812.000
1925	423	40	9,5	196.000	7.840.000
1926	373	32	8,6	556.500	18.808.300
1927	420	43	10,2	561.100	24.127.000
1928	514	48	9,3	941.600	45.195.000
1929	568	69	12,0	348.600	24.055.000
1930	438	44	10,0	503.100	22.135.000
1931	479	34	7,1	481.200	16.361.000
1932	524	34	6,5	281.500	9.570.000
1933	610	58	9,5	226.100	13.112.000
1934	843	87	10,3	251.300	21.863.000

Angebote und Aufträge der Grün & Bilfinger AG 1921–1934[131]

Querteilung des Marine-
arsenals in Alfeite/
Portugal, 1927

Hafenmole „La Joliette",
Marseille, 1930

Die Gründung der Brücke über den Kleinen Belt

1928 schrieb die dänische Staatsbahn den Bau einer kombinierten Straßen- und Eisenbahnbrücke über den Kleinen Belt zwischen Jütland und der Insel Fünen aus. Das Bauwerk gliederte sich in eine 825 Meter lange Strombrücke aus Stahl und betonierte Vorlandbrücken mit 215 bzw. 140 Meter Länge. Die besondere technische Herausforderung diese Projekts bestand in der Gründung der vier Strompfeiler in einer Tiefe bis zu 40 Metern. Die Ausschreibung sah eine Druckluftgründung vor, wegen der großen Wassertiefe und den damit verbundenen gesundheitlichen Risiken für die Arbeiter wurde es den Unternehmen jedoch freigestellt, auch andere Methoden vorzuschlagen. Nach Ansicht von Gottwalt Schaper, einem der führenden deutschen Brückenbauexperten, stellte *die Gründung der Strompfeiler* [...] *die Brückenbauwissenschaft* [...] *vor ungelöste Probleme. Die anbietenden Firmen übernahmen daher mit ihren Vorschlägen* [...] *für ihre eigenen Unternehmungen und vor dem Forum der Ingenieurwissenschaft der ganzen Welt eine große Verantwortung.*[132]

Lediglich sieben Unternehmen gaben Angebote ab, darunter die Grün & Bilfinger AG und die Julius Berger Tiefbau AG. Beide Entwürfe verzichteten auf die Anwendung von Druckluft. Das von Grün & Bilfinger vorgeschlagene Verfahren überzeugte den Auf-

traggeber am meisten und das Unternehmen erhielt zusammen mit der dänischen Firma Monberg & Thorsen den Zuschlag für die Gründung der Strompfeiler und die Erstellung der Vorlandbrücken. Der Auftrag für den Stahlüberbau ging an die Brückenbauanstalt Louis Eilers und die Fried. Krupp AG. Alle vier Unternehmen bildeten ein Konsortium zum Bau der Beltbrücke.[133]

Der Vorschlag von Grün & Bilfinger beruhte auf der Tatsache, dass der Boden des Kleinen Belts aus wasserundurchlässigem Ton besteht. Es wurden spezielle „Röhrenschürzensenkkästen" konstruiert, deren Arbeitsraum von einem Kranz dicht aneinander schließender Röhren umgeben war. Durch diese Röhren hindurch wurde der Boden ausgespült, bis der Senkkasten auf dem Meeresgrund aufsaß, anschließend wurden die Röhren ausbetoniert. Zwischen den Röhren und dem Tonboden bildete sich ein wasserdichter Abschluss, so dass im Arbeitsraum des Senkkastens bei normalem Luftdruck gearbeitet werden konnte.[134]

Die vier Senkkästen aus Stahlbeton sprengten das Maß des Üblichen: sie waren jeweils rund 45 Meter lang, 22 Meter breit und bis zu 15 Meter hoch. Sie wurden an Land auf einer Helling hergestellt, ähnlich einem Schiff zu Wasser gelassen und anschließend kontrolliert zum Kentern gebracht, da sie mit der Öffnung nach oben betoniert werden mussten. Dieses ausgesprochen spektakuläre Verfahren war vorher in Modellversuchen erprobt worden.

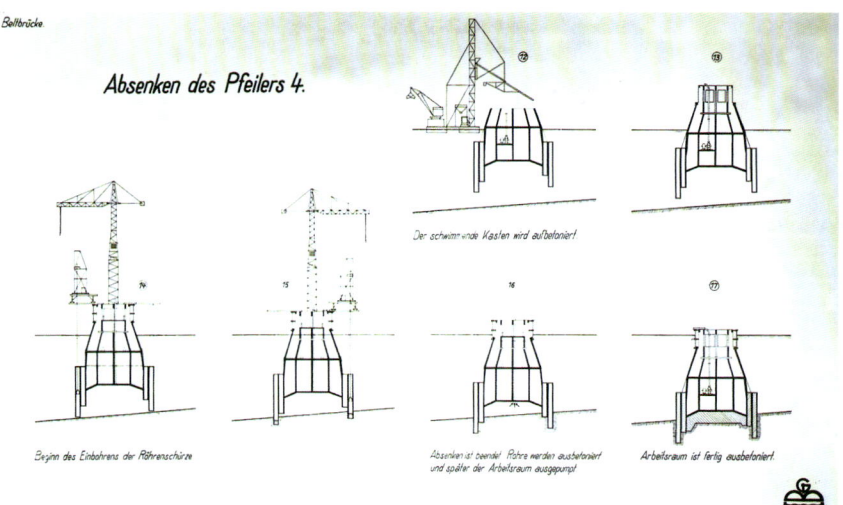

Stapellauf und kontrolliertes Kentern des Senkkastens (oben), Absenken des Pfeilers (unten)

In Südamerika expandierte Grün & Bilfinger weiter und erschloss sich neue Märkte. 1928 übernahm das Unternehmen in Brasilien einen Auftrag für zwölf Tunnelbauwerke der Sorocabana-Bahn, einer Gebirgsstrecke zwischen Santos und Mayrink bei Sao Paulo. Die brasilianische Tochtergesellschaft mit Sitz in Sao Paulo wurde der Niederlassung in Buenos Aires unterstellt, dort waren 1929 bereits 30 Angestellte, darunter 20 Deutsche beschäftigt. Im Juli 1930 bereisten die Vorstandsmitglieder Bernhard Michael Bilfinger und Ernst Ufer den Subkontinent. Nach ihrer Einschätzung war Argentinien noch immer der aussichtsreichste Markt. Gewinne hatte man dort zwar noch nicht gemacht, aber auch keine Verluste. Die Gesamtsumme der Investitionen belief sich auf rund eine Million RM, und der Vorstand ging davon aus, in absehbarer Zukunft die Gewinnzone zu erreichen. Gleichwohl wurde die Leitung der Niederlassung in Buenos Aires ermahnt, das Geschäft *nur Schritt für Schritt* auszudehnen, *um Verluste zu vermeiden*.

Etwas kritischer war die Lage dagegen in Brasilien, wo der Betreiber der Sorocabana-Bahn vorübergehend in Zahlungsschwierigkeiten geraten war und die Ausführung weiterer Tunnelbauten hinausschieben wollte, was für Grün & Bilfinger jedoch unwirtschaftlich war. Man entschloss sich daher, den Bau von drei Tunnels *gegen Wertersatz* an ein anderes Unternehmen

*Straßenbau in
Buenos Aires, 1932*

*Bau der Kanalisation in
Maldonado/Argentinien,
1936*

*„Tortugas Country Club",
Buenos Aires, 1932*

abzutreten, die Auftragsumme verringerte sich dadurch von ursprünglich 10 auf 7,5 Mio. RM, wovon 1930 bereits 2 Mio. bezahlt waren. Bis zum Frühjahr 1932 konnte das Projekt dann *unter günstigen Umständen zu Ende geführt* werden.

Außer in Argentinien und Brasilien war das Unternehmen auch in Paraguay und Uruguay aktiv und errichtete in Asuncion und Fray Bentos Hafenanlagen. Chile wurde von Bilfinger und Ufer ebenfalls als interessanter Markt eingeschätzt, der Vorstand wollte aber zunächst die Entwicklung des Sorocabana-Projekts abwarten und dann eventuell dort frei werdendes Personal in Chile einsetzen. Vor dem Hintergrund der Weltwirtschaftskrise, die schließlich auch Südamerika erfasste, nahm er jedoch von weiteren Expansionsplänen in dieser Region Abstand.[135]

Nicht nur im Ausland, auch im Inland konnten 1928 bedeutende Aufträge übernommen werden. Die wichtigsten kamen aus Berlin, hier war Grün & Bilfinger mit 6,5 Mio. RM am Ausbau der Berliner U-Bahn rund um den Alexanderplatz beteiligt, hinzu kam ein Auftrag der Reichsbahn zur Verstärkung von Bögen der Stadtbahn im Wert von 4,2 Mio. RM.[136]

Tunnel der Sorocabana-Bahn, Brasilien, 1932

Erneuerung der Stadt-
bahn-Bögen, Abschnitt
Bellevue, Berlin, 1923

Erneuerung der Stadt-
bahn-Bögen, Berlin,
um 1925

Bau der U-Bahn am
Alexanderplatz, Berlin,
1928

DIE WELTWIRTSCHAFTSKRISE

Die Bauwirtschaft zählte zu den Branchen, die von der 1929 einsetzenden Weltwirtschaftskrise besonders stark betroffen waren.[137] Nach der Stabilisierungskrise in der Mitte der 1920er-Jahre erreichte die Bauproduktion – wie die deutsche Industrieproduktion insgesamt – in den Jahren 1928 und 1929 ihren Höchststand. Danach sanken die Produktionsziffern kontinuierlich bis zum Tiefpunkt im Jahr 1932. Allerdings gab es deutliche Unterschiede zwischen den Sparten Hochbau und Tiefbau. Die Produktion im Wohnungs- und Industriebau ging nach 1930 wesentlich deutlicher zurück als im Tief- und Ingenieurbau und betrug 1932 nur noch rund ein Viertel (27,8 %) des Wertes von 1928. Im Tiefbau war der Rückgang dagegen nicht so gravierend, 1932 wurden noch 57,3 Prozent der Produktion von 1928 erreicht. Außerdem erholte sich diese Sparte wesentlich schneller und lag 1934 bereits 20 Prozent über dem Wert von 1928. Dies war auch eine Folge staatlicher Arbeitsbeschaffungsprogramme, die unter den Regierungen Papen und Schleicher begannen und dann von den Nationalsozialisten übernommen und ausgeweitet wurden.

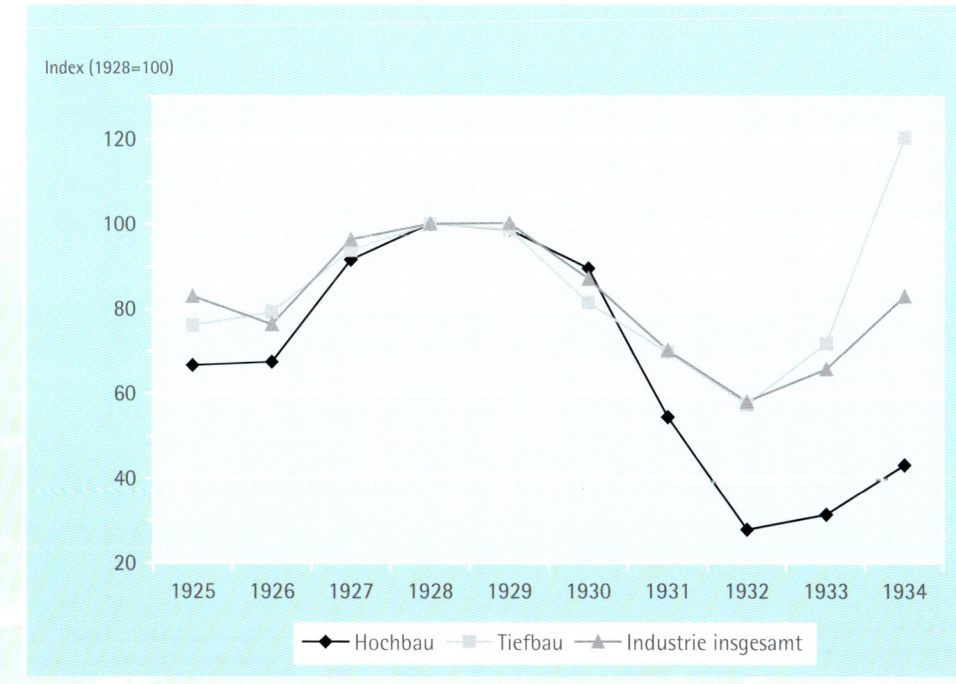

Produktion im Baugewerbe und in der deutschen Industrie insgesamt 1925–1934[138]

Die Grün & Bilfinger AG war in den 1920er- und 1930er-Jahren noch immer überwiegend im Tief- und Ingenieurbau tätig. Hochbauprojekte wie Industriebauten oder Krankenhäuser spielten nur eine untergeordnete Rolle. Das Unternehmen blieb zwar nicht von der Weltwirtschaftskrise verschont, überstand sie aber einigermaßen unbeschadet. Die Grundlage dafür bildete das 1928 geschaffene Auftragspolster, hinzu kamen einige weitere Großaufträge, die 1929 und 1930 akquiriert werden konnten. Grün & Bilfinger erwirtschaftete weiterhin Gewinne und vor allem die Auslandsbaustellen erzielten gute Ergebnisse. Sie ermöglichten es, im Geschäftsjahr 1931

Sonderabschreibungen auf Maschinen und Geräte in Höhe von rund 880.000 RM vorzunehmen. Groß- und Kleingeräte wurden in der Bilanz bis auf einen Restwert von jeweils einer Reichsmark abgeschrieben. Damit konnte der Vorstand eine nicht unbedeutende stille Reserve bilden, die ebenfalls dazu beitrug, die Folgen der Weltwirtschaftskrise abzufedern.[139]

Als erstes Anzeichen der Krise machte sich eine zunehmende Kapitalknappheit der Auftraggeber bemerkbar. Im April 1928 berichtete Vorstandsmitglied Philipp Völker dem Aufsichtsrat von Verhandlungen mit der Deutschen Reichsbahn, der es an *flüssigen Mitteln* fehlte. Sie stellte Aufträge im Wert von 40 Mio. RM und mehr in Aussicht, knüpfte die Vergabe aber an die Bedingung, dass die in Frage kommenden Unternehmen auch die Finanzierung der Projekte übernahmen. Sie sollten der Reichsbahn Darlehen mit einer Laufzeit von bis zu zehn Jahren zu möglichst niedrigen Zinsen und ohne Bürgschaften zur Verfügung stellen. Dies bedeutete für die Unternehmen, dass sie ihrerseits Kredite aufnehmen mussten, sofern sie nicht über ausreichende Liquidität verfügten. Das Staatsunternehmen war ein wichtiger Auftraggeber und auf der Seite der Unternehmen nahm man dessen Wünsche ernst. Auf Anregung des Reichsverbands des deutschen Tiefbaugewerbes trafen sich in Berlin die Vertreter von Grün & Bilfinger, Julius Berger, Dyckerhoff & Widmann, Philipp Holzmann, Siemens Bauunion, Wayss & Freytag sowie Lenz & Co., um eine gemeinsame Verhandlungsposition gegenüber der Bahn einerseits und den Banken andererseits zu entwickeln. Die Philipp Holzmann AG und die Julius Berger Tiefbau AG hatten sich bereits mit ihren Großaktionären und Hausbanken Deutsche Bank bzw. Darmstädter- und Nationalbank *ins Benehmen* gesetzt und Grün & Bilfinger suchte dementsprechend die Unterstützung der Dresdner Bank.[140]

Staustufe Neckarsteinach,
1931

Bleilochsperre bei
Saalburg/Thüringen,
1931

Im Lauf des Jahres 1929 und vor allem nach dem „Schwarzen Freitag" an der New Yorker Börse am 24. Oktober 1929 verschärfte sich die Lage weiter. Nicht nur die Bahn, auch die Kommunen und andere öffentliche Auftraggeber verfügten über keine flüssigen Mittel mehr und vergaben daher kaum noch Aufträge oder kamen zeitweilig ihren Zahlungsverpflichtungen nicht nach. So waren beispielsweise am 26. Oktober 1929 Forderungen der Arbeitsgemeinschaft von Grün & Bilfinger und Habermann & Guckes an die Berliner Nord-Südbahn AG aus dem Bau der U-Bahn am Alexanderplatz in Höhe von 2,2 Mio. RM aufgelaufen, die infolge *Geldmangels* nicht termingerecht bezahlt werden konnten. Die Unternehmen waren gezwungen, die ausstehenden Gelder zu stunden.[141]

Die Forderung *der Ausschreibenden, mit dem Kostenvoranschlag gleichzeitig ein Angebot für die Finanzierung einzureichen*, wurde fast zur Regel. Bei Grün & Bilfinger ging man damit jedoch vorsichtig um und war nur dazu bereit, wenn *gute Sicherheiten* geboten und die den Auftraggebern gestundeten Beträge in drei bis fünf Jahren zurückgezahlt und zum Diskontsatz der Reichsbank verzinst wurden. Auf dieser Grundlage übernahm das Unternehmen von der Kongregation der Schwestern von der heiligen Elisabeth (Graue Schwestern) Aufträge zum Bau von Krankenhäusern in Schweidnitz, Eisenach, Lähn und Warschau.[142] 1931 summierten sich die Schulden der Grauen Schwestern auf 2,4 Mio. RM, die Kongregation zahlte jedoch regelmäßig, so dass Grün & Bilfinger daraus kein Risiko erwuchs. Das Unternehmen verfügte im Gegenteil über flüssige Mittel in beträchtlicher Höhe und *eine starke finanzielle Grundlage, die es sich in früheren Jahren geschaffen* hatte. Bei Finanzierungen achtete man darauf, sie mit eigenen liquiden Mitteln durchzuführen, so dass Bankkredite nicht in Anspruch genommen werden mussten.[143]

In der zweiten Hälfte des Jahres 1932 initiierten die Präsidialkabinette Papen und Schleicher erste Arbeitsbeschaffungsprogramme. Im Mittelpunkt standen dabei öffentliche Arbeiten, die durch diskontierbare Steuergutscheine und Wechsel finanziert wurden. Dies bedeutete faktisch

St.-Elisabeth-Kranken-haus, Schweidnitz/ Schlesien, 1929

Kred. Nr. IX/

Prima-Wechsel
angenommen:
Deutsche Gesellschaft für
öffentliche Arbeiten
Aktiengesellschaft

Für die Verpflichtung aus diesem Wechsel hat das Deutsche Reich, vertreten durch den Herrn Reichsminister der Finanzen unter dem 28. Nov. 1932 — Ar. 4024 - 1871 — die selbstschuldnerische Bürg-schaft übernommen.
Deutsche Gesellschaft für öffentliche Arbeiten
Aktiengesellschaft

Orts-Nr. .... | Zahlungsort .... | Verfall ....

, den _____ 193   Am _____ 193
Datum der Ausstellung   Tag   Monat

zahlen Sie für diesen Prima-Wechsel RM ███████
Betrag in Zahlen

Reichsmark ███████
Betrag in Worten

an Order eigene

Bezogener: Deutsche Gesellschaft für öffentliche Arbeiten
Aktiengesellschaft

in Berlin W 8   Unterschrift des Ausstellers

Domizilvermerk

Arbeitsbeschaffungsmaßnahme 1932
für besondere Tiefbauten

eine Ausweitung der Geldmenge und stellte eine Abkehr vom strikt deflationistischen Kurs der Regierung Brüning dar. Größere Bedeutung erlangte die Finanzierung von Bauarbeiten durch so genannte „Oeffa-Wechsel", die als Vorbild für die später von den Nationalsozialsten ausgegebenen „Mefo-Wechsel" dienten. [144] Dabei stellte das jeweilige Unternehmen zur Bezahlung seiner Leistungen auf die Deutsche Gesellschaft für öffentliche Arbeiten AG (Oeffa) gezogene Wechsel aus, die von der Oeffa akzeptiert wurden und bei der Deutschen Bau- und Bodenbank bzw. der Reichsbank gegen einen geringen Zinssatz diskontiert werden konnten. Die Wechsel hatten eine Laufzeit von drei Monaten, wobei der Aussteller jedoch verpflichtet war, sie viermal zu prolongieren, so dass sich eine Gesamtlaufzeit von 15 Monaten ergab. Für die Verpflichtungen der Oeffa übernahm das Reich die selbstschuldnerische Bürgschaft.

Der Vorstand von Grün & Bilfinger setzte zunächst keine großen Hoffnungen in die staatlichen Arbeitsbeschaffungsprogramme, *da die Behörden darauf bedacht waren, die zu vergebenden Arbeiten auf möglichst viele Unternehmer zu verteilen, so dass der Anteil des einzelnen nicht allzu groß werden* konnte.[145] Allerdings übernahm das Unternehmen dann doch eine Reihe von Aufträgen von der Reichswasserstraßenverwaltung. Diese durch Oeffa-Wechsel finanzierten Arbeiten an Kanälen und Schleusen erreichten im November 1932 ein Volumen

Formular eines Oeffa-Wechsels

Arbeitsbeschaffungs-maßnahme: Sohle-durchstich bei Grimal Sachsen-Anhalt, 1932

von rund 3,3 Mio. RM. Das damit verbundene Wechselrisiko hielt der Vorstand für vertretbar, da *der Akzeptant der Wechsel, die Oeffa, mit 150 Millionen Reichsmark Aktienkapital als eine leistungsfähige Gesellschaft anzusehen* war und da durch die *Bürgschaft des Reiches die wechselmäßigen Verbindlichkeiten gesichert* erschienen. Bei *normaler Abwicklung des Geschäftes* liege für das Unternehmen darin kein Risiko. Dies könne *wohl nur dann eintreten, wenn ungewöhnliche innen- und außenpolitische Ereignisse die bestehende Ordnung über den Haufen werfen und die eingegangenen Verpflichtungen der Regierung für nichtig erklärt werden sollten.*[146]

Wesentlich skeptischer beurteilte der Vorstand von Grün & Bilfinger dagegen die Finanzierungswünsche der Deutschen Reichsbahn, die, *durch das Vorgehen der Reichsbehörden angeregt,* ebenfalls *auf den Gedanken gekommen* war, *zur Behebung der Arbeitslosigkeit Arbeiten zu vergeben und mit Wechseln zu finanzieren.* Akzeptant der bei der Verkehrskreditbank diskontierbaren Wechsel sollte die Reichsbahn-Beschaffungs GmbH in Berlin sein, *eine Gesellschaft mit 20 Millionen Reichsmark Gesellschaftskapital, wovon 25 Prozent eingezahlt* waren. Im Gegensatz zu den Oeffa-Wechseln, übernahm das Reich für diese Wechsel keine Bürgschaft, außerdem behielt sich die Bahn *das Recht vor, die Prolongation bis Ende 1938 auszudehnen.* Ein weiterer wesentlicher Unterschied war, dass die Reichsbahn diese Finanzierungsmethode nicht nur für neu abzuschließende Verträge, sondern auch für bereits laufende Arbeiten anwenden wollte.

*Arbeitsbeschaffungs-
maßnahme: Erweiterung
des Dortmund-Ems-
Kanals bei Henrichenburg,
1932*

Konkret ging es dabei im Herbst 1932 um vier Projekte: die bereits seit einigen Jahren laufende Verstärkung der Stadtbahnbögen in Berlin, die Instandsetzung des Gremmelsbachtunnels bei Triberg im Schwarzwald, die Erneuerung der Fundamente des Boberviadukts bei Bunzlau in Schlesien sowie die Verlegung der Odenwaldbahn am Karlstor in Heidelberg. Bei diesem Auftrag hatte Grün & Bilfinger bereits die Finanzierung durch Wechsel abgelehnt und stattdessen Reichsbahnanleihen im Wert von 1,25 Mio. RM übernommen, die mit 4,5 Prozent verzinst wurden und eine Laufzeit bis 1936 bzw. 1941 hatten. Das Volumen der anderen drei Projekte und damit das zu übernehmende Wechselrisiko belief sich auf rund 5,5 Mio. RM. Im Vorstand wurde ausführlich darüber beraten, ob dieses Risiko tragbar sei. Er befand sich dabei in der Zwangslage, dass er sich den Finanzierungswünschen der Reichsbahn *kaum entziehen* konnte, da sie zu den *größten und bedeutendsten deutschen Auftraggebern* des Unternehmens zählte, dessen *Wohlwollen* man sich *ohne sehr triftige Gründe nicht verscherzen* durfte. Außerdem hatte man in Erfahrung gebracht, dass die Wettbewerber von Grün & Bilfinger durchaus bereit waren, sich auf Wechselgeschäfte mit dem Staatsunternehmen einzulassen. Der Vorstand wollte darüber jedoch nicht allein entscheiden und bat die Vertreter der Anteilseigner im Aufsichtsrat um eine Stellungnahme.[147]

Rudolf Sinner, Generaldirektor der Sinner AG in Karlsruhe, erklärte sich in einem knappen Schreiben *mit der vorgeschlagenen Finanzierungsweise einverstanden.*[148] Der Aufsichtsratsvorsitzende Richard Graner äußerte sich ebenfalls nur kurz. Er war der Meinung, *aus vaterländischen Gründen etwaige Bedenken zurückstellen zu müssen.* Vorstandsmitglied Karl Hübler hielt diese Begründung offenbar für wenig hilfreich, in einer Glosse auf dem Brief Graners

Verlegung der Odenwaldbahn am Karlstor, Heidelberg, 1932

bemerkte er lakonisch: *Wechsel sind aber was Anderes.*[149] George de Thierry, Felix Jüdell und Ferdinand von Zuccalmaglio erteilten wohl oder übel ihre Zustimmung, da sich Grün & Bilfinger den Wünschen eines wichtigen Auftraggebers wie der Reichsbahn nicht verweigern könne und eine Beeinträchtigung der Liquidität des Unternehmens vorerst nicht zu befürchten war.[150]

Am ausführlichsten fiel die Stellungnahme des Mannheimer Speditionskaufmanns Ernst Geber aus. Er war der Ansicht, dass *das Verlangen der Deutschen Reichsbahn-Gesellschaft, auch für bereits im Bau befindliche Arbeiten einen Wechselkredit bis ins Jahr 1938 in Anspruch nehmen zu wollen,* [...] *von den in Betracht kommenden Unternehmen gemeinsam zurückge-wiesen werden* sollte, *wenn nicht in irgend einer Weise eine Sicherheit geleistet werden* könne. Die Forderung der Bahn gehe *über das zulässige Maß hinaus* und stelle den Vorstand *zwangs-weise vor Entscheidungen,* die er *unter anderen Umständen nicht vertreten* würde. Geber hegte deutliche Zweifel an der Bonität des Auftraggebers: *Die Reichsbahn-Gesellschaft ist vorerst noch eine Aktiengesellschaft, deren Schicksal von der wirtschaftlichen und politischen Ent-wicklung abhängig ist, ihre Rentabilität ist durch die Konkurrenz anderer Beförderungsmittel gefährdet, ihre geschäftlichen Maßnahmen* [...] *werden von Fachleuten vielfach als unrichtig und verlustbringend angesehen.* Und weiter: *Die Möglichkeit, dass die Reichsbahnbeschaf-fungs-GmbH* [...] *eines Tags ihren Verpflichtungen nicht mehr nachkommen kann, ist gegeben, zumal wenn diese erleichterte Geldbeschaffung von der Reichsbahn-Gesellschaft über Gebühr ausgenutzt wird und nicht genügend überwacht werden kann.* Geber erkannte jedoch auch, dass dem Vorstand auf Grund der Wettbewerbssituation kaum eine andere Wahl blieb, als die Finanzierungsbedingungen zu akzeptieren. Er riet allerdings dazu, der Reichsbahn gegenüber deutlich zu machen, dass es sich dabei um *ein ganz ungewöhnliches Risiko* handele, das man nur eingehe, um einen Beitrag zum Abbau der Arbeitslosigkeit zu leisten. Außerdem sollte sich das Unternehmen vorbehalten, *bei späteren Prolongationen auf Sicherheiten* zu bestehen.[151]

Während bei Bauaufträgen in Deutschland in den frühen 1930er-Jahren Finanzierungsfragen im Vordergrund standen, ergaben sich bei ausländischen Projekten Probleme aus Wechselkursschwankungen und der Devisenzwangswirtschaft. Vor dem Hintergrund der Bankenkrise hob die Reichsregierung im August 1931 den freien Devisenverkehr auf. Ausländische Zahlungsmittel in Privatbesitz mussten an die Reichsbank verkauft werden, privater Devisenhandel wurde untersagt. Dies hatte für Grün & Bilfinger zur Folge, dass *die zur Betriebsführung im Ausland erforderlichen Gelder nur mit Mühe und unter großen Zeitverlusten beschafft werden* konnten.

Im September 1931 gab Großbritannien den Goldstandard auf und wertete das Pfund Sterling ab. Zahlreiche andere Staaten, darunter Dänemark, Schweden, Portugal und Argentinien, folgten. Grün & Bilfinger entstanden daraus unmittelbar Verluste. 1931 hatte das Unternehmen von der portugiesischen Kolonialverwaltung den Auftrag zum Bau einer Kaimauer in Lobito in Angola übernommen, die Auftragssumme belief sich auf knapp 6 Mio. RM. Es war vertraglich vereinbart, die erbrachten Leistungen in *Goldescudos* zu bezahlen, die jedoch in Pfund Sterling umgetauscht wurden. Zum Zeitpunkt der Aufhebung des Goldstandards verfügte Grün & Bilfinger bei der Midland Bank in London über ein Guthaben in Höhe von rund 20.000 Pfund, dessen Wert sich um 20 Prozent verringerte. Die portugiesische Regierung wollte auch weiterhin in abgewerteten *Papierpfunden* statt in *Goldescudos* bezahlen, was nach Ansicht von Grün & Bilfinger *Wortlaut und Sinn* des Vertrags widersprach. Der Streit über diese Frage zog sich über mehrere Jahre hin und wurde erst 1934 zu Gunsten des Unternehmens entschieden, das eine Nachzahlung für Kursverluste in Höhe von 1,3 Mio. RM erhielt. Ein Wechselkursrisiko entstand auch im Zusammenhang mit den Arbeiten an der Brücke über den Kleinen Belt, die in ebenfalls abgewerteten dänischen Kronen bezahlt wurden. Das Unternehmen versuchte in langwierigen Verhandlungen mit dem Auftraggeber, die sich bis 1934 hinzogen, einen Ausgleich für die Währungsverluste zu erreichen, konnte sich letztlich aber nicht durchsetzen.[152]

Durch die Weltwirtschaftskrise wurde die heftig geführte innenpolitische Debatte über die deutschen Zahlungsverpflichtungen nach dem 1929 ausgehandelten Young-Plan zusätzlich angeheizt. Die Regierung Brüning verfolgte mit ihrer Deflationspolitik unter anderem das Ziel, die Reparationszahlungen entweder ganz einzustellen oder sie zumindest zu reduzieren. Den Gläubigernationen sollte demonstriert werden, dass Deutschland trotz strengster Sparmaßnahmen nicht in der Lage war, die geforderten Jahresraten in Höhe von rund 2 Mrd. RM zu bezahlen. Sie hatte damit letztlich auch Erfolg, allerdings um den Preis einer gravierenden Verschärfung der Krise. Im Juni 1931 kam auf Initiative des amerikanischen Präsidenten Herbert Hoover zunächst ein einjähriges Moratorium zu Stande, im Juli 1932 wurde dann im Vertrag von Lausanne die Einstellung der Reparationszahlungen gegen eine einmalige Abfindung vereinbart.[153]

Für die Grün & Bilfinger AG, die sowohl in Frankreich als auch in Portugal mit Reparationsaufträgen beschäftigt war, brachte dies eine Reihe von Problemen mit sich. Die Projekte in Frankreich konnten 1931 zwar fortgeführt werden, da das Land noch über genügend Mittel bei der Bank für internationalen Zahlungsausgleich verfügte. Neue Aufträge wurden jedoch nicht mehr vergeben. Anders waren die Verhältnisse in Portugal, dessen Guthaben gering war. Die Arbeiten beim Bau des Marinearsenals Alfeite wurden nur in reduziertem Umfang fortgesetzt, da offen war, *wer sie zu bezahlen* hatte. Man einigte sich schließlich mit dem Auftraggeber, das Projekt auf Grundlage eines freien Vertrags fortzusetzen, wobei das Unternehmen allerdings Konzessionen beim Preis machen musste. Es erhielt dafür vom Reichsfinanzministerium 600.000 RM als Entschädigung.[154]

Eine der schwerwiegendsten Auswirkungen der Weltwirtschaftskrise war die Arbeitslosigkeit, wobei die Baubranche besonders stark betroffen war. 1932 zählte das Bauhauptgewerbe nur noch 775.000 Beschäftigte, 1928 waren es dagegen fast 2,1 Mio. gewesen. 90 Prozent der gewerkschaftlich organisierten Bauarbeiter waren im Februar 1932 arbeitslos oder leisteten nur Kurzarbeit.[155] Die Zahl der im Tiefbau Beschäftigten erreichte 1928 mit 305.000 ihren Höchststand und sank bis auf 175.000 im Jahr 1932. Die Arbeitslosigkeit traf sowohl Arbeiter als auch Angestellte, letztere allerdings in geringerem Maß. 1928 verfügten knapp 90 Prozent aller Angestellten in der Bauindustrie über einen Arbeitsplatz, dies entsprach dem Durchschnitt der deutschen Industrie insgesamt. Die Bauarbeiter lagen dagegen mit 60 Prozent deutlich unter dem Durchschnittswert (72,3 %). Der Beschäftigungsgrad nahm in der Baubranche stärker ab als in der Industrie insgesamt und erreichte 1932 den Tiefpunkt mit 13 Prozent bei den Arbeitern und 42 Prozent bei den Angestellten.

Auch die Beschäftigten der Grün & Bilfinger AG blieben von der Arbeitslosigkeit nicht verschont. Zu den Arbeitern liegen keine Angaben vor, es ist aber davon auszugehen, dass infolge des rückläufigen Auftragsvolumens zahlreiche Arbeiter entlassen wurden. Im Bereich der Angestellten begann der Arbeitsplatzabbau im Herbst 1931. Bereits im Januar dieses Jahres strebte die Philipp Holzmann AG ein gemeinsames Vorgehen beim Personalabbau von Ange-

Beschäftigte im Tiefbau 1924–1935[156]

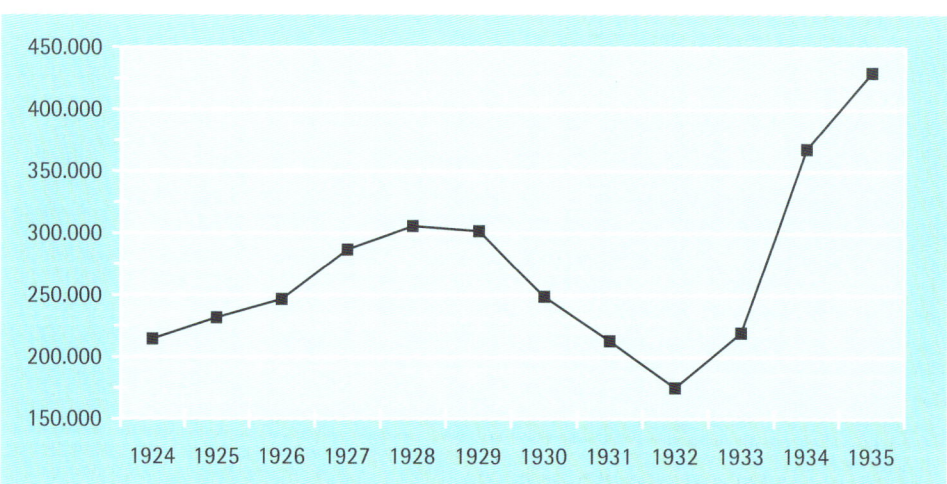

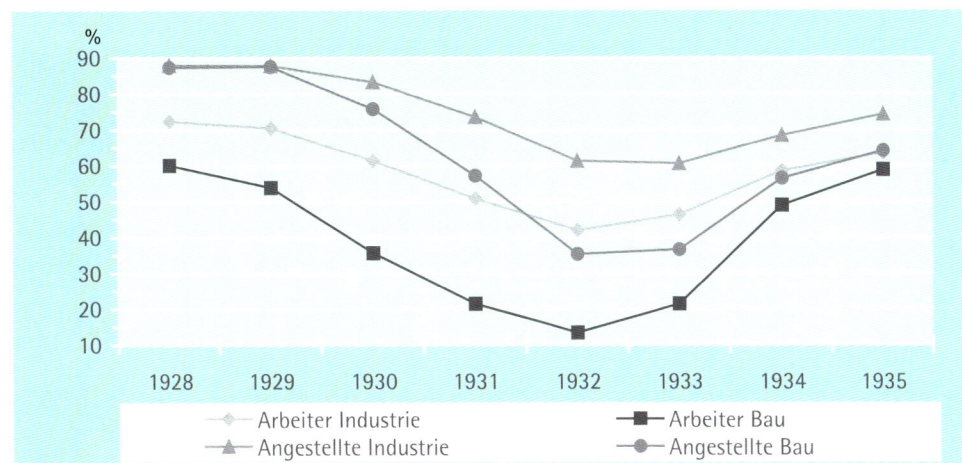

Beschäftigungsgrad
in der Bauindustrie
und in der deutschen
Industrie insgesamt
1928–1935[157]

stellten und bei Gehaltskürzungen an. Zu diesem Zeitpunkt sah man bei Grün & Bilfinger dazu aber noch keine Veranlassung. Im November 1932 beschäftigte das Unternehmen insgesamt 250 Angestellte, darunter 168 Ingenieure und Techniker sowie 53 männliche und 29 weibliche Kaufleute, Büroangestellte und Schreibkräfte. 14 Angestellten war bereits gekündigt worden, mehrere Meister hatte man in den unbezahlten Urlaub geschickt, sie erhielten dann Arbeitslosenunterstützung. Die auf Eigenbaustellen Beschäftigten mussten Gehaltskürzungen hinnehmen, bei Arbeitsgemeinschaften wurden die Gehälter ebenfalls angepasst. Der Steinbruch Olsbrücken wurde an den dort beschäftigten Bruchmeister verpachtet, der ihn auf eigene Rechnung weiterbetrieb. Außerdem zahlte ihm Grün & Bilfinger eine geringe Vergütung für das von dort bezogene Material. Die ersten von Entlassungen Betroffenen waren *Schreibmaschinendamen* und Stenotypistinnen, vor allem „Doppelverdienerinnen", deren Ehemann noch ein Einkommen bezog. Bei ledigen Frauen wurde darauf geachtet, dass sie *in der Familie ein Unterkommen* hatten und daher nach Ansicht des Vorstands *nicht unbedingt auf Verdienst angewiesen* waren. Die Stellen der weiblichen Arbeitskräfte wurden mit auf den Baustellen frei werdenden männlichen Kaufleuten besetzt, die man halten wollte, *um bei Wiederaufleben der Bautätigkeit eingearbeitetes Personal zu haben*; Schreibkräfte konnten bei Bedarf leichter wieder eingestellt werden. Im Verlauf des Jahres 1932 traf es dann aber auch qualifiziertere Angestellte. Insgesamt wurden im Bereich des Stammhauses Mannheim 14 Bau- und Maschineningenieure sowie Techniker entlassen. Hinzu kamen weitere Beschäftigte im Bereich der Niederlassungen, die Zweigniederlassung Essen wurde komplett geschlossen. Außerdem mussten alle Angestellten eine Gehaltskürzung von sechs Prozent hinnehmen, wobei auch die Vergütung der Aufsichtsratsmitglieder entsprechend gekürzt wurde.[158]

Insgesamt gesehen entwickelte sich die Grün & Bilfinger AG in der durch zahlreiche Krisen politischer und wirtschaftlicher Natur geprägten Zeit der Weimarer Republik vergleichsweise gut. Das Unternehmen erwirtschaftete Gewinne und zahlte seinen Aktionären jährlich eine Dividende. Sie betrug ab 1929 15 Prozent des Grundkapitals und wurde auch während der Weltwirtschaftskrise nicht gesenkt. Die Wettbewerber Hochtief und Philipp Holzmann konnten in dieser Zeit nur mit jeweils sechs Prozent Dividende aufwarten.[159]

Bilanzgewinn und
Dividende der Grün &
Bilfinger AG
1924–1943

Jahr	Bilanzgewinn (Mio. RM)	Dividende (% des GK)
1924	0,961	8
1925	0,913	8
1926	1,065	10
1927	1,267	12
1928	1,258	12
1929	1,382	15
1930	1,376	15
1931	1,674	15
1932	1,031	15
1933	1,127	15
1934	1,162	8 + 7[1]
1935	1,624	8 + 7[1]
1936	1,075	8 + 7[1]
1937	1,372	8 + 7[1]
1938	2,871	8 + 7[1]
1939	1,404	8 + 7[1]
1940[3]	2,585	2,67 + 2,33[2]
1941	2,585	2,80 + 2,20[2]
1942	2,713	2,80 + 2,20[2]
1943	2,694	2,80 + 2,20[2]

[1] an Golddiskontbank gemäß Anleihestockgesetz vom 4.12.1934

[2] an Treuhandfonds

[3] Dividendenabgabeverordnung und Kapitalerhöhung

Die prekäre Phase der Kapitalknappheit in den Jahren 1922/23 überwand Grün & Bilfinger aus eigener Kraft und behielt seine unternehmerische Eigenständigkeit. Auch dies ein Unterschied zur Hochtief AG, die nach dem Zu-sammenbruch des Stinnes-Kon-zerns im Jahr 1924 mit Schwie-rigkeiten zu kämpfen hatte.[160] Auf die durch hohen Preisdruck und große Konkurrenz geprägte Situation auf dem deutschen Bau-markt reagierte Grün & Bilfinger mit einer gezielten Ausweitung des Auslandsgeschäfts. Dabei waren jedoch längst nicht alle Aktivitäten von Erfolg gekrönt. Aus Bulgarien und Griechenland zog man sich enttäuscht wieder zurück, dauerhafter war dagegen die Präsenz in Skandinavien. Auch in Portugal und seinen Kolonien konnte das Unternehmen Fuß fas-sen. Von besonderem Wert war die konsequent aufgebaute Präsenz in Südamerika; Argentinien und Brasilien blieben bis zum Zweiten Weltkrieg wichtige Auslands-märkte des Unternehmens.

Nicht weniger wichtig als der wirtschaftliche Erfolg war das Renommee, das sich Grün & Bilfinger durch die erfolg-reiche Abwicklung technisch anspruchsvoller Bauaufträge erarbeiten konnte. Die Brücke über den Kleinen Belt nahm dabei

Druckluftgründung des Fußgängertunnels unter der Spree in Berlin-Friedrichshagen, 1926

eine herausragende Stellung ein, aber auch andere Projekte im In- und Ausland trugen dazu bei. Speziell auf dem Gebiet der Druckluftgründungen war das Unternehmen führend. Die Technik wurde längst nicht mehr nur bei Fundierung von Brückenpfeilern eingesetzt, sondern auch bei anderen komplexen Aufgaben, wie der Absenkung des Unterwassertunnels in Berlin-Friedrichshagen.

DIE ZEIT DES NATIONALSOZIALISMUS

Die wirtschaftliche Depression seit 1929/30 trug wesentlich zum Ende des parlamentarischen Systems der Weimarer Republik bei und die Beseitigung der Massenarbeitslosigkeit zählte zu den zentralen Verheißungen Hitlers an die deutsche Bevölkerung. In der Tat setzte 1933 der Wirtschaftsaufschwung ein und 1936 war die Vollbeschäftigung erreicht – ein Erfolg, den die nationalsozialistische Propaganda gründlich zu nutzen wusste. Allerdings ist dieser Aufschwung nur zum Teil auf die Politik des Regimes zurückzuführen. Zahlreiche Konjunkturindikatoren deuten darauf hin, dass sich die Weltwirtschaft nach dem Tiefpunkt des Jahres 1932 ohnehin wieder zu beleben begann. Die Arbeitsbeschaffungsmaßnahmen waren ebenfalls keine Erfindung der Nationalsozialisten, sie konnten vielmehr die ersten Früchte der von den Regierungen Papen und Schleicher initiierten Programme ernten. Sie setzten deren Politik fort mit den so genannten Reinhardt-Programmen und dem mit hohem propagandistischen Aufwand inszenierten Autobahnbau, für den die Pläne ebenfalls schon in den Schubladen lagen. Ein weiteres Instrument der staatlichen Konjunkturpolitik war die Wiederaufrüstung Deutschlands, bereits 1935 übertrafen die Rüstungsausgaben die zum Ausbau der Infrastruktur aufgewandten Mittel. Auch die Methoden zur Finanzierung der Arbeitsbeschaffungsprogramme übernahm das NS-Regime von den Vorgängerregierungen. Das erprobte System der Oeffa-Wechsel wurde beibehalten und später in Form der auf die „Metallurgische Forschungsgesellschaft" bezogenen Mefo-Wechsel auch auf die Rüstungsfinanzierug übertragen.[161]

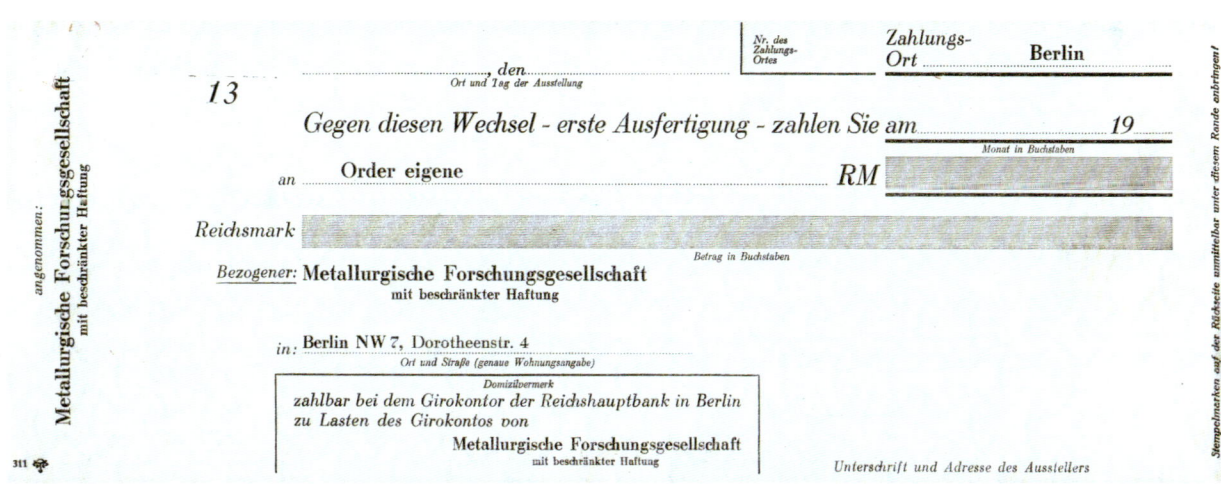

Das NS-Regime ließ das bestehende kapitalistische Wirtschaftssystem und insbesondere das Privateigentum an den Produktionsmitteln unangetastet, unterwarf aber gleichzeitig die deutsche Wirtschaft mehr und mehr einer nachhaltigen staatlichen Steuerung. Die dabei verfolgten Ziele waren in erster Linie eine größtmögliche Autarkie und Unabhängigkeit von Importen sowie die rasche Aufrüstung Deutschlands. Spätestens mit der Verkündung des Vierjahresplans im Jahr 1936 traten die wesentlichen Absichten und Elemente der staatlichen Wirtschaftslenkung deutlich zu Tage. Für die weiterhin privatwirtschaftlich organisierten Unternehmen wurden dabei neue Rahmenbedingungen geschaffen, denen sie sich nicht entziehen konnten. Der Staat machte einen umfassenden Planungs- und Steuerungsanspruch geltend und war bereit und in der Lage, diesen gegenüber den Unternehmen auch durchzusetzen. Die dabei eingesetzten Instrumente waren durchaus unterschiedlicher Natur: materielle Anreize und die Zuteilung knapper Ressourcen, rechtlicher Druck, angedrohter oder vollzogener Zwang sowie die Mobilisierung der öffentlichen Meinung waren Mittel, das Verhalten von Unternehmen im Sinne des Regimes zu beeinflussen.[162]

Die Bauwirtschaft gehörte zweifellos zu den Branchen, die in besonderem Maß am Wirtschaftsaufschwung nach 1933 teilhatten. Autobahnen, Monumentalbauten für Staat und Partei, Militäranlagen und Befestigungen – sämtliche großen Bauaufgaben wurden an private Unternehmen vergeben. Dabei wurden ihnen jedoch von Anfang an besondere Bedingungen diktiert, die den Interessen des NS-Regimes dienten. So durften etwa beim Autobahnbau nur zehn Prozent *Stammarbeiter* eingesetzt werden, die übrigen Arbeiter wurden von den örtlichen Arbeitsämtern zugewiesen, meist ohne Rücksicht auf ihre Qualifikation. Um im Rahmen der „Arbeitsschlacht" rasch Erfolge durch die Beschäftigung möglichst vieler Arbeitsloser vorweisen zu können, mussten Erdbau und Trassierungen in Handarbeit durchgeführt werden. Bagger und andere Großgeräte konnten nur in Einzelfällen eingesetzt werden. Dies hatte naturgemäß auch negative Auswirkungen auf die Arbeitsbedingungen der Beschäftigten und änderte sich erst, als in der zweiten Hälfte der dreißiger Jahre Arbeitskräfte knapp wurden.[163] Mit dem Bau des „Westwalls" 1938/39 erreichten die an die Bauwirtschaft gestellten Aufgaben einen neuen Höhepunkt, was jedoch keineswegs automatisch bedeutete, dass die Unternehmen davon auch in besonderem Maß profitiert hätten. Zumindest bei Grün & Bilfinger war dies nicht der Fall, dort stand man dem Westwallbau ausgesprochen skeptisch gegenüber. Das Unternehmen konnte sich den Anforderungen letztlich aber nicht entziehen, wenn es weiterhin Aufträge erhalten wollte. Diese Entwicklung setzte sich dann unter den verschärften Bedingungen der Kriegswirtschaft fort, wobei sich die Handlungsspielräume der Unternehmen mehr und mehr verengten.

VERÄNDERUNGEN IM AUFSICHTSRAT

Wenige Monate nach der nationalsozialistischen „Machtergreifung" erreichte der staatlich sanktionierte Antisemitismus im April 1933 mit Boykottmaßnahmen und gewaltsamen Ausschreitungen gegen jüdische Bürger einen ersten Höhepunkt. Die „Entjudung der Wirtschaft" gehörte zu den erklärten Zielen der Nationalsozialisten und in nahezu allen Unternehmen begann ein Prozess der Verdrängung von Juden aus Führungspositionen.[164] Bei Grün & Bilfinger betraf dies Felix Jüdell, der seit 1914 als Vertreter der Dresdner Bank im Aufsichtsrat saß und von 1897 bis 1925 Vorstandsmitglied der Bank gewesen war. In der Aufsichtsratssitzung am 26. April 1933 berichtete der Vorsitzende Richard Graner von einem Briefwechsel, *der zwischen dem Vorstand der*

Propagandistisch
inszenierter Auftakt des
Autobahnbaus:
Ankunft Adolf Hitlers
zum ersten Spatenstich
bei Frankfurt am Main,
23. September 1933

Gesellschaft und ihm einerseits und Herrn Direktor Jüdell andererseits stattgefunden hatte. Danach hatte Jüdell sein Mandat *mit Rücksicht auf die politischen Verhältnisse niedergelegt und gleichzeitig gebeten, einen Herrn des Vorstandes der Dresdner Bank in den Aufsichtsrat zu wählen.* Man hatte bereits mit Walther Frisch Kontakt aufgenommen, der bereit war, das Amt zu übernehmen. Da Frisch aber seinerseits im September 1933 auf Druck der NSDAP aus dem Vorstand der Dresdner Bank ausschied, wurde 1934 Carl Goetz als zusätzliches Mitglied in den Aufsichtsrat gewählt. Der Vorstand von Grün & Bilfinger legte offensichtlich großen Wert darauf, ein aktives Vorstandsmitglied der Bank im Aufsichtsrat zu haben.[165]

Grün & Bilfinger trennte sich vergleichsweise schnell von dem einzigen jüdischen Aufsichtsratsmitglied. Als in hohem Maß von öffentlichen Aufträgen abhängiges Unternehmen wollte man den neuen Machthabern keine Angriffsflächen bieten. Zudem war Jüdell zum Zeitpunkt seines Rücktritts fast 79 Jahre alt und schon seit einigen Jahren im Ruhestand, so dass die Gelegenheit günstig erschien, ihn durch einen aktiven Bankvorstand zu ersetzen, der auf Grund seiner Position mehr für das Unternehmen tun konnte. Bei Grün & Bilfinger waren keine begeisterten Anhänger des Nationalsozialismus am Werk. Mit Ausnahme des Kaufmanns Ernst Ufer, der am 1. Mai 1933 in die Partei eintrat, gehörte kein Vorstandsmitglied der NSDAP an.[166] Die Trennung von Jüdell ist daher wohl als bloße Anpassung an die neuen politischen Gegebenheiten zu interpretieren, wie sie in allen Unternehmen stattfand, die auf Aufträge der öffentlichen Hand angewiesen waren.

ARBEITSBESCHAFFUNGSPROGRAMME, AUTOBAHNEN
UND MONUMENTALBAUTEN

Die wirtschaftliche Entwicklung des Unternehmens war 1933 von einem leichten Aufwärts-
trend gekennzeichnet, die Bauleistung stieg von 14,1 Mio. RM im Jahr 1932 auf 17,4 Mio. Im
Herbst 1933 erhielt Grün & Bilfinger als federführendes Unternehmen einen der ersten Auf-

Bau der Autobahn durch
den Lorscher Wald, 1934

träge zum Autobahnbau. Zusammen mit Philipp Holzmann, Sager & Wörner und dem Berliner
Unternehmen W. Hagen & Co. erstellte Grün & Bilfinger bei Darmstadt einen rund 20 Kilometer
langen Abschnitt der ersten Autobahnstrecke, die von Frankfurt am Main über Mannheim
nach Heidelberg verlief. Das anteilige Auftragsvolumen belief sich auf rund 500.000 RM. Die
Bildung von Arbeitsgemeinschaften beim Autobahnbau war politisch erwünscht, um möglichst
viele Unternehmen an den Arbeitsbeschaffungsmaßnahmen zu beteiligen. Der Vorstand von

Staustufe Lengfurt am
Main, 1935

Grün & Bilfinger sah diese sich im Lauf der dreißiger Jahre noch verstärkende Entwicklung mit Skepsis, zumal man bei der Wahl der Partner nicht frei war, für diese aber im Zweifelsfall mit einstehen musste. Außerdem war bei ARGE-Baustellen der Verwaltungsaufwand deutlich höher als bei allein ausgeführten Projekten, so dass man bei Grün & Bilfinger stets bemüht war, möglichst wenige Arbeitsgemeinschaften einzugehen. Als weiteres Risiko beim Autobahnbau wurden die langen Garantiefristen von bis zu zehn Jahren angesehen. Das Unternehmen verfügte zwar bereits über einige Erfahrungen beim Bau von *Betonstraßen*, die Kenntnisse über deren *Haltbarkeit* waren jedoch noch gering.[167]

1934 setzte *als Folge des Arbeitsbeschaffungs-programms* im Inland ein Aufschwung ein. Grün & Bilfinger erhielt dabei zahlreiche Aufträge, deren jeweiliger Wert jedoch eher niedrig war. Es wurden auch einige größere Projekte ausgeführt, unter anderem Staustufen in Neckarzimmern und in Lengfurt am Main, eine Talsperre bei Wernigerode im Harz, ein Staudamm an der Oder bei Turawa in Schlesien und Flugzeughallen für die deutsche Verkehrsfliegerschule in Tutow/Pommern. Man bemühte

Spundwandrammung
für den Malapane-
Staudamm bei Turawa/
Schlesien, 1934

Zillierbach-Talsperre bei
Wernigerode im Harz,
1935

Straßenbau bei Meyssen/Belgien, 1934

U-Bahn Buenos Aires, 1939

sich dabei, *von Gemeinschaftsarbeiten soweit als möglich loszukommen, da deren technische und kaufmännische Durchführung mancherlei Schwierigkeiten* bereitete. Dies gelang allerdings nicht immer, da gerade Großprojekte in der Regel an mehrere Firmen vergeben wurden. Die Finanzierung der öffentlichen Bauarbeiten erfolgte weiterhin über Wechsel, im Herbst 1934 belief sich das Wechselobligo bereits auf rund 5,8 Mio. RM.

Im Gegensatz zum Inland verlief das Auslandsgeschäft schleppend. Die in den späten zwanziger Jahren übernommenen Großprojekte wie die Brücke über den Kleinen Belt und die Ufermauer in Lobito waren weitgehend fertig gestellt und neue Auslandsaufträge konnten kaum noch akquiriert werden. Die 1933 und 1934 verschärften Bestimmungen zur Devisen-zwangswirtschaft wirkten sich ausgesprochen negativ aus. Es war kaum noch möglich, die zur Einrichtung einer Baustelle im Ausland benötigten Devisen zu beschaffen. Dies hatte zur Folge, dass *die Gesellschaft aus der an sich recht günstigen Arbeitsmarktlage im Ausland nur geringen Nutzen ziehen* konnte. Die wichtigsten Auslandsmärkte für Grün & Bilfinger waren in den dreißiger Jahren Argentinien und Brasilien. Bereits 1933 hatte das Unternehmen zusammen mit der Siemens-Bauunion einen Auftrag zum Bau der U-Bahn in Buenos Aires übernommen, 1934 kamen weitere Projekte hinzu, darunter ein Kühlhaus in Porto Alegre und eine Wasserkraftanlage für eine Baumwollspinnerei in Carioba/Brasilien. Insgesamt belief sich der Auftragsbestand in Südamerika auf rund 2,6 Mio. RM. In Europa war Grün & Bilfinger nur noch in Portugal und in Belgien aktiv, in beiden Ländern bestanden Tochtergesellschaften, die einige Aufträge auf eigene Rechnung ausführten.[168]

*Kühlhaus Porto Alegre/
Brasilien, 1935*

Abwasserkanal im
Wahwe-Tal bei Brüssel,
1932

Staumauer und Wasser-
kraftanlage einer
Baumwollspinnerei,
Caraiba/Brasilien, 1936

Die Programme zur Arbeitsbeschaffung, insbesondere der Autobahnbau, bescherten Grün & Bilfinger zwar eine Fülle von Aufträgen, dies bedeutete jedoch nicht automatisch, dass das Unternehmen damit auch Geld verdiente. Insbesondere die Herstellung von Betondecken war *nicht besonders nutzbringend*, da spezielle Maschinen und Geräte angeschafft werden mussten, die sich schnell abnutzten. Um einen Auftrag für zehn Kilometer Fahrbahndecke ausführen zu können, waren Investitionen in Höhe von 460.000 RM notwendig. Man konnte sich diesen wenig lukrativen Arbeiten aber nicht *entziehen*, da das Unternehmen auch weiterhin beim Autobahnbau im Geschäft bleiben wollte.[169]

Wesentlich interessanter war dagegen der Bau von Brücken für die Autobahn, hier konnte das Unternehmen seine Kompetenzen voll einsetzen. Neben zahlreichen kleineren Brücken und Überführungen errichtete Grün & Bilfinger mehrere große Flussbrücken, beispielsweise über den Neckar bei Mannheim, den Rhein bei Frankenthal und die Elbe bei Hohenwarthe. Für die Autobahnbrücke über die Havel bei Werder musste eine aufwändige Druckluftgründung durchgeführt werden. Die markantesten und technischen anspruchsvollsten Bauwerke waren große Talbrücken. Sie wurden meist als Stahlbrücken auf massiven Pfeilern ausgeführt, es entstanden aber auch einige Bogenbrücken aus Stahlbeton. In dieser Bauweise erstellte Grün & Bilfinger die Rohrbachtalbrücke bei Stuttgart und die berühmte Teufelstalbrücke bei Hermsdorf, mit 138 Metern Spannweite eine der größten Brücken ihrer Art. Als in der zweiten Hälfte der dreißiger Jahre infolge der verstärkten Aufrüstung Stahl und Zement knapp wurden, ging man dazu über, Autobahnbrücken auch aus Naturstein zu bauen. Die Brücke über die Freiberger Mulde bei Siebenlehn in Sachsen erhielt zwar noch einen Überbau aus Stahl, die knapp 90 Meter hohen Pfeiler wurden jedoch bereits zum Teil aus Werkstein errichtet. Das Lahntalviadukt bei Limburg und einige andere Brücken entstanden dann komplett aus Mauerwerk im Stil und

in der Technik des 19. Jahrhunderts. Durch diese Entwicklung erlebte auch der Steinbruch in Olsbrücken eine unerwartete Sonderkonjunktur. Nicht realisiert wurden dagegen die Pläne für eine Hochbrücke über die Elbe bei Hamburg mit 150 Meter hohen Pfeilern. Adolf Hitler persönlich hatte den gemeinsamen Entwurf von Grün & Bilfinger und MAN *ausgewählt und zur Ausführung bestimmt.* Bevor man jedoch daran denken konnte, waren umfangreiche Studien und Vorarbeiten zur Gründung des Bauwerks notwendig, die nach Ausbruch des Zweiten Weltkriegs eingestellt wurden.[170]

Ähnlich verlief die Entwicklung bei den Monumentalbauten für Staat und Partei, an denen Grün & Bilfinger beteiligt war. 1938 erhielt das Unternehmen zusammen mit vier weiteren Baufirmen den Zuschlag für den Bau der Nordhälfte des „Deutschen Stadions" auf dem Nürnberger Reichsparteitagsgelände. Die gesamte Auftragssumme belief sich auf 260 Mio. RM, die Bauzeit sollte vier Jahre betragen. Das Stadion wurde jedoch ebenso wenig gebaut wie die „Große Halle" in Berlin. Hier trat Grün & Bilfinger im Mai 1939 einer Arbeitsgemeinschaft von Hochtief, Holzmann und Siemens-Bauunion bei. Die Unternehmen wollten gemeinsam die Gründungsarbeiten des gigantischen Bauwerks ausführen. Das Projekt wurde noch bis 1941 weiter betrieben und dann endgültig zu den Akten gelegt.[171]

Gründung der Autobahnbrücke über die Havel bei Werder: Arbeit mit Spülpumpen im Senkkasten, 1937

*Autobahnviadukt aus
Naturstein: Elstertal-
brücke bei Pirk/Sachsen,
1938*

*Moderne Konstruktion
aus Beton: Rohrbachtal-
brücke bei Stuttgart,
1937*

*Autobahnbrücke über
das Teufelstal bei
Hermsdorf/Thüringen,
1938*

Autobahnviadukt über das Lahntal, 1938

Lehrgerüste für die Rohrbachtalbrücke, 1937

Lehrgerüst der Teufelstalbrücke, 1937

WIEDERAUFRÜSTUNG, VIERJAHRESPLAN UND WESTWALLBAU

Die zunächst eher im Verborgenen betriebene Wiederaufrüstung Deutschlands trat 1935/36 mit der Wiedereinführung der Wehrpflicht, dem Aufbau einer Luftwaffe und dem Einmarsch ins entmilitarisierte Rheinland in eine neue Phase; sie wurde nun offiziell und mit hoher Priorität vorangetrieben. Von dieser Politik profitierte nicht nur die eigentliche Rüstungsindustrie, sondern auch die Bauwirtschaft, die zahlreiche Aufträge der Heeresverwaltung und anderer militärischer Dienststellen erhielt. Bei Grün & Bilfinger machten im Jahr 1936 militärische Projekte 43 Prozent des Auftragsvolumens im Inland aus, auf den Autobahnbau entfielen 36 Prozent, die restlichen 21 Prozent waren Aufträge anderer Behörden, der Reichsbahn und der Industrie. Das Unternehmen errichtete Flugplätze in Bayreuth, Anklam, Warnemünde und Rochau bei Berlin. Für die Marine wurden ein Torpedoschießstand in Eckernförde und Hafenanlagen in Pillau/Ostpreußen gebaut. Militärischen Zwecken dienten auch die im Auftrag der „Wirtschaftlichen Forschungsgesellschaft mbH" (Wifo) ausgeführten Arbeiten. Die Wifo war eine im Zuge der verdeckten Aufrüstung gegründete Tarngesellschaft, ihre Aufgabe war die Einrichtung von Tanklagern für Heer und Luftwaffe.[172] Grün & Bilfinger baute für die Wifo unter anderem das Großtanklager „Kuhberg" bei Nienburg an der Weser. Die Anlage verfügte über ein Fassungsvermögen von mehr als 100.000 Kubikmetern, der Auftragswert belief sich auf 7,2 Mio. RM. Derart große Projekte waren jedoch eher untypisch, es überwogen wesentlich kleinere Aufträge. 1936 waren 57 Inlandsbaustellen in Betrieb, mit denen im Durchschnitt jeweils rund 440.000 RM umgesetzt wurden. 1933 waren es im Vergleich dazu nur 20 Baustellen mit jeweils 850.000 RM Umsatz gewesen. Gleichzeitig waren die Ausführungsfristen der einzelnen Aufträge dramatisch verkürzt worden, 1936 stand durchschnittlich nur noch ein halbes

Im Zeichen der Wiederaufrüstung: Besichtigung der Baustelle „Ufermauer Pillau" durch Großadmiral Raeder am 10. Mai 1939.

Jahr pro Projekt zur Verfügung und *Arbeiten mit mehrjähriger Dauer* waren *eine Seltenheit*. Die Übernahme zahlreicher kurzfristiger Aufträge machte die Anschaffung zusätzlicher Maschinen und Geräte notwendig, die 1936 mit rund 2,5 Mio. RM zu Buche schlugen. Und obwohl mit Ausnahme des Torpedoschießstands in Eckernförde, wo ein Verlust von 285.000 RM entstand, sämtliche Baustellen mit Gewinn abschlossen, war der Vorstand von Grün & Bilfinger mit der Entwicklung nicht zufrieden. Seiner Ansicht nach bestand die Gefahr einer Überhitzung der Baukonjunktur: *Der Umstand, dass bei der ständigen Vermehrung der Baustellen immer neue Maschinen beschafft werden müssen, die vielleicht später keine genügende Verwendung mehr finden, zwingt die Gesellschaft, ernstlich daran zu denken das Bauvolumen einzuschränken und sich von der gegenwärtigen Konjunktur nicht zu sehr vorwärts treiben zu lassen.*[173]

Es bestand jedoch kaum die Möglichkeit, sich den Wünschen der Auftraggeber zu entziehen und man sah sich immer wieder *gezwungen, einzelne Bauten, auf die man lieber verzichten möchte, hereinzunehmen*. In diese Kategorie fiel zunächst auch ein Auftrag der I.G. Farben für Arbeiten im Buna-Werk Schkopau, den Grün & Bilfinger im Frühjahr 1936 *mit Rücksicht auf die bestehende Verbindung nicht ablehnen* konnte. Schon ein halbes Jahr später beurteilte der Vorstand das Projekt völlig anders: *Der Auftrag der I.G. Farbenindustrie zur Errichtung einer der 4 projektierten Fabriken zur Herstellung künstlichen Kautschuks, den die Gesellschaft [...] ursprünglich gar nicht übernehmen wollte, hat sich sehr gut entwickelt und es schweben zur Zeit Verhandlungen über eine Erweiterung dieses Auftrags.* Dazwischen lag die Verkündung des Vierjahresplans, der einen weiteren Ausbau von Anlagen zur Erzeugung künstlicher Rohstoffe vorsah, um die Abhängigkeit von Importen zu reduzieren.[174]

Die Bewirtschaftung von Eisen und Stahl im Rahmen des Vierjahresplans wirkte sich naturgemäß auch auf die Bauwirtschaft aus, jedoch weniger auf die eigentliche Bauproduktion, als auf die Versorgung mit Maschinen und Ersatzteilen. Der Rohstoffmangel wurde immer deutlicher spürbar und im Frühjahr 1938 musste der Vorstand von Grün & Bilfinger feststellen, dass die Grenze der Belastbarkeit des Unternehmens *nunmehr unbedingt erreicht sei*. Es war nicht

Pfahlramme auf der Baustelle „Ufermauer Pillau"

mehr möglich, *Geräte und Maschinen auch nur annähernd mit den bisherigen Lieferfristen zu bekommen*. Gleichzeitig wurde das vorhandene Inventar durch das hohe Arbeitstempo schnell abgenutzt und die Beschaffung von Ersatzteilen war *ganz besonders erschwert*. Doch nicht nur Maschinen fehlten, auch geeignetes technisches Personal. Die Zahl der Arbeiter war von 4.300 im Jahr 1935 auf 7.000 gestiegen, die der Angestellten von 360 auf 620. Die ausufernde Bürokratie des NS-Regimes schuf zahlreiche neue Behörden und Dienststellen zur Wirtschaftsplanung und -kontrolle. Dadurch hatte auch auf Unternehmensseite der Verwaltungsaufwand so stark zugenommen, *dass etwa 30 Prozent der Verwaltungskosten auf unproduktive Tätigkeit* entfielen.[175]

Dessen ungeachtet wurde die Belastung des Unternehmens durch den Bau des „Westwalls" noch einmal gesteigert. Vor dem Hintergrund der geplanten Okkupation der Tschechoslowakei und einer dabei drohenden militärischen Auseinandersetzung mit Frankreich, ordnete Hitler im Mai 1938 den sofortigen Aufbau von Befestigungsanlagen an der Westgrenze Deutschlands an. Da die Bunker und Sperranlagen bis zum Herbst 1938 einsatzbereit sein sollten, mussten nahezu sämtliche Kapazitäten der deutschen Bauwirtschaft herangezogen werden. Darüber hinaus wurden noch 400.000 Arbeiter dienstverpflichtet. Zum Leiter des Projekts ernannte Hitler am 9. Juni 1938 Fritz Todt – dies war gewissermaßen die Geburtsstunde der „Organisation Todt", der paramilitärischen Bauorganisation des NS-Regimes. Fritz Todt war Bauingenieur mit hohem Organisationstalent; seit 1923 Mitglied der NSDAP und seit 1931 deren Beauftragter für Straßen- und Verkehrswesen, hatte Hitler ihn 1933 mit der Organisation des Autobahnbaus betraut und zum „Generalinspektor für das deutsche Straßenwesen" ernannt. Todt kannte auch die private Bauwirtschaft gut, vor seiner Ernennung war er Bauleiter bei Sager & Woerner in München gewesen und 1920 hatte er als Student ein Praktikum auf einer Baustelle von Grün & Bilfinger in Jettenbach am Inn absolviert. Todt übertrug die bewährte Organisationsstruktur des Autobahnbaus auf den Westwall. Die gesamte Befestigungslinie von Kleve am Niederrhein bis nach Basel wurde in Abschnitte unterteilt, die jeweils einer „Obersten Bauleitung" unterstanden, die wiederum die auszuführenden Arbeiten an einen Hauptunternehmer vergab.[176]

Grün & Bilfinger war Hauptunternehmer für einen rund 40 Kilometer langen Abschnitt bei Offenburg; im nördlich daran anschließenden Sektor arbeitete die Julius Berger Tiefbau AG, im südlichen die Philipp Holzmann AG. Die Unternehmensleitung übernahm diesen zusätzlichen Auftrag nur ungern und gegenüber dem Aufsichtsrat äußerte sich Bernhard Michael Bilfinger ausgesprochen kritisch über das Projekt. Das kaufmännische Vorstandsmitglied Ernst Ufer schätzte die Aussichten, beim Westwallbau Gewinne zu erwirtschaften, als gering ein und befürchtete darüber hinaus negative Folgen für die gesamte Bauwirtschaft.

In dem Grün & Bilfinger zugewiesenen Westwallabschnitt waren rund 1.200 Bunker, Unterstände und andere Befestigungsbauwerke aus Stahlbeton mit einem Gesamtvolumen von 240.000 Kubikmetern herzustellen. Beschäftigt wurden 11.600 Arbeiter, 180 Angestellte und 73 Nachunternehmer, was einen erheblichen logistischen Aufwand mit sich brachte. Allein um die Arbeiter, die *meist weit im Hinterlande untergebracht* waren, zu den Baustellen zu bringen, mussten *90 Kraftomnibusse, 20 Personenwagen und 28 Motorräder* eingesetzt werden. Vor Ort waren *116 Bauhütten, Unterkunfts- und Aufenthaltsbaracken* vorhanden. Anders als beim Autobahnbau wurde nun auch zahlreiches Großgerät eingesetzt, darunter

„... eine Arbeitsüberlastung, wie sie in der Geschichte des
Unternehmens noch nicht dagewesen ist"

Bernhard Michael Bilfinger und Ernst Ufer über den Westwallbau

Im Juni dieses Jahres war die Firma auf Anforderung des Generalinspektors Herrn
Dr. Todt genötigt, sich an den Aufgaben des Westprogramms zu beteiligen. Um den auf
äußerste Beschleunigung zielenden Wünschen des Bauherrn zu genügen, war zu über-
legen, inwieweit man die laufenden Arbeiten einstellen oder wenigstens einschränken
könnte. Dies war nur in geringem Umfange möglich, da auch die laufenden Arbeiten
zum größten Teil unmittelbar oder mittelbar militärischen oder staatspolitischen Zwe-
cken dienten und dem Westbau an Dringlichkeit nicht viel nachstanden. Die damals
laufenden Arbeiten mussten also ebenfalls fortgesetzt werden, wenn man sich auch
vielfach durch Verringerung der Intensität der Durchführung der Arbeiten zu helfen
suchte. Alles in allem entstand eine Arbeitsüberlastung, wie sie in der Geschichte des
Unternehmens noch nicht dagewesen ist.

Der der Gesellschaft zugewiesene Abschnitt hat eine Länge von ungefähr 40 km
und eine Tiefe von ungefähr 10 km. Die Arbeitsstellen liegen am Rhein und den Ufer-
niederungen und bieten infolgedessen Transporten ganz besondere Schwierigkeiten.
Da Lage und Ausbildungsart der einzelnen Stände zur Zeit der Arbeitsübernahme noch
unbekannt waren und auch Knappheit an Arbeitern und Materialien unübersehbare
Schwierigkeiten boten, wurde kein Werkvertrag in der sonst üblichen Weise abgeschlos-
sen, sondern ein Selbstkostenvertrag. Auf die Lohnsumme und die sonstigen Kosten
an dem Bau erhalten die Unternehmer einen Zuschlag von 20,5 %, woraus sie aber
Generalunkosten, Umsatzsteuer, Werkzeuge und auch sonstige Auslagen zu bestreiten
haben. Entgegen der landläufigen Meinung werde günstigenfalls ein kleiner Gewinn
verbleiben, der aber außer Verhältnis steht zu der Größe und den Schwierigkeiten der
Aufgabe. Der Auftrag sei auch in sonstiger Beziehung wenig erfreulich: dauernd sei
man mit Beanstandungen befasst, deren Ursache schließlich in der von der Firma ja
nicht verschuldeten Verwendung ungeeigneter Arbeitskräfte liege. Die Streitigkeiten
wirken sich insofern auch geldlich aus, als der Bauherr daraus das Recht entnimmt,
Abzüge zu machen.

Bernhard Michael Bilfinger.[177]

Die Arbeiten, für die normalerweise ein Zeitaufwand von 5 Jahren erforderlich sei, sollen
in 5 Monaten fertig gestellt werden. Dies führe selbstverständlich zu einer wesentlichen
Erhöhung der Unkosten und zu einer Verteuerung der Bauten selbst. Der Umsatz be-
ziffere sich bisher auf 12-15 Millionen Reichsmark und es verbleibe günstigstenfalls

ein Gewinn von RM 500.000, wobei aber die Umsatzsteuer noch nicht berücksichtigt sei. Auch seien dabei nicht in Betracht gezogen die recht wesentlichen Schäden, die durch die Umstellungen und Einschränkungen bei den laufenden Arbeiten infolge des Westbaues entstanden sind. Da diese Schäden bei allen beteiligten Baufirmen, besonders aber bei den mittleren, eingetreten sind, so mühe sich die Wirtschaftsgruppe Bauindustrie, einen Ersatz der Schäden nach bestimmten Grundsätzen für alle Firmen zu erwirken. Es sei eine Denkschrift in Vorbereitung, die Herrn Dr. Todt demnächst übergeben werden soll, in der sich die Firmen auch darauf berufen, dass ihnen Schadloshaltung ursprünglich zugesagt worden sei. Gelinge es nicht, die Übernahme der Schäden durch den Staat zu erreichen, so werde sich der kleine Gewinn wohl in einen Verlust verwandeln.

Ernst Ufer.[178]

neun Raupenbandbagger, 40 Rammen und 230 Betonmischer. Hinzu kamen zum Transport des Materials Feldeisenbahnen mit elf Diessellokomotiven und 280 Muldenkipper-Anhängern, 450 Lastwagen und zehn Frachtkähne mit zwei Schleppern.[179]

Da der freie Arbeitsmarkt in Deutschland längst erschöpft war, wurde zum 1. Juli 1938 eine zunächst noch zeitlich befristete Dienstpflicht eingeführt, um die für den Westwallbau benötigten Arbeiter rekrutieren zu können.[180] Damit wurden zum ersten Mal massenhaft unfreiwillige Arbeitsverhältnisse in der Bauwirtschaft geschaffen. Die Leistung der dienstverpflichteten Arbeiter blieb in der Regel hinter der freier Arbeiter zurück und ihre Motivation nahm mit zunehmender Dauer des Arbeitseinsatzes ab: *Die Leistungen der Belegschaft zeigten bis 1. Oktober 1938 unter dem Druck der politischen Verhältnisse eine gewisse Schaffensfreudigkeit, als aber dieser Druck nachließ und die Gefolgschaftsmitglieder einer zweiten Verpflichtung, die sich bis zum 15. Dezember 1938 erstrecken sollte, unterworfen wurden, ließ die Leistung mit wenigen Ausnahmen außerordentlich nach.*[181]

Der Bau des Westwalls brachte für alle Beteiligten enorme Belastungen mit sich, in erster Linie natürlich für die dienstverpflichteten Arbeiter, die täglich zwölf Stunden und länger harte körperliche Arbeit leisten mussten und in ihrer persönlichen Freiheit stark eingeschränkt waren. Aber auch bei Führungskräften hinterließ *die gewaltige Arbeitslast beim Westbau* Spuren. Philipp Völker, im Vorstand von Grün & Bilfinger für das Projekt zuständig, erkrankte auf Grund der *vielen mit diesem Auftrag verbundenen Schwierigkeiten und Aufregungen* so schwer, dass er für mehrere Monate ausfiel. Deshalb mussten die Vorstandsressorts neu eingeteilt werden, außerdem wurden Hans Burkhardt, der in den 1920er-Jahren das Südamerikageschäft aufgebaut hatte, und Wilhelm Bilfinger zu ordentlichen Vorstandsmitgliedern ernannt.[182]

Die Jahre von 1933 bis 1938/39 waren für die Grün & Bilfinger AG eine Zeit außergewöhnlicher Hochkonjunktur, angetrieben durch staatliche Bauprogramme größten Ausmaßes. Die im Inland erzielte Bauleistung stieg von 17,4 Mio. RM 1933 auf 57 Mio. 1938. Der in diesem

Jahr ausgewiesene Bilanzgewinn war mit rund 2,9 Mio. RM mehr als doppelt so hoch wie in den Jahren davor. Da das Unternehmen außerdem regelmäßig hohe Abschreibungen auf Maschinen und Geräte vornahm, kann man davon ausgehen, dass stille Reserven in erheblicher Höhe gebildet werden konnten. Die Kehrseite der Medaille war die Schrumpfung des Auslandsgeschäfts, das sich im Wesentlichen nur noch auf Brasilien und Argentinien beschränkte. Die auf eine Überhitzung der Baukonjunktur zustrebende Entwicklung in der zweiten Hälfte der 1930er-Jahre beobachtete der Vorstand von Grün & Bilfinger mit zunehmender Skepsis. Er hatte die Diskrepanz zwischen gesteigerten Autarkiebestrebungen einerseits und ständig neuen, immer gigantischeren Bauaufgaben andererseits erkannt, und rechnete bereits im Frühjahr 1938 mit einem baldigen Rückgang der Baukonjunktur infolge Rohstoffmangels. Als Ersatz sollte das Auslandsgeschäft wieder stärker in Gang gebracht werden und auf Anregung der Dresdner Bank befasste man sich mit Plänen für eine Werftanlage in der Türkei. Das Projekt zerschlug sich jedoch, stattdessen wurde Grün & Bilfinger zusammen mit Hochtief ein Auftrag zum Bau der Talsperre Beli Isker in Bulgarien *zugewiesen*, was der Vorstand angesichts der in diesem Land in den 1920er-Jahren gemachten negativen Erfahrungen jedoch eher kritisch beurteilte.[183]

Brücke über den Rio Salada bei Santo Tomé/ Argentinien, 1939

Talsperre Beli Iskez/
Bulgarien, 1943

Eisenbahn Barreto-
Gravataĥ / Brasilien,
1935

Schlachthaus Soo
Paulo/Brasilien, 1938

Bauleistung und
Auftragsbestand
der Grün & Bilfinger
AG 1931–1941
(ohne Südamerika)

Jahr	Bauleistung (Mio. RM)	Auftragsbestand zum 31.12. (Mio. RM)
1931	22,8	
1932	14,1	20,4
1933	17,4	11,9
1934	22,5	16,6
1935	29,5	12,5
1936	30,0	19,0
1937	34,5	23,4
1938	57,0	91,4
1939	53,0	121,0
1940	58,7	102,8
1941	52,3	124,9

Insgesamt gesehen zeichnete sich bereits in den ersten sechs „friedlichen" Jahren des NS-Regimes jene Entwicklung ab, die sich dann ab 1939/40 unter den Bedingungen der Kriegswirtschaft zusehends dramatisch verschärfte: Das Unternehmen befand sich in einer Lage, die immer weniger Spielraum bot. Es konnte sich seine Aufträge nicht mehr aussuchen, wenn es überhaupt noch im Geschäft bleiben wollte. Dies galt sowohl für staatliche als auch für private Auftraggeber wie die I.G. Farben und andere Industriebetriebe, die sich ja ihrerseits darauf berufen konnten, kriegswichtige Produkte herzustellen. Zweifelsohne verdiente Grün & Bilfinger damit auch Geld, in manchen Fällen wie dem Buna-Werk in Schkopau sogar unerwartet viel. Einen Gewinnautomatismus gab es jedoch nicht und ein Projekt wie der Westwallbau war unter betriebswirtschaftlichen Gesichtspunkten völlig unrentabel. Nicht von ungefähr rief daher auch die Bauindustrie nach einer staatlichen Risikogarantie.

DER ARBEITSMARKT IN DER BAUWIRTSCHAFT: SUKZESSIVER ÜBERGANG ZUR ZWANGSARBEIT

Der Arbeitsmarkt im Bereich der Bauwirtschaft wurde nach 1933 mehr und mehr reglementiert. Bei den Projekten zur Arbeitsbeschaffung wurde den Unternehmen der Großteil der Arbeitskräfte von den örtlichen Arbeitsämtern zugewiesen. So durften beispielsweise beim Autobahnbau anfangs nur 10 % *Stammarbeiter* eingesetzt werden, später sahen die Standardverträge differenzierte Kontingente vor: 10 % bei Erdarbeiten, 15 % bei *Kunstbauten* (Brücken, Unterführungen etc.) und 20 % bei der Herstellung von Fahrbahndecken.[184]

Der anfängliche Überschuss an Arbeitskräften verwandelte sich mit dem Anziehen der Konjunktur und der Häufung staatlicher Bauaufträge ab 1936/37 in einen akuten Mangel. Im Zuge der Durchführung des Vierjahresplans erließ die NS-Arbeitsverwaltung zahlreiche Anordnungen zum *Arbeitseinsatz im Baugewerbe*. Ab Oktober 1937 durften Maurer und Zimmerer nur noch mit Zustimmung der Arbeitsämter eingestellt werden, ab Juni 1938 wurde diese Bestimmung auf alle Arbeiter und technischen Angestellten ausgedehnt. Ziel war es, die Verteilung der Arbeitskräfte innerhalb der Branche *gemäß der staats- und wirtschaftspolitischen Bedeutung der Aufgaben der einzelnen Betriebe* zu steuern. Außerdem sollte die *Abwanderung von Arbeitskräften aus anderen Wirtschaftszweigen in die Bauwirtschaft* reguliert werden. Ab Dezember 1938 mussten schließlich auch Versetzungen von Arbeitern und Angestellten innerhalb eines Unternehmens von den Arbeitsämtern hinsichtlich der *staats- und wirtschaftpolitischen Bedeutung der Bauarbeiten* geprüft und genehmigt werden.[185] Trotz dieser Versuche, den Arbeitsmarkt zu steuern, herrschte ab 1938 auf allen Baustellen von Grün & Bilfinger ein akuter Mangel an Facharbeitern. Es fehlten vor allem versierte Zimmerleute für den Schalungsbau und Maschinisten zur Bedienung von Baggern, Kränen und Rammen. Die von den Arbeitsämtern zugewiesenen Kräfte stammten im besten Fall aus verwandten Berufen, so wurden beispielsweise Schreiner als Zimmerer angelernt, sie leisteten jedoch in der Regel deutlich weniger als geübte Bauarbeiter.[186]

Die zunehmende Reglementierung des Arbeitsmarkts wurde 1938/39 verschärft durch eine Militarisierung der Arbeitsverhältnisse. Die im Juni 1938 aus Anlass des Westwallbaus eingeführte und zunächst noch zeitlich beschränkte Dienstpflicht wurde im Februar 1939 durch die *Verordnung zur Sicherstellung des Kräftebedarfs für Aufgaben von besonderer staatspolitischer Bedeutung* erweitert. Alle Bewohner des Reichsgebiets konnten von diesem Zeitpunkt an unbegrenzt zum Arbeitseinsatz dienstverpflichtet werden.[187] Die Dienstpflicht bedeutete für die Betroffenen, dass unfreiwillig eine bestimmte Arbeit geleistet werden musste. Von hier war der Weg zur Zwangsarbeit nicht mehr weit und in der Tat wurden bereits beim Westwallbau die grundlegenden Strukturen und Probleme des Zwangsarbeits-Systems der Kriegswirtschaft deutlich. Nicht nur für staatliche Bauvorhaben wurden dienstverpflichtete Arbeiter rekrutiert, sondern auch für Projekte der Privatwirtschaft, sofern sie für die Aufrüstung relevant waren. Im Juli 1938 erhielt Grün & Bilfinger von der Dynamit AG aus Troisdorf einen Auftrag zum Bau von Industriegebäuden für die Sprengstofffabrik „Tanne" in Clausthal-Zellerfeld. In Bezug auf die Beschaffung und Motivation der Arbeitskräfte traten hier die gleichen Probleme auf wie beim Westwallbau.

Der nächste Schritt hin zur Zwangsarbeit war der geschlossene Arbeitseinsatz für arbeitslose Juden. Am 20. Dezember 1938 ordnete der Präsident der Reichsanstalt für Arbeitsvermittlung und Arbeitslosenversicherung den geschlossenen Arbeitseinsatz für erwerbslose und wohlfahrtsunterstützte Juden an. Die Anordnung ist im Zusammenhang mit den nach der Pogromnacht vom 9. November 1938 verstärkten antisemitischen Verfolgungsmaßnahmen zu sehen. Die ohnehin schon hohe Arbeitslosigkeit der jüdischen Bevölkerung war durch das nach dem Pogrom verhängte Berufs- und Gewerbeverbot nochmals stark gestiegen. Durch die Zwangsbeschäftigung arbeitsloser Juden sollten Sozialleistungen eingespart und gleichzeitig das vorhandene Arbeitskräftepotential genutzt werden. Mit der Organisation des geschlossenen

„… nur unter Zwang einigermaßen Arbeitsleistungen vollbracht"

Berichte über die mangelnde Motivation dienstverpflichteter Arbeiter

Da es nicht möglich war, die erforderliche Anzahl Angestellter und Aufsichtspersonen aus dem eigenen Betriebe des Hauptunternehmers und den Betrieben der Nachunternehmer zu holen, trotzdem die Betriebe bis auf das Äußerste ausgekämmt wurden, musste eine große Anzahl Verpflichteter zur Durchführung und Beaufsichtigung genommen werden. Die mit der Zuweisung beauftragten Arbeitsämter begnügten sich damit, die angeforderte Kopfzahl zu stellen, ohne Rücksicht darauf, ob der Betreffende auch tatsächlich in der Lage war, die an ihn gestellten Forderungen zu erfüllen. Wir mussten Kräfte einsetzen, die wir nicht kannten, die den von uns gestellten Anforderungen nicht gewachsen waren, und die ebenso wie die Arbeiterschaft aus ihren festen Stellungen herausgerissen wurden. Wenn wir nicht auf allen Gebieten und zu jeder Zeit äußerste Pflichterfüllung unserer Stammangestellten zur Verfügung gehabt hätten, wäre die Aufgabe unerfüllbar gewesen. Monatelang musste Tag für Tag, Nacht und Nacht ohne Ausspannung gearbeitet werden. Unser altes Aufsichtspersonal war oft am Rande der Verzweiflung, wenn es sah, wie die Gefolgschaft aktiven und passiven Widerstand leistete und z.T. nur unter Zwang einigermaßen Arbeitsleistungen vollbrachte.

Bericht der Baustelle Kehl (Westwallbau) vom 31. März 1939.[188]

Die Bauarbeiten, welche dem Westbauprogramm gleichgestellt sind, sollten in kürzester Zeit durchgeführt werden. Mit der Einrichtung der Baustelle wurde Anfang August begonnen. Bereits bei Beginn der Arbeiten stellten sich Schwierigkeiten in den Weg, die eine rasche Durchführung des Programms verhinderten. Es war z.B. trotz vieler Bemühungen nicht möglich, die für das Bauvorhaben erforderlichen Arbeitskräfte vom zuständigen Arbeitsamt in Goslar zu erhalten. Erst Ende November erreichten wir eine Belegschaftszahl von 250 Mann, wie sie bereits in den Monaten September – Oktober hätte sein müssen. Die mit den verpflichteten Mannschaften erreichten Leistungen waren gering. Es herrschte in der Belegschaft große Unzufriedenheit, da eine Zahlung des Härteausgleichs vom Reichstreuhänder der Arbeit für das Wirtschaftsgebiet Niedersachsen abgelehnt wurde. Erst nachdem die Dynamit A.G. in der zweiten Hälfte des Monats Oktober durch Erhöhung der Verpflegungsgelder einen gewissen Ausgleich geschaffen hatte, trat etwas Beruhigung unter den Gefolgschaftsmitgliedern ein.

Bericht der Baustelle Clausthal-Zellerfeld (Sprengstofffabrik Tanne) vom 31. Dezember 1938.[189]

Arbeitseinsatzes wurden die Arbeitsämter beauftragt. Wesentliche Merkmale waren die gruppenweise Zusammenfassung der Betroffenen in Arbeitskolonnen und ihre Beschäftigung ohne Rücksicht auf Beruf und Qualifikation, beispielsweise mit Erdarbeiten.[190]

Im Dezember 1938 übernahm Grün & Bilfinger von der Reichsbahn einen Auftrag zum viergleisigen Ausbau der Bahnstrecke zwischen Berlin-Spandau und Nauen. Im März 1939 wurde das Unternehmen aufgefordert, ein weiteres Angebot für umfangreiche Erdarbeiten im Zusammenhang mit diesem Projekt abzugeben. Die Baustelle lag bei Falkensee, knapp außerhalb der Stadtgrenze Berlins, so dass bei der Kalkulation der in der Provinz Brandenburg gültige Tariflohn für Tiefbauarbeiter in Höhe von 57 Pfennigen pro Stunde zu Grunde gelegt werden musste. Der Tariflohn für den Bezirk Groß-Berlin betrug dagegen 72 Pfennige. Wegen des vergleichsweise niedrigen Lohns und der großen Nachfrage nach Bauarbeitern innerhalb Berlins sah man Probleme bei der Beschaffung von Arbeitskräften voraus und wies im Begleitschreiben zum Angebot ausdrücklich darauf hin. Der Auftraggeber – das Staatsunternehmen Reichsbahn – musste mehrere hundert Arbeiter bereitstellen, Grün & Bilfinger entsandte laut Angebot lediglich 24 Maschinisten, sechs Fach- und zwei Vorarbeiter.[191]

Die Bauarbeiten liefen dann auch nur schleppend an, wobei sich die Zuweisung von Arbeitern als Hauptproblem erwies. Schließlich wurden von der Arbeitsverwaltung rund 400 Juden zum geschlossenen Arbeitseinsatz herangezogen. Auf der Baustelle waren sie in gesonderten, von der Reichsbahn gestellten Unterkünften untergebracht, die sich in sehr schlechtem Zustand befanden. Ein Verantwortlicher von Grün & Bilfinger, der den Baubetrieb in Falkensee zum Zweck der *Leistungssteigerung und Betriebsschulung* ausführlich analysierte, wies den örtlichen Bauführer an, die Aufenthaltsräume der jüdischen Arbeiter in Stand setzen zu lassen. Die Juden waren überwiegend mit dem Be- und Entladen von Kipploren beschäftigt, sie wurden als *fleißig und willig* charakterisiert.[192] Nachdem die Arbeiten bei Kriegsausbruch weitgehend eingestellt worden waren, sollten sie im Juli 1940 wieder in vollem Umfang aufgenommen werden. Dies erwies sich jedoch als unmöglich, da das Projekt nicht als kriegswichtig eingestuft war und der Baustelle nur noch rund 50 jüdische Arbeiter sowie eine nicht näher genannte Anzahl französischer Kriegsgefangener zugewiesen wurden.[193]

Jüdische Arbeiter im „Geschlossenen Arbeitseinsatz" auf der Baustelle Falkensee bei Berlin, 1939

„Trotz Juden und Dienstverpflichteten wurde unser Arbeiterbedarf nicht gedeckt"

Arbeitseinsatz beim Bahnbau in Falkensee

Den Bestimmungen Ihrer Ausschreibung entsprechend, rechnen wir damit, dass die für die Durchführung der Arbeiten benötigten Arbeitskräfte von Ihnen, und zwar in ausreichender Zahl zur Verfügung gestellt und in Lagern, die Sie unterhalten und stellen, untergebracht werden. Um die Abwanderung bei dem niedrigen Tariflohn zu verhindern, rechnen wir damit, dass die Arbeiter für die vorliegende Arbeit verpflichtet werden. Außerdem rechnen wir damit, dass die Zuweisung rechtzeitig entsprechend unseren Anforderungen erfolgt, damit die Arbeiten programmgemäß in Angriff genommen und durchgeführt werden können.

Begleitschreiben der Niederlassung Berlin von Grün & Bilfinger an das Reichsbahn-Neubauamt Berlin-Spandau zum Angebot vom 9. März 1939.[194]

Von einschneidender Bedeutung war jedoch die Arbeiterfrage. Während uns bei Baubeginn weit mehr Arbeiter zugeteilt wurden, als wir wirtschaftlich einsetzen konnten, trat später das Gegenteil ein. Nachdem wir die uns zuerst zugeteilten Sudetendeutschen angelernt hatten, wurden uns diese von unserem Auftraggeber wieder weggenommen und durch Tschechen ersetzt. Dieser Umtausch nahm 4 Wochen Zeit in Anspruch, während unser gesamter Betrieb still lag. Das Anlernen der zugewiesenen Tschechen, die zum größten Teil der deutschen Sprache nicht mächtig waren, beanspruchte ebenfalls eine gewisse Zeit. Die zugeteilten Tschechen reichten jedoch bei weitem nicht aus, sodass uns das Arbeitsamt noch 100 Dienstverpflichtete und 400 Juden zuwies, letztere hatten überhaupt noch keine körperlichen Arbeiten ausgeführt und leisteten deshalb sehr wenig. Trotz Juden und Dienstverpflichteten wurde unser Arbeiterbedarf nicht gedeckt. Es fehlten der Baustelle durchschnittlich etwa 250 Mann.

Jahresbericht der Baustelle Falkensee vom 31. Dezember 1939.[195]

Mit Beginn des Zweiten Weltkrieges verschärfte sich die Lage auf dem deutschen Arbeitsmarkt noch einmal dramatisch. Männer wurden zur Wehrmacht einberufen und standen mit zunehmender Dauer des Krieges nur noch für ausgesprochen kriegswichtige Tätigkeiten zur Verfügung. Da das NS-Regime aus ideologischen Gründen auf den großangelegten Einsatz von Frauen in der Rüstungsindustrie verzichtete, richtete sich der Fokus auf Kriegsgefangene und Ausländer. Anfangs noch eher unsystematisch betrieben, begann 1942 unter der Ägide des Rüstungsministers Albert Speer und des „Generalbevollmächtigten für den Arbeitseinsatz" Fritz

Sauckel die massenhafte Rekrutierung von ausländischen Arbeitskräften in den von deutschen Truppen besetzten Ländern Europas. Das Spektrum reichte dabei von freiwillig angeworbenen Arbeitern aus den Niederlanden bis zu zwangsweise deportierten „Ostarbeitern" aus Polen und der Sowjetunion. Ab 1943 wurden dann auch zunehmend KZ-Häftlinge zur Zwangsarbeit in Industriebetrieben und auf Baustellen herangezogen, vor allem bei Projekten zur Unter-tageverlagerung der Rüstungsindustrie. Die einzelnen Gruppen von Kriegsgefangenen, Fremd- und Zwangsarbeitern wurden unterschiedlich behandelt, je nach dem, welchen Stellenwert die NS-Ideologie ihrer „Rasse" oder Nationalität zubilligte. Das schlimmste Schicksal erlitten dabei jüdische KZ-Häftlinge, für die das Regime die „Vernichtung durch Arbeit" vorgesehen hatte.[196]

Eine der ersten Gruppen, die zur Zwangsarbeit herangezogen wurden, war die jüdische Bevölkerung im östlichen Oberschlesien. Die nach dem Ersten Weltkrieg von Deutschland an Polen abgetretene Region um Kattowitz wurde im Oktober 1939 wieder dem deutschen Reich angegliedert. Im Herbst 1940 entstand dort eine spezielle Organisation der SS unter Leitung von Albert Schmelt, deren Aufgabe es war, die Juden in Ostoberschlesien zu erfassen und als Zwangsarbeiter für strategisch wichtige Projekte wie den Bau von Autobahnen oder Rüstungs-betrieben zur Verfügung zu stellen.[197]

Seit 1937 war Grün & Bilfinger mit mehreren Aufträgen für Erdarbeiten und Fahrbahn-decken beim Bau der Autobahn in Schlesien beteiligt. Im September 1939 wurden die Arbeiten infolge des Kriegsausbruchs zunächst weitgehend eingestellt. Im Zuge der Aufmarschplanung gegen die Sowjetunion gewann der Weiterbau der Strecke in Oberschlesien zwischen Breslau und Gleiwitz an Priorität und wurde gegen Ende des Jahres 1940 als kriegswichtig eingestuft. Als Arbeitskräfte waren zunächst im Westen frei gewordene OT-Leute, später Kriegsgefangene vorgesehen. Schließlich wurden dem Unternehmen *polnische Juden aus dem nunmehr wieder dem Reich angegliederten Ost-Oberschlesien als Gefangene der Organisation Schmelt zur Verfügung gestellt.*[198] Im Januar und März 1941 erhielt die Niederlassung Breslau der Grün Bilfinger AG Aufträge für zwei Erdlose bei Deutsch-Leippe im Kreis Grottkau. Die Verträge enthielten folgende Bestimmung: *Werden statt reichsdeutscher Arbeiter Kriegsgefangene oder andere nichtdeutsche Arbeitskräfte eingesetzt, so behält sich die OBR* [Oberste Bau-leitung der Reichsautobahnen, d. Verf.] *eine Nachprüfung der Preise vor, weil die Entloh-nung und Arbeitsleistung dieser Arbeitskräfte unterschiedlich ist. Es wird dabei festgestellt, welche Ersparnisse dem Unternehmer gegenüber dem Tarifstundenlohn von 0,50 RM, den er seinem Angebot zu Grunde gelegt hat, erwachsen, und eine entsprechende Preisherab-setzung vorgenommen.*[199]

Dies bedeutete konkret, dass für die Arbeit der Juden nur 35 Pfennige pro Stunde vergütet wurden. Für die russischen Kriegsgefangenen, die im Lauf des Jahres 1941 die Juden ersetzten, war ein Stundenlohn von 33 Pfennigen vorgesehen. Die Löhne sowie einen Zuschlag für *soziale Aufwendungen* in Höhe von 20 Prozent musste das Unternehmen an die jeweiligen Stellen abführen, welche die Arbeitskräfte zur Verfügung stellten, im Fall der Juden an die Organisation Schmelt, im Fall der Kriegsgefangenen an das zuständige Stammlager (Stalag). Für die jüdi-schen Arbeitskräfte mussten also 70 Prozent des für deutsche Arbeiter vorgesehenen Tariflohns bezahlt werden, ihre Leistung lag nach Berechnung der Niederlassung Breslau knapp darunter, bei rund 67 Prozent. Ende August 1941 wurden die Juden abgezogen und durch russische Kriegsgefangene ersetzt. *Die Leistungen auf der Baustelle* gingen danach stark zurück, *da die Verständigungsmöglichkeiten zwischen unserem Aufsichtspersonal sowie Facharbeitern und den Russen mangels deutschsprechender Russen oder sonstiger Dolmetscher fast unmöglich war. Weiterhin war der Gesundheitszustand der Russen äußerst schlecht. In 2 Monaten sind von den zugewiesenen 500 Russen 11-12 Prozent gestorben und 1 Prozent erschossen worden. Die Lebensmittelzuteilung war in den ersten Monaten so gering, dass eine Besserung des Gesundheitszustandes der Russen nicht in kurzer Zeit eintreten konnte.*[200]

Die Leistung der Kriegsgefangenen wurde mit 55 Prozent bewertet, da jedoch 66 Prozent des kalkulierten Lohns zu zahlen waren, entstand ein Verlust. In einer ausführlichen Berechnung stellte die Niederlassung Breslau ihrem Auftraggeber diesen Sachverhalt dar und machte eine Nachtragsforderung *infolge Minderleistung der Juden und russischen Kriegsgefangenen* in Höhe von 80.800 RM geltend. Hinzu kamen zusätzliche Kosten von 66.000 RM, die durch *Maßnahmen der Verwaltung und Umstände, auf die wir keinen Einfluss hatten,* verursacht wurden. Hierzu zählten unter anderem der häufige Austausch jüdischer Arbeitskräfte, der schlechte Gesundheitszustand der Kriegsgefangenen und deren *willkürlicher Abzug* für den Ernteeinsatz durch das Stalag.[201] Die Forderung wurde durch die OBR Breslau ausgesprochen schleppend bearbeitet und nur teilweise anerkannt. Bei Kriegsende waren noch 80.000 RM offen.[202]

Jüdische Arbeiter im „Geschlossenen Arbeitseinsatz" auf der Baustelle Falkensee bei Berlin, 1939

Berechnungen zur Rentabilität der Zwangsarbeit wurden auch auf anderen Baustellen angestellt, beispielsweise in Karlshagen an der Ostsee unweit des Raketenversuchsgeländes von Peenemünde. Grün & Bilfinger stellte dort 1943 Rollfelder für die Luftwaffe her, wobei hauptsächlich Erd- und Planierungsarbeiten durchzuführen waren. Die Arbeitskräfte, polnische und russische KZ-Häftlinge, wurden von der Bauleitung der Luftwaffe gestellt. Ihr Einsatz *brachte erhebliche Schwierigkeiten mit sich* [...]: *Die Bauleitung bestimmt den zahlenmäßigen*

Einsatz, der stets wechselt. Z.B. einmal zwei Kommandos à 20 Häftlinge, dann fünf Komman-
dos à 20 Häftlinge, dann zwei Kommandos à 40 Häftlinge. Da es an genügend Posten zur
Bewachung der K.Z.-Häftlinge fehlt, werden uns meistens Kommandos mit mehr Häftlingen
zugeteilt als für die Durchführung der einzelnen Arbeiten gebraucht werden. Die Bewachung
ist sehr streng, sodass ein Kommando nur in engbegrenztem Gebiet eingesetzt werden kann.
Die Arbeitsleistungen der Häftlinge sind gering; sie wurden auf 50 % der R.T.L. [Reichstariflohn,
d. Verf.] – Werte gemessen. Die Bauleitung verlangt für einen K.Z.-Häftling 0,50 RM/Std. Die
außerdem verlangten 20 % Sozialzuschläge konnten für unsere gesamten Arbeiten abgehandelt
werden. Ein „Kapo", welcher die Häftlinge antreiben soll, muß ebenfalls mitbezahlt werden.
Bei dem Tariflohn von 0,66 RM/Std. müssen wir vergleichsweise für einen K.Z.-Häftling 20 %
mehr bezahlen als für einen deutschen Arbeiter.[203]

Aus den angeführten Beispielen werden die Grundprobleme deutlich, die sich für das
Unternehmen aus dem Einsatz von Zwangsarbeitern ergaben: Die Verantwortlichen auf den
Baustellen hatten kaum Einfluss auf die Zuteilung oder einen eventuellen Austausch der
Arbeitskräfte. Die Institutionen, in deren Verfügungsgewalt sich die Zwangsarbeiter befanden,
handelten dabei weitgehend nach eigenem Gutdünken. Infolge mangelhafter Ernährung und
Bekleidung war der Gesundheitszustand der Betroffenen, vor allem der KZ-Häftlinge und der
sowjetischen Kriegsgefangenen schlecht. Ihre Arbeitsleistung lag daher in der Regel unter den
in der Kalkulation festgesetzten Werten, zumal die Auftraggeber beim Einsatz von Zwangsarbeitern die Löhne entsprechend kürzten. Um keine Verluste zu machen, musste das Unternehmen
versuchen, entweder die zusätzlichen Kosten beim Auftraggeber geltend zu machen, oder die
Leistung der Zwangsarbeiter zu erhöhen. Dieser Zusammenhang wurde auch von staatlichen
Institutionen erkannt und bei den Projekten zur Untertageverlagerung der Rüstungsindustrie
zur Vertragsgrundlage gemacht.

Im Lauf des Jahres 1943 häuften sich die alliierten Luftangriffe auf die Rüstungsindustrie
und waren immer wirkungsvoller, auch das Raketenversuchsgelände in Peenemünde wurde empfindlich getroffen. Die Führung des NS-Regimes beschloss daraufhin, die Fertigung von Raketen,
Jagdflugzeugen und anderen Rüstungsgütern in unterirdische Produktionsstätten zu verlagern.
Zu diesem Zeitpunkt war im Grunde nur noch die SS in der Lage, Arbeitskräfte in nennenswertem Umfang zur Verfügung zu stellen, da sie die Verfügungsgewalt über die KZ-Häftlinge
innehatte. Daher wurde ihr der Bau eines Großteils der unterirdischen Anlagen übertragen. Eine
zentrale Rolle spielte dabei die Bauabteilung des SS-Wirtschafts-Verwaltungshauptamts unter
der Leitung von Hans Kammler. Bis Kriegsende wurden in seinem Verantwortungsbereich etwa
140.000 KZ-Häftlinge zur Arbeit gezwungen, hinzu kamen weitere 130.000 bei Bauprojekten
der OT. Mangelhafte Ernährung und Bekleidung, katastrophale hygienische Bedingungen in den
Lagern, kräfteraubende körperliche Arbeit auf den Baustellen sowie Antreiberei und Misshand-
lungen durch SS-Leute, Kapos und Vorarbeiter führten dazu, dass die meisten bei Bauarbeiten
eingesetzten Häftlinge nur wenige Wochen oder Monate überlebten.[204]

Eine der unterirdischen Produktionsstätten lag südlich von Halberstadt in den so genannten
Thekenbergen. Ab März 1944 wurden dort vorhandene natürliche Höhlen ausgebaut, um Ferti-
gungseinrichtungen der Junkers-Flugzeugwerke in Halberstadt aufzunehmen. In Langenstein-
Zwieberge entstand ein Außenlager des KZ Buchenwald, das die benötigten Zwangsarbeiter

Rohrbrücke aus Beton im Werk Auschwitz der I.G. Farben, 1944

bereitstellte. Die größte Anlage in diesem Raum trug den Tarnnamen „Malachit", bis April 1945 wurde sie zu einem Stollensystem mit rund 70.000 Quadratmetern Fläche ausgebaut. Die Niederlassung Halle der Grün & Bilfinger AG erhielt im Zusammenhang mit dem Projekt Malachit mehrere Aufträge, zunächst nur zum *Abtransport und Einbau der Stollenausbruchmassen* außerhalb des Tunnelsystems, den bergmännischen Vortrieb führten die Herman-Göring-Werke aus Salzgitter durch. Später übernahm Grün & Bilfinger auch Ausbauarbeiten innerhalb der Stollenanlage.[205]

Im November 1944 erteilte die örtliche Bauleitung der Waffen-SS der Niederlassung Halle einen Auftrag zum Abtransport des beim Stollenbau anfallenden Abraums. Dem Bauvertrag lagen die am 9. Juni 1943 erlassenen *Richtlinien für die Baupreisbildung bei Bauarbeiten, die ganz oder teilweise mit Häftlingen ausgeführt werden* des SS-Wirtschafts-Verwaltungshauptamts zu Grunde. Darin wurden die Probleme bei der Kalkulation mit Häftlingslöhnen beschrieben: *Für die Erstellung preisrechtlich einwandfreier Festpreisverträge über Bauarbeiten, zu deren Durchführung den Unternehmern Häftlinge von den SS-Baudienststellen zur Verfügung gestellt werden, ergeben sich für den Bauherrn wie für den Unternehmer kalkulatorische Schwierigkeiten, die in der Natur des Häftlingseinsatzes begründet sind. Die Arbeitsleistung der Häftlinge ist von mannigfachen Voraussetzungen abhängig, die vom Unternehmer ebenso wie vom Einsatzträger nur in beschränktem Maße beeinflusst werden können. Es ist daher unmöglich, für jede Arbeit einen bestimmten Leistungsgrad der Häftlingsarbeit festzusetzen und als Grundlage für die Ermittlung der Lohnkosten an der Baustelle zu verwenden. Fehlerhafte Annahmen über die Leistung der Häftlinge führen entweder zu preisrechtlich unzulässigen Mehrgewinnen oder geben Anlass zu Nachforderungen durch den Unternehmer.*[206]

Um dies zu vermeiden, wurden die Häftlinge den Unternehmen kostenlos zur Verfügung gestellt. Die Kalkulation der Bauleistungen erfolgte auf der Basis von Festpreisen ohne Lohn-

kosten und Gewinnanteile. Die SS gewährte pauschal einen Gewinnzuschlag von drei Prozent auf die Festpreise, die Löhne für *unternehmenseigene Arbeitskräfte* wurden *auf Nachweis* erstattet. Deutlich formulierten die Richtlinien den wesentlichen Kern dieser Regelung: *Das angeordnete Verfahren für die Festpreisermittlung bei Bauarbeiten unter Häftlingseinsatz befreit den Unternehmer von einem nicht zumutbaren Wagnis. Es gibt ihm jedoch andererseits die Möglichkeit, durch die Verkürzung der Bauzeit einen echten Leistungsgewinn zu erzielen, gegen die vom preisrechtlichen Standpunkt aus keine Einwendungen erhoben werden.*[207]

Eine Verkürzung der Bauzeit konnte theoretisch auf zwei Wegen erreicht werden: entweder durch eine Verlängerung der täglichen Arbeitszeit oder durch eine Erhöhung der Arbeitsleistung der Häftlinge. Da die Arbeitszeit nicht beliebig ausgedehnt werden konnte, beim Projekt Malachit betrug sie in der Regel zehn Stunden pro Tag, blieb nur die zweite Alternative. Hier gab es wiederum zwei Möglichkeiten: Zum einen konnten den Häftlingen für höhere Arbeitsleistungen Prämien bezahlt werden, sie waren durch den Auftraggeber auf zwei Mark pro Woche und Häftling begrenzt und wurden von ihm nicht vergütet, da sie nach Ansicht der SS-Bauleitung den Zweck hatten, *den Leistungsgrad der Häftlinge zu erhöhen, wodurch der Unternehmer von selbst einen höheren Gewinn erzielt.*[208] Zum anderen, und das war auf den Baustellen grausame Realität, konnten die Häftlinge durch Androhung und Ausübung körperlicher Gewalt zu mehr Leistung angetrieben werden. Dies war die betriebswirtschaftliche Logik der Häftlingsarbeit; sie führte in einen tödlichen Teufelskreis, denn je mehr ein Häftling körperlich geschwächt war, umso höher wurde der auf ihn ausgeübte Arbeitsdruck.[209]

Der theoretische Zusammenhang zwischen Unternehmensgewinn und Häftlingsleistung war den Verantwortlichen durchaus bewusst, so schrieb der örtliche Bauleiter von Grün & Bilfinger: *Der Gewinn errechnet sich aus dem Verhältnis zwischen verbrauchten Häftlingsstunden und* den in der Kalkulation festgelegten Stunden. Gleichwohl war in der Praxis die Verdienstspanne gering, da bei der ungenügenden Ernährung und Bekleidung der KZ-Häftlinge in der schlechten Jahreszeit nur ein Bruchteil der normalen Arbeitsleistung erreicht wird.[210] Eine Quantifizierung dieser Verdienstspanne ist auf Grund der Quellenlage nicht möglich. Nach Kriegsende machte die Grün & Bilfinger AG im Zusammenhang mit dem Projekt Malachit offene Forderungen in Höhe von rund 490.000 RM geltend.[211]

Während man bei der Untertageverlagerung der Rüstungsindustrie von Anfang an die Ausbeutung der Arbeitskraft von KZ-Häftlingen mit einkalkulierte, war dies – entgegen der landläufigen Meinung – beim Bau des Buna-Werks der I.G. Farben in Auschwitz-Monowitz nicht der Fall. Im Frühjahr 1943 erhielt die Niederlassung Breslau der Grün & Bilfinger AG vom I.G. Farben-Stammwerk in Ludwigshafen den Auftrag zum Bau einer 2.400 Meter langen Rohrbrücke aus Beton. Diese Bauweise war von Speers Rüstungsministerium vorgeschrieben worden, um Stahl zu sparen. Grün & Bilfinger hatte bereits zuvor in einem Werk der Braunkohle-Benzin AG (Brabag) in Böhlen bei Leipzig eine Rohrbrücke aus Beton errichtet. Da die dafür erforderlichen Fachkräfte jedoch nicht in genügender Anzahl zur Verfügung standen und von der Bauherrschaft auch nicht zugewiesen werden konnten, versuchte Grün & Bilfinger, zunächst ein französisches, danach ein niederländisches Unternehmen unter deutscher kommissarischer Leitung einzuschalten. Dies scheiterte jedoch daran, dass weder aus Frankreich noch aus den Niederlanden Arbeitskräfte abgezogen werden durften. Schließlich wurden auf der Baustelle neben Leiharbeitern italienischer Firmen auch KZ-Häftlinge eingesetzt, es standen jedoch nie genügend Arbeitskräfte zur Verfügung, um ein verbindliches Bauprogramm aufzustellen und, wie vom Bauherrn gefordert, an zwei Einsatzstellen gleichzeitig arbeiten zu können.[212]

Wie alle deutschen Unternehmen hat auch die Grün & Bilfinger AG während des Zweiten Weltkriegs Zwangsarbeiter beschäftigt. Eine Besonderheit der Bauwirtschaft ist jedoch der oben dargestellte sukzessive Übergang von freier zu unfreiwilliger Arbeit, der mit der Zuweisung von Arbeitern im Zuge des Autobahnbaus begann und über die für den Westwallbau eingeführte Dienstpflicht bis hin zum Einsatz von Zwangsarbeitern im Rahmen der Kriegswirtschaft führte. Bereits in der Mitte der dreißiger Jahre wurde dem Unternehmen die Masse der gewerblichen Arbeitskräfte durch die Arbeitsämter zugewiesen. Ab 1938 waren dies dann zunächst Dienstverpflichtete und Juden im geschlossenen Arbeitseinsatz, später Kriegsgefangene und Ostarbeiter und schließlich KZ-Häftlinge. Das Unternehmen hatte kaum Einfluss auf die Zuweisungen und auch keine Alternative, da freie Arbeitskräfte nicht zur Verfügung standen. Der einzige Weg, nicht in das vom NS-Regime initiierte System der Zwangsarbeit verstrickt zu werden, wäre die Einstellung der Geschäftstätigkeit gewesen. Dies gilt gleichermaßen für die Projekte zur Untertageverlagerung der Rüstungsindustrie, an denen Grün & Bilfinger wie alle großen deutschen Bauunternehmen beteiligt war. Auf diesen Baustellen erreichte die Zwangsarbeit ihre schlimmsten Formen. Es ist davon auszugehen, dass auch Mitarbeiter von Grün & Bilfinger Häftlinge zur Arbeit angetrieben und misshandelt haben. Doch auch hier wurden die Bedingungen nicht vom Unternehmen, sondern vom Regime geschaffen. Wie die angeführten Beispiele zeigen, war der Einsatz von Zwangsarbeitern unwirtschaftlich. Außergewöhnliche Profite wurden damit nicht erzielt, darauf achteten schon die staatlichen Auftraggeber, die entsprechende Preiskontrollen durchführten.[213] Diese Feststellung ändert nichts an der moralischen Verantwortung des Unternehmens, der die Bilfinger Berger AG durch den Beitritt zur Stiftungsinitiative „Erinnerung, Verantwortung und Zukunft" der deutschen Wirtschaft im Jahr 2000 gerecht wurde.

GRÜN & BILFINGER IM ZWEITEN WELTKRIEG

Der Ausbruch des Zweiten Weltkriegs am 1. September 1939 brachte für die Grün & Bilfinger AG eine Verschiebung des Auftrags- und Tätigkeitsspektrums mit sich. Die Arbeiten an den Monumentalbauten wie der „Großen Halle" in Berlin, dem „Deutschen Stadion" in Nürnberg und der Elbehochbrücke bei Hamburg wurden eingestellt. An ihre Stelle traten wie bereits im Ersten Weltkrieg Aufträge zur Instandsetzung zerstörter Brücken und Tunnel. Das Unternehmen stellte dazu spezielle Bauzüge zusammen, sie bestanden aus rund 20 Eisenbahnwaggons und waren mit allen notwendigen Maschinen und Geräten ausgestattet. Die Bauzüge wurden in Polen und ab 1941 in der Sowjetunion unmittelbar hinter der Front eingesetzt und arbeiteten eng mit der OT und Pioniereinheiten der Wehrmacht zusammen. Nach dem Westfeldzug 1940 war Grün & Bilfinger auch wieder in Belgien und Frankreich aktiv, zum Teil an den selben Orten

Gesprengte Geultal-brücke bei Moresnet/ Belgien, 1940

Wiederaufbau der zer-
störten Eisenbahnbrücke
über die Maas in Lüttich,
1940

Instandsetzung der
Maasbrücke Namur/
Belgien, 1941

Instandsetzung der ge-
sprengten Talbrücke bei
Vielsalm/Belgien, 1940

Provisorischer Wieder-
aufbau der Warthebrücke
Posen, 1939

Instandsetzung der
Rheinbrücke Breisach,
1940

Zerstörte Weichsel-
brücke bei Fordon/Polen,
1939

Bau-Werk Seitkonia,
1941

Fabrikhalle der
Schmidthingswerke,
Bodenbach/
Sudetenland, 1941

wie während des Ersten Weltkriegs. Die damals errichteten Eisenbahnbrücken über das Geultal und bei Vielsalm waren gesprengt worden und mussten wieder aufgebaut werden. Auch der Tunnel bei Trois-Ponts wurde erneut in Stand gesetzt.

Innerhalb des Reichsgebiets verlagerte sich der Tätigkeitsschwerpunkt von Grün & Bilfinger auf den Industriebau. Das Buna-Werk der I.G. Farben in Schkopau wurde weiter ausgebaut, ebenso die Sprengstofffabriken der Dynamit AG in Clausthal-Zellerfeld, Krümmel und Malchow. In Elsnig bei Torgau an der Elbe entstand eine Produktionsanlage der Westfälisch-Anhaltinischen Sprengstoff AG, in Bodenbach im Sudentenland eine Munitionsfabrik der Schmiddingwerke. Die Autobahnbaustellen wurden dagegen nach und nach stillgelegt, bis auf einige wenige Projekte von strategischer Bedeutung wie die Rheinbrücke bei Frankenthal oder die Trassen in Oberschlesien. Auch die Arbeiten am Schiffshebewerk Hohenwarthe bei Magdeburg wurden 1941 eingestellt.

Das Auslandsgeschäft von Grün & Bilfinger war bereits vor Kriegsbeginn stark zusammen-geschmolzen und beschränkte sich im Wesentlichen nur noch auf Portugal und Südamerika. 1940 wurde in Argentinien mit dem Bau der Talsperre Cruz del Eje nochmals ein großer Auftrag im Wert von 3,7 Mio. RM übernommen. Das Projekt konnte bis 1944, als die argentinische Regierung Tochtergesellschaften deutscher Unternehmen staatlicher Kontrolle unterstellte, weitgehend abgeschlossen werden.[214]

Talsperre Cruz del Eje/
Argentinien, 1944

Seit 1929 zahlte die Grün & Bilfinger AG ihren Aktionären eine Dividende in Höhe von 15 Prozent des Gesellschaftskapitals. Gemäß den Bestimmungen des Anleihestockgesetzes vom 4. Dezember 1934 mussten davon sieben Prozent bei der Golddiskontbank in Reichsschatzanweisungen angelegt werden. Nach Kriegsbeginn verstärkte das NS-Regime seine Bemühungen, die Erträge der Unternehmen zu beschränken und „Übergewinne" abzuschöpfen. Treibende Kraft war dabei der Reichskommissar für die Preisbildung, Gauleiter Josef Wagner. Auf seine Initiative hin wurde am 12. Juni 1941 eine „Verordnung zur Begrenzung von Gewinnausschüttungen (Dividendenabgabeverordnung)" erlassen.[215] Sie verbot für die Dauer des Krieges eine Erhöhung der Ausschüttungen und sah für alle Unternehmen, die mehr als sechs Prozent Dividende zahlten, eine gestaffelte Abgabe vor, die im Fall von Grün & Bilfinger 400 Prozent der *Mehrausschüttung* betragen hätte. Gleichzeitig bot die Verordnung aber auch die Möglichkeit, das Gesellschaftskapital in einfacher Form zu berichtigen. Dabei konnten in der Handels- und der Steuerbilanz für das Jahr 1938 ausgewiesene offene Rücklagen für eine Kapitalerhöhung verwendet werden. Von dieser Möglichkeit machte die Grün & Bilfinger AG Gebrauch. Im Juni 1941 schlug der Vorstand dem Aufsichtsrat vor, das Grundkapital von 4.410.000 RM auf 13.230.000 RM zu verdreifachen. Danach entsprach die Dividende bei einer gleichbleibenden nominellen Ausschüttung von 661.500 RM nur noch fünf Prozent des Gesellschaftskapitals und die Dividendenabgabe musste nicht bezahlt werden. Der Aufsichtrat stimmte der Kapitalberichtigung zu und die Generalversammlung fasste am 25. August 1941 einen entsprechenden Beschluss zur Änderung der Satzung.[216]

Im Winter 1941/42 scheiterte der „Blitzkrieg" gegen die Sowjetunion und bei der Führung des NS-Regimes setzte sich die Erkenntnis durch, dass ein langwieriger Abnutzungskrieg bevorstand, der die Mobilisierung sämtlicher personeller und materieller Ressourcen Deutschlands und der besetzten Gebiete notwendig machte. Im Februar 1942 ernannte Hitler Albert Speer zum Reichsminister für Bewaffnung und Munition, er trat die Nachfolge des bei einem Flugzeugabsturz ums Leben gekommenen Fritz Todt an. Innerhalb kurzer Zeit gelang es Speer, einen leistungsfähigen Apparat zur zentralen Steuerung der deutschen Kriegswirtschaft aufzubauen und die Position eines „Wirtschaftsdiktators" einzunehmen. Zwischen 1942 und 1944 verdreifachte sich unter seiner Leitung die deutsche Rüstungsproduktion.[217]

Im Bereich der Bauwirtschaft hatte dies zur Folge, dass sämtliche nicht kriegswichtigen Arbeiten eingestellt und die Unternehmen noch stärker als bisher für militärische und rüstungsrelevante Projekte herangezogen wurden. Dabei wurde ihre Autonomie immer stärker eingeschränkt. Im April 1942 berichtete der Vorstand von Grün & Bilfinger dem Aufsichtsrat: *Die staatliche Lenkung lässt hinsichtlich der Auswahl der Auftraggeber nur geringen Spielraum.* Ein Jahr später hieß es: *Ein Bemühen um Auftragserteilung wie in Friedenszeiten gibt es jetzt nicht mehr, diese ist rein zwangsläufig, ohne Rücksicht auf das Vorhandensein von geeignetem Personal und Gerät. Soweit solches nicht vorhanden, werden fremdes Personal und Gerät zugewiesen, wie ja auch im umgekehrten Falle eigene Maschinen und Arbeiter für andere Betriebe abgegeben werden müssen.*[218] Auftraggeber war überwiegend die OT, die Speer unterstand und mehr und mehr eine zentrale Rolle bei der Planung und Durchführung von Bauaufgaben spielte. Daneben erhielt Grün & Bilfinger aber auch unmittelbar Aufträge von Industriebetrieben, Behörden, der Reichsbahn, Wehrmachtsdienststellen und der SS.

In den besetzen Gebieten war Grün & Bilfinger hauptsächlich in Frankreich sowie in Polen und in der Sowjetunion tätig, hinzu kamen kleinere Projekte in Norwegen. Im Westen überwog der Neubau militärischer Objekte, insbesondere für U-Boot-Stützpunkte und den „Atlantikwall", im Osten dagegen der Wiederaufbau zerstörter Infrastruktur. Das größte Projekt in Frankreich war mit einem Auftragswert von 4,2 Mio. RM der Bau einer verbunkerten Seeschleuse für U-Boote in La Pallice bei La Rochelle. Das Bauwerk mit dem Decknamen „Porta" wurde in Arbeitsgemeinschaft mit der Christiani & Nielsen GmbH aus Hamburg sowie der Société des Grands Travaux de Marseille als Nachunternehmerin errichtet. Die Baustelle war 1943 mehrfach Ziel britischer Luftangriffe und wurde im Sommer 1944 nach der Landung der Alliierten in der Normandie geräumt.[219]

In Polen und der Sowjetunion war Grün & Bilfinger vorwiegend mit der Instandsetzung von Brücken und dem Ausbau von Bahnanlagen beschäftigt. Ein außergewöhnliches Projekt war der Wiederaufbau des Dnjepr-Staudamms bei Saporoshje in der Ukraine. Die 760 Meter lange und bis zu 60 Meter hohe Staumauer war das Kernstück der Wasserkraftanlage

Verbunkerte Seeschleuse für U-Boote („Porta"), La Pallice/Frankreich, 1943

Hafen Trondheim/ Norwegen, 1943

Dnjeprostoj, die zwischen 1927 und 1932 im Zuge des groß angelegten Programms zur Industrialisierung der Sowjetunion erbaut worden war. 1941 sprengten sowjetische Truppen
auf dem Rückzug eine rund 180 Meter breite Lücke in die Staumauer. Ihr Wiederaufbau
war ein vorrangiges Ziel der deutschen Besatzungsmacht, da das Wasserkraftwerk ein
wichtiger Energielieferant für den Bergbau und die Schwerindustrie der Ukraine war, die
für die deutsche Kriegswirtschaft genutzt werden sollten. Im Oktober 1941 beauftragte
Fritz Todt als „Reichsminister für Bewaffnung und Munition und Generalinspektor für
Wasser und Energie" Siemens-Bauunion, Grün & Bilfinger sowie Phillip Holzmann mit der
Wiederherstellung des Dnjepr-Staudamms. Die drei Unternehmen schlossen sich zu einer
Arbeitsgemeinschaft unter Führung der Siemens-Bauunion zusammen, die bereits am Bau
des Damms beteiligt gewesen war. Die Bauleitung oblag der OT-Einsatzgruppe Russland-
Süd. Das Projekt wurde als *geschlossener Firmeneinsatz* durchgeführt, d.h. die beteiligten
Unternehmen behielten die Verfügungsgewalt über die von ihnen eingesetzten Arbeitskräfte
und Geräte, die OT konnte sie nicht nach eigenem Gutdünken abziehen und auf anderen
Baustellen einsetzen. Die Arbeiter unterlagen jedoch der Disziplinarordnung der OT, der
Bauleiter der Arbeitsgemeinschaft erhielt die dort festgelegten Befugnisse eines „OT-Bau-
leiters". Die OT war ferner für Bekleidung, Unterbringung und Verpflegung der Arbeitskräfte
zuständig, außerdem musste sie sämtliche Bau- und Betriebsstoffe sowie die *einheimischen*
Arbeitskräfte beschaffen. Den Unternehmen wurden die nachgewiesenen Selbstkosten
sowie ein pauschaler Gewinnanteil vergütet, da sich die Aufstellung eines Leistungsver-
zeichnisses als unmöglich erwiesen hatte. Die Baukosten hatte man ursprünglich auf sechs
bis neun Millionen RM geschätzt, sie betrugen tatsächlich aber nur rund drei Millionen RM.

Der Wiederaufbau des Staudamms war Ende 1942 abgeschlossen, er wurde jedoch bereits im Oktober 1943 erneut gesprengt – diesmal von deutschen Truppen auf dem Rückzug.[220]

Im weiteren Verlauf des Zweiten Weltkriegs bestimmte mehr und mehr die militärische Lage das Geschehen auf den Baustellen von Grün & Bilfinger in den besetzten Gebieten. In der Sowjetunion wurden sie teilweise systematisch geräumt, Personal und Gerät konnten einigermaßen geordnet zurückgeführt werden. Dagegen erfolgte der Rückzug aus Frankreich nach der Landung der Alliierten in der Normandie planlos und überhastet. Auf Weisung der OT musste auf den Baustellen so lange wie irgend möglich weitergearbeitet werden, so dass die meisten Maschinen nicht mehr zurücktransportiert werden konnten. Der Zeitwert der dort verloren gegangenen Geräte betrug 880.000 RM. Insgesamt blieben in den besetzten Gebieten Maschinen im Wert von rund 1,9 Mio. RM zurück.[221]

In den besetzten Gebieten zurückgelassene Maschinen und Geräte

	Anschaffungspreis (RM)	Zeitwert (RM)
Frankreich	1.378.981,86	880.000,00
Generalgouvernement	698.913,13	534.907,47
Bulgarien	571.344,14	397.160,00
Italien	91.145,00	48.153,00
Finnland	70.257,60	48.828,30
Osteinsatz	27.919,86	24.434,23
Belgien	25.720,00	14.200,00
	2.864.281,59	1.947.683,00

Mit der Ausweitung des Bombenkriegs gegen Deutschland gewannen auch der Bau von Luftschutzbunkern und die Beseitigung von Bombenschäden an Bedeutung. Hinzu kam ab Herbst 1943 die Untertageverlagerung der Rüstungsindustrie. Neben dem bereits erwähnten Projekt „Malachit", baute Grün & Bilfinger bei Halberstadt eine weitere unterirdische Stollenanlage aus. Sie wurde intern als *Baustelle Felsenkeller* geführt, offiziell trug sie den Decknamen „Makrele 1". Auftraggeber war hier jedoch nicht der Baustab der Waffen-SS, sondern die Junkers Flugzeug- und Motorenwerke AG. Außer einigen wenigen Angestellten und Stammarbeitern wurden auf dieser Baustelle zunächst von Junkers abgestellte italienische Militärinternierte, später dann französische Kriegsgefangene eingesetzt.[222] Darüber hinaus war Grün & Bilfinger am Bau der unterirdischen Anlagen im Harz beteiligt, die unter der Bezeichnung „Mittelbau" zusammengefasst werden. Ab September 1943 wurden bei den Ortschaften Niedersachswerfen und Woffleben mehrere Stollensysteme zur Aufnahme der Produktionseinrichtungen für V2-Raketen und andere

Luftschutzbunker in Aachen, 1943

Unterirdischer Luftschutzbunker beim Mannheimer Hauptbahnhof, 1941

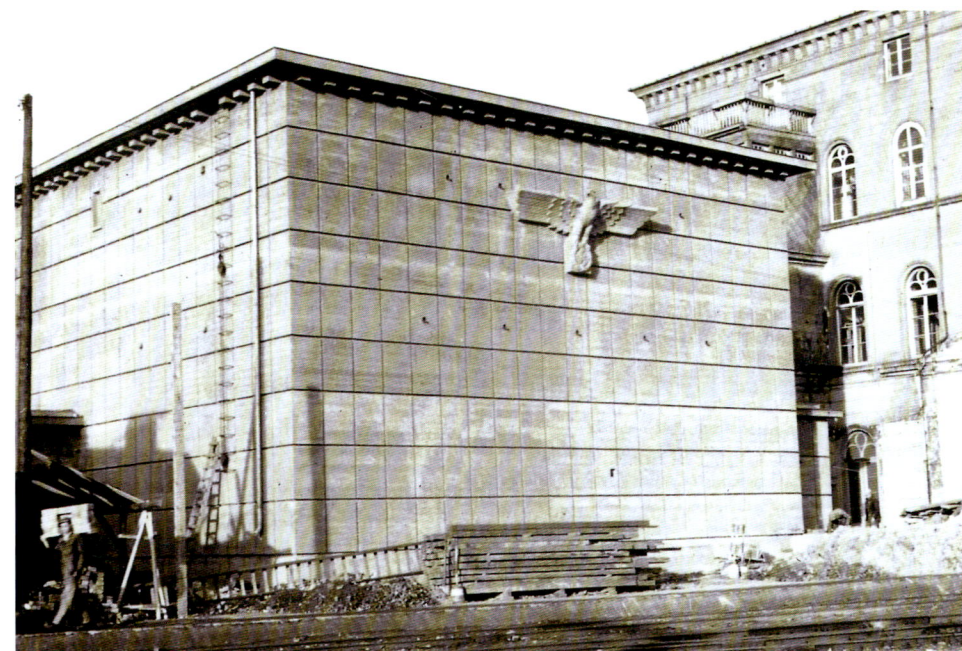

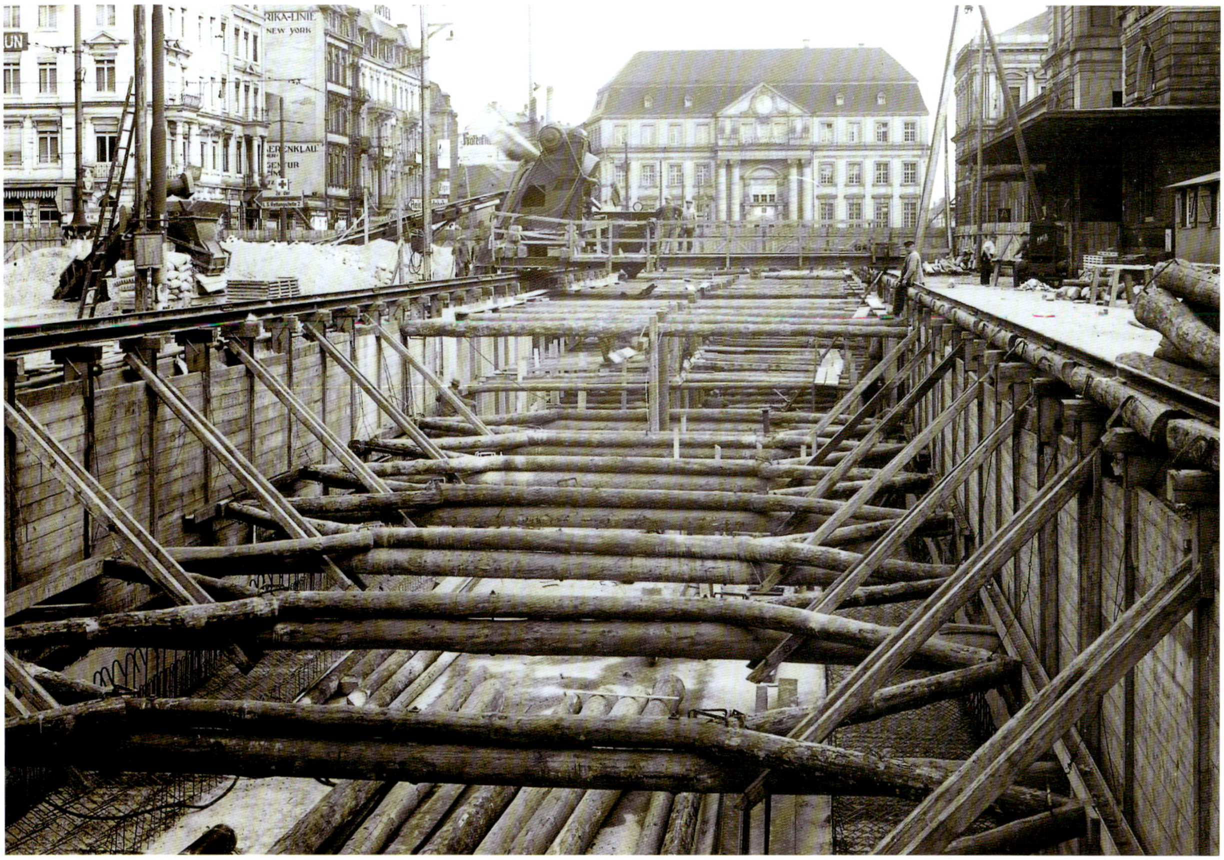

Waffen angelegt. Zuvor hatte die Wifo dort bereits ein unterirdisches Öllager betrieben. Zur Versorgung der Baustellen und Betriebe mit Arbeitskräften richtete die SS das berüchtigte KZ „Dora" ein. Am 20. Oktober 1943 erhielt die Niederlassung Berlin der Grün & Bilfinger AG von der Wifo einen Auftrag zum Bau von Stollen im Himmelberg bei Woffleben. An dem Projekt mit der Bezeichnung „B 3" waren außerdem die Unternehmen Hochtief, Holzmann, Müller-Altvatter (Stuttgart) sowie Carl Plöttner (Naumburg) beteiligt. Sie schlossen sich im Juli 1944 zur „Arge Woffleben" unter Führung von Grün & Bilfinger zusammen.[223]

Ab dem Sommer 1943 wurde auch die Stadt Mannheim zunehmend Ziel alliierter Luftangriffe und bei Kriegsende zählte sie zu den am stärksten zerstörten Städten Deutschlands. Das *Stammhaus* von Grün & Bilfinger in der Akademiestraße wurde am 15. Dezember 1944 durch Bombentreffer in Nachbargebäude beschädigt, aber nicht zerstört, und auch der Bauhof im Industriehafen überstand den Bombenkrieg einigermaßen unversehrt. Bereits nach dem ersten schweren Angriff im Sommer 1943 beschloss der Vorstand, in Ziegelhausen bei Heidelberg ein Ausweichlager aus Baracken zu errichten. Dorthin zog sich die Unternehmensleitung im Winter 1944/45 mit den wichtigsten Abteilungen zurück und erlebte den Einmarsch amerikanischer Truppen am 30. März 1945.[224]

Schon bald nach Kriegsende wurde deutlich, dass ein großer Teil der Maschinen und Geräte verloren gegangen war und Forderungen in Millionenhöhe offen bleiben würden. Mit großer Akribie, die ganz der Tradition des Unternehmens entsprach, zogen die kaufmännischen Abteilungen von Grün & Bilfinger die finanzielle Bilanz des Zweiten Weltkriegs. Sie stellten Rechnungen und Belege zusammen, prüften Zahlungseingänge und bewerteten Schäden. Aus 188 Aufträgen im Inland waren Forderungen an staatliche Organe, Behörden, Industriebetriebe und Privatleute in Höhe von insgesamt 12,5 Mio. RM offen. Das Spektrum reichte dabei von 1,8 Mio. RM für ein Projekt der OT in Neckarzimmern bis zu 4,29 RM, die ein gewisser Max Geissler in Böhlen der Niederlassung Dresden schuldig geblieben war. Die offenen Forderungen im Ausland summierten sich auf knapp 3,1 Mio. RM, Sachschäden und Geräteverluste wurden auf rund 13 Mio. RM taxiert. Hinzu kamen noch das eingebüßte Grundkapital der ausländischen Beteiligungsgesellschaften mit 1,3 Mio. RM sowie eingefrorene Bankguthaben, verlorene Kassenbestände und nicht eingelöste Schecks in einer Gesamthöhe von 4,8 Mio. RM. Insgesamt errechnete man eine Schadenssumme von rund 34,9 Mio. RM, sie war fast doppelt so hoch wie das Unternehmensvermögen vor Kriegsbeginn, das in der Steuerbilanz für 1938 mit 18,5 Mio. RM ausgewiesen worden war.[225]

Eingefrorene Forderungen Inland	RM	RM
OT	5.880.011,21	
Industrie	2.896.038,06	
SS-Baustäbe	1.904.941,45	
Reichsbahn	652.174,08	
Reichs- und Staatsbehörden	343.795,61	
Wehrmacht (Heer und Marine)	287.683,74	
Städte und Gemeinden	214.195,06	
Ostbahnen	160.720,88	
Diverse Auftraggeber	132.316,31	
Reichsautobahnen	80.000,00	
Reichspost	896,01	
	12.552.772,41	12.552.772,41
Eingefrorene Forderungen Ausland		
Österreich	2.368.590,00	
Bulgarien	304.800,00	
Polen	255.752,43	
Argentinien	60.216,00	
Brasilien	58.383,00	
Belgien	23.650,00	
Rumänien	11.550,00	
Portugal	9.731,00	
Griechenland	4.200,00	
	3.096.872,43	3.096.872,43
Sachschäden und Geräteverluste		13.068.853,71
Beteiligungen		1.361.600,00
Eingefrorene Bankguthaben etc.		4.828.750,15
		34.908.848,70

Offene Forderungen
und Kriegsverluste
der Grün & Bilfinger
AG 1945

„Mit den neuen Männern ist Fühlung gewonnen"

Die Lage von Grün & Bilfinger einen Monat nach Kriegsende

Die Ereignisse der Karwoche [d.h. der Einmarsch der Amerikaner in Mannheim und Heidelberg, d. Verf.] *sind ohne neue größere Schädigungen über uns hinweggegangen. Die Mannheimer Gefolgschaft arbeitet zum Teil wieder in den schwer beschädigten Räumen des Stammhauses, zum Teil in Heidelberg [...] und zum Teil in unseren Baracken von Ziegelhausen, wo auch der Vorstand amtiert. Mit den neuen Männern ist Fühlung gewonnen worden, so dass wir uns in die Herstellung von behelfsmäßigen Fluß- übergängen in Mannheim und Heidelberg einschalten konnten. Das Arbeiten ist mit großen Schwierigkeiten verbunden, da es an Arbeitern, Baustoffen, Geräten, Fahr- und Transportgelegenheiten fehlt. Der Bauhof ist ziemlich gut durchgekommen. Von den Außenstellen haben wir zum Teil gar keine, zum Teil nur dürftige Nachrichten. Ob wir die Maschinen, Geräte, Bauhütten, Werkzeuge usw., die bekanntlich an vielen Stellen des Reichsgebiets und außerhalb eingesetzt waren, teilweise wiederbekommen werden, ist noch völlig ungewiß. Man kann also nicht berechnen, was sich aus diesem Zusam- menbruch retten läßt.*

Schreiben der Vorstandsmitglieder Bernhard Michael Bilfinger und Josef Koder an den Aufsichtsrat vom 8. Juni 1945.[226]

KAPITEL 2

DIE JULIUS BERGER TIEFBAU AG
AUS WESTPREUSSEN IN DIE REICHSHAUPTSTADT

Die Geschichte der Julius Berger Tiefbau AG (JBTAG) in der Zeit bis 1945 ist eng verknüpft mit dem Schicksal ihres Gründers. Aus einfachen Verhältnissen stammend, schuf Julius Berger innerhalb von rund vierzig Jahren ein renommiertes Unternehmen, dessen treibende Kraft er bis zu seinem Rücktritt vom Amt des Generaldirektors im Jahr 1933 blieb. Er zählte zu den bedeutenden jüdischen Industriellen in der Weimarer Republik und teilte deren Schicksal im „Dritten Reich".[1] Das folgende Kapitel setzt daher einen Schwerpunkt auf Leben und Werk Julius Bergers und folgt dabei über weite Strecken seinen Lebenserinnerungen, die vor allem für die frühe Zeit die einzige Quelle sind. Ausführlich wird auch auf Bergers Beziehungen zu Matthias Erzberger eingegangen, der gegen Ende des Ersten Weltkriegs rund ein Jahr lang Mitglied im Aufsichtsrat der JBTAG war. Die Darstellung der Unternehmensentwicklung muss sich dagegen auf die Grundlinien sowie auf einzelne hervorgehobene Aspekte beschränken, da Quellen, die eine vertiefende Untersuchung ermöglichen würden, kaum vorhanden sind. Neben den im Unternehmensarchiv der Bilfinger Berger AG überlieferten Akten wurden dazu hauptsächlich Unterlagen aus dem Historischen Archiv der Dresdner Bank sowie dem Bundesarchiv Berlin herangezogen.

HERKUNFT UND AUSBILDUNG

Julius Berger wurde am 22. September 1862 in Zempelburg, Kreis Flatow in der preußischen Provinz Westpreußen geboren. Sein Vater Baruch Berger betrieb ein Fuhrgeschäft, er war in dritter Ehe mit Dora Berger, geb. Werner, verheiratet und hatte insgesamt 15 Kinder. Da die Einnahmen seines Betriebs nicht ausreichten, um eine derart große Familie zu ernähren, *sah er sich gezwungen, seine ältesten Kinder nach Amerika auswandern zu lassen.*[2]

Zempelburg war zu dieser Zeit ein Landstädtchen mit etwas mehr als 3.000 Einwohnern und einem vergleichsweise hohen jüdischen Bevölkerungsanteil von rund 25 Prozent; im Kreis Flatow betrug er vier, in der gesamten Provinz Westpreußen nur etwa zwei Prozent. Die jüdische Gemeinde in Zempelburg verfügte über eine gewisse Tradition, bereits 1734 war dort eine Synagoge erbaut worden, die Region gehörte damals noch zu Polen. Um die Mitte des 19. Jahrhunderts waren die westpreußischen Juden überwiegend im Handel (50,2 %) sowie im Handwerk (21,5 %) tätig, auch eine Beschäftigung im Gesindedienst (10,2 %) oder als Tagelöhner (7,9 %) war keine Seltenheit. Ausgesprochen ungewöhnlich war dagegen eine Betätigung im Fuhrgewerbe: 1852 waren von 4.881 in der ganzen Provinz erfassten jüdischen Gewerbetreibenden lediglich 14 (0,3 %) dieser Berufsgruppe zugeordnet worden.[3]

Baruch Berger übte also einen für die jüdische Bevölkerungsgruppe untypischen Beruf aus. Mit Pferdegespannen transportierte er für die in Zempelburg und Umgebung ansässigen Kaufleute und Handwerker Produkte zu den Messen nach Leipzig und Frankfurt an der Oder und brachte die dort gekauften Waren zurück. Diese Reisen dauerten in der Regel vier bis sechs Wochen. Ab etwa 1870 verlagerten sich die Ferntransporte auf die Eisenbahn, so dass meist nur noch Fahrten zur nächsten, rund 45 Kilometer von Zempelburg entfernt liegenden Bahnstation anfielen. Mit dem weiteren Ausbau des Eisenbahnnetzes verringerte sich diese Distanz auf etwa 20 Kilometer. Neben der Beförderung von Waren spielte auch der Transport des auf den örtlichen Gütern erzeugten Getreides eine wichtige Rolle für den Fuhrbetrieb.[4]

Julius Berger besuchte die sechsklassige Stadtschule in Zempelburg und danach eine Privatschule. Den Besuch eines Gymnasiums konnte ihm sein Vater aus Geldmangel nicht ermöglichen. Er bemühte sich stattdessen, für seinen Sohn eine Lehrstelle in einer größeren Stadt zu finden, die mehr Perspektiven bot als Zempelburg. Der Kontrast hätte kaum stärker sein können: 1875, im Alter von zwölfeinhalb Jahren kam Julius Berger nach Berlin, das gerade den Boom der Gründerjahre erlebte. Rund drei Jahre verbrachte er hier im Umfeld des jüdischen Kleinbürgertums und lebte in eher ärmlichen Verhältnissen. Er trat eine Lehre in der Leder-Engros-Handlung Brohn & Naphtali an, das Geschäft lag in der Klosterstraße, unweit des Alexanderplatzes. Kost und Logis fand Berger bei einer Tante, die im Scheunenviertel mit fünf erwachsenen Kindern in einer Kellerwohnung lebte. Da er noch schulpflichtig war, besuchte er die Abendschule des Vereins der Berliner Kaufleute. Nach seiner eigenen Einschätzung wurde dort sein kaufmännisches Talent geweckt.[5]

1878 ging Julius Berger nach Zempelburg zurück, um seinen Vater zu unterstützen. Er verrichtete die Arbeit eines Fuhrmanns und kümmerte sich um die Finanzen des Betriebs, der jedoch fast nichts abwarf. Da Berger mittlerweile überwiegend Getreide transportierte, waren seine Gespanne lediglich in der Zeit zwischen der Ernte und dem darauf folgenden Frühjahr beschäftigt. Die dabei erzielten Überschüsse wurden im Rest des Jahres aufgezehrt, so dass die Familie mehr oder weniger von der Hand in den Mund lebte. In dieser Situation gelang es Berger, sich eine zusätzliche Einnahmequelle zu erschließen: Vom Landrat des Kreises Flatow erhielt er den Auftrag, Steine und Kies zu transportieren. Das Material diente zur Instandsetzung der Kreisstraßen, die regelmäßig in den Frühjahrs- und Sommermonaten durchgeführt wurde. Im Rahmen dieser Tätigkeit gewann Berger Einblick in den Straßenbau und 1890 übernahm er seinen ersten Bauauftrag, die Herstellung einer kleinen, etwa zwei Kilometer langen Chaussee. In der Hauptsache war er aber weiterhin Fuhrunternehmer. 1892 wurde mit dem Bau einer Eisenbahnlinie begonnen, die Zempelburg und einige weitere Orte an die Hauptbahn anschloss. Berger konnte sich an diesem Projekt beteiligen und zahlreiche Transport- und Lieferaufträge übernehmen, unter anderem für Steine und Faschinen.[6] Es gelang ihm, seinen Betrieb über einen Zeitraum von zwei Jahren vollständig auszulasten, so dass er auf die üblichen Getreidefuhren verzichten konnte. Nach Abschluss der Arbeiten verfügte er über ein Vermögen von rund 30.000 Mark. Außerdem hatte so viel *Einblick in die Tätigkeit eines Bauunternehmers gewonnen*, dass er sich entschloss, eine eigene Baufirma zu gründen. Zempelburg schien ihm dafür aber nicht geeignet zu sein, daher übersiedelte er 1895 nach Bromberg.[7]

BAUUNTERNEHMER IN BROMBERG

Die Bezirkshauptstadt Bromberg, rund zehn Kilometer westlich der Weichsel gelegen und mit dieser über eine Wasserstraße verbunden, hatte um diese Zeit etwa 50.000 Einwohner. Sie war Sitz der für Posen, West- und Ostpreußen zuständigen Eisenbahndirektion und verfügte über rund 150 Industriebetriebe, die 5.000 Arbeiter beschäftigten. Die wichtigsten Gewerbezweige waren die Metall- und Maschinenindustrie sowie die Holzverarbeitung.[8] Im Straßen- und Tiefbau betätigten sich allerdings nur zwei Unternehmer, die den Markt unter sich aufgeteilt hatten. Die städtischen Behörden als wichtigster Auftraggeber in diesem Bereich standen dem neuem Anbieter Berger daher aufgeschlossen gegenüber, zumal er seine Wettbewerber im Preis unterbot. Er erhielt Aufträge für Straßenpflasterungen, zum Bau der Kanalisation und zur Erstellung von Rieselfeldern. In bescheidenem Umfang betätigte sich Berger auch im Terraingeschäft: 1903 bot ihm die Stadt Bromberg das sechs Hektar große Gelände der ehemals Hempelschen Ziegelei, auf dem ein Wohngebiet errichtet werden sollte, zur Verwertung an. Berger ließ sich auf das Geschäft ein und vereinbarte einen Kaufpreis von acht Mark pro Quadratmeter. Dieser wurde jeweils bei der Übernahme einer Parzelle durch ihn selbst oder einen Dritten fällig, das gesamte Terrain musste erst am 1. Oktober 1918 bezahlt sein. Gleichzeitig pachtete Berger die auf dem Gelände gelegene Ziegelei und handelte außerdem aus, dass ihm sämtliche Arbeiten zur Herstellung der Straßen und der Kanalisation in dem neuen Viertel übertragen wurden. Um die Bautätigkeit in Gang zu bringen, errichtete er auf eigene Rechnung einige mehrstöckige Wohnhäuser und Villen, die er später wieder verkaufte. Dadurch wurde gleichzeitig die Attraktivität des neuen Viertels gesteigert und die Nachfrage nach Bauplätzen weiter angeregt.[9]

Das Hauptarbeitsgebiet von Julius Berger war jedoch der Eisenbahnbau. Um die Jahrhundertwende wurde das bis dahin noch sehr lückenhafte Eisenbahnnetz in den preußischen Ostprovinzen erweitert und Berger konnte zahlreiche Aufträge sowohl für Neubaustrecken als auch für den Ausbau vorhandener Linien übernehmen. Dabei erweiterte sich das Leistungsspektrum seines Unternehmens auf die Erstellung von *Kunstbauten*, d.h. Brücken, Unterführungen und

Eisenbahnbrücke über die Rega, Pommern, 1905

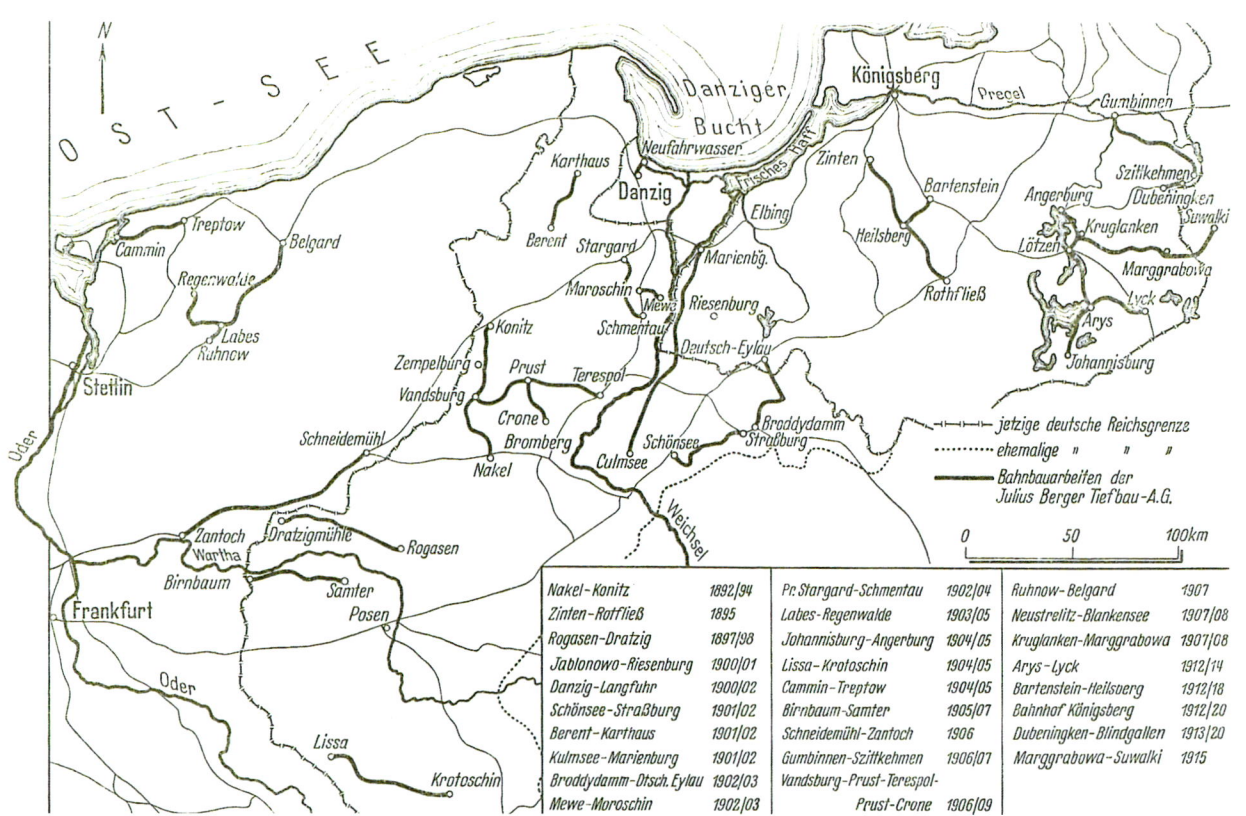

Nakel–Konitz	1892/94	Pr. Stargard–Schmentau	1902/04	Ruhnow–Belgard	1907
Zinten–Rotfließ	1895	Labes–Regenwalde	1903/05	Neustrelitz–Blankensee	1907/08
Rogasen–Dratzig	1897/98	Johannisburg–Angerburg	1904/05	Kruglanken–Marggrabowa	1907/08
Jablonowo–Riesenburg	1900/01	Lissa–Krotoschin	1904/05	Arys–Lyck	1912/14
Danzig–Langfuhr	1900/02	Cammin–Treptow	1904/05	Bartenstein–Heilsberg	1912/18
Schönsee–Straßburg	1901/02	Birnbaum–Samter	1905/07	Bahnhof Königsberg	1912/20
Berent–Karthaus	1901/02	Schneidemühl–Zantoch	1906	Dubeningken–Blindgallen	1913/20
Kulmsee–Marienburg	1901/02	Gumbinnen–Szittkehmen	1906/07	Marggrabowa–Suwalki	1915
Broddydamm–Dtsch. Eylau	1902/03	Vandsburg–Prust–Terespol–			
Mewe–Moroschin	1902/03	Prust–Crone	1906/09		

Eisenbahnlinien in Pommern, Posen, West- und Ostpreußen, an deren Bau Julius Berger beteiligt war

anderen Bauwerken. Bis 1905 war Berger an 15 Eisenbahnprojekten beteiligt, das größte war der Ausbau der 115 Kilometer langen Nebenbahn von Kulmsee nach Marienburg zur Vollbahn in den Jahren 1901/02.[10]

UMWANDLUNG IN EINE AKTIENGESELLSCHAFT

Wie bei allen vergleichbaren Betrieben wuchs auch bei Julius Berger der Kapitalbedarf mit dem Geschäftsumfang. Die Umwandlung in eine Aktiengesellschaft bot die Möglichkeit, das Unternehmen auf eine breitere Basis zu stellen. Außerdem spielten bei Berger auch persönliche Motive eine Rolle: 1899 starb sein Sohn Bruno nach längerer Krankheit im Alter von nur sechs Jahren. Durch diesen Schicksalsschlag wurde auch Bergers Gesundheitszustand über einen längeren Zeitraum hinweg beeinträchtigt, so dass er fürchtete, arbeitsunfähig zu werden. Zeitweilig trug er sich wohl auch mit dem Gedanken, den Betrieb zu liquidieren oder zu verkaufen. Sein Freund und Bankier Louis Aronsohn, Inhaber des Bankhauses M. Stadthagen in Bromberg, riet ihm dazu, das Unternehmen in eine Aktiengesellschaft umzuwandeln und dadurch das Risiko auf mehrere Partner zu verteilen. Durch Vermittlung von Aronsohn beteiligte sich der A. Schaafhausen'sche Bankverein neben M. Stadthagen an der Gesellschaft.[11] Die Gründung der Julius Berger Tiefbau-Aktiengesellschaft fand am 18. Dezember 1905 statt, dabei traten die Banken allerdings noch nicht unmittelbar in Erscheinung. Die ersten Aktionäre waren Julius Berger, Louis Aronsohn, Oberbürgermeister a.D. Alfred Kreidel aus Berlin-Wilmersdorf,

	1905	1909
Julius Berger	996.000	499.000
Louis Aronsohn	1.000	1.000
Alfred Kreidel	1.000	
Martin Friedländer	1.000	
Günther Detring	1.000	
A. Schaafhausen'scher Bankverein		250.000
Bankhaus M. Stadthagen		250.000

Aktionäre der JBTAG 1905 und 1909 (Anteile in M.)

Bankdirektor Martin Friedländer und der Prokurist Günther Detring. Das Grundkapital betrug eine Million Mark, wovon Julius Berger 996.000 Mark als Sacheinlage in Form seines Unternehmens einbrachte. Die übrigen vier Anteilseigner übernahmen jeweils eine Aktie im Nennwert von 1.000 Mark. Den ersten Aufsichtsrat bildeten Louis Aronsohn, Alfred Kreidel und Martin Friedländer; alleiniger Vorstand der Gesellschaft war Julius Berger.[12]

Bei der Umwandlung des Unternehmens in eine Aktiengesellschaft hatte Berger den Banken eine Option zur Übernahme von 50 Prozent des Grundkapitals eingeräumt. Diese machten in den folgenden Jahren davon Gebrauch. Im Oktober 1909 hielten der A. Schaffhausen'sche Bankverein und das Bankhaus M. Stadthagen jeweils 25 Prozent des Grundkapitals, Julius Bergers Anteil war auf 49,9 Prozent gesunken, die Kleinaktionäre waren bis auf Louis Aronsohn ausgeschieden.[13] Im Aufsichtsrat war der A. Schaaffhausen'sche Bankverein bereits ab September 1906 durch Hugo Hartung, den Leiter der Berliner Filiale des Bankhauses, vertreten.[14] Am 21. Oktober 1909 beschloss die Generalversammlung der JBTAG, das Grundkapital auf 1,5 Mio. Mark zu erhöhen. Die beiden Bankhäuser übernahmen die neuen Aktien zum Kurs von 130 Prozent und beantragten die Börsenzulassung. Am 21. April 1910 wurden die Aktien des Unternehmens an der Berliner Börse eingeführt, wobei die Banken dem Publikum Papiere im Nennwert von 1,25 Mio. Mark zum Preis von 210 Prozent anboten. Sie stießen durchaus auf Interesse, der erste, am 2. Mai 1910 festgestellte Kurs betrug 240 Prozent. Im Zuge dieser Transaktion reduzierte Julius Berger seinen Anteil auf nominell 249.000 Mark, entsprechend 16,6 Prozent des erhöhten Grundkapitals.[15]

Weitere Kaptialerhöhungen erfolgten in den Jahren 1911 und 1912 auf zunächst zwei und dann vier Millionen Mark. In beiden Fällen übernahm ein von dem Berliner Bankhaus Fromberg & Co. geführtes Konsortium die neuen Aktien zum doppelten Nennwert und bot sie den Altaktionären zum Kurs von 220 Prozent im Verhältnis 3:1 (1911) bzw. 1:1 (1912) an.[16] Danach blieb das Grundkapital der Julius Berger Tiefbau AG bis zur Inflationszeit in den zwanziger Jahren unverändert.

Julius Berger
(1862–1943)

VON BROMBERG NACH BERLIN

Der Ausbau des Eisenbahnnetzes in den preußischen Ostprovinzen war um 1905 weitgehend abgeschlossen, und Berger musste sich nach neuen Aufträgen umsehen. Es war naheliegend, dass sich sein Augenmerk auf Berlin richtete, denn die in stetigem Wachstum begriffene Reichshauptstadt, die sich auch zu einem Industriezentrum entwickelte, bot für ein Tiefbauunternehmen wesentlich bessere Perspektiven als der überwiegend agrarisch geprägte Osten des Landes. Im April 1907 beschloss der Aufsichtsrat der JBTAG, in Berlin ein *Baubureau* zu errichten.[17] Ein Jahr später erhielt das Unternehmen Aufträge zum viergleisigen Ausbau der Bahnstrecken Berlin-Hermsdorf und Berlin-Bernau im Gesamtwert von 2,7 Mio. Mark. Gleichzeitig wurde Berger auch in anderen deutschen Regionen aktiv. 1907 übernahm er Eisenbahnarbeiten in Hannover und in Schleswig-Holstein. Das Auftragsvolumen belief sich hier auf 2,3 bzw. 1,6 Mio. Mark.[18] Im Oktober 1908 teilte Julius Berger dem Aufsichtsrat mit, dass er wegen des erweiterten Arbeitsgebiets eine Verlegung des Firmensitzes nach Berlin ins Auge fasste. Der Beschluss dazu fiel jedoch erst ein Jahr später und der Umzug erfolgte im März 1910. Das erste Büro des Unternehmens befand sich in der Rankestraße, unweit des Zoologischen Gartens auf der Gemarkung der damals noch selbstständigen Gemeinde Deutsch-Wilmersdorf.[19]

Mit der Verlegung des Firmensitzes nach Berlin begann eine neue Etappe in der Entwicklung des Unternehmens. Die Orientierung nach Westen bot Chancen zur Erschließung neuer Märkte, sie war aber auch mit Risiken verbunden, denn die Konkurrenz durch etablierte, leistungsfähige Bauunternehmen war hier deutlich größer als im Osten des deutschen Reichs. Julius Berger scheute das Risiko nicht und gab seine einigermaßen gesicherte Position in Bromberg auf, wo er als Stadtverordneter mittlerweile auch zu sozialem Ansehen gelangt war. In der Folgezeit übernahm er immer größere und technisch anspruchsvollere Aufträge. Dazu benötigte er zum einen mehr Kapital; nach den beiden 1911 und 1912 durchgeführten Erhöhungen verfügte seine Gesellschaft über die gleiche finanzielle Grundausstattung wie beispielsweise die Grün & Bilfinger AG. Zum anderen musste er die technische Kompetenz des Unternehmens erweitern und *akademisch vorgebildete Beamte*, d.h. Bauingenieure einstellen. Seinem eigenen Lebensweg entsprechend, hatte der Kern seiner Mannschaft bis dahin aus geübten Praktikern ohne theoretische Ausbildung bestanden.[20]

Der Eisenbahnbau im Berliner Raum sowie in Norddeutschland bildete weiterhin den Schwerpunkt der Unternehmenstätigkeit. Daneben konnte die JBTAG auch in West- und Süddeutschland

Viadukt bei Bütgenbach
in der Eifel, 1911

Fuß fassen: Zwischen 1909 und 1912 erstellte sie einen zwölf Kilometer langen Abschnitt der
Ahrtalbahn mit mehreren Brücken- und Tunnelbauwerken, hinzu kam ein weiteres Projekt in
der Eifel. 1912 erhielt das Unternehmen einen Auftrag der württembergischen Staatsbahn zum
Bau eines Rangierbahnhofs in Kornwestheim bei Stuttgart.[21] Zur gleichen Zeit versuchte Berger,
sich mit dem Wasserbau ein neues Arbeitsgebiet zu erschließen. Er bemühte sich um Aufträge
zur Erweiterung des Nord-Ostsee-Kanals, kam zunächst jedoch nicht zum Zug, da andere
Unternehmen wesentlich günstigere Angebote abgegeben hatten. 1910 gelang es ihm dann
doch, drei Lose mit einem Auftragswert von insgesamt fünf Millionen Mark zu übernehmen.

Ahrtalbahn: Tunnel
bei Müsch, 1912

Die Arbeiten waren zuvor an den Bauunternehmer August Borczinski aus Danzig vergeben
worden, der jedoch wegen unvorhergesehener Schwierigkeiten und zu geringem Betriebs-
kapital aufgeben musste. Von Borczinski erwarb die JBTAG einen umfangreichen, aus Nass- und
Trockenbaggern bestehenden Gerätepark und im Januar 1912 übernahm sie einen weiteren
Auftrag für Baggerarbeiten bei Rendsburg im Wert von 2,5 Mio. Mark. Die Arbeiten am Nord-
Ostsee-Kanal bereiteten dem Unternehmen jedoch erhebliche Probleme, da die in den Aus-
schreibungsunterlagen angegebenen Bodenverhältnisse nicht den Tatsachen entsprachen. Die
JBTAG machte Nachforderungen in Höhe von rund vier Millionen Mark geltend, die jahrelange
Schiedsgerichtsverfahren nach sich zogen. Letztlich wurde aber nur knapp ein Zehntel ihrer
Forderungen anerkannt. Nach seinen eigenen Angaben machte Berger am Nord-Ostsee-Kanal
insgesamt 1,3 Mio. Mark Verlust.[22]

Im Gegensatz dazu verlief das erste Auslandsprojekt von Julius Berger, der Bau des Hauenstein-Basistunnels in der Schweiz, ausgesprochen erfolgreich. Ab 1906 planten die Schweizerischen Bundesbahnen die Verbesserung der zentralen Verbindung zwischen Basel und Zürich.
Verschiedene Varianten wurden erwogen und man entschied sich schließlich für den Ausbau
der Hauensteinlinie zwischen Sissach und Olten. Ihr Kernstück war ein 8.100 Meter langer
Basistunnel durch den Schweizer Jura, er verkürzte die Streckenlänge um 30 Kilometer. Außerdem wiesen seine Zufahrtsrampen geringere Steigungen und größere Kurvenradien als die
vorhandene Trasse auf, so dass sich die Fahrzeit insgesamt wesentlich verkürzte. Im Mai 1911
wurde das Projekt ausgeschrieben, und Julius Berger gab ein Angebot ab, nachdem er zuvor

Böschungsarbeiten am
Nord-Ostsee-Kanal,
1912

mit seinem Oberingenieur Konrad Kolberg ausführlich die Verhältnisse vor Ort studiert hatte. Sieben Unternehmen beteiligten sich an der Ausschreibung und das Angebot der JBTAG, der einzigen deutschen Gesellschaft im Wettbewerb, war mit 18,7 Mio. Schweizer Franken das günstigste, das teuerste belief sich auf knapp 27 Mio. Franken. Die Generaldirektion der Schweizerischen Bundesbahnen war durchaus bereit, Berger den Zuschlag zu erteilen, die Öffentlichkeit erwartete jedoch die Vergabe an ein eidgenössisches Unternehmen. Sowohl in der Schweiz als auch in Deutschland wurden Stimmen laut, welche die Kompetenz der JBTAG in Frage stellten. Sie verfügte zwar über Erfahrungen im Tunnelbau, konnte aber kein Referenzprojekt vergleichbarer Größe aufweisen. Die Eisenbahnverwaltung entschloss sich daraufhin, die Ausschreibung im Oktober 1911 unter etwas modifizierten Bedingungen zu wiederholen. Bergers Angebot war mit 19,8 Mio. Franken erneut das günstigste, es umfasste nun auch die Arbeiten für den Gleisoberbau und sah außerdem eine um zwei Jahre verkürzte Bauzeit vor. Jetzt erhielt Berger den Auftrag, zumal eine Bonitätsprüfung bei deutschen Bahnverwaltungen und Banken positiv ausgefallen war. Noch im Dezember 1911 wurde der Vertrag geschlossen und mit einer Auftragsumme von 16 Mio. Mark war der Hauenstein-Basistunnel das größte bis dahin von der JBTAG übernommene Projekt.

Die Arbeiten begannen am 1. Februar 1912, dabei setzte das Unternehmen von Anfang an modernste Technik ein. In einer eigens errichteten Maschinenhalle aus Eisenbeton wurden zwei Dieselmotoren mit jeweils 550 PS Leistung installiert. Sie dienten zum Antrieb einer Reihe von Aggregaten: Kompressoren zur Erzeugung von Druckluft, die wiederum zum Betrieb von

Trockenbagger am Nord-Ostsee-Kanal, 1912

Bohrhämmern und rauchlosen Lokomotiven diente, Ventilatoren zur Belüftung der Stollen sowie Generatoren für elektrischen Strom. Der Vortrieb erfolgte von zwei Seiten aus, wobei die von Süden aufzufahrende Strecke mit 6.300 Metern wesentlich länger war als der nördliche Abschnitt. Im Süden arbeiteten durchschnittlich 800 bis 1.000, im Norden 400 bis 600 Arbeiter rund um die Uhr in achtstündigen Schichten. Hinzu kamen noch 400 Beschäftigte außerhalb des Tunnels. Beim Vortrieb der Sohlstollen wurden die bis dahin im Tunnelbau üblichen Leistungen deutlich übertroffen, so dass der Durchschlag bereits 18 Monate vor dem vertraglich festgelegten Termin am 10. Juli 1914 erfolgte. Auch der Ausbruch des Ersten Weltkriegs wenige Wochen später behinderte den Baufortschritt nur kurzfristig und der Hauenstein-Basistunnel konnte am 8. Januar 1916, ein Jahr früher als geplant, in Betrieb genommen werden. Außer dem eigentlichen Tunnel erstellte die JBTAG auch einen 134 Meter tiefen Entlüftungsschacht in der Mitte des Bauwerks sowie das 150 Meter lange Viadukt bei Gelterkinden im Zuge der nördlichen Zufahrt.[23]

Die problemlose und vorzeitige Abwicklung des Projekts brachte dem Unternehmen neben einer Prämie von 380.000 Schweizer Franken vor allem ein hervorragendes Renommee ein. Bereits Ende 1913 erhielt es einen weiteren großen Tunnelbau-Auftrag: die Erstellung des sechs Kilometer langen Isvor-Tunnels bei Sinaia in Rumänien. Die Arbeiten mussten jedoch nach Kriegsausbruch im August 1914 auf Weisung der rumänischen Regierung eingestellt werden. Die noch im Geschäftsbericht für 1915 zum Ausdruck gebrachte *Hoffnung, auch den Bau des Isvor-Tunnels,*

Hauenstein-Basistunnel, 1913

welcher nach eingetretenem Frieden wieder aufgenommen werden soll, erfolgreich zu Ende zu führen, erfüllte sich nicht. Nach dem Kriegseintritt Rumäniens auf der Seite der Entente im Jahr 1916 beschlagnahmten zunächst rumänische und anschließend deutsche Truppen einen Teil der auf der Baustelle lagernden Maschinen und Geräte. Außerdem wurden die dort errichteten *baulichen Anlagen* durch Kampfhandlungen schwer beschädigt. Da die geplante Bahnstrecke nach Kriegsende nicht verwirklicht wurde, kamen auch die Arbeiten am Isvor-Tunnel nicht wieder in Gang. Die von der JBTAG erbrachten Leistungen wurden erst 1922 nach jahrelangen Verhandlungen *in entwertetem Gelde bezahlt.*[24]

Über die Tätigkeit des Unternehmens während des Ersten Weltkriegs ist wenig Konkretes überliefert. Julius Berger erwähnt in seinen Lebenserinnerungen unter anderem *Stellungs-bauten im Westen,* die *Wiederherstellung von zerstörten Brücken in Polen* sowie den Bau von *Eisenbahnen für den Vormarsch der deutschen Armee im Osten.* Hinzu kamen eher untypische Aufträge wie die Gewinnung von Manganerzschlacke in Österreich und die Förderung von Abraum in Braunkohlengruben.[25] In anderen Quellen sind außerdem Arbeiten an den Hafen-anlagen von Königsberg und Mülheim an der Ruhr sowie der Bau einer *Kriegschaussee* bei Sensburg in Ostspreußen erwähnt.[26] Im Geschäftsbericht für 1915 wurde die Lage des Unter-nehmens eher pessimistisch beurteilt: *Das Tiefbaugewerbe ist durch den Krieg, bzw. die dadurch herbeigeführte Einziehung der Ingenieure und der Arbeiterschaft zum Heeresdienste, sowie durch die erhebliche Verteuerung der Betriebsmaterialien empfindlich geschädigt worden. Wenn nunmehr auch Arbeiten in den Kriegsgebieten zur Ausführung kamen, so stehen die hierbei erzielten Gewinne doch in keinem Verhältnis zu den großen Schäden, welche durch*

Jahr	Auftragsbestand (M.)	Bilanzgewinn (M.)	Dividende
1906	1.600.000	139.955	10 %
1907	2.870.000	197.310	14 %
1908	4.200.000	339.437	20 %
1909	5.110.000	323.908	20 %
1910	9.200.000	540.147	20 %
1911	28.000.000	672.895	20 % auf 1.500.000 M 10 % auf 500.000 M
1912	k. A.	956.761	20 % auf 2.000.000 M 10 % auf 2.000.000 M
1913	k. A.	1.241.082	20 %
1914	k. A.	792.551	10 %
1915	k. A.	793.323	10 %
1916	k. A.	889.207	10 %
1917	k. A.	1.197.049	15 %
1918	k. A.	1.539.741	20 %

Bilanzkennzahlen der Julius Berger Tiefbau AG 1906–1918

die Einschränkung der Betriebe im Inlande entstanden sind. Nach erfolgtem Friedensschluss ist jedoch eine baldige günstige Entwicklung des Tiefbaugewerbes zu erwarten, da die durch den Krieg zerstörten Verkehrsanlagen wieder herzustellen und neue Verkehrswege zu schaffen sein werden.[27] Tatsächlich ging in den Jahren 1914 und 1915 der Bilanzgewinn auf knapp 800.000 Mark zurück, nachdem er 1913 noch 1,2 Mio. betragen hatte. Gleichzeitig wurde die vergleichsweise hohe Dividende von zwanzig auf zehn Prozent des Grundkapitals reduziert. Ab 1916 konnten jedoch bereits wieder steigende Gewinne registriert werden, an denen auch die Aktionäre in gewohnter Weise Teil hatten. Ähnlich wie die Grün & Bilfinger AG profitierte auch die JBTAG während des Ersten Weltkriegs von militärisch wichtigen Bauaufträgen, sie führte allerdings keine Großprojekte aus.

JULIUS BERGER UND MATTHIAS ERZBERGER

Bei der Besetzung des Aufsichtsrats seines Unternehmens legte Julius Berger Wert darauf, auch politisch einflussreiche Persönlichkeiten zu gewinnen. So gehörte beispielsweise der Vizepräsident des preußischen Abgeordnetenhauses Paul (von) Krause von 1909 bis zu seiner Ernennung zum Staatssekretär im Reichsjustizamt im Jahr 1917 dem Gremium an. Sein Nachfolger war für rund ein Jahr Matthias Erzberger, einer der wichtigsten deutschen Politiker in der Zeit des Ersten Weltkriegs und der jungen Weimarer Republik. Der aus Württemberg stammende Katholik war ab 1903 Mitglied des Reichstags und Führer des demokratischen Flügels der Zentrumspartei. Zu Kriegsbeginn noch Verfechter einer Annexionspolitik, trat er ab 1917 für einen Verständigungsfrieden ein. Im Oktober 1918 wurde er als Staatssekretär in das Kabinett des Reichskanzlers Prinz Max von Baden berufen, wenig später hatte er die undankbare Aufgabe, das Waffenstillstandsabkommen mit den Alliierten zu unterzeichnen. Als Reichsfinanzminister reformierte er in den Jahren 1919/20 das deutsche Steuersystem. Bereits während des Krieges, vor allem aber durch seine Tätigkeit als Waffenstillstandskommissar, zog Erzberger den Hass nationalistischer und konservativer Kreise auf sich. Sein erbittertster Gegner war Karl Helfferich, der ihn 1919 mit seiner Flugschrift „Fort mit Erzberger" zu einer Beleidigungsklage herausforderte. Helfferich warf Erzberger im Zusammenhang mit dessen Aufsichtsratsmandat bei der JBTAG Verstöße gegen die „Wohlanständigkeit", sprich Korruption vor. Der 1920 ausgetragene Prozess wurde zur Tribüne für Helfferich. Von einem voreingenommenen Gericht weitgehend ungehindert, konnte er seine Vorwürfe ausbreiten und nötigte Erzberger, sich gegen diese zu verteidigen. Helfferich wurde schließlich zur einer milden Geldstrafe verurteilt, Erzberger musste dagegen seine politische Karriere beenden und wurde im August 1921 von zwei ehemaligen Freikorps-Mitgliedern ermordet, wobei Helfferich als geistiger Anstifter dieser Tat gilt.[28]

Helfferich warf Erzberger vor, als Schiedsrichter in mehreren Verfahren der JBTAG gegen das Kaiserliche Kanalamt in Kiel in den Jahren 1916 und 1917 bewusst zu Gunsten des Unternehmens entschieden zu haben, wofür er von Berger mit einem Aufsichtsratsmandat „belohnt" worden sei. Außerdem habe er sich für die JBTAG eingesetzt, als diese 1916 zeitweilig von kriegswichtigen Eisenbahnaufträgen ausgeschlossen war, und überdies Berger 1919 zu einem Platz in der deutschen Sachverständigenkommission bei den Friedensverhandlungen in Versailles verholfen. Im Prozess gegen Helfferich war Julius Berger mehrfach als Zeuge geladen und am 10. und 12. Februar 1920 wurden seine Beziehungen zu Erzberger ausführlich erörtert:[29]

Der erste Kontakt zwischen Matthias Erzberger und der JBTAG kam 1908 zu Stande, als das Unternehmen Bahnbauten in der Eifel durchführte. Erzberger war zu diesem Zeitpunkt für ein anderes, in Streitigkeiten mit dem *Eisenbahnfiskus* verwickeltes Unternehmen als Schiedsrichter tätig und besichtigte das Los der JBTAG, um sich einen Eindruck von den örtlichen Verhältnissen zu verschaffen. 1912 übernahm Berger wie oben dargestellt Arbeiten zur Erweiterung des Nord-Ostsee-Kanals. Wegen unerwarteter Schwierigkeiten bei der Bauausführung kam es zu Auseinandersetzungen mit dem Auftraggeber, dem Kaiserlichen Kanalamt, die zu einer Reihe von Schiedsgerichtsverfahren führten. Dabei hatte jede Partei einen Schiedsrichter zu benennen. Auf Anraten seines Rechtsanwalts Bodländer, der gleichzeitig Syndikus des Reichsverbands des deutschen Tiefbaugewerbes war, entschied sich Julius Berger für Matthias Erzberger, der auch für andere Unternehmen als Schiedsrichter fungierte. Für Erzberger sprachen seine Erfahrungen, die Bereitschaft, sich in die Materie einzuarbeiten, und nicht zuletzt sein *Rückgrat* gegenüber den Behörden, etwas, das nach Ansicht Bergers bei beamteten Sachverständigen nicht zu erwarten war. Entgegen den Darstellungen Helfferichs konnte die JBTAG in den Verfahren, an denen Erzberger als Schiedsrichter beteiligt war, keineswegs ihre Forderungen vollständig durchsetzen. So wurden ihr beispielsweise im Juni 1916 in einem Schiedsspruch lediglich ein Achtel der geforderten Summe von rund 770.000 Mark zuerkannt.[30]

Helfferich wollte nachweisen, dass es während der laufenden Verfahren regelwidrig zu einer engen Abstimmung zwischen Berger und Erzberger gekommen sei und bot dazu zwei ehemalige Vorstandsmitglieder der JBTAG, Helmut Hatzky und Alfred Morgenstern, als Zeugen auf. Beide hatten dem Gremium seit 1914 angehört und waren 1916 wegen Differenzen mit Julius Berger entlassen worden.[31] Ihre Aussagen waren stark von persönlichen Interessen geleitet, und es gelang Helfferich letztlich nicht, Unregelmäßigkeiten in den Schiedsgerichtsverfahren nachzuweisen. Er konzentrierte seine Vorwürfe daher auf den engen zeitlichen Zusammenhang zwischen dem Abschluss des letzten Verfahrens am 24. Mai 1917 und Erzbergers Eintritt in den Aufsichtsrat der JBTAG am 14. Juni 1917. Julius Berger hatte Matthias Erzberger allerdings bereits 1915 ein Mandat angeboten. Sein wichtigstes Motiv war dabei, dass Erzberger im Aufsichtsrat von Thyssen saß und er damit eine für die JBTAG wichtige Verbindung zur Schwerindustrie herstellen konnte. Später kam Erzbergers Eintreten für einen Verständigungsfrieden hinzu, von dem sich Berger einen Aufschwung im Auslandsgeschäft versprach.[32] Die von Helfferich unterstellten finanziellen Vorteile für Erzberger konnten ebenfalls nicht nachgewiesen werden: Dieser hielt lediglich ein bescheidenes Paket von 40 JBTAG-Aktien, die er 1918 und 1919 zum Kurs von 240 bzw. 190 Prozent gekauft hatte. Auch seine Bezüge als stellvertretender Aufsichtsratsvorsitzender bewegten sich mit 6.000 Mark Tantieme und einer Sondervergütung von 5.000 Mark im Rahmen des Üblichen, zumal er Berger in allen wichtigen geschäftlichen Angelegenheiten beriet.[33] Gleichwohl folgte das Gericht Helfferichs Auffassung und hielt insbesondere *die Übernahme des Schiedsrichteramts bei Berger durch den Nebenkläger* [Matthias Erzberger, d. Verf.] *für missbilligenswert und erblickt*[e] *in ihm auch eine Vermischung seiner politischen Tätigkeit mit eigenen Geldinteressen.*[34]

„Herr Erzberger ist der Mann des Friedens gewesen …"

Julius Bergers Motive für die Wahl Matthias Erzbergers in den Aufsichtsrat

Vorsitzender: Weshalb haben Sie Herrn Erzberger in den Aufsichtsrat gewählt?

Zeuge Berger: Im Jahre 1915 war es, glaube ich, da hörte ich, dass Herr Reichsminister Erzberger in den Aufsichtsrat der Firma Thyssen eingetreten war. Schon immer war es für mein Unternehmen sehr notwendig, dass wir mit der Eisenindustrie zusammenkamen, um so mehr jetzt, als wir durch die Erzknappheit während des Krieges nunmehr an ausgedehnte Abbauarbeiten für die Erzgewinnung herangehen mussten. Ich bin, glaube ich, in seinem Büro oder sonst wo bei ihm gewesen. [...] Da habe ich ihm gesagt: Ich habe gehört, dass Sie bei Thyssen im Aufsichtsrat sind. [...] Da habe ich [...] ihn gefragt, ob es möglich wäre, ob er eventuell für den Fall, dass er bei uns in den Aufsichtsrat gewählt werden würde, Mitglied unseres Aufsichtsrats werden würde.

Vorsitzender: [...] *Sie wollten also auch Tiefbauarbeiten auf Zechen vornehmen?*

Zeuge Berger: Ja, wie es im Westen viele gemacht haben. Meine Gesellschaft war ja noch gar nicht tätig da.

Vorsitzender: Deshalb war es von Bedeutung, dass Sie Fühlung nahmen mit einem Herrn, der beteiligt war bei der Schwerindustrie?

Zeuge Berger: Jawohl. Als ich das hörte, habe ich mit ihm [Erzberger, d. Verf.] *darüber gesprochen, und er hat mir erklärt: Das könne er noch nicht sagen, er müsse erst die Zustimmung von Thyssen haben.* [...]

[...]

Vorsitzender: [...] *Wie ging das nun weiter?*

Zeuge Berger: [...] *Mittlerweile hatte ich aber einen Vertrag über die Lieferung von 100.000 Tonnen Erz mit Thyssen abgeschlossen gehabt. Das war, wenn ich nicht irre, Ende 1916 oder Anfang 1917. Als nunmehr die Schiedsgerichte, zu denen Herr Erzberger als Schiedsrichter gewählt war, erledigt waren, bin ich an den Vorsitzenden meines Aufsichtsrats herangetreten und habe – das war im Mai 1917 oder Anfang Juni 1917, kurz vor unserer Generalversammlung – den Mitgliedern des Aufsichtsrats erklärt: „Ich halte nunmehr die Wahl des Herrn Erzberger als Mitglied meines Aufsichtsrats für notwendig, einmal schon wegen des Zusammenhalts mit Thyssen, außerdem auch deshalb, weil er, soweit ich in der Zwischenzeit gesehen und gehört habe, einen großen Einfluss auf das Ausland hat, und infolgedessen wäre es für unsere Gesellschaft, namentlich nach dem Kriege, – und da glaubte ich allerdings mit einem besseren Kriegsende rechnen zu sollen – eine sehr gute Akquisition, wenn wir Herrn Erzberger in den Aufsichtsrat hineinnehmen würden". Das ist dann auch von den Mitgliedern des Aufsichtsrats eingesehen worden, und es ist kurzer Hand, kurz vor der General-versammlung, der Beschluss gefasst worden, nicht einmal schriftlich, sondern in einer kurzen Besprechung, ihn jedenfalls der Generalversammlung vorzuschlagen.*

[...]

Angeklagter Dr. Helfferich: [...] *Ich möchte deshalb fragen, ob dieses Arbeiten des Herrn Erzberger für den Verständigungsfrieden überhaupt maßgeblich gewesen ist. Der Vorstoß trat ja im Juli* [1917, d. Verf.] *sehr überraschend in die Welt.*

Vorsitzender: Sie wollen also fragen, ob Herr Kommerzienrat Berger dadurch bestimmt wurde, dass Herr Erzberger für den Verständigungsfrieden war? [...]

Zeuge Berger: *Ich habe vorhin schon gesagt: Es war mir bekannt, ich hatte das in den Zeitungen gelesen, dass Herr Erzberger überall für einen möglichsten Verständigungsfrieden eintrat; ich hatte aber auch von allen Seiten gehört, dass er in Rumänien gewesen ist [...] und daraufhin habe ich mir gesagt: Das ist jedenfalls für unsere Gesellschaft eine Akquisition; Herr Erzberger ist der Mann des Friedens gewesen, und wie der Friede auch geschlossen werden würde, wir würden jedenfalls dadurch eine sehr gute Möglichkeit finden, im Auslande zu arbeiten.*

Aussagen Bergers im Prozess gegen Helfferich.[35]

JULIUS BERGERS DENKSCHRIFTEN ZUR REPARATIONSFRAGE

Auf Vorschlag von Matthias Erzberger wurde Julius Berger – neben Georg Haberland von der Berlinischen Boden-Gesellschaft – zu Beginn des Jahres 1919 in eine Kommission von Fachleuten berufen, die einen möglichen Wiederaufbau der zerstörten Gebiete in Nordfrankreich und Belgien durch die deutsche Bauwirtschaft als Reparationsleistung prüfte.[36] Berger nahm an den Friedensverhandlungen in Versailles teil, bereiste die betroffenen Regionen persönlich und fasste die Ergebnisse seiner Tätigkeit am 17. Oktober 1919 in einer Denkschrift für Reichskanzler Bauer zusammen.[37]

Nach Ansicht Bergers konnte Deutschland seinen im Vertrag von Versailles übernommenen Verpflichtungen nur nachkommen, indem es Frankreich anbot, *Arbeiter zu stellen, Lieferungen auszuführen oder aber die gesamten Aufbauarbeiten eines oder mehrerer Teile der verwüsteten Gegenden zu bewirken.*[38] Dass Deutschland die immensen Reparationsleistungen durch Geldzahlungen aufbringen könne, hielt Berger für ausgeschlossen und sah für diesen Fall den Staatsbankrott voraus. Außerdem könne durch Wiederaufbauarbeiten in Frankreich und Belgien die Arbeitslosigkeit in Deutschland verringert werden. Als Sofortmaßnahmen für das Jahr 1920 schlug er die Lieferung von Baracken zur Unterbringung deutscher Arbeiter, Aufräumungsarbeiten in den *wertvollsten Ländereien, zerstörten Ortschaften, Bergwerken und Fabrikanlagen*, die Bereitstellung von Baumaschinen und -materialien sowie die Errichtung von Ziegeleien in den betroffenen Gebieten vor. Danach könne 1921 mit dem eigentlichen Wiederaufbau begonnen werden, worin er eine große Chance für die deutsche Bauwirtschaft sah, ihre Leistungsfähigkeit unter Beweis zu stellen. Nach einer grundsätzlichen Einigung zwischen Deutschland und Frankreich könnten *Vertreter des Deutschen Reiches, und zwar in Unternehmerbetrieben bewährte, kaufmännisch gebildete, die französische Sprache beherrschende Ingenieure und Architekten in die einzelnen Departements gesetzt werden, um dort mit den Baubeamten der Departements, den einzelnen Verbänden, Gemeinden bzw. den einzelnen Besitzern über die Art des Wiederaufbaus und Übertragung desselben an das deutsche Reich zu verhandeln.*[39]

Zur Leitung des Wiederaufbaus schlug Berger ein spezielles Ministerium vor, an dessen Spitze eine Persönlichkeit mit kaufmännischen Erfahrungen stehen sollte, die auch in der Lage sein müsse, Verhandlungen in französischer und englischer Sprache zu führen. Eine aus *Handels- und Industriekreisen zusammengesetzte Kommission* sollte dem Ministerium beratend zur Seite stehen. Nicht ratsam sei es, *den Wiederaufbau im sozialisierten Betrieb durchzuführen*, da dies zu zeitlichen Verzögerungen und Kostensteigerungen führen würde. Nur die deutsche Bauindustrie sei in der Lage den Wiederaufbau zügig durchzuführen, wobei sie auch einen Beitrag zur notwendigen Aussöhnung zwischen Frankreich und Deutschland leisten könne: *Wird der Wiederaufbau nicht in geordnetem Unternehmerbetrieben durchgeführt, dann ist zu erwarten, dass die französische Regierung und auch das französische Volk sich von dem deutschen Volke eher entfernen als ihm nähern wird, ein Umstand, welcher sicher nicht zum Wohle des deutschen Volkes beitragen würde.*[40]

In einer zweiten Denkschrift vom 4. November 1919 arbeitete Julius Berger seine Vorschläge in Detailfragen noch weiter aus. Sie blieben jedoch ohne konkrete Folgen, da die französische Seite auf Geld- und Sachlieferungen Deutschlands zur Begleichung der Reparationsschuld bestand. Bergers Annahme, französische Behörden und Privatpersonen würden deutschen Unternehmen in großem Stil Aufträge zum Wiederaufbau erteilen, war sicher viel zu optimistisch. Wie er selbst bei seiner Bereisung der zerstörten Gebiete festgestellt hatte, bevorzugten sie verständlicherweise die heimische Bauwirtschaft und bestellten allenfalls bei Lieferanten in verbündeten Ländern wie Großbritannien und den Vereinigten Staaten. Erst nach der Regelung der Reparationsfrage durch den 1924 vereinbarten Dawes-Plan führten deutsche Bauunternehmen in Frankreich Aufträge aus, die als Reparationsleistungen verrechnet wurden. So erstellte die JBTAG beispielsweise eine Hafenanlage in Le Verdon bei Bordeaux.[41] Bemerkenswert ist jedoch Julius Bergers Einsicht in die Notwendigkeit einer deutsch-französischen Verständigung, die in seiner Denkschrift vom 17. Oktober 1919 deutlich zum Ausdruck kommt. In der auf beiden

Hafenanlage Le Verdon bei Bordeaux, 1932

Seiten vom Revanchismus geprägten unmittelbaren Nachkriegszeit war er mit dieser Haltung seiner Zeit weit voraus.

DIE JBTAG NACH DEM ERSTEN WELTKRIEG

Die Jahre nach dem Ersten Weltkrieg waren auch bei der JBTAG zunächst von der Instabilität der wirtschaftlichen und politischen Verhältnisse geprägt. Die Inflation machte eine stufenweise Erhöhung des Grundkapitals von vier auf 75 Millionen Mark notwendig. Aus Angst vor einer *Überfremdung* wurden dabei wie bei Grün & Bilfinger und anderen Unternehmen Vorzugsaktien mit zehnfachem Stimmrecht geschaffen, die in den Händen des Vorstands und des Aufsichtsrats blieben.[42] Bei der Umstellung des Kapitals auf 3,5 Mio. RM im Jahr 1924 wurden sie dann entschädigungslos eingezogen. Im Zuge der Kapitalerhöhungen übernahm die Darmstädter- und Nationalbank (Danat-Bank) als Konsortialführerin jeweils größere Aktienpakete. Ihr Leiter Jakob Goldschmidt saß ab 1920 im Aufsichtsrat der JBTAG. Julius Berger selbst hielt nur noch wenige Anteile und verlor nach eigenen Angaben durch die Inflation sein privates Vermögen.[43] Vergleichsweise schnell wurde das Grundkapital der Gesellschaft in der zweiten Hälfte der zwanziger Jahre wieder erhöht. Das Unternehmen übernahm zu dieser Zeit mehrere große Auslandsprojekte, entsprechend hoch war der Kapitalbedarf.

1919	4,0 Mio. M
1920	8,0 Mio. M
1921 (Mai)	16,0 Mio. M
1921 (Dezember)	40,0 Mio. M
1923	75,0 Mio. M
1924	3,5 Mio. RM
1926	5,0 Mio. RM
1927	7,5 Mio. RM

Grundkapital der Julius Berger Tiefbau AG 1919–1927

Jahr	Bilanzgewinn	Dividende
1919	1,626 Mio. M	20 %
1920	3,526 Mio. M	25 %
1921	6,939 Mio. M	30 %
1922	57,983 Mio. M	102 %
1923	71.612 Billionen M	–

Bilanzkennzahlen der Julius Berger Tiefbau AG 1919–1923

Ernst Martens
(1883–1981)

Als Generaldirektor war Julius Berger weiterhin die unumstrittene Führungskraft des Unternehmens. 1919 trat der Diplomingenieur Fritz Wohlgemuth in den Vorstand ein, er blieb bis 1933 im Amt. 1921 wurde außerdem der damals 38-jährige Regierungsbaurat Ernst Martens in das Gremium berufen, er war zuvor bei der Reichsbahn tätig gewesen. 1933 trat er die Nachfolge Bergers an und leitete dann das Unternehmen bis 1962. Neben Berger, Wohlgemuth und Martens waren zeitweilig noch die Ingenieure Fritz und Konrad Kolberg, Emil Hirsch und Adolf Schuler als Vorstände tätig. Der Jurist Hans Heymann, seit 1912 im Amt, verlies das Unternehmen 1921. Vorsitzender des Aufsichtsrats war bis zu seinem Tod am 11. Mai 1928 Louis Aronsohn, der seinen Wohnsitz 1920 von Bromberg nach Berlin verlegt hatte. Sein Nach-folger wurde Otto Fischbeck, ehemals preußischer Staatsminister und Minister für Handel und Gewerbe. Julius Berger legte weiterhin großen Wert darauf, politisch einflussreiche Persönlichkeiten in den Aufsichts-rat zu berufen; mit Friedrich Flick gehörte in den Jahren 1923 und 1924 aber auch einer der umstrittensten deutschen Unternehmer des 20. Jahrhunderts dem Gremium an.

Nach dem Ersten Weltkrieg zeichnete sich eine Verlagerung des Tätigkeitsschwerpunkts der Julius Berger Tiefbau AG im Inland ab: Der Eisenbahnbau spielte nur noch eine Neben-rolle, da die neu gegründete Reichsbahn lediglich einige Nebenstrecken wie die Murgtalbahn im Schwarzwald baute. Die JBTAG konnte dabei 1922 ein Los übernehmen und erstellte die Talbrücke bei Raumünzach sowie den anschließenden Spielraintunnel.[44] Dagegen gewann der Wasserbau an Bedeutung, der ursprünglich nicht zu den Kernkompetenzen des Unternehmens

Murgtalbahn, Brücke
bei Raumünzach und
Portal des Spielrain-
tunnels, 1923

zählte. Von den wenig erfolgreichen Arbeiten zur Erweiterung des Nord-Ostsee-Kanals abgesehen, hatte die JBTAG vor 1914 in diesem Bereich lediglich einige kleinere Projekte in Posen und Ostpreußen ausgeführt: ein Wasserkraftwerk an der Obra, eine Schleuse an der Netze und einen Abschnitt des Masurischen Kanals. Hinzu kam der Bau von Hafen- und Kanalanlagen in Berlin-Neukölln. Wesentlich größere Dimensionen hatte allerdings der 1916 begonnene Ausbau des Hafens von Königsberg, der sich über einen Zeitraum von zehn Jahren erstreckte.

Schöpfwerk Wasserburg, Ostpreußen, um 1925

Hafenanlage Berlin-Neukölln, um 1920

Die JBTAG führte umfangreiche Nassbagger- und Spülarbeiten durch und rammte 18.000 Pfähle zur Gründung von Kaimauern und Ladebrücken. Daran schloss sich von 1925 bis 1928 der Ausbau des Königsberger Seekanals an, der den Hafen mit der Ostsee verband.[45]

In den frühen zwanziger Jahren wurden in zahlreichen deutschen Regionen Schifffahrtswege ausgebaut und Wasserkraftanlagen neu errichtet. Durch öffentliche Mittel finanziert, sollten sie auch zur Verringerung der Arbeitslosigkeit beitragen. Eines der größten Vorhaben war der Ausbau des Neckars, dabei gelang es der JBTAG, im Gegensatz zur Grün & Bilfinger AG, die wie oben beschrieben umfangreiche planerische Vorarbeiten für dieses Projekt erbracht hatte, eine ganze Reihe von Aufträgen zu übernehmen. Das Unternehmen war am Bau der Staustufen Untertürkheim (1920–1923), Heidelberg-Wieblingen (1922–1925), Ladenburg (1924/25), Horkheim (1927–1929) und Heilbronn (1931/32) beteiligt und konnte sich damit auf Dauer in Südwestdeutschland etablieren.[46] Weitere bedeutende Wasserbauprojekte in den zwanziger und frühen dreißiger Jahren waren Kanalbauten bei Oldenburg, Kaianlagen im Griesenwärder Hafen in Hamburg und ein Staubecken bei Ottmachau in Oberschlesien.[47]

Neben dem Wasserbau gewann auch der innerstädtische Tiefbau an Bedeutung. Beim Ausbau der Berliner U-Bahn übernahm die JBTAG in den zwanziger Jahren Aufträge im Wert von insgesamt 12 Mio. RM. Bereits 1913 begannen die Arbeiten an der Nord-Süd-Bahn (heutige U 6), die

jedoch während des Ersten Weltkriegs eingestellt werden mussten und erst 1922 beendet werden konnten. Hier erstellte das Unternehmen zwei Kilometer Strecke und drei Bahnhöfe im Verlauf der Chaussee- und der Müllerstraße. Hinzu kamen in den Jahren 1928 bis 1930 der Bahnhof Vinetastraße im Stadtteil Pankow samt Zufahrtsstrecken (U 2) sowie ein 12,5 Kilometer langer Abschnitt der vom Alexanderplatz nach Südosten führenden Linie einschließlich des Bahnhofs Friedrichsfelde (U 5).[48]

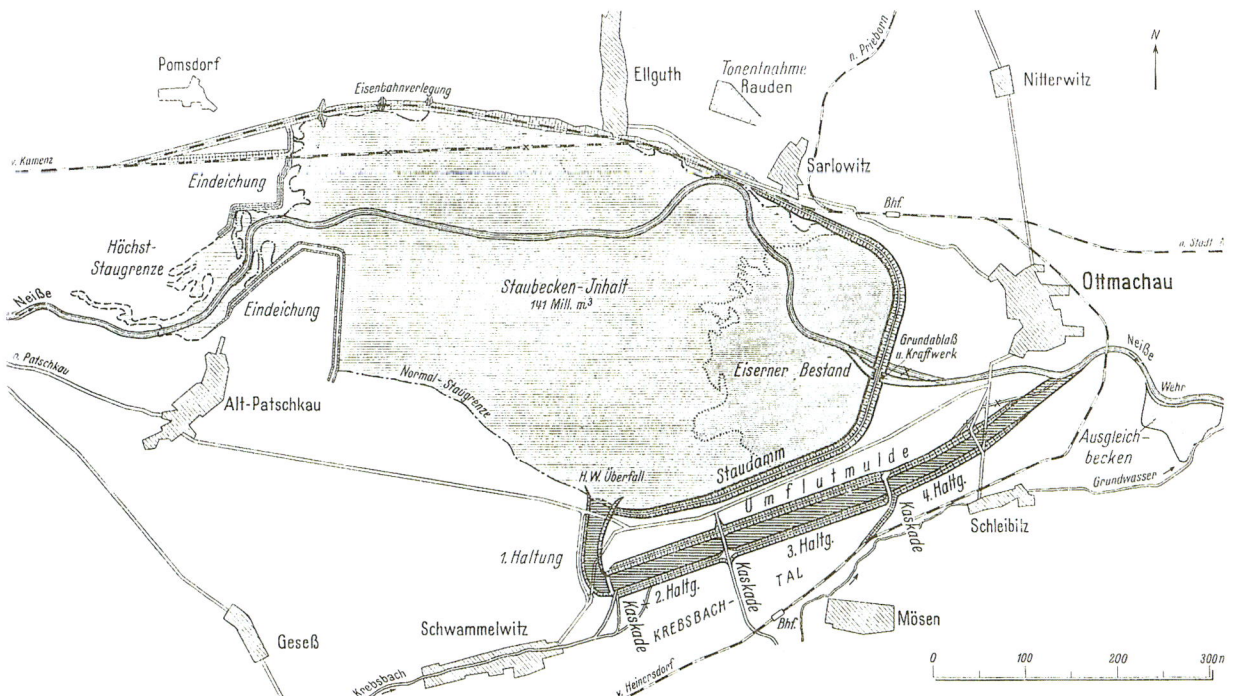

JULIUS BERGERS GROSSES AUSLANDSGESCHÄFT

Außerhalb Deutschlands war dagegen der Eisenbahnbau weiterhin die Stärke von Julius Berger. Im Geschäftsjahr 1920 kam das *durch Krieg zerstörte Auslandsgeschäft* allmählich wieder in Gang. In Rumänien übernahm das Unternehmen zunächst einen Auftrag zur Erschließung von Kohlelagerstätten im Tagebau. Es lieferte die in Deutschland hergestellten Maschinen und Anlagen und führte auch den Abbau durch.[49] Gleichzeitig wurden die Verhandlungen mit der rumänischen Regierung über die Bezahlung der vor Kriegsausbruch beim Bau des Isvor-Tunnels erbrachten Leistungen weitergeführt und konnten 1921 abgeschlossen werden. Damit wurde der Weg frei für die Übernahme eines neuen großen Eisenbahn-Projekts: 1924 erhielt die JBTAG den Auftrag zum Bau des 4.400 Meter langen Teliu-Tunnels in den Transsilvanischen Alpen. Er war Teil einer Neubaustrecke zwischen Kronstadt in Siebenbürgen und der rumänischen Hauptstadt Bukarest. Analog zum Hauenstein-Basistunnel setzte das Unternehmen auch hier auf den großangelegten Einsatz von Technik und errichtete eine aufwändige Maschinenanlage zur Versorgung der Baustelle mit elektrischem Strom und Druckluft. Allerdings gab es bei der Bauausführung unerwartete Probleme, hauptsächlich verursacht durch die Geologie des aufzufahrenden Gebirges, so dass sich die vorgesehene Bauzeit von drei auf vier Jahre verlängerte. Mit dem Tunnelbau verbunden war die Erstellung des Teliu-Viadukts, einer rund 140 Meter langen Talbrücke.[50]

Teliu-Tunnel, Rumänien, 1925

Julius Berger (4.v.r.) mit Mitarbeitern vor dem Maschinenhaus des Teliu-Tunnels

Durchschlagsfeier am Teliu-Tunnel, 1. Oktober 1926

Julius Berger (5.v.r) mit Mitarbeitern vor dem Ostportal des Teliu-Tunnels, 1925

Bei allen Auslandsgeschäften arbeitete Julius Berger mit zwei Partnern, dem Kaufmann Paul Briske und dem Regierungsbaumeister Victor Prohl, zusammen. Ihr Unternehmen, die Briske & Prohl OHG, war mit der JBTAG im Julius Berger Konsortium (JBCO) verbunden. Briske & Prohl betrieben jedoch kein operatives Baugeschäft, ihre Tätigkeit bestand im Wesentlichen in der Vermittlung von Kontakten, der Anbahnung von Geschäften und der Beteiligung an ihrer Finanzierung. Ihre Gesellschaft firmierte in Berlin unter der gleichen Adresse wie die JBTAG, an der sie auch als Aktionäre beteiligt waren. Paul Briske war von 1922 bis 1928 Mitglied im Aufsichtsrat der JBTAG, außerdem hatte er ein Mandat bei der Deutschen Orientbank, die bei der Finanzierung von Eisenbahnprojekten in der Türkei eine zentrale Rolle spielte.[51] Bereits 1914 hatte Julius Berger mit Briske & Prohl eine Vereinbarung zur gemeinschaftlichen Durchführung von Bauprojekten im Ausland und in den deutschen Kolonien getroffen und während des Ersten Weltkriegs waren vereinzelt Projekte wie der Abbau von Ölschiefer in Estland durchgeführt worden.[52] 1921 wurde ein neues Konsortialabkommen geschlossen, danach wurden alle Auslandsgeschäfte der Konsorten gemeinschaftlich abgewickelt. Dies betraf sowohl Bau- als auch Liefergeschäfte, wobei jedoch unterschiedliche Beteiligungsquoten vereinbart wurden:[53]

Jelio-Tunnel
Maschinenanlage zur
Erzeugung von Druck-
luft und elektrischem
Strom, 1926

	JBTAG	Briske & Prohl
Baugeschäfte		
- in Rumänien	84 %	16 %
- in der Türkei	55 %	45 %
- in anderen Regionen	66 $^2/_3$ %	33 $^1/_3$ %
Liefergeschäfte	45 %	55 %

Beteiligungsquoten innerhalb des Julius Berger Konsortiums

In Rumänien verschlechterte sich im Verlauf der zwanziger Jahre die wirtschaftliche Lage und der Bau weiterer, bereits geplanter Bahnlinien wurde zurückgestellt. Dagegen war die Türkei ein aussichtsreicher Markt, da im Zuge der Modernisierung des Landes das Eisenbahnnetz in Anatolien ausgebaut wurde. 1924 erhielt das Julius Berger Konsortium Aufträge für zwei Abschnitte der Neubaustrecke Ankara-Sivas im Gesamtwert von rund drei Millionen Mark. Neben rund 16 Kilometern Bahntrasse waren vier größere Brücken, ein 800 Meter langer Tunnel sowie ein Bahnhof mit Nebengebäuden zu erstellen.[54] Wesentlich größere Dimensionen hatte das zweite Eisenbahngeschäft von Julius Berger in der Türkei, das 1927 vereinbart wurde. Innerhalb von rund drei Jahren sollten zwei Bahnstrecken mit einer Gesamtlänge von 380 Kilometern erstellt werden: eine Gebirgsbahn mit 38 Brücken und 37 Tunnels zwischen Kütahya und Balikesir in Westanatolien sowie eine weitere Linie zwischen Ulukişla und Bogazköprü in der Region nördlich von Adana.[55] Die Gesamtkosten einschließlich des rollenden Materials wurden auf 65 Mio. RM geschätzt, genaue Angaben lagen bei Vertragsabschluss im Juni 1927 noch nicht vor, Planunterlagen für beide Strecken mussten durch das JBCO erst noch erstellt werden. Da die türkische Regierung nicht über die notwendigen Mittel zur Finanzierung der Projekte verfügte, stellte ihr ein deutsches Bankenkonsortium unter Führung der Danat-Bank einen Kredit in Höhe von 65 Mio. RM zur Verfügung, er wurde in vier Jahresraten bei der Filiale der Deutschen Orientbank in Istanbul bereitgestellt. Die Rückzahlung des Kredits sollte über einen Zeitraum von sieben Jahren durch monatliche Wechsel erfolgen, deren Gesamtsumme sich auf rund 82 Mio. RM belief, was einer Verzinsung von zehn Prozent zuzüglich zwei Prozent Provision entsprach. Die Banken stellten jedoch die Bonität der türkischen Regierung in Frage, daher gewährte das Reichswirtschaftsministerium auf Initiative des JBCO den Banken eine Ausfallbürgschaft in Höhe von 30 Mio. RM. Die Reichsregierung hatte großes Interesse am Zustandekommen des Geschäfts, da sie die deutsch-türkischen Wirtschaftsbeziehungen intensivieren wollte. Die türkische Seite verpflichtete sich ihrerseits, sämtliches Material für die Bahnen, einschließlich Lokomotiven und Waggons, von deutschen Unternehmen zu beziehen. Auf den ersten Blick schien die Abmachung keinerlei Risiken für das JBCO und die beteiligten Banken zu bergen und die Gewährung der Bürgschaft wurde in der Öffentlichkeit teils heftig kritisiert. Die Schlagzeilen lauteten: *Reichsgarantie für Julius Berger AG* oder *Reichsgelder für Privatfirmen*.[56]

Stationsgebäude
der Eisenbahnlinie
Kütahya–Balikesir,
Türkei, 1929

Talbrücke der
Eisenbahnlinie
Kütahya–Balikesir,
Türkei, 1928

Eisenbahnlinie
Ankara–Sivas, 1926

Es kam jedoch anders: Nach rund zwei Jahren zeichnete sich ab, dass die 65 Mio. RM nicht zur Bezahlung der Bauleistungen sowie der Materiallieferungen ausreichen würden. Die türkische Regierung begann, die Prüfung und Bezahlung der vom JBCO gestellten Rechnungen zu verzögern. Dem Unternehmen stand zwar das Recht zu, bei Nichtbezahlung der Leistungen die Arbeiten einzustellen, mit Rücksicht auf die deutsch-türkischen Beziehungen verzichtete es jedoch darauf. Schließlich einigte man sich, die Baukosten auf 54,5 Mio. RM zu begrenzen und dafür nur die Linie zwischen Kütahya und Balikesir fertigzustellen. Die Arbeiten an der zweiten Strecke wurden im Oktober 1930 eingestellt. Außerdem wurde die Lieferung von Lokomotiven und Waggons aus dem Vertrag mit dem Julius Berger Konsortium herausgelöst und mit Krupp neu vereinbart, wodurch dem JBCO Provisionen entgingen. Bei der Bezahlung der Schlussrechnung setzte die türkische Regierung ihre Verzögerungstaktik fort und das vertraglich vereinbarte Schiedsgericht musste eingeschaltet werden. Auch dieses Verfahren zog sich in die Länge und 1939 wurden lediglich 15 Prozent der Forderung des JBCO anerkannt, die bis Juni 1940 allerdings noch nicht bezahlt waren. Insgesamt machte das Konsortium bei diesem Geschäft rund 1,9 Mio. RM Verlust.[57]

Trotz der nicht zufrieden stellenden Entwicklung des zweiten Eisenbahngeschäfts in der Türkei befasste sich Julius Berger zu Beginn der dreißiger Jahre mit einem dritten Projekt, dem Bau der Bahnlinie Sivas-Erzerum im Nordosten des Landes. Im April 1933 schloss sich die JBTAG mit drei anderen großen Bauunternehmen – Philipp Holzmann, Hochtief und Siemens Bauunion – zu einer Interessengemeinschaft zusammen, die das Projekt bearbeitete und gegebenenfalls auch ausführen wollte.[58] Bergers bisherige Partner Briske & Prohl waren davon ausgeschlossen, es bestand allerdings noch eine Vereinbarung mit der JBTAG, die Briske & Prohl im Fall der Auftragserteilung eine Provision in Höhe von einem Prozent der Bausumme zubilligte. Victor Prohl wollte sich damit nicht zufrieden geben und intervenierte im Oktober 1933 beim Reichswirtschaftministerium. Dieses sollte eine Aufnahme seines Unternehmens in die Interessengemeinschaft erwirken, um *Ansprüche seiner Firma auf Beteiligung an einem neu abzuschließenden Baugeschäft in entsprechender Form vertreten zu können*. Das Ministerium sah jedoch *keine Veranlassung*, sich mit *etwaigen Ansprüchen* Prohls zu befassen und stellte darüber hinaus klar, *dass ein etwa zu Stande kommendes Baugeschäft mit der türkischen Regierung nicht mit untragbaren Provisionen belastet* sein dürfe, *wenn dafür eine Reichsgarantie gegeben werden solle*.[59] Prohl schaltete auch die NSDAP ein, woraufhin die vier beteiligten Bauunternehmen mit ihm verhandelten und am 15. September 1933 eine Entschädigungsumme von 200.000 RM anboten. Prohl stimmte einer Verhandlungslösung nicht zu und setzte stattdessen auf die Macht der Partei. Am 20. September 1933 forderte das außenpolitische Amt der NSDAP in einem Schreiben an Julius Berger die Aufnahme Prohls in die Geschäftsleitung der JBTAG. Der Aufsichtsrat, der sich zu diesem Zeitpunkt aus *sieben rein arischen Mitgliedern*, darunter *drei bekannte Mitglieder der NSDAP* zusammensetzte,[60] sprach sich jedoch gegen eine *Verquickung der Regelung der Ansprüche der Herren Briske & Prohl aus dem Vertrag mit der JBTAG mit dem Wunsche des Herrn Prohl, eine Position bei der JBTAG zu erhalten,* aus. Er war vielmehr *der Ansicht, dass die Frage der Einschaltung des Herrn Prohl in die Geschäftsleitung in irgendeiner Form allein unter dem Gesichtspunkt der Notwendigkeit und Zweckmäßigkeit für das Unternehmen zu beurteilen* sei und lehnte, da er diese Voraussetzung als nicht gegeben ansah, *die Forderung des Herrn Prohl ab.*[61] Dabei blieb es; Prohls Einfluss bei der Partei reichte offenbar nicht aus, um sich zu einer Position im Vorstand der JBTAG zu verhelfen. Unter den veränderten wirtschaftspolitischen Rahmenbedingungen des „Dritten Reichs", das auf größtmögliche Autarkie und Abschottung vom Weltmarkt setzte, kam das geplante Projekt letztlich nicht zu Stande. Im Mai 1934 unterrichtete das Wirtschaftsministerium das außenpolitische Amt der NSDAP, dass die Verhandlungen mit der Türkei auf unbestimmte Zeit unterbrochen worden seien, *da die von türkischer Seite für den Fall der Vergebung eines Lieferauftrags gestellten Bedingungen, die eine langfristige Bevorschussung durch die Reichsbank erfordert hätten, bei der derzeitigen Devisenlage Deutschlands als untragbar angesehen werden müssten.*[62]

Im Gegensatz dazu konnte das Engagement der JBTAG im Iran auch nach 1933 fortgesetzt werden. Die iranische Regierung beabsichtigte, das Kaspische Meer und den Persischen Golf durch eine 1.400 Kilometer lange Bahnlinie zu verbinden. 1928 beauftragte sie ein deutschamerikanisches Syndikat mit den Vorarbeiten für die gesamte Linie sowie der Erstellung von Probestrecken. Das Syndikat bestand aus der amerikanischen Gesellschaft Ulen & Company mit Sitz in New York und einer deutschen Firmengruppe, in der sich das Julius Berger Konsortium (JBCO), Philipp Holzmann und Siemens Bauunion zusammengeschlossen hatten. JBCO war mit einer Beteiligungsquote von 40 Prozent Konsortialführer, die Quote der beiden anderen Partner betrug jeweils 30 Prozent. Ulen & Company bearbeitete den südlichen Streckenabschnitt, das

Verlauf der persischen
Nord-Süd-Bahn im
nördlichen Abschnitt

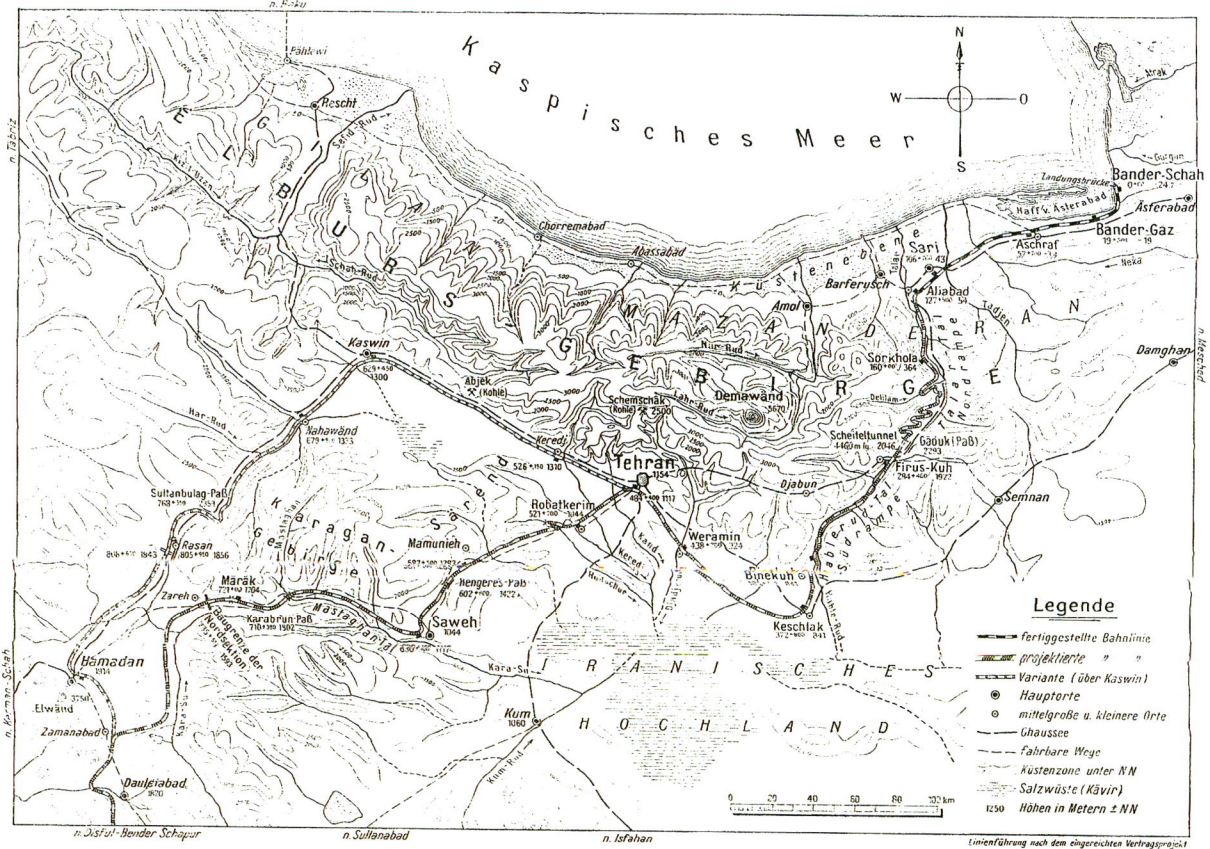

*Aus Deutschland
gelieferter Zug der
persischen Nord-Süd-
Bahn, 1932*

deutsche Konsortium den nördlichen. Neben den Vermessungs- und Projektierungsarbeiten erstellte es bis 1932 einen 128 Kilometer langen Streckenabschnitt zwischen Bandar Shah am Kaspischen Meer und Aliabad (Shahi) am Fuß des Elburs-Gebirges.[63]

Nach Fertigstellung der Probestrecken versuchte die persische Regierung, die Bahnlinien zunächst in eigener Regie weiterzubauen, übergab dann aber die technische und kaufmännische Leitung an ein schwedisch-dänisches Konsortium. Da Siemens Bauunion aus dem bisherigen Verbund ausschied, schlossen die JBTAG und Philipp Holzmann im Oktober 1934 *ein Abkommen über die gemeinschaftliche Verfolgung und Durchführung von Bauarbeiten im Iran.* 1935 erhielten sie den Auftrag zum Bau des Bahnhofs in Teheran, daran schlossen sich weitere Projekte an: der Bau eine Landungsbrücke in Bandar Shah, einer Hafenanlage in Bandar Pahlevi, eines Hüttenwerks in Keredj sowie der Universitätsklinik in Teheran.[64] Berger und Holzmann waren bis 1941 gemeinsam im Iran tätig. Bei der Besetzung des Landes durch alliierte Truppen im August 1941 wurden Baumaschinen und Geräte beschlagnahmt, das Personal festgesetzt und später in Australien interniert. Die Abwicklung der einzelnen Arbeitsgemeinschaften beschäftigte beide Unternehmen noch bis ins Jahr 1948.[65]

*Universitäts-Klinik
Teheran, 1941*

Regulierung des
Magdalenenstroms,
Kolumbien, 1927

Nilbrücke bei
Samannoud, 1938

Der Schwerpunkt des Auslandsgeschäfts der JBTAG in den zwanziger und dreißiger Jahren war eindeutig der Eisenbahnbau in Rumänien, der Türkei und im Iran. Daneben führte das Unternehmen noch einige andere Projekte im Wasser- und Brückenbau aus: Zwischen 1920 und 1924 fanden in Kolumbien umfangreiche Vermessungsarbeiten sowie hydrographische, geologische und botanische Untersuchungen im Gebiet des Magdalenenstroms statt. Sie dienten als Grundlage für Maßnahmen zur Verbesserung der Schifffahrt auf dem Fluss. Insgesamt wurde eine Strecke von 1.700 Kilometern entlang des Rio Magdalena und seiner Nebenflüsse vermessen und erforscht. 1926 legte die JBTAG eine umfassende Projektstudie vor, auf deren Grundlage sie auch den Auftrag zur Durchführung der Flussregulierung erhielt. Der Vertrag wurde jedoch bereits 1928 wieder aufgelöst, da sich abzeichnete, dass die vereinbarten Preise die Selbstkosten des Unternehmens nicht decken würden.[66]

Für die JBTAG eher ungewöhnliche Projekte waren Druckluftgründungen; im Gegensatz zu Grün & Bilfinger betätigte sie sich kaum auf diesem Gebiet. Zwischen 1931 und 1933 erstellte das Unternehmen die Pfeiler und Widerlager einer Brücke über den östlichen Hauptarm des Nils bei Benha in Ägypten, den Stahlüberbau lieferte Krupp. 1936 erhielt dieselbe Arbeitsgemeinschaft den Auftrag zum Bau einer weiteren Brücke über den Nil, die rund 60 Kilometer stromabwärts bei Samannoud entstand.[67]

Nilbrücke bei Benha, 1933

JULIUS BERGERS SCHICKSAL IM „DRITTEN REICH"

In den Jahren zwischen 1927 und 1930 befand sich die JBTAG auf dem Höhepunkt ihrer Entwicklung. Der Bilanzgewinn betrug durchschnittlich rund zwei Millionen RM pro Jahr, die Dividende 20 Prozent des Grundkapitals. Selbst diese vergleichsweise hohe Ausschüttung war einigen Aktionären noch zu wenig, bei der Generalversammlung des Jahres 1930 forderte das ehemalige Vorstandsmitglied Hans Heymann als Sprecher einer Aktionärsgruppe die Erhöhung der Dividende. Seiner Ansicht nach hatte das Unternehmen speziell im Auslandsgeschäft wesentlich höhere Gewinne erzielt, als in der Bilanz ausgewiesen. Heymanns Antrag wurde abgelehnt, eine künftige Erhöhung der Dividende jedoch nicht ausgeschlossen.[68] Die JBTAG zählte zur Spitzengruppe der deutschen Bauindustrie und zeitweilig wurde sogar eine Übernahme des Wettbewerbers Hochtief in Erwägung gezogen.[69] Im Mai 1931 feierte das Unternehmen sein 25-jähriges Bestehen als Aktiengesellschaft und präsentierte seine Leistungsfähigkeit in einer aus diesem Anlass publizierten Festschrift.[70] Julius Berger selbst zog zwei Jahre später Bilanz; während seines alljährlichen Kuraufenthalts in Bad Kissingen schrieb er seine Memoiren, die er im Mai 1933 veröffentlichte. Mit einigem Stolz konnte er auf sein Leben zurückblicken: Aus dem Fuhrmannssohn aus Zempelburg war ein erfolgreicher Bauunternehmer geworden. Die Gesellschaft mit seinem Namen genoss nationales und internationales Renommee, er selbst führte seit 1914 den Titel „Kommerzienrat" und war unter anderem Ehrenmitglied im Präsidium des Reichsverbands industrieller Bauunternehmungen.[71] Im Vorstand der JBTAG verfügte er über eine herausgehobene Position und konnte die Tätigkeitsgebiete seiner Kollegen bestimmen, außerdem stand ihm ein Vetorecht gegen alle Beschlüsse des Vorstands zu.[72] Auch seine persönlichen Einkommensverhältnisse und Lebensumstände hatten durchaus großbürgerlichen Zuschnitt. Zwar war er an der Gesellschaft nur noch mit etwa zwei bis drei Prozent des Aktienkapitals beteiligt,[73] als Generaldirektor bezog er jedoch ein hohes Gehalt sowie Tantiemen, die nach dem Zweiten Weltkrieg von seinen Angehörigen auf rund 200.000 RM pro Jahr beziffert wurden. Er verfügte über eine Cadillac-Limousine samt Fahrer und eine repräsentative Wohnung am Lützowplatz in der Nähe des Tiergartens.[74]

Wie er in seinen Lebenserinnerungen schrieb, wollte er sich ursprünglich 1932 nach Vollendung des siebzigsten Lebensjahrs zur Ruhe setzen. Die Weltwirtschaftskrise, die auch an der JBTAG nicht spurlos vorüberging, veranlasste ihn jedoch noch im Amt zu bleiben.[75] Nach der „Machtergreifung" der Nationalsozialisten wurde er jedoch zum Rücktritt gezwungen. Als bekanntes „jüdisches" Unternehmen, das zudem in hohem Maß von öffentlichen Aufträgen abhängig war, geriet die JBTAG schon bald unter Druck und passte sich den veränderten politischen Rahmenbedingungen an. Im Mai 1933 legten das Vorstandsmitglied Fritz Wohlgemuth sowie sechs von neun Aufsichtsratmitgliedern auf Grund ihrer jüdischen Abstammung ihre Ämter nieder. Dies waren im Einzelnen: Jakob Goldschmidt, ehemaliger Chef der 1931 zusammengebrochenen Danat-Bank, Herbert M. Gutmann und Samuel Ritscher, beide Vorstandsmitglieder bei der Dresdner Bank, Ernst Moser vom Bankhaus Georg Fromberg & Co. sowie Julius Bergers Schwiegersöhne Fritz Kahn und Siegfried Wolffenstein. Auch die „arischen" Aufsichtsratmitglieder Otto Fischbeck, Erich Ottmann und Julius von Rogowski gaben ihre

Mandate zurück, wurden jedoch von der Generalversammlung am 6. Mai 1933 wiedergewählt. Neu hinzu
kamen Alfred von Tilly, der dem Gremium bereits von
1922 bis 1932 angehört hatte, der Rechtsanwalt Richard
Frost, Direktor Erich Niemann als Vertreter der Dresdner
Bank und Kommerzienrat Ernst-Friedrich Rechberg. Die
drei letztgenannten waren Mitglieder der NSDAP und
insbesondere Frost hatte die Umbildung des Aufsichtsrats
mit der Parteileitung abgestimmt.[76] Julius Berger blieb
neben Ernst Martens zunächst noch im Vorstand, in
den im August 1933 auch der bisherige Prokurist Paul
Zunker berufen wurde, der seit 1912 im Unternehmen
tätig war.[77] In der Aufsichtsratssitzung vom 11. Dezember 1933 gab der Vorsitzende Fischbeck dann unter dem
Tagesordnungspunkt *Verschiedenes* den Entschluss Julius
Bergers bekannt, sich zum 31. Dezember *von der Leitung
der Gesellschaft mit Rücksicht auf sein vorgeschrittenes
Alter zurückzuziehen und sein Amt als Vorstandsmitglied
der Gesellschaft niederzulegen.* Fischbeck dankte Berger
*für seine im Interesse der Gesellschaft geleisteten großen
Dienste* sowie für dessen Bereitschaft, *der Gesellschaft
auch nach seinem Ausscheiden aus dem Vorstande seine
Mitarbeit zur Verfügung zu stellen.* Außerdem machte
er den Vorschlag, Berger bei der nächsten Generalver-

Julius Berger, 1933

sammlung in den Aufsichtsrat zu wählen.[78] Dies war jedoch nicht der Fall. Berger bezog ab
Januar 1934 die vereinbarte Pension von monatlich 1.500 RM, außerdem erhielt er im Rahmen
eines Beratervertrages noch ein oder zwei Jahre lang 25.000 RM pro Jahr.[79]

Danach wurde es still um Julius Berger; seine Töchter Margarete Wolffenstein und Herta
Kahn wanderten 1938 mit ihren Familien nach Argentinien aus.[80] Er selbst trug sich zeitweilig
ebenfalls mit dem Gedanken, denn im April 1939 berichtete Ernst Martens dem Aufsichtsrat,
*dass Herr Kommerzienrat Berger kürzlich an ihn mit der Anfrage herangetreten sei, ob die
Gesellschaft gegebenenfalls bereit sei, ihm auf seine Pensions- und eventuellen Gewinn-
beteiligungsansprüche aus dem rumänischen und türkischen Geschäft einen einmaligen
Abfindungsbetrag zu bezahlen, da er auswandern wolle.* Das Gremium befasste sich jedoch
nicht näher damit, sondern wollte abwarten, ob Berger sich noch einmal meldete.[81]

Etwa zur gleichen Zeit erwies Julius Berger der JBTAG einen letzten Dienst: Statt den erzwungenen zweiten Vornamen „Israel" anzunehmen, nannte er sich unter Berufung auf seine
Geburtsurkunde „Juda" Berger. Damit ermöglichte er es dem Unternehmen, weiterhin unter
dem gut eingeführten Namen Julius Berger zu firmieren, der anderenfalls hätte geändert
werden müssen.[82] 1940 beschloss der Aufsichtsrat der JBTAG, Bergers Pension auf 1.000 RM
monatlich zu kürzen. Er wollte damit einer Aufforderung durch staatliche Organe zuvorkommen,
nachdem Pensionszahlungen an Juden in einigen Fällen gerichtlich untersagt worden waren.

Am 16. Oktober 1942 teilte Martens dann dem Aufsichtsrat mit, *dass nach einer ihm zwischen-*
zeitlich zugegangenen Benachrichtigung des Bevollmächtigten des Herrn Kommerzienrat Berger
dieser sich seit einigen Wochen nicht mehr in Berlin aufhält, sondern zusammen mit seiner
Frau in ein jüdisches Lager, vermutlich in der Nähe von Prag, verbracht worden sein soll.
Daraufhin beschlossen Vorstand und Aufsichtsrat die Einstellung der Pensionszahlungen.[83] Im
Mai 1942 waren Julius Berger und seine Frau Flora nach Theresienstadt deportiert worden, wo
beide nach einiger Zeit verstarben.[84] 1946 setzte das Amtsgericht Berlin-Charlottenburg den
15. Mai 1942 – den Zeitpunkt der Deportation – als Bergers Todestag fest. Seine Angehörigen
gingen in den fünfziger Jahren von einem späterem Datum, dem 13. Juli 1943, aus.[85]

Nach dem Zweiten Weltkrieg machten zunächst Bergers Testamentsvollstrecker, der Berliner
Rechtsanwalt Julius Fliess, später Bergers Töchter, Ansprüche auf Wiedergutmachung durch
die JBTAG geltend. Das Verfahren begann 1948 und wurde erst 1957 durch einen Vergleich
beendet. Der Streit ging im Kern darum, ob Julius Berger 1933 aus Altersgründen und damit
im Grunde freiwillig aus dem Vorstand ausgeschieden war, oder ob er sich dabei primär dem
Druck des Unternehmens gebeugt hatte. Bergers Töchter gingen von letzterem aus und machten
eine Entschädigung in Höhe des Unterschieds zwischen Bergers Pension und seinen Bezügen als
Generaldirektor geltend. Die JBTAG, vertreten durch das Vorstandsmitglied Karl Pfeiffer, lehnte
die Forderung ab und war allenfalls bereit, eine Nachzahlung zur Pension zu leisten. Dabei
ging Pfeiffer davon aus, dass Berger bis Jahresende 1941 der volle Betrag von 1.500 RM pro
Monat gezahlt worden sei, danach habe man im Einvernehmen mit ihm die Pension um 500 RM
gekürzt. Er bot Bergers Erben daher für die Zeit von Januar bis Mai 1942 eine Entschädigung
von 2.500 RM, entsprechend 250 DM an.[86] Auf dieses in ihren Augen viel zu niedrige Angebot
wollten die Erben keinesfalls eingehen und machten ihre Ansprüche bei der zuständigen Behörde
in Frankfurt am Main geltend. Beide Parteien betrieben das Verfahren intensiv und zeitweilig
mit großer Härte. In Buenos Aires und New York lebende Zeugen versicherten in eidesstattlichen
Erklärungen, dass Julius Berger 1933 oder davor keineswegs an einen altersbedingten Rücktritt
gedacht habe, vielmehr hätten ihn seine Vorstandskollegen und der Aufsichtsrat dazu gedrängt.
Auch sei zeitweilig die SA bzw. die SS vor dem Verwaltungsgebäude der JBTAG aufmarschiert,
um Berger festzunehmen.[87] Die vom Unternehmen aufgebotenen Zeugen, darunter Bergers
langjährige Mitarbeiterinnen Margarethe Lamprecht und Elisabeth Prüfert, konnten dies nicht
bestätigen oder behaupteten das Gegenteil.[88] Schließlich einigten sich die Anwälte beider Seiten
am 12. Juni 1957 doch auf einen Vergleich. Dabei erklärte sich die JBTAG bereit, an Margarete
Laufer, verw. Wolffenstein, und Herta Kahn 3.000 DM zu zahlen.[89] Im Nachgang stritt man
sich noch um die Berechnungsgrundlage, was an der Sache aber nichts änderte. Der Vergleich
wurde rechtskräftig und die Zahlung erfolgte im Oktober 1957.[90]

In einer abschließenden Bewertung des Rechtsstreits ist festzuhalten, dass Julius Berger,
wie er in seiner Autobiographie schrieb, zu Beginn der dreißiger Jahre durchaus daran dachte,
sich zur Ruhe zu setzen. Der tatsächliche Rückzug aus dem Unternehmen erfolgte dann aber
doch überwiegend unter dem Druck der politischen Verhältnisse. Unter normalen Umständen
wäre Julius Berger sicher in den Aufsichtsrat gewechselt und hätte weiterhin eine führende
Rolle in der JBTAG gespielt. Das Verhalten seiner Vorstandskollegen, speziell von Ernst Martens,
entsprach dem vieler Deutscher in der Zeit des Nationalsozialismus: Er war kein Parteigänger

des Regimes, passte sich aber an und ging den Weg des geringsten Widerstands. Er brach den Kontakt zu Berger zwar nicht ab, und auch in den Stellungnahmen des Unternehmens nach 1945 ist durchaus Respekt für die Person Bergers und dessen Leistungen zu erkennen. Andererseits war sein Engagement aber auch nicht besonders ausgeprägt. So wäre es vielleicht doch möglich gewesen, Berger 1938/39 noch eine Möglichkeit zur Auswanderung zu verschaffen. Auch das Verhalten der JBTAG im Streit mit den Erben in der Nachkriegszeit war streckenweise von Kleinlichkeit und dem strikten Festhalten an Rechtsstandpunkten geprägt. Dass die Wiedergutmachung neben einer juristischen und einer finanziellen vor allem eine moralische Komponente hatte, wurde von den meisten der damals Handelnden nicht erkannt.

DIE ENTWICKLUNG DER JBTAG NACH 1933

Wie alle deutschen Bauunternehmen wurde auch die JBTAG zu Beginn der dreißiger Jahre von der Weltwirtschaftskrise erfasst. Die Auftragslage verschlechterte sich ab 1931 zusehends und die Gewinne gingen zurück. 1934 wurden nur noch rund 480.000 RM ausgewiesen, auch die Dividende musste 1931 zunächst auf zwölf und 1933 auf sechs Prozent gekürzt werden. Besonders gravierend war, dass das Auslandsgeschäft in der früher praktizierten Form, *nämlich die Übernahme von Staatsaufträgen unter gleichzeitiger Beschaffung der Finanzierung*, auf Grund der Wirtschaftspolitik des Nationalsozialismus nicht wieder in Gang kam. Es blieben daher nur Projekte übrig, *bei denen die Bezahlung der Arbeiten aus vom Bauherrn bereitgestellten Mitteln von vornherein sichergestellt* war.[91] Im Inland konnte das Unternehmen zwar vom Aufschwung der Bauwirtschaft durch die staatlichen Programme profitieren und in den Geschäftsberichten wurden ab 1935 steigende Auftragsbestände, wachsende Umsätze

Autobahn München-Salzburg, um 1940

Nord-Süd S-Bahn,
Unter den Linden,
Berlin 1935

sowie befriedigende Ergebnisse gemeldet. Im Vergleich zu Grün & Bilfinger war die JBTAG aber eher mit kleineren Aufträgen und technisch weniger anspruchsvollen Projekten befaßt. Beim Autobahnbau wurden überwiegend Erdlose übernommen und keine Ingenieurbauwerke wie Talbrücken erstellt. Eine Ausnahme war der Lämmerbuckeltunnel bei Wiesensteig im Verlauf der Autobahn Stuttgart-Ulm, der 1938 begonnen, aber erst nach Ende des Zweiten Weltkriegs fertig gestellt wurde. Im Rahmen der Wiederaufrüstung war das Unternehmen vor allem für die Luftwaffe tätig, zwischen 1934 und 1938 erstellte es an 25 Standorten Rollfelder und Flugplätze. Hinzu kamen drei Tanklager für die Marine bzw. die Wifo und Festungsbauten bei Pirmasens und Saarbrücken. Im Rahmen des Westwallbaus erstellte die JBTAG den Abschnitt im Raum Karlsruhe. Beim Bau der teilweise unterirdisch verlaufenden Nord-Süd S-Bahn in Berlin konnte das Unternehmen in den Jahren 1935 und 1937 drei Lose übernehmen.[92]

Im Herbst 1937 kam es zu einem Konflikt zwischen den beiden Vorständen Ernst Martens und Paul Zunker. Anlass war die Ernennung Martens zum Vorstandsvorsitzenden der JBTAG mit alleiniger Vertretungsbefugnis am 1. Oktober 1937.[93] Zunker fühlte sich dadurch zurückgesetzt und forderte am 1. November in einem Schreiben an den Aufsichtsrat eine Erhöhung seiner Bezüge. Der Personalausschuss des Aufsichtsrats lehnte dies ab, war jedoch bereit, Zunker als Anerkennung für dessen *25-jährige erfolgreiche Tätigkeit zum bevorstehenden Weihnachts-*

fest eine einmalige Zuwendung von 30.000 Mark zu machen. Gleichzeitig sollte ihm aber *mitgeteilt werden, dass durch diese Zuwendung alle seine Ansprüche, die er gegen die JBTAG in Bezug auf die Vergangenheit erheben zu können glaubt, als endgültig erledigt betrachtet werden müssen.*[94] Im Januar 1938 warf Martens seinem Kollegen illoyales Verhalten vor und forderte dessen Entlassung. Der Personalausschuss hörte die beiden Kontrahenten an und beschloss, dem *Aufsichtsrat unter den obwaltenden Umständen die Abberufung des Herrn Zunker aus dem Vorstand vorzuschlagen, unter Einhaltung des Anstellungsvertrages bis zu seinem Ablauf Ende Dezember 1939 und unter tunlichem Entgegenkommen in den Formen der Auseinandersetzung.*[95] Zunker schied daraufhin am 31. Januar 1938 aus dem Vorstand aus. Gleichzeitig wurde eine Vereinbarung getroffen, die es ihm ermöglichte, *ein Unternehmen zu finden, das für eine Interessennahme der JBTAG geeignet erscheint* und dessen Leitung Zunker übernehmen sollte.[96] Zunker wurde relativ rasch fündig, sein Interesse richtete sich auf die Gottlieb Tesch GmbH, ein alteingesessenes Berliner Bauunternehmen, das überwiegend im Ingenieurbau tätig war und sich im Besitz der Boswau & Knauer AG befand. Martens hielt die Akquisition für erwägenswert, die Lage von Tesch wurde als *angespannt* beurteilt, so dass die Muttergesellschaft grundsätzlich verkaufsbereit war. Das Stammkapital von Tesch betrug 1,25 Mio. RM, Boswau & Knauer verlangte zunächst 1,15 Mio. und bot zusätzlich noch einen an Tesch verpachteten Lagerplatz in Spandau-Hakenfelde zum Preis von 320.000 RM an. Am 24. Juni 1938 genehmigte der Aufsichtsrat der JBTAG den Erwerb sämtlicher Geschäftsanteile der Gottlieb Tesch GmbH zum Preis von 1,1 Mio. RM und unter der Voraussetzung, dass noch laufende Nachtragsverhandlungen mit der Reichsbahn, die den Bau der Nord-Süd S-Bahn am Potsdamer Platz betrafen, zu einem für Tesch positiven Abschluss gebracht werden konnten. Der Lagerplatz wurde zunächst noch nicht erworben, Boswau & Knauer räumte Tesch jedoch eine Kaufoption ein, von der das Unternehmen ein Jahr später Gebrauch machte.[97] Paul Zunker wurde zum Geschäftsführer der Gottlieb Tesch GmbH ernannt; *zur Wahrnehmung ihrer Rechte und Interessen bei Tesch* bestellte die JBTAG einen dreiköpfigen Aufsichtsrat, dem unter anderem der Vorstandsvorsitzende Martens angehörte.[98]

Unter der Ägide der JBTAG setzte Tesch bis zum Beginn des Zweiten Weltkriegs laufende U-Bahn-Projekte in Berlin fort und war auch am Umbau des Königsplatzes beteiligt, wo 1938/39 das Alsenviertel abgerissen wurde, um Platz für Albert Speers „Große Halle" zu schaffen. Nach Kriegsbeginn verlagerte sich die Tätigkeit auf militärisch wichtige Projekte wie den Wiederaufbau zerstörter Brücken in Polen. Ein besonderer Schwerpunkt des Unternehmens war der Bau von Bunkern, unter anderem errichtete es in Wien zwei Flaktürme. Beim Bau des U-Boot Bunkers „Valentin" in Bremen-Farge übernahm Tesch 1943 die kaufmännische Leitung einer Arbeitsgemeinschaft mit Wayss & Freytag, Hochtief und Lenz-Bau.[99] Paul Zunker blieb bis zum Ende des Zweiten Weltkriegs im Amt. Am 4. Juni 1945 wurde er verhaftet und in *polizeilichen Gewahrsam* genommen; daraufhin erfolgte am 1. Oktober 1945 seine Abberufung aus der Geschäftsführung. Er starb *im Frühjahr 1947 in einem Lager.*[100]

Im Gegensatz zu Grün & Bilfinger war die JBTAG nicht an der Planung oder Ausführung von Monumentalbauten für Staat und Partei beteiligt. Möglicherweise haftete dem Unternehmen in den Augen der Auftraggeber doch ein Makel an. Allerdings war die Gesellschaft als Grundbesitzerin von Albert Speers Plänen betroffen, Berlin in die Welthauptstadt „Germania" zu verwandeln.

Das 1921 erworbene *Bergerhaus* in der Bissingzeile, einer Seitenstraße der Potsdamer Straße, lag im Bereich der geplanten Nord-Süd-Achse und musste daher geräumt werden. Der Vorstand suchte nach Ersatz, und im November 1938 beschloss der Aufsichtsrat, ein geeignetes Grundstück in der Bettinastraße in Berlin-Grunewald zu erwerben. Der Umzug erfolgte im Juni 1940, das alte Gebäude wurde zunächst vermietet, da es bei Kriegsausbruch im September 1939 noch nicht abgerissen war.[101]

Während des Zweiten Weltkriegs übernahm die JBTAG wie alle Bauunternehmen ausschließlich militärisch wichtige Projekte, deren Ausführung unter den oben dargestellten Bedingungen der Kriegswirtschaft, d.h. auch mit Einsatz von Zwangsarbeitern erfolgte. Ein Schwerpunkt waren dabei Befestigungsarbeiten an der Atlantikküste und der Bau von U-Boot-Bunkern bei Brest. Details über Art und Umfang dieser und anderer Projekte sind jedoch nicht überliefert. Im November 1944 berichtete Ernst Martens dem Aufsichtsrat über die Räumung von Baustellen im Osten sowie in Frankreich als Folge der militärischen Ereignisse und beklagte den Verlust hochwertiger Geräte. Dem Frontverlauf entsprechend, konzentrierte sich die Tätigkeit zu diesem Zeitpunkt auf das Reichsgebiet, wobei die Zahl der Beschäftigten im Vergleich zum Vorjahr von 12.000 auf 6.000 zurückgegangen war.[102] Angesichts der sich verschärfenden militärischen Lage ließ sich der Vorstand dann am 2. Februar 1945 ermächtigen, *in personeller Beziehung so zu disponieren, dass auch eine tatkräftige Führung der westlich der Elbe liegenden Betriebsstellen gesichert ist.*[103] Dies bedeutete im Klartext die Erlaubnis für Martens, sich nach Westen abzusetzen. 35 Jahre nachdem Julius Berger mit der Verwaltung seines Unternehmens von Bromberg in die Reichshauptstadt gezogen war, endete damit eine Ära in der Geschichte der JBTAG. Ihre Zeit als Berliner Unternehmen war faktisch zu Ende, der Neuaufbau der Gesellschaft erfolgte nach einer Übergangsphase dann von Wiesbaden aus.

Jahr	Bilanzgewinn (Mio. RM)	Dividende
1924	0,764	15 %
1925	0,718	15 %
1926	0,900	15 %
1927	2,005	20 %
1928	1,996	20 %
1929	2,088	20 %
1930	2,002	20 %
1931	1,084	12 %
1932	1,093	12 %
1933	0,535	6 %
1934	0,482	6 %
1935	0,608	6 %
1936	0,494	6 %
1937	0,904	6 %
1938	0,713	8 %
1939	0,573	8 %
1940	0,614	8 %
1941	0,613	6 %
1942	0,688	6 %
1943	0,687	6 %
1944	0,134	–
1945	0,155	–

Bilanzkennzahlen
der Julius Berger
Tiefbau AG
1924–1945

KAPITEL 3

DIE BERLINISCHE BODEN-GESELLSCHAFT
VOM TERRAIN-GESCHÄFT ZUM BAUUNTERNEHMEN

Die Überlieferung der Berlinischen Boden-Gesellschaft (BBG) für die Zeit vor 1945 ist im Vergleich zu den anderen Vorläuferunternehmen der Bilfinger Berger AG lückenhaft. Firmeneigene Unterlagen sind kaum erhalten und Akten anderer Provenienz bieten nur für Teilbereiche Ersatz. Der Großteil der Registratur des Unternehmens fiel dem Bombenkrieg und der Zerstörung des Verwaltungsgebäudes in der Charlottenstraße / Ecke Mohrenstraße am Berliner Gendarmenmarkt zum Opfer. Noch bis in die 1990er-Jahre standen hier nur die Außenmauern des ausgebrannten Gebäudes mit dem auffälligen Erkennungszeichen von Haberlands Gesellschaft. Im folgenden Kapitel werden die wichtigsten Entwicklungslinien, Arbeitsgebiete und Projekte der Berlinischen Boden-Gesellschaft schwerpunktmäßig nachgezeichnet. Behandelt werden insbesondere ihre Tätigkeit im Terraingeschäft vor 1914 und der Wandel zum Bauunternehmen nach dem Ersten Weltkrieg, schließlich die „Arisierung" der BBG im nationalsozialistischen Deutschland. Die Grundlage bilden gedruckte Quellen über die Gesellschaft und das Terrain- und Baugeschäft in der Reichshauptstadt, Akten zu einzelnen Teilaspekten aus dem Unternehmensarchiv von Bilfinger Berger, dem Archiv der Deutschen Bank sowie aus staatlichen Archiven. Hinzu kommt die umfangreiche Sekundärliteratur zur Urbanisierung und Stadtentwicklung in Deutschland sowie zur Geschichte der Stadt Berlin seit dem ausgehenden 19. Jahrhundert.

BEVÖLKERUNGSWACHSTUM UND VERSTÄDTERUNG IM DEUTSCHEN KAISERREICH – REICHSHAUPTSTADT UND WELTMETROPOLE BERLIN

Die 1890 in der Reichshauptstadt gegründete Berlinische Boden-Gesellschaft begann nicht als Bauunternehmen, sondern als so genannte Terraingesellschaft. Ihr Geschäftszweck war die Erschließung und Entwicklung neuer Baugebiete, Siedlungen und Stadtteile. Die Unternehmensgründer reagierten damit auf die massive Bevölkerungszunahme Berlins und auf die weitere Ausdehnung der Stadt nach der Gründung des deutschen Kaiserreichs. Bevölkerungszunahme, Binnenwanderung und Verstädterung bildeten die zentralen Entwicklungen jener Zeit, vor deren Hintergrund Terraingesellschaften und ihre Arbeitsweise zu verstehen sind.[1] Bedingt durch einen raschen und durchgreifenden demographischen Wandel, der durch sinkende Sterblichkeit bei hohen Geburtenraten gekennzeichnet war, nahm die Bevölkerung des Deutschen Reichs von 1871 bis 1914 von 41 auf 68 Millionen Einwohner zu. Allein zwischen 1880 und 1900 wuchs sie um ein Viertel von 45 auf 56 Millionen. Hinzu kam eine immer stärker werdende räumliche Mobilität und infolge der Binnenwanderung wurde Deutschland zu einem Land der Mittel- und Großstädte. 1871 lebten rund fünf Prozent der Bevölkerung des Reichs in acht Großstädten mit mehr als 100.000 Einwohnern; 1910 waren es 21 Prozent in 48 Städten dieser Größenordnung.

An der Entwicklung der Reichshauptstadt Berlin zeigten sich diese Tendenzen besonders deutlich: Zwischen 1870 und 1910 stieg die Einwohnerzahl der Stadt um 114 Prozent von 967.000 auf 2.070.000; 1908 lebten im Großraum Berlin, also unter Einbeziehung der damals noch selbstständigen Vororte, 3.260.000 Menschen. Mit 10.500 Einwohnern je Quadratkilometer war das die am dichtesten besiedelte Agglomeration der Welt. Die Weltstädte Paris (8.600 E/qkm), New York (5.400 E/qkm) und London (4.100 E/qkm) blieben weit dahinter zurück. Das Wachstum Berlins wurde vor allem durch den Zuzug aus den östlichen Provinzen Preußens gespeist. Ströme von Zuwanderern zogen in die Metropole, teils um sich dauerhaft niederzulassen, teils aber auch, um in die Industrieriviere Westdeutschlands weiterzuziehen. Auf einen Bevölkerungszuwachs von je 1.000 Personen kamen in Berlin in den 1880er-Jahren über 6.000 Zu- und Wegzüge. Von den zwei Millionen Einwohnern, die 1907 in der Hauptstadt lebten, waren nur 812.000 dort geboren, der Rest zugewandert.

Im Verbund mit dem ökonomischen und politischen Bedeutungszuwachs Deutschlands ließ diese Bevölkerungszunahme Berlin zu einer der dynamischsten Großstädte Europas werden. Das Wachstum stellte zugleich immense Anforderungen an die Ökonomie und an die Verwaltung: Innerhalb von vier Jahrzehnten musste neuer Wohnraum für mehr als eine Million Menschen geschaffen und in großen Dimensionen die Infrastruktur für Transport, Ver- und Entsorgung, für Bildung und Gesundheit erstellt werden. Die städtische Verwaltung sah sich dabei mit bislang unbekannten Herausforderungen konfrontiert. Daraus entstand eine politische und volkswirtschaftliche Debatte über Probleme der Urbanisierung und Stadtentwicklung, über „Wohnungsfrage", „Wohnungsreform" und Bodenordnung sowie über die Aufgaben von öffentlicher Hand und privater Initiative auf diesen Gebieten.

Salomon Haberland (1836–1914)

DIE GRÜNDUNG DER BERLINISCHEN BODEN-GESELLSCHAFT

Einer unter den Hunderttausenden von Zuwanderern war Salomon Haberland (1836–1914). Bereits 1866 siedelte der Textilunternehmer aus Wittstock an der Dosse, rund 100 Kilometer nordwestlich von Berlin in Brandenburg gelegen, in das damals noch selbstständige Charlottenburg über. Dort betrieb er mit großem Erfolg eine Schal- und Tuchfabrik. Mit einem guten Blick für die Entwicklung der jungen Reichshauptstadt und mit Gespür für den zunehmenden Wohnungsbedarf investierte er das im

Textilgeschäft erworbene Vermögen in Grund und Boden.
Etwa ab 1880 betätigte er sich in bescheidenem Maßstab
auf dem Gebiet der Parzellierung und des Weiterverkaufs von
Grundstücken sowie der Kreditvergabe an Bauunternehmer.
Von den Zukunftsaussichten dieses Terraingeschäfts überzeugt,
gründete er im Februar 1890 zusammen mit dem Hamburger
Kaufmann Arthur Booth und unter Beteiligung des Berliner
Bankhauses Delbrück, Leo & Co. die Berlinische Boden-Gesell-
schaft.[2] Die drei Partner übernahmen jeweils ein Drittel des
Grundkapitals von einer Million Mark. Über seine familiären
Verbindungen brachte Booth zudem fachliche Kenntnisse ein.
Er gehörte zur Familie des Baumschulenbesitzers John Booth
aus Groß Flottbeck bei Hamburg, der sich in den 1880er-Jahren
als Terrainunternehmer an der Erstellung des Kurfürstendamms
und der Erschließung des Villenvororts Grunewald beteiligt
hatte. Zu Direktoren der BBG wurden Arthur Booth junior und
Georg Haberland (1861–1933) bestellt, der ältere der beiden
Söhne Haberlands. Er hatte nach gründlicher Ausbildung in
der Textilbranche als Vertreter eines deutschen Handelshauses
im mittelenglischen Bradford gearbeitet. Von dort aus bereiste er

zunächst die Niederlande und Belgien, Norwegen, Schweden und Dänemark sowie die Schweiz.
Seit Mitte der 1880er-Jahre war der welt- und sprachgewandte Textilkaufmann in Italien tätig.
Nach Berlin zurückgekehrt, erlernte Georg Haberland parallel zu seiner Tätigkeit in der neu
gegründeten Gesellschaft das Grundstücksgeschäft. Teils unter Anleitung durch den Vater,
teils als Volontär in verschiedenen Ingenieurbüros und Unternehmen machte er sich dabei mit
den technischen und kaufmännischen, aber auch mit den rechtlichen Aspekten dieser ebenso
komplexen wie profitablen Branche vertraut.

1893: BETEILIGUNG DER DRESDNER BANK

Bereits wenige Jahre nach Gründung der Gesellschaft ergab sich eine grundlegende Änderung der Kapital- und Beteiligungsverhältnisse: 1893 musste Arthur Booth junior nach
einem Reitunfall seine Tätigkeit aufgeben und schied aus dem Unternehmen aus. Damit
löste sich auch die Verbindung zu dessen Hausbank Delbrück und die Dresdner Bank übernahm deren Anteile in Höhe von jeweils 330.000 Mark. Davon wurden 60.000 Mark an
den mit Haberland senior befreundeten Jakob Dannenbaum weitergegeben. Beide traten
zusammen mit zwei Vertretern der Bank in den Aufsichtsrat ein. Vorsitzender des Gremiums
wurde der Leiter der Dresdner Bank Eugen Gutmann. Durch das Engagement der Großbank
bei der Berlinischen Boden-Gesellschaft entstand eine sichere und – wie sich herausstellen
sollte – langdauernde Partnerschaft. Sie bot eine wichtige Grundlage für das kapitalintensive
Grundstücksgeschäft.[3]

„… dass alle Kunden der Gesellschaft auf ihre Rechnung kamen"

Das Prinzip des Terraingeschäfts

Der Aufschwung Berlins war nach dem Kriege 1870/71 glänzend geworden. Der große Zuzug nach der Reichshauptstadt machte eine dauernde lebhafte Bautätigkeit zur Versorgung der Bevölkerung mit Wohnungen dringend notwendig. Größere gewerbliche Unternehmen, die sich planmäßig dieser Aufgabe widmeten, waren in Berlin kaum vorhanden. […] Mein Vater erblickte in der planmäßigen Aufschließung von Geländen, in der Schaffung baureifer Baustellen, ihrer Veräußerung unter Gewährung von Baugeldkrediten direkt an den Baugewerbetreibenden eine wirtschaftlich notwendige Aufgabe. […]

Der Grundgedanke […] war die Erschließung unbebauter Ländereien und der Verkauf baureifer Parzellen an die Baugewerbetreibenden. Diese errichteten auf den von ihnen erworbenen Bauparzellen Häuser, um sie alsdann an Leute zu verkaufen, die ihre Ersparnisse in Hausbesitz anlegen wollten. Wir richteten selbst ein technisches Büro ein, das die Grundrisse für die einzelnen Häuser aufstellte. An Hand dieser Grundrisse fertigten wir die Rentabilitätsberechnungen an und setzten die Preise der Bauparzellen derart fest, dass für den Unternehmer ein nutzbringendes Geschäft herauskam. […] Dieser Aufbau des Geschäfts führte sehr bald zu größeren Erfolgen. Wir haben die Freude gehabt, dass alle Kunden der Gesellschaft auf ihre Rechnung kamen und eine größere Anzahl von ihnen dank der Verbindung mit der Berlinischen Boden-Gesellschaft reiche Leute wurden.

Georg Haberland: Aus meinem Leben, S. 43ff.

DAS „BAYERISCHE VIERTEL" – PROJEKTENTWICKLUNG MIT DURCHDACHTEM GESAMTKONZEPT

Zunächst betätigte sich die Berlinische Boden-Gesellschaft als Maklerfirma; sie betrieb die Vermittlung und den Verkauf von Grundstücken für fremde Rechnung und beteiligte sich auch selbst an einzelnen Grundstückskonsortien. Für dieses Geschäft reichte das Grundkapital von einer Million Mark aus. Erst nach dem Einstieg der Dresdner Bank entwickelte sich daraus ein Grundstückshandel in großen Dimensionen und auf eigene Rechnung. Eines der bedeutendsten Projekte Haberlands und zugleich ein Musterbeispiel für die Arbeitsweise der Berlinischen Boden-Gesellschaft war die Entwicklung des „Bayerischen Viertels" südwestlich des Berliner Stadtzentrums.[4] Auf der Gemarkung von Schöneberg, damals noch eine zum Kreis Teltow gehörende Landgemeinde mit rund 60.000 Einwohnern, erwarb das Unternehmen von den dort ansässigen Bauern umfangreichen Grundbesitz an abgelegener Stelle ohne jede Verkehrsanbindung, das so

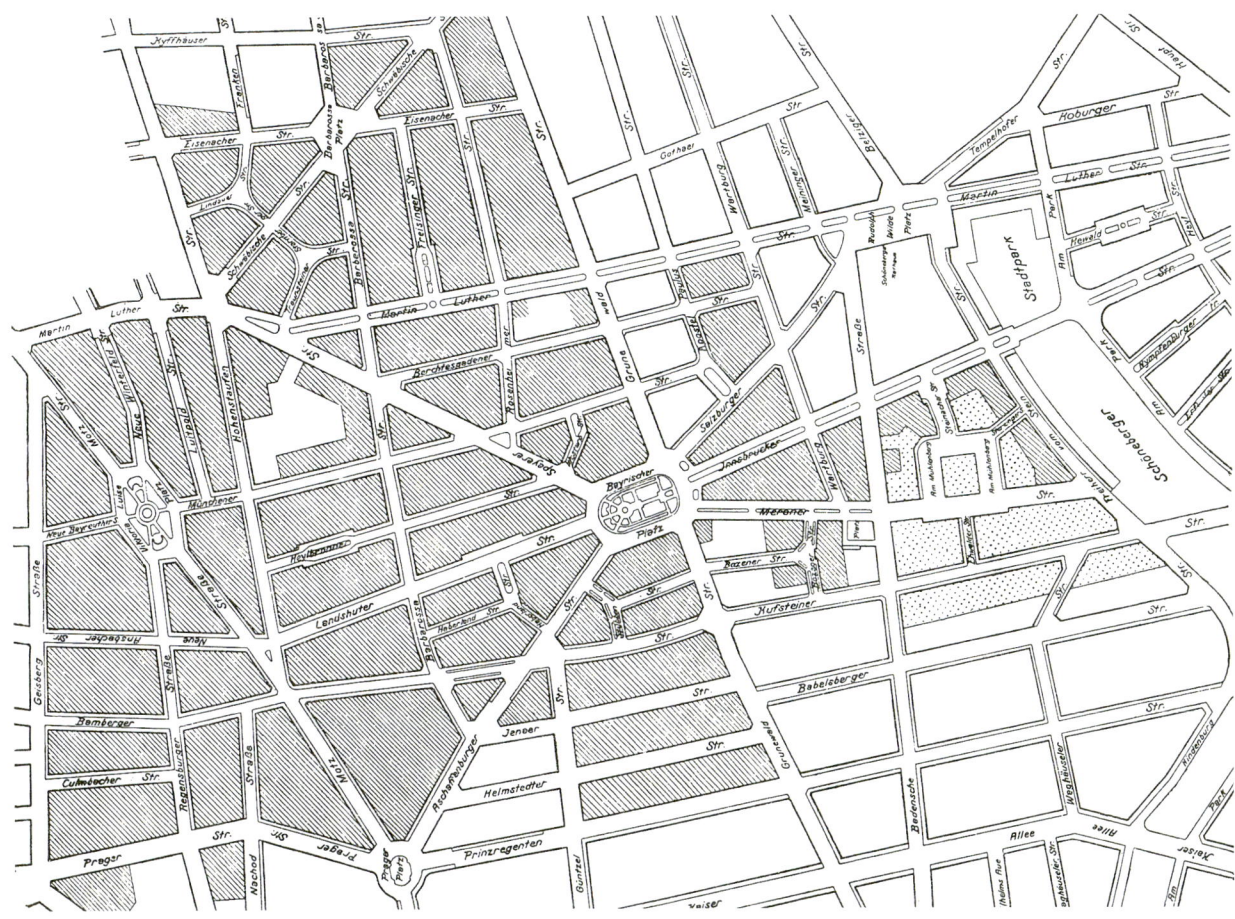

Bebauungsplan des
Bayerischen Viertels,
1898

genannte Westgelände. Die Tätigkeit der Gesellschaft bestand darin, in Abstimmung mit der Gemeinde einen umfassenden Bebauungsplan aufzustellen, das Gelände in insgesamt 500 einzelne Bauparzellen aufzuteilen, Straßen auszubauen und für die Herstellung der Infrastruktur zu sorgen. Die mustergültige Planung berücksichtigte alle Grundsätze des zeitgenössischen modernen Städtebaus, vor allem die Unterscheidung zwischen Verkehrsstraßen und reinen Wohnstraßen, die eine geringere Breite aufwiesen und in denen Ladengeschäfte nur in Eckhäusern erlaubt waren. Das Konzept verzichtete auf tief gestaffelte Quer- und Rückgebäude und vermied damit jene düsteren Hinterhöfe, die für die Berliner Mietskasernen typisch waren. Die aneinanderstoßenden Hofflächen wurden stattdessen zusammengefasst, nur mit Zäunen abgetrennt und teilweise bepflanzt. Vorgärten in den Wohnstraßen, gärtnerisch ausgestaltete Inseln im Straßenverlauf und vor allem die Anlage von Plätzen belebten das Erscheinungsbild. Für Modernität sorgte die elektrische Beleuchtung des Viertels. Eingriffe in die Fassadengestaltung waren schwieriger, aber immerhin gelang es, die Haberlandstraße – sie wurde 1906 zum 70. Geburtstag des Unternehmensgründers so benannt – einheitlich im damals beliebten altdeutschen oder „Nürnberger" Stil zu bebauen. In dieser Straße errichtete Georg Haberland 1907 auch ein privates Wohnhaus. Wenige Meter davon entfernt lebte von 1918 bis zu seiner Emigration im Jahr 1933 der Physiker Albert Einstein.

Mit dem Bayerischen Viertel entstand ein ästhetisch anspruchsvoller neuer Stadtteil, der sich von vielen anderen, nur unter Rentabilitätsgesichtspunkten erbauten positiv abhob und dementsprechend als Wohnquartier bald überaus begehrt war. Bei der durchdachten und aufwändigen Planung wurden die neuartigen Grundsätze des „romantischen Städtebaus" mustergültig umgesetzt, wie sie der Wiener Baumeister und Städteplaner Camillo Sitte wenige Jahre zuvor entwickelt hatte.[5] Gegen die „Motivarmut" und Nüchternheit moderner Stadtplanung sowie ihre einseitige Ausrichtung auf Verkehrszwecke forderte Sitte die künstlerische Durchbildung der Entwürfe. Vor allem die Plätze als Zentren des öffentlichen Lebens entdeckte er neu. Dementsprechend kam ihnen und der umliegenden Bebauung eine wichtige ästhetische Funktion zu. Im Bayerischen Viertel erregte besonders der im Juni 1900 eingeweihte, von dem Kölner Gartenarchitekten Fritz Encke entworfene Viktoria-Luise-Platz großes Aufsehen bei den Städtebauern wie den Berliner Bürgern. Diese zentrale Gartenanlage in Form eines langgezogenen Sechsecks ist bis heute der kommunikative und ästhetische Mittelpunkt des ganzen Stadtteils; seit 1913 befindet sich hier auch eine U-Bahn-Station. Ähnliche Funktionen erfüllt der weiter südlich gelegene und 1908 fertig gestellte Bayerische Platz. Das neue Viertel galt bald als das nobelste Quartier im Berliner

Bayerischer Platz, um 1915

Westen. Vor allem der gehobene Mittelstand ließ sich hier nieder. Der hohe Anteil jüdischer Bewohner machte es im Lauf der Zeit zu einem Zentrum jüdischen Lebens in der Reichshaupt-stadt.[6] 1908 lag die Einwohnerzahl von Schöneberg bei 157.000; gegenüber dem Beginn der Erschließung im Jahr 1898 war sie damit auf mehr als das Zweieinhalbfache gestiegen.[7]

Zahlreiche weitere Vorhaben folgten dem Konzept, das dem Bayerischen Viertel zugrunde lag:[8] Auf angrenzendem Gelände der Gemeinde Wilmersdorf erschloss die Berlinische Boden-Gesellschaft ebenfalls Terrain. Hier entstand ein bevorzugtes Wohngebiet für höhere Beamte, Freiberufler, Rentiers und Angestellte. Die Einwohnerzahl der Gemeinde stieg daraufhin zwischen 1900 und 1910 von 31.000 auf 110.000. In nördlicher Richtung war die BBG außerdem am

Viktoria-Luise-Platz, um 1915

Kurfürstendamm tätig und verwertete die Grundstücke der Bodengesellschaft Kurfürstendamm. Diese Gesellschaft war 1898 gegründet worden und ging 1911 nach erfolgreicher Abwicklung in Liquidation. Auf ihren Grundstücken entstand das „Historikerviertel" um die Sybelstraße. Ab 1904 wurde auf dem Sportparkgelände in Friedenau das „Wagnerviertel" erschlossen. Daran schloss sich in westlicher Richtung das „Südwestgelände" an, dessen Entwicklung Haberland zusammen mit der 1895 gegründeten Terraingesellschaft Berlin-Südwesten betrieb. Im Jahr 1905 beteiligte sich die Berlinische Boden-Gesellschaft an diesem Unternehmen und Haberland trat in dessen Vorstand ein.[9] Mit dem nach Dahlem führenden Südwest-Corso als Hauptachse, entstand zwischen dem Heidelberger Platz im Nordwesten und dem Laubenheimer Platz im Süden das „Rheinische" oder „Rheingauviertel". Es zeichnete sich in seinem Zentrum um den Rüdesheimer Platz durch einheitliche Geschoss-, Trauf- und Firsthöhen sowie Dachneigungen und eine planmäßig abgestimmte Fassadengestaltung aus. Das verlieh dem Stadtteil eine große architektonische Geschlossenheit. Gartenterrassen und die künstlerische Ausgestaltung von Plätzen und Brunnen erhöhten den Wohn- und Erlebniswert. Das neue Quartier spiegelte den „fortgeschrittensten Stand des großbürgerlichen Mietwohnungsbaus [...] am Ende des Kaiserreichs" wider (Bernhardt). An das Südwest-Gelände anschließend besaß die 1906 von Haberland und der Dresdner Bank gegründete Schmargendorfer Boden-Aktiengesellschaft mehrere Grundstücke auf der Gemarkung von Schmargendorf; eine Verwertung dieses Vorratsgeländes erfolgte jedoch vorerst nicht.[10]

Rüdesheimer Platz
um 1910

Der Hauptrichtung des Stadtwachstums entsprechend, war Haberlands Unternehmens-gruppe lange Zeit schwerpunktmäßig in den südwestlichen Vororten Berlins tätig. Neben eigenen Projekten betrieb die BBG weiterhin das Kommissions- und Auftragsgeschäft, teil-weise auch für einzelne Kommunen. Schließlich beteiligte sich Haberland an einem neuen Großvorhaben südlich des Stadtzentrums: 1910 trat er an die Spitze der Tempelhofer Feld AG für Grundstücksverwertung. Gegründet wurde die Gesellschaft mit einem Grundkapital von 20 Millionen Mark zur Erschließung des westlichen Tempelhofer Feldes. Anteilseigner wa-ren die Deutsche Bank (54 %), die Dresdner Bank (36 %), die Bank für Handel und Industrie (7,3 %) und die Gemeinde Tempelhof (2,5 %). Das Unternehmen existiert heute noch und ist eine der letzten börsennotierten Terraingesellschaften. Nach Verkauf der unbebauten Grund-stücke ist es allerdings nur noch im Vermietungsgeschäft tätig.[11] Die Gesellschaft übernahm die Erschließung des insgesamt 145 Hektar großen Geländes, das die Gemeinde Tempelhof für 72 Millionen Mark vom preußischen Militärfiskus angekauft hatte. Dies war der *größte Terrain-Abschluß [...] seit Menschengedenken.* Durch eine Änderung der Bauordnung und die Zulassung dichterer Bauweise hatte der Staat selbst kurz vor dem Verkauf den Wert des ehemaligen Truppenübungsplatzes noch kräftig gesteigert. Angesichts der Dimensionen des Geschäfts und seiner Auswirkungen auf das gesamte Berliner Terraingewerbe war es für Georg Haberland eine Existenzfrage, Einfluss auf das Unternehmen zu gewinnen. Gleichzeitig brachte er seinen Sachverstand in das Vorhaben ein. Um das Projekt konkurrierten die Stadt Berlin und die Gemeinde Tempelhof jeweils in Kooperation mit verschiedenen Terraingesellschaften und Bankengruppen. Daraus entstanden heftige politische Auseinandersetzungen und Haberland sah sich persönlichen Angriffen ausgesetzt. Daraufhin gab er sein Mandat als Stadtverordneter von Berlin zurück. 1911 wurde auf dem Tempelhofer Feld mit dem Bau der Straßen begonnen, aber die vorgesehene Blockrandbebauung mit Mietshäusern entstand vorläufig nur an der nordöstlichen Ecke des Gebiets. Erst nach 1918 wurde die Erschließung in einer neuen unterneh-merischen Konstellation und unter veränderten stadtplanerischen Vorgaben weitergeführt.

DIE FUNKTIONSWEISE DES TERRAINGESCHÄFTS

Die besondere Leistung von Salomon Haberland bestand darin, die Chancen zu erkennen, welche die Entwicklung der Reichshauptstadt, die steigende Nachfrage nach Wohnraum und die Ausdehnung der Stadt boten. Die Gesamtplanung eines neuen Wohnquartiers mit allem Zubehör und die technische wie finanzielle Abwicklung des Projekts bildete das unternehme-rische Prinzip, mit dem die Berlinische Boden-Gesellschaft auf diese Nachfrage reagierte. Die privaten Terraingesellschaften übten damit Funktionen aus, die heute als öffentliche Aufgaben angesehen werden.[12] In der Frühzeit der Urbanisierung war die kommunale Verwaltung dazu aber weder fachlich noch personell in der Lage, zudem entsprach ein solches Engagement nicht ihrem Selbstverständnis. Nach dem vorherrschenden liberalen Paradigma beschränkte sich die Tätigkeit der Gemeinden bei der Erschließung von Baugebieten auf die Erstellung des Bebauungsplans, also die Vorgabe der Fluchtlinien und der zu errichtenden Straßenzüge. Die gesetzliche Grundlage dafür bildete in Preußen das Baufluchtliniengesetz von 1875. Alles weitere war der privaten Initiative überlassen, insbesondere die Zusammenfassung des Grundbesitzes, die Aufteilung in einzelne Baugrundstücke und der Weiterverkauf sowie die Herstellung der Straßen. Terraingesellschaften wurden häufig nur für die Erschließung bestimmter Gebiete gegründet und nach der Fertigstellung der Quartiere unter Rückzahlung des investierten Kapitals zuzüglich der erwirtschafteten Überschüsse wieder aufgelöst. Diesen „Liquidationsgesellschaften" standen die auf unbefristete Zeit gegründeten „Handelsgesellschaften" gegenüber. Sie sollten *die verschiedensten Geländeflächen an- und verkaufen, um sie sukzessive baureif zu machen und zu veräußern. Sobald eine Operation erledigt ist, tritt eine andere in Erscheinung; es ist mit anderen Worten eine fortlaufende Kette einzelner, in sich nicht zusammenhängender Terraingeschäfte.*[13] Diese Unternehmen zahlten kontinuierliche Dividenden aus den erwirtschafteten Überschüssen bzw. Verkaufserlösen. Im Gegensatz zum ersten Typ wurden sie auch „Immobilienbanken" genannt; zu ihnen gehörte die Berlinische Boden-Gesellschaft.

Das hauptsächliche Tätigkeitsgebiet der privaten Terraingesellschaften lag in den expandierenden Großstädten des Reichs. In Berlin begann die Besiedlung von Vororten bzw. Villenkolonien vereinzelt bereits in den 1860er-Jahren im Süden (Lichterfelde) und im Westen (Charlottenburg), als Angehörige der städtischen Mittel- und Oberschicht aus dem immer dichter bebauten und durch Mietskasernen geprägten Zentrum in die ländlichen Wohngebiete außerhalb der Stadt strebten. Der Villenvorort nach angelsächsischem Muster diente dabei als Leitbild. Neue Siedlungen wurden durch einzelne Privatunternehmer entwickelt, welche die entsprechenden Flächen, zumeist Rittergüter, aufkauften und erschlossen. Sie sorgten für Straßen und eine Verkehrsanbindung in die Innenstadt, anschließend parzellierten und verkauften sie das Terrain. Immer häufiger engagierten sich Kapitalgesellschaften in diesem Geschäft. 1885 waren sieben solcher Unternehmen an der Börse notiert. Bis 1900 stieg die Zahl auf 19 und 1911 waren es bereits 34. Daneben existierten nicht börsennotierte Aktiengesellschaften wie Haberlands BBG und eine große Zahl von Unternehmen in Form einer GmbH oder eines Konsortiums. Geradezu unüberschaubar war die Zahl der Privatpersonen und Einzelkaufleute, die sich auf diesem Gebiet engagierten. Schätzungen gingen davon aus, dass um das Jahr 1910 ein Kapital von insgesamt etwa 750 Millionen Mark im Berliner Terraingewerbe arbeitete.

Die Berlinische Boden-Gesellschaft war trotz ihres vergleichsweise niedrigen Grundkapitals das größte und eines der aktivsten Terrainunternehmen der Region. Sie unterschied sich von den meisten anderen dadurch, dass sie den Käufern der einzelnen Baugrundstücke zugleich den erforderlichen Hypothekenkredit vermittelte. 1904 wurde eigens zu diesem Zweck die Berlinische Bodencredit-Gesellschaft gegründet, an der neben der BBG die Dresdner Bank und der A. Schaafhausen'sche Bankverein beteiligt waren.[14] Die Baufinanzierung durch die eigene Gesellschaft und eine sorgfältige Prüfung der Bonität der Käufer trugen dazu bei, unseriöse und betrügerische Geschäfte – den „Bauschwindel" – zu verhindern. Auch für die Terraingesellschaft selbst war die Kontrolle über die Finanzierung besonders wichtig, weil die Restkaufgelder häufig für längere Zeit als zweitrangige Hypothek auf den Grundstücken stehen blieben und erst nach und nach vereinnahmt werden konnten. Dementsprechend ließen sich die Gewinne aus dem Grundstücksverkauf erst über mehrere Jahre hinweg realisieren. Der Sorgfalt, mit der das Finanzierungsgeschäft betrieben wurde, war es zu verdanken, dass die von der BBG verkauften Grundstücke von Zwangsversteigerungen weitgehend verschont blieben.

DIE BODENORDNUNG IN DER VOLKSWIRTSCHAFTLICHEN UND POLITISCHEN DISKUSSION

Das Terraingewerbe trug wesentlich zur Wohnungsversorgung der expandierenden Großstädte bei. Seine Leistungen und seine wirtschaftlichen Erfolge riefen jedoch gleichzeitig starke Kritik hervor. Dabei ging es vor allem um den Einfluss des Privatkapitals auf die Bodenordnung und um die Profite, die bei Erschließung durch die Steigerung der Bodenwerte anfielen. In der liberalen Marktordnung des Kaiserreichs wurde der Wohnungsbau nahezu ausschließlich von privatunternehmerischer Initiative getragen, war also abhängig von der Nachfrage, von Rentabilitätserwartungen und von der Einschätzung künftiger Verwertungschancen. Ebenso wie jeder andere Produktionsfaktor unterlag damit auch der Boden der privaten Spekulation. Je mehr jedoch die „Wohnungsfrage", insbesondere der Mangel an Wohnungen und die Wohnverhältnisse, als großes gesellschaftliches Problem wahrgenommen wurden, verstärkte sich die Forderung, dass die Bodenordnung eine öffentliche Angelegenheit sei und der Boden nicht dem Gewinnstreben von Unternehmern unterliegen dürfe. Die negativen Folgen der Bodenspekulation ließen sich nach Auffassung der Wohnungs- und Bodenreformer gerade in Berlin, der am dichtesten bebauten Großstadt der Welt, die für ihre Mietskasernen und ungesunden Wohnverhältnisse berüchtigt war, beobachten. Allen voran wurden die Terraingesellschaften für solche Fehlentwicklungen verantwortlich gemacht: *Man sagt, die hohen Bodenpreise in Berlin bedingen die Bebauung durch Mietskasernen; das Gegenteil davon ist Wahrheit; lediglich und allein die Voraussetzung, Mietskasernen zu bauen, hat die Bodenpreise zu der jetzigen Höhe emporgeschwindelt*, meinte 1892 der Wohnungsreformer und Nationalökonom an der Berliner Universität Rudolf Eberstadt.[15]

Die Profite bei der Erschließung von Bauland, so die Forderung des Vereins für Bodenreform unter dem Vorsitzenden Adolf Damaschke, müssten im Interesse besserer Wohnverhältnisse begrenzt werden. Vor allem aber sollte die Wertsteigerung, die der Boden *ohne Arbeit des Einzelnen erhält, möglichst dem Volksganzen nutzbar* gemacht werden.[16] Ziel war nicht Enteignung durch Verstaatlichung bzw. Kommunalisierung, sondern das Abschöpfen des Wertzuwachses bei grundsätzlicher Beibehaltung des Privateigentums. Unter den Bedingungen der liberalen Eigentums- und Wirtschaftsordnung war die Forderung dennoch revolutionär, denn sie lief darauf hinaus, durch staatliche Intervention und Eingriffe in die Eigentumsrechte der Bodenbesitzer das freie Spiel der wirtschaftlichen Kräfte auf diesem Sektor einzuschränken oder gar aufzuheben. Eine Grundsteuer *nach gemeinem Wert*, vor allem aber eine neuartige *Wertzuwachssteuer* sollten die technischen Instrumente zur Umsetzung dieser Forderung bilden. 1904 führte Frankfurt am Main als erste Stadt im Reich die Wertzuwachssteuer ein, 1910 wurde sie bereits von 652 Kommunen erhoben und 1911 folgte ein entsprechendes Reichsgesetz.[17] Gegen den Widerstand der Grund- und Hausbesitzer in den Kommunalparlamenten setzte sich damit das interventionistische Paradigma durch. Die finanziellen Ergebnisse der kompliziert zu berechnenden und umständlich zu erhebenden Steuer blieben allerdings weit hinter den Erwartungen der Bodenreformer zurück. Das Reich verzichtete deshalb schon 1913 wieder auf die Erhebung seines Anteils. Gegen die bodenreformerischen Bestrebungen formierte sich

1912 als Interessenorganisation der Grund- und Hausbesitzer sowie der Terraingesellschaften der Verband zum Schutz des deutschen Grundbesitzes und Realkredits. Georg Haberland war eines seiner prominentesten Mitglieder.

SACHLICHE UND DIFFAMIERENDE KRITIK AM „SPEKULANTENTUM"

Über die soziale Verpflichtung des Grundbesitzes ließ sich tatsächlich streiten. Die Kritiker übersahen dabei jedoch gerne, dass die Verteuerung nicht auf willkürliche Spekulation, sondern letztlich auf die Nutzungsmöglichkeiten des Bodens und auf das Verhältnis von Angebot und Nachfrage nach bestimmten städtischen Lagen zurückzuführen war.[18] Eine zusätzliche Verteuerung wurde zudem durch die öffentlichen Lasten verursacht: Besitzwechselgebühren und Erschließungskosten, der Flächenbedarf für Straßen und hohe Beiträge der Terraingesellschaften zum Bau von Straßen- und Untergrundbahnen verteuerten das Bauland erheblich. Hinzu kamen nicht zuletzt die Forderungen der Kommunen nach verbilligten oder sogar kostenlosen Grundstücken für öffentliche Einrichtungen. In vielen Fällen, in denen die Gemeinden selbst als Terrainunternehmer auftraten, zeigte sich zudem, dass sie keineswegs nur das Interesse der Allgemeinheit an preisgünstigem Baugrund förderten, sondern sehr viel stärker ihre eigenen fiskalischen Interessen verfolgten und Grundbesitz möglichst profitabel zu verwerten suchten. Das belegte bereits für die Zeitgenossen der Fall Tempelhofer Feld. Auch der Vorwurf, dass zu wenig preiswerte Kleinwohnungen für die Unterschicht errichtet würden, traf die Terraingesellschaften weniger. Die Berliner Vorortgemeinden waren vor allem an der Ansiedlung einkommensstarker und damit steuerkräftiger Schichten interessiert, denn die kommunalen Zuschläge auf die staatliche Einkommenssteuer bildeten eine wichtige Finanzierungsquelle. Folgerichtig war es das Ziel der Kommunalpolitik, Wohnquartiere für gehobene Bevölkerungsschichten zu schaffen und mögliche Belastungen, vor allem durch Unterstützungseinrichtungen, zu vermeiden. Daraus folgte, dass die Konkurrenz der Gemeinden zu einem bestimmenden Prinzip der Stadtentwicklung wurde. Durch die einsetzende räumliche Segregation der Bevölkerung und den Zug des wohlhabenden Bürgertums in die westlichen und südwestlichen Vororte entstand ein deutliches Wohlstandsgefälle gegenüber dem Norden und dem Osten. Die Bildung des Zweckverbands Groß-Berlin im Jahr 1911 sollte hier einen interkommunalen Ausgleich schaffen. Sie bildete die Vorstufe zur Eingemeindung der Vororte im Jahr 1920.[19]

Eine sachliche Auseinandersetzung mit den Terraingesellschaften hätte alle diese Aspekte berücksichtigen und dabei anerkennen müssen, dass das Terraingeschäft insgesamt ein äußerst produktives System darstellte. In Berlin wurden jedoch Georg Haberland und die Berlinische Boden-Gesellschaft beinahe zwangsläufig zur Hauptzielscheibe der Kritik durch die Wohnungs- und Bodenreformer. Sie entzündete sich insbesondere am Bayerischen Viertel und wurde in der Schöneberger Kommunalpolitik ausgetragen.[20] Dass sich gerade die BBG um ganzheitliche Planung, um gute architektonische und städtebauliche Lösungen bemühte und keineswegs nur ihr Profitinteresse verfolgte, wurde dabei geflissentlich übersehen. Zwar begünstigte das auf der Steuerkraft aufgebaute preußische Dreiklassenwahlrecht Bürgertum und Grundbesitz auch in der Gemeindevertretung, aber nach und nach gerieten diese gegenüber der Koalition von Bodenreformern und linksliberalen Politikern in die Defensive. Insbesondere der seit 1911 amtierende Oberbürgermeister Alexander Dominicus griff Haberland und seine Gesellschaft scharf an. Bereits 1909 war in Schöneberg als erstem der südwestlichen Vororte Berlins die kommunale Wertzuwachssteuer eingeführt worden. Die BBG verlegte daraufhin ihr Arbeitsgebiet in das angrenzende Wilmersdorf, wo sich die Gemeinde gegen die Steuer entschieden hatte. Unverkennbar war die lokale wie die nationale Polemik gegen das „Spekulantentum" antisemitisch eingefärbt. Bewusst versuchte sie, die unbestreitbaren Verdienste Haberlands herabzuwürdigen und stattdessen das Vorurteil vom „jüdischen Spekulanten" zu verbreiten, der Menschen in unwürdige, düstere und gesundheitsschädliche Wohnungen zwang und daraus Profit zog. Diese Linie setzte sich bis in die NS-Zeit fort. Unter den neuen politischen Vorzeichen nach 1933 verstärkten Damaschke und Dominicus ihren Kampf gegen das *sehr gefährliche System Haberland* und reicherten ihn mit rassistischen Argumenten an.[21]

ANGLIEDERUNG DES BAUBETRIEBS, ENTWICKLUNG DES UNTERNEHMENS BIS 1914

Ein starkes planerisches Engagement und die Einflussnahme auf Straßen- und Fassadengestaltung kennzeichneten die Arbeit der Berlinischen Boden-Gesellschaft. Das Unternehmen hatte dazu ein eigenes Baubüro eingerichtet, dessen Tätigkeit zu bemerkenswerten städtebaulichen Resultaten führte und damit zugleich die Attraktivität der Wohnungen bei der anvisierten Käufer- und Mieterschicht steigerte. Vom Bauträgergeschäft und von der Planung war es ein kurzer und folgerichtiger Weg zum Baugeschäft selbst: 1906 gründete die Dresdner Bank die Berlinische Bau-Gesellschaft mbH mit einem Stammkapital von 300.000 Mark. Vertragliche Abmachungen banden das Unternehmen in einer Art Organschaftsverhältnis an die BBG. Geschäftszwecke waren laut Satzung Entwurf und Ausführung von *Bauten aller Art insbesondere von Hoch-, Tief- und Eisenbetonbauten, sowie die Entwicklung und Ausführung der hierzu verwendbaren technischen Einrichtungen, der Erwerb und die Veräußerung von Grundstücken und Grundstücksrechten, der Betrieb aller damit zusammenhängender Geschäfte, sowie die Herstellung, Verwertung und der Handel von Baumaterialien aller Art*. Die Gründung der Bau-Gesellschaft stand in Zusammenhang mit den Bemühungen des Gesetzgebers, durch stärkere Reglementierung des Bauhandwerks den „Bauschwindel" einzudämmen. Nach einer 1907 beschlossenen Änderung der Gewerbeordnung konnte unzuverlässigen Unternehmen der Betrieb untersagt werden.[22] Dadurch, so die Befürchtungen bei der BBG, würde die Beweglichkeit der Baubranche eingeschränkt.

In das Jahr 1906 fiel auch die Errichtung eines neuen Verwaltungsgebäudes im Zentrum Berlins und der Umzug von der Markgrafenstraße an den Gendarmenmarkt. Darin schlug sich ebenso wie in den Bilanzen der Aufstieg des Unternehmens nieder, das in dieser Zeit seine besten Jahre erlebte.[23] Ebenso kompetent und engagiert, wie sie die Planungsarbeit betrieb, wickelte die BBG die verschiedensten Geschäfte ab: den An- und Verkauf von Grundstücken auf eigene Rechnung, die Verwaltung und Parzellierung sowie den Verkauf fremden Grundbesitzes auf Provisionsbasis, Konsortialgeschäfte mit verschiedenen Partnern, schließlich die Finanzierung und Vermittlung erst- und zweitstelliger Hypotheken.

Geschäftshaus der
Berlinischen Boden-
Gesellschaft, um 1920

Der gelernte Textilkaufmann Georg Haberland war zum anerkannten Spezialisten für das komplizierte Terraingeschäft geworden. In einer umfangreichen Publikationstätigkeit äußerte er sich zu allen Fragen der Branche im volkswirtschaftlichen, wirtschafts- und kommunalpolitischen Kontext. Darüber hinaus brachte er sein Wissen in zahlreiche öffentliche Gremien ein, wobei er selbstverständlich auch seine eigenen unternehmerischen Interessen vertrat. Gleichzeitig war Haberland aber ein gefragter Ansprechpartner der Kommunalverwaltungen, denen er in allen Fragen der Stadtentwicklung und Erschließung seine Fähigkeiten und Erfahrungen, Branchen- und Marktkenntnisse zur Verfügung stellte. In Schöneberg gestaltete Haberland über den von ihm gegründeten Bezirksverein für das Bayerische Viertel die Gemeindepolitik mit. Als die BBG ihr Arbeitsgebiet nach Wilmersdorf verlegte, wurde er dort in die Gemeindevertretung gewählt. Daneben amtierte Haberland als Stadtverordneter von Berlin und ab 1910 auch als Vertreter des

Sitzungszimmer im
Geschäftshaus der
Berlinischen Boden-
Gesellschaft, 1917

Kreises Teltow in der Verbandsversammlung des neu gegründeten Zweckverbands Groß-Berlin.[24] Das Mandat in der Berliner Stadtverordnetenversammlung legte er allerdings bereits 1910 nieder, als zwischen der Stadt Berlin und der Gemeinde Tempelhof eine heftige Auseinandersetzung um den Kauf des Tempelhofer Felds losbrach. Als Direktor der Temepelhofer Feld-AG war Haberland zwar indirekt in die Affäre verwickelt, an der Intrige zwischen den beiden Kommunen aber nicht beteiligt. Dennoch wurde er prompt zur Zielscheibe persönlicher Angriffe. Die Angelegenheit zeigte erneut, wie schwierig und labil sich die Position des Unternehmers in der Kommunalpolitik gestaltete.

Jahr	Bilanz-summe	davon Eigen-kapital	davon Fremd-kapital	Betriebs-ergebnis	davon aus Grundstücks-verkauf	Bilanz-ergebnis	Dividende
1902	9,0	2,2	6,8	0,59	–	0,43	30 %
1903	9,8	2,2	7,5	0,55	0,30	0,42	30 %
1904	12,8	2,1	10,7	0,55	0,16	0,41	30 %
1905	15,6	3,0	12,6	1,49	0,61	1,22	100 %
1906	12,8	2,7	10,1	1,38	0,81	1,21	100 %
1907	10,5	1,9	8,6	0,75	0,73	0,53	35 %
1908	16,9	2,8	14,1	1,53	1,42	1,24	100 %
1909	20,7	2,8	17,9	1,51	1,36	1,27	100 %
1910	20,4	2,8	17,6	1,45	1,04	1,25	100 %
1911	20,5	2,9	17,6	1,49	1,30	1,24	100 %
1912	19,4	1,9	17,5	0,74	0,70	0,41	30 %
1913	18,3	1,8	16,5	0,51	0,45	0,29	20 %
1914				0,53	0,48	0,16	10 %
1915	14,9	1,6	13,3	0,43	0,39	0,17	10 %

Bilanzkennzahlen der Berlinischen Boden-Gesellschaft 1902–1915 (Mio. Mark)

Hohe Dividenden spiegelten den Erfolg des Unternehmens und die Fähigkeiten seines Vorstands wider. Dass sie bis zu 100 Prozent betrugen, war aber vor allem durch das niedrige Grundkapital bedingt. Mit einer Million Mark wies die BBG von allen großen Terraingesellschaften das weitaus niedrigste Grundkapital aus. Bei vergleichbaren Unternehmen betrug es zwischen sechs und 26 Millionen Mark.[25] Nach betriebswirtschaftlichem Maßstab erschien die Gesellschaft damit stark unterkapitalisiert. Tatsächlich war aber die Liquidität jederzeit gesichert und erforderliche

Betriebsmittel standen bei Bedarf in nahezu unbegrenzter Höhe zur Verfügung. Das lag an der besonderen Struktur des Fremdkapitals: Bei den aufgenommenen Krediten handelte es sich, wie die Geschäftsberichte mit wiederkehrender Regelmäßigkeit berichteten, um *Guthaben von Geschäftsfreunden [...], von welchen wir Kapitalien zu kulanten Bedingungen stetig zur Verfügung haben.*[26] Es ist also mit ziemlicher Sicherheit anzunehmen, dass die Anteilseigner und wohl auch der Vorstand selbst dem Unternehmen Geld aus ihrem Privatvermögen leihweise zur Verfügung stellten oder ausgeschüttete Dividenden als Darlehen stehen ließen. Mit Blick auf die öffentliche Wahrnehmung war dies jedoch eine ungeschickte Konstruktion, denn in der politischen Auseinandersetzung lieferten die Dividendensätze den Bodenreformern willkommene Argumente im Kampf gegen die „Terrain-Spekulation".

Die hohen Erlöse der Jahre um 1910 stammten vor allem aus dem Bayerischen Viertel. Hier verkaufte die BBG insgesamt 501 Baugrundstücke im Wert von 57 Millionen Mark. Anschließend gingen Betriebs- und Bilanzergebnisse deutlich zurück. Auch die Berlinische Boden-Gesellschaft wurde von der Krise des Terraingeschäfts getroffen, die sich bereits seit 1907 angebahnt hatte und 1911/12 in einen regelrechten Zusammenbruch mündete.[27] Die „kollektive Euphorie der Boomjahre" (Bernhardt) hatte zu einer Überproduktion von Wohnungen geführt. Gleichzeitig wurde mit der Konzentration auf die Erstellung großer Wohnungen für das finanzstarke gehobene Bürgertum am tatsächlichen Bedarf vorbei gebaut. Was in Berlin zunehmend fehlte, waren preiswerte Kleinwohnungen, aber daran hatten weder die Terraingesellschaften noch die Umlandgemeinden Interesse. Angesichts der fehlenden Nachfrage stiegen Leerstände und damit Mietausfälle drastisch an. In Berlin und seinen 41 Vororten standen im Herbst 1910 über 65.000 Wohnungen oder 6,3 Prozent – in einzelnen Vorortgemeinden sogar mehr als 10 Prozent – des gesamten Bestandes leer. Im Jahr 1900 hatte die Quote nur 0,6 Prozent betragen. Von den beiden Schwerpunkten der BBG war Wilmersdorf besonders stark betroffen, Schöneberg kam dagegen verhältnismäßig glimpflich durch die Krise, weil hier infolge der Auseinandersetzung Haberlands mit der Stadtverwaltung die Bautätigkeit bereits vor dem Konjunktureinbruch zurückgegangen war. Die Folge der Krise waren rückläufige Mieten, die zusammen mit den Leerständen eine rapide steigende Zahl von Zwangsversteigerungen, weitere Zurückhaltung der Investoren und Restriktionen bei der Kreditvergabe zur Folge hatten. Da Anleger immer stärker in öffentliche Anleihen, Industriewerte und nach Ausbruch des Ersten Weltkriegs auch in Kriegsanleihen investierten, wurde Kapital auf Dauer knapp und der Wohnungsbau dadurch für lange Zeit erschwert.

DIE BERLINISCHE BODEN-GESELLSCHAFT IM ERSTEN WELTKRIEG

Die Ergebnisse der Berlinischen Boden-Gesellschaft gingen bereits vor 1914 deutlich zurück. Mit Kriegsausbruch verfielen sie weiter. Nur noch aus der Abwicklung bereits früher getätigter Verkäufe konnten Erlöse verbucht werden. Bereits 1914 gab die BBG das Terraingeschäft deshalb völlig auf und stellte auf Baubetrieb um.[28] In den ersten 25 Jahren ihrer Tätigkeit hatte die Gesellschaft insgesamt 1.650 Einzelparzellen verkauft. Was blieb, war nur die Hoffnung auf eine Wiederbelebung der Wohnungsnachfrage und des Terraingeschäfts nach dem Krieg.

Daimler-Werke, Berlin-
Marienfelde, um 1916

Im Gegensatz zu zahlreichen anderen Gesellschaften befand sich die BBG allerdings in einer vergleichsweise guten Position, da sie mit der Berlinischen Bau-Gesellschaft über ein weiteres Standbein verfügte. Ebenso wie die Terraingesellschaft Berlin-Südwesten, Haberlands zweites Unternehmen, begann sie vereinzelt, die verbliebenen eigenen Grundstücke selbst zu bebauen. Vor allem aber errichtete sie in den folgenden Jahren für fremde Auftraggeber – sowohl Behörden als auch Industrieunternehmen – kriegswichtige Bauten. In Wusterhausen wurden für das Unternehmen Schütte-Lanz eine Halle für den Luftschiffbau sowie Wohngebäude und Straßen errichtet. In Piesteritz bei Wittenberg, mitten im großen Braunkohle- und Chemierevier rund um Bitterfeld, entstand eine Werkssiedlung mit 300 Wohnhäusern, Schule und Ledigenheim für die Bayerische Stickstoffwerke AG, die dort eine kriegswichtige Fabrik betrieb. In Plaue bei Brandenburg an der Havel sowie in Spandau erstellte die BBG Sprengstofffabriken für das Militär. Hinzu kamen Fabrikanlagen und eine zusammen mit Philipp Holzmann errichtete Werkssiedlung für die Vereinigte Aluminiumwerke AG in Lauta sowie Fabrikgebäude für den Kraftfahrzeughersteller Daimler in Marienfelde bei Berlin. In Ostpreußen baute die BBG auch Straßen.

„Luftschiffbau Zeppelin",
Stanken, um 1915

Luftschiffhalle, Zeesen,
um 1915

Siedlung Piesteritz,
um 1915

„… auf dem Tempelhofer Feld Kartoffeln gebaut"

Die Berlinische Boden-Gesellschaft im Ersten Weltkrieg

Die Geschäfte ruhten des Krieges wegen. Soweit die Beamten nicht einberufen wurden, mußten wir für sie in irgendeiner Form Beschäftigung finden. Bald stellte sich heraus, dass Deutschland unter einer ungeheuren Knappheit der Lebensmittel zu leiden hatte. Ich veranlaßte den Schutzverband für deutschen Grundbesitz, zusammen mit den Gewerkschaften jedes Fleckchen unbebauten Geländes, das wir in Berlin hatten, der Produktion von Lebensmitteln zu erschließen. Wir gründeten eine gesonderte Gesellschaft zu diesem Zweck und haben beispielsweise auf dem Tempelhofer Felde Kartoffeln gebaut. Das war natürlich völlig unrentabel; das Saatgut kostete mehr, als die Kartoffeln einbrachten. Das Pflügen des Erdbodens war auch sehr teuer; aber der ausgeruhte Boden des Tempelhofer Feldes erwies sich als fruchtbar, und wir ernteten bis zu 80 Ztr. auf den Morgen. Wir haben an anderen Stellen mit weiblichen Hilfskräften und Gefangenen Gemüse gebaut, kurz, wir haben uns so nützlich gemacht wie nur möglich. […]

Wir richteten uns nun vollkommen auf die Ausführung von Bauten ein, die während des Krieges gebraucht wurden. Wir waren in Plaue an der Havel beschäftigt, bauten Pulverschuppen, Wohnungen für die Arbeiter, und was sonst gebraucht wurde. Wir haben für die „Feldag", eine der Heeresverwaltung gehörende Gesellschaft, die die im Felde verbrauchten Automobile zu verwerten hatte, einen Vertrag auf Erbauung von Holzhallen abgeschlossen, die wir kilometerweise in vielen Städten Deutschlands errichteten. In Berlin und auch an anderen Orten beschäftigten wir dabei Gefangene. Auch für den Bau der Luftschiffhalle von Schütte-Lanz in der Nähe von Wusterhausen waren wir tätig. Wir hatten ganz gut zu tun; dem schrecklichen Druck, den der Krieg mit seinen Verlusten und allen seinen Folgen auf uns legte, setzten wir die Arbeit entgegen.

Georg Haberland: Aus meinem Leben, S. 149f.

NACH 1918: WOHNUNGSMANGEL UND KAPITALKNAPPHEIT, WOHNUNGSBAU ALS ÖFFENTLICHE ANGELEGENHEIT

In den ersten Nachkriegsjahren fehlten in Deutschland aufgrund der praktisch zum Erliegen gekommenen Bautätigkeit knapp eine Million Wohnungen.[29] Dieser Mangel bestimmte die gesamte Epoche der Weimarer Republik. Zwar stieg die Zahl der verfügbaren Wohnungen je 1.000 Einwohner zwischen 1918 und 1932 von ca. 200 auf 250, aber trotz intensiver Bautätigkeit und der Fertigstellung von insgesamt etwa 2,5 Millionen Neubauwohnungen konnte er nicht beseitigt werden. 1932 betrug der Fehlbestand bei beträchtlichen regionalen Unterschieden und einer besonders großen Nachfrage nach Kleinwohnungen immer noch eine Million. Ursache war der permanent steigende Bedarf durch Eheschließungen, die während des Krieges zurückgestellt worden waren, durch den Zustrom aus den nach dem Versailler Vertrag von Deutschland abgetretenen Gebieten und durch den anhaltenden Zuzug in die Großstädte. Allein in Berlin fehlten um die Mitte der 1920er-Jahre 200.000 Wohnungen. Die Geschäftsberichte der Berlinischen Boden-Gesellschaft belegen, dass der Wohnungsbau nicht mit den Zuzügen Schritt halten konnte.[30] Gleichzeitig unterlag das Wohnungswesen einer noch aus Kriegszeiten herrührenden staatlichen Zwangsbewirtschaftung, die zur Linderung des Wohnungsmangels eingeführt worden war. So bestand zwar enormer Bedarf, aber kein Spielraum für private Bautätigkeit, zumal sich im Rahmen der neuen politischen Ordnung und im Zuge von Sozialisierungsdebatten bodenreformerische Vorstellungen durchsetzten und das Bauen immer mehr als öffentliche Aufgabe verstanden wurde. Artikel 155 der Weimarer Reichsverfassung bestimmte, dass die *Wertsteigerung des Bodens, die ohne eine Arbeits- oder Kapitalsaufwendung auf das Grundstück entsteht, [...] für die Gesamtheit nutzbar zu machen* sei. Aus dem politischen Paradigmenwechsel und dem Sozialstaatspostulat folgte zwangsläufig die Förderung des Wohnungsbaus durch Staat und Kommunen. Zudem war privater Wohnungsbau angesichts permanenter Kapitalknappheit und entsprechend hoher Zinsen von acht bis zehn Prozent für erststellige Hypotheken gegenüber vier Prozent vor 1914 nahezu unmöglich.[31] Nur Kapital- und später auch Zinssubventionen durch die öffentliche Hand ermöglichten den Bau von Wohnungen zu erschwinglichen Mietpreisen. Die Finanzierung erfolgte aus den Mitteln der 1924 eingeführten „Hauszinssteuer". Dabei handelte es sich um eine Ausgleichssteuer auf bestehende Hypotheken, die im Zuge der Währungsreform auf 25 Prozent des Nennbetrags umgestellt worden waren und damit weniger als andere Forderungen entwertet wurden. Die Steuer sollte also den (relativen) Inflationsgewinn der Hypothekengläubiger abschöpfen.

Durch eine umfassende Subventionierung wurde der Einfluss der Politik auf den Sektor massiv gestärkt. Zu Hauptträgern des Wohnungsbaus entwickelten sich dabei die gemeinnützigen Baugesellschaften. Erste Konzepte für diese neue Organisationsform waren bereits während des Krieges entwickelt worden. An eine Wiederbelebung privatunternehmerischer Tätigkeit nach dem Muster des Terraingeschäfts der Vorkriegszeit war unter solchen Umständen nicht zu denken. Deren Aufgaben wurden nun von der öffentlichen Hand wahrgenommen, der private Wohnungsbau war dagegen in den ersten Jahren nach der Novemberrevolution harter Kritik ausgesetzt, dasselbe galt für den Grund- und Hausbesitz. Dessen Interessenorganisation, der „Schutzverband" aus dem Kaiserreich, tendierte folgerichtig in die oppositionelle Richtung und schloss sich den Rechts- und Mittelstandsparteien an.[32] Georg Haberland geriet vor allem in den ersten unruhigen Jahren der Weimarer Republik unter großen Rechtfertigungsdruck. In seinen Publikationen bemühte er sich, den Vorwurf der Spekulation und der hohen Profite aus dem Terraingeschäft zu widerlegen.[33] Dennoch kam es bald wieder zu einer engen Zusammenarbeit mit der Berliner Stadtgemeinde und der großen Politik: Haberland arbeitete in kommunalen Gremien der Wohnungsfürsorge wie dem im November 1918 gegründeten „Wohnungsverband Berlin" mit, war wie Julius Berger Mitglied der deutschen Wiederaufbaukommission und kandidierte 1921 – allerdings erfolglos – für den Preußischen Landtag.[34] Wie vor dem Krieg brachte der Unternehmer und Sachkenner auch unter den neuen Vorzeichen seine Fähigkeiten in die Politik ein und publizierte zu allen Aspekten des Wohnungsproblems.[35] Auch die Geschäftsberichte der Gesellschaft thematisierten ausgiebig und regelmäßig das allgemeine wie das wohnungswirtschaftliche Umfeld. Die zentrale Frage lautete, wie unter den Bedingungen des damaligen Kapitalmarktes, der geltenden Bauordnung und des politischen Systems preiswerter Wohnraum in ausreichender Menge hergestellt werden könne. Angesichts der Kompetenz Haberlands und der Bedeutung des Unternehmens fanden seine Kommentare in Politik und Fachöffentlichkeit große Aufmerksamkeit.

DIE BBG WIRD ZUM BAUTRÄGER- UND BAUUNTERNEHMEN

Nach dem Tod Eugen Gutmanns im April 1921 übernahm Henry Nathan den Vorsitz im Aufsichtsrat der Berlinischen Boden-Gesellschaft. Die Entwicklung des Grundkapitals folgte der Inflation: In mehreren Schritten wurde es bis auf zehn Millionen Mark erhöht und nach der Währungsumstellung in der Goldmark-Eröffnungsbilanz zum 1. Januar 1924 auf drei Millionen Goldmark bzw. Reichsmark umgestellt.[36] Im Verlauf der Kapitalerhöhungen beteiligten sich Waldemar Müller, Henry Nathan, Herbert M. Gutmann, Ludwig Bloch und Wilhelm Kleemann mit kleineren Beträgen an der Gesellschaft. Sie gehörten alle dem Vorstand der Dresdner Bank an und waren mit Ausnahme Müllers jüdischer Abstammung. Georg Haberland selbst hielt ab Februar 1925 BBG-Aktien im Nennwert von 1.530.000 RM und damit 51 Prozent des Grundkapitals. Der Anteil der Dresdner Bank betrug ab diesem Zeitpunkt noch 40 Prozent.

	1920 (M)	1922 (M)	1924 (M)	1924 (RM)	1925 (RM)
Dresdner Bank	2.400.000	2.400.000	5.400.000	1.620.000	1.200.000
Georg Haberland	1.360.000	1.460.000	3.700.000	1.110.000	1.530.000
Jacob Dannenbaum	240.000	240.000			
Waldemar Müller		300.000	300.000	90.000	90.000
Henry Nathan		300.000	300.000	90.000	90.000
Herbert M. Gutmann		100.000	100.000	30.000	30.000
Ludwig Bloch		100.000	100.000	30.000	30.000
Wilhelm Kleemann		100.000	100.000	30.000	30.000

Aktionäre der Berlinischen Boden-Gesellschaft 1920–1925 (Anteile in M bzw. RM)[37]

Auch unter den neuen Vorzeichen engagierten sich die Berlinische Boden-Gesellschaft und die zu ihr gehörenden Firmen – Berlinische Bau-Gesellschaft und Tempelhofer Feld-AG – in der Wohnungswirtschaft, nun allerdings in neuen Formen:[38] Als abhängiger Partner und als Auftragnehmer planten und bauten die Unternehmen Haberlands Wohnanlagen, Stadtviertel und Vorortsiedlungen. Vor allem für Wohnungsgenossenschaften und gemeinnützige

Waldsiedlung Köpenick, um 1920

Wohnblock in der Wetzlarer Straße, Berlin, um 1925

Gesellschaften waren sie in den folgenden Jahren als Bauträger und Bauunternehmer tätig. Teilweise verkaufte die BBG ihren Grundbesitz an solche Unternehmen und baute für diese große Mietsiedlungen, so am Breitenbachplatz in Berlin-Dahlem. Ein eigener, durch öffentliche Mittel aus der Hauszinssteuer finanzierter Mietshausblock entstand 1926 auf einem noch nicht veräußerten Grundstück im Bayerischen Viertel an der Ecke Kufsteiner, Badensche und Meraner Straße. In den ersten Nachkriegsjahren baute die BBG hauptsächlich Kleinhaussiedlungen wie die Waldsiedlung in Köpenick. Später folgten große Wohnblöcke in stadtnäheren Lagen und

Wohnhäuser am Meraner Platz, Berlin, um 1930

vorstädtische Randsiedlungen wie die zwischen 1925 und 1931 nach Plänen von Bruno Taut und Martin Wagner errichtete Großsiedlung Britz.

Das vor dem Krieg begonnene Großprojekt Tempelhofer Feld wurde baulich und organisatorisch in neuer Form fortgeführt und der Konflikt zwischen Wohnreformern und Fiskalisten zugunsten der ersten Richtung entschieden:[39] Die Bauordnung von 1907 hatte eine Bebauung mit bis zu fünf Geschossen und 70 Prozent Überbauung der Grundstücke zugelassen. An dieser verdichteten Bauweise zur Erzielung höchstmöglichen Profits für den Fiskus als Verkäufer war bereits in der Vorkriegszeit Kritik geübt worden. Als 1918 die Reformer durch den politischen Umbruch Rückenwind erhielten, erfolgte eine durchgehende Umplanung mit einer gartenstadtartig aufgelockerten Bebauung im Landhausstil und einem großzügigen „Parkring". Als Grundlage diente ein bereits 1911 im Rahmen eines Wettbewerbs aufgestellter Plan.

Wohnblock in der Rubensstraße, Berlin, um 1930

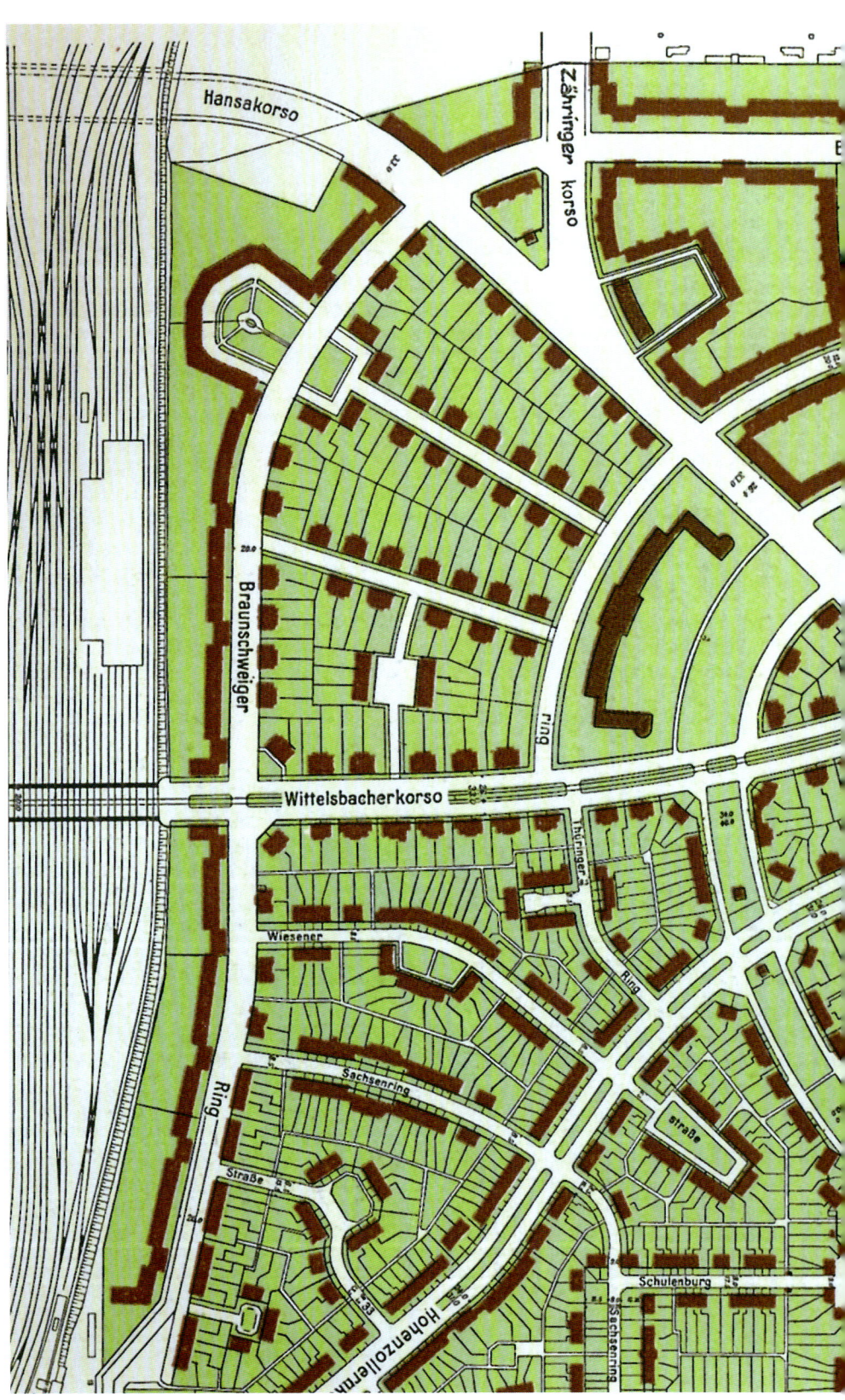

Lageplan der Siedlung
Neu-Tempelhof,
um 1925

Mit der verringerten Ausnutzung des Bodens waren jedoch auch die Vertrags- und Kalkula-
tionsgrundlagen des ursprünglichen Projekts hinfällig geworden, vor allem der einstige Kaufpreis
von 72 Mio. Mark. Die Gemeinde Tempelhof gab daraufhin zwei Drittel des Geländes an die
vom Reich und dem Land Preußen gegründete gemeinnützige Tempelhoferfeld-Heimstätten-
Gesellschaft mbH weiter. Die BBG war als Bauunternehmer für diese Gesellschaft tätig und
errichtete 1928 mehrere tausend Wohnungen schlüsselfertig. Ein zweites großes Bauvorhaben
begann Ende der 1920er-Jahre im Rheingauviertel, wo die BBG bereits vor dem Krieg tätig

gewesen war. Hier errichtete sie 1.300 Wohnungen für die gewerkschaftseigene Baugesellschaft Heimat Bau- und Siedlungs-AG. 1931 trat deren Direktor, der Jurist Wilhelm Combecher
(1889–1964), in den Vorstand der Berlinischen Boden-Gesellschaft ein. Bis 1929 erstellte die
BBG insgesamt rund 15.000 Wohnungen. Das Unternehmen war damit eines der größten
privaten Wohnungsbauunternehmen der Zeit.

Der Schwerpunkt der Tätigkeit lag naturgemäß in Berlin. Vereinzelt kamen Projekte in weiter
entfernten Regionen und im Ausland hinzu: eine Werkssiedlung im böhmischen Schwaz bei

Häusergruppe am
Straßenbahnhof
Kniebelsdorfstraße,
Berlin, um 1930

Teplitz, eine Bergarbeitersiedlung in Dorstfeld bei Dortmund und eine Werkssiedlung der Bayerischen Stickstoffwerke im oberbayerischen Garching an der Alz. Für das Projekt in Schwaz wurde das Baugeschäft Jacoby & Co. in Teplitz übernommen, für das in Garching die Baugesellschaft Süddeutschland in München als Tochterunternehmen gegründet. Weitere Firmenableger sollten dazu beitragen, auch in anderen Regionen Deutschlands eine Basis für die Bautätigkeit zu schaffen: Ende 1921 entstand die Baugesellschaft Westdeutschland AG mit Sitz in Essen und einer Zweigniederlassung in Düsseldorf. Ihr Grundkapital betrug zunächst 500.000 M, 1924 wurde es

Häusergruppe am
Straßenbahnhof
Müllerstraße, Berlin,
um 1930

auf 300.000 RM umgestellt.[40] Später kamen die Sächsische Baugesellschaft in Chemnitz und die Baugesellschaft Norddeutschland in Hamburg dazu. Hier entstand zwischen 1928 und 1932 die Großsiedlung „Glindweg" in der Jarrestadt. Auch im Ausland wurde die Berlinische Bodengesellschaft aktiv. Ziel war es, den Preisvorteil zu nutzen, den deutsche Arbeit dort während der Inflationszeit besaß. Zu Beginn der 1920er-Jahre gründete Georg Haberland in den Niederlanden die Tochtergesellschaft Bouwmaatschappij Haberland. Deutsche Bauarbeiter errichteten in Den Haag ein großes Kino und 1929 entstand in Amsterdam der Mietwohnungskomplex „Amsteldyck".

Laubenganghaus
„Dulsberg Süd",
Hamburg, 1928

Wohnblock „Glindweg",
Hamburg, 1928

Wohnblock in der
Steinbeckerstraße,
Hamburg, 1928

Zum Mietwohnungsbau kamen anfangs nur vereinzelt, später etwas häufiger private Wohnhäuser. Einen zweiten wichtigen Schwerpunkt entwickelte die Berlinische Boden-Gesellschaft mit dem Bau von Geschäftshäusern. Für die Dresdner Bank errichtete sie mehrere Verwaltungsgebäude in Berlin sowie in Stuttgart, Düsseldorf, Hamburg, Chemnitz, Dresden, Breslau und Gleiwitz. Sie war außerdem an Neu- und Erweiterungsbauten von Kaufhäusern beteiligt, unter anderem für die Firma Israel in der Königstraße und für Wertheim, dessen großer Kaufhauskomplex am Leipziger Platz 1926/27 erweitert wurde. Von 1927 bis 1929 wurde für die Karstadt AG ein an amerikanische Wolkenkratzer erinnerndes Warenhaus – das größte der zwanziger Jahre – am Hermannplatz in Neukölln errichtet.[41] In diesen Kaufhausbauten lagen die Anfänge der späteren Spezialisierung, die nach 1945 zu einer Besonderheit der Berlinischen Boden-Gesellschaft bzw. der BAUBOAG werden sollte. Auf dem Tempelhofer Feld erstellte die BBG Bahn- und Straßenunterführungen sowie die evangelische Kirche und das St. Josefs-Krankenhaus. In Stahnsdorf entstand eine große Kläranlage, in Hamburg das Flughafenge-bäude, in Essen das Verwaltungsgebäude des Ruhrverbands. Am Bahnhof Gesundbrunnen im Wedding errichtete die BBG die „Lichtburg", einen großen Komplex mit Kino, Geschäften und Wohnungen, in Tempelhof war sie 1925/26 am Bau des Ullstein-Hauses beteiligt, des größten privaten Fabrikbaus dieser Zeit in Berlin.[42]

Druckereigebäude

Ullstein, Berlin, 1927

St.-Josefs-Krankenhaus,

Berlin-Tempelhof, um

1930

Hauptgebäude der Dresdner Bank, Berlin, um 1930

Warenhaus am Hermannplatz, Berlin, um 1930

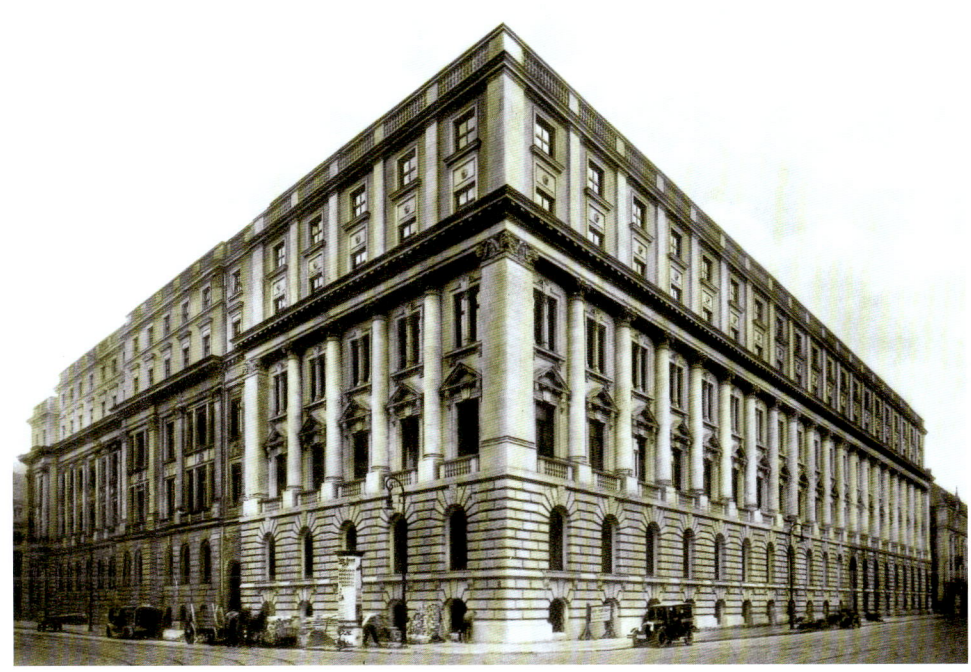

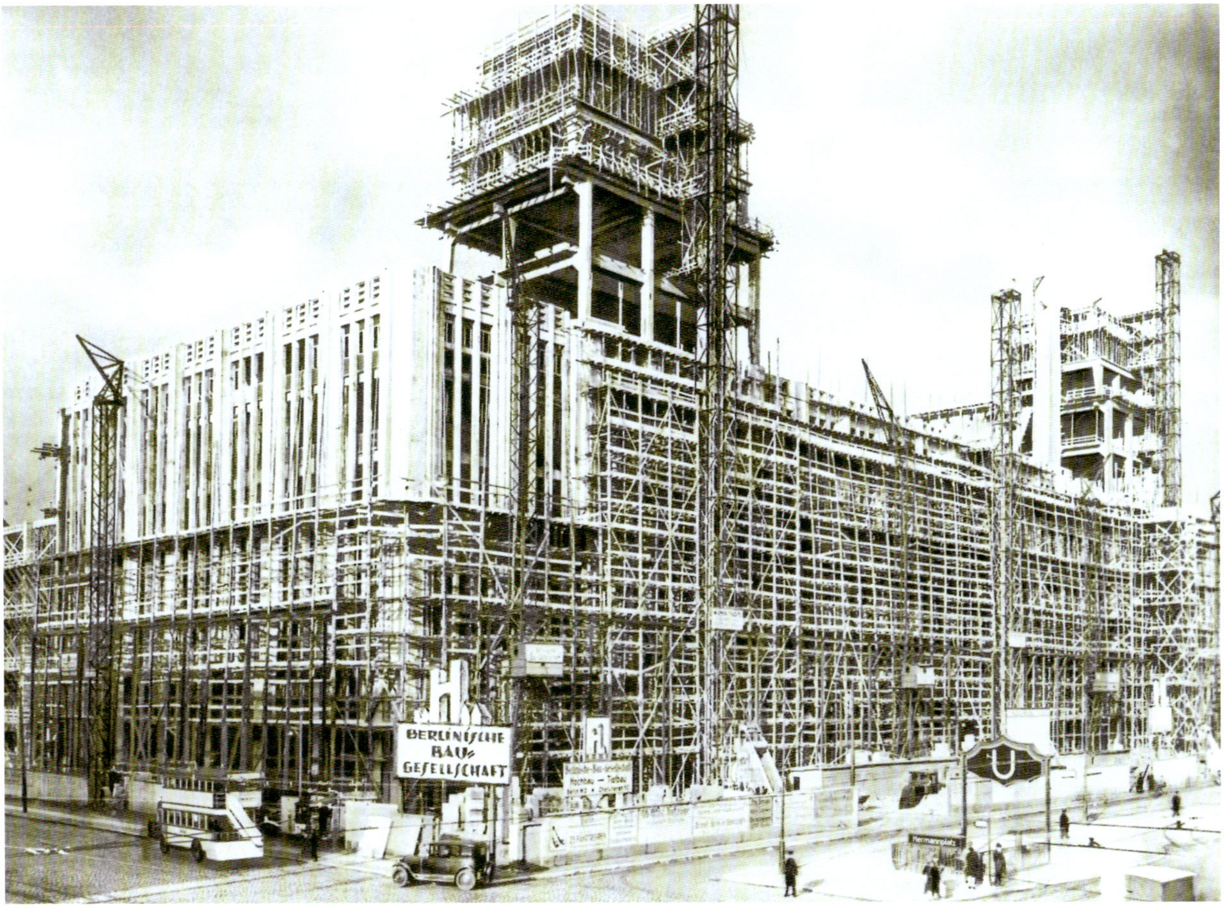

Empfangsgebäude des
Flughafens Hamburg-
Fuhlsbüttel, 1928

„Die Lichtburg", Berlin,
um 1930

SORGEN ÜBER DIE BODENPOLITIK – UND DENNOCH ERFOLGREICHE BAUTÄTIGKEIT

1921 war die Satzung der Berlinischen Boden-Gesellschaft dem veränderten Geschäftszweck angepasst worden. Er umfasste nun *die Finanzierung und Ausführung von Bauten aller Art sowohl auf eigenen als auch fremden Grundstücken, sowie den Betrieb aller Geschäfte, welche in Zusammenhang hiermit stehen.*[43] Die Verwaltung des immer noch umfangreichen Grundbesitzes wurde mehr und mehr zur Nebenbeschäftigung und kam schließlich ganz zum Stillstand. Seine wirtschaftliche Verwertung war vorerst blockiert, weil die 1925 erlassene Bauordnung für Groß-Berlin eine sehr viel geringere Überbauung zuließ. Das entwertete den Boden – vor allem, wenn er unter der Voraussetzung eines höheren Ausnutzungsgrads erworben oder erschlossen worden war. Die neue, pauschale und drastisch konfiskatorische Berliner Wertzuwachssteuer blockierte den Grundstücksmarkt zusätzlich: Beim Verkauf wurde die Differenz zwischen Ankaufs- und Verkaufspreis mit 30 Prozent besteuert, wobei Zinsen, Kapitalbeschaffungskosten und andere Aufwendungen nicht abgesetzt werden konnten. Wie viele andere Grundbesitzer ließ die BBG ihre Grundstücke unter solchen Umständen unbebaut liegen, statt sie mit Buchverlust zu verkaufen. Was blieb, war die Hoffnung, sie nach einer künftigen Entspannung des Kapitalmarktes selbst bebauen zu können – dann freilich mit geringerer Rentabilität als unter den früheren Bedingungen.

Die immer wiederkehrende Klage in den Geschäftsberichten des Unternehmens lautete: Durch die massive staatliche und kommunale Intervention sowie durch ständige Verschärfung der Gesetze werde der Wohnungsbau mehr gehemmt als gefördert. Durch schlechte Rahmenbedingungen und trübe Zukunftsaussichten werde die private Wohnungswirtschaft in den Ruin getrieben und das Privatkapital, das allein für eine ausreichende Bautätigkeit sorgen könne, auf lange Zeit völlig von Investitionen abgeschreckt. Als Zumutung erschien auch der Versuch der Politik, die Verantwortung für die hohen Baupreise den Unternehmen und ihren Gewinnen anzulasten. Tatsächlich waren die Baukosten gegenüber der Vorkriegszeit erheblich gestiegen und betrugen 1924 etwa 140 Prozent, gegen Ende der 1920er-Jahre sogar 170 bis 180 Prozent des Werts von 1913.[44] Die Ursache lag aber hauptsächlich in der durch die Bauordnung vorgeschriebenen aufgelockerten Bauweise und im Verbot der Rückgebäude, daneben auch in der verbesserten Ausstattung der Wohnungen und nicht zuletzt in den deutlich gestiegenen Arbeitskosten. Staatliche Interventionen durch Bauordnung und Wertzuwachssteuer, durch ein geplantes neues Städtebaugesetz und ein zu erwartendes Reichswohnungsgesetz würden, so der Geschäftsbericht für 1927, am Ende *die letzten Rechte des Privateigentums* [...] *beseitigen.*[45]

Die Kritik an der Politik war durchaus berechtigt und dennoch unverkennbar vom Eigeninteresse des Unternehmens bestimmt. Tatsächlich aber arrangierte sich die Berlinische Boden-Gesellschaft mit dem neuen System und fuhr damit nicht schlecht. Beschäftigung und Umsätze, Betriebsergebnisse und Bilanzgewinne verbesserten sich kontinuierlich. Sie zeigten, dass das Unternehmen erfolgreich im Baugeschäft Fuß gefasst hatte. Bis über die Mitte der 1920er-Jahre hinaus beschäftigte es in Berlin im Jahresdurchschnitt rund 1.600 Arbeiter zuzüglich der Mitarbeiter in der Verwaltung. 1929 setzte ein regelrechter Bauboom ein und die

Sozialstaat, Wohnungsreform und Bauwirtschaft

Kritik an der neuen Berliner Bauordnung

Die im letzten Geschäftsbericht ausgesprochenen Befürchtungen über die konfiskatorischen Wirkungen der neuen Bauordnung sind in vollem Umfange zur Tatsache geworden. Am 1. Dezember des abgelaufenen Geschäftsjahres ist eine neue Bauordnung für Groß-Berlin in Kraft getreten, die eine wesentliche Herabzonung und eine verminderte Ausnutzungsfähigkeit aller unbebauten Ländereien vorsieht und damit eine fühlbare Entwertung derselben herbeiführt. Auch unser Besitz wird von diesen Maßnahmen betroffen, obgleich der größte Teil der Gelände an Straßen liegt, deren Ausbau wir auf Grund von Regulierungsverträgen mit den Gemeinden bewirkt haben. Die von uns dabei übernommenen erheblichen Lasten hatten die Ausnutzungsfähigkeit zur Voraussetzung, der die Gelände seinerzeit unterlagen. Um ein Beispiel anzuführen: Für die uns nahestehende Terraingesellschaft Berlin-Südwesten, die den sogenannten Gartenterrassenbezirk Wilmersdorf erschlossen hat, ist im Jahre 1912 eine besondere Bauordnung erlassen worden. Diese ist jetzt aufgehoben zugunsten einer wesentlich verminderten Ausnutzungsfähigkeit. Dabei kann niemand behaupten, dass die im Gartenterrassenbezirk entstandenen Neubauten nicht allen hygienischen Anforderungen entsprechen. Das, was im Jahre 1912, als das Deutsche Reich sich in der Blüte seiner Entwicklung befand, als zweckentsprechend galt, wird in der Zeit der schwersten wirtschaftlichen Depression nicht mehr als genügend erachtet. Derartige Maßnahmen bilden einen Eingriff in wohlerworbene Rechte und stehen im Widerspruch mit der Verfassung, die den Schutz des Eigentums gewährleistet. [...] Gegen eine Verbesserung der Bauweise, die sich in einem vertretbaren Rahmen bewegt, wäre sachlich nichts einzuwenden. Die neue Bauordnung geht aber weit über dieses Ziel hinaus und schafft neben der Entwertung des Grund und Bodens völlig unwirtschaftliche Bauformen. [...]

Bei der völligen Rechtlosigkeit im Bauordnungswesen wird indessen eine privatwirtschaftliche Erschließungstätigkeit dauernd unmöglich gemacht. Wer soll die Millionen für die Erschließung von Gelände aufwenden, wer die für die Errichtung der Bauten notwendigen Kredite den Baulustigen zur Verfügung stellen, wenn er nicht die Sicherheit hat, dass die wirtschaftliche Grundlage der Erschließungstätigkeit auch für die Dauer gewährleistet ist. Wohnungen müssen geschaffen werden, und die Stadtgemeinde wird notgedrungen die Wohnungsversorgung in eigener Regie bewirken müssen, eine Aufgabe, der sie unmöglich gewachsen sein kann.

Geschäftsbericht der Berlinischen Boden-Gesellschaft für 1925.[46]

Zahl der beschäftigten Arbeiter stieg auf 3.300 im Jahresdurchschnitt bzw. 4.100 im Spitzen-
monat Juli. Auch die folgende Wirtschaftskrise überstand die Gesellschaft vergleichsweise
gut. Durch einen hohen Auftragsbestand und ihren guten Ruf, der ihr immer wieder Aufträge
zu auskömmlichen Preisen bescherte, fing sie den Abschwung einigermaßen auf. Bei stark
zurückgehender Bilanzsumme konnte sie die Ergebnisse einigermaßen halten. Im Spitzenjahr
1929 hatte der Umsatz der Berlinischen Boden-Gesellschaft 56 Mio. RM betragen, 1930 waren
es 50 Mio. und für 1931 rechnete Georg Haberland immer noch mit über 40 Mio. RM. Zudem
verfügte das Unternehmen über hohe stille Reserven.[47] Erst in der zweiten Hälfte des Jahres
1931 ging das Geschäft deutlich zurück, denn auch die Notverordnungen des Reichskanzlers
Heinrich Brüning zur zwangsweisen Senkung der Hypothekenzinsen und Reduktion der Mieten
konnten den Niedergang des Wohnungsbaus nicht aufhalten.

Jahr	Bilanz-summe	davon Eigen-kapital	davon Fremd-kapital	Betriebs-ergebnis	davon aus Bauausführ-ungen und Konsortial-beteiligungen	Bilanz-ergebnis	Dividende	in Berlin beschäftigte Arbeiter
1924	6,0	3,9	2,1	1,07	0,95	0,63	15 %	k. A.
1925	10,2	3,8	6,4	0,92	0,89	0,51	12 %	1.300
1926	11,8	3,9	7,9	1,07	1,03	0,55	12 %	1.600
1927	14,0	4,0	10,0	1,24	1,18	0,68	12 %	1.700
1928	16,3	4,2	12,1	1,35	1,28	0,68	12 %	1.800
1929	20,1	4,3	15,8	1,47	1,40	0,68	12 %	3.300
1930	20,0	4,4	15,6	1,38	1,30	0,71	12 %	2.500
1931	13,9	4,7	9,2	1,29	1,21	0,46	8 %	k. A.
1932	11,8	4,6	7,2	1,45	1,07	0,35	7 %	k. A.

Bilanzkennzahlen
der Berlinischen
Boden-Gesellschaft
1924–1932
(Mio. RM)[48]

1931/32: RELATIVE STABILITÄT UND ZUVERSICHT, AUCH IN DER GROSSEN KRISE

1930 bestand die Berlinische Boden-Gesellschaft seit 40 Jahren. Ein Jahr später, am 14. August 1931, beging Georg Haberland seinen 70. Geburtstag. Vier Jahrzehnte lang war er mit
großem Erfolg und gutem Gespür für unternehmerische Möglichkeiten auf dem Wohnungs- und
Bausektor tätig gewesen. Dabei hatte er stets Interesse, Kompetenz und Engagement für die

Geschäftshaus am
Alexanderplatz, Berlin,
1931

Georg Haberland an
seinem 70. Geburtstag,
1931

politisch-gesellschaftliche Seite des Geschäfts entwickelt. Im Lauf ihrer Geschichte hatte die Berlinische Boden-Gesellschaft gute und schlechte, überschaubare und wirre Zeitläufe erlebt. Die Führung – bestehend aus Georg Haberland, seinem Sohn Kurt (1896–1942), Wilhelm Combecher, Edmund Dallmann und dem stellvertretenden Vorstandsmitglied Moniek Rybier – blickte trotz der kritischen Lage der Bauwirtschaft und insbesondere des Wohnungsbaus einigermaßen zuversichtlich in die Zukunft. Auf die eigene technische und kaufmännische Kompetenz, auf Renommee und Kundenbeziehungen war Verlass, und der immer noch bestehende Wohnungsbedarf schien auf Jahre hinaus Arbeit zu bieten. Inwieweit die politische Entwicklung der Unternehmensleitung Sorgen machte, lässt sich nicht sagen. Angesichts der Propaganda gegen die „jüdischen Spekulanten" bestand zweifellos Anlass zu ernsthaften Befürchtungen. Gerade die Bekanntheit und öffentliche Bedeutung des Unternehmens, dazu die Person Georg Haberlands sollten dafür sorgen, dass es bald nach der „Machtergreifung" durch die Nationalsozialisten zur Zielscheibe heftiger politischer Angriffe wurde.

„… ein lebhafter Umsatz in sogenannten Wochenendparzellen"

Bau- und Grundstücksmarkt in der Wirtschaftskrise 1932

Auf dem Grundstücksmarkt sind Umsätze in unbebauten Geländen für den Hochbau kaum erfolgt. Dagegen hat sich, namentlich zu Anfang des Berichtsjahres, ein lebhafter Umsatz in sogenannten Wochenendparzellen entwickelt, die mit geringen Anzahlungen und Ratenzahlungen von den Verkäufern angeboten werden. Im Nachklang der Finanzkrise vom Jahre 1931 hatten manche Kreise ihre Ersparnisse in bar selbst aufbewahrt und legen sie nun in derartigem Grundbesitz an. Die Bestimmungen über die Bebauung solcher Parzellen sind wesentlich gelockert worden. Auch hat die Arbeitslosigkeit dazu geführt, dass in sogenannter Schwarzarbeit die Bebauung solcher Parzellen möglich geworden ist. Es ist so eine ganze Reihe von kleineren Eigenheimen entstanden. Darin wohnen nicht Neuhinzugezogene, sondern meist Leute, die ihre Wohnungen in alten Häusern aufgeben und das Wohnen außerhalb der Stadt vorziehen. Von nennenswertem entlastenden Einfluss auf den Wohnungsmarkt ist diese Bewegung bisher nicht gewesen. [...]

Die rückläufige Bewegung auf dem Bau- und Grundstücksmarkt ist natürlich auch auf die Betätigung der Gesellschaft im Berichtsjahr nicht ohne Einfluss geblieben. Die einschneidende Einschränkung des Wohnungsbaues versuchte die Gesellschaft durch andere Bauaufgaben, denen sie sich widmete, wenigstens zum Teil wettzumachen. So hat sie beispielsweise ihren Apparat in den Dienst der vorstädtischen Randsiedlung gestellt. Über den Rahmen der Randsiedlung hinausgehend hat sie sich ferner auch auf dem Gebiet des ländlichen Siedlungswesens betätigt. Auch im Tiefbau hat die Gesellschaft Aufgaben kleineren Umfangs durchgeführt. Vorwiegend ist aber nach wie vor der Wohnungsbau in der durch die Verhältnisse bedingten Form, das heißt die Erstellung von Kleinstwohnungen, gepflegt worden. Trotz aller Bemühungen konnte jedoch eine weitere Abnahme des Beschäftigungsgrades der Gesellschaft nicht verhütet werden. […]

Die wirksamste Bekämpfung der Arbeitslosigkeit ist die Errichtung von Bauten, die einen dauernden Ertragswert haben, und bei denen ein hoher Lohnanteil, gemessen an den Gesamtkosten, in Erscheinung tritt. Im Hochbau, insbesondere bei der Neuerstellung von Wohnungen, ist dieser Lohnanteil auf mindestens 75 Prozent einschließlich des Lohnanteils für Herstellung der Baustoffe zu schätzen. Nach dem Durchschnittseinkommen eines Arbeiters im Baufach und den von ihm abhängigen Gewerben berechnet, finden bei der Errichtung einer Normalwohnung 2,72 Arbeiter auf die Dauer eines Jahres Beschäftigung.

Geschäftsbericht Berlinische Boden-Gesellschaft 1932.[49]

1933: ENDE DER BISHERIGEN ENTWICKLUNG UND TOD GEORG HABERLANDS

Das Jahr 1933 brachte für die Berlinische Boden-Gesellschaft eine Reihe gravierender Umbrüche. In der Diktion der Nationalsozialisten galt das Unternehmen als „nichtarisch" und geriet schon bald nach der „Machtergreifung" unter Druck. Vorstand und Aufsichtsrat wurden neu besetzt, aus beiden Gremien schieden die meisten jüdischen Mitglieder aus. Außerdem starb Georg Haberland am 17. November 1933. Innerhalb weniger Monate verlor das Unternehmen einen Großteil seines Führungspersonals. Die Geschäftstätigkeit der BBG beschränkte sich nach 1933 im Wesentlichen auf die Verwaltung des Haus- und Grundbesitzes und die Abwicklung noch laufender Bauprojekte.[50] Die Berlinische Bau-Gesellschaft erhielt ebenfalls ein neues, „arisches" Management. Sie versuchte, ihre enge Verbindung zur BBG zu verbergen, um öffentliche Aufträge zu erhalten. Dies gelang auch teilweise, bis sie 1935 durch ein Unglück beim U-Bahn-Bau in die Schlagzeilen geriet.

Am 11. Mai 1933 schied Kurt Haberland *im Interesse der Gesellschaft* und unter Wahrung seiner vertraglichen Rechte aus dem Vorstand aus. Auch die beiden anderen jüdischen Mitglieder des Gremiums, Edmund Dallmann und Moniek Rybier, legten ihre Ämter nieder.[51] Der Aufsichtsrat wurde ebenfalls umgebildet: Ludwig Bloch vom Vorstand der Dresdner Bank schied aus, sein Kollege Herbert M. Gutmann blieb zwar noch im Aufsichtsrat, er gab jedoch das Amt des Vorsitzenden, das er im November 1932 nach dem Tod Henry Nathans übernommen hatte, an Emil Georg von Stauß von der Deutschen Bank ab, der dem Gremium seit 1925 angehörte. Neu hinzu kamen Walther Frisch als Vertreter der Dresdner Bank sowie der Berliner Kaufmann und Präsident des Großhandelsverbands Paul Rohde. Frisch wurde zum stellvertretenden Vorsitzenden des Aufsichtsrats gewählt.[52]

Der Vorstand der Gesellschaft bestand danach nur noch aus zwei Personen: Willhelm Combecher und dem 71-jährigen Georg Haberland. Da dieser gesundheitlich beeinträchtigt war, wurde sein Sohn Kurt *für den Fall, dass Kommerzienrat Haberland infolge seines Augen-leidens oder aus anderen Gründen sein Amt als Vorstand niederlegt*, zu seinem Nachfolger bestellt.[53] Dieser Fall trat bereits ein halbes Jahr später ein. Am 16. November 1933 notierte der Aufsichtsratsvorsitzende von Stauß: *Kommerzienrat Haberland ist schwer erkrankt und seit gestern früh bewusstlos. Er soll sich in Florenz eine Mageninfektion zugezogen haben, die zu Blinddarm- und Bauchfellreizung führte und zusammen mit der von ihm durchgemachten doppelten Staroperation und anderen seelischen Aufregungen sein Herz so geschwächt hat, dass er nur mit Serum, Kampferspritzen und Pantophonspritzen zur Ruhe kommt.*[54]

Am Tag darauf starb Georg Haberland. In seinem Testament hatte er seine Söhne Kurt und Werner zu gleichen Teilen als Erben eingesetzt, wobei Kurt die Aktien der BBG im Nennwert von 1.530.000 RM, Werner das übrige Vermögen erhalten sollte. Allerdings konnten beide über ihr Erbteil nicht frei verfügen. Werner Haberland war in den Augen seines Vaters *leider zur selbständigen Verwaltung seines Vermögens nicht geeignet, da er als durch und durch ideal veranlagter Mensch gern alles, was er hat, mit denen teilt, die nach seiner Ansicht bedürftig sind, und sich hierbei selbst Entbehrungen auferlegt*. Die Testamentsvollstrecker sollten daher das Werner zustehende Vermögen verwalten und ihm nur die Erträge daraus zukommen lassen. Nachträglich begrenzte Georg Haberland diesen Betrag noch auf 20.000 RM pro Jahr. Werner, der in Überlingen am Bodensee lebte und ein *Obstgut* betrieb, verzichtete auf das Erbe, später emigrierte er in die Schweiz.[55] Auch Kurt konnte über die ihm zufallenden Aktien nicht frei verfügen, er war lediglich beschränkter Vorerbe. Nach seinem Tod sollte das Vermögen der Familie Haberland auf seine Nachkommen übergehen. Für den Fall, dass Kurt unverheiratet sterben sollte, hatte Georg Haberland seine Schwestern Martha Jacoby und Else Indig als Nacherbinnen eingesetzt. Zu Testamentsvollstreckern hatte er folgende Personen bestimmt: seinen Sohn Kurt, seinen Schwager Rechtsanwalt Alexander Indig, Syndikus Werner Feilchenfeld sowie Emil Georg von Stauß.[56]

Auf Wunsch von Kurt Haberland, der ab dem 27. November 1933 wieder als Vorstand am-tierte,[57] und Wilhelm Combecher legte im Februar 1934 auch Herbert M. Gutmann als letztes jüdisches Aufsichtsratsmitglied sein Mandat *mit Rücksicht auf die Interessen der Berlinischen Boden-Gesellschaft* nieder.[58] Danach war die Dresdner Bank, die immerhin 40 Prozent des Grundkapitals der BBG hielt, nur noch mittelbar über Walther Frisch im Aufsichtsrat vertreten.[59] Bereits im Dezember 1933 hatte deshalb Kurt Haberland den Kontakt zu Carl Goetz gesucht, um ihn zum Eintritt in das Gremium zu bewegen. Dieser hatte auch eine Überprüfung seiner Mandate zugesagt und wollte sich der Gesellschaft zur Verfügung zu stellen.[60] Goetz ver-wirklichte seine Absicht jedoch nicht und erst 1937 verstärkte die Dresdner Bank wieder ihr Engagement bei der BBG, indem sie das Vorstandsmitglied Alfred Hölling sowie den Justiziar Ernst Leese in den Aufsichtsrat entsandte. Bis dahin blieb Emil Georg von Stauß an der Spitze des Gremiums. Er war von 1915 bis 1932 Mitglied im Vorstand der Deutschen Bank gewesen und gehörte danach bis 1942 dem Aufsichtsrat des Bankhauses an. Er stand der NSDAP nahe, trat jedoch nie in die Partei ein. 1933 ernannte Hermann Göring ihn zum preußischen Staatsrat und ein Jahr später wurde er Vizepräsident des Reichstags.[61] Aus Sicht des BBG-Vorstands war er daher durchaus eine geeignete Persönlichkeit, um das Unternehmen gegenüber den neuen Machthabern zu repräsentieren, und seine Empfehlungsschreiben für die BBG an Dienststellen der Reichsbahn blieben nicht ohne Wirkung.[62] Da die Deutsche Bank jedoch an der BBG finanziell nicht beteiligt war, stand das Unternehmen sicher nicht im Zentrum der Interessen von Stauß, sondern wurde von ihm eher nebenbei betreut.

IN DER NISCHE: AKTIVITÄTEN IN PALÄSTINA

Zwischen 1933 und 1939 tolerierte das NS-Regime die Auswanderung von Juden nach Palästina. Im Rahmen des „Haavara-Transfers" konnten Auswanderungswillige Guthaben auf Sperrmarkkonten einzahlen und erhielten dafür Sachwerte in Palästina. Die Haavara verwendete die angesammelten Gelder für den Import deutscher Waren nach Palästina.[63] Kurt Haberland, der über gute Kontakte zum „General Manager" der Haavara, dem nach Palästina ausgewanderten Werner Feilchenfeld verfügte, sah darin eine Chance für die BBG. Zunächst wurde die Export-Bau- und Handels GmbH gegründet, sie exportierte Baumaterialien nach Palästina. Darüber hinaus bestand die Absicht, direkt in das Baugeschäft innerhalb des britischen Mandatsgebiets einzusteigen. Nachdem ein Vertreter der BBG kooperationswillige Partner in Palästina ausfindig gemacht hatte, reiste Kurt Haberland im April 1934 selbst nach Tel Aviv, um die Gründung einer Beteiligungsgesellschaft unter Dach und Fach zu bringen.[64] Zusammen mit der Anglo-Palestine-Bank wurde im August 1934 das Palestine Building Syndicate Ltd. (PBS) gegründet. Das Stammkapital dieser Gesellschaft betrug 60.000 Palästina-Pfund, dessen Kurs an das Pfund Sterling gekoppelt war. Die BBG übernahm die Hälfte des Stammkapitals und leistete dafür eine Sacheinlage in Form von Baumaterialien, die mit Genehmigung der Reichsstelle für Devisenbewirtschaftung exportiert wurden. Als Treuhänder der BBG schloss Kurt Haberland die entsprechenden Verträge mit der Anglo-Palestine-Bank und zeichnete die der BBG zustehenden Aktien des PBS.[65] Anfang 1935 nahm das Unternehmen die Bautätigkeit in Palästina auf, zwei Jahre später beschäftigte es 20 Angestellte und Vorarbeiter sowie rund 400 Arbeiter. Nach einem Verlust von 1,5 Mio. Pfund im Jahr 1935, erzielte es 1936 einen Gewinn von rund einer Million Pfund.[66]

IM FADENKREUZ DES NS-REGIMES: UNGLÜCK BEIM U-BAHN-BAU IN BERLIN

Die Berlinische Bau-Gesellschaft war in den dreißiger Jahren mit zwei Losen am Bau der Nord-Süd S-Bahn beteiligt, die im Stadtzentrum unterirdisch verläuft. Am 20. August 1935 ereignete sich auf der Baustelle in der Friedrich-Ebert-Straße (damals Hermann-Göring-Str.) beim Brandenburger Tor ein Unglück. Die Wände der offenen Baugrube stürzten ein, 19 Arbeiter wurden verschüttet und kamen ums Leben. Joseph Goebbels, der das Unglück angeblich beobachtet hatte, schaltete sich persönlich ein und ließ Bergarbeiter aus dem Ruhrgebiet anrücken, welche die Verschütteten retten sollten. Im April 1936 kam es zu einem Prozess wegen fahrlässiger Tötung, bei dem Goebbels als Augenzeuge auftrat. Angeklagt waren der

Adolf Hitler und Joseph Goebbels bei der Besichtigung der Unglücksstelle, 25. August 1935

Eingestürzte Baugrube der Nord-Süd S-Bahn, 20. August 1935

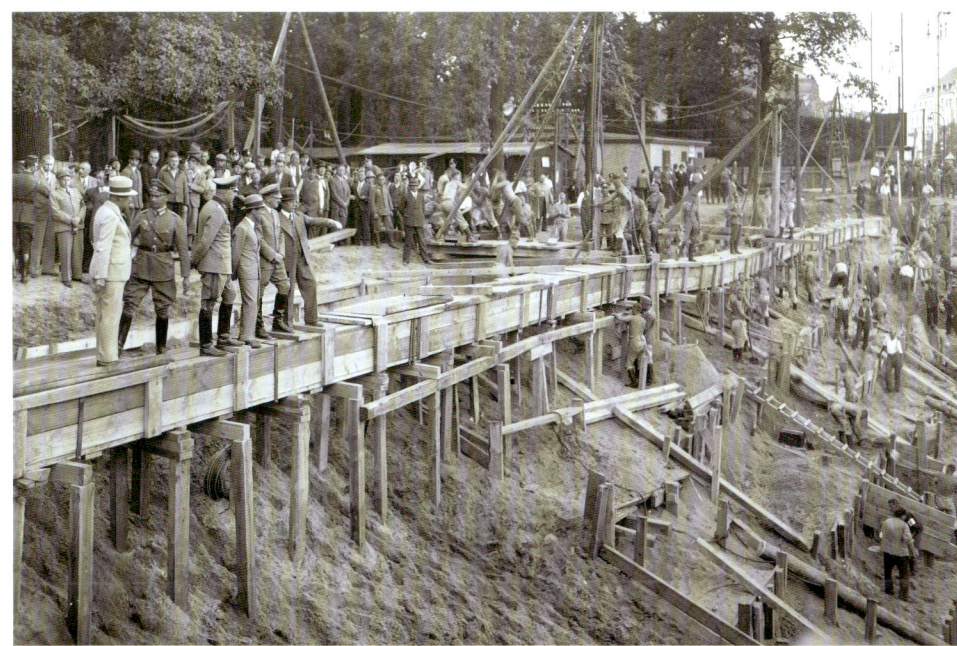

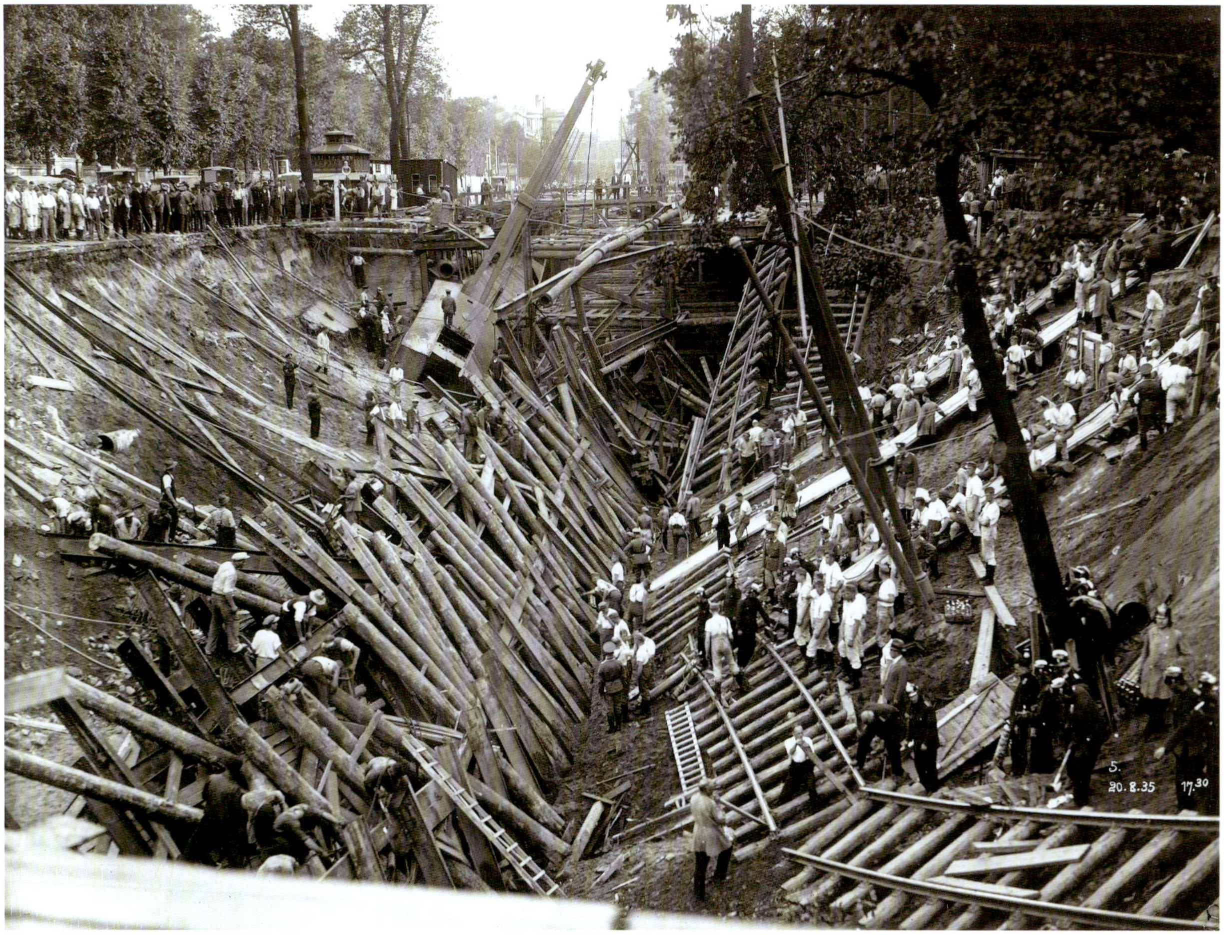

Geschäftsführer der Berlinischen Bau-Gesellschaft, Hugo Hoffmann, der örtliche Bauleiter und drei Mitarbeiter der Reichsbahn.[67]

Bereits im Vorfeld des Verfahrens wurde das Unternehmen zur Zielscheibe der NS-Propaganda. Insbesondere das Besitzverhältnis zwischen BBG und Berlinischer Bau-Gesellschaft wurde untersucht, wobei die Frage im Raum stand, ob diese als vermeintlich „arisches" Unternehmen zur Tarnung *jüdischen Kapitals* diene, um der BBG zu öffentlichen Aufträgen zu verhelfen. Da die Bau-Gesellschaft außerdem kein ausgewiesenes Tiefbauunternehmen war, wie beispielsweise Julius Berger oder Gottlieb Tesch, die beim Bau der Nord-Süd S-Bahn in benachbarten Losen unter den Linden und am Potsdamer Platz arbeiteten, kam auch die Frage auf, ob bei der Auftragsvergabe eventuell Korruption im Spiel gewesen sei.[68] Der Grundtenor der Vorwürfe lautete im Sinne der NS-Propaganda: „Jüdisches Spekulantentum gefährdet das Leben deutscher Arbeiter".

Sowohl Wilhelm Combecher vom Vorstand der BBG als auch Hugo Hoffmann betonten in Stellungnahmen zur Anklageschrift, dass die Bau-Gesellschaft ein von der BBG unabhängiges Unternehmen im Besitz der Dresdner Bank sei. Letzterer hob besonders hervor, dass er als langjähriger Parteigenosse und SA-Mann 1933 im Auftrag der Bank in die Geschäftsführung der Bau-Gesellschaft berufen worden sei und diese *völlig im nationalsozialistischen Geist umgestellt* habe: *Jedes jüdische Element wurde entfernt.*[69] Ein von der Staatsanwaltschaft beauftragter Gutachter kam jedoch zu einem anderen Ergebnis. Zwar war die Dresdner Bank formell alleinige Gesellschafterin der Bau-Gesellschaft, aber *zu keiner Zeit an den Verlusten oder Ertragsüberschüssen der Gesellschaft interessiert. Die Gewinnausschüttungen vereinnahmte die Berlinische Boden-Gesellschaft.* Auch organisatorisch und räumlich war das Unternehmen eng mit der Boden-Gesellschaft verzahnt und Wilhelm Combecher nahm eine übergeordnete Funktion in der Geschäftsführung der Bau-Gesellschaft wahr. Der Gutachter kam zu folgendem Schluss: *Die wirtschaftliche Verbundenheit beider Gesellschaften ist [...] so eindeutig, dass als wirtschaftlicher Eigentümer der Berlinischen Bau-Gesellschaft nur die Berlinische Boden-Gesellschaft angesehen werden kann. Sie allein trug das volle Risiko beim Kapitalverlust und war alleinige Nutznießerin der Dividende. [...] Die weitere Frage, wieviel jüdisches Kapital an der Berlinischen Boden-Gesellschaft beteiligt ist, beantwortet sich aus der Aktien-Kapitalsübersicht am Anfang dieses Gutachtens; es sind hiernach mindestens 56 % in jüdischem Besitz.*[70] [...]

Auch der Aufsichtsratsvorsitzende Emil Georg von Stauß wurde in den Prozess mit hineingezogen. Da er im Februar 1934 ein Empfehlungsschreiben für Combecher und Hoffmann an die Reichsbahndirektion geschickt hatte, sah er sich unangenehmen Fragen des Staatsanwalts ausgesetzt und bestätigte ungewollt dessen Unterstellung einer engen Verbindung zwischen Boden- und Bau-Gesellschaft. So war ihm insbesondere nicht bewusst gewesen, dass Hoffman kein Angestellter der BBG war, denn in dem Empfehlungsschreiben an die Reichsbahn hatte er ihn der Direktion der Boden-Gesellschaft zugeordnet. Dieses Schreiben basierte allerdings auf einem Entwurf Combechers, worüber sich von Stauß heftig beim Vorstand der BBG beschwerte. Außerdem kritisierte er die mangelhafte Information über die *Vorgänge und den Aufbau des Prozesses* und vor allem die *Stellungnahmen, in denen mein Name herumgezogen wird und merkwürdige Betrachtungen im Zusammenhang damit angestellt werden.*[71] Dies war in erster

Linie auf Hoffmann gemünzt, der sich in seiner Stellungnahme zur Anklageschrift einerseits auf von Stauß berufen, ihm andererseits aber Unkenntnis der Verhältnisse bei der BBG vorgeworfen hatte.[72] Von Stauß fühlte sich vom Vorstand illoyal behandelt und erklärte daher am 31. März 1936 seinen Austritt aus dem Aufsichtsrat der Berlinischen Boden-Gesellschaft.[73]

„… dass Herr von Stauß die vorliegenden Verhältnisse nicht überblickte."

Hugo Hoffmanns Verteidigungsstrategie

Dagegen habe ich niemals gesagt, dass nicht eine Geschäftsverbindung mit der Bodengesellschaft bestand, sondern habe bei allen Gelegenheiten darauf hingewiesen, dass mir die Bodengesellschaft als Auftraggeberin [für die Berlinische Bau-Gesellschaft, d. Verf.] *willkommen sein müsse, so wie andere zahlungsfähige Privatunternehmen und Behörden. Sollte ich etwa als Nationalsozialist gegen eine Geschäftsverbindung mit einer Firma Bedenken haben, deren Aufsichtsratsvorsitzender ein vom Ministerpräsidenten Göring ernannter Staatsrat und Vizepräsident des Deutschen Reichstags und deren Geschäftsführer* [Wilhelm Combecher, d. Verf.] *ein Pg der NSDAP ist? Der Empfehlungsbrief dieses Staatsrats, Herrn Dr. von Stauß, ist mir erst hinterher zur Kenntnis gekommen; er enthält derartige Irrtümer, dass noch nicht einmal der Ankläger behauptet, ich hätte ihn vorher gekannt. Obwohl der aber aus seinem Inhalt hervorgeht, dass Herr von Stauß die vorliegenden Verhältnisse nicht überblickte, zieht die Anklage Folgerungen aus ihm, die naturgemäß falsch sein müssen.*

Auszug aus der Stellungnahme Hugo Hoffmanns zur Anklageschrift.[74]

ENDE DER ÄRA HABERLAND: DIE „ARISIERUNG" DER BERLINISCHEN BODEN-GESELLSCHAFT

Spätestens durch das Unglück und den nachfolgenden Prozess waren die Nationalsozialisten verstärkt auf die BBG als „jüdisches" Unternehmen aufmerksam geworden. Eine „Arisierung" der Gesellschaft lag in der Luft, wobei durchaus die Gefahr einer Beschlagnahme des Vermögens durch staatliche Stellen bestand. Um dies zu verhindern, intensivierte die Dresdner Bank ihren Einfluss auf die BBG. Im März 1937 wurde der Aufsichtsrat neu besetzt: Hinzu kamen Alfred Hölling, Vorstandsmitglied der Dresdner Bank, Ernst Leese, der Justiziar der Bank, sowie Hermann Pünder, ehemaliger Zentrumspolitiker und Staatssekretär bei Heinrich Brüning. Pünder wurde zum Vorsitzenden gewählt, Walther Frisch amtierte als sein Stellvertreter.[75]

Im Herbst 1937 verschärfte das Regime den Druck auf Kurt Haberland, wegen angeblicher „Rassenschande" wurde er zeitweilig in Untersuchungshaft genommen.[76] Der Aufsichtsrat beschloss daraufhin am 7. Oktober 1937 seine Abberufung aus dem Vorstand. Alleiniges Vorstandsmitglied war danach Wilhelm Combecher.[77] Nachdem der Vorstand mit dem Ausscheiden Haberlands „arisch" geworden war, drängte der Aufsichtsrat auch auf eine Bereinigung der Besitzverhältnisse. 1937 befanden sich noch 57 Prozent des Aktienkapitals in „nichtarischen" Händen: 1.530.000 RM aus dem Nachlass von Georg Haberland verwalteten die Testamentsvollstrecker; Kurt Haberland hielt persönlich 150.000 RM, da er im April und Juli 1937 die Anteile von Henry Nathan, Herbert M. Gutmann und Wilhelm Kleemann übernommen hatte; hinzu kamen noch 30.000 RM im Besitz des ehemaligen Dresdner-Bank-Vorstands Ludwig Bloch. Unter dem Druck der Verhältnisse war Kurt Haberland schließlich bereit, Aktien aus dem Nachlass seines Vaters im Nennwert von 530.100 RM an die BBG abzugeben. Die Nachlassverwalter erhielten dafür sämtliche von der BBG gehaltenen Anteile des Palestine Building Syndicate im Nennwert von 30.000 Pfund, die jedoch nicht zur freien Verfügung standen, sondern in einem Depot der Deutschen Devisenbank hinterlegt werden mussten.[78] Damit waren im Juli 1938 knapp 61 Prozent des Aktienkapitals der BBG „arisiert".

Nach den Bestimmungen der im Juni 1938 erlassenen dritten Verordnung zum Reichsbürgergesetz galt allerdings ein Unternehmen als „jüdisch", wenn Juden mit mehr als 25 Prozent am Kapital beteiligt waren. Das Reichswirtschaftsministerium verlangte daher, den Anteil Haberlands auf weniger als ein Viertel zu reduzieren. Der nächste Schritt zur „Arisierung" erfolgte im November 1938. Um Nachteile für die Gesellschaft zu vermeiden, musste Kurt Haberland der Abgabe sämtlicher Aktien aus dem Nachlass seines Vaters zustimmen. Sie wurden zunächst von der BBG selbst übernommen und von dieser einige Wochen später weitergegeben: Papiere im Nennwert von 292.200 RM gingen an die Dresdner Bank, 120.900 RM übernahm das Aufsichtsratsmitglied Paul Rohde, 150.000 RM Haberlands ehemaliger Vorstandskollege Wilhelm Combecher, der auch das Paket von Ludwig Bloch im Wert von 30.000 RM erwarb. Die Übernahme erfolgte überwiegend zu pari, nur die Dresdner Bank zahlte etwas mehr, nämlich 108 Prozent des Nennwerts.[79] Über dieses Geld konnte Kurt Haberland jedoch ebenso wenig frei verfügen wie über die noch in seinem Besitz verbliebenen BBG-Aktien im Nennwert von 586.800 RM (19,5 %), die er bei zwei Berliner Finanzämtern zur Sicherung eventueller Steuernachzahlungen, der ihm bereits im März 1937 wegen zahlreicher Auslandsreisen auferlegten „Reichsfluchtsteuer" sowie der gegen ihn verhängten „Judenvermögensabgabe" hinterlegen musste. Aus diesem Grund scheiterten auch seine Auswanderungspläne, die er wohl um die Jahreswende 1938/39 hegte.[80]

Am 25. September 1941 wurde Kurt Haberland von der Gestapo verhaftet und bald darauf ins KZ Mauthausen deportiert, wo er am 5. Juni 1942 starb. Aus dem Gestapo-Gefängnis heraus ernannte er den Rechtsanwalt Ernst Lührse zu seinem Generalbevollmächtigten, der auch die BBG-Aktien verwaltete. Seinen persönlichen Nachlass im Wert von rund 100.000 RM vermachte Haberland seiner schwedischen Verlobten Dagmar Jonsson. Noch vor dem Tod Haberlands verkaufte Lührse die restlichen BBG-Aktien an die Dresdner Bank, an Wilhelm Combecher, die Aufsichtsratsmitglieder Ernst Leese und Hermann Pünder sowie an Carl Goetz vom Vorstand der Dresdner Bank. Der Kaufpreis wurde nicht bar, sondern in Reichsschatzanweisungen bezahlt, die zu Gunsten der Staatskasse eingezogen wurden.[81] Rund 50 Jahre nach Gründung der Berlinischen Boden-Gesellschaft war damit die Ära der Familie Haberland zu Ende und das Unternehmen befand sich zu fast 64 Prozent im Besitz der Dresdner Bank.

	1933	1937	Juli 1938	November 1938
Dresdner Bank	1.200.000	1.200.000	1.200.000	1.492.200
Nachlass Georg Haberland	1.530.000	1.530.000	710.100	
Kurt Haberland		150.000	439.800	586.800
Waldemar Müller	90.000	90.000	90.000	90.000
Ludwig Bloch	30.000	30.000	30.000	
Henry Nathan	90.000			
Herbert M. Gutmann	30.000			
Wilhelm Kleemann	30.000			
BBG			530.100	530.100
Wilhelm Combecher				180.000
Paul Rohde				120.900

Aktionäre der Berlinischen Boden-Gesellschaft 1933–1938 (Anteile in RM)[82]

	1942
Dresdner Bank	1.912.200
BBG	530.100
Wilhelm Combecher	304.500
Paul Rohde Erben	120.900
Franziska Müller	90.000
Ernst Leese	14.100
Hermann Pünder	14.100
Carl Coetz	14.100

Aktionäre der Berlinischen Boden-Gesellschaft 1942 (Anteile in RM)[83]

EPILOG: DAS RESTITUTIONSVERFAHREN NACH DEM ZWEITEN WELTKRIEG

Nach Ende des Zweiten Weltkriegs nahm Ernst Lührse die Interessen der BBG in Berlin wahr, während Wilhelm Combecher das Unternehmen in Hamburg neu aufbaute.[84] Sowohl Lührse als auch Combecher waren durchaus um einen Ausgleich mit den Erben Haberlands bemüht, die 1948 die Rückerstattung der „arisierten" Aktien beantragten. Georg Haberland hatte testamentarisch seine beiden Schwestern als Nacherbinnen für die BBG-Aktien eingesetzt, falls seine Söhne unverheiratet sterben sollten. Da dies für Kurt Haberland zutraf und sein Bruder Werner auf das Erbe verzichtet hatte, schienen zunächst die Nachkommen von Georg Haberlands Schwestern Martha Jacoby und Else Indig anspruchsberechtigt zu sein. Dies waren Edith Hermanns, geb. Jacoby, aus Stockholm und der noch minderjährige Shlomo Schindler aus Tel Aviv. Für das Wiedergutmachungsverfahren war das Landgericht Hamburg zuständig. Die Erben machten geltend, dass bei der ersten „Arisierung" der Wert der Anteile am Palestine Building Syndicate, die Haberland im Austausch gegen die BBG-Aktien erhalten hatte, niedriger als der Wert der Aktien gewesen sei. Die zweite „Arisierung" im November 1938 sei ein Zwangsverkauf auf Grund der damaligen gesetzlichen Bestimmungen gewesen und Haberland habe über den Gegenwert nicht frei verfügen können. Und bei der dritten „Arisierung" 1942 hätten Haberland bzw. seine Erben überhaupt keinen Gegenwert erhalten.[85]

Die Erben klagten gegen alle, die im Zuge der „Arisierung" Aktien übernommen hatten: die BBG, die Dresdner Bank, Wilhelm Combecher, Ernst Leese, Hermann Pünder, Carl Goetz sowie die Erben Paul Rhodes. Sie verlangten zunächst eine Rückgabe der Anteile, zeigten sich dann aber zu einer Vergleichslösung bereit, die 1951 vereinbart wurde. Die Dresdner Bank zahlte 154.430 DM für die von ihr übernommenen Aktien sowie für diejenigen von Pünder, Leese und Götz im Nennwert von insgesamt 754.500 RM, d.h. rund 20 Pfennige pro Reichsmark. Im Fall der BBG betrug der rechnerische Gegenwert rund 25 Pfennige, sie zahlte 133.600 DM für Aktien im Nennwert von 530.100 RM. Wesentlich günstiger waren die mit Wilhelm Combecher vereinbarten Konditionen, der für seine Aktien im Nennwert von 304.500 RM lediglich 15.225 DM zahlen musste, was einer Relation von 0,05 Pfennigen pro Reichsmark entsprach. Die Anspruchsberechtigten gestanden ihm dabei zu, dass er sich während des NS-Regimes für die Belange der Familie Haberland eingesetzt hatte.[86] Die Erben von Paul Rohde weigerten sich als einzige, eine Pflicht zur Wiedergutmachung anzuerkennen. Der Rechtstreit mit ihnen zog sich noch bis 1957 hin und wurde dann ebenfalls mit einem Vergleich beendet.[87]

Im Verlauf des Verfahrens kam es 1954 noch zu einer überraschenden Wendung: Dagmar Laurell, geb. Jonsson, die ehemalige Verlobte Kurt Haberlands, machte ebenfalls Ansprüche geltend. Sie konnte nachweisen, dass sie 1941 einen Ehevertrag mit Kurt Haberland geschlossen hatte und wurde gemäß einem Berliner *Gesetz über die Anerkennung freier Ehen rassisch, politisch und religiös Verfolgter* rückwirkend zum 15. Oktober 1941 zu dessen Ehefrau erklärt. Dagmar Laurell beanspruchte nicht nur das persönliche Vermögen Kurt Haberlands, sondern auch die BBG-Aktien aus dem Nachlass Georg Haberlands. Edith Herrmanns und Shlomo Schindler, die bis dahin als erbberechtigt angesehen waren, erhoben Einspruch, hatten aber keinen Erfolg. Dagmar Laurell wurde 1956 durch eine Entscheidung des Berliner Senators für Justiz als Ehefrau, bzw. Witwe Kurt Haberlands und damit als rechtmäßige Erbin anerkannt.[88]

TEIL 2

WIEDERAUFBAU UND WIRTSCHAFTSWUNDER
GRÜN & BILFINGER, JULIUS BERGER UND BERLINISCHE BODEN-GESELLSCHAFT / BAUBOAG VON 1945 BIS 1965

In der Entwicklungsgeschichte des Unternehmens von den drei Vorgänger-Gesellschaften zur heutigen Bilfinger Berger AG stellen das Kriegsende 1945 sowie die beiden anschließenden Jahrzehnte eine wichtige Übergangsphase dar. Auch wenn das spätere Zusammengehen damals noch in keiner Weise absehbar war, wurden die Weichen dafür doch lange vor der eigentlichen „Fusionsepoche" der Jahre 1969 bis 1975 gestellt. Mit dem Umzug der beiden Berliner Gesellschaften nach Westen näherten sich die drei Unternehmen nicht nur räumlich einander an, vor allem wurden Berlinische Boden-Gesellschaft und Julius Berger nun zu westdeutschen Bauunternehmen. Verbleibender Besitz in der ehemaligen Reichshauptstadt wurde nach und nach verkauft, soweit er nicht enteignet worden war. Die Berliner Niederlassungen und Tochtergesellschaften verloren an Bedeutung oder wurden liquidiert. In gleicher Weise wie Grün & Bilfinger nahmen Julius Berger und die Berlinische Boden-Gesellschaft seither an der Entwicklung der 1949 gegründeten Bundesrepublik teil. Dabei unterlagen sie denselben ökonomischen, politischen und gesellschaftlichen Rahmenbedingungen. Trotz der Unterschiede in Spezialisierung und Schwerpunktbildung setzte damals eine konvergierende Entwicklung ein. Sie sollte die drei Vorläufergesellschaften der Bilfinger Berger AG auf längere Sicht zu kompatiblen Fusionspartnern machen. Auch die Dresdner Bank, Großaktionärin aller drei Baugesellschaften und wichtigster Akteur bei ihrer Fusion, erlebte in der Nachkriegszeit gravierende Wandlungen: Nach dem Krieg hatten die Alliierten sie im Zuge der Dezentralisation des deutschen Bankwesens zunächst in elf Nachfolgeinstitute zerlegt. Aus ihnen entstanden 1952 die drei Regionalbanken Rhein-Main Bank AG in Frankfurt am Main, Rhein-Ruhr Bank AG in Düsseldorf und Hamburger Kreditbank AG. Erst 1957 wurden diese Gesellschaften in der neuen Dresdner Bank AG wieder zusammengeführt. In West-Berlin durfte die Bank auf Grund der Bestimmungen des alliierten Kontrollrats nicht unter ihrem alten Namen firmieren. Daher war sie dort durch eine Tochtergesellschaft, die Bank für Handel und Industrie, vertreten.[1]

Sichtung des Bestandes und Neuaufbau, unternehmerische Neuausrichtung und Wiederaufstieg erfolgten bei Grün & Bilfinger in Mannheim wie bei Julius Berger in Wiesbaden und der Berlinischen Boden-Gesellschaft (seit 1955 BAUBOAG) in Hamburg bzw. Düsseldorf vor dem Hintergrund einer zunächst langsam in Gang kommenden, seit den 1950er-Jahren geradezu stürmischen Entwicklung der Bauindustrie. Den Rahmen für diese Entwicklung gab die beispiellose Expansion der Volkswirtschaft im Zeichen des bundesdeutschen Wirtschaftswunders vor. Die Kriegszerstörungen an Gebäuden und Infrastruktur, der enorme Reparatur- und Nachholbedarf, immer mehr aber die permanent neu entstehende Nachfrage nach Bauten aller Art und später auch das wieder in Gang kommende Auslandsgeschäft boten den Unternehmen eine Reihe nahezu unerschöpflicher Arbeitsgebiete in einem insgesamt günstigen gesamtwirtschaftlichen Umfeld.

Einen einfachen und dennoch höchst aussagekräftigen Indikator für die großen ökonomischen Veränderungen bildet die Wachstumskurve des Sozialprodukts. Sie zeigt die teilweise beeindruckenden jährlichen Zuwachsraten, aber auch den langfristig rückläufigen Trend, wobei der Zeitraum zwischen 1967 und 1973 das Ende der ökonomischen Rekonstruktionsperiode markiert. Damit spiegelt sie deutlicher als alle anderen volkswirtschaftlichen und unternehmensbezogenen Datenreihen das Szenario wider, in welches die drei Unternehmen und die Bauindustrie mit allen positiven und negativen Konsequenzen fest eingebunden waren.[2] Zum besseren Verständnis der Entwicklung von Grün & Bilfinger, Julius Berger und Berlinischer Boden-Gesellschaft / BAUBOAG sollen zunächst die hauptsächlichen Entwicklungslinien der Bauwirtschaft im gesamtvolkswirtschaftlichen Kontext vom Ende des Zweiten Weltkriegs bis in die 1960er-Jahre skizziert werden.

Wachstumsraten und Trendkurve des Sozialprodukts in der Bundesrepublik 1951–1981[3]

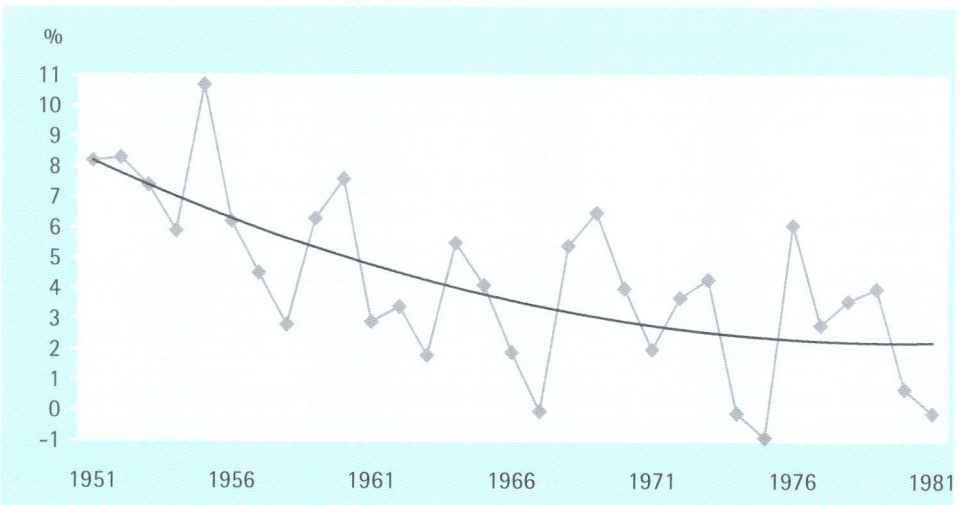

DEUTSCHLAND 1945:
RUINENLANDSCHAFTEN, WOHNUNGSNOT UND BAUBEDARF

Der Bombenkrieg hatte die deutschen Städte weitgehend in Trümmer gelegt. Im Gebiet der späteren Bundesrepublik war durchschnittlich etwa ein Fünftel des Wohnraums zerstört. In den größeren Städten lag dieser Anteil doppelt so hoch und gut drei Dutzend Groß- und Mittelstädte hatten mehr als die Hälfte ihres Wohnraums verloren.[4] 1945/46 standen für die etwa 13,7 Mio. Haushalte in den drei westlichen Besatzungszonen nur 8,7 Mio. Wohnungen zur Verfügung. Der anschwellende Zustrom von Heimatvertriebenen sowie Zuwanderern aus der sowjetischen

Besatzungszone verschärfte diese Notlage. Ebenso gravierend wie die Wohnungsverluste waren die Einbußen bei der Verkehrsinfrastruktur sowie bei Geschäfts- und Fabrikbauten.

Wiederaufbau bedeutete zunächst „Enttrümmerung", wie die Zeitgenossen es nannten, und behelfsmäßige Reparatur, erst anschließend Neubau. Dieser wurde erschwert durch Verluste an Produktionsmitteln, Materialmangel sowie durch beklemmende Kapitalknappheit und hohe Zinsen. Qualifizierte Arbeitskräfte waren dagegen trotz der hohen Kriegsverluste in ausreichender Zahl vorhanden. Positiv wirkte sich vor allem die Entscheidung der Westalliierten aus, den Wiederaufbau und die Wiederherstellung der Wirtschaftskraft in ihren Besatzungszonen zu fördern. Dahinter stand nicht nur der Wunsch, Deutschland auf längere Sicht wieder unabhängig von ausländischer Hilfe zu machen, sondern auch das politische Ziel, gegen die in Europa immer mehr dominierende Sowjetunion ein politisch starkes und ökonomisch gesundes Gegengewicht zu schaffen. Dies ließ sich aber nur erreichen, wenn auch Deutschland gestärkt wurde. Beendigung der Demontagen, Verschmelzung der westlichen Besatzungszonen, massive finanzielle Hilfe durch den im Sommer 1947 verkündeten Marshall-Plan sowie die Währungsreform vom Juni 1948 markierten die Wende. Zwischen Frühjahr 1948 und 1951 flossen insgesamt etwa 13 Mrd. Dollar über das European Recovery Programme – so der offizielle Name des Marshall-Plans – nach Europa. Davon erhielten (West-) Deutschland und Berlin 1,7 Mrd. Dollar an so genannten GARIOA-Hilfsgeldern (Government Aid and Relief in Occupied Areas) sowie 1,6 Mrd. Dollar an Krediten.[5] Dieser Kapitalstrom brachte die Wirtschaft in Gang und schuf eine Basis, auf der nach geringen Anfangsschwierigkeiten zu Beginn des Jahres 1949 das westdeutsche Wirtschaftswunder einsetzte. An diesem Aufschwung hatte die Bauwirtschaft maßgeblichen Anteil.

WOHNUNGSMANGEL UND WOHNUNGSBAU

Das vordringlichste Problem bildete der Wohnungsbau.[6] Zu der Aufgabe, verlorengegangenen Wohnraum durch Neubau oder Wiederaufbau zu ersetzen, kam der Druck des anhaltenden Bevölkerungswachstums. Es wurde vor allem durch die Zuwanderung, erst in zweiter Linie durch die kräftigen Geburtenraten verursacht: 1950, zum Zeitpunkt der ersten Volkszählung, hatte die Einwohnerzahl im Gebiet der Bundesrepublik einschließlich Saarland und West-Berlin gegenüber dem Vorkriegsstand um 16 Prozent auf 50 Millionen zugenommen, und 1960 lebten bereits über 13 Millionen Heimatvertriebene und Zuwanderer aus der DDR unter den 53,2 Mio. Einwohnern Westdeutschlands. Die Zahl der in der Bundesrepublik jährlich fertig gestellten Wohnungen nahm zwischen 1949 und dem Rekordjahr 1956 sprunghaft von 222.000 auf 591.000 zu. In diesem Zeitraum stieg der Wohnungsbestand im Bundesgebiet um ein Drittel auf 12,7 Mio. Einheiten, und ein Ende des Bedarfs wie der Bautätigkeit schien nicht absehbar. Der Wandel der Lebensformen, vor allem die Zunahme kleinerer Haushalte, veränderte Wohnbedürfnisse und wachsende Ansprüche an die Wohnung, erzeugten ständig neue Nachfrage. Zwischen 1950 und 1970 stieg die verfügbare Wohnfläche je Bundesbürger von 14,3 auf 23,8 Quadratmeter an.

Wesentlichen Anteil an diesem Boom des Wohnungsbaus hatte die aktive Förderung durch die öffentliche Hand. Die staatliche Wohnungsbaupolitik reagierte auf den akuten Bedarf, stand

Trümmerräumung in
Mannheim, 1945

aber gleichzeitig in einer historischen Kontinuitätslinie: Seit dem Ersten Weltkrieg, als der Wohnungsbau nahezu vollständig zum Erliegen gekommen war, und seit der Inflationsperiode von
1919 bis 1923 war Wohnraum in Deutschland permanent knapp gewesen. Als Antwort darauf
hatte sich eine aktive, freilich unterschiedlich erfolgreiche staatliche Förderung herausgebildet.
Erst in den fünfziger und sechziger Jahren gelang es, diesem Wohnungsmangel grundlegend
abzuhelfen. Steuervergünstigungen, Kredite, Baukostenzuschüsse und Zinsverbilligung, Miet-
beihilfen, Mietpreisbindung und teilweise auch die Zwangsbewirtschaftung von Wohnraum
bildeten die einzelnen Instrumente des staatlichen Engagements. In den Anfangsjahren der
Bundesrepublik wurden knapp 70 Prozent, in der zweiten Hälfte der fünfziger Jahre dann
noch gut die Hälfte der Wohnungen im Rahmen des sozialen Wohnungsbaus errichtet. Von
den 108 Mrd. DM, die zwischen 1950 und 1960 insgesamt für den Wohnungsbau aufgebracht
wurden, stammten 30 Prozent aus öffentlichen Mitteln.[7] Die beiden Wohnungsbaugesetze
von 1950 und 1956 markieren die Eckpunkte dieser ersten, interventionistischen und auf den
Mietwohnungsbau ausgerichteten Phase der bundesdeutschen Wohnungsbaupolitik. Ihr Ende
und der Übergang zur Liberalisierung des Wohnungswesens sowie zur verstärkten Förderung des
Eigenheimbaus fiel zeitlich mit dem Abschluss des ersten Konjunkturzyklus der Nachkriegszeit
um das Jahr 1957 zusammen.

MOTORISIERUNG UND VERKEHRSINFRASTRUKTUR

Menschen brauchen Wohnungen und Autos brauchen Straßen. Die rapide zunehmende Motorisierung der Bundesbürger war der zweite große Bereich, von dem Anstöße für die Bau-

„Der Bedarf an Straßen und sonstigen Verkehrsbauten ist fast
unbegrenzt"

Prognosen für die Bauwirtschaft zu Beginn der sechziger Jahre

Der öffentliche und Verkehrsbau wird auch im kommenden Jahrzehnt weiter an Be-
deutung gewinnen: Man kann schätzen, dass er seinen Anteil am gesamten realen
Bauvolumen von 26 v. H. (1950), 31 v. H. (1959) auf mehr als 40 v. H. (1968/70) steigern
wird. Dem öffentlichen Baubedarf stehen auch in Zukunft kaum ernsthafte Finan-
zierungsschwierigkeiten gegenüber, da sich im Verlauf der günstig zu beurteilenden
Entwicklung der Gesamtwirtschaft auch der Finanzierungsspielraum der öffentlichen
Haushalte kräftig ausdehnen wird. Allerdings ist hierbei vorausgesetzt, dass der Staat
als wirtschaftspolitische Instanz seine ökonomische Kraft auch voll einsetzt und etwa-
igen Abschwächungstendenzen im privaten Bereich wie bisher frühzeitig entgegentritt,
Gelegenheit dazu ist ausreichend vorhanden: Der Bedarf an Straßen und sonstigen
Verkehrsbauten, also an Tiefbauten schlechthin, ist fast unbegrenzt. Dasselbe gilt für
große Teile des öffentlichen Hochbaus, wie Schulen und Krankenhäuser (insbesondere,
wenn man nicht nur in bloßen Mengen wie „Klassen" oder „Betten", sondern in Quali-
täten denkt). Bei vorsichtiger Schätzung wird man für den gesamten öffentlichen und
Verkehrsbau eine durchschnittliche jährliche Zuwachsrate von mindestens 6,5 v. H.
(bisher 10 v. H.) ansetzen müssen, wobei der Tiefbau im kommenden Jahrzehnt seine
dominierende Stellung behalten dürfte (7,5 v. H.). Das Wachstum des öffentlichen
Hochbaus kann man auf etwa 4,5 v. H. veranschlagen.[8]

wirtschaft ausgingen.[9] Rascher als in allen anderen westlichen Industriegesellschaften stieg
die Motorisierung in Deutschland und holte damit zu Beginn der sechziger Jahre den Rückstand gegenüber den europäischen Nachbarländern auf. Zwischen 1950 und 1960 wuchs der
Motorisierungsgrad um das sechsfache von 13 auf 81 Personenkraftwagen je 1.000 Einwohner
und stieg anschließend mit noch schnellerem Tempo weiter. Zunehmendes Mobilitätsbedürfnis,
steigende Realeinkommen und sinkende Preise sorgten dafür, dass die Motorisierung selbst
die kühnsten Prognosen immer wieder überholte. Sie wurde bereits in der zweiten Hälfte der
fünfziger Jahre vom Personenwagen getragen, dessen Funktionalität und Status dem Zweirad
überlegen war. 1950 fuhren 520.000 Personenkraftwagen auf bundesdeutschen Straßen, im
Jahr 1960 waren es schon 4,2 Mio. und 1965 8,6 Mio.

Der Individualverkehr – zunächst für den Weg zur Arbeit und später auch für die Urlaubsreise –
nahm rapide zu, Mitte der sechziger Jahre trug er etwa drei Viertel zur gesamten Verkehrs-
leistung bei. Gleichzeitig stieg zwischen 1950 und 1961 der Güterverkehr auf der Straße um das
Dreifache, in der Binnenschifffahrt um das Zweieinhalbfache, bei der Bundesbahn dagegen nur
um ein Drittel. Der insgesamt immer dichter werdende Verkehr auf deutschen Straßen erzwang

einen raschen Ausbau der Verkehrswege.[10] Nach einer Phase der behelfsmäßigen Wiederherstellung erfolgte seit Mitte der fünfziger Jahre ein großzügiger Ausbau des Straßennetzes, vor allem der Bundesstraßen und der Autobahnen. Die Gelder dafür wurden auf der Grundlage des 1955 verabschiedeten „Verkehrsfinanzgesetzes" aus einer stärkeren Besteuerung des Güterverkehrs gewonnen. Das „Straßenbaufinanzierungsgesetz" aus dem Jahr 1960 schrieb die Verwendung von 85 Prozent der Erträge aus der Mineralölsteuer für den Straßenbau fest. In diesen Teilbereich der Verkehrsinfrastruktur floss ein immer größerer Teil der Investitionen.

Auf der Basis des neuen Finanzierungskonzepts vollzog die Verkehrspolitik den Schwenk zur „radikalen Straßenbaupolitik" (Klenke). Gemäß dem 1957 verabschiedeten ersten Ausbauplan sollte das Autobahnnetz in der Bundesrepublik innerhalb von zehn Jahren von 2.150 km auf 4.400 km erweitert werden. Außerdem war vorgesehen, knapp die Hälfte der Bundesstraßen zu einem modernisierten Grundnetz mit insgesamt 10.600 km auszubauen. Dafür wurden insgesamt 19,5 Mrd. DM bereitgestellt. Zwischen 1950 und 1960 stiegen die jährlichen Investitionen in den Straßenbau von 400 Mio. auf 3,6 Mrd. DM. Knapp sieben Prozent der Gesamtausgaben aller öffentlichen Haushalte wurden in diesem Jahr für die Straßen ausgegeben. Neben den „klassifizierten Straßen" (Kreis-, Landes- und Bundesstraßen) fand auch bei den Gemeindestraßen ein großzügiger Ausbau statt. Er hielt jedoch mit dem Anwachsen des innerstädtischen Individualverkehrs nicht annähernd Schritt. Die „autogerechte Stadt", 1958 von dem Verkehrswissenschaftler Hans Bernd Reichow erstmals öffentlichkeitswirksam gefordert,[11] blieb verkehrspolitisches Leitbild und unerreichte Utopie zugleich. Der rasanten Zunahme des Verkehrs hinkte die städtische Verkehrspolitik weitgehend hilflos hinterher. Sie reagierte auf die Verkehrslawine, konnte aber keine eigenen steuernden Konzepte entwickeln, um den zunehmenden Problemen abzuhelfen. Dies änderte sich erst im Zeitalter der „Planungseuphorie" seit den sechziger Jahren mit den neuen Instrumenten der Raumordnungs- und Stadtplanungspolitik.

BAUEN ALS TEIL DER BUNDESDEUTSCHEN ERFOLGSGESCHICHTE

Weitere Impulse erhielt die Bauwirtschaft durch Investitionen der Industrie- und Dienstleistungsunternehmen sowie durch Bauten der öffentlichen Hand, vor allem im Bildungs- und im Gesundheitswesen, aber auch in den Bereichen Verwaltung sowie Ver- und Entsorgung. Die Zwischenbilanz zu Beginn der sechziger Jahre: Mit erstaunlichen Leistungen waren nicht nur die Kriegsverluste unerwartet schnell ausgeglichen, sondern auch sehr viel mehr neue Bauten geschaffen worden. Die beeindruckenden Erfolgszahlen im Wohnungsbau, die sichtbaren Fortschritte im Straßenbau, überhaupt die rasche Veränderung der Städte, in denen nicht mehr Ruinen, sondern Neubauten das Bild bestimmten, beruhten zu einem großen Teil auf den Leistungen der Bauwirtschaft. Sie entwickelte sich nicht zuletzt deshalb zu einem zentralen Symbol des westdeutschen Wiederaufstiegs wie der Automobilbau oder der boomende Export. In geradezu idealtypischer Weise verkörperten Bauunternehmer, Bauingenieure und Bauarbeiter die vorherrschende Grundhaltung der Deutschen jener Jahre: mit zupackendem Optimismus, Tatkraft und wiedergewonnenem Glauben an die eigene Leistungsfähigkeit vorwärts blickend.

Jahr	Betriebe	Beschäftigte	Umsatz (Mrd. DM)	Woh-nungs-bau	Wirt-schafts-bau	Öffent-licher Hochbau	Straßen- und Tiefbau
1950	64.300	913.000	6,2				
1951			7,8				
1952	66.500	945.000	9,2				
1953			10,7				
1954	63.600	1.095.000	11,7	47,0 %	24,0 %	9,2 %	19,8 %
1955			14,2				
1956	61.800	1.217.000	15,6	42,7 %	25,8 %	8,4 %	23,1 %
1957			16,0				
1958	59.300	1.206.000	17,2	43,0 %	23,9 %	8,1 %	25,0 %
1959			21,1				
1960	60.900	1.406.000	25,0	38,8 %	25,7 %	9,1 %	26,4 %
1961			28,7				
1962	64.100	1.526.000	33,4	36,4 %	23,0 %	9,3 %	31,3 %
1963			36,4				
1964	66.600	1.643.000	42,6	35,4 %	20,8 %	10,3 %	33,5 %
1965			44,4				
1966	66.700	1.619.000	46,9	36,0 %	22,0 %	10,2 %	31,8 %
1967			44,3				

Entwicklung des
Bauhauptgewerbes
1950–1967[12]

Auch in den volkswirtschaftlichen Kennzahlen schlug sich die Bedeutung der Bauwirtschaft nieder.[13] Dabei ist zu unterscheiden zwischen den beiden großen Teilbereichen der Branche, dem Bauhauptgewerbe sowie dem Ausbau- und Bauhilfsgewerbe. Nach der Zahl der Beschäftigten und vor allem nach der Wertschöpfung bildete ersteres den größeren Zweig. Die amtliche Statistik berichtete deshalb auch gesondert darüber. In der Definition des Statistischen Bundesamts bestand das Bauhauptgewerbe *aus den industriellen und handwerklichen Unternehmen und Betrieben der Zweige Hoch-, Tief- und Ingenieurbau einschließlich Straßenbau, Zimmerei, Dachdeckerei, Stukkateur-, Gipser- und Verputzergewerbe, ferner Spezialbau, wie Schornstein-, Feuerungs- und Industrieofenbau, Isolierbau, Brunnenbau und nichtbergbauliche Tiefbohrung, Abbruch.*[14] Dazu zählten 1952 im Bundesgebiet ohne Saarland und Berlin 66.500 Betriebe mit 945.000 Beschäftigten im Jahresdurchschnitt, hinzu kamen in West-Berlin knapp 1.900 Betriebe mit 37.000 Beschäftigten. Handwerksbetriebe und mittelständische Unternehmen prägten die Struktur des Sektors: 55.000 Betriebe (83 %) hatten weniger als 20 Beschäftigte, nur 0,1 Prozent aller Betriebe beschäftigten mehr als 500 Arbeiter und Angestellte.[15] Die Zahl der Beschäftigten wuchs kontinuierlich bis in die Mitte der sechziger Jahre. Die Anzahl der Betriebe spiegelt den Verlauf der Konjunktur: Sie ging in der zweiten Hälfte der fünfziger Jahre zurück, um dann bis 1966 wieder deutlich anzusteigen. Die Umsatzzahlen der Branche zeigen mit einer nominalen Steigerungsrate von durchschnittlich 12 Prozent und einzelnen Spitzenwerten von über 20 Prozent im Jahr die enorme Leistung.

BAUWIRTSCHAFT UND VOLKSWIRTSCHAFT

Alle anderen Zweige des Baugewerbes von den Installationsgewerken bis zur Bautischlerei, vom Fliesenleger- bis zum Malerhandwerk zählen zum Ausbaugewerbe. Im Sommer 1960 umfasste es etwa 150.000 Betriebe mit rund 800.000 Beschäftigten. Nach der Zahl der Betriebe lag er zwar weit vor dem Bauhauptgewerbe, hinsichtlich der Beschäftigung und der Wertschöpfung aber deutlich dahinter. Darin kam die überwiegend handwerkliche Struktur dieses Bereichs zum Ausdruck. Um den Stellenwert der Bautätigkeit im Rahmen der gesamten Volkswirtschaft deutlich zu machen, muss das Ausbaugewerbe jedoch mit einbezogen werden. Insgesamt 1,4 Mio. Menschen waren im Sommer 1952 in der Bauwirtschaft mit ihren beiden Teilbereichen beschäftigt. Das entsprach 9,4 Prozent aller Erwerbstätigen in der Bundesrepublik. Bis zur Volkszählung vom Sommer 1961 stieg die Zahl der Beschäftigten nominell auf 2,0 Mio., darunter 83.000 Frauen, der relative Anteil ging jedoch auf 7,7 Prozent der Erwerbstätigen zurück.

Im Vergleich zur Beschäftigungsquote war der Beitrag der Bauwirtschaft zum Sozialprodukt geringer, 1950 trug sie mit 5,4 Mrd. DM etwa 5,6 Prozent zum Inlandsprodukt bei. Aus einem geringeren Grad der Rationalisierung und Mechanisierung und einer entsprechend höheren Arbeitsintensität resultierte ein deutlicher Produktivitätsrückstand gegenüber der Industrie. Der Anteil des Baus an der volkswirtschaftlichen Gesamtleistung stieg bis 1965 auf 7,9 Prozent (36,6 Mrd. DM). In dieser relativen Gewichtszunahme schlug sich insbesondere die geschilderte Zunahme des öffentlichen Baus und des Verkehrsbaus nieder. Dementsprechend stieg auch der

Anteil der Bauinvestitionen am Sozialprodukt zwischen 1950 und 1965 von 9,1 auf 15,3 Prozent. In Bauten aller Art flossen während dieser Zeit mit steigendem Trend zwischen 40 und 50 Prozent der volkswirtschaftlichen Gesamtinvestitionen. 1966 und 1967 wurden mit knapp 57 bzw. 59 Prozent Spitzenwerte erreicht. Zur Einbindung Deutschlands in die Weltwirtschaft trug die Bauwirtschaft dagegen nur wenig bei, denn zu groß waren zunächst die Aufgaben im eigenen Land, zu schwierig die Rahmenbedingungen und der Aufbau neuer Verbindungen. Am bundesdeutschen Exportüberschuss von 7,7 Mrd. DM im Jahr 1960 waren Bauleistungen und Montagen lediglich mit 10 Mio. DM beteiligt. In den sechziger Jahren entwickelte sich die Bundesrepublik per saldo sogar zum Bau-Importland.

VOLLBESCHÄFTIGUNG, ARBEITSKRÄFTEMANGEL UND „GASTARBEITER"

Zwischen 1950 und 1960 nahm die Zahl der im Bauhauptgewerbe Beschäftigten um eine halbe Million zu. Dabei konnten die Betriebe zunächst auf das große Arbeitskräftereservoir zurückgreifen, das nicht zuletzt durch den Zustrom von Heimatvertriebenen und DDR-Flüchtlingen laufend ergänzt wurde. Als bei anhaltend hohen Wachstumsraten in der zweiten Hälfte der fünfziger Jahre die Arbeitslosigkeit in der Bundesrepublik rasant zurückging, gestaltete sich die Gewinnung von Arbeitskräften zunehmend schwieriger. Im September 1960 stand den 112.000 offiziell gemeldeten Arbeitslosen ein Mehrfaches an offenen Stellen gegenüber. Bei beträchtlichen regionalen Unterschieden war damit insgesamt nicht nur Vollbeschäftigung erreicht, sondern es herrschte sogar ein spürbarer Arbeitskräftemangel. Er nahm in den folgenden Jahren weiter zu, da die absolute Zahl der Erwerbstätigen sowie die Arbeitszeit in Deutschland zurückgingen. Das Ergebnis war ein Wettkampf um die Arbeitskräfte und im Baugewerbe setzte eine spürbare Abwanderung zur Industrie ein, wo immer attraktivere, bequemere und besser bezahlte Arbeitsplätze zur Verfügung standen. Das Baugewerbe verlor um 1960 jährlich rund 50.000 Mitarbeiter, so sehr die Unternehmen auch versuchten, diesem Trend durch Zugeständnisse beim Lohn sowie durch verbesserte Sozialleistungen entgegenzusteuern.

Ausländische Arbeitskräfte füllten die entstehenden Lücken; sie trugen zur fortgesetzten wirtschaftlichen Expansion bei und sollten nach den Vorstellungen deutscher Unternehmer und Politiker als „Flexibilitätsreserve" (Herbert) dienen.[16] Die Basis für ihre Beschäftigung bildeten Anwerbeabkommen mit verschiedenen südeuropäischen Staaten. Das erste wurde im Dezember 1955 mit Italien geschlossen. 1960/61 folgten Griechenland, Spanien und die Türkei. Dementsprechend bildeten Italiener lange Zeit die größte Gruppe (1965: 372.000 von 1,2 Mio. oder 30,5 Prozent). 1960 waren in der arbeitsintensiven Bauwirtschaft bereits etwa 70.000 „nichtdeutsche Arbeitnehmer" – so die amtliche Bezeichnung – beschäftigt. Bis 1965 stieg diese Zahl auf 238.000, das entsprach knapp 20 Prozent aller ausländischen Arbeitnehmer in der Bundesrepublik. Von allen Wirtschaftsbereichen wies die Bauwirtschaft mit 14,6 Prozent den höchsten Ausländeranteil auf, bezogen auf die gesamte Volkswirtschaft lag die Ausländerquote dagegen nur bei 5,7 Prozent. Der ausländische und in erster Linie der italienische Arbeiter wurde seit den ausgehenden fünfziger Jahren zu einem vertrauten Bild auf deutschen Baustellen.

BAULEISTUNG UND AUFTRAGSSTRUKTUR, BAUBOOM UND DÄMPFUNGSVERSUCHE

Zwischen 1950 und dem Spitzenjahr 1966 stieg der Umsatz des Bauhauptgewerbes in Deutschland von 6,2 auf 46,9 Mrd. DM. Das entsprach einer nominalen Zuwachsrate von durchschnittlich 13,5 Prozent im Jahr. Das reale Bauvolumen, gerechnet in Preisen von 1954, verdoppelte sich zwischen 1950 und 1959 von 6,5 auf 13,2 Mrd. DM. Die jährliche Steigerungsrate lag in diesem Zeitraum bei gut 8 Prozent. An der Spitze stand der öffentliche Tiefbau einschließlich Straßenbau mit einer Zuwachsrate von 11,5 Prozent, gefolgt vom Wohnungsbau mit 8,5 und vom öffentlichen Hochbau mit acht Prozent. Der gewerbliche Bau bildete das Schlusslicht, aber auch er wuchs jährlich um sechs Prozent.[17] Dem Bedarf entsprechend floss zu Beginn der fünfziger Jahre rund die Hälfte der Bauinvestitionen in den Wohnungsbau. In der Vorkriegszeit war es im langjährigen Durchschnitt nur etwa ein Drittel gewesen.[18] Mit der zunehmenden Sättigung der Wohnungsnachfrage und dem Entstehen neuer Bedürfnisse verschoben sich die Gewichte zugunsten des öffentlichen Baus und dabei besonders zum Straßen- und Tiefbau. In den sechziger Jahren trug der Wohnungsbau nur noch mit gut einem Drittel zum Umsatz des Bauhauptgewerbes bei. Auf diesen Wandel der Nachfrage musste die Bauindustrie durch eine Anpassung und Umstrukturierung ihrer Kapazitäten reagieren.[19]

Angesichts des Nachhol- und Rekonstruktionsbedarfs und der ständig neu entstehenden Nachfrage befand sich die Bauwirtschaft im betrachteten Zeitraum in einer insgesamt günstigen Situation, obwohl sie empfindlicher für Konjunkturschwankungen war als andere Bereiche und gleichzeitig selbst stark auf die Konjunktur einwirkte. Zu Recht galt der Bau als eine der volkswirtschaftlichen Konjunkturlokomotiven, im Gegenzug wurde er aber auch als Ursache einer möglichen Überhitzung angesehen. In den konjunkturellen Hochphasen kam in Politik und Öffentlichkeit regelmäßig der Vorwurf der Preistreiberei auf, erstmals während des Booms der Jahre 1955/56, dann wieder im zweiten Konjunkturaufschwung, der Ende 1958 einsetzte. Mit verstärkter Öffentlichkeitsarbeit versuchte der Hauptverband der Bauindustrie, solchen Vorwürfen zu begegnen.[20] Auch wenn es sich dabei unverkennbar um eine interessengeleitete Argumentation handelte, traf die Aussage, die Bauwirtschaft mache *keine Konjunktur, sie ist nicht Subjekt der Konjunktur, sondern ihr Objekt* in Teilen doch zu. Die nicht abnehmende, sondern ständig wachsende und sich wandelnde Nachfrage, die zu einem Stau von Bauaufgaben führte, sowie die Anforderungen der Auftraggeber, die sich in den seltensten Fällen an der momentanen Auslastung orientierten, verteuerten das Bauen. Hinzu kam der durch den Konjunkturaufschwung verstärkte Kostendruck bei Löhnen, Material und Transport. Möglichkeiten zur Glättung boten die Verbesserung der Auslastung im Jahresverlauf und die Förderung kontinuierlichen Bauens, vor allem aber die *konjunkturgerechte Vergabe der öffentlichen Bauaufträge.*[21]

Mit einem Anteil von etwa 35 bis 40 Prozent am gesamten Bauvolumen bildete der öffentliche Bau zu Beginn der sechziger Jahre den größten Block. Die Abstimmung dieser Aufträge auf die allgemeine konjunkturelle Lage und auf die regionalen Arbeitsmärkte konnte wesentlich zur gleichmäßigeren Auslastung der Kapazitäten und damit zur Entspannung beitragen. Voraussetzung dafür waren freilich Disziplin der Auftraggeber, die Koordination zwischen den verschiedenen öffentlichen Stellen sowie das Vorhandensein fertig ausgearbeiteter Projekte, die in Zeiten schwacher Beschäftigung kurzfristig abgerufen werden konnten. Tatsächlich aber trieb der nicht nachlassende Bedarf der öffentlichen Hand die Nachfrage und damit Preise und Zinsen eher in die Höhe, statt sie auszugleichen. Das 1962 vom Bundestag beschlossene und zunächst bis Sommer 1963 befristete, dann aber bis zum Jahresende verlängerte „Baustoppgesetz" sollte den Baumarkt entspannen. Es verbot die Errichtung von Büro-, Verwaltungs-, Geschäfts- und Warenhäusern, Gaststätten und Beherbergungsbetrieben, sogar von Eigenheimen, wenn der Rohbauwert 75.000 DM überstieg.[22] Auch die 1963 beschlossene Verringerung der steuerlichen Abschreibungsmöglichkeiten für Wohngebäude sollte die Baukonjunktur bremsen.

MECHANISIERUNG UND RATIONALISIERUNG – DIE „INDUSTRIE DER WANDERNDEN FABRIKEN"

Eine derart *dirigistische Maßnahme*, wie der Geschäftsbericht der BAUBOAG für 1963 das Baustoppgesetz nannte, ließ sich nicht mit marktwirtschaftlichen Prinzipien vereinbaren. Die Politik griff zur Notbremse, da die Gefahr einer konjunkturellen Überhitzung als sehr groß eingeschätzt wurde. Eine marktkonforme Möglichkeit, den Preisauftrieb zu dämpfen, bestand in der gleichmäßigeren Auslastung der Betriebe sowohl im Konjunkturzyklus als auch im Jahresablauf, vor allem aber in der Produktivitätssteigerung durch stärkeren Einsatz von Maschinen. Sachverständige plädierten für eine Rationalisierung der Bauproduktion durch neue Verfahren und die Umgestaltung der als *wandernde Fabriken* verstandenen Baustellen.[23] Der Vorschlag des Bauexperten Rudolf de le Roi, Geschäftsführer des Hauptverbandes der Deutschen Bauindustrie, mehr *vorgefertigte Bauteile an die Baustelle zu bringen und somit einen Teil des Produktionsprozesses in die dafür eingerichtete, serienmäßig arbeitende Fabrik zu bringen*, näherte die Bauwirtschaft der stationären Industrie an. Die Fertigteilbauweise wurde hauptsächlich im Wohnungsbau angewandt, erlangte in der Bundesrepublik aber nie die Bedeutung wie in anderen Staaten, etwa der DDR. Das Bauen blieb ganz überwiegend Einzelfertigung, zumal die Bauherren Wert auf eine individuelle Ausgestaltung legten. Das noch wesentlich stärker handwerklich geprägte Ausbaugewerbe hinkte im Prozess der Rationalisierung deutlich hinter dem Bauhauptgewerbe nach, deshalb verzeichnete es auch die stärksten Kostensteigerungen.

Angesichts von Vollbeschäftigung, Arbeitskräftemangel und kürzer werdender Wochenarbeitszeit, und auch um den Preisauftrieb zu dämpfen, führte an strukturellen Veränderungen in der Bauwirtschaft kein Weg vorbei. Am deutlichsten zeigt sich der Wandel in der zunehmenden Mechanisierung der Betriebe: Zwischen 1952 und 1965 stieg die Zahl der Betonmischer von 59.500 auf 182.400, die der Turmdrehkrane nahm von 1.300 auf 32.300, die der Bagger von 3.300 auf 30.700 und die der Lastkraftwagen von 17.000 auf 72.300 zu. Im Straßenbau stieg das Gesamtgewicht der eingesetzten Maschinen und Geräte zwischen 1950 und 1960/61 von rund 35.000 Tonnen auf etwa 300.000 Tonnen.[24] An der Wende zu den sechziger Jahren waren schon beträchtliche Fortschritte erreicht, vor allem beim Autobahnbau.

Ein Lohnanteil im Straßenbau von nur noch knapp 20 Prozent gegenüber etwa 40 Prozent im Hochbau belegt diesen Rationalisierungseffekt.[25] Zwischen 1954 und 1959 nahm die Arbeitsproduktivität in der Bauwirtschaft um durchschnittlich sechs Prozent jährlich zu und trug damit drei Viertel der Volumenzunahme. Ein Viertel bewirkte die wachsende Beschäftigung.

Im Vergleich zur Beschäftigung blieb der prozentuale Anteil der Bauwirtschaft an der gesamtwirtschaftlichen Wertschöpfung jedoch immer noch zurück. Die Branche folgte nur langsam dem Trend der Industrie zur Rationalisierung, zur Produktivitätssteigerung und zum Wachstum der Betriebsgrößen. 1960 besaßen noch ca. 45.000 oder 74 Prozent der Betriebe weniger als 20 Beschäftigte, 900 Betriebe (ca. 1,5 %) dagegen über 200 Beschäftigte.[26] Einen weiteren Hinweis auf die Struktur gibt die Mitgliedschaft in Industrieverbänden (4.150 Unternehmen) bzw. die Eintragung in die Handwerksrolle (55.500 Betriebe). In Bauunternehmen mit eher industriellem Charakter war ungefähr ein Drittel aller Arbeitnehmer beschäftigt. Für die sechziger Jahre wurde mit einer Produktivitätssteigerung im Rohbau von jährlich 5,5 Prozent (Ausbaugewerbe: 4 %) gerechnet; bei einem erwarteten Rückgang des Arbeitsvolumens ergab sich ein prognostiziertes Wachstum der Bauleistung von jährlich vier Prozent. Die Verteilung der Betriebsgrößen veränderte sich in den folgenden Jahren allerdings kaum, da im Wirtschaftsaufschwung zahlreiche Kleinbetriebe neu gegründet wurden.

Jährliche Zuwachs- bzw. Schrumpfungsraten von Beschäftigung, Arbeitsproduktivität und Bauleistung[27]

Zeitraum	Arbeitsvolumen	davon		Produktivität	Bauleistung
		Beschäftigte	Arbeitszeit		
1954–1959	2 %	3,5 %	-1,5 %	6 %	8 %
1960ff	-1,5 %	-0,5 %	-1,0 %	5,5 %	4 %

INVESTITIONEN, STEIGENDE KAPITALINTENSITÄT UND ENTWICKLUNG DES RECHNUNGSWESENS

Als Folge der Mechanisierung stiegen die Investitionen der Bauunternehmen drastisch an, allein zwischen 1960 und 1964 um über 60 Prozent gegenüber 40 Prozent im Durchschnitt der gesamten Industrie.[28] Damit verbunden war die Ökonomisierung des Bauens und der Aufstieg des betriebswirtschaftlichen Paradigmas gegenüber dem ingenieurtechnischen. Die Zunahme des Anteils der kaufmännischen Angestellten unter den Erwerbstätigen in der Bauwirtschaft bildete die logische Folge dieser Entwicklung. Steigende Kapitalintensität erhöhte die Fixkosten des Betriebs, machte ihn unelastischer gegenüber Auftragsschwankungen und steigerte damit die Anfälligkeit in Krisenzeiten. Mit Kenntnissen über die Gesamtkosten eines Betriebs und seiner Teilsparten sowie deren Verlauf bei unterschiedlichem Beschäftigungsgrad ließ sich möglichen Gefahren begegnen. Das setzte wiederum den Ausbau des Rechnungswesens voraus, denn nur so ließ sich die Rentabilität von Investitionen prüfen, ließen sich im Wege der Nachkalkulation und des Controlling Erfahrungswerte über die tatsächlichen Kosten und ihre Abweichungen von der Kalkulation gewinnen. Gerade auf diesem Gebiet bestand aber noch deutlicher Nachholbedarf. Eine Ursache dafür lag in der eher mittelständisch-familienbetrieblichen Struktur der Bauwirtschaft. Um 1960 bemängelte eine zeitgenössische Studie, dass *im Vergleich zur Buchhaltung und Kalkulation [...] die übrigen Zweige des Rechnungswesens, Betriebsstatistik und Planung, in den Bauunternehmungen fast überall noch recht rudimentär, zumindest aber ziemlich unsystematisch ausgebildet* seien.[29] Ein vom Hauptverband der Deutschen Bauindustrie 1961 aufgestellter Kostenartenschlüssel sollte hier Abhilfe schaffen und die Grundlage für ein brancheneinheitliches und umfassendes Rechnungswesen bilden.[30] Neben der ständigen Rationalisierung der Produktionsverfahren stellten die Verbesserung der betriebswirtschaftlichen Kontrollverfahren und ihre Anpassung an die Standards der Industrie eine wesentliche Modernisierungsleistung des Baugewerbes dar. Unternehmen, denen dies nicht gelang, liefen auf längere Sicht Gefahr, den Anschluss zu verlieren.

Ein anderes, freilich ebenso heikles Thema bildete die bewusste Außerachtlassung kaufmännischer Kalkulation, um vorhandene Kapazitäten auszulasten. Im Konjunkturabschwung war dies regelmäßig der Fall, so sehr der Hauptverband auch davor warnte, Leistungen *unter bewusster Missachtung der Grundsätze einer wirtschaftlichen und verantwortungsbewussten Unternehmensführung fortgesetzt ohne kaufmännisch gerechtfertigten Grund unter den tatsächlichen Selbstkosten des Betriebs* anzubieten.[31] Freiwillig zu vereinbarende *Wettbewerbsregeln* sollten die *ordnungsgemäße Kalkulation* sicherstellen und Schleuderpreise vermeiden. Dem Prinzip der freien Konkurrenz widersprachen sie allerdings. Das galt ebenso für die immer wieder erhobene Forderung, die Auftraggeber, vor allem die öffentliche Hand, sollten Projekte nur zu angemessenen und nicht zu den billigsten Preisen vergeben: *Von der Erreichung des in gleicher Weise im Interesse der Bauherren wie der Unternehmer liegenden Zieles,* so bereits 1951 Julius Berger-Vorstand Ernst Martens, *die Vergebung von Arbeiten überall nur zu angemessenen Preisen und, was ebenso wichtig ist, auch angemessenen Bedingungen vorzunehmen, ist die Bauwirtschaft einstweilen noch recht weit entfernt. Dieses Ziel wird erst dann erreicht werden können, wenn die Unternehmer eine gewisse Preisdisziplin zu wahren lernen und die bauvergebenden Stellen, insbesondere die der öffentlichen Hand, bereit sind und durch Wegfall einschränkender Vorschriften auch die Möglichkeit erhalten, den Auftrag nicht der bei der Ausschreibung billigsten, sondern derjenigen Firma zu erteilen, deren Preis nach Prüfung aller Umstände als angemessen gelten kann und die auch die technischen und wirtschaftlichen Voraussetzungen für seine Durchführung erfüllt.*[32]

INTERNATIONALISIERUNG – DEUTSCHE UNTERNEHMEN BAUEN WIEDER IM AUSLAND

Die Wiedereingliederung in das europäische und weltweite Wirtschaftssystem trug wesentlich zum Wohlstand in Deutschland bei.[33] Auch die Bauwirtschaft nahm daran Anteil, wenngleich ihrem Engagement eher symbolische Bedeutung zukam. Im Vergleich zu amerikanischen, aber auch zu britischen, französischen oder italienischen Unternehmen war die Präsenz der deutschen Bauindustrie im Ausland eher gering. Bereits während der fünfziger Jahre gelang es den Unternehmen jedoch, an frühere Erfahrungen und Kontakte anzuknüpfen und das Auslandsgeschäft wieder in Gang zu bringen. Grundlegend dafür waren die Lösung des Währungsproblems sowie die schrittweise Freigabe des Außenhandels durch die Alliierten. Als erstes deutsches Bauunternehmen in der Nachkriegszeit erhielt die Julius Berger Tiefbau AG 1950 einen Auftrag außerhalb der deutschen Grenzen. In Ägypten errichtete sie mehrere Pumpstationen für Bewässerungszwecke im Nildelta. Vor allem im Ingenieurbau, aber auch im Straßen- und im Hochbau stellten deutsche Firmen ihre Kompetenz seither auch international wieder eindrucksvoll unter Beweis. Zwischen Juli 1950 und Juni 1960 erhielt die deutsche Bauindustrie aus dem Ausland 400 Aufträge im Gesamtwert von 3,3 Mrd. DM. Das größte Einzelprojekt in den fünfziger Jahren war die Brücke über den Maracaibo-See in Venezuela. Hier war wiederum Julius Berger als Konsortialführer auf deutscher Seite maßgeblich beteiligt. Der Umstand, dass Deutschland gegenüber den europäischen Nachbarn Frankreich und Großbritannien weitgehend *frei von kolonialem „Makel"* war, erleichterte die Geschäfte.[34] Im Nahen und Mittleren Osten ergaben sich andererseits Nachteile, seit die Bundesrepublik nach Abschluss eines Wiedergutmachungsabkommens mit Israel im Jahr 1952 („Luxemburger Abkommen") dem jüdischen Staat weitreichende materielle und politische Unterstützung leistete.

Bauen im Ausland bedeutete auch Abenteuer und war für die Techniker und Kaufleute jener Jahre eine beliebte Möglichkeit, die Welt kennenzulernen. Für die Unternehmen brachte es allerdings auch erhebliche Risiken mit sich, vor allem in den Entwicklungsländern, die seit den fünfziger Jahren mit rund 90 Prozent den Auslandsumsatz der deutschen Bauindustrie dominierten. Um 1960 betrug ihr Anteil unter Zugrundelegung der tatsächlichen Quoten deutscher Unternehmen bzw. Arbeitsgemeinschaften an der Auftragssumme sogar 95 Prozent.[35] Die Entwicklungshilfe, welche die Bundesrepublik diesen Ländern leistete, bestand zu einem großen Teil aus Krediten der bundeseigenen Kreditanstalt für Wiederaufbau (KfW) zur Finanzierung eben dieser Bauvorhaben. Darüber hinaus nahm der Staat durch ein bereits 1949 beschlossenes Gewährleistungsgesetz den Unternehmen auch politische und wirtschaftliche Risiken in den Auftraggeberländern zum großen Teil ab.[36] Das Volumen der durch die Hermes Kreditversicherungs-AG garantierten Kredite von Unternehmen an ausländische Schuldner nahm zwischen 1949 und 1957 von 120 Mio. auf 17 Mrd. DM zu. Gerade für die Bauwirtschaft war eine solche Absicherung angesichts der politischen Labilität vieler Entwicklungsländer, ihrer Kapitalknappheit und der langen Ausführungszeit ihrer Projekte von besonderer Bedeutung. Etwa 70 bis 90 Prozent ihres Ausfuhrgeschäfts gegenüber nur 10 Prozent in anderen Exportindustrien ließen sich über Hermes-Kredite absichern.[37] Allerdings wurde durch den geforderten Selbstbehalt von 20 Prozent des Risikos gerade bei Großaufträgen rasch die Grenze des Verkraftbaren erreicht. Und nicht zuletzt machte die Tatsache, dass für das Bauen im Ausland die zeitweilige Ausfuhr von Geräten erforderlich war, das Geschäft noch heikler und erforderte einen Risikoschutz nicht nur für die Erzeugnisse, sondern auch für das Betriebskapital.

Außenhandelsförderung und Entwicklungshilfe wurden von den Interessen des Gebers bestimmt. Für die deutschen Bauunternehmen ging es um das Geschäft und um den Ausgleich von Nachfrageschwankungen im Inland. 1961 formulierte der „Exportausschuss Bauwirtschaft" in Frankfurt deshalb ein Memorandum über die *Bedeutung des Auslandsbaues für die Ent-*

wicklungshilfe und forderte eine stärkere Unterstützung durch die öffentliche Hand.[38] Für die Bonner Politik stand neben der Förderung der heimischen Wirtschaft das politische Interesse im Mittelpunkt, zumal vor dem Hintergrund des weltweiten Systemkonflikts zwischen Ost und West. Bundesdeutsche Entwicklungshilfe und deutscher Außenhandel verbesserten die Beziehungen zu den Empfängerländern. Sie halfen, Freunde zu schaffen und dabei noch Geld zu verdienen. Auch die Bauindustrie trug dazu bei, die symbolische Präsenz der Bundesrepublik im Ausland zu verstärken. Zu den *mittelbaren Effekten deutscher Auslandsbautätigkeit* zählten für die Sachverständigen *die Werbewirksamkeit von augenfälligen Bauwerken „made in Germany", der Schrittmacherdienst für die Lieferindustrie, die kulturellen und ideologischen Ausstrahlungen der deutschen Kolonie auf der Baustelle, die menschliche Kontaktaufnahme und Sympathie-werbung, die Gewinnung technischer Erfahrungen zwecks Auswertung und Nutzanwendung in Deutschland.* Vor allem aber würden sie Qualitätsbewusstsein und betriebswirtschaftliches Denken in den Entwicklungsländern einpflanzen und Unterricht in Sachen Marktwirtschaft geben: *Infrastrukturentwicklung, Ausbildungshilfe und Übertragung der kapitalistischen Weltanschauung – das sind die Möglichkeiten des Auslandsbaues.*[39] Schwerpunkte des Aus-landsgeschäfts der deutschen Bauindustrie bildeten in den 1950er-Jahren der Nahe Osten (45,1 % der Gesamtauftragssumme), Asien/Fernost (18,4 %), Südamerika (13,9 %) sowie Afrika und Europa (10,8 bzw. 11,7 %). In der Reihenfolge der Länder stand der Irak mit 25,9 Prozent noch vor der Türkei (14,6 %), die vor dem Zweiten Weltkrieg der wichtigste Auftraggeber ge-wesen war. Es folgten Venezuela (11,7 %), Indien (7,8 %) und dahinter mit deutlichem Abstand Afghanistan, Sudan und Ägypten. Seit den 1960er-Jahren wandelte sich diese Verteilung: Die Entwicklungshilfe der Bundesrepublik und der anderen EWG-Staaten floss nun verstärkt nach Schwarzafrika, und entsprechend der Praxis, die Darlehensgewährung mit der Forderung nach Auftragsvergabe an Unternehmen aus den Geberländern zu verknüpfen, entstand mit den bundesdeutschen Krediten in Afrika zugleich ein Schwerpunkt für die deutsche Bauindustrie. Auch das Nigeria-Geschäft von Julius Berger, welches für die Unternehmensgeschichte von Bilfinger Berger wichtig werden sollte, hat hier seine Wurzeln.

Im Gegensatz zur Berlinischen Bodengesellschaft / BAUBOAG waren sowohl Julius Berger als auch Grün & Bilfinger seit den 1950er-Jahren wieder im Ausland tätig. Grün & Bilfinger fiel es allerdings schwer, dort wieder Fuß zu fassen, die Julius Berger AG verhielt sich dagegen dynamischer und wagemutiger. Ihr Auslandsanteil am Umsatz lag zwischen 1950 und 1965 bei knapp über 20 Prozent. Mit dem Bau der Brücke über den Maracaibo-See in Venezuela, an dem im Rahmen des deutschen Konsortiums auch Grün & Bilfinger beteiligt war, erzielte das Wiesbadener Unternehmen einen spektakulären Erfolg. Bei aller Internationalisierung orien-tierten sich allerdings beide Gesellschaften primär immer noch am deutschen Markt, zumal hier kein Ende der Baunachfrage und der Bauaufgaben in Sicht schien.

KAPITEL 4

GRÜN & BILFINGER 1945–1965
ZWISCHEN TRADITION UND ERNEUERUNG

Der durch die bedingungslose Kapitulation vom 8. Mai 1945 besiegelte Zusammenbruch des „Dritten Reichs" wurde von den Zeitgenossen weit verbreitet als „Stunde Null" wahrgenommen und beschrieben. Deutschland war von alliierten Truppen besetzt und in Besatzungszonen geteilt. Im Westen entstand in den folgenden Jahren eine parlamentarische Demokratie, im Osten ein autoritäres System nach sowjetischem Muster. Die meisten Städte lagen in Schutt und Asche, Industriebetriebe und Verkehrseinrichtungen waren zerstört und die Verluste an Menschenleben und materiellen Gütern schienen unermesslich hoch zu sein. Umso mehr erschien der rasche Wiederaufstieg (West-)Deutschlands zu einer der führenden Industrienationen in den fünfziger und sechziger Jahren als „Wirtschaftswunder". Aus historischer Perspektive muss die Annahme eines Neubeginns im Jahr 1945 jedoch revidiert werden, dies gilt insbesondere für den Bereich der Wirtschaft und der Unternehmen.[1]

Auch bei der Grün & Bilfinger AG gab es trotz aller materieller und personeller Verluste – 367 Angestellte und Stammarbeiter waren während des Krieges ums Leben gekommen[2] – keine „Stunde Null". Noch vor dem offiziellen Kriegsende nahmen die in Ziegelhausen verbliebenen Vorstandsmitglieder Kontakt mit den amerikanischen Truppen auf und boten mit Erfolg die Dienste des Unternehmens für den Bau provisorischer Brücken über den Neckar in Heidelberg an. Ab Juni 1945 fanden wieder regelmäßig Vorstandssitzungen statt und am 4. Oktober 1945 tagte der Aufsichtsrat turnusgemäß.

ENTNAZIFIZIERUNG

Allerdings gab es personelle Veränderungen an der Unternehmensspitze. Das kaufmännische Vorstandsmitglied Ernst Ufer war Mitglied der NSDAP und dementsprechend von den Bestimmungen der US-Militärregierung zur Entnazifizierung der Wirtschaft betroffen. Die erste USFET-Direktive vom 7. Juli 1945, nach der Parteimitglieder, die vor dem 1. Mai 1937 eingetreten waren, aus Leitungspositionen in Unternehmen mit mehr als 250 Beschäftigten und mehr als einer Million RM Grundkapital ausscheiden sollten, wurde bei Grün & Bilfinger zunächst noch ignoriert. Ernst Ufer nahm bis Ende September an den meisten Vorstandssitzungen teil, nachträglich wurde in den Protokollen hinter seinem Namen die Bemerkung *als Gast* eingefügt, im Protokoll vom 28. September wurde der Name komplett gestrichen. Dies hing mit dem am 26. September 1945 in Kraft getretenen „Gesetz Nr. 8" der amerikanischen Militärregierung zusammen, das die Entnazifizierungsbestimmungen präzisierte und verschärfte.

Alle Parteimitglieder *in einer beaufsichtigenden oder leitenden Stellung* mussten nun entlassen werden, ausgenommen waren lediglich *gewöhnliche Arbeiter*. Der Vorstand von Grün & Bilfinger war sichtlich bemüht, den Anordnungen Folge zu leisten, da ein Verstoß gegen das Gesetz Nr. 8 mit der Stilllegung des Betriebs durch die Besatzungsbehörden geahndet werden konnte. Auch der Betriebsrat achtete aus diesem Grund auf die Entlassung ehemaliger Parteigenossen. Ernst Ufer wurde daher rückwirkend zum 31. August 1945 in den Ruhestand versetzt. Da er fast 66 Jahre alt war, erschien dies durchaus plausibel. Ohne gesetzlichen Zwang wäre er aber höchstwahrscheinlich nicht ausgeschieden, denn die Unternehmensleitung benötigte seinen fachlichen Rat dringend. Außer Ufer waren in den Bezirken Mannheim und Heidelberg 15 weitere Angestellte von der Entnazifizierung betroffen, darunter der Prokurist Fritz Bilfinger. Er war ab 1931 als Kaufmann auf der Baustelle Lobito in Angola tätig gewesen und hatte nebenbei als deutscher Honorarkonsul amtiert. In dieser Funktion war er 1935 der NSADP beigetreten.[3]

Im November 1945 beantragte Ernst Ufer beim Mannheimer Oberbürgermeister ein „Vorstellungsverfahren" gemäß dem Gesetz Nr. 8, da er nach eigener Ansicht kein Parteiaktivist gewesen war und Grün & Bilfinger ihn *als Berater und Bearbeiter von Sonderaufgaben weiterhin in Anspruch nehmen wollte*. Er erklärte, dass er *nur formelles Parteimitglied gewesen* sei.[4] Zur Unterstützung seines Antrags legte Ufer mehrere eidesstattliche Erklärungen bei, die seine Gesinnung belegen sollten. Der gewerkschaftliche Betriebsobmann Jakob Klee bestätigte die Zurückhaltung der Unternehmensleitung gegenüber dem Nationalsozialismus: *Bei der Firma Grün & Bilfinger merkte man vom Hitlergeist nicht viel. Während des Hitlerregimes wurden in die kaufmännischen und technischen Abteilungen wiederholt Leute eingestellt, die wegen ihrer Parteigegnerschaft aus Stellung und Beruf geworfen waren. Allen war Herr Direktor Ufer als kaufmännischer Leiter stets ein treuer Berater und Helfer. Unter dem Vorwand, er sei „Pg", konnte kein Gefolgschaftsmitglied bei ihm Geschäfte machen.*[5]

Im Mai 1946 wurde Ufers Fall gemäß den Bestimmungen des „Gesetzes zur Befreiung von Nationalsozialismus und Militarismus" vom 5. März 1946 an die zuständige Spruchkammer überwiesen. In diesem Verfahren legte er zu seiner Entlastung neue Dokumente vor, darunter ein Schreiben der Wirtschaftsgruppe Bauindustrie, die ihm eine kritische Haltung gegenüber der OT bescheinigte. Ufer selbst beschrieb sein Verhältnis zu Fritz Todt folgendermaßen: *Mit der Organisation Todt und deren Leiter, Dr. Ing. Todt, hatte ich wiederholt ernste Auseinandersetzungen über grundsätzliche Fragen der Arbeitsdurchführung und Vertragsauslegung. In Berufskreisen war meine offene Kritik am Wert dieser Organisation bekannt und mein, auch nach außen abgegebenes Urteil ging dahin, dass sich diese Organisation aus Leuten zusammensetzte, die anderweitig nicht zu gebrauchen waren, die sich mit fremden Federn schmückten, ungeheuerlich viel Geld verpulverten und nichts leisteten. […] Gauleiter Mutschmann, Sachsen, schloss über die OT unsere Unternehmung von Aufträgen in seinem Gebiet aus, weil er von meiner Einstellung zur OT und ihrer Arbeitsweise Kenntnis erhalten hatte.*[6]

Da er außerdem in einigen Fällen bedrängte Personen unterstützt und nach eigener Ansicht vor weiterer Verfolgung durch Partei und Gestapo bewahrt hatte, glaubte Ufer, *bewiesen zu haben, dass ich mich nicht für die Bestrebungen, die Ziele und die Methoden des Naziregimes*

„Ich bin also nur formelles Parteimitglied gewesen …"

Ernst Ufer über seine Mitgliedschaft in der NSDAP

Ernst Ufer

Wie aus dem beiliegenden, von meiner bisherigen Firma bestätigten Fragebogen hervorgeht, habe ich mich zwar der NSDAP im Jahre 1933 angeschlossen, ich habe aber keiner der angegliederten Organisationen angehört und habe in der NSDAP keinerlei Amt oder Funktion bekleidet. Auch in anderen Organisationen habe ich nie eine Funktion ausgeübt. […]

Mein Eintritt in die Partei erfolgte lediglich deshalb, weil ich glaubte, meine Aufgaben als kaufmännischer Leiter der Firma Grün & Bilfinger AG und als Betreuer der Gefolgschaft besser erfüllen zu können. […] Mein Leben stand immer ganz im Zeichen meines Berufes, der alle meine Kräfte in Anspruch nahm. […] Trotz meiner hervorragenden Stellung in der Firma Grün & Bilfinger AG habe ich Aufforderungen, wirtschaftliche Führungsstellen während der Nazizeit zu übernehmen, immer ausgeschlagen. Meine persönliche Einstellung und meine Auffassung über finanzielle und wirtschaftliche Fragen waren mit dem Programm der Partei nie zu vereinbaren. Ich bin also nur formelles Parteimitglied gewesen und habe in Wirklichkeit mit der nationalsozialistischen Weltanschauung und Politik nichts zu tun gehabt.

Erklärung Ufers vom 8. November 1945.[7]

eingesetzt habe, vielmehr gerade das Gegenteil, nämlich scharf und offen dagegen Stellung nahm. Ich bin deswegen lediglich Parteigenosse dem Namen nach gewesen. Ich kann für mich sogar in Anspruch nehmen, dass ich mich im antinazistischen Sinne betätigt habe.[8]

Die Spruchkammer folgte ihm in dieser sehr weitgehenden Interpretation seiner Haltung jedoch nicht. Sie stufte in als *Mitläufer* ein, außerdem musste er 2.000 RM *Sühnegeld* zahlen. Nach Ansicht der Kammer war Ufer zwar kein Parteiaktivist, das vorgelegte Beweismaterial reichte aber nicht aus, um ihn in die Kategorie der Entlasteten einzureihen. Sie erkannte an, dass er den Konflikt mit Todt nicht gescheut, sich kritisch über die Partei und ihre Politik geäußert sowie Gegner des Nationalsozialismus unterstützt hatte. Auch habe er als Vorstandsmitglied von Grün & Bilfinger die *Gewaltherrschaft der NSDAP* nicht gefördert und weder ihm noch dem Unternehmen seien aus seiner Parteimitgliedschaft Vorteile entstanden. Gleichwohl konnte *nicht festgestellt werden, dass er nach dem Maß seiner Kräfte aktiven Widerstand geleistet und dadurch Nachteile erlitten habe.*[9]

Nach Abschluss des Spruchkammerverfahrens konnte Ufer wieder als Berater für Grün & Bilfinger tätig werden. Ab 1947 nahm er regelmäßig als Gast an den Sitzungen des Aufsichtsrats teil und auf der Hauptversammlung vom 28. Mai 1951 – der ersten nach dem Zweiten Weltkrieg – wurde er offiziell in das Gremium gewählt, dem er dann bis 1961 angehörte.[10]

Außer Ernst Ufer war aus den Führungsgremien der Grün & Bilfinger AG noch das Aufsichtsratsmitglied Rudolf Sinner von der Entnazifizierungsgesetzgebung betroffen. Er war Generaldirektor der Sinner AG, einer Brauerei und Presshefefabrik in Karlsruhe, und der Schwager von Bernhard Michael Bilfinger, der seinerseits im Aufsichtsrat der Sinner AG saß. Rudolf Sinner war ab 1931 Mitglied im Aufsichtsrat von Grün & Bilfinger, 1943 übernahm er nach dem Tod von George de Thierry den Vorsitz. Da er Parteigenosse war, schied er im Herbst 1945 auf Grund der Bestimmungen des Gesetzes Nr. 8 aus. Auch er wurde als Mitläufer eingestuft, nahm ab 1948 als Gast wieder an Aufsichtsratssitzungen teil und sollte 1951 erneut in das Gremium gewählt werden, er starb jedoch am 24. Juni 1950.[11] Carl Goetz konnte ebenfalls sein Aufsichtsratsmandat bei Grün & Bilfinger zeitweilig nicht wahrnehmen. Er gehörte zwar nicht der Partei an und saß 1944 wegen seiner Verbindungen zu Carl Goerdeler zehn Wochen lang in Gestapo-Haft, als Vorstandsmitglied der Dresdner Bank geriet er jedoch in den Fokus der amerikanischen Besatzungsbehörden. Im Rahmen der Ermittlungen gegen die Bank wurde er von April 1946 bis Dezember 1947 interniert. Da er im Gegensatz zu Sinner aber nicht aus dem Aufsichtsrat ausgeschieden war, konnte er ab 1948 wieder als ordentliches Mitglied an den Sitzungen teilnehmen. 1951 übernahm er das Amt der Aufsichtsratsvorsitzenden, das er bis 1965 ausübte.[12]

Im Vergleich mit anderen Großunternehmen der Bauwirtschaft fällt auf, dass bei Grün & Bilfinger mit Ernst Ufer und Rudolf Sinner nur zwei Mitglieder der Führungsgremien in der NSDAP waren, und dass deren Entnazifizierung relativ problemlos verlief. Der Vorstandsvorsitzende von Hochtief, Eugen Vögler, fiel als Leiter der Gauwirtschaftskammer und Mitglied der Reichsverteidigungskommission unter die Kategorie derjenigen Personen, die mit „automatic arrest" durch die Alliierten zu belegen waren. Diesem entzog er sich durch Flucht in die französische Besatzungszone, wo die Bestimmungen weniger streng gehandhabt wurden als bei den Amerikanern oder Briten. Vögler wurde im Rahmen seiner Entnazifizierung zunächst als „Aktivist" eingestuft und erst in einem weiteren Verfahren als „entlastet". Außer Vögler waren bei Hochtief noch weitere Mitglieder von Vorstand und Aufsichtsrat in der Partei und auch bei Holzmann mussten vier von fünf Vorständen ihr Amt vorübergehend aufgeben.[13]

Im März 1947 beschrieb der Vorstand von Grün & Bilfinger zusammenfassend die Haltung der Unternehmensleitung zum Nationalsozialismus: *Die Entnazifizierungsgesetze haben uns keine besonders großen Schwierigkeiten gebracht. Bekanntlich war bei uns der politischen Bewegung kein Raum gegeben. Kein einziger Mitarbeiter ist wegen seiner Parteizugehörigkeit eingestellt oder befördert und keiner aus politischem Grunde entlassen worden. Mit Kenntnis der Leitung unserer Unternehmung befand sich kein als Aktivist zu bezeichnender Pg im Betrieb.*

Die Leute, die sich der Partei anschlossen, handelten als Idealisten und im guten Glauben auf die vielfach wiederholten friedlichen Versprechungen. Einige Bauleiter, Kaufleute, Bauführer und Meister traten der Bewegung, die sich mit Vorliebe eine Arbeiterpartei nannte, lediglich aus ihrer Verbundenheit mit den Arbeitern bei.[14]

Trotz aller nachträglichen Apologetik, die in dieser Stellungnahme und mehr noch in den Äußerungen Ufers in seinem Entnazifizierungsverfahren zum Ausdruck kommt, ist der Kern der Aussage glaubhaft. Die Unternehmensleitung von Grün & Bilfinger wahrte durchaus eine kritische Distanz zum Nationalsozialismus, sie kommt unter anderem in der oben dargestellten negativen Beurteilung des Westwallbaus zum Ausdruck. Ob sich diese Kritik aber gewissermaßen nur auf technische Aspekte wie die mangelhafte Planung von Bauprojekten, organisatorische Schwächen der OT und Nachteile der NS-Wirtschaftspolitik beschränkte, oder auch die grundlegende Ideologie des Regimes mit einbezog, ist auf Grund der Quellenlage nicht zu beurteilen.

BEGINN DES WIEDERAUFBAUS

Bis zum Herbst 1945 gelang es dem Vorstand von Grün & Bilfinger, mit allen Außenstellen in den vier Besatzungszonen Kontakt aufzunehmen. Die Niederlassungen in Hamburg, Berlin, Dresden, Halle, Köln, Essen und München arbeiteten wieder, die Betriebe in Breslau, Stettin und Königsberg wurden als verloren angesehen. Verbindungen innerhalb der Baubranche wurden ebenfalls nach und nach wieder angeknüpft. Am 3. September 1945 besuchte Bernhard Michael Bilfinger seine Vorstandskollegen bei der Philipp Holzmann AG in Frankfurt am Main zum Meinungsaustausch. Am 20. September kam Carl Goetz nach Ziegelhausen, um sich einen Überblick über die Lage des Unternehmens zu verschaffen. Er sah das Auslandsvermögen von Grün & Bilfinger als verloren an und zeigte sich auch skeptisch hinsichtlich der Bewertung des umfangreichen Bestandes an Wertpapieren, die sich in den Depots der Reichsbank in Berlin befunden hatten. Als besonders gravierend wurden die Geräteverluste angesehen, nach ersten Schätzungen war nur noch ein Viertel bis ein Drittel des ursprünglichen Bestandes vorhanden. Auch die Zusammensetzung des Maschinenparks war ungünstig, vor allem das bei der Trümmerräumung benötigte Gerät wie Bagger oder Feldeisenbahnen fehlte. Trotz aller Verluste bezeichnete Goetz auf der am 4. Oktober 1945 stattfindenden Aufsichtsratssitzung *die Lage der Firma doch immer noch als wesentlich günstiger* [...] *als die der meisten anderen industriellen Unternehmungen,* in die er bis dahin Einblick gewonnen hatte.[15]

Während die Leistung im Jahr 1944 noch 38 Mio. RM betragen hatte, ging sie 1945 auf 19 Mio. zurück, wovon 6,5 Mio. nach Kriegsende erbracht wurden. Die meisten Aufträge betrafen die Beseitigung von Trümmern sowie die Instandsetzung der Infrastruktur, vor allem den Wiederaufbau von Brücken. Dabei bildeten Mannheim und Heidelberg einen Schwerpunkt der Unternehmenstätigkeit. In beiden Städten und in der Region war rund ein Dutzend Neckarbrücken zerstört, darunter die weltberühmte, 1788 eingeweihte Karl-Theodor-Brücke in Heidelberg. Auch die Rheinbrücke zwischen Mannheim und Ludwigshafen war von deutschen Truppen auf dem Rückzug gesprengt worden.

Wiederaufbau der
Karl-Theodor-Brücke in
Heidelberg, 1946

Wiederaufbau der
Eisenbahnbrücke bei
Ladenburg, 1946

Wiederaufbau der Eisen-
bahnbrücke in Neckar-
gemünd, 1945

Wiederaufbau der Auto-
bahnbrücke über den
Neckar bei Mannheim-
Seckenheim, 1950

Behelfsmäßiger Wieder-
aufbau der Rheinbrücke
Mannheim-Ludwigsha-
fen, 1947

Wiederaufbau der Kur-
pfalzbrücke Mannheim,
1949

Wiederaufgebaute
Rheinbrücke Köln-Deutz,
1948

Wiederaufbau der
Autobahnbrücke über
das Kämpfelbachtal bei
Pforzheim, 1955

Zerstörte Hohenzollern-
brücke in Köln, 1945

Im Jahr 1946 stieg die Leistung auf rund 23,5 Mio. RM, wovon fast 43 Prozent vom Stammhaus erbracht wurden, gefolgt von der Niederlassung Köln mit 17 Prozent. Im Kölner Raum war Grün & Bilfinger ebenfalls am Wiederaufbau der Rheinbrücken beteiligt. In Städten wie Dresden, Berlin, Hamburg, Köln und Mannheim, die infolge des Bombenkriegs stark zerstört waren, führte das Unternehmen in größerem Umfang Arbeiten zur Trümmerbeseitigung durch. Angesichts der enormen Verluste von Wohnraum beschloss der Vorstand von Grün & Bilfinger im September 1945, sich künftig auch auf dem Gebiet des Hochbaus zu betätigten und rief eine entsprechende Abteilung ins Leben. Da der Wohnungsbau aber erst nach der Währungsreform im Jahr 1948 richtig in Gang kam, spielte dieses Geschäftsfeld in der unmittelbaren Nachkriegszeit noch keine große Rolle.[16]

Wiederaufbau des
„Gürzenich", Köln, 1949

	Leistung (Mio. RM)	Auftragsbestand zum 31.12.1946 (Mio. RM)
Stammhaus Mannheim	10,056	5,285
NL Köln	4,064	1,645
NL Halle	2,854	0,616
NL Hamburg	2,185	1,135
NL Berlin	1,912	0,440
NL München	1,439	1,250
NL Dresden	0,880	0,570
NL Essen	0,100	0,050
	23,490	10,991

Leistung und Auftragsbestand der Grün & Bilfinger AG 1946[17]

Ein außergewöhnliches Projekt führte Grün & Bilfinger in Obrigheim am Neckar durch. Im Zuge der Untertageverlagerung der Rüstungsindustrie hatte die Daimler-Benz AG dort ab 1944 in einem Gipsstollen ein Flugmotorenwerk eingerichtet, das den Decknamen „Goldfisch" trug. Der Betrieb wurde 1946 demontiert und ging als Reparationsleistung in die Sowjetunion, wobei der Abtransport der Maschinen überwiegend auf dem Wasserweg erfolgte. Zuvor musste jedoch ein Höhenunterschied von 60 Metern zwischen dem Stollen und dem Neckarvorland überwunden werden. Grün & Bilfinger erhielt den Auftrag zum Bau und Betrieb einer Transportanlage, mit der die in Kisten verpackten Werkzeugmaschinen zu Tal gebracht werden konnten. Die Maschinen wogen teilweise bis zu 30 Tonnen. Von August bis Dezember 1946 wurden insgesamt 1.875 Kisten mit einem Gesamtgewicht von rund 5.000 Tonnen abtransportiert und auf 25 Schiffe verladen.[18]

SOZIALISIERUNG DER NIEDERLASSUNGEN HALLE UND DRESDEN

Auf der Konferenz von Potsdam hatten die vier Siegermächte beschlossen, Deutschland als eine wirtschaftliche Einheit zu betrachten. Daran hielten sich im Wesentlichen nur die USA und Großbritannien; Frankreich und die Sowjetunion verfolgten jeweils eigene Interessen und richteten die Wirtschaftspolitik in ihren Besatzungszonen an ihren eigenen Bedürfnissen aus. De facto wurde Deutschland dadurch nicht nur politisch, sondern auch wirtschaftlich geteilt. Mit Ausnahme des Steinbruchs Olsbrücken befanden sich alle Niederlassungen der Grün & Bilfinger AG im Westen in der britischen bzw. der amerikanischen Zone. In der sowjetischen Besatzungszone (SBZ) lagen die Niederlassungen Halle und Dresden. Berlin war ein Sonderfall, die Niederlassung hatte ihren Sitz im britischen Sektor und führte Arbeiten in allen vier Sektoren der Stadt sowie im Umland Berlins aus. Außerdem bemühte sie sich um die Herausgabe eines umfangreichen Geräteparks, der von der Roten Armee auf Baustellen der ehemaligen Niederlassung Stettin in Stralsund, Karlshagen und Barth beschlagnahmt worden war.[19]

Die Niederlassung Dresden war unter anderem mit der Trümmerräumung in der stark zerstörten Stadt sowie mit dem Wiederaufbau von Brücken beschäftigt. Ihre größte Baustelle mit einer Belegschaft von rund 150 Arbeitern war das Hydrierwerk Böhlen der ehemaligen Braunkohle-Benzin-AG, das in eine Sowjetische Aktiengesellschaft (SAG) umgewandelt worden war.[20]

Die wichtigste Niederlassung im Bereich der SBZ war Halle. Sie hatte nur verhältnismäßig geringe Verluste an Geräten und Personal erlitten und konnte bereits im Mai 1945 wieder die Arbeit aufnehmen. Sie war unter anderem mit der Beseitigung von Trümmern und der Instandsetzung der Kanalisation in Halberstadt beschäftigt und im Buna-Werk Schkopau tätig. Außerdem erhielt sie Aufträge zur provisorischen Wiederherstellung der Elbebrücke bei Tangermünde, die Grün & Bilfinger in den Jahren 1931/32 errichtet hatte, und der Autobahnbrücke über die Elbe bei Vockerode. Dieses Projekt war als besonders dringlich eingestuft worden, der Auftragswert betrug 1,3 Mio. RM. Die Niederlassung Halle war auf der Baustelle mit 260 eigenen Arbeitskräften tätig und beschäftigte zusätzlich noch mehrere Subunternehmer. Nach der

Überwindung nicht unerheblicher Anlaufschwierigkeiten konnte die Brücke am 15. November 1946 dem Verkehr übergeben werden.[21]

Seit Herbst 1945 bestand die konkrete Gefahr einer Beschlagnahme der ostdeutschen Niederlassungen durch die Besatzungsbehörden bzw. deutsche Dienststellen. Gemäß dem „Befehl 124" der Sowjetischen Militäradministration (SMAD) vom 30. Oktober 1945 konnten „herrenlose" Industriebetriebe und Unternehmen, die sich an der Kriegswirtschaft beteiligt hatten, sequestriert werden.[22] Im November 1945 besuchte das Vorstandsmitglied Hans Burkhardt die Niederlassungen in der SBZ und in Berlin, um sich einen Überblick zu verschaffen. In Sachsen war auf einigen Baustellen Gerät als „herrenlos" eingestuft und unter treuhänderische Verwaltung gestellt worden. Durch Vorlage einer Bescheinigung des Betriebsrats von Grün & Bilfinger in Mannheim gelang es Burkhardt, die Treuhänderschaft wieder aufzuheben. Betriebsobmann Klee bestätigte, dass kein aktives Vorstandsmitglied von Grün & Bilfinger der NSDAP angehört hatte und die Unternehmensleitung Distanz zum Regime gewahrt habe, was unter anderem dadurch zum Ausdruck gekommen sei, dass *im Stammhaus Mannheim der Hitlergruß nicht üblich* gewesen sei. Die Bescheinigung war beglaubigt vom Vorsitzenden des Allgemeinen Deutschen Gewerkschaftsbunds im Mannheim, Jakob Trumpfheller, einem der führenden sozialdemokratischen Lokalpolitiker.[23] Sie diente auch der Niederlassungsleitung in Halle als Nachweis der politischen Unbedenklichkeit des Unternehmens gegenüber der örtlichen sowjetischen Kommandantur. Im März 1946 bestätigten sowohl die Kommandantur als auch der Wirtschaftsbeauftragte der Stadt Halle, dass die Niederlassung der Grün & Bilfinger AG nicht unter die Bestimmungen des Befehls 124 der SMAD falle und daher nicht sequestriert werden solle.[24] Gleichwohl wurde auf einer öffentlichen Versammlung am 28. Juni 1946, bei der die *Enteignung von Kriegsverbrechern, Aktivisten und Kriegsinteressenten* gefordert wurde, verkündet, dass sie ein zu enteignendes Unternehmen sei. Dagegen erhob die Niederlassungsleitung Einspruch beim Präsidenten der Provinz Sachsen, dem auch stattgegeben wurde. Trotzdem stellte der Magistrat der Stadt Halle die Niederlassung am 23. Juli 1946 unter Zwangsverwaltung. Auch gegen diese Entscheidung wurde Widerspruch bei verschiedenen Dienststellen eingelegt, letztlich aber ohne Erfolg. Am 24. September 1946 wurde der Niederlassungsleiter Ernst Herzog zum Treuhänder des Betriebs ernannt. Begründet wurde die Sequestrierung mit der Beteiligung von Grün & Bilfinger an Rüstungsarbeiten, insbesondere dem Westwallbau. Dass die Unternehmensleitung politisch unbelastet sei, bestritten die Behörden nicht. 1947 wurde die Niederlassung Halle dann entschädigungslos enteignet, der buchmäßige Schaden belief sich auf 600.000 RM, war in der Realität aber höher, da die Geräte stark abgeschrieben waren.[25]

Der Verlust der Niederlassung Halle war für Grün & Bilfinger schmerzhaft, schließlich hatte sie im Jahr 1946 einen Umsatz von rund 2,8 Mio. RM und damit zwölf Prozent der Leistung des gesamten Unternehmens erbracht. Ab 1947 ging die Geschäftstätigkeit in Ostdeutschland immer mehr zurück, hinzu kam, dass ein Großteil des qualifizierten Personals in den Westen abwanderte. Die Niederlassung Dresden wurde 1948 ebenfalls enteignet und ging mit anderen Bauunternehmen in einem volkseigenen Betrieb auf. Die Niederlassung Berlin führte bis zur Währungsreform noch Arbeiten im sowjetischen Sektor und in Brandenburg aus, danach war ihr Tätigkeitsgebiet auf West-Berlin beschränkt.

DIE WÄHRUNGSREFORM

Das Jahr 1947 war in wirtschaftlicher Hinsicht das schwierigste der unmittelbaren Nachkriegszeit. Der Aufschwung kam ins Stocken, Transportprobleme, Nahrungsmittelknappheit und ein ausufernder Schwarzmarkt lähmten das Wirtschaftsleben. Gleichzeitig wurden mit dem Zusammenschluss der britischen und der amerikanischen Besatzungszone zum „Vereinigten Wirtschaftsgebiet", der „Bizone", die Weichen in Richtung auf eine eigenständige wirtschaftliche und politische Entwicklung Westdeutschlands gestellt. Die nächsten Schritte waren die Währungsreform in den drei Westzonen im Juni 1948 und die Gründung der Bundesrepublik im Mai 1949.[26]

Auch bei Grün & Bilfinger herrschte 1947 weitgehend Stagnation. Die Leistung stieg zwar nominell von 23 auf 25 Mio. RM, eine Zunahme der Bautätigkeit war jedoch nicht zu verzeichnen. Die Beschaffung von Baustoffen war extrem schwierig geworden und nahm häufig mehr Zeit in Anspruch als ihre Verarbeitung. Viele Materialien waren nur noch im Rahmen von Tausch- oder Kompensationsgeschäften zu erhalten. Der Wertverlust des Geldes führte auch zur Abwanderung von Arbeitskräften, die sich Stellen suchten, wo sie *zusätzliche Lebensmittel, Kleidungstücke, im Tauschhandel verwertbare Waren oder gar Auslandserzeugnisse* bekamen. Von Ende 1946 bis März 1948 nahm die Belegschaft von 4.660 auf 4.050 Arbeiter und Angestellte ab. Um das Personal auf den Baustellen zu halten, wurde versucht, *für möglichst wenig Lebensmittelmarken ein einigermaßen sättigendes Mittagessen abzugeben.* Für die Arbeiter war der Bezug von Sachmitteln wertvoller als die Entlohnung mit Bargeld, auf der Baustelle „Friedrichsbrücke" in Heidelberg streikten sie mit Erfolg für eine bessere Versorgung mit Nahrungsmitteln und Kleidungsstücken.[27]

Diese Situation änderte sich grundsätzlich erst mit der Währungsreform, nach der das Geld wieder einen Wert hatte und der Schwarzmarkt zum Erliegen kam. Vorher galt es, einen bilanziellen Schlussstrich unter die Kriegs- und Nachkriegszeit zu ziehen. Im Frühjahr 1948 wurden die Jahresabschlüsse für die Jahre 1944 bis 1946 geprüft und vom Aufsichtsrat genehmigt. Für 1944 wurde ein Verlust von 1,2 Mio. RM, für 1945 und 1946 jeweils ein Gewinn von 400.000 bzw. 90.000 RM ausgewiesen. Die Abschlüsse hatten letztlich aber nur noch formale Bedeutung. Die Kriegsverluste und offenen Forderungen in Höhe von fast 35 Mio. RM wurden ebenso wie die Wertpapiere zu 70 Prozent abgeschrieben und mit rund 10,5 Mio. RM sowohl in der Aktivals auch in der Passivseite der Bilanz für das Jahr 1945 eingestellt und bis zur RM-Schlussbilanz 1948 mitgeführt. In die DM-Eröffungsbilanz zum 21. Juni 1948 wurden sie dann nur noch als *Erinnerungsziffer* in Höhe von 1,00 DM übernommen. Gleichzeitig wurde das Grundkapital im Verhältnis 3:1 auf 4,41 Mio. DM herabgesetzt, es entsprach damit nominell wieder dem Wert vor der Kapitalberichtigung im Jahr 1942. Der Aufsichtsrat hielt diesen Kapitalschnitt zunächst für zu scharf und war der Meinung, die Geräte seien allzu vorsichtig bewertet. Er konnte sich mit seiner Ansicht aber nicht durchsetzen, am 28. Mai 1951 genehmigte die erste Hauptversammlung nach dem Zweiten Weltkrieg die DM-Eröffnungsbilanz. Sie zog nach Ansicht des Vorstands einen *Schlussstrich unter die erheblichen Einbußen, die unsere Gesellschaft mit dem Kriegsende hinnehmen musste, Verluste an wertvollen Baumaschinen, Baustelleneinrichtungen, Gerätschaften,*

Werkzeugen und Vorräten, Verluste an Interessen im Ausland, an Forderungen aus Bauaufträgen
für verschiedene Dienststellen des Reiches, an Betriebsreserven in Form von Reichsschatzan-
weisungen, Pfandbriefen und baren Betriebsmitteln, Verluste und Schäden durch unmittelbare
Kriegseinwirkung und durch die bekannten Enteignungen in der Ostzone. Erhalten blieben die
bebauten und unbebauten Grundstücke im Inland, die Dienst- und Wohngebäude, die teilweise
bombengeschädigt waren, dazu ein wertvoller Bestand an Baumaschinen und Geräten mit dem
bewährten Stamm von Ingenieuren, Verwaltungspersonal, Meistern und Facharbeitern und die
im In- und Ausland anerkannte Organisation.[28]

Nach der Währungsreform trat die westdeutsche Wirtschaft in eine „deflationistische Phase
mit zuweilen depressiver Grundstimmung"[29], die erst durch den im Juni 1950 einsetzenden „Korea-
boom" beendet wurde. Auch bei Grün & Bilfinger herrschte alles andere als Aufbruchstimmung,
sowohl die Leistung als auch die Anzahl der Beschäftigen gingen 1949 und 1950 zurück.

Jahr	Leistung	Beschäftigte
1947	25,1 Mio. RM	4.424
1948	32,0 Mio. RM/DM	4.414
1949	30,8 Mio. DM	3.640
1950	26,1 Mio. DM	2.987

Leistung und Beschäftigte der Grün & Bilfinger AG 1947–1950[30]

Während für das Geschäftsjahr 1948/49 noch ein bescheidener Gewinn von 22.740 DM
ausgewiesen werden konnte, schloss das Jahr 1950 mit einem Verlust von 156.340 DM ab. Der
Vorstand beklagte einen *wilden Konkurrenzkampf der Bauunternehmen, Überkapazitäten und*
gedrückte Preise. Der Wettbewerb wurde härter, so intensivierte etwa die Philipp Holzmann AG
ihre Aktivitäten im Raum Mannheim, als Reaktion darauf beschloss der Vorstand von Grün & Bilfinger die Gründung einer Niederlassung in Frankfurt am Main. Auch in Stuttgart wurde eine neue
Niederlassung gegründet, *um mit den württembergischen Firmen konkurrieren zu können.*[31]

1949 gelang der lange angestrebte Einstieg in den Wohnungsbau. Die ersten größeren
Projekte waren eine Wohnsiedlung für die US-Armee in Heidelberg und ein Wohnblock für die
BASF in Ludwigshafen, auch die Niederlassung München übernahm Aufträge für Wohnhäuser.
1950 entfielen 44 Prozent der Leistung auf den Wohnungsbau, 11 Prozent auf den Industriebau
und 45 Prozent auf den angestammten Ingenieurbau. Allerdings trug das neue Geschäftsfeld
noch nichts zum Ergebnis bei, im Gegenteil, die *Einarbeitung in das ungewohnte Arbeitsfeld*
des Wohnungsbaus bescherte dem Unternehmen zunächst einmal Verluste.[32]

Auch die Bemühungen, das Auslandsgeschäft wieder in Gang zu bringen, führten nicht zum
gewünschten Erfolg. Zur Jahreswende 1947/48 bearbeitete Grün & Bilfinger zusammen mit
MAN ein Angebot für eine Brücke über den Tejo in Portugal. Der Vorstand sah dies zunächst nur
als gute Gelegenheit, wieder mit portugiesischen Geschäftspartnern ins Gespräch zu kommen.

Wohnhäuser in der
Hechsestraße,
München, 1949

BASF-Wohnblock
Fichtestraße, Ludwigs-
hafen, 1950

US-Wohnsiedlung
Römerstraße, Heidel-
berg, 1950

Der Auftrag war ihm weniger wichtig und er rechnete auch nicht damit, ihn zu erhalten. Dies änderte sich jedoch bald, da Grün & Bilfinger und MAN das günstigste Angebot abgegeben hatten. Der Vorstand entwickelte nun einiges Interesse für das Projekt, um so größer war die Enttäuschung, als MAN den Entwurf für die Brücke an ein britisches Unternehmen verkaufte.[33] 1948 gelang es, wieder Kontakt mit der ehemaligen Tochtergesellschaft in Argentinien aufzunehmen. Mit großem Aufwand bearbeitete das technische Büro von Grün & Bilfinger ein Projekt zur Untertunnelung des Riachuelo-Flusses in Buenos Aires. Auch hier gab das Unternehmen das günstigste Angebot ab und der Vorstand machte sich Hoffnungen, den Auftrag zu erhalten. Die Realisierung des Projekts wurde jedoch 1949 auf unbestimmte Zeit vertagt. 1950 unternahm Wilhelm Bilfinger einen *Erkundungsflug* nach Ägypten und reiste anschließend nach Indien weiter. Für zwei Brücken über den Nil wurden Angebote abgegeben, die Preise waren jedoch *nicht konkurrenzfähig*. Der einzige greifbare Erfolg war ein Beratervertrag mit einem indischen Unternehmen, Grün & Bilfinger unterstützte es beim Bau eines Staudamms durch die Entsendung von drei Spezialisten. Bei allen Kontakten stellte sich heraus, dass Grün & Bilfinger im Ausland noch immer über einen hervorragenden Ruf verfügte, konkrete Aufträge resultierten daraus aber nicht.[34]

ALLMÄHLICHE VERJÜNGUNG DES VORSTANDS

Nach dem Ausscheiden von Ernst Ufer im Jahr 1945 blieb der Vorstand bis in die frühen fünfziger Jahre unverändert. Ein neues kaufmännisches Vorstandsmitglied wurde nicht berufen, zumal sich nach Ansicht Ufers keiner seiner Mitarbeiter als Nachfolger eignete. Ufers Ressorts wurden unter den anderen Vorstandsmitgliedern aufgeteilt. Für die Bilanzbuchhaltung war Josef Koder zuständig, der jedoch bereits im April 1948 darauf hinwies, *diese Aufgabe und Verantwortung nicht auf Lebensdauer tragen* zu wollen. Er empfahl daher seinen Kollegen, *die Bestellung eines kaufmännischen Leiters nicht aus den Augen zu verlieren*. Chef der Bilanzabteilung war der Prokurist Markus Herbig, nach seiner Pensionierung im Jahr 1952 übernahm Fritz Bilfinger diese Funktion, er rückte jedoch nicht in den Vorstand auf. Für dieses Gremium suchte der Aufsichtsrat weiterhin nach einem *besonders tüchtigen Kaufmann*, der sich insbesondere mit Fragen der Finanzierung und Kreditbeschaffung befassen sollte.[35] Josef Koder war das älteste Vorstandsmitglied, 72-jährig starb er am 23. Dezember 1952 im aktiven Dienst. Danach bestand der Vorstand nur noch aus drei Personen: Bernhard Michael Bilfinger, er war 63 Jahre alt und seit 1921 im Amt, Wilhelm Bilfinger (56) und Hans Burkhardt (69), beide waren 1936 berufen worden. Alle drei taten sich offensichtlich schwer, einen Teil der Verantwortung an jüngere Kollegen abzugeben, denn die Position Koders wurde nicht wieder besetzt.

Auch im Aufsichtsrat gab es bis in die frühen fünfziger Jahre keine wesentlichen Veränderungen. Senior und stellvertretender Vorsitzender war Ferdinand von Zuccalmaglio, er gehörte dem Gremium seit 1911 an und starb am 12. Juli 1952 im Alter von 80 Jahren. Das ehemalige Vorstandsmitglied Philipp Völker schied 1954 aus dem Aufsichtsrat aus, Walther Frisch, von 1945 bis 1956 Oberbürgermeister der Stadt Lindau, übte sein Mandat bis 1962 aus. Die Mitgliedschaft von Carl Goetz ruhte bis zu seiner Rehabilitierung im Jahr 1948. 1951 übernahm er wie bereits erwähnt den Vorsitz, im gleichen Jahr wurden Ernst Ufer und Wilhelm Rohn, Direktor der Allgemeinen Bankgesellschaft Mannheim, neu in das Gremium gewählt. Rohn starb 1954, sein Nachfolger war Erich Vierhub, Mitglied des Vorstands der Rhein-Main Bank sowie der 1957 neu gegründeten Dresdner Bank. Vierhub war neben Goetz die treibende Kraft im Aufsichtsrat von Grün & Bilfinger. Nach dessen Tod im Jahr 1965 übernahm er das Amt des Vorsitzenden und gab es 1973 an Jürgen Ponto weiter.

Eines der zentralen Probleme bei Grün & Bilfinger in den fünfziger Jahren war die Verjüngung des Vorstands und die Übergabe der Verantwortung an Personen, die nicht der Familie Bilfinger angehörten. Obwohl das Unternehmen seit der Umwandlung in eine Aktiengesellschaft im Jahr 1906 kein Familienunternehmen mehr war, spielte die Familie weiterhin eine zentrale Rolle in der Unternehmensleitung. Die Söhne von Paul und Bernhard Karl Bilfinger waren in die Fuß-stapfen ihrer Väter getreten und hatten den Beruf des Bauingenieurs ergriffen. In den zwanziger und dreißiger Jahren waren sie in den Vorstand aufgerückt und hatten danach sukzessive die Leitung des Unternehmens übernommen. Die übrigen Vorstandsmitglieder wurden aus dem eigenen Umfeld rekrutiert, sie hatten ihre Laufbahn ebenfalls bei Grün & Bilfinger absolviert und akzeptierten die Führungsrolle von Bernhard Michael und Wilhelm Bilfinger. Dass beide einer Ergänzung des Vorstands durch externe Personen skeptisch gegenüber standen, ist aus ihrer Sicht durchaus verständlich, da ihre emotionale Bindung an das Unternehmen wesentlich stärker war als die angestellter Manager.

Im Juli 1952 diskutierten Vorstand und Aufsichtsrat über die Gefahr einer Überalterung der Unternehmensleitung. Carl Goetz wies darauf hin, dass rechtzeitig für den *Nachwuchs junger Kräfte* gesorgt werden müsse, wobei insbesondere die kaufmännischen Ressorts nicht vernachlässigt werden dürften: *Er habe bisher nur Bestes über die technischen Leistungen des Unternehmens gehört. Doch auch der geschäftlichen Leitung müsse man eine gewisse Aufmerksamkeit schenken und man solle sich um eine geeignete Kraft bemühen, die in der Geschäftsleitung tätig sein könne.*[36] Daraufhin wurde im April 1953 Ferdinand Siemonsen zum stellvertretenden Vorstandsmitglied ernannt, er war promovierter und habilitierter Bauingenieur und leitete das technische Büro von Grün & Bilfinger. [37]

Im Februar 1954 lernte Carl Goetz Werner Bansen kennen. Er war 49 Jahre alt, promo-vierter Bauingenieur, Geschäftsführer der Betonwerke Hüser & Co. GmbH in Oberkassel und Vorsitzender der Wirtschaftsvereinigung Bauindustrie in Nordrhein-Westfalen. Nach Ansicht von Goetz war er der geeignete Kandidat zur Ergänzung des Vorstands von Grün & Bilfinger. Dieser stand Bansen nicht ablehnend gegenüber, er wollte ihm aber zunächst nur die Nieder-lassung Köln anvertrauen. Deren Leiter Emil Koch kannte Bansen gut und stand kurz vor dem Ruhestand. In den folgenden Monaten wurde der Handlungsbedarf jedoch immer dringender, da Bernhard Michael Bilfinger im August 1954 erkrankte und es sich abzeichnete, dass er für längere Zeit ausfallen würde. Auf Anraten von Carl Goetz und Ernst Ufer nahm der Vorstand noch im gleichen Monat Verhandlungen mit Bansen auf und man vereinbarte schließlich seinen Eintritt als stellvertretendes Vorstandsmitglied zum 1. Januar 1955.[38]

„Es wäre doch zu schade, wenn das Großunternehmen Grün &
Bilfinger, das Weltruf hatte, nach und nach zu einem mittleren
Bauunternehmen absinken würde."

Carl Goetz (1885–1965)

Carl Goetz' Appell zur Verjüngung
des Vorstands

Sehr geehrter Herr Dr. Bilfinger!
[...] Ich möchte Ihnen [...] einige
meiner Gedanken schriftlich
mitteilen, damit Sie Ihre Über-
legungen bereits anstellen und
Vorschläge erwägen können für
den Tag unserer Besprechung.
Es handelt sich um zwei Probleme.
1.) Entwicklung und Vorstand von
Grün & Bilfinger.
Ich muss Ihnen offen sagen, dass
meine Beobachtungen in letzter
Zeit immer mehr den Eindruck
verstärkt haben, dass Grün &
Bilfinger gegenüber anderen Bau-
firmen in den letzten Jahren stark
zurückbleibt. Ich möchte u.a.
Hoch-Tief, Holzmann, Dyckerhoff
& Widmann nennen. Wenn man
durch die Lande fährt, so sieht

man eine ganze Reihe von neuen Firmen bei Großbauten. Man sieht aber immer wieder
die drei von mir vorgenannten Bauunternehmer, dagegen leider nur ganz selten (in letzter
Zeit war das bei mir gar nicht der Fall) unsere Firma Grün & Bilfinger. Auch Einblicke,
die ich auf Grund meiner Tätigkeit sonst habe, zeigen mir dasselbe Bild. Um Ihnen nur
zwei Beispiele zu nennen: Bei dem großen Hüttenwerk in Indien, das von DEMAG und
Krupp bearbeitet wird, ist wieder Hoch-Tief in Führung. Das gleiche gilt bei dem Assuan-
Staudamm, einem Riesenprojekt, für das sich ein Konsortium gebildet hat.
*   [...] Hoch-Tief ist sehr in den Vordergrund gekommen, nachdem man den früheren*
Staatssekretär und Beauftragten für die Elektrizitätswirtschaft, Dr. Schulze-Fielitz, als
Vorstandsmitglied eingestellt hat, einen außerordentlich rührigen, energievollen Mann
mit sehr weitreichenden Beziehungen. Bei größeren Bauprojekten im Ruhrgebiet hat er
in letzter Zeit sozusagen von vornherein immer die Finger in der Angelegenheit.

Ich wiederhole deshalb meine Anregung, mit aller Energie für eine Ergänzung des Vorstandes durch eine geeignete Persönlichkeit zu sorgen. [...] Es gehört zu den Pflichten eines sein Mandat ernst nehmenden Vorsitzers, sich um diese Frage zu kümmern, und ich bitte Sie, überzeugt zu sein, dass ich dies tue, auch im Interesse der in erster Linie beteiligten Familie. Es wäre doch zu schade, wenn das Großunternehmen Grün & Bilfinger, das Weltruf hatte, nach und nach zu einem mittleren Bauunternehmen absinken würde.

Diese Frage hätte ich gern einmal in aller Offenheit in einer Aufsichtsratssitzung mit den Herren des Vorstands in freundschaftlichem Geist besprochen. [...]

Lieber Herr Dr. Bilfinger, verzeihen Sie mir die offenen Worte. Überlegen Sie die weiteren Maßnahmen. Ich melde mich, sobald ich Sie empfangen kann.
Ihr ergebener Carl Goetz

Schreiben von Carl Goetz an Bernhard Michael Bilfinger vom 14. September 1953.[39]

Werner Bansen (1905–1994)

Vorher galt es allerdings noch, Bansens Funktion bei Hüser & Co. zu klären. Das Unternehmen war auf die Produktion von Betonfertigteilen spezialisiert und stellte unter anderem Fassadenelemente aus Sichtbeton her. Es erzielte 1954 einen Umsatz von 2,7 Mio. DM und arbeitete mit Gewinn. Sieben Achtel der Geschäftsanteile von Hüser & Co. waren im Besitz der Dyckerhoff Portland-Zement AG, ein Achtel hielt Werner Bansen selbst. Bei Dyckerhoff betrachtete man Hüser & Co. als eine *Zufallsbeteiligung*, deren Erfolg ausschließlich von der Tätigkeit Bansens als Geschäftsführer abhängig war. Da die Dyckerhoff AG Bansen nicht halten konnte, bot sie Grün & Bilfinger die Übernahme von Hüser & Co. zum Preis von 500.000 DM an. Für das Bauunternehmen bot sich damit die Möglichkeit, preiswert in den zukunftsträchtigen Markt der Fertigteilproduktion einzusteigen, so dass der Aufsichtsrat dem Kauf im März 1955 zustimmte.[40]

Innerhalb des Vorstands betreute Werner Bansen den Geschäftsbereich von Bernhard Michael Bilfinger, der im August 1955 gesundheitsbedingt ausschied. Ab 1. Januar 1956 war Bansen ordentliches Vorstandsmitglied und in den folgenden Jahren übernahm er immer mehr eine Führungsrolle innerhalb des Gremiums. Eine formelle Ernennung zum Vorstandsvorsitzenden wäre jedoch einer Zurücksetzung von

Wilhelm Bilfinger gleichgekommen. Dieser vollendete am 1. November 1961 sein 65. Lebensjahr; als Vorstand amtierte er bis zum 30. Juni 1962, wenige Tage später wählte ihn die Hauptversammlung in den Aufsichtsrat, dem er bis zu seinem Tod am 30. Juni 1967 angehörte. Bansen wurde schließlich am 18. Juni 1963 offiziell zum Vorstandsvorsitzenden ernannt.[41]

Mit dem Eintritt von Werner Bansen in den Vorstand war die Personaldiskussion bei Grün & Bilfinger allerdings noch nicht beendet. Der Aufsichtsrat war gewillt, Juan Carlos Brandt in den Vorstand zu berufen. Brandt vertrat seit den zwanziger Jahren die Interessen von Grün & Bilfinger in Südamerika und war gerade dabei, in Brasilien und Venezuela neue geschäftliche Aktivitäten anzustoßen. Im März 1955 verhandelten Carl Goetz und Ernst Ufer mit Brandt über dessen Eintritt in den Vorstand und die Beteiligten wurden auch handelseinig. Brandt sollte bereits am 1. April 1955 stellvertretendes und ein halbes Jahr später ordentliches Vorstandsmitglied werden. Im Vorstand wurde dies nur von Hans Burkhardt unterstützt, der früher selbst in Südamerika tätig gewesen war. Wilhelm Bilfinger und Ferdinand Siemonsen waren gegen eine Berufung Brandts, letzterer drohte sogar mit Rücktritt. Wilhelm Bilfinger hielt Brandt vor, bei der Sicherung des Vermögens in Argentinien versagt zu haben, außerdem kritisierten er und Siemonsen die Gehaltsforderungen Brandts, die den Rahmen des bei Grün & Bilfinger üblichen sprengten, sowie dessen Lebensstil, den sie wohl als zu aufwändig erachteten. Brandt wurde daraufhin nicht in den Vorstand berufen, er blieb aber weiterhin in Südamerika für Grün & Bilfinger tätig.[42]

Das Revirement innerhalb des Vorstands ging gleichwohl weiter: Am 1. Juli 1955 wurde der 65-jährige Regierungsbaumeister Helmut Lebsanft, ehemals Leiter der Niederlassung Berlin und seit 1950 für die Niederlassung in Frankfurt am Main verantwortlich, neu in den Vorstand berufen, dem er dann bis zum 30. September 1960 angehörte. Hans Burkhardt schied zum Jahresende 1955 altersbedingt aus, Ferdinand Siemonsen trat im Dezember 1956 in den Ruhestand. Da das Gremium danach wiederum nur aus drei Personen bestand, empfahl Carl Goetz erneut eine Ergänzung durch jüngere Mitglieder. Daraufhin wurden zum 1. Juli 1958 mit Wilhelm Klöckner, Karl Dahlbokum und Helmut Walter drei neue stellvertretende Vorstände ernannt.[43] Damit war die Verjüngung und Ergänzung des Vorstands entscheidend vorangekommen, vor allem Wilhelm Klöckner erwies sich als Glücksgriff. Der damals 45-jährige Bauingenieur war seit 1955 im Unternehmen, zuvor hatte er bereits bei dem auf Pfähle und andere Gründungstechniken spezialisierten Unternehmen Mast AG in Berlin und Brandenburg Erfahrungen in Führungspositionen gesammelt. 1960 wurde Klöckner ordentliches Vorstandsmitglied und 1971 trat er die Nachfolge von Werner Bansen als Vorstandsvorsitzender der Grün & Bilfinger AG an.

Neubau der Unternehmenszentrale am Carl-Reiß-Platz

Wilhelm Bilfinger bei der Grundsteinlegung des neuen Verwaltungs- gebäudes der Grün & Bilfinger AG am 4. März 1958

Seit 1892 befand sich die Unternehmenszentrale von Grün & Bilfinger, das „Stamm- haus", in der Akademiestraße am Rand des Mannheimer Hafengebiets. Das mehrfach umgebaute und erweiterte Gebäude war im Zweiten Weltkrieg beschädigt und in den ersten Nachkriegsjahren eher notdürftig in Stand gesetzt worden. Schon lange genügte es nicht mehr den gestiegenen Anforderungen der Unternehmensleitung und der zugehörigen Zen- tralabteilungen. Bereits in den dreißiger Jahren hatte der Vorstand in der Augusta- Anlage, der repräsenta-

Büros der Buchhaltung im neuen Verwaltungs- gebäude der Grün & Bilfinger AG, 1959

tiven Hauptverkehrsachse Mannheims in Richtung Heidelberg, ein Grundstück erworben, um dort ein neues Verwaltungsgebäude zu errichten. Infolge des Kriegsausbruchs wurden die Pläne jedoch wieder zu den Akten gelegt und erst in der zweiten Hälfte der 1950er-Jahre konnte man wieder an ihre Verwirklichung denken. Im September 1957 genehmigte der Aufsichtsrat 3,5 Mio. DM für einen Neubau, der 350 Angestellten Platz bieten sollte.[44]

Aus einer Reihe von Entwürfen fiel die Wahl auf ein 14-geschossiges Hochhaus mit variabel einzuteilenden Büroflächen. Diese Lösung war besonders wirtschaftlich und bot außerdem die Möglichkeit, mit einem der ersten Hochhäuser in Mannheim einen städtebaulichen Akzent zu setzen. Die Bauarbeiten begannen im Januar 1958; da zahlreiche vorgefertigte Bauelemente verwendet wurden, ging der Rohbau zügig voran, so dass bereits

im November desselben Jahres Richtfest gefeiert werden konnte. Am 14. August 1959 wurde das neue Verwaltungsgebäude der Grün & Bilfinger AG am Carl-Reiß-Platz eingeweiht. Es ist bis heute Sitz der Konzernzentrale von Bilfinger Berger.

*Neues Verwaltungs-
gebäude der Grün &
Bilfinger AG, 1959*

DIE GESCHÄFTSENTWICKLUNG 1950–1965

Der oben zitierte Brief von Carl Goetz an Bernhard Michael Bilfinger beschreibt treffend die Lage der Grün & Bilfinger AG in der ersten Hälfte der fünfziger Jahre. Das Unternehmen tat sich trotz der anziehenden Konjunktur schwer, Tritt zu fassen und mit den Wettbewerbern mitzuhalten. Die Leistung stieg zwar zwischen 1950 und 1953 von 26,1 Mio. DM auf 68,8 Mio. an und ab 1952 wurde auch wieder eine Dividende gezahlt. Im Jahr 1954 war jedoch ein deutlicher Rückgang der Leistung auf 61,6 Mio. DM zu verzeichnen. Die unternehmensinterne, nicht veröffentlichte Bilanz für dieses Geschäftsjahr wies einen Verlust von rund 120.500 DM aus. Der Vorstand beabsichtigte daher, keine Dividende zu bezahlen. Carl Goetz reagierte enttäuscht und alarmiert auf diese Nachricht. Er wies darauf hin, *dass bei einem dividendenlosen Abschluss das Ansehen und der Ruf der Firma G&B sehr leiden* würde. Um negative Auswirkungen auf

Leistung, Bilanzgewinn und Dividende der Grün & Bilfinger AG 1950–1965

Jahr	Leistung (Mio. DM)	Bilanzgewinn (Tsd. DM)	Dividende (% des GK)
1950	26,1	– 156,3	–
1951	44,1	59,7	–
1952	56,4	211,9	4
1953	68,8	278,9	6
1954	61,6	276,9	6
1955	76,8	313,1	7
1956	82,5	402,3	9
1957	99,2	566,2	10
1958	*109,0	675,5	10
1959	*123,0	748,0	11
1960	*132,0	813,5	12
1961	208,8	956,4	14
1962	k.A.	1.099,6	16
1963	k.A.	1.440,7	17
1964	k.A.	1.866,7	18
1965	k.A.	1.887,5	18

* berechnet auf Basis der veröffentlichten Steigerungsraten

das Geschäft zu vermeiden, sollte daher möglichst doch eine Dividende gezahlt werden. Nach ausführlicher Erörterung des Für und Wider entschloss sich der Vorstand dann schließlich, eine Dividende in Höhe von sechs Prozent des Grundkapitals auszuschütten. Die dafür notwendigen 266.460 DM wurden der stillen Reserve entnommen.[45]

Eine Ursache für die schlechte Ertragslage zu Beginn der fünfziger Jahre war der steigende Anteil der Hochbaus. Der Wettbewerb in dieser Sparte war besonders hart. Ein wichtiger neuer Auftraggeber waren die amerikanischen Streitkräfte, die im Zuge des sich verschärfenden Ost-West-Konflikts ihre Stützpunkte in Deutschland ausbauten. 1952 waren fast 39 Prozent aller Projekte militärischer Natur, 1953 sogar 44 Prozent. Grün & Bilfinger war mit einem Auftragsvolumen von 25 Mio. DM am Bau der US-Flugplätze Hahn im Hunsrück und Sembach in der Pfalz beteiligt. An beiden Standorten wurden sowohl Erd- und Betonarbeiten ausgeführt als auch zahlreiche Gebäude errichtet. Auf Grund knapper Ausführungsfristen und mangelhafter Planunterlagen entwickelten sich diese Baustellen allerdings nicht wie gewünscht, insbesondere Hahn führte zu einem Verlust von 1,2 Mio. DM. Verhandlungen mit den Auftraggebern über Nachforderungen waren langwierig und erforderten einen hohen bürokratischen Aufwand. Der Wandel in der Bautechnik machte außerdem umfangreiche Neuinvestitionen notwendig. So wurden beispielsweise bei Erdarbeiten zunehmend Lastkraftwagen statt der herkömmlichen Feldeisenbahnen eingesetzt. 1952 mussten für die Baustelle Hahn zwei Schwerlastkraftwagen zum Stückpreis von 86.000 DM angeschafft werden, 1953 kamen sechs weitere hinzu.[46] Ab 1952 stiegen die Investitionen in Maschinen, Geräte und Kraftfahrzeuge signifikant an:

Kontrollturm des US-Flugplatzes Sembach, 1953

Einsatz von
Schwerlastkraftwagen
beim Bau des US-Flug-
platzes Hahn, 1951

Investitionen der
Grün & Bilfinger
AG in Maschinen,
Geräte und
Kraftfahrzeuge
1949–1965

Jahr	Investitionen (Mio. DM)
1949	0,40
1950	0,51
1951	0,39
1952	1,65
1953	1,98
1954	2,02
1955	2,40
1956	4,14
1957	5,24
1958	5,04
1959	5,27
1960	10,05
1961	15,00
1962	16,45
1963	17,40
1964	14,49
1965	19,90

Die hohen Investitionskosten trugen dazu bei, dass ab 1952 die liquiden Mittel knapp wurden und in verstärktem Maß Kredite in Anspruch genommen werden mussten. Im August 1955 beliefen sich die Bankschulden und Wechselverbindlichkeiten auf 6,8 Mio. DM. Abhilfe versprach eine Erhöhung des Grundkapitals. Am 5. Juni 1956 ermächtigte die Hauptversammlung den Vorstand, das Grundkapital um 2.205.000 DM zu erhöhen. Die Kapitelerhöhung wurde in zwei Stufen durchgeführt; 1957 und 1958 gab das Unternehmen jeweils neue Aktien im Nennwert von 1.102.500 DM aus, die den Aktionären zum Kurs von 100 Prozent im Verhältnis 4:1 (1957) bzw. 5:1 (1958) angeboten wurden. Nach Abschluss der Maßnahme betrug das Grundkapital der Grün & Bilfinger AG 6.615.000 DM.[47]

1952 erhielt Grün & Bilfinger zusammen mit zwei weiteren Unternehmen den Auftrag zur Erstellung des *Maschinenhaus-Unterbaus* für das Wasserkraftwerk Birsfelden bei Basel; die anteilige Auftragssumme belief sich auf 4,25 Mio. Schweizer Franken. Das Kraftwerk Birsfelden war das erste größere Auslandsprojekt nach dem Zweiten Weltkrieg, es verlief jedoch wenig zufriedenstellend. Die von einem anderen Unternehmen durchgeführten Baggerarbeiten wurden nicht rechtzeitig fertig gestellt und im Juni 1953 wurde die Baustelle durch Hochwasser lahmgelegt und stark in Mitleidenschaft gezogen, so dass sich die Bauzeit insgesamt um

Maschinenhaus des Wasserkraftwerks Birsfelden, 1952

neun Monate verzögerte. In langwierigen Verhandlungen mit dem Auftraggeber versuchte das Unternehmen, den dadurch entstandenen Verlust zu verringern, letztlich blieb aber ein Minus von 28.000 DM.[48]

Da Südamerika, vor allem aber Argentinien in den dreißiger Jahren der wichtigste Auslandsmarkt von Grün & Bilfinger gewesen war, wurde dieser Region weiterhin große Aufmerksamkeit gewidmet. Auf Druck der US-Regierung hatte Argentinien wenige Wochen vor Ende des Zweiten Weltkriegs Deutschland den Krieg erklärt und anschließend sämtliche Beteiligungen und Niederlassungen deutscher Unternehmen als „Feindvermögen" beschlagnahmt. Ab 1948 kamen die Handels- und Wirtschaftsbeziehungen zwischen Westdeutschland und Argentinien allmählich wieder in Gang, so dass Grün & Bilfinger wie oben erwähnt auch Kontakt zur ehemaligen Tochtergesellschaft aufnehmen konnte, die jedoch beschlagnahmt blieb. 1953 trafen die Bundesrepublik und Argentinien eine Vereinbarung über die Rückgabe von Patenten und Markenzeichen und man verhandelte auch über das Problem der beschlagnahmten Firmen. Diese wurden schließlich 1955 den ehemaligen Eigentümern zum Rückkauf angeboten.[49] Der Vorstand von Grün & Bilfinger beobachtete die Entwicklung aufmerksam und machte sich im April 1953 gewisse Hoffnungen, die argentinische Beteiligung zurückzuerhalten, deren Wert mit 5 Mio. Pesos veranschlagt wurde. Ein Jahr später beurteilte er die Lage bereits wesentlich skeptischer: *Die politische Situation und vor allem die Tatsache, dass die enteigneten Tochtergesellschaften der deutschen Baufirmen immer noch von der argentinischen Regierung mit großen Bauaufträgen bedacht werden, lässt es nicht reizvoll erscheinen, zurzeit sich mit Bauaufgaben in Argentinien zu befassen.* 1955 erhielt das Unternehmen dann ein Angebot zum Kauf der ehemaligen Tochtergesellschaft Gruen y Bilfinger E.N. Empresa Constructora zum Preis von 3 Mio. US-Dollar, das der Vorstand jedoch als *nicht diskutabel* ablehnte.[50]

Da Argentinien als Markt ausschied, richtete sich der Fokus auf andere südamerikanische Länder. In Brasilien gründete 1951 ein ehemaliger Mitarbeiter von Grün & Bilfinger die Firma COPETOSA, die dem Mannheimer Unternehmen zunächst als Vertretung diente, bis 1956 die Grunbilf do Brasil Limitada gegründet wurde. Kapitalgeber waren mit jeweils 50 Prozent der Gesellschaftsanteile die Grün & Bilfinger AG und die beiden hessischen Fürstenhäuser zu Ysenburg und Büdingen und zu Salm-Salm. Grün & Bilfinger stellte das Management der Grunbilf do Brasil, kaufmännischer Geschäftsführer war H.W. Ufer, der Sohn von Ernst Ufer. Durch Wechselbetrügereien eines Mitarbeiters, die in den Verantwortungsbereich von H.W. Ufer fielen, geriet das Unternehmen 1961 in Zahlungsschwierigkeiten und musste 1962 liquidiert werden. Die Geschäfte in Brasilien wurden danach von der neu gegründeten Gesellschaft Grubima S.A. Projetos e Construcoes fortgeführt.[51]

Eine weitere südamerikanische Beteiligungsgesellschaft, die Grunbilf de Venezuela C.A., wurde im Februar 1955 gegründet. An diesem Unternehmen war Grün & Bilfinger zusammen mit Juan Carlos Brandt zur Hälfte beteiligt. Der unmittelbare Anlass für das Engagement war ein Projekt zur Wasserversorgung der Stadt Caracas. Die Beteiligungsgesellschaft erhielt dabei den Auftrag zum Bau von zwei Stollen und einer Wasseraufbereitungsanlage im Wert von 12,5 Mio. DM.

VW do Brasil,
São Paulo, 1960.

Wasseraufbereitungs-
anlage in Mariposa,
Venezuela, 1957

Wasserkraftanlage am
Rio Negro, Bavacoria,
Uruguay, 1960

Erweiterung der Kai-
mauer in Lobito/Angola,
1955

Darüber hinaus war Venezuela nach Ansicht von Brandt einer der aussichtsreichsten Märkte in der Region, da das Land zu diesem Zeitpunkt der zweitgrößte Erdölproduzent der Welt war. Große Anschlussaufträge konnte Grün & Bilfinger dort allerdings nicht akquirieren, das Unternehmen war jedoch mit 7,5 Prozent am Bau der Brücke über den Maracaibo-See beteiligt, die von 1957 bis 1962 unter Federführung der Julius Berger Tiefbau AG errichtet wurde.[52] In Uruguay versuchte das Unternehmen ebenfalls Fuß zu fassen, es wurde allerdings nur ein größeres Projekt ausgeführt. In Arbeitsgemeinschaft mit Siemens-Bauunion, Holzmann und einer französischen Gesellschaft errichtete Grün & Bilfinger eine Wasserkraftanlage bei Baygorria am Rio Negro, der anteilige Auftragswert belief sich auf 15 Mio. DM.[53]

Außerhalb Südamerikas konnten 1954 zwei weitere große Auslandsaufträge gewonnen werden: die Verlängerung der Kaimauer in Lobito/Angola, die das Unternehmen in den dreißiger Jahren errichtet hatte, und der Bau einer Staumauer samt Wasserkraftanlage in Laksapana auf Sri Lanka. Dieses Projekt mit der offiziellen Bezeichnung *Ceylon Hydro-Electric Scheme, Stage IIA; Section ‚A'* hatte einen Auftragswert von 32,5 Mio. DM und bereitete der Unternehmensleitung erhebliches Kopfzerbrechen, da sich bei Beginn der Arbeiten an der Staumauer herausstellte, dass der Baugrund weniger tragfähig war als vom beratenden Ingenieurbüro angenommen. Dadurch war die Standfestigkeit der Mauer in Frage gestellt und es ergaben sich erhebliche Risiken für die Bauausführung. Der Vorstand widmete dem Projekt höchste Aufmerksamkeit und Wilhelm Bilfinger, Ferdinand Siemonsen sowie Werner Bansen reisten 1956 zum Teil mehrfach nach Sri Lanka, um sich vor Ort um die Probleme zu kümmern. Die technischen Schwierigkeiten konnten schließlich überwunden werden, das wirtschaftliche Ergebnis der Baustelle blieb jedoch hinter den Erwartungen zurück.[54] Insgesamt gesehen gelang es Grün & Bilfinger in den fünfziger Jahren nicht, ein kontinuierliches Auslandsgeschäft aufzubauen. Es wurden zwar zahlreiche Angebote bearbeitet, die jedoch nicht zum Erfolg führten. Im Oktober 1959 musste der Vorstand feststellen, dass man seit zwei Jahren keinen Auslandsauftrag mehr erhalten hatte. Auch der Aufsichtsrat war mit der Entwicklung nicht zufrieden. Erich Vierhub kritisierte im Mai 1960 die Ertragslage mit dem Hinweis, dass andere Unternehmen vergleichbarer Größe *das Doppelte verdient* hätten.[55]

Staumauer Laksapana, Sri Lanka, 1958

Kongresshalle Berlin,
1957

Rheinbrückenkopf in
Mannheim, 1960

Schiffshebewerk
Henrichenburg, 1961

Autobahntunnel unter dem Nord-Ostsee-Kanal, 1960

Im Jahr 1961 stieg die Leistung zwar deutlich um 58 Prozent auf 208,8 Mio. DM, und 1962 konnte erstmals ein Bilanzgewinn von über einer Million DM ausgewiesen werden, dies war jedoch ausschließlich dem Inlandsgeschäft zu verdanken. Hier hatte Grün & Bilfinger einige große Ingenieurbauprojekte übernommen, unter anderem die Untertunnelung des Nord-Ostseekanals bei Rendsburg und den Bau eines neuen Schiffshebewerks in Henrichenburg. Hinzu kamen zahlreiche Aufträge für Brücken und Hochstraßen, so sollte beispielsweise auch Mannheim mit einem neuen, futuristisch anmutenden Rheinbrückenkopf dem Ideal der „autogerechten Stadt" näher kommen. Die Auslandsprojekte von Grün & Bilfinger standen weiterhin unter keinem guten Stern. Bei zwei Aufträgen im Irak, der Karradah-Brücke über den Tigris in Bagdad und dem Hafen Um Quasr am Persischen Golf, gab es erhebliche Probleme mit dem Bauherrn und mit Arge-Partnern. Beide Projekte schlugen 1963 mit einem Verlust von 7,1 Mio. DM zu Buche.

Kurunah-Brücke,
Bagdad, 1963

Roseires-Brücke, Sudan,
1963

Hafenanlage in
Lomé/Togo, 1966

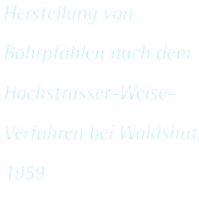

Auch der Bau der Roeseires-Brücke über den Blauen Nil im Sudan verlief nicht zufrieden stellend. Die Situation verbesserte sich erst, als Wilhelm Klöckner zunehmend Verantwortung im Auslandsgeschäft übernahm. Unter seiner Federführung wurde in Liberia zwischen 1962 und 1964 mit gutem Ergebnis eine 90 Kilometer lange Erzbahn samt Verladepier in Monrovia gebaut. Außerdem konnten Anschlussaufträge für eine Erzaufbereitungsanlage akquiriert werden. Ein weiteres erfolgreiches Projekt in Westafrika war der Bau einer Hafenanlage in Lomé, der Hauptstadt von Togo. Er wurde von der Kreditanstalt für Wiederaufbau finanziert und barg daher nur geringe Risiken.[56]

Im Vergleich zu den frühen fünfziger Jahren, als der Hoch- und vor allem der Wohnungsbau eine wichtige Rolle bei Grün & Bilfinger gespielt hatte, stand in der ersten Hälfte der sechziger Jahre der angestammte Ingenieurbau mit rund 70 Prozent der Leistung wieder im Vordergrund.[57] Eine unumstrittene Stärke des Unternehmens war nach wie vor der Brückenbau, hier wurde seit 1950 erfolgreich die Spannbetontechnik angewandt und mit eigenen Entwicklungen vorangetrieben. Auch beim Spezialtiefbau zählte Grün & Bilfinger zu den Marktführern. Die altbewährte Technik der Druckluftgründung wurde allmählich durch neu entwickelte Verfahren der Pfahlgründung abgelöst. Hier ist vor allem das patentierte Hochstrasser-Weise-Verfahren zu nennen.

*Rhamlanchtalbrncke bei
Opladen, 1950*

Doch auch der Wohnungsbau blieb ein interessantes Geschäftsfeld. In den sechziger Jahren war die erste Phase des Wiederaufbaus abgeschlossen, Wohnraum war jedoch noch immer knapp. Man begann nun mit dem Bau verdichteter Großsiedlungen an den Stadträndern, wobei zunehmend auch die Fertigteilbauweise angewandt wurde.[58] Grün & Bilfinger verfügte seit dem Erwerb von Hüser & Co. über eine Produktionsstätte für Betonfertigteile. Hüser stellte allerdings überwiegend herkömmliche Fertigteile wie Gehwegplatten und Betonrohre sowie Fassadenelemente her. Im Dezember 1962 berichtete Werner Bansen dem Aufsichtsrat von Überlegungen, auch die Produktion von Fertigteilen für Wohnungen aufzunehmen. Eine Wohnungsbaugesellschaft in Köln hatte Interesse daran bekundet und das auf dem Gebiet des Fertigteilbaus erfahrene Unternehmen Intervam aus Utrecht bot eine Partnerschaft an. Götz und Vierhub reagierten zunächst skeptisch auf den Vorschlag und verwiesen darauf, dass Grün & Bilfinger die auf 6 Mio. DM geschätzten Investitionskosten nicht aufbringen könne, da das Unternehmen selbst noch Kapitalbedarf habe. Daraufhin schlug Bansen bei der nächsten Aufsichtsratssitzung im Mai 1963 eine Erhöhung des Grundkapitals auf 10 Mio. DM vor, die auch genehmigt und von der Hauptversammlung beschlossen wurde. Den Aktionären wurden die neuen Aktien im Verhältnis 2:1 und zum Kurs von 225 Prozent angeboten. Im Dezember

Wohnhäuser aus Fertigteilen in Neuss-Weckhoven, 1963

desselben Jahres stimmte der Aufsichtsrat dann dem Bau eines Fertigteilwerks in Kerpen bei Köln zu. Die tatsächliche Investitionssumme fiel mit 1,8 Mio. DM jedoch wesentlich niedriger aus, und entgegen den ursprünglichen Plänen beteiligte sich die Intervam auch nicht an der Anlage, sondern stellte lediglich ihr Know-how und ihr Markenzeichen gegen eine Lizenzgebühr zur Verfügung. Die Fabrik in Kerpen ging 1964 in Betrieb und war auf eine Kapazität von 800 Wohnungen pro Jahr ausgelegt. Die ersten Häuser aus in Kerpen produzierten Fertigteilen entstanden in Köln-Stammheim und in Neuss-Weckhoven, in beiden Orten erstellte Grün & Bilfinger insgesamt 560 Wohneinheiten. Außerdem wurde 1964 mit dem Bau eines weiteren Fertigteilwerks in Roxheim in der Pfalz begonnen, das jedoch keine Wohnungskomponenten, sondern andere Fertigteile produzieren sollte. Darüber hinaus diente es zur Entlastung des Bauhofs in Mannheim und bot Platz für *Hilfsbetriebe* wie die Schreinerei und die Eisenbiegerei. In Roxheim wurden 1,5 Mio. DM investiert.[59]

Während sich Grün & Bilfinger in der ersten Hälfte der sechziger Jahre den Fertigteilbau als neuen Geschäftszweig erschloss, stellte sich gleichzeitig die Frage, ob mit der Nassbaggerei ein traditionelles Arbeitsgebiet weitergeführt werden sollte. Das Nassbaggergerät des Unternehmens war im Durchschnitt fünfzig Jahre alt und nicht mehr konkurrenzfähig, zumal die Philipp

Nassbagger „Nr. 10"
(Baujahr 1914),
um 1965

Holzmann AG neue, leistungsfähigere Bagger angeschafft hatte und dabei war, eine Mono-
polstellung auf diesem Gebiet zu erringen. Die Geschäftsaussichten schienen gut zu sein,
da im Bereich der deutschen Nordseeküste Hafen- und Deichbauarbeiten im Wert von
1,5 bis 3 Mrd. DM zur Ausschreibung kommen sollten. Nach Ansicht des Vorstands mussten
ein Eimerketten- und ein Schneidkopfsaugbagger (Cutterbagger) angeschafft werden, das
Investitionsvolumen wurde auf 11 Mio. DM veranschlagt. Im Aufsichtsrat äußerte sich
wiederum Erich Vierhub skeptisch über die Pläne. Er wies darauf hin, dass für eine derart
hohe Investition eine erneute Kapitalerhöhung notwendig sei, *wobei niemand wisse, wie
das neue Kapital mit einer Dividende von 18 Prozent bedient werden könne.* Als Lösung
bot sich eine Kooperation mit der Fried. Krupp AG an. Eine Tochtergesellschaft von Krupp,
die Werft „AG Weser" in Bremen, stellte Nassbagger her und der Essener Konzern beurteilte
den Markt für Nassbaggerarbeiten ebenfalls günstig. Von einer Zusammenarbeit mit Krupp
erhoffte sich Grün & Bilfinger außerdem Chancen im Baugeschäft. Die Vorstände Bansen,
Bussebaum und Klöckner vereinbarten mit den Mitgliedern des Krupp-Direktoriums Arno
Seeger und Paul Keller, dass Grün & Bilfinger bei allen von Krupp geplanten Bauarbeiten zur
Angebotsabgabe aufgefordert werden solle. Außerdem wurde eine enge Zusammenarbeit mit

*Nassbagger „Friesland",
1967*

den Baubetrieben von Krupp angestrebt. Die Vereinbarung mit den Krupp-Direktoren wurde allerdings nur mündlich getroffen und nicht schriftlich fixiert. Am 22. Dezember wurde dann die Nassbaggerei Grün & Bilfinger GmbH gegründet. Die Grün & Bilfinger AG brachte in das Gemeinschaftsunternehmen ihre vorhandenen Nassbaggergeräte im Wert von 3 Mio. DM ein, Krupp leistete ein Bareinlage in gleicher Höhe. Die technische Geschäftsführung übernahm der stellvertretende Leiter der Niederlassung Hamburg, Harry Bobzin, den kaufmännischen Geschäftsführer stellte Krupp. Im Frühjahr 1966 stockten beide Partner ihre Anteile noch um jeweils 2 Mio. DM auf, gleichzeitig wurden ein neuer Eimerkettenbagger bei der AG Weser in Auftrag gegeben.[60]

ZWISCHENBILANZ

Die Zeit zwischen 1945 und 1965 war bei Grün & Bilfinger durch das Bemühen gekennzeichnet, an die erfolgreiche Entwicklung vor dem Zweiten Weltkrieg anzuknüpfen. Dies gelang jedoch nur zum Teil. Das Unternehmen erlitt zwar hohe Kriegsverluste, konnte aber kontinuierlich weiterarbeiten. Im Gegensatz zu den späteren Fusionspartnern Julius Berger und BAUBOAG musste der Firmensitz nicht verlegt werden und der Reorganisationsaufwand hielt sich in Grenzen. Zu Beginn der fünfziger Jahre hatte Grün & Bilfinger Schwierigkeiten, unter den wirtschaftlichen Rahmenbedingungen der jungen Bundesrepublik Tritt zu fassen und drohte hinter den Wettbewerbern zurückzubleiben. Vor allem das Auslandsgeschäft blieb bis in die sechziger Jahre hinein problematisch. Eine Ursache für diese Entwicklung war die Überalterung des Vorstands, bei dem sich nach Angaben von Zeitzeugen eine gewisse Mutlosigkeit breit gemacht hatte.[61]

Bei der Besetzung des Aufsichtsrats hielt man ebenfalls zu lange an der alten Gewohnheit fest, ehemalige Vorstandsmitglieder oder verdiente Hochschullehrer zu berufen. Neben den beiden Vertretern des Großaktionärs Dresdner Bank fehlte eine weitere einflussreiche Persönlichkeit mit Kontakten zur Industrie und zu Behörden, wie dies beispielsweise bei Julius Berger mit Otto Schniewind und bei der BAUBOAG mit Hermann Pünder der Fall war. Doch auch Carl Götz und Erich Vierhub machten sich Gedanken zur Weiterentwicklung des Unternehmens. Bereits 1959 boten sie dem Vorstand von Grün & Bilfinger mehrfach die Übernahme der BAUBOAG an, an der die Dresdner Bank rund 94 Prozent der Anteile hielt. Der Vorstand lehnte das Angebot jedoch ab. Vierhub hielt dies für einen Fehler und legte dem Vorstand nahe, noch einmal darüber nachzudenken, er konnte ihn aber letztlich nicht überzeugen.[62]

Bei der Dresdner Bank war der Gedanke einer Fusion ihrer Baubeteiligungen damit jedoch noch nicht vom Tisch, sondern wurde ab 1965 erneut akut, als sich eine Krise bei Julius Berger abzeichnete. Zu diesem Zeitpunkt hatte Grün & Bilfinger zwar die geschilderten Schwierigkeiten überwunden, mit einer Leistung von 250 bis 270 Mio. DM zählte das Unternehmen aber nicht mehr zur Spitzengruppe der deutschen Bauindustrie, die Wettbewerber Hochtief und Holzmann setzten bereits 920 bzw. 950 Mio. DM um.[63] Ein Verbund mit anderen Unternehmen bot daher die Chance zur Weiterentwicklung in quantitativer, aber auch in qualitativer Hinsicht.

KAPITEL 5

JULIUS BERGER 1945–1965
VOM NEUANFANG IN WIESBADEN ZUM GROSSEN AUSLANDSGESCHÄFT

Im November 1944 berichtete der Vorstandsvorsitzende Ernst Martens dem Aufsichtsrat der Julius Berger Tiefbau AG über die jüngste Entwicklung, die *infolge der militärischen Ereignisse zu dem Verlust unserer Baustellen im Osten und in Frankreich* sowie in Norwegen und damit zu erheblichen Einbußen an wertvollem Gerät geführt hatte.[1] Als im Januar 1945 Ostpreußen von den sowjetischen Streitkräften erobert wurde, gingen weitere Baustellen verloren. Die Bestandsaufnahme ergab, dass nun der weitaus größte Teil der verbliebenen Projekte im Westen des Reichs lag. Anfang Februar beschloss der Aufsichtsrat unter Berufung auf die veränderte Lage, Maßnahmen für eine *tatkräftige Führung der westlich der Elbe gelegenen Betriebsstellen* und entsprechende Vorkehrungen für den Fall *eines Wegganges der leitenden Herren* zu treffen.[2] Damit war praktisch die Entscheidung zur Umsiedlung getroffen. Die reichlich verklausulierte Formulierung hatte Martens offensichtlich nur aus Rücksicht auf die offizielle Durchhaltepropaganda gewählt. Sie sollte die Flucht nach Westen verdecken. Gestützt auf die Ermächtigung durch den Aufsichtsrat verließ Martens im April 1945 die Reichshauptstadt. Erst im November 1947 sollte er wieder an einer Aufsichtsratssitzung in Berlin teilnehmen.[3] Mit seinem Weggang begann die Phase der faktischen Zweiteilung des Unternehmens in eine reguläre, aber vorerst weitgehend funktionslose und vom operativen Geschäft abgeschnittene Verwaltung in Berlin und der improvisierten, auf mehrere Orte verteilten und zeitweise sogar „ambulanten" Geschäftsleitung im Westen.

ORGANISATORISCHE KONSOLIDIERUNG, SITZVERLEGUNG NACH WIESBADEN UND NEUBILDUNG DES AUFSICHTSRATS

Über den militärischen und politischen Zusammenbruch hinweg hielt sich Martens an verschiedenen Orten im Westen auf. Anlaufstellen bildeten die bestehenden Niederlassungen in Hamburg und Wiesbaden, größere Baustellen und nicht zuletzt das neue *Zentralbüro* in München. Es wurde im Sommer 1945 zur Betreuung der in Bayern

Ernst Martens, um 1950

„… dass 80–85 Prozent der Betriebsstellen und des Umsatzes westlich der Elbe liegen"

Februar 1945: Die Julius Berger Tiefbau AG rettet sich nach Westdeutschland

Der Vorstand berichtet über die zufolge der neuesten Ereignisse an der Ostfront für die Jbtag entstandenen Schwierigkeiten und kommt auf Grund des Umstandes, dass 80–85 Prozent der Betriebsstellen und des Umsatzes westlich der Elbe liegen, zu dem Schluss, dass es bei weiterer Verschärfung der Lage kaum vertretbar sein würde, den Geschäftsbetrieb in bisheriger Weise aufrechtzuerhalten.

Er schlägt deshalb vor, die Geschäftsführung zu ermächtigen, in personeller Beziehung so zu disponieren, dass auch eine tatkräftige Führung der westlich der Elbe gelegenen Betriebsstellen der Gesellschaft gesichert ist.

Der Aufsichtsrat stimmt den Ausführungen und dem Vorschlage des Vorstandes zu und erklärt sich damit einverstanden, dass im Falle eines Wegganges der leitenden Herren für die Geschäftsführung in Berlin durch Erteilung von Vollmachten an geeignete Herren Sorge getragen wird.

Dem Vorstand wird es überlassen, erforderlichenfalls die entsprechenden Schritte zu unternehmen.

Aufsichtsratsprotokoll der Julius Berger Tiefbau AG vom 2. Februar 1945.[4]

gelegenen Baustellen eingerichtet und nahm zugleich die *Abteilung I* der Verwaltung unter Otto Starke auf.[5] Martens selbst etablierte noch in den letzten Wochen des Krieges sein *Direktionsbüro* auf einer Baustelle in Osterhagen am Südrand des Harzes, wo auch die Prokuristen Pega und Weisgerber tätig waren.[6] Offenbar hielt er sich aber auch länger in Verden an der Aller auf, wie die Korrespondenzadresse *Direktionsbüro Osterhagen – Baurat Martens – z. Zt. Verden/Aller* belegt. Der Grund ist in der Tatsache zu vermuten, dass Martens damals neben seiner Tätigkeit für Berger politische Ämter in seiner Heimat Oldenburg übernahm: Seit Januar 1946 war er Mitglied zunächst des oldenburgischen, später des niedersächsischen Landtags und amtierte von Februar bis Juni 1947 als Verkehrsminister des am 1. November 1946 neu entstandenen Landes Niedersachsen, anschließend als Vorsitzender des Verkehrsausschusses. Mitglied des Landtags blieb Martens bis 1951. Seit 1952 gehörte er außerdem dem Verwaltungsrat der Deutschen Bundesbahn an.[7] Für das Unternehmen bedeutete die politische Tätigkeit des Vorstandsvorsitzenden gerade während der Übergangszeit eine Erschwernis. Da die weitere Zukunft von Berger zu diesem Zeitpunkt noch unsicher war, wollte sich Martens möglicherweise die Option eines vollständigen Wechsels in die Politik offen halten.

Zu Jahresanfang 1946 zog das Direktionsbüro endgültig von Osterhagen nach Bad Sachsa um. Hier waren ausreichend Büroräume und Unterkünfte für den Stab vorhanden. Die Geschäftsleitung war von diesem Zeitpunkt an zwischen München und dem Südharz geteilt. Versuche, weitere Teile der Berliner Verwaltung unter Leitung des Prokuristen Pfeiffer nach Westen zu bringen, scheiterten vorerst an den fehlenden Reisemöglichkeiten und an der Unmöglichkeit, die Akten über die Zonengrenze zu transportieren.[8] Dagegen sammelten sich bei den Niederlassungen im Westen immer mehr geflüchtete und heimatvertriebene Mitarbeiter. Sie bildeten den Kern der neuen Belegschaft. Als Ersatz für Martens in Berlin bestellte der Aufsichtsrat im November 1945 Hans Keller zum Vorstand.[9] Danach trat das Gremium erst wieder im Mai 1947 in einer Rumpfbesetzung zusammen. Nach dem Tod Alfred von Tillys amtierte Fritz Spennrath als Vorsitzender. Der Aufsichtsrat bemühte sich, die Abschlüsse seit den letzten Kriegsjahren festzustellen. Wegen der anhaltenden Reiseschwierigkeiten kamen in den Sitzungen jedoch keine beschlussfähigen Mehrheiten zu Stande. Außerdem waren die in Berlin verbliebenen Gremien und die Mitglieder der Geschäftsleitung vom eigentlichen Schwerpunkt des Unternehmens nahezu vollkommen abgeschnitten. Sie konnten nur die vergleichsweise schwache Tätigkeit vor Ort betreuen.

Ziel aller Bemühungen musste es sein, die unerträgliche Zersplitterung möglichst bald zu beenden und den ganzen Verwaltungsapparat dorthin zu verlagern, wo die besten Perspektiven für den Wiederaufbau gegeben waren. Die Frage des Ob und Wohin einer Verlegung des Firmensitzes ließ sich vorerst allerdings nicht beantworten: *Die Entscheidung hängt letzten Endes von der Entwicklung der großen innerdeutschen Fragen ab. Erst wenn übersehbar ist, wohin die Reise geht, lässt sich sagen, was das Richtige ist, den jetzigen provisorischen Zustand noch zu belassen, bis eine Zusammenlegung der ganzen Direktion in Berlin wieder möglich ist, oder eine Verlagerung vorzunehmen, da man nicht mehr warten kann.*[10] Vorerst sollte also die zwischen München und Bad Sachsa geteilte Geschäftsleitung beibehalten werden. Immerhin begann bereits im Sommer 1945 die Suche nach einem neuen, für die Westzonen möglichst zentral gelegenen Platz, an dem das ganze Unternehmen im Fall des endgültigen Umzugs zusammengeführt werden könnte. Im Gespräch war zunächst Hannover, *aber auch Wiesbaden [sollte] hierfür in Betracht gezogen werden, sobald mit einiger Sicherheit feststeht, dass dieser Platz nicht durch Verschieben der Demarkationslinie von einer anderen Besatzungsmacht besetzt wird als jetzt.*[11] Als sich im Lauf des Jahres 1946 die politischen Verhältnisse einigermaßen konsolidierten und gleichzeitig die Aussichten auf eine Rückkehr in die ehemalige Reichshauptstadt schwanden, bahnte sich die Entscheidung zugunsten Wiesbadens an, nicht zuletzt weil der Schwerpunkt der damaligen Tätigkeit in West- und Südwestdeutschland lag und Wiesbaden sich dabei zur umsatzstärksten Niederlassung entwickelte.[12] Die Entscheidung erwies sich nachträglich als richtig, da im Frühjahr 1948 die Ostberliner Baustellen enteignet wurden. Hinzu kam die Währungsreform, die in Berlin am 25. Juni 1948 durchgeführt wurde und die Stadt durch die anschließende Blockade in eine tiefe wirtschaftliche und politische Krise stürzte. Wenige Wochen darauf, am 23. Juli 1948, beschloss die Hauptversammlung endgültig, den Firmensitz zu verlegen. Zu diesem Zweck wurde in Wiesbaden an der Biebricher Allee ein Verwaltungsgebäude erworben und Ende August 1948 bezogen.[13] Der alte Stammsitz Berlin erhielt den Status einer Zweigniederlassung.

„… geplündert wurden die Bestände des Lagerplatzes Heilbronn"

Bilanz des Umbruchs

… führt Herr Baurat Martens folgendes an: Er freue sich, nach der Aufsichtsratssitzung vom 2.2.45, an der er letztmalig teilgenommen hat, die Herren vom Aufsichtsrat wieder begrüßen zu dürfen […]. In seinem Bericht beginnt Herr Martens mit dem Beschluss des Aufsichtsrats vom 2.2.45, die Geschäftsführung auf Grund des Umstandes, dass 80 bis 85 Prozent der Betriebsstellen und des Umsatzes westlich der Elbe liegen, nach dem Westen zu verlegen, ein Entschluss, der nach den Erfahrungen nach der Kapitulation unbedingt richtig gewesen ist. Durch die Ereignisse nach der Kapitulation wurden Angestellte, Facharbeiter und sonstiges Stammpersonal weitgehendst zerstreut, sodass sich z. B. die Errichtung eines Zentralbüros in München als segensreich erwiesen hat. Auch die Wiederingangsetzung der Niederlassung Hamburg habe sich als Sammelpunkt vieler Ostpreußen und Schlesier als zweckmäßig gezeigt.

Der Zusammenbruch hat von der Substanz unserer Produktionsmittel 50–55 Prozent genommen. Das schwere Gerät verblieb in Deutschland, während das mittlere und leichte Gerät nach dem Westen genommen wurde und damit verloren gegangen ist. […] Geplündert wurden neben dem Lagerplatz Heinersdorf im Osten die Bestände des Lagerplatzes Heilbronn. Unser Gerät, mit Ausnahme des ganz schweren, ist einigermaßen beschäftigt und wird bei Enttrümmerungsarbeiten in verschiedenen Städten eingesetzt. Es müsse festgestellt werden, dass das Personal, ganz gleich ob Angestellte oder Arbeiter, sich in der schweren Zeit nach dem Zusammenbruch einwandfrei benommen hätte und Denunziationen nicht zu verzeichnen sind. Der Umsatz für das Jahr 1947 wird sich auf etwa 12 bis 14 Millionen RM belaufen und wird ein befriedigendes wirtschaftliches Ergebnis bringen. Beschäftigt werden zur Zeit insgesamt im Ost- und Westraum 3–3.500 Arbeitskräfte. Was die Zukunft bringen wird, ist naturgemäß schwer zu sagen, namentlich nach der zu erwartenden Währungsumstellung. Im ganzen genommen, glaubt Herr Martens, dass die kommenden Schwierigkeiten gemeistert werden, namentlich wenn die Geschäftsleitung im Spätsommer 1948 in Wiesbaden wieder zusammen sein wird.

Aufsichtsratsprotokoll der Julius Berger Tiefbau AG vom 18. November 1947.[14]

Zum selben Zeitpunkt wurde auch der Aufsichtsrat ergänzt. Für das Unternehmen besonders wichtig waren zwei neue Mitglieder aus Bayern: Otto Schniewind (1887–1970) und Ludwig Kastl (1878–1969). Schniewind, der zum Stellvertreter des Vorsitzenden Spennrath gewählt wurde, war ursprünglich höherer Beamter im Reichsdienst gewesen und hatte sich nach der Entlassung durch die Nationalsozialisten als Privatbankier in München betätigt. Zeitweise erhielt er Berufsverbot und wurde 1944/45 sogar ins Konzentrationslager verschleppt. Als politisch nicht Belasteter stieg er 1948 zum Chef der Marshallplanbehörde auf und wurde später Verwaltungsratsvorsitzender ihrer Nachfolgeeinrichtung, der Kreditanstalt für Wiederaufbau in Frankfurt am Main. Für Julius Berger und für zahlreiche andere Unternehmen war es ein unschätzbarer Vorteil, den Finanzfachmann Schniewind mit seinen wertvollen Verbindungen im politischen Netzwerk der Bundesrepublik im Aufsichtsrat zu haben. Kontakte zur Industrie vermittelte dagegen der Jurist und Staatswissenschaftler Ludwig Kastl, ein ehemaliger Beamter der Reichskolonialverwaltung und des Reichsfinanzministeriums. Schon seit Weimarer Zeiten war er Funktionär in Industrieverbänden und Mitglied bzw. Vorsitzender zahlreicher Aufsichtsräte. Walter Nadolny, der Vorstandsvorsitzende der Schultheiß-Brauerei, repräsentierte dagegen ebenso wie Spennrath die alten Berliner Verbindungen des Unternehmens. Hans Pilder und Curt Lebrecht wurden als Vertreter der Nachfolgeinstitute der Dresdner Bank in den Aufsichtsrat berufen. Auf der Hauptversammlung im Juli 1948 erfolgte auch eine Erweiterung des Vorstands: Prokurist Karl Pfeiffer wurde neu berufen, das stellvertretende Mitglied Silvio Walther zum ordentlichen bestellt.

Einen wesentlichen Bestandteil der Neuordnung bildete die Bereinigung des Verhältnisses zwischen Berger und der Tochtergesellschaft Gottlieb Tesch GmbH. Berger hatte, wie oben dargestellt, das 1876 durch den Maurermeister Gottlieb Tesch gegründete Berliner Bauunternehmen 1938 von Boswau & Knauer übernommen, es war bis Kriegsende reichsweit tätig gewesen. Angesichts des schrumpfenden Geschäftsumfangs ließ sich allerdings absehen, dass spätestens nach der erwarteten Währungsreform drastische Einsparungen erfolgen mussten.[15] Zum 1. Oktober 1948 erfolgte deshalb die Übernahme aller Niederlassungen und Baustellen in den Westzonen durch Berger. Transferiert wurden dabei ein Auftragsbestand von etwa 1 Mio. DM und 400 Arbeitskräfte.[16] Die parallel dazu verabredete Zusammenfassung von Berger und Tesch in Berlin scheiterte dagegen.

ENTTRÜMMERUNGSARBEITEN, BRÜCKENBAU UND NECKARDURCHSTICH

Alle Tätigkeiten in den ersten Nachkriegsjahren waren darauf ausgerichtet, die Organisation des Unternehmens aufrechtzuerhalten und das Überleben solange notdürftig zu sichern, bis bessere Zeiten anbrechen würden. Von planmäßiger Geschäftsführung, von Gewinnen und Rentabilität konnte unter den gegebenen Umständen keine Rede sein. Deshalb sind auch die Bilanzzahlen für die Umbruchphase zwischen Kriegsende und Währungsreform wenig aussagekräftig. Besser lässt sich die Geschäftsentwicklung dieser Jahre anhand von Umsätzen und geleisteten Arbeitsstunden nachzeichnen. Beschäftigung um jeden Preis zu finden, die erforderlichen flüssigen Mittel zur Aufrechterhaltung des Betriebs aufzutreiben, sowie die Kosten der zu groß gewordenen Verwaltungsstellen durch Personalabbau und Gehaltskürzungen zu senken, so lautete das Gebot der Stunde. Die Strategie ging im Großen und Ganzen auf, und an allen Niederlassungsorten konnte das Unternehmen seinen Fortbestand sichern, auch wenn vereinzelt Verluste durch zeitweiligen Beschäftigungsmangel in Kauf genommen werden mussten.[17]

Beschäftigung,
Löhne und Umsätze
der Julius Berger
Tiefbau AG
1946–1949[18]

Jahr	geleistete Stunden	Mittellohn	Umsatz
1946	3.730.000	95,4 Pf	7,73 Mio. RM
1947	4.655.000	99,4 Pf	12,43 Mio. RM
1948	4.300.000	123,6 Pf	15 Mio. RM/DM
1949 (Jan.–Apr.)	1.197.000	129,6 Pf	4,48 Mio. DM

An der Spitze aller Niederlassungen stand Wiesbaden. Hier waren im Sommer 1946 *insge-samt etwa 900 Mann beschäftigt, von denen aber nur ca. 700 Mann wirklich und ständig tätig waren.*[19] Stuttgart folgte mit rund 600, Hamburg mit 350, München mit 500 bis 600 Arbeits-kräften. Bis Frühsommer 1947 stieg die Gesamtzahl der Arbeitskräfte im Unternehmen von gut 2.000 auf etwa 3.250 an. Wiesbaden war mit 1.200 Mitarbeitern weiterhin beschäftigungs-, umsatz- und ergebnisstärkste Niederlassung vor Stuttgart mit 700, München mit 600, Berlin

Abbruch des Bunkers
„Speerplatte", Berlin,
1949

mit 450 und Hamburg mit 250 Beschäftigten.[20] Die Zahlen verschoben sich entsprechend der regionalen Verteilung der Aufträge und stellen insofern immer nur Momentaufnahmen dar. So erlebte Hamburg 1948/49 einen beträchtlichen Aufschwung, während Wiesbaden einen Rückgang zu verzeichnen hatte. Ursache war die Gründung einer neuen Niederlassung in Düsseldorf zu Beginn des Jahres 1949. Sie übernahm das Geschäft im Rheinland, wodurch Wiesbaden etwa die Hälfte des Umsatzes verlor. Gleichzeitige Überlegungen zur Errichtung von Niederlassungen in Hannover und Pirmasens wurden dagegen vorläufig zurückgestellt bzw. ganz verworfen.

Schwerpunkte der Tätigkeit bildeten überall die *Enttrümmerungsarbeiten*. Im Herbst 1947 waren – der Zeit entsprechend – 70 Prozent der 400 Berliner Mitarbeiter von Julius Berger Frauen.[21] Hinzu kamen größere Projekte wie Brückenbauten und -reparaturen sowie einige Großbaustellen, darunter der Neckardurchstich bei Heilbronn im Zuge der Kanalisierung des Flusses.[22] Dort waren im August 1946 über 500 Mitarbeiter tätig. Die Niederlassung Stuttgart beschäftigte zu diesem Zeitpunkt in Heilbronn sowie auf weiteren Baustellen in Lauffen am Neckar, Stuttgart und Ulm insgesamt 777 Mitarbeiter. Darunter waren 35 Stamm-, 82 Fach- und 383 sonstige Arbeiter, 28 Umschüler, sieben Lehrlinge, ein Praktikant und 162 im *Ehrendienst* Tätige. Handarbeit dominierte, im gesamten Bereich der Niederlassung waren folgende größere Geräte und Maschinen eingesetzt: sieben Betonmischer, drei Bagger, zwei Krane und eine Planierraupe, eine Diesel- und vier Dampflokomotiven sowie ein einziger Lkw der Marke Renault. Den größten Einzelauftrag für Berger bildeten in den Jahren 1946/47 Um- und Erweiterungsbauten für die britische Rheinarmee auf dem Flugplatz Gütersloh. Auch in der Folgezeit kam den *Besatzungsbauten* erhebliches Gewicht zu.[23]

BAUGESCHÄFT UND WÄHRUNGSREFORM – PROBLEME DES ÜBERGANGS ZUR D-MARK

Bis zum Ende der Reichsmark-Epoche gelang es auf diese Weise, den Betrieb aufrechtzuerhalten, wenngleich sich spätestens seit Frühjahr 1948 *durch die ungeklärte Währungslage zunehmende Nervosität* bemerkbar machte, wie der Vorstand konstatierte. Der *Begriff für den Wert des Geldes* sei vollständig verloren gegangen und das Auskommen der Beschäftigten angesichts der Geldentwertung nicht mehr gesichert. Dementsprechend sei auch die Arbeitsmoral erschüttert und die *Neigung zu Schwarzarbeit in den Abend- und Sonntagsstunden oder zu sonstigen Nebengeschäften* stark angestiegen.[24] Auch die Unternehmensbilanzen der Reichsmark-Epoche besaßen nur noch formalen Wert. Sie wiesen zwar einigermaßen ausgeglichene Ergebnisse vor, waren aber durch eine immense Summe von *nicht zuverlässig bewertbaren Aktiven* aufgebläht. Unter diesem Bilanzposten wurden die Kriegslasten und -folgen bilanziert. Er umfasste alle *Vermögensteile, deren Realisierung unter den bestehenden Verhältnissen nicht abschätzbar war*, wie Geräteverluste, offene Forderungen an staatliche und private Bauherren sowie Arbeitsgemeinschaften, Kriegsschäden an Gebäuden, geleistete Anzahlungen und gesperrte Bankguthaben sowie zweifelhafte Wertpapiere im Besitz des Unternehmens. Der Posten erreichte 1947 54 Mio. RM bei einer Bilanzsumme von 63,6 Mio. und zeigte, wie stark das tatsächlich vorhandene Vermögen geschrumpft war. In der Reichsmark-Schlussbilanz zum 20. Juni 1948 wurde die Summe der un-sicheren Forderungen durch teilweise Freigaben und nachträgliche Absicherungen auf 41,3 Mio. RM reduziert. Insgesamt endete die Reichsmark-Epoche mit einem Verlust von 886.000 RM.

Den erforderlichen Neubeginn brachte die Währungsreform am 20. Juni 1948. Die im Sommer 1950 aufgestellte DM-Eröffnungsbilanz wies eine auf 6,6 Mio. DM geschrumpfte Bilanzsumme und ein zusammengelegtes Grundkapital von nur noch 3 Mio. DM anstelle des alten in Höhe von 10 Mio. RM aus. Begründet wurde der scharfe Schnitt einerseits mit dem massiven Substanzverlust, vor allem des Hauptlagerplatzes mit Reparaturwerkstatt, Maga-zinen und Vorratslager in Berlin-Heinersdorf, sowie andererseits mit der unklaren Aussicht auf die weitere Entwicklung im Tief- und Ingenieurbau. Außerdem waren drei ausländische Beteiligungsgesellschaften enteignet worden. Das effektive Vermögen von Julius Berger bestand zum Zeitpunkt der Währungsumstellung nur noch aus den im Westen vorhandenen Geräten und geringen Geldmitteln, dem Grundbesitz im Westteil Berlins und der Beteiligung an Tesch. Die Bewertung sollte in jedem Fall von *Gesichtspunkten des Prestiges wie von Spekulationen auf Abschreibungsmöglichkeiten* freigehalten werden.[25] Allerdings trugen auch die bereits während der Bilanzaufstellung absehbaren Verluste des Geschäftsjahrs 1950 zur Zurückhaltung bei. An gesetzlichen Rücklagen wurden 600.000 DM, an freien 800.000 DM eingestellt.

Ein besonderes Problem der Umstellung bereitete die Behandlung von Reichsmark-Forde-rungen, wenn die Leistungen vor dem Stichtag der Währungsreform erbracht, aber noch nicht abgerechnet worden waren.[26] Dabei ging es immerhin um Umsätze in Höhe von 1,1 Mio. RM bzw. DM. Trotz eindeutiger Rechtsprechung, welche bei Bezahlung nach dem 20. Juni 1948 ein Umrechnungsverhältnis von 1:1 vorsah, war dies den Auftraggebern gegenüber schwer durchzusetzen, *weil die Bauherren die weitere Auftragserteilung von einer sie befriedigen-den Behandlung der Umstellungsforderungen abhängig machen werden und wir unter dem Eindruck stehen, dass viele Baufirmen aus diesem Grunde bereits, wenn nicht ausdrücklich, so doch stillschweigend, auf ihre Ansprüche verzichtet haben*. Eine weitere Folge der Wäh-rungsreform stellte die starke Kapitalverknappung dar. Sie veranlasste einzelne Auftraggeber zu Stornierungen bzw. zum Verschieben ihrer Vorhaben. In der Folgezeit kam es deshalb zu einem deutlichen Rückgang von Leistung und Beschäftigung. Sie stiegen erst im weiteren Verlauf des Jahres 1949 wieder an. Im ersten Jahr nach der Währungsreform betrug die Gesamtleistung von Berger rund 15 Mio. DM.

Besondere Probleme stellten sich in Berlin. Hier galten zwischen Juni 1948 und März 1949 zwei Währungen, da die Sowjetische Militäradministration den Geltungsbereich ihrer Währungsreform auf Groß-Berlin ausdehnte und die Westalliierten – entgegen ihren ur-sprünglichen Vorstellungen – als Reaktion darauf die D-Mark auch in West-Berlin zuließen.[27] Lebenswichtige Güter wie Nahrungsmittel, aber auch Mieten und Fahrkarten durften daraufhin in beiden Währungen bezahlt werden, ebenso wurden in den Unternehmen Rechnungen, Löhne und Gehälter sowohl in DM als auch in „Deutscher Mark der Deutschen Notenbank", der so genannten „Ostmark", gezahlt. Die jeweiligen Anteile schwankten entsprechend der Verfüg-barkeit der Zahlungsmittel. Obwohl sich der Marktkurs bald bei 1:4 einpendelte, galt offiziell ein Umrechnungskurs von 1:1. Das änderte sich erst, als am 20. März 1949 die DM in den

Westsektoren der Stadt alleiniges Zahlungsmittel wurde. Die Ostmark konnte seither nur noch zum Tageskurs verwertet werden. Von diesen Turbulenzen und den zwangsläufigen Verlusten durch die zeitweise Entgegennahme der Ost-Währung im Verhältnis 1:1 wurde die Berliner Tochtergesellschaft Gottlieb Tesch besonders betroffen. Hoffnungen, die Ostmark-Bestände *nach Aufhebung der Blockade* und einer erwarteten Belebung des Handels mit Partnern *aus dem Ostsektor und der Ostzone* zu verwenden, erfüllten sich nicht.[28] Immerhin konnte bei Tesch trotz der erheblichen Vermögensverluste in der DM-Eröffnungsbilanz zum 1. April 1949 eine 1:1-Umstellung des Grundkapitals auf 1,25 Mio. DM vorgenommen und eine Rücklage in Höhe von 475.000 DM gebildet werden.[29]

„JE KUBIKMETER TRÜMMERSCHUTT FALLEN IN BERLIN ALS DURCHSCHNITT AN 52 STÜCK GANZE STEINE, 42 STÜCK HALBE STEINE"

Der Standort Berlin bildete für Julius Berger in jeder Hinsicht einen schwierigen Sonderfall. Hier war der Unternehmensverbund Berger-Tesch mit zwei separaten Firmen vertreten, während sich in dem engen und abgeschnittenen Raum eine große Zahl von Konkurrenten drängte, die teilweise aus dem Osten zugewandert waren. Martens sprach im Februar 1950 von etwa 2.200 Bauunternehmen in den Westsektoren der Stadt.[30] Hinzu kam die schwierige politische Lage Berlins, die Unklarheit über die Zukunft der Stadt und die sich abzeichnende deutsch-deutsche Spaltung. Arbeit freilich gab es angesichts der immensen Kriegsschäden mehr als genug, und allein die Beseitigung der Trümmermassen musste Jahre beanspruchen. Beide Gesellschaften waren hauptsächlich auf diesem Gebiet beschäftigt, daneben mit Arbeiten für industrielle Kunden, im Wohnungsbau sowie mit wenigen Tiefbauaufträgen. Bis etwa 1947 herrschte bei Berger und Tesch trotz Währungsverfall und politischer Labilität annähernd Normalbetrieb, aber seit Frühjahr 1948 überstürzten sich die Ereignisse.[31] Im April dieses Jahres erfolgte die Enteignung von Baustellen, Geräten und Lagerplätzen im Ostsektor. Julius Berger besaß danach nur noch die beiden Stützpunkte Heiligensee und Woltmannsweg in Lichterfelde-Süd und betrieb lediglich drei Baustellen: eine Trümmerbeseitigung im Wedding, eine kleine Beteiligung am Bau des Flughafens Tegel und den Wiederaufbau der Wiener Brücke über den Landwehrkanal beim Görlitzer Bahnhof. Die Währungsreform vertiefte die Spaltung, und die am 18. Juni 1948 einsetzende Blockade führte zu drastischen Engpässen in der Material- und Energieversorgung. Die Arbeiten an der Brücke mussten auf Weisung der US-Besatzungsmacht eingestellt werden. Da sie in den Ostsektor führte, hatte sie vorerst ihren Sinn verloren.

Vom Tag der Währungsreform bis zum Jahresende wurde bei der Niederlassung Berlin ein Umsatz von 852.000 DM und nach Abzug der Geschäftskosten sowie der Gerätemieten ein verhältnismäßig hoher Überschuss von rund 210.000 DM erzielt.[32] Die Zeiten freihändiger Auftragsvergabe und auskömmlicher Preise endeten jedoch mit der eintretenden Geldknappheit der öffentlichen Hand und dem Übergang zur Ausschreibung aller Aufträge. Gleichzeitig nahm angesichts der allgemeinen Lähmung und der Investitionsfurcht der Industrie die Konkurrenz zu. Öffentlichen Aufträgen zur Trümmerbeseitigung und -verkippung kam deshalb immer größere Bedeutung zu. Im Wedding beschäftigte Berger zu Beginn des Jahres 1949

„… nach Kriegsende rd. 55.000.000 m³ Trümmer in Berlin"

Berichte von der Baustelle Wedding, Mai 1949

Bis Ende dieses Jahres sind wir mit rd. 250 Arbeitskräften (davon 60 Prozent Frauen) bei einem monatlichen Umsatz von rd. 180.000,- DM beschäftigt. Im Gegensatz zu anderen Baustellen brauchen wir uns nur von etwa 50 Leuten – meist Faulenzern – zu trennen.

Wegen der allgemein sinkenden Tendenz der Preise mussten wir für die Position „Enttrümmern, Sortieren und Laden der Schuttmassen" von 7,80 DM auf 6,00 DM/m³ heruntergehen. Für die Abfuhr der Trümmermassen zum Humboldthain haben wir von ½ cbm Muldenkippern unseres 75 cm Spurgerätes 30 Stück auf 60 cm Spur bei einem Kostenaufwand von rd. 200,- DM je Stück umarbeiten lassen. Die Kipper bewährten sich mit der neuen Spur ausgezeichnet.

Es ist vielleicht von Interesse, zu erfahren, dass das Bezirksamt Wedding hofft, in 3 Jahren enttrümmert zu sein. Nach offiziellen Schätzungen gab es nach Kriegsende rd. 55.000.000 m³ Trümmer in Berlin, von denen bis jetzt 13.000.000 m³ beseitigt sind. Von den restlichen 42.000.000 m³ liegen rd. 14.000.000 m³ im russischen Sektor. Bei der augenblicklichen Leistung von 650.000 m³ Schutt je Monat könnten die restlichen 28.000.000 m³ in den Westsektoren in etwa 4 Jahren beseitigt sein. [...]

Die Baustelle Wedding hat im 1. Vierteljahr 1949 insgesamt rd. 90.000,- DM West (aufgeteilt: rd. 60.000,- DM-West und 170.000,- DM-Ost) erübrigt.

Schreiben des Vorstands Hans Keller (Niederlassung Berlin) an Ernst Martens vom 24. Mai 1949.[33]

250 Mitarbeiter – darunter einen hohen Anteil von „Trümmerfrauen" – mit dem Abtragen der Ruinen sowie dem Aussortieren und Verladen verwertbaren Materials. *Je m³ Trümmerschutt*, so informierte Niederlassungsleiter Keller im Februar 1949 den Wiesbadener Vorstand, *fallen in Berlin als Durchschnitt an 52 Stück ganze Steine, 42 Stück halbe Steine*. Doch auch die Trümmerbeseitigung bot keine sichere und dauerhafte Perspektive. Als sie im August 1949 wegen Geldmangels vorübergehend eingestellt wurde, bedeutete das für die Berger-Niederlassung eine schwere Einbuße. Von Juni 1948 bis Jahresende 1949 hatte sie einen Gewinn von 575.000 DM erwirtschaftet,[34] aber zu Jahresbeginn 1950 waren nur noch 100 Mitarbeiter mit Tiefbauarbeiten beschäftigt und die Aussichten dementsprechend schlecht.[35]

DIE TOCHTERGESELLSCHAFT GOTTLIEB TESCH GMBH

Die zeitweilige Einstellung der Enttrümmerungsarbeiten traf die Tochtergesellschaft Gottlieb Tesch weniger hart.[36] Andere Arbeiten waren sicher und mussten trotz Geldknappheit der öffentlichen Hand fortgesetzt werden, beispielsweise Baggerarbeiten für das neue „Kraftwerk West", die angesichts des Elektrizitätsengpasses absolute Priorität besaßen, oder die Entladung und Verkippung von Müll aus Kähnen mittels Greiferbagger. Hinzu kamen Aufträge von Industriekunden wie der AEG und einer Siedlungsgesellschaft, zu der besonders gute und langfristig gepflegte Beziehungen bestanden.[37] Sie milderten die Abhängigkeit von Aufträgen der chronisch finanzschwachen Stadtverwaltung. Dabei zahlte sich aus, dass das Unternehmen in der Zeit der Doppelwährung durchgehalten und dabei auch Verluste in Kauf genommen hatte. Zahlreiche Bauherren bezahlten Leistungen damals in Ostmark, bei deren Konvertierung später beträchtliche Kursverluste anfielen. Man habe jedoch, so Geschäftsführer Max Tschentscher rückblickend, *die Arbeiten bei diesen Bauherren nicht eingestellt, weil wir erstens ca. 330 Menschen hätten entlassen müssen und die Firma dadurch nicht lebensfähig gewesen wäre und uns zweitens sagten, dass dieser Zustand nicht ewig dauern kann. Es wirkt sich heute für uns günstig aus, dass wir die Bauherren seiner Zeit nicht im Stich gelassen haben. Wir beschäftigen heute bei diesen Bauherren ca. 50 Prozent unserer Belegschaft.*[38] Dennoch ging auch bei Tesch nach der Währungsreform die Zahl der Arbeiter von rund 570 auf 430 im Frühsommer 1949 zurück. Davon betroffen waren insbesondere die „Trümmerfrauen".[39] Die insgesamt *außerordentlich schwierige Lage unserer Berliner Betriebe und der Tochtergesellschaft Tesch, ausgelöst durch die allgemeine wirtschaftliche Situation in den Berliner Westsektoren*, hielt noch längere Zeit an. Bis Jahresanfang 1950 musste Tesch auf Grund der schleppenden Auftragsvergabe und gekürzter Mittel einen weiteren Rückgang der Belegschaft auf 360 Arbeiter hinnehmen.[40] Erst als die Marshallplan-Gelder wieder reichlicher flossen, besserte sich die Lage. Seit Frühjahr 1950 stellte der Berliner Magistrat monatlich 20 Mio. DM für Enttrümmerung, Beseitigung von Bunkern und andere Notstandsarbeiten zur Verfügung. Berger und Tesch beschäftigten seither wieder jeweils rund 750 Mitarbeiter in der Stadt.[41]

Das Auf und Ab der Jahre 1948 bis 1950 zeigt, wie unsicher das Geschäft in Berlin war und wie sehr es von Subventionen abhing. In dieser unübersichtlichen Lage hätte eigentlich jene Bereinigungsstrategie zum Zuge kommen müssen, die 1947/48 verabredet und in Westdeutschland auch durchgeführt worden war. Dort hatte Berger im Herbst 1948 Baustellen und Personal der Gottlieb Tesch GmbH übernommen. Gleichzeitig war beschlossen worden, auch den Berliner Betrieb zu rationalisieren. Weil Berger dort größere Vermögensverluste erlitten und zudem seinen Hauptsitz verlegt hatte, sollte Tesch die übernehmende Gesellschaft sein und den Betrieb von Berger pachten sowie die verkleinerte Geschäftsführung aufnehmen.[42] Bei der Umsetzung ergaben sich jedoch unerwartete Schwierigkeiten. Die Pläne der Unternehmensleitung trafen auf den Widerstand der Tesch-Belegschaft, obwohl der Betriebsrat den Beschluss zunächst mitgetragen hatte. Der Protest richtete sich gegen einen befürchteten Personalabbau und vor allem gegen den Eintritt der Niederlassungsleiter von Berger in die Geschäftsführung von Tesch. Streikdrohungen sowie das Einschalten der Gewerkschaft, des Berliner Magistrats und der britischen Militärregierung durch die Belegschaft verzögerten die Umsetzung des Beschlusses.[43]

VERZICHT AUF DIE ZUSAMMENLEGUNG UND DIE WEITERE ENTWICKLUNG IN BERLIN

Angesichts des Widerstands gaben der Berger-Vorstand und die Geschäftsführung von Tesch die Pläne vorerst auf und ließen sie schließlich ganz fallen. Kellers Vorschlag vom Februar 1949, *wenn die Verhältnisse in Berlin ruhiger geworden sind, einer Zusammenlegung noch einmal näher zu treten*, bildete den ersten Schritt zur Revision.[44] Die bessere Beschäftigungslage minderte den Druck zur Fusion. Zudem kamen neue Argumente ins Spiel: Wenige Monate später berichtete der Niederlassungsleiter nach Wiesbaden, dass in Berlin *zwei Firmen mehr*

U-Bahn und „Ruinenbauten" in Berlin, dazu Aufträge im Westen

Die Tochtergesellschaft Gottlieb Tesch GmbH

Das Jahr 1952 lief, so führt der Vortragende [Max Tschentscher, Geschäftsführer von Tesch, d. Verf.] *aus, wenig erfolgversprechend an. Es war wohl ein Auftragsbestand von 1 Mio. DM, der aus dem Vorjahr herübergenommen werden konnte, vorhanden, aber – und das ist das Wesentliche – die Baukonjunktur setzte wider Erwarten erst im Spätsommer ein. Der Schwerpunkt des Berliner Geschäfts lag allerdings, da Tiefbauarbeiten nur in einem verhältnismäßig bescheidenen Rahmen anfielen, in den Hochbauten und in den Ruinenbauten. Der Ausbau der Ruinen erwies sich wirtschaftlich als Fehlschlag, da in der Regel umfangreiche Nacharbeiten für die Beseitigung von Mängeln notwendig wurden, die vor der Bauausführung nicht erkennbar waren [...].*

Erfreulicher hinsichtlich des finanziellen Ergebnisses sah die Geschäftslage im Bundesgebiet aus, wo die Firma bekanntlich im Jahre 1951 wieder Fuß gefaßt hat. [...] Der Auftragsbestand zu Beginn des Jahres 1953 – so lässt sich Herr Tschentscher weiterhin aus – betrug insgesamt in Berlin wie in dem westdeutschen Raum 1,1 Mio. DM. Der Tiefbau in Berlin hat durch Ausschreibung und Vergabe von U-Bahnbauten, die zwecks Entlastung des sich ständig steigernden Straßenverkehrs dringend erforderlich wurden, eine begrüßenswerte Belebung erfahren. Im Rahmen dieses erweiterten Tiefbauprogramms wurde der aus den Firmen Tesch, Mast, Hamann bestehenden Arbeitsgemeinschaft die Ausführung eines U-Bahnloses auf der Strecke Seestraße-Tegel mit einer Bausumme in Höhe von insgesamt 2,8 Mio. DM übertragen. Die Finanzierung wurde aus Notstandsmitteln sichergestellt. Als aber im Laufe der Bauzeit offenbar wurde, dass die ausgeschriebenen hochqualifizierten Arbeiten als Notstandsarbeit mit ihren den Baufortschritt einengenden Vorschriften in technisch einwandfreier Hinsicht nicht durchzuführen waren, wurde das U-Bahnlos am 1.4.1954 auf Leistungsarbeit umgestellt.

Protokoll der Gesellschafterversammlung der Gottlieb Tesch GmbH vom 10. Dezember 1954.[45]

Aufträge bekommen als eine Firma, da der Magistrat als Hauptauftraggeber die Vergabe mehr unter der anteiligen Berücksichtigung aller Firmen vornimmt als unter dem Gesichtspunkt des günstigsten Angebotes. Auch ist zu bedenken, dass Tesch Auftraggeber hat, zu denen wir als Jbtag keine Beziehung haben und die auch für Tesch mehr eingenommen sind als für uns, während umgekehrt Tesch z.B. beim Hauptamt für Aufbau niemals derartig große Bauvorhaben erhalten wird, wie wir sie für uns buchen können.[46]

Auf längere Sicht freilich zeigte sich, dass es ein Fehler gewesen war, die Zusammenlegung aufzugeben. Die eingeschränkten Betätigungsmöglichkeiten führten zwangsläufig zu einer relativen Erhöhung der Geschäftskosten und damit zu Verlusten. In den Bilanzen von Tesch, aber auch in den Ergebnissen der Berliner Niederlassung von Berger schlug sich das deutlich nieder. Auf Jahre hinaus sollten beide Sorgenkinder des Unternehmens bleiben. Zwar gelang es mit der Zeit, den Umsatz auszuweiten und dabei vor allem den lukrativen Tiefbau mit seinen höheren Margen wieder zu beleben. Größere Verluste konnten so vermieden werden, Gewinne wurden aber keine erwirtschaftet.[47] Die Bilanz konnte immer nur notdürftig ausgeglichen werden. Auch der Übertritt von Berger-Niederlassungsleiter und Vorstandsmitglied Keller zu Tesch im Jahr 1955, von dem sich der Vorstand eine *Belebung des Geschäftsganges und eine Besserung des Ergebnisses bei Tesch* erhoffte, fruchtete nicht.[48] Und selbst der notdürftige Bilanzausgleich kam nur dadurch zustande, dass das Unternehmen bald wieder in der Bundesrepublik aktiv wurde. Dieser erneute Einstieg, der gegen das Konzept der Arbeitsteilung mit der Dachgesellschaft verstieß, war eine Folge der 1951 eingeführten Stützungsmaßnahmen des Bundes speziell für Berliner Unternehmen. So baute Tesch unter anderem in Sembach und Nahbollenbach in Rheinland-Pfalz im Rahmen einer „Berliner Arbeitsgemeinschaft" Wohnblöcke für die US-Streitkräfte. Hinzu kamen ähnliche Aufträge in Crailsheim und Augsburg, die zusammen mit den Berger-Niederlassungen Stuttgart und München ausgeführt wurden, sowie der Umbau einer Klinik in Frankfurt. In Berlin lag das Schwergewicht zunächst weiter auf der Enttrümmerung und dem Hochbau, zunehmend aber auch auf dem Tiefbau, wobei vor allem der U-Bahn-Bau immer größere Bedeutung gewann.

Amerikanische Schule, Augsburg, 1955

DER HOCHBAU, EIN NEUES ARBEITSGEBIET BEI JULIUS BERGER IM WESTEN

Die Zahl der Mitarbeiter in den Westzonen lag nach der Währungsreform bei rund 2.400, darunter waren etwa 250 Angestellte. Im Frühsommer 1949 stieg sie auf 2.800, hinzu kamen 300 Mitarbeiter in Berlin.[49] In der Wiesbadener Hauptverwaltung waren gut 50 Mitarbeiter tätig. 1949 erzielte Julius Berger mit einem maximalen Personalstand von 4.000 Beschäftigten in den Spitzenzeiten eine Gesamtleistung von etwa 22,3 Mio. DM, davon 1,45 Mio. DM in Berlin. Ursache für diese deutliche Steigerung war eine Verlagerung des Schwerpunkts, die notwendig war, um den Bestand des Unternehmens zu sichern. Die *verhältnismäßig hohen Umsätze*, so Martens, *waren nur dadurch möglich, dass wir uns von unserem eigentlichen Arbeitsgebiet, dem Tiefbau, mangels entsprechender Arbeitsmöglichkeiten zunehmend dem Hochbau zuwandten. Ohne diese Maßnahme wäre es nicht möglich gewesen, die Organisation, die wir aus den Trümmern des Zusammenbruchs bis zur Währungsumstellung wieder aufgebaut haben, zu erhalten.*[50] Auf Grund der durch den Krieg verursachten gewaltigen Substanzverluste an Gebäuden aller Art, aber auch weil Tiefbauaufträge eher selten waren, wandte sich Julius Berger wie viele Bauunternehmen diesem Gebiet zu.

Die Betätigung im Hochbau sicherte zwar Beschäftigung und Umsatz, zudem war weniger Gerät erforderlich, aber unter dem Strich zog sie erhebliche Verluste nach sich, da dieser Bereich wesentlich geringere Margen erbrachte: Nach Schätzungen betrug der Rohgewinn nur 10 Prozent vom Umsatz gegenüber 40 Prozent im Tiefbau.[51] *Wir haben es [...] nicht vermeiden können, da Verluste in Kauf zu nehmen, wo wir im Hochbau Objekte übernommen haben, die jeder Mittel- und Kleinbetrieb auch ausführen kann.* Zudem könne es *nicht zweifelhaft sein, dass ein Unternehmen, das wie wir den Schritt vom Tiefbau zum Hochbau sozusagen von einem Tag zum anderen ohne Vorbereitung und allmähliche organische Entwicklung vollziehen musste, dies nicht ohne Schwierigkeiten und ohne ein entsprechendes Lehrgeld zu bezahlen, tun würde.* Nur das Ziel, *die Organisation* zu erhalten, *die wir aus den Trümmern des Zusammenbruchs bis zur Währungsumstellung wieder aufgebaut haben*, konnte dies rechtfertigen.[52] Dementsprechend wurde 1949 trotz der hohen Bauleistung kein Gewinn und im Folgejahr sogar ein Bilanzverlust von 260.000 DM erwirtschaftet. Als Ursachen identifizierte Martens neben den geringeren Verdienstspannen die starke Konkurrenz sowie fehlende Erfahrungen und Kompetenzen, und dies in einem wirtschaftlichen und politischen Umfeld, das sich durch den Ausbruch der Korea-Krise im Sommer 1950 drastisch verschlechterte.[53]

Auf Dauer ließen sich solche Verluste nicht durchhalten und im Frühjahr 1950 fiel die Entscheidung, kleine und mittlere Hochbauten, die ein Großunternehmen wie Berger nicht rentabel ausführen konnte, einzustellen und jene Unternehmenseinheiten zu schließen, die sich vornehmlich auf diesem Gebiet betätigten. Betroffen waren Augsburg, Nürnberg, Ulm und Essen. Die Mitarbeiterzahl von Julius Berger im Bundesgebiet ging auf 2.200 zurück. Offenbar hatten aber auch Fehlleistungen einzelner Niederlassungsleiter zu den Verlusten beigetragen, denn gleichzeitig ergriff die Unternehmensleitung *einige Maßnahmen auf personellem Gebiet, [...] selbst vor der Entlassung langjähriger und in gehobenerer Position befindlicher Angestellter* [wurde] *nicht Halt*

Verwaltungsgebäude
der Rhein-Main Bank
(„ZinBer-Turm"), Frank-
furt am Main, 1951

Verwaltungsgebäude
der MAN, Augsburg,
1951

Verwaltungsgebäude
der Deutschen Bundes-
bahn, Frankfurt am
Main, 1953

gemacht.[54] Ein Bauleiter, welcher *der Firma nahezu 25 Jahre angehört* hatte, wurde entlassen, da sich das in ihn gesetzte Vertrauen *hinsichtlich der von ihm getroffenen Dispositionen als nicht gerechtfertigt erwiesen* hatte.[55] Auf der Führungsebene wurde Vorstandsmitglied Silvio Walther für die mangelnde Baustellenkontrolle verantwortlich gemacht und die Affäre trug maßgeblich zu seiner Entlassung Ende 1950 bei.[56]

SCHWERPUNKT „BESATZUNGSBAUTEN"

Im Sommer 1950 bahnte sich die Wende an; es gelang dem Unternehmen, mehrere größere Aufträge hereinzunehmen: eine Schleuse in Hamburg, ein Verwaltungsgebäude für MAN in Augsburg und die Neckar-Staustufe Hessigheim nördlich von Ludwigsburg. Allein dieses Projekt hatte einen Auftragswert von 8,4 Mio. DM.[57] Für die Rhein-Main Bank wurde an der Gallusanlage in Frankfurt ein neues Verwaltungsgebäude errichtet. Der so genannte „Zinßer-Turm"[58] war das erste Hochhaus, das nach dem Krieg in der Main-Metropole entstand. Besonders wichtig waren Aufträge für *große Wohnblocks mit betonierten Außenwänden für die amerikanischen Besatzungsstellen in Frankfurt und Heidelberg* im Wert von 2,4 Mio. DM. Der *Sektor Besatzungsbau* bildete in der ersten Hälfte der 1950er-Jahre einen deutlichen Schwerpunkt und brachte die Wende bei den Ergebnissen: 1953 entfielen 48 Prozent, im folgenden Jahr sogar 60 Prozent des Inlandsgeschäfts auf diesen Bereich. Die Projekte waren gekennzeichnet durch harte Vertragsbedingungen, kurze Fristen und empfindliche Konventionalstrafen. Außerdem erwarteten die Auftraggeber eine Vorfinanzierung durch das Unternehmen in erheblichem Ausmaß. Trotzdem machte Berger nun lukrative Geschäfte.[59]

Staustufe Besigheim am Neckar, 1956

Staustufe Deizisau am Neckar, 1962

Staustufe Stuttgart–Hofen, 1956

Schleuse in Tatenberg bei Hamburg, 1952

Neben großen Wohnanlagen für die US-Streitkräfte in Frankfurt, Heidelberg, Crailsheim und Augsburg wurde in Arbeitsgemeinschaft mit Holzmann und Hochtief auch ein Militärflugplatz im mittelbadischen Lahr für insgesamt 16 Mio. DM gebaut. Der Schwerpunkt der militärischen Aufträge lag in Süd- und Südwestdeutschland, sie wurden deshalb vornehmlich von der Hauptniederlassung Wiesbaden betreut. In den Umsatz- und Ergebnisziffern dieser Unternehmenseinheit schlug sich der Aufschwung am deutlichsten nieder. 1951 trug sie mit 25 Mio. DM 73 Prozent zum gesamten Inlandsumsatz von Julius Berger bei. Der in diesem Jahr erzielte Unternehmensgewinn von 355.000 DM war allein Wiesbaden zu verdanken und

ermöglichte es, den aus dem Vorjahr übernommenen Verlustvortrag auszugleichen. Auch in den folgenden Jahren erwies sich diese Niederlassung als Hauptstütze von Julius Berger. Unter Verweis auf die durchgreifende Besserung konnte Martens die Kritik der Rhein-Main Bank und des Aufsichtsratsvorsitzenden Spennrath an den schlechten Ergebnissen parieren.[60]

ANKNÜPFEN AN DIE TRADITION – BERGER ALS ERSTE DEUTSCHE BAUGESELLSCHAFT IM AUSLAND

Ein weiterer Beitrag zur Überwindung der Probleme, die sich 1949/50 im Inland bemerkbar gemacht hatten, waren die relativ frühen und tatkräftigen Versuche, das Auslandsgeschäft wieder zu beleben. Die alten Verbindungen führten vor allem in den Nahen Osten. Bereits in den 1930er-Jahren hatte das Unternehmen in Ägypten mehrere Nilbrücken erstellt. Otto Starke hielt sich seit 1932 beinahe ununterbrochen als Vertreter von Berger in diesem Land auf, außerdem pflegte er Kontakte im Sudan und in Saudi-Arabien. Bald nach Kriegsende versuchte die Unternehmensleitung, an diese Tradition anzuknüpfen. Dies gelang im Februar 1950 durch die Übernahme eines Auftrags zum Bau von fünf Pumpstationen im Nildelta bei Qasabi, die zur Bewässerung des Fruchtlandes dienen sollten. Etwas später, im Sommer 1950, kam der Auftrag über eine weitere Pumpstation bei El Atf als Ersatz für eine Dieselpumpanlage hinzu. Berger fungierte bei diesem Projekt als Generalunternehmer in Arbeitsgemeinschaft mit der ägyptischen Baufirma Al Chark. Der gesamte Auftragswert belief sich anfänglich auf 14 Mio. DM, der Anteil der Bauleistungen betrug 6 Mio. DM. Partner für den Maschinenbau und die elektrische Ausrüstung waren MAN und AEG.

Pumpstation im
Nildelta, 1961

Pfeiler der Nilbrücke bei
Sohag, 1951

Universitätsbrücke
Kairo, 1957

„... wieder in unserer eigentlichen Domäne, dem Auslandsgeschäft,
Fuß zu fassen"

Februar 1950 – Anknüpfungspunkt Ägypten

*Die unsichere Lage im Inlandsgeschäft hat uns die erste sich bietende Möglichkeit
ergreifen lassen, wieder in unserer eigentlichen Domäne, dem Auslandsgeschäft, Fuß
zu fassen. Wir haben gemeinsam mit der MAN ein Angebot auf die Errichtung von fünf
von der ägyptischen Regierung ausgeschriebenen Pumpstationen abgegeben und sind
bei diesem Objekt, das bei einem Gesamtumfang von ca. DM 14.000.000,- und einem
Bauteil von ca. 6.000.000,- hat, von dem zuständigen Departement dem Minister für
Öffentliche Arbeiten für die Zuschlagserteilung in Vorschlag gebracht worden. Die
Entscheidung wird in den nächsten Wochen erwartet. Weitere Auslandsbeziehungen
sind angeknüpft. Über sie jetzt schon im einzelnen zu berichten, wäre verfrüht.*

*Die Erfahrungen, die wir jetzt in dem den deutschen Firmen durchaus aufgeschlos-
senen Ägypten gemacht haben, zeigen aber bereits, dass es für deutsche Baufirmen
sehr schwer sein wird, wieder Auslandsgeschäfte in größerem Umfang zu übernehmen,
und zwar vornehmlich durch die bestehende Devisenlage. Wir befinden uns hier in
einer ungleich viel schwierigeren Lage als die Lieferfirmen, deren Erzeugnisse bis auf
Frachten und eine eventuelle Montage nur einen Mark-Aufwand erfordern, während
bei uns umgekehrt der weitaus größte Teil unseres Aufwandes, der sich aus Löhnen,
Gehältern, Baustoffkosten usw. zusammensetzt, in der Währung des fremden Landes
anfällt und selbst bei Barzahlung durch den Bauherrn [...] eine Zwischenfinanzierung in
Devisen erfordert, die zu beschaffen, namentlich bei großen Objekten, außerordentliche
Schwierigkeiten bereitet. [...] Wir versuchen uns dadurch zu helfen, dass wir Arbeits-
gemeinschaften [Randvermerk: unter Abtretung von 50 Prozent] mit einheimischen
Firmen des betreffenden Landes eingehen und diesen die Beschaffung der benötigten
Mittel auferlegen – ein nicht immer gangbarer und nicht risikoloser Weg.*

Bericht des Vorstands der Julius Berger Tiefbau AG vom Februar 1950.[61]

Dieser erste Auslandsauftrag für ein deutsches Bauunternehmen nach dem Zweiten Weltkrieg zog weitere nach sich, unter anderem den Bau einer Nilbrücke bei Sohag im Jahr 1951.
Zu diesem Zeitpunkt war in Ägypten bereits ein Gesamtvolumen von 20 Mio. DM erreicht.[62]
Weitere Auslandsprojekte, so Martens, würden *in Äthiopien, der Türkei, Iran und Venezuela*
verfolgt. Aus dem größten Projekt freilich, das damals die gesamte internationale Bauwelt
bewegte und worauf sich auch in Wiesbaden alle Hoffnungen richteten, wurde nichts: 1951
beteiligte sich Berger an der Ausschreibung für den Bau des neuen Assuan-Staudamms in
Oberägypten, und Martens reiste zu diesem Zweck eigens an den Nil. Zwar lag das von Berger angeführte deutsch-französische Konsortium mit umgerechnet 80,4 Mio. DM für den

Tiefbauanteil an erster Stelle. Aber der Bau der 110 m hohen und 3,5 km langen Staumauer, die einen Stausee von 600 km Länge und 135 Mrd. Kubikmeter Wasserinhalt bilden und eine jährliche Stromerzeugung von 10 Mrd. kWh ermöglichen sollte, verzögerte sich Jahr für Jahr. Erst ab 1959 wurde sie errichtet – wegen der Hinwendung Ägyptens zum Ostblock nun freilich unter der Federführung sowjetischer Ingenieure. Ohne diese grundlegende Veränderung der politischen Lage hätte Berger auf Grund seiner etablierten Position in Ägypten sicher die besten Chancen gehabt, an diesem Jahrhundertprojekt maßgeblich mitzuwirken.

Ägypten, Portugiesisch-Ostafrika, Türkei

Schwerpunkte des Auslandsgeschäfts

Bezüglich des Kraftwerkbaues Assuan, bei dem wir auf Grund der Ausschreibungs-ergebnisse nach wie vor Aussicht haben, den Auftrag zu erhalten, ist die Entscheidung über die Vergebung der Arbeiten noch immer nicht gefallen und wird wohl auch kaum vor Durchführung der Wahlen und Bildung einer neuen Regierung zu erwarten sein.

Der Grund liegt zum Teil in der politischen Lage Ägyptens, z.T. aber auch darin, dass die Mittel für das ja sehr bedeutsame Objekt bisher nicht bereit gestellt werden konnten. Die Tatsache, dass die ägyptische Regierung aber die Bieter erst kürzlich wieder ersucht hat, ihre Bietungskautionen zu verlängern, lässt erwarten, dass sie die Vergebung auf Grund der bisherigen Ausschreibung vorzunehmen beabsichtigt.

Bei dem Objekt Hafenbau Kandla in Indien haben wir unsere Zusammenarbeit mit der Firma Butzer gelöst, da wir im Gegensatz zu dieser uns nicht entschließen konn-ten, die Bedingungen anzunehmen, zu denen die indische Regierung die Vergebung vornehmen wollte. [...]

In Portugiesisch Ostafrika haben wir uns in Arbeitsgemeinschaft mit der Firma Wayss & Freytag an der Ausschreibung der Arbeiten für die Bewässerungsanlage Limpopo, einem 13 Millionen-Objekt, beteiligt. Unser Angebot liegt so, dass wir Aussicht haben, den Auftrag zu erhalten, wenn überhaupt die jetzige Ausschreibung bereits zu einer Vergebung führt. Weitere Objekte werden in der Türkei bearbeitet, ohne dass wir bisher zum Zuge kamen.

Bericht des Vorstands der Julius Berger Tiefbau AG vom 29. März 1952.[63]

RISIKEN DES AUSLANDSGESCHÄFTS

Der Schwerpunkt des Auslandsgeschäfts lag in der ersten Hälfte der 1950er-Jahre in Ägypten. Hinzu kam die Türkei, wo sich Berger erfolgreich um den Bau des Hilton-Hotels in Istanbul bewarb, ein 27 Mio. DM-Projekt, das zwischen 1952 und 1955 in Arbeitsgemeinschaft mit Dyckerhoff & Widmann errichtet wurde.[64] Vergeblich blieben dagegen die Bemühungen um den Bau der U-Bahn in Istanbul sowie um große Bahnbauaufträge in Venezuela.[65] In Spanien bewarb sich das Unternehmen um den Ausbau des Hafens Cádiz sowie um Aufträge des US-Militärs. Es kam jedoch nicht zum Zug, obwohl Otto Schniewind eine lange Reise dorthin unternahm.[66] Das Auslandsgeschäft war allerdings nicht ohne Tücken, das musste Berger in Saudi-Arabien erfahren.[67] Die dort in Gemeinschaft mit Hansa Stahl gegründete Beteiligungsgesellschaft Govenco übernahm 1953/54 einen Auftrag zur Planung von Hafenanlagen, Straßen und Trink-wasserversorgungseinrichtungen in Djeddah im Wert von 16 Mio. DM. Sie geriet aber bald mitten in die internen Auseinandersetzungen nach dem Tod des Königs Abd al-Aziz Ibn Saud (1880–1953). Weil Finanzminister Abdullah Soleiman, der den Govenco-Vertrag unterzeichnet hatte, in Ungnade fiel, musste der Kontrakt auf Druck der neuen Machthaber gelöst werden.[68] Zu solchen politischen Unwägbarkeiten kamen unternehmerische Risiken wie Verzögerungen bei der Planung und bei den Arbeiten, Preis- und Lohnerhöhungen, die willkürliche Auslegung von Vertragsbedingungen durch die Landesbehörden sowie Schwierigkeiten beim Transfer der Erlöse und Zinsverluste.[69] Misserfolge bei einzelnen Projekten blieben deshalb nicht aus: *Der Bau des Hilton-Hotels* [...] *habe sich als ein großes Verlustgeschäft erwiesen.* [...] *Die Leistung der türkischen Arbeiter sei zu hoch angesetzt worden; insbesondere habe sich herausgestellt, dass Facharbeiter in der Türkei auch nicht annähernd in dem angenommenen Umfang zu haben gewesen seien* [...]. *Das habe es notwendig gemacht, ein Mehrfaches an Aufsichtspersonal und Fachkräften, die nach der Kalkulation aus der Türkei hätten kommen sollen, aus Deutschland in die Türkei zu schicken, was sich kostenerhöhend ausgewirkt habe.* Die Schlussabrechnung, die sich noch bis in das Jahr 1958 hinzog, ergab einen Verlust von 940.000 DM.

Andere Probleme stellten sich am Nil: *Im Falle der Pumpstationen ist es weniger die böswillige Handhabung der Vertragsbestimmungen durch den Bauherrn als der Umstand, dass bei Bau-beendigung kein Strom vorhanden war, um die Stationen in Betrieb zu nehmen und dadurch eine ordnungsgemäße Abnahme zu ermöglichen* [...], *was zu der hohe Kosten erfordernden Verzöge-rung geführt hat. Zum Teil liegt diese aber auch daran, dass unsere Konsorten* [MAN und AEG, d. Verf.] *im Vertrauen darauf, dass die Stationen doch nicht rechtzeitig in Betrieb genommen werden könnten, sich mit ihren Lieferungen und Leistungen Zeit gelassen haben* [70]

Nach der anfänglichen Euphorie machte sich deshalb zunehmend Ernüchterung über das Auslandsgeschäft breit: Es erfordere, so der Aufsichtsrat 1953, einen hohen Aufwand für Werbung und Akquisition, werde wegen zunehmender Konkurrenz und schlechter Preise immer weniger lukrativ und bringe grundsätzlich ein sehr viel höheres Risiko mit sich.[71] Um die Mitte des Jahrzehnts wurde es zeitweilig sogar völlig in Frage gestellt. Der einzige Auslandsauftrag, der damals abgewickelt wurde, war die 1957 fertig gestellte Universitätsbrücke in Kairo in Arbeitsgemeinschaft mit Krupp und einem anteiligen Auftragswert von rund 7 Mio. DM.[72] Auch in den Umsatzzahlen jener Jahre ist die neuerliche Zurückhaltung zu erkennen. Sie war einerseits auf die Verluste zurückzuführen, die vor allem beim Hotelbau in Istanbul entstanden waren, sowie andererseits auf die verbesserte Lage im Inland, wo im Frühjahr 1956 ein vergleichsweise komfortables Auftragspolster im Umfang von 30 Mio. DM oder zwei Dritteln eines Jahresumsatzes bestand. Erst mit zwei Großprojekten, der Maracaibo-Brücke in Venezuela und dem Managil-Kanal im Sudan, die 1957 übernommen wurden, sollte eine neue Epoche des Auslandsgeschäfts beginnen.

Auslandsaufträge
der Julius Berger
Tiefbau AG
1950–1965[73]

Jahr	Land	Projekt	Umsatz (Mio. DM)	Ergebnis (Mio. DM)
1953	Ägypten	Pumpstationen im Nildelta	19,00	–0,01
1954	Ägypten	Nilbrücke Sohag	5,40	–0,10
1954	Saudi-Arabien	Planung Djeddah	16,00	1,35
1955	Türkei	Hilton Hotel Istanbul	13,50	–0,94
1957	Ägypten	Universitätsbrücke Kairo	6,80	1,08
1957	Ägypten	Nilfontäne Kairo	0,90	–0,05
1959	Sudan	Managilkanal	30,15	4,76
1962	Venezuela	Maracaibo I (Brückenbau)	58,01	5,15
1962	Sudan	Kraftwerk Sennar	4,60	0,24
1962	Sudan	Zuckerfabrik Guneid	10,27	3,33
1963	Sudan	Kanal Khashm El Girba	9,42	1,04
1964	Sudan	Zuckerfabrik Khashm El Girba	9,37	2,53
1964	Venezuela	Maracaibo II (Brückenreparatur)	8,97	1,33
1965	Venezuela	Deichbau Valderramas	9,46	–0,70

AUFSCHWUNG, ERSTE DIVIDENDENZAHLUNG UND KAPITALERHÖHUNG

Trotz immer wiederkehrender Klagen über *unzulängliche Beschäftigung im Tiefbau im ganzen Bundesgebiet*,[74] über unbefriedigende Ergebnisse im Hochbau, über das allgemeine Preisniveau und über Dumping-Angebote der Konkurrenz zeichnete sich in der ersten Hälfte der fünfziger Jahre eine deutliche Besserung ab. Mit der im Sommer 1955 erfolgten Gründung von Niederlassungen in Mainz, Bremen und Hannover reagierte das Unternehmen auf diese Belebung. Julius Berger hatte im Westen endgültig Fuß gefasst. Mit dem Erfolg stellte sich die Frage, wann das Unternehmen beginnen würde, wieder Dividenden auszuschütten. Dabei standen unterschiedliche Meinungen gegeneinander: Während Otto Schniewind sich am Verhalten der Wettbewerber orientieren wollte, erinnerte Aufsichtsratsmitglied Hugo Zinßer, Chef der Frankfurter Rhein-Main Bank, an die Tradition der dividendenorientierten Politik bei Berger und dachte schon einen Schritt voraus in Richtung einer zukünftig erforderlichen Kapitalerhöhung. Seiner Ansicht nach lag eine Zahlung im Interesse der Gesellschaft, *da die Pflege des Aktionärs in den letzten Jahren doch recht vernachlässigt werden musste und mit Rücksicht auf die Unterkapitalisierung alle Aktiengesellschaften darauf angewiesen seien, sich an ihre Aktionäre zu wenden, sobald dazu die Zeit gekommen ist. Dann würden aber nur die Gesellschaften Erfolg haben, die ihren Aktionären etwas haben zukommen lassen.*[75] Der Vorstand schloss sich dieser Position an. Erstmals wurde für das Geschäftsjahr 1952 eine Dividende von vier Prozent auf das Grundkapital von drei Millionen DM gezahlt, allerdings mit dem Verweis darauf, dass angesichts der keineswegs gefestigten Lage *die Kontinuität der*

Großmarkthalle, Berlin-
Moabit, 1959

Dividendenausschüttung noch nicht gesichert sei.[76] Gleichzeitig wurde damit begonnen, die Julius-Berger-Stiftung wieder aufzubauen, nachdem sie ihr früheres Kapital von 3,5 Mio. RM fast restlos eingebüßt hatte. Die neugebildete Rückstellung für den Lastenausgleich in Höhe von 1,5 Mio. DM dagegen basierte nicht auf dem Geschäftserfolg des Jahres 1952, sondern auf nachträglicher Berichtigung von Wertansätzen der DM-Eröffnungsbilanz.

Bereits kurze Zeit darauf wurde die Frage der Kapitalerhöhung tatsächlich akut. Sie stand im Zusammenhang mit den durch die Geschäftsausweitung erforderlichen Investitionen und vor allem mit einer Verstärkung der Aktivitäten im Tiefbau, die aufwendige Neuanschaffungen notwendig machte. Diese Neuorientierung war eine Reaktion auf den Richtungswechsel der bundesdeutschen Verkehrspolitik, die 1955 den großdimensionierten Ausbau des Straßennetzes einleitete und damit die anrollende Verkehrslawine zu bewältigen suchte. Im Herbst 1955 überzeugte Ernst Martens die Hauptversammlung von der Notwendigkeit einer Kapitalerhöhung für umfassende *Rationalisierungsmaßnahmen durch größere Mechanisierung der Baubetriebe.* Sie seien erforderlich, um dem Facharbeitermangel abzuhelfen, vor allem aber, weil *Bund, Länder und Kommunen wegen des fortgesetzt zunehmenden Verkehrs gezwungen sind, neue Verkehrswege zu errichten und vorhandene zu erweitern. Auf allen diesen Gebieten steht der Tiefbau und der Ingenieurbau im Vordergrund.*[77] Das auf 4,5 Mio. DM erhöhte Kapital wurde zum relativ günstigen Bezugskurs von 110 Prozent ausgegeben. Das sollte zumindest teilweise eine Wiedergutmachung für den 1948 vorgenommenen scharfen Kapitalschnitt sein.[78] Ebenfalls zur Erweiterung und Modernisierung war bereits 1950 ein Kredit über 1,5 Mio. DM aus Geldern des Marshall-Plans aufgenommen worden.[79]

Jahr	Umsatz Berger Inland	davon	Wiesbaden	Umsatz Berger Ausland	Umsatz Tesch	Umsatz insgesamt
1948/49	29,6	6,9	23,3 %	0,0	2,5	32,1
1950	22,2	9,8	44,1 %	0,5	3,3	26,0
1951	34,4	25,1	73,0 %	3,1	4,7	42,2
1952	44,4	30,2	68,0 %	2,4	5,6	52,4
1953	32,6	17,7	54,3 %	4,6	6,7	43,9
1954	40,5	15,9	39,3 %	10,8	8,2	59,5
1955	37,0	12,7	34,3 %	2,5	7,6	47,1
1956	46,3	14,8	32,0 %	5,4	9,0	60,7
1957	35,6	4,9	13,8 %	9,8	7,6	53,0

Umsätze der Julius Berger Tiefbau AG 1948/49–1957 (Mio. DM)

Jahr	Bilanzsumme	„ausweispflichtiger Rohüberschuss"	Bilanzgewinn	Dividende
1948/49	9,6	15,85	–	–
1950	8,9	6,52	-0,26	–
1951	14,0	7,15	0,10	–
1952	13,5	6,56	0,25	4 %
1953	13,8	7,03	0,18	4 %
1954	15,3	7,66	0,26	6 %
1955	21,7	8,50	0,29	6 %
1956	23,5	12,33	0,51	8 %
1957	22,2	14,09	0,46	9 %

Bilanzkennzahlen der Julius Berger Tiefbau AG 1948/49–1957 (Mio. DM)

ERFOLGE IM TIEFBAU, DEM „UREIGENSTEN ARBEITSGEBIET" VON JULIUS BERGER

Mit dem neuen Geld wurden umfangreiche Anschaffungen getätigt: 1955 für 2,2 Mio. DM, 1956 für 1,9 Mio. DM, 1957 für 1,3 Mio. DM und 1958 sogar für 3,7 Mio. DM, davon 1,3 Mio. DM für Kraftfahrzeuge und 2,1 Mio. DM für Maschinen und Geräte. Die Investitionen flossen hauptsächlich in den Tiefbau, das wiederbelebte *ureigenste Arbeitsgebiet* von Berger, wie Martens bemerkte.[80] Der Anteil des Tiefbaus an der Bauleistung stieg in der zweiten Hälfte der fünfziger Jahre auf Spitzenwerte an. 1957 und 1958 lag er jeweils bei rund 83 Prozent. Im Inland wurde in diesen beiden Jahren gut die Hälfte der Leistung im Straßen- und Wasserbau erbracht. 1959 lag der Tiefbauanteil insgesamt bei knapp 86 Prozent, im Inland bei über 67 Prozent.[81]

Der Hochbau verlor dementsprechend an Bedeutung. Der Schwerpunkt des Geschäfts verlagerte sich auf Brückenbauten, Erd-, Deichbau- und Nassbaggerarbeiten. Im Zuge des weiteren Ausbaus von Neckar, Main und Mosel wurden Schleusen, Hafenanlagen und Wasserkraftwerke errichtet. Hinzu kamen Flugplatz- und Straßenbauten, hier jedoch vorwiegend die Aushubarbeiten, da das Unternehmen für die Herstellung von Fahrbahndecken in Teerbauweise nicht eingerichtet war. Der Einstieg in den *Schwarzdeckenbau* durch Geräteinvestition oder Übernahme eines entsprechenden Unternehmens bildete in den Folgejahren ein Dauerthema.[82] Angesichts der wachsenden Verkehrsprobleme in den Städten kam auch dem Bau von innerstädtischen Verkehrswegen immer größere Bedeutung zu. Auf *diesem für die Verkehrsentflechtung unserer Großstädte wichtigen Gebiet* konnte Berger seine Fähigkeiten voll ausspielen:[83] Strecken für U-Bahnen und unterirdische Straßenbahnen wurden zu Beginn der sechziger Jahre in Berlin und Hamburg, München und Stuttgart gebaut. Erstmals wurde dabei 1964 in Hamburg der vollmechanisierte Schildvortrieb unter Druckluft angewandt.

Lämmerbuckeltunnel, Autobahn Stuttgart– Ulm, 1956

Hinzu kamen innerstädtische Schnell- und Hochstraßen. Angesichts der Bedeutungszunahme
des Tiefbaus mutet die bereits auf der Hauptversammlung 1957 erfolgte Umfirmierung merk-
würdig an: Die seit 1905 gebräuchliche Firma Julius Berger Tiefbau Aktiengesellschaft wurde
zu Julius Berger AG verkürzt. Bereits 1953 hatte sich das Unternehmen für ein neues Firmen-
logo entschieden und sich dabei ebenfalls von der Tiefbausymbolik verabschiedet, vermutlich
wegen der gestiegenen Bedeutung des Hochbaus. Das weiße „B" auf blauem Grund sollte in
den folgenden Jahrzehnten für den Namen Berger stehen und die universale Kompetenz des
Unternehmens in allen Baubereichen vermitteln. Es ist noch heute bei der Beteiligungsgesellschaft Julius Berger Nigeria PLC im Einsatz.

Autobahnkreuz Lever-
kusen, 1962

Autobahn Stuttgart–
Ulm, „Albaufstieg" bei
Wiesensteig, 1956

„… Schwerpunkt Tiefbau, insbesondere Straßenbau"

Konjunkturbelebung und Rückverlagerung vom Hochbau zum Tiefbau

[...] *dass sich in der deutschen Bauwirtschaft seit wenigen Monaten eine Wandlung zu vollziehen beginne, bei öffentlichen und beschränkten Ausschreibungen der Öffentlichen Hand wie auch der privaten Auftraggeber Arbeiten zu auskömmlichen Preisen zu übernehmen. Die Ursache hierfür liege z.T. in der eingetretenen Vollbeschäftigung – es seien in einigen Gebieten bereits ein Mangel an Fachkräften, aber auch an Hilfsarbeitern und gelegentliche Engpässe an Baustoffen zu verzeichnen –, zum wesentlichen Teil aber darin, dass der Schwerpunkt der Bauten sich vom Wohnungsbau in den Industriebau und Tiefbau (insbesondere Straßenbau) verlagere. Von dem wachsenden Anteil des Tiefbaus erwarte die JBTAG die Möglichkeit, sich in stärkerem Maße als bisher in ihrem eigentlichen Arbeitsgebiet zu betätigen und die Periode des Besatzungsbaus, der vornehmlich in Hochbauten bestanden habe, abschließen zu können.*

Herrn Dr. [Wilhelm] *Buchholz* [Vorstandsmitglied 1955 bis 1962, d. Verf.] *falle im besonderen die Aufgabe zu, neben dem Tiefbau den Sektor Industriebau bei der JBTAG besonders zu pflegen.*

Diese Umstellung im Arbeitsgebiet bei der JBTAG mache es notwendig, personell und gerätemäßig Änderungen und Ergänzungen vorzunehmen. Es sei erforderlich, neue Maschinen und Geräte in beträchtlichem Umfang anzuschaffen. Hierfür sei ein langfristiger Kredit vorgesehen [...]. Der Kredit von DM 500.000,- reiche aber nicht aus, um das Gerätebeschaffungsprogramm durchzuführen. Deshalb seien Verhandlungen mit der Rhein-Main Bank über die Möglichkeit einer Kapitalerhöhung aufgenommen worden [...].

Aufsichtsratsprotokoll der Julius Berger Tiefbau AG vom 31. August 1955.[84]

Um die Mitte der fünfziger Jahre kam es zur ersten größeren Veränderung im Aufsichtsrat: Im September 1956 wurde Otto Schniewind als Nachfolger des erkrankten Fritz Spennrath zum Vorsitzenden gewählt.[85] Als Stellvertreter amtierten seither Ludwig Kastl und der für den 1955 verstorbenen Hugo Zinßer berufene Ernst Matthiensen. Wie bei Grün & Bilfinger oder Wayss & Freytag, den beiden anderen Bauunternehmen, an denen die Rhein-Main Bank maßgeblich beteiligt war, nahm damit ein Mitglied des Frankfurter Vorstands eine wichtige Position im Aufsichtsrat ein. Die spätere Dresdner Bank besaß um 1955 rund 10,5 Prozent des Kapitals der Julius Berger Tiefbau AG. Es stammte vorwiegend aus Bestand der 1931 zusammengebrochenen und mit der Dresdner Bank vereinigten Danat-Bank sowie vermutlich aus dem Besitz der Berlinischen Boden-Gesellschaft, die in den vierziger Jahren ein Paket von 640.000 RM, entsprechend 6,4 Prozent des Grundkapitals, gehalten hatte.[86] Bei Berger wurde die Bindung an die Dresdner Bank allerdings eher negativ gesehen, da die befürchtete Bildung größerer

Pakete dem Ausgabeaufschlag bei Kapitalerhöhungen Grenzen setzte.[87] Ziel war es, den relativ großen Streubesitz und damit die Eigenständigkeit des Unternehmens möglichst zu erhalten. Insbesondere Schniewind war wohl der Rhein-Main Bank gegenüber misstrauisch. Bereits 1950 vermutete er, die Zuwahl Zinßers in den Aufsichtsrat laufe auf eine Machtübernahme hinaus und die Bank würde letztlich den Aufsichtsratsvorsitz anstreben. Gleichzeitig bot Schniewind dem Berger-Vorstand in einem geradezu konspirativen Schriftwechsel an, die bei der Bank stehenden Verbindlichkeiten auf ein anderes Institut zu überführen.[88] Über die Motive Schniewinds – Aversionen gegen die Dresdner Bank, eigene Interessen und Versuche, seine Verbindungen zu Münchner Bankhäusern ins Spiel zu bringen – ist jedoch nichts bekannt.

BERGERS BESTE JAHRE: 1958 BIS 1964

Alle betriebswirtschaftlichen Kennzahlen von Berger machen einen bemerkenswerten Aufschwung in den ausgehenden fünfziger Jahren deutlich: Nach einem leichten und nur vorübergehenden konjunkturbedingten Rückgang 1957 stiegen Umsätze und Ergebnisse, Bilanzsumme und Bilanzgewinn seit 1958 sprunghaft an.[89] Ein zweiter Schub folgte zu Beginn der sechziger Jahre. Das Auffüllen der Rücklagen stärkte die Substanz ebenso wie die hohen, seit 1958 teilweise degressiv vorgenommenen Abschreibungen und die vollständige Abschreibung von Kleingeräten und Werkzeugen jeweils im Jahr der Anschaffung. Durch eine weitere Zuführung zu den Pensionsverpflichtungen konnte endlich ein lange Zeit mitgeschleppter Rückstand beseitigt werden.

Rhein-Main-Halle, Wiesbaden, 1957

Trotz all dieser Leistungen wurden in alter Berger-Tradition auch die Aktionäre wieder mit einer hohen und kontinuierlich steigenden Dividende *gepflegt*, ganz so wie es Zinßer 1953 gefordert hatte. 1959 und 1963 folgten zwei weitere Kapitalerhöhungen auf 6 bzw. 9 Mio. DM. Gegenüber der ersten von 1955 (110 %) konnten nun deutlich höhere Ausgabekurse von 200 bzw. 220 Prozent erzielt werden.[90] Den Höhepunkt der Entwicklung bildeten die Jahre 1963 und 1964 mit Dividenden von 18 Prozent. Nur durch Zuweisung von 1 Mio. DM zu den freien Rücklagen konnte der ausgewiesene Bilanzgewinn 1964 auf 1,7 Mio. DM gedrückt werden.

Jahr	Umsatz Berger Inland	davon Wiesbaden		Umsatz Berger Ausland	Umsatz Tesch	Umsatz insgesamt
1958	44,3	7,8	17,6%	23,6	7,0	74,9
1959	63,4	11,4	18,0%	13,8	12,5	89,7
1960	58,8	17,2	29,3%	27,3	12,1	98,2
1961	87,4	23,2	26,5%	41,1	11,3	139,8
1962	100,1	30,0	30,0%	20,9	15,1	136,1
1963	99,2	24,3	24,5%	6,4	19,5	125,1
1964	121,7	27,9	22,9%	18,7	18,0	158,4
1965	115,9	30,5	26,3%	10,9	18,4	145,2
1966	121,1	30,4	25,1%	29,1	22,8	173,0
1967	105,7	k. A.		42,0	18,4	166,1
1968	103,6	k. A.		30,2	13,2	147,0

Umsätze der Julius Berger AG 1958–1968 (Mio. DM)

Jahr	Bilanzsumme	„ausweispflichtiger Rohüberschuss"	Bilanzgewinn	Dividende
1958	23,7	16,84	0,53	11 %
1959	34,4	20,54	0,58	12 %
1960	32,1	27,36	0,89	14 %
1961	37,9	40,10	0,92	14 %
1962	44,6	40,23	1,08	16 %
1963	54,8	40,17	1,15	18 %
1964	55,9	54,51	1,71	18 %
1965	54,3	52,50	1,33	14 %
1966	54,4	41,41	1,14	12 %
1967	56,9	48,27	0,89	10 %
1968	67,3	39,50	-0,27	–

Bilanzkennzahlen der Julius Berger AG 1958–1968 (Mio. DM)

Das neue Kapital ermöglichte weiterhin umfangreiche Rationalisierungs- und Erweiterungsinvestitionen über die bereits sehr hohen abschreibungsfinanzierten Investitionen hinaus: 1959 wurden 3,8 Mio. DM investiert, 1960 5,7 Mio. und 1961 sogar 8,1 Mio. DM; 1962 waren es 5,9 Mio., 1963 7,3 Mio. und im Spitzenjahr 1964 10 Mio. DM. Auch die Errichtung neuer Niederlassungen in Frankfurt am Main, Ludwigshafen am Rhein, Karlsruhe, Nürnberg und Münster in den Jahren 1964 und 1965 erforderte Kapital für Ausstattung und Betriebsmittel. Vor allem aber erfolgte damals eine umfassende Ausweitung und Modernisierung des Geräteparks mit dem Ziel der möglichst weitgehenden Produktivitätssteigerung. Nur so konnte das Unternehmen den Arbeitskräftemangel und die steigenden Personalkosten bewältigen und mit der allgemeinen Entwicklung Schritt halten. 1957/58, zu Beginn des Höhenflugs, beschäftigte Berger im Durchschnitt rund 3.100 Arbeiter und Angestellte.[91] Die Zahl stieg 1960 auf 3.500, darunter waren 500 ausländische Arbeitskräfte,[92] und 1961 auf 4.500 bis 5.000 an.[93] Dennoch blieb die relative Zunahme der Mitarbeiterzahl hinter der Umsatzsteigerung deutlich zurück. Der Lohnanteil am Umsatz sank von 30 Prozent im Jahr 1960 auf 23 Prozent 1961, gleichzeitig nahm der je Arbeiter erzielte Umsatz von 24.400 DM auf 29.500 DM zu. Darin schlug sich der Rationalisierungserfolg messbar nieder.[94]

Auf Niederlassungsebene bestanden erhebliche Unterschiede hinsichtlich der Höhe des Umsatzes und der Ergebnisse. Mit Umsätzen bis zu 30 Mio. DM im Jahr stand Wiesbaden weiterhin an der Spitze aller Niederlassungen. 1962 wurde hier ein Ergebnis von 1,2 Mio. DM erwirtschaftet. Stuttgart folgte knapp dahinter mit 1,1 Mio. DM, während München 300.000 DM und Hannover 80.000 DM erzielten.[95] Schlusslichter waren in diesem Jahr Düsseldorf, Berlin und Hamburg mit Verlusten von 800.000, 300.000 und 242.000 DM. Die Zahlen für längere Zeiträume sagen allerdings mehr über die Qualität eines Standorts aus als die für einzelne Jahre. Betrachtet man den Zeitraum von der Währungsreform bis 1966, so hoben sich Wiesbaden, Düsseldorf und Stuttgart deutlich von den Niederlassungen Hannover, Hamburg und München ab. Dies gilt sowohl für die Umsätze als auch für die Ergebnisse. In beiden Kategorien führte wiederum Wiesbaden, nicht zuletzt aufgrund des gleichmäßig positiven Verlaufs mit nur zwei Verlustjahren (1948/49 und 1954). Auf den hier sowie in Stuttgart und Düsseldorf erzielten Erfolgen beruhte letztlich die Prosperität von Berger. Sie konnten die Ergebnisse schlechter Standorte lange Zeit problemlos mittragen und auch einzelne Katastrophenjahre retten. Allerdings sollte in der Ungleichmäßigkeit der Ergebnisse eine der Ursachen für die später einsetzende Krise liegen.

Ganz abgeschlagen am Ende der Rangliste mit geringen Umsätzen und einem immer nur notdürftig ausgeglichenen Ergebnis lag Berlin. Im Krisenjahr 1961 stürzte der Umsatz dort auf lediglich 288.000 DM ab.[96] Angesichts der chronischen Schwäche – Vorstandsmitglied Max R. Schulz meinte 1963, Berlin sei *nur noch eine Fiktion einer Niederlassung*[97] – waren bereits vor dem Mauerbau erneut Überlegungen entstanden, *die JBTAG-Niederlassung Berlin aufzulösen und Personal und Gerät in die Firma Tesch zu überführen, die in Berlin auf jeden Fall weiterarbeiten wird*.[98] Die Tochtergesellschaft hatte je nach Auftragslage 500 bis 700 Mitarbeiter und kam mit dem beschränkten Berliner Markt und den Folgen der politischen Krise offenbar besser zurecht. Zudem war sie auch im Bundesgebiet vertreten und glich die Nachteile dadurch aus. Wie bei Berger stiegen die Umsätze auch bei Tesch seit

1959 sprunghaft an. Erzielte Überschüsse wurden jedoch stets zu Sonderabschreibungen im Rahmen der Berlin-Förderung verwendet und stärkten die Substanz. Deshalb flossen aus der Beteiligung keine Gewinne nach Wiesbaden.[99]

Niederlassung	Gesamtumsatz	Gewinn-jahre	Summe der Ergebnisse	Ver-lustjah-re	Summe der Ergebnisse	Saldo
Berlin	24,0	12	1,36	6	-0,76	0,60
Düsseldorf	195,8	14	8,19	4	-2,29	5,90
Hamburg	123,1	5	2,00	13	-5,32	-3,32
Hannover	135,3	6	1,21	6	-7,00	-5,79
München	102,8	11	2,13	7	-5,03	-2,90
Stuttgart	212,4	14	7,14	4	-2,17	4,97
Wiesbaden	341,1	16	9,17	2	-0,81	8,36

Summarische Umsätze und Ergebnisse der Niederlassungen 1948/49–1966 (Mio. DM)[100]

ABENTEUER VENEZUELA: DIE MARACAIBO-BRÜCKE

Das Unternehmen profitierte in seiner „goldenen Epoche" nicht nur vom allgemeinen Konjunkturaufschwung und der anhaltend günstigen Entwicklung der bundesdeutschen Volkswirtschaft, hinzu kam vor allem die durch die Bedürfnisse des Verkehrssystems und durch die öffentlichen Infrastrukturinvestitionen gewandelte Auftragsstruktur, die in idealer Weise zu Berger passte. Ein dritter Erfolgsfaktor der späten fünfziger Jahre war der große Aufschwung des Auslandsgeschäfts. 1957 erhielt das Unternehmen gleich zwei Großaufträge: den Bau des 134 km langen Managil-Kanals, eines großen Bewässerungsprojekts am Blauen Nil im Sudan im Wert von 60 Mio. DM, das in Arbeitsgemeinschaft mit Holzmann ausge-

Einsatz von schwerem Erdbaugerät beim Bau des Managil-Kanals, Sudan, 1957

führt wurde, sowie den Bau der Brücke über den Maracaibo-See in Venezuela. Im September 1956 berichtete Vorstandsmitglied Friedrich Sperber dem Aufsichtsrat *über seine Reise nach Venezuela und Indonesien und die behandelten Projekte (Brücke über den Maracaibo-See und Hotelbau Djakarta).*[101] Kurz zuvor hatte das Ministerium für öffentliche Arbeiten in Caracas den Bau einer Brücke über die schmale Einfahrt des Maracaibo-Sees im Nordwesten des Landes ausgeschrieben. Die 8,7 Kilometer lange Schrägseilbrücke mit rund 100 Meter hohen Pfeilern und 45 Meter hohen Durchfahrtsöffnungen für Seeschiffe mit geplanten Spannweiten von bis zu 420 Meter sollte nicht nur den Pendelverkehr zwischen der Stadt Maracaibo und dem Erdölgebiet am östlichen Ufer des Sees aufnehmen und damit einen zentralen Verkehrszweck erfüllen, sondern auch Modernität und Dynamik des aufstrebenden und sich rasch industrialisierenden Ölförderlands Venezuela demonstrieren. Wie die Vertreter von Berger bei ihren Verhandlungen bemerkten, stellte sich der autobahn- und baubegeisterte Staatschef Marcos Pérez Jiménez offenbar eine Brücke vor, *die alles bisher in der Welt an solchen Bauwerken Vorhandene in den Schatten* stellen sollte.[102] Der Entwurf des italienischen Konstrukteurs und Spannbeton-Spezialisten Riccardo Morandi wurde diesem Anspruch in architektonischer Hinsicht vollauf gerecht und brachte jenseits der Funktionalität des Materials auch Dynamik und Spannkraft des venezolanischen Selbstverständnisses zum Ausdruck. In konstruktiver Hinsicht stellte das Projekt allerdings enorme, beinahe unerfüllbare Anforderungen. Angesichts der Größe und Bedeutung des Vorhabens, nicht zuletzt auch wegen des Stellenwerts Venezuelas als Handelspartner Deutschlands wurde die Angelegenheit gleichzeitig zu einem bundesrepublikanischen Politikum: Gelänge es deutschen Bauunternehmen, den Auftrag zu erhalten, würde damit die Leistungsfähigkeit der westdeutschen Industrie und die Präsenz des westdeutschen Staates in der Weltwirtschaft eindrucksvoll unterstrichen.

Das größte Auslandsprojekt der deutschen Bauindustrie in den fünfziger Jahren musste allerdings bis zur endgültigen Vertragsunterzeichnung am 15. August 1957 – gewissermaßen als Geburtstagsgeschenk für den Aufsichtsratsvorsitzenden, der zwei Tage zuvor das 70. Lebensjahr vollendet hatte – etliche Hürden überwinden. Für das Angebot hatte Julius Berger eine Arbeitsgemeinschaft mit der venezolanischen Precomprimido S.A. gebildet und sich für den deutschen Anteil in Höhe von 50 Prozent zunächst mit den fünf Firmen Dyckerhoff & Widmann, Grün & Bilfinger, Hochtief, Holzmann sowie Wayss & Freytag zusammengeschlossen. Die Verhandlungen vor Ort leitete das auslandserfahrene Vorstandsmitglied Friedrich Sperber. Nach der vorläufigen Auftragserteilung reiste er im Juni 1957 zur Vertragsunterzeichnung nach Caracas. Dabei ergaben sich jedoch unerwartete Probleme, denn der Auftraggeber lehnte alle Vorbehalte und Forderungen nach konstruktiver Änderung des Entwurfs von Morandi ab und verwarf insbesondere Vorschläge für Mittelöffnungen mit verringerten, aber wirtschaftlicher herzustellenden Spannweiten. Die Dyckerhoff & Widmann AG, die diese Anregung eingebracht hatte, trat daraufhin aus dem Konsortium aus. Nur mit Mühe konnten die verbliebenen Unternehmen die Staatsregierung von der Notwendigkeit einer Veränderung der Pläne überzeugen. Welche Unsicherheit damals herrschte, zeigen die vom Berger-Vorstand noch am Tag vor Unterzeichnung des Vertrags geäußerten Bedenken, ob am Ende nicht doch *bei den großen Mittelöffnungen zum Stahl gegriffen* und auf die imposante Spannbeton-Lösung verzichtet werden müsse.[103]

„Eine Brücke, die alles in der Welt Vorhandene in den Schatten stellt"

Das Maracaibo-Projekt und seine Hindernisse

Es *wurde in der letzten Aufsichtsratssitzung berichtet, dass Herr Sperber sich seit dem 1. Juni in Caracas befindet, um gemeinsam mit unserem dortigen Partner die Verhandlungen mit der Regierung aufzunehmen, die am 25.5. uns den Auftrag auf Herstellung der Maracaibo-Brücke zufolge unseres Angebotes vom 7.3.57 für den Preis von 330 Mio. Bolivares, die etwa 410 Mio. DM entsprechen, gab. [...] Als Herr Sperber nach Caracas kam, wurde ihm ein Entwurf für einen Bauvertrag vorgelegt, der von den Bedingungen, die wir bei Abgabe des Angebots für die große Brücke gemacht hatten, abwich. [...]*

Anscheinend fordert [...] der Präsident von Venezuela durch Unterschrift einer Bau-unternehmungsgruppe die Anerkennung, dass die von Morandi entworfene Brücke auch ausgeführt werden kann, was nach unserer Auffassung weder aus technischen noch aus kommerziellen Gründen möglich ist und auch jede andere Baugruppe als unmöglich anerkennen wird.

*Brücke über den
Maracaibo-See, 1962*

Auf der anderen Seite wünscht der Auftraggeber eine Brücke zu bauen, die alles bisher in der Welt an solchen Bauwerken Vorhandene in den Schatten stellt, sowohl in konstruktiver Hinsicht als auch in architektonischer Beziehung.

Die Schönheit der Brücke von Morandi ist nicht zu bestreiten. Sie stellt ein Bauwerk von höchster Eleganz dar, ist aber leider in der vorliegenden Form aus technischen Gründen einfach undurchführbar. Unser Angebot war deshalb auch mit entsprechenden Vorbehalten versehen, die der Präsident aber einfach beiseite zu schieben versuchte, und so war es bisher unmöglich, zu einem Ergebnis zu gelangen. [...]

Wir sind aber hier der Meinung, uns einem solchen Risiko nicht aussetzen zu dürfen, obgleich zahlreiche an dem Geschäft in Venezuela interessierte deutsche Firmen, die auch auf Bonn Druck auszuüben versuchen, darauf aufmerksam machen, dass das Nichtzustandekommen des Bauvertrages über den Brückenbau einen starken Rückschlag auf das gesamte deutsche Liefer- und Anlagegeschäft haben müsste.

Schreiben von Ernst Martens an Otto Schniewind und andere Aufsichtsratsmitglieder vom 30. Juli 1957.[104]

Brücke über den Maracaibo-See, Montage der vorgefertigten Fahrbahnträger, 1961

Das Zauberwort „Maracaibo" versetzte Unternehmensleitung und Aufsichtsrat von Julius Berger über Jahre hinweg in stete Anspannung zwischen Bangen und Hoffen.[105] Hinsichtlich seiner Planung und Durchführung, aber auch der finanziellen Abwicklung stellte das Projekt höchste Ansprüche und bald kamen auch politische Turbulenzen hinzu: Im Januar 1958, wenige Monate nach Unterzeichnung des Vertrags, wurde die Diktatur des fünf Jahre zuvor per Staatsstreich an die Macht gekommenen Jiménez gestürzt. Eine Militärjunta unter Admiral Wolfgang Larrazábal Ugueto übernahm die Macht in Venezuela und nach Inkrafttreten einer neuen Verfassung im Mai 1958 wurde im Dezember des Jahres der gemäßigte Reformpolitiker und Führer der „Acción Democrática" Rómulo Betancourt zum Präsidenten gewählt. Im Juni 1958 berichtete Sperber dem Aufsichtsrat in Wiesbaden *über die Maracaibo-Brücke [...], insbesondere über die möglichen Auswirkungen der Revolution in Venezuela und der dadurch zu erwartenden Veränderungen bei dem Brückenbauvertrag.*[106] Die politische Wende stellte den Bau zwar nicht in Frage, verzögerte ihn aber, weil die neuen Machthaber grundlegende Abänderungen und drastische Kosteneinsparungen verlangten. Ende 1958 wurde der geänderte Vertrag unterschrieben. Vorgesehen war nun eine reine Straßenbrücke mit insgesamt fünf Durchfahrtsöffnungen von bis zu 235 Meter Spannweite. Das Projektvolumen betrug 265 Mio. Bolivares. Die Laufzeit für die vereinbarte dreijährige Bauzeit begann am 1. April 1959. Neben der Precomprimido waren auf deutscher Seite nun Julius Berger als Konsortialführer mit einem Anteil von 20 Prozent sowie Grün & Bilfinger, Wayss & Freytag und Philipp Holzmann mit jeweils 10 Prozent beteiligt. Leitungsfunktionen in der 1960 eingerichteten Zweigniederlassung Caracas sowie in den zahlreichen Gremien vor Ort übernahm neben Friedrich Sperber das 1950 ausgeschiedene ehemalige Vorstandsmitglied Silvio Walther. Er war seither in Venezuela, Bolivien und Kolumbien tätig gewesen und verfügte über die erforderlichen Sprach- und Landeskenntnisse. Für den erkrankten Sperber rückte zu Beginn des Jahres 1960 Berger-Vorstand Wilhelm Buchholz nach. Auch Otto Schniewind und Ernst Martens hielten sich mehrfach in Venezuela auf.

Reibungen innerhalb der beteiligten Firmen bzw. Firmengruppen und Streitigkeiten mit den staatlichen Aufsichtsbehörden waren bei einem Projekt dieser Größenordnung unvermeidlich. Allerdings verfügte auch das Unternehmen über Druckmittel: *Da der aus dem Durchschnitt der Bauaufgaben herausragende große Brückenbau für die venezolanische Regierung in innen- und außenpolitischer Hinsicht ein Politikum geworden ist, besteht Aussicht, dass, wenn auch immer in letzter Minute, über politische Stellen ein Druck ausgeübt werden kann um zu verhindern, dass durch ungeeignete Maßnahmen des MOP* [Ministerio de Obras Publicas, Ministerium für Öffentliche Arbeiten, d. Verf.] *eine Verzögerung oder eine Stillegung des Brückenbaus eintritt.*[107] Größere Probleme bereiteten allerdings die politische Labilität des Landes, die zeitweilig bürgerkriegsähnlichen Zustände und eine im Herbst 1960 einsetzende Wirtschafts- und Bankenkrise. Sie zog auch jene Institute in Mitleidenschaft, über welche die Auszahlung der Vorschüsse an das Konsortium lief, und gefährdete das Vorhaben ernsthaft. Schließlich drohte phasenweise sogar die Einstellung des Projekts infolge Geldknappheit des Auftraggebers. Diese Vorgänge zogen erhebliche Rückwirkungen in Deutschland nach sich, wo Banken und Börsenkreise das

Wiesbadener Unternehmen zeitweise sehr misstrauisch beobachteten.[108] Zweifellos hätte ein Scheitern des Vorhabens für das Unternehmen eine Katastrophe bedeutet. Daher bemühte sich Berger intensiv, der venezolanischen Regierung zu einem Kredit der Bundesrepublik zu verhelfen. Erst als diese 1962 wegen der politischen Bedeutung des Projekts, aber gegen die damalige Linie der Entwicklungshilfe, 108 Mio. DM zur Endfinanzierung bereitstellte, war die Fertigstellung der Brücke gesichert.

„… eine Situation, die die vorzeitige Einstellung der Arbeiten erforderlich mache"

Bangen um die Maracaibo-Brücke

Im Auslandsgeschäft hätten die Arbeiten beim Bau der Maracaibo-Brücke sehr große Fortschritte gemacht [...]. Trotzdem mache der Brückenbau erhebliche Sorgen, und zwar wegen der unsicheren Finanzlage. [...]

Es sei aber bekannt, dass die Regierung große Schwierigkeiten habe, diese Mittel aufzubringen, so dass, wenn nicht andere Quellen erschlossen würden – dazu gehöre ein Kreditgesuch der Venezolanischen Regierung an die deutsche Bundesregierung, über das Herr Pfeiffer noch gesondert berichten werde –, eine Situation eintreten könne, die die vorzeitige Einstellung der Arbeiten erforderlich mache. [...]

Herr Dr. Pfeiffer berichtet anschließend eingehend über Verlauf und Stand der Verhandlungen über den von der Venezolanischen Regierung bei der Deutschen Bundesregierung nachgesuchten Kredit von DM 100 Mio. Er teilte hierzu mit, dass die Hoffnung der Venezolanischen Regierung, einen Kredit von 100 Mio. aus Mitteln der Entwicklungshilfe zu erhalten, zurzeit keine Aussicht auf Erfolg hätten, weil die latein-amerikanischen Staaten, also auch Venezuela, nicht als Entwicklungsländer angesehen würden. [...] Die mit dem Bundeswirtschaftsministerium, dem Bundesfinanzministerium und der Kreditanstalt für Wiederaufbau unter Beteiligung des Auswärtigen Amtes in den letzten Monaten geführten Verhandlungen hätten nach dem derzeitigen Stand die Bereitschaft ergeben, der Venezolanischen Regierung aus den Mitteln der KfW einen Kredit von bis zu 30 Mio. zu geben [...].

Es wurde darauf hingewiesen, dass dieses Angebot die Venezolanische Regierung schwerlich befriedigen werde, und bei dem hohen Interesse, das Berger an dem Zu-standekommen eines ausreichenden Kredits habe, wurde dem Aufsichtsrat der Wunsch ausgesprochen, alle noch denkbar möglichen Schritte zu unternehmen, um einen Kredit auf der Basis von 50 Mio. DM zustandezubringen.

Aufsichtsratsprotokoll der Julius Berger AG vom 29. November 1961.[109]

Im Sommer 1961 waren von beiden Ufern ausgehend etwa zwei Drittel des Bauwerks fertig gestellt und der Mittelteil im Bau. Die Gründungsarbeiten dafür wurden im September des Jahres abgeschlossen, anschließend der Aufbau der großen Pfeiler sowie der Fahrbahn vollendet. Am 24. August 1962 wurde die Brücke dem Verkehr übergeben und nach einem venezolanischen Freiheitskämpfer des 19. Jahrhunderts offiziell auf den Namen „Puente General Rafael Urdaneta" getauft. Die Schlussabnahme verzögerte sich allerdings bis 1965. Im April 1964 kollidierte außerdem ein Tanker mit der Maracaibo-Brücke und brachte *zwei Pfeiler mit den dazugehörigen Brückenträgern zum Einsturz.* Zusammen mit ihrem venezolanischem Partner wurde die Julius Berger AG mit der Wiederherstellung des beschädigten Brückenteils beauftragt. *Obgleich große technische Schwierigkeiten zu überwinden waren, Spezialgerät und Fachpersonal aus dem Ausland herbeigeholt werden musste, gelang es, den beschädigten Brückenabschnitt von 216 m Länge in der Rekordzeit von nur sechs Monaten wiederherzustellen.*[110]

Nach Fertigstellung der Maracaibo-Brücke bemühte sich Berger um den Bau einer Brücke über den Orinoco, kam aber nicht zum Zug.[111] Stattdessen übernahm das Unternehmen 1964 größere Erdarbeiten beim Bau eines Deichs in Valderramas am Südufer des Maracaibo-Sees. Im Sudan folgten dem Managil-Kanal Aufträge für einen kleineren Bewässerungskanal bei Khashm el Girba im Gesamtwert von 20 Mio. DM, für zwei Zuckerfabriken am selben Ort sowie in Guneid und für das Kraftwerk Sennar am gleichnamigen Staudamm am Blauen Nil. Im Durchschnitt der Jahre 1958 bis 1961 betrug der Anteil des Auslandsumsatzes bei Julius

Reparatur der Maracaibo-Brücke, 1963

Berger knapp 30 Prozent. Danach ging er allerdings deutlich zurück. Auch im Ausland machte sich die Konkurrenz zunehmend bemerkbar. Vor allem verschlechterte die im März 1961 vorgenommene Aufwertung der D-Mark um fünf Prozent gegenüber dem US-Dollar die Position deutscher Unternehmen. Eine direkte Folge davon war der Verlust zweier Aufträge im Sudan: Die beiden Staudämme wurden zwar mit Geldern der deutschen Entwicklungshilfe finanziert, aber von italienischen Firmen erbaut.[112] Weitere Schwierigkeiten bereitete die *subventionierte Konkurrenz der Ostblockstaaten*[113] und der ebenfalls politisch bedingte Verlust des angestammten Markts Ägypten. Je enger sich Staatspräsident Gamal 'Abd el-Nasser an die Sowjetunion band, desto schlechter wurden die Aussichten für westliche Bauunternehmen im Land: *Die derzeitige wirtschaftliche und politische Lage in Ägypten*, so der Vorstand im Sommer 1959, *erlaubt es u. E. nicht, sich ernsthaft mit neuen Bauprojekten zu beschäftigen. Wir unterhalten daher bis auf weiteres lediglich einen Beobachtungsposten.*[114] Zur besseren Koordinierung und erleichterten Finanzierung des Auslandsgeschäfts erfolgte 1964 über die Gottlieb Tesch GmbH die Gründung der Aktiengesellschaft für Unternehmungen in der Bauwirtschaft mit Sitz in Zug in der Schweiz.[115]

Wasserkraftwerk am Sennar-Damm, Sudan, 1962

MITTE DER SECHZIGER JAHRE: ERKENNBARE STAGNATION BEI JULIUS BERGER

1964 befand sich das Unternehmen in einer glänzenden Position, dann erfolgte allerdings eine unübersehbare Wende zum Schlechteren. Sie resultierte zum Teil aus dem deutlichen Rückgang des Auslandsgeschäfts, das während der guten Jahre überproportional zum Ergebnis beigetragen hatte, und aus den immer schwächeren Erträgen im Inland. Die Wende fiel unmittelbar mit dem Ende des Bau-Booms in der Bundesrepublik zusammen: Nach einer sprunghaften Zunahme der Bautätigkeit von 1963 auf 1964 mit Umsätzen des Bauhauptgewerbes in Höhe von 36,4 bzw. 42,6 Mrd. DM stagnierte die Entwicklung. Der Rückgang war hauptsächlich auf den Wohnungsbau zurückzuführen, was Berger zwar nicht direkt betraf, aber zwangsläufig zu stärkerer Konkurrenz auf den angestammten Arbeitsgebieten Tiefbau und Straßenbau führte. Eine weitere Ursache der Stagnation lag in der zunehmenden Liquiditätsanspannung der Wirtschaft und in den sich abzeichnenden Finanzierungsproblemen der öffentlichen Haushalte. Sie konnten die immer noch zunehmenden Bauaufgaben kaum mehr bewältigen. Auch die per Gesetz verordneten Dämpfungsmaßnahmen bremsten den weiteren Zuwachs.

Die Stagnation am Bau wirkte sich zwar auf alle Unternehmen aus, aber innerhalb der Branche verschlechterte sich die Position von Berger im Verhältnis zu den anderen Unternehmen: Eine von Vorstand Max R. Schulz im Juni 1966 angefertigte Übersicht lässt für die Jahre von 1950 bis etwa 1962 zunächst eine sprunghafte Entwicklung und anschließend einen leichten, aber gleichbleibenden Rückstand gegenüber der Umsatzentwicklung des Bauhauptgewerbes erkennen. Durch Hinzurechnung des Auslandsgeschäfts konnte er jedoch stets einigermaßen ausgeglichen werden.[116] Als dieses nachließ, vergrößerte sich der Abstand seit 1963 deutlich: Nach dem Spitzenjahr 1964 brach der Umsatz von Berger entgegen den Erwartungen erneut um zehn Prozent ein, wobei im Inland nur ein Minus von fünf Prozent, im Ausland dagegen

Umsatzentwicklung
der Julius Berger
AG im Vergleich zum
Bauhauptgewerbe
(1950=100)

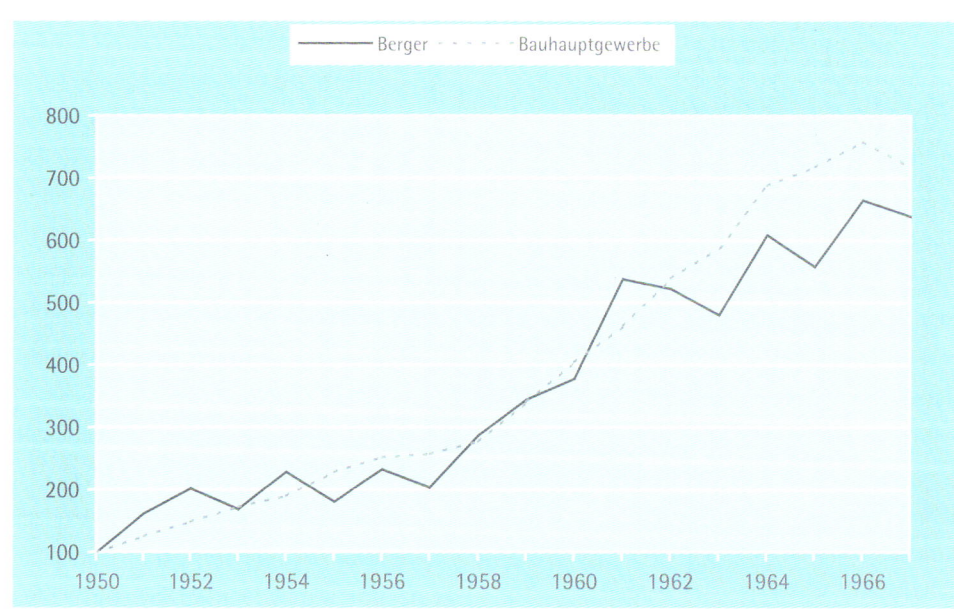

Jahr	Berger Inland	Berger Ausland	Tesch	Berger insgesamt	Veränderung gegenüber Vorjahr	Bauhaupt-gewerbe	Veränderung gegenüber Vorjahr
1950	22,2	0,5	3,3	26,0		6.182	
1951	34,4	3,1	4,7	42,2	+ 62,3 %	7.783	+ 25,9 %
1952	44,4	2,4	5,6	52,4	+ 24,2 %	9.237	+ 18,7 %
1953	32,6	4,6	6,7	43,9	– 16,2 %	10.690	+ 15,7 %
1954	40,5	10,8	8,2	59,5	+ 35,5 %	11.722	+ 9,7 %
1955	37,0	2,5	7,6	47,1	– 20,8 %	14.172	+ 20,9 %
1956	46,3	5,4	9,0	60,7	+ 28,9 %	15.638	+ 10,3 %
1957	35,6	9,8	7,6	53,0	–12,7 %	15.978	+ 2,2 %
1958	44,3	23,6	7,0	74,9	+ 41,3 %	17.173	+ 7,5 %
1959	63,4	13,8	12,5	89,7	+ 19,8 %	21.057	+ 22,6 %
1960	58,8	27,3	12,1	98,2	+ 9,5 %	25.018	+ 18,8 %
1961	87,4	41,1	11,3	139,8	+ 42,4 %	28.650	+ 14,5 %
1962	100,1	20,9	15,1	136,1	– 2,6 %	33.359	+ 16,4 %
1963	99,2	6,4	19,5	125,1	– 8,1 %	36.420	+ 9,2 %
1964	121,7	18,7	18,0	158,4	+ 26,6 %	42.617	+17,0 %
1965	115,9	10,9	18,4	145,2	– 8,3 %	44.376	+ 4,1 %
1966	121,1	29,1	22,8	173,0	+ 19,1 %	46.900	+ 5,7 %
1967	105,7	42,0	18,4	166,1	– 4,0 %	44.300	– 5,5 %

Leistung von Berger und Tesch im Vergleich zur Leistung des Bauhauptgewerbes 1950–1967 (Mio. DM)[117]

ein drastischer Rückgang von 42 Prozent zu verzeichnen war. Im Vergleich dazu konnte das Bauhauptgewerbe in der Bundesrepublik insgesamt seine Leistung 1965 noch um vier Prozent steigern. Auch für 1966 blieb der Umsatz hinter den Erwartungen zurück.[118] Julius Berger lief Gefahr, den Anschluss zu verpassen.

Die Umsatzprobleme pflanzten sich mit zunehmender Geschwindigkeit in die Gewinn- und Verlustrechnung fort: Bei zurückgehenden Überschüssen wurden bereits 1965 Rücklagen aufgelöst und 1966 musste sogar ein Betriebsverlust von 4,8 Mio. DM verkraftet werden, obwohl auf Grund einer geänderten Buchungsweise zusätzlich rund 3,8 Mio. an anteiligen Ergebnissen aus ausländischen Arbeitsgemeinschaften einbezogen wurden.[119] Bereits im Sommer 1966 stellte

der Aufsichtsrat fest, dass die *in früheren Jahren erarbeiteten Reserven weitgehend in 1965 verbraucht worden sind*.[120] Die lukrativen Auslandsaufträge im Sudan und in Venezuela waren abgewickelt und neue noch nicht in Sicht, ein in Arbeitsgemeinschaft mit Holzmann durchgeführtes Straßenbauprojekt in Sambia entwickelte sich zu einem großen Verlustgeschäft.[121] In der Bilanz zum 31. Dezember 1966 wurden Rückstellungen in Höhe von 12 Mio. DM aufgelöst, und als im folgenden Jahr die Konjunktur umschlug, verschlechterte sich das Ergebnis noch weiter. Nur durch Auflösung der letzten Reserven sowie durch außerordentliche Erträge konnte der Betriebsverlust ausgeglichen werden. Die Dividendenzahlungen von 14 Prozent für 1965 und 12 Prozent für 1966 entsprachen nicht mehr der tatsächlichen Verfassung des Unternehmens. Auch der Bau eines neuen Verwaltungsgebäudes, der ebenfalls 1964 begonnen und zu einem großen Teil aus dem Verkauf des Berliner Grundstücks in der Bettinastraße finanziert wurde, stand unter ungünstigen Vorzeichen: Das im April 1966 bezogene Bürohochhaus am Wiesbadener Moltkering kostete am Ende 6,35 Mio. DM und damit eine Million DM mehr als ursprünglich geplant.[122] Die Kostenüberschreitung stellte nicht nur eine zusätzliche Belastung in der sich anbahnenden Krise dar, sondern führte auch zu ernsthaften Verstimmungen innerhalb der Führungsgremien. Wechselseitige Vorwürfe und Anfeindungen, insbesondere zwischen Otto Schniewind und Ernst Martens, der 1963 in den Aufsichtsrat gewechselt war, ließen darüber hinaus Differenzen in den Führungsgremien erkennen. Sie erschwerten eine angemessene Reaktion auf die Probleme zusätzlich.[123]

URSACHENFORSCHUNG

Im Gegensatz zur ausgezeichneten Reputation des Unternehmens waren die Bilanzkennzahlen
also seit 1965 schlecht. Wo lagen die Ursachen? Erste Hinweise hatte Prokurist Kurt Pega Ende
1964 gegeben:[124] Die Entwicklung sei *besorgniserregend*; zwar seien die Umsätze ausgeweitet
worden, gleichzeitig fehle aber das *Unterführerpersonal*, um das gesteigerte Geschäft zu
bewältigen. Insbesondere die laufende Kontrolle der Baustellen und die Abrechnung scheint
damals nicht mehr mit der erforderlichen Sorgfalt vorgenommen worden zu sein. Das zentrale Problem lag in der oben beschriebenen Neugründung von Zweigniederlassungen. Wie
jede Expansion verursachte sie zunächst Anlaufverluste. Zudem war sie am Ende des Booms
erfolgt. Deshalb liegt die Vermutung nahe, dass Aufträge auch zu schlechten Preisen her-
eingenommen wurden, um das Geschäft an den neuen Standorten in Gang zu bringen. Die
auffällige Steigerung von Bauleistung und Auftragsbestand von 1963 auf 1964 sowie von
1965 auf 1966 deutete angesichts der Defizite darauf hin, dass Umsatzdenken vor Renta-
bilitätsdenken rangierte, auch wenn der Vorstand immer wieder beteuerte, dass alle Verträge
kostendeckend kalkuliert waren. Eine weitere Ursache für die explodierenden Verluste lag in
den bis 1964 drastisch steigenden Investitionen, so dass Berger mit hohem Anlagekapital und
schlechter Auslastung in die Stagnationsphase eintrat. Der Negativtrend, von Pega im Bericht
über das erste Halbjahr 1964 bereits diagnostiziert, setzte sich in der zweiten Jahreshälfte und
auch in den beiden Folgejahren fort. Am Ende erreichten die *katastrophalen Ergebnisse* der
Inlands-Niederlassungen existenzbedrohende Dimensionen:[125] Die Niederlassung Hannover
etwa, ohnehin ein chronisch schwacher Standort, produzierte 1965 bei einem Umsatz von
13 Mio. DM 2,2 Mio. Verlust.[126] Als Ursache identifizierte die Hauptverwaltung einerseits die

Die sich anbahnende Krise

Das Problem der Umsatzausweitung 1964/65

Die in meinem Bericht vom 6. XI. 64 befürchtete ungünstige wirtschaftliche Entwick-
lung unseres Inlandsgeschäftes ist in 1965 leider eingetreten. Meine Befürchtungen
beruhten darauf, dass das für die Umsatzsteigerung notwendige Bauleitungs- und
Unterführerpersonal fehlt und wahrscheinlich auch nicht so schnell aufgebracht wird.
Diese Sorge hat sich leider [...] erfüllt, und die Folgen hiervon waren u. a. eine Über-
lastung des alten Stammpersonals, das seine ureigenen Aufgaben nicht mehr mit der
erforderlichen Sorgfalt erfüllt hat bzw. nicht erfüllen konnte. [...]

Es muss also offensichtlich eine Verschlechterung bei den Bauten vorliegen, die sich
möglicherweise im 3. Quartal fortsetzt, wie die Geldentwicklung vermuten lässt. Zur
Zeit haben wir nur zwei Niederlassungen – nämlich Düsseldorf und Wiesbaden – die
einen verteilungsfähigen Erfolg ausweisen können. Die Folge ist die Heranziehung stiller
Reserven aus dem Sudan- und Maracaibogeschäft früherer Jahre, wenn das Vorjahres-
ergebnis aufrechterhalten werden soll und muss. [...] Wir waren uns von vornherein
darüber im klaren, dass wahrscheinlich die ersten zwei Jahre einer Geschäftsauswei-
tung Geld kosten werden. Unsere Annahmen sind aber dennoch übertroffen worden.
Umsatzsteigerungen scheinen mir deshalb so lange nicht ungefährlich – wie auch das
1. Halbjahr 1965 zeigt –, solange das hierfür erforderliche Personal nicht vorhanden
ist. Wenn hier eine ganz erhebliche Änderung nicht eintreten kann, sollten wir sehr
genau prüfen und auch mit unseren ZN [Zweigniederlassungen, d. Verf.] erörtern, ob in
Zukunft überhaupt eine Besserung aus einer Umsatzsteigerung zu erwarten ist.

Vorlage von Kurt Pega für den Vorstandsbericht zur Aufsichtsratssitzung vom
24. November 1965.[127]

mangelnde Baustellenkontrolle, andererseits die Unfähigkeit des Niederlassungsleiters, den zur
Erwirtschaftung der Geschäftskosten erforderlichen Umsatz zu erzeugen und auskömmliche
Preise zu erzielen. Nach etlichen fehlgeschlagenen Versuchen, die Mängel abzustellen, wurde
Hannover deshalb 1967 in die Niederlassung Düsseldorf eingegliedert.

LÖSUNGSVERSUCHE UND STRATEGISCHE PERSPEKTIVEN

Im Geschäftsjahr 1965 hatten die vier Niederlassungen Stuttgart, Wiesbaden, Berlin und
Düsseldorf einen Gewinn von 2 Mio. DM erwirtschaftet, bei allen anderen waren aber Verluste in
einer Gesamthöhe von 5,5 Mio. DM entstanden. Zunächst hoffte die Führung von Berger noch
darauf, dass im Zug der wieder anziehenden Baukonjunktur eine Wende eintreten würde. Diese

Erwartung erfüllte sich jedoch nicht, und es zeichnete sich ab, dass der Bauindustrie eine längere Stagnationsphase bevorstand. Zugleich gingen die guten Ergebnisse des Auslandsgeschäfts zurück, das 1965 aufgrund der Schlussabrechnung für die Maracaibo-Brücke nochmals knapp 9 Mio. DM erbracht hatte. Für Julius Berger verschlechterte sich die Lage in alarmierendem Tempo: Im ersten Halbjahr 1966 erzielte nur noch die Niederlassung Düsseldorf ein positives Ergebnis von 750.000 DM, die anderen ein negatives von insgesamt 3,1 Mio. DM.[128] Im Sommer des Jahres war klar, dass die Verluste nicht mehr ausgeglichen werden konnten.

Jahr	Inland	Ausland	Saldo
1956	1,084	-0,420	0,664
1957	1,426	0,746	2,172
1958	-1,112	1,437	0,325
1959	3,382	3,770	7,152
1960	1,592	-0,954	0,638
1961	1,970	0,267	2,237
1962	1,330	1,239	2,569
1963	3,167	0,484	3,651
1964	1,804	3,557	5,361
1965	-3,627	8,956	5,329
1966	-4,492	3,824	-0,668

Ergebnisse des Inlands- und Auslandsgeschäfts von Julius Berger 1956–1966 (Baustellenergebnisse in Mio. DM)[129]

1966 unternahm der Vorstand erstmals ernsthafte Versuche des Gegensteuerns.[130] Zur treibenden Kraft entwickelte sich der Vorsitzende Max R. Schulz. Er machte deutlich auf die Schieflage aufmerksam und suchte nach Lösungen. Allerdings konnte er die Entwicklung schließlich doch nicht mehr in den Griff bekommen und musste nach einer weiteren Zuspitzung in den beiden Folgejahren als einer der Hauptverantwortlichen die Konsequenzen tragen. Möglicherweise verhinderten auch persönliche Querelen innerhalb des Vorstands und des Aufsichtsrats die Kooperation, die in einer solchen Situation eigentlich erforderlich gewesen wäre. In seinen Vermerken und Exposés verknüpfte Schulz, der selbst erst im Jahr 1958 bei Berger eingetreten war, historische Betrachtung, Erforschung der Krisenursachen und Lösungsvorschläge mit teilweise scharfer Polemik gegen das im Aufsichtsrat dominierende, aber untereinander zerstrittene Führungsgespann Schniewind und Martens. Vor allem letzteren machte Schulz, freilich ohne Namen zu nennen, für die jahrelangen Versäumnisse verantwortlich: Eine falsche

„Zu vorsichtige Geschäftspolitik im Inland" als Ursache des
Zurückbleibens

Unternehmensgeschichte in parteilicher Sicht?

[...] *dass die Gesellschaft im Inland trotz
guten Starts in den ersten Jahren nach der
Währungsreform gegenüber der Gesamtheit
des Bauhauptgewerbes in der Entwicklung
zurückgeblieben ist. Die überdurchschnittlichen
Zuwachsraten der ersten Jahre sind ausschließlich auf die guten Leistungen der ZN Wiesbaden
zurückzuführen, die dank einer sehr geschickten
Geschäftsführung sofort einen guten Kontakt
mit dem damals größten Auftraggeber – der
amerikanischen Besatzungsmacht – bekam. Sie
brachte es fertig, sich ohne Rücksicht auf die*
*ausschließlich auf den Tiefbau ausgerichtete Tradition mit gutem Erfolg vorwiegend
auf den Hochbau umzustellen. Das gute persönliche Verhältnis zu den amerikanischen
Offizieren und Ingenieuren, die hervorragende Organisation, die gute Qualität der Arbeit
und die unbedingte Termineinhaltung machten Berger Wiesbaden zur größten Baufirma
im Rhein-Main-Gebiet. Beziehungen und Leistung wirkten sich auch auf die gesamte
amerikanische Besatzungszone und damit auch auf die ZN München und Stuttgart
positiv aus. Leider wurden aus dieser Entwicklung nicht die notwendigen Folgerungen
gezogen, d. h.*
*a) im Hochbau zu bleiben und sich auch im privaten Wohn- und Industriebau zu be-
schäftigen, und*
*b) rechtzeitig von Besatzungsaufträgen auf deutsche Auftraggeber sowohl der öffent-
lichen Hand und vor allem aber der Industrie und der Wohnungsbaugesellschaften
umzustellen.* [...]

    *Im Gegensatz zu dieser „konservativen" und zu vorsichtigen, von der allgemeinen
Tendenz abweichenden Geschäftspolitik im Inland zeigte die Gesellschaft im Ausland,
sobald die ersten Kontaktmöglichkeiten gegeben waren, einen an den Gründer erinnern-
den Wagemut. Ein „Obligo", wie es z. B. bei der Maracaibo-Brücke übernommen wurde,
wäre im Inlandsgeschäft unmöglich gewesen. Dem Mut zum unternehmerischen Wagnis,
dem guten Namen der Gesellschaft im Ausland und der Qualität des Auslandsführungs-
personals hat Berger die positive Entwicklung im Auslandsgeschäft zu verdanken.*

„Die Entwicklung der Julius Berger Aktiengesellschaft nach 1945. Eine persönliche
‚Studie' von Max R. Schulz", Januar 1968.[131]

Ausrichtung des Unternehmens, die den Wohnungs- und Industriebau vernachlässigt habe, eine zu vorsichtige, auf Selbstfinanzierung und Sparsamkeit bei den Investitionen ausgerichtete Geschäftspolitik und schließlich unzureichende Akquisitionen.

Diese Darstellung widersprach den in früheren Jahren gemachten Erfahrungen im Hochbau. Unverkennbar enthielt sie eine Spitze gegen den ehemaligen Vorstandsvorsitzenden Martens und war geprägt vom Versuch, den eigenen Kopf zu retten. Zutreffend war dagegen die Analyse der gegenwärtigen Situation: Im operativen Geschäft bemängelte Schulz insbesondere ein mangelhaftes Berichtswesen und die ungenügende Kontrolle der Baufortschritte. Eine Prüfung der Verlustbaustellen des Jahres 1965 hatte ergeben, *dass die Verluste zum größten Teil auf dem Lohnsektor (Mehrstundenverbrauch, überhöhter Mittellohn und überhöhte Lohnnebenkosten)* lagen.[132] Das meiste Geld wurde also auf den Baustellen verloren, und daraus ergab sich die Forderung, die Leistungskontrolle durchgreifend zu verbessern. Das Hauptproblem auf Verwaltungsebene bildeten die Geschäftskosten: Sie lagen bei etwa 12 Mio. DM, änderten sich innerhalb einer Bandbreite des Umsatzes von 120 bis 180 Mio. DM kaum und wirkten sich deshalb bei stagnierendem oder gar zurückgehendem Umsatz verheerend aus. Etwa zwei Millionen DM wollte Schulz innerhalb von zwei Jahren durch Personalabbau, Kürzung freiwilliger Leistungen und Einschränkungen bei Lagerplätzen und Reparaturwerkstätten einsparen. Wichtiger war es allerdings, Ersatz für die wegbrechenden Umsätze zu finden. Hier bot sich eine Verstärkung des Auslandsgeschäfts an, da das Unternehmen auf diesem Gebiet nach Einschätzung von Schulz *einen besonders guten Ruf* hatte. Hinzu kam die Ausweitung des Inlandsumsatzes durch den Aufbau neuer Unternehmenseinheiten für Gründungen oder Fertigteilbau bzw. durch Übernahme entsprechend spezialisierter Firmen. Weitere Schwierigkeiten ergaben sich aus dem *Egoismus* der Niederlassungen. Er wurde gefördert durch die Ausrichtung der Gewinnbeteiligung an den Niederlassungsergebnissen und führte tendenziell dazu, dass die Niederlassungen Personal, Gerät und Material horteten und dadurch unnötige Kosten verursachten. Eine Zweiteilung der Tantieme, d. h. die Beteiligung sowohl am Niederlassungsgewinn als auch am Gewinn der AG, sollte den *gesunden* Egoismus der Niederlassungen erhalten und gleichzeitig das Interesse ihrer Leiter am Erfolg des gesamten Unternehmens stärken. Überhaupt lag in der dezentralen Struktur eines der Hauptprobleme: Die Hauptverwaltung besaß offenbar keinen hinreichenden und zeitnahen Überblick über die Tätigkeit der einzelnen Niederlassungen. Kostenkontrolle und Überprüfung der Kalkulationen waren gerade bei Großprojekten mangelhaft. Schließlich sparte Schulz nicht mit Kritik an der fehlenden Nachwuchsförderung und an Versäumnissen bei der Personalentwicklung für Führungskräfte.

Bereits seit 1963 habe sich, so die rückschauende Betrachtung des damaligen Prokuristen und späteren Vorstandsmitglieds Kurt Pega aus dem Frühjahr 1969, *kontinuierlich eine Wende zum schlechteren vollzogen*, und allein die Ergebnisse des Auslands hätten die steigenden Verluste des Inlandsgeschäfts kompensiert.[133] In diesem Abstieg der Julius Berger AG seit 1964/65 liegen wesentliche Gründe für die spätere Fusion. Bereits in seiner Denkschrift vom Sommer 1966 hatte Schulz neben den Vorschlägen zur inneren Reorganisation auch den Gedanken eines Unternehmenszusammenschlusses angerissen und ihn als *vermutlich* [...] *einzige Möglichkeit* herausgestellt, zu einer *optimalen Umsatzgröße* von mindestens 250 bis 300 Mio., eher aber 300 bis 400 Mio. DM zu kommen und den Anteil der Geschäftskosten drastisch zu senken.[134]

Auch der Aufsichtsratsvorsitzende Schniewind erkannte wohl die sich zuspitzende Lage und beschäftigte sich mit solchen Gedanken. Aktiv wurde er allerdings in eigener Sache und ohne Absprache mit dem Vorstand.

DAS BEGINNENDE NIGERIA-GESCHÄFT – JULIUS BERGER UND DIE EKO-BRIDGE IN LAGOS

Gleichfalls von zentraler Bedeutung für die gesamte Epoche der Fusionen ist die weitere Entwicklung des Auslandsgeschäfts, und dabei insbesondere die beginnende Tätigkeit in Nigeria. Den Weg dorthin ebnete das Venezuela-Projekt:[135] Als die Regierung des westafrikanischen Staates im Oktober 1964 den Bau einer zweiten Brücke zwischen der Hauptstadt Lagos und dem Festland ausschrieb, profitierte Julius Berger nicht nur von der Tatsache, dass das Projekt durch bundesdeutsche Entwicklungshilfe finanziert wurde und der Bieterkreis deshalb – der gängigen Praxis einer Verknüpfung von Entwicklungshilfe und Wirtschaftsförderung folgend – auf deutsche Firmen beschränkt war, sondern auch vom technologischen Vorsprung gegenüber den Wettbewerbern. Denn durch das Maracaibo-Projekt hatte das Unternehmen wertvolle Erfahrungen bei der seriellen Fertigung großer und schwerer Spannbeton-Teile sowie bei deren Transport und Einbau vor Ort gewonnen.

Die Brücke sollte Lagos, in der Landessprache „Eko" genannt und in einer Küstenlandschaft voller Inseln und Lagunen gelegen, mit dem Festland verbinden und die katastrophalen Verkehrsverhältnisse in der rapide wachsenden Metropole (1965: 665.000 Einwohner) verbessern. Für die Eko-Bridge, an deren Ausschreibung sich alle namhaften deutschen Baufirmen beteiligten,[136] erarbeitete Berger einen eigenen Vorschlag nach dem System der Maracaibo-Brücke. Damit

Eko-Bridge Lagos, Montage der vorgefertigten Pfeilerelemente, 1966

setzte sich das Wiesbadener Unternehmen unter 14 Anbietern mit insgesamt 28 Projektentwürfen durch. Dem im August 1965 geschlossenen Bauvertrag folgte die Auftragserteilung am 1. Dezember des Jahres.[137] Bereits im Mai 1968 war die Brücke fertig gestellt, dabei wurden Zeit- und Kostenplan deutlich unterboten. Die Grundlage für den Bau der Eko-Bridge bildete ein 1963 geschlossenes Kapitalhilfeabkommen zwischen der Bundesrepublik und Nigeria sowie die darauf basierende Kreditgewährung durch die Kreditanstalt für Wiederaufbau (KfW) über insgesamt 68,2 Mio. DM.[138] Nach dem bewährten Muster der bilateralen Kapitalhilfe an Entwicklungsländer half Deutschland damit Nigeria bei der Finanzierung zentraler Infrastrukturinvestitionen, indem es ein langfristiges Darlehen zur Verfügung stellte.

Eko-Bridge Lagos,
Einhängen des letzten
Fahrbahnträgers, 1968

Eko-Brücke Lagos,
Montage der Fahrbahn-
träger, 1967

Eko-Brücke Lagos, 1968

Für Julius Berger war die Eko-Bridge zunächst ein Auslandsprojekt unter etlichen anderen, wenngleich ein besonders erfolgreiches. Auf längere Sicht sollte sie jedoch eine Sonderstellung einnehmen und zum Schlüssel für die Zukunft des ganzen Unternehmens werden: Mit dem Bau der Brücke und zwei Erweiterungen, die Ende der 1960er-Jahre folgten, wurde der Grundstein für das umfangreiche und bis heute anhaltende Engagement von Bilfinger Berger in diesem bedeutenden Land Westafrikas gelegt. Die gesamte spätere Entwicklung basierte auf der beim Projekt Eko-Bridge gezeigten Leistung. Die Dimensionen der zukünftigen Bautätigkeit in verschiedenen Regionen Nigerias waren damals allerdings noch nicht absehbar. Dasselbe galt für den Stellenwert der Nigeria-Aufträge im beginnenden Fusionsprozess, der Julius Berger zunächst mit der BAUBOAG und später mit Grün & Bilfinger zusammenführte. Er kam etwa zeitgleich mit dem Bau der Eko-Bridge in Gang.

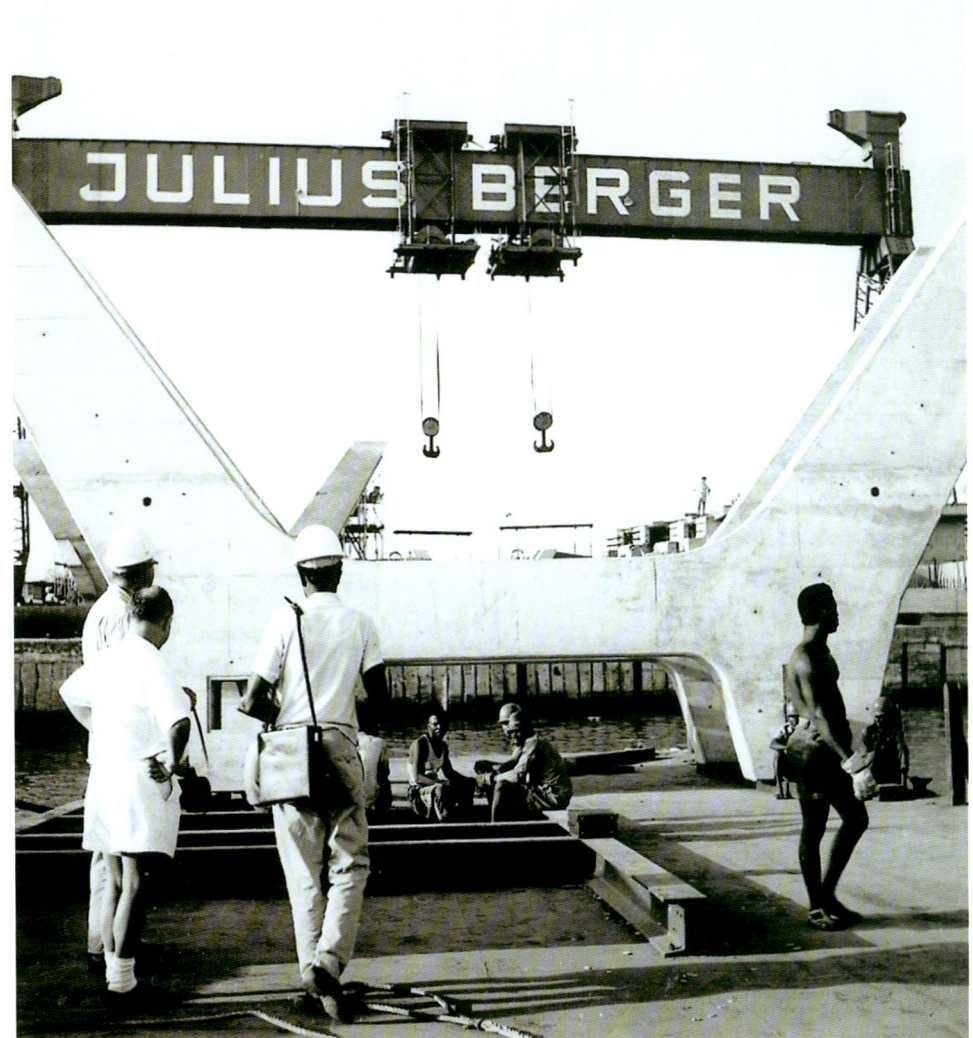

Eko-Bridge Lagos, Serienfertigung der Pfeilerelemente, 1966

KAPITEL 6

VON DER BERLINISCHEN BODEN-GESELLSCHAFT ZUR BAUBOAG

„EINE KLEINE PERLE UNTER DEN DEUTSCHEN BAUFIRMEN"

Bereits im November 1944 begann für die Berlinische Boden-Gesellschaft eine neue Zeitrechnung. In kluger Abschätzung künftiger Entwicklungen wurde damals eine Zweigniederlassung in Hamburg mit dem Prokuristen Kurt Neumann an der Spitze eingerichtet. Den Anknüpfungspunkt bot die in der Hansestadt bestehende Tochtergesellschaft Baugesellschaft Norddeutschland mbH am Orchideen-stieg. Für den Fall einer sowjetischen Besetzung der Reichshauptstadt war damit das Ausweichen in den Westen vorbereitet. Im März 1945 siedelte Neumann *mit Geschäftsunterlagen im Rucksack* dorthin über, wie er zwanzig Jahre später erzählen sollte.[1] Erst im August 1946 erfolgte die Verlegung des Hauptsitzes nach Hamburg. In Berlin bestand seither nur noch eine Zweigniederlassung. Diese formaljuristischen Änderungen konnten freilich nicht verhindern, dass der umfangreiche Grund-besitz der Gesellschaft im Ostteil der Stadt und in der sowjetischen Besatzungszone im Strudel der Neuordnung von Wirtschaft und Gesellschaft nach kommunistischem Vorbild verloren ging. Allein die Grundstücke im Westen Berlins blieben erhalten, wenngleich auch für diesen Teil auf Grund der Zeitverhältnisse Sozialisierungsängste grassierten und sich die Bindung des Kapitals in Immobilien später als schwerwiegendes Problem erweisen sollte. Auch die Berlinische Bau-Gesellschaft wurde durch Demontagen und Beschlagnahme ihres im Ostsektor der Stadt befindlichen Vermögens, durch Zwangsverwaltung, Blockierung von Guthaben und Verlust hoher Forderungen empfindlich getroffen. Neben diesen Vermögensschäden prägte eine zweite Last der Vergangenheit die unmittel-bare Nachkriegszeit: das Restitutionsverfahren und die Auseinandersetzung mit den Erben von Kurt Haberland. Erst 1951 wurde ein Vergleich erzielt. Die wichtigste Frage für die Gesellschaft lautete aber, ob sie unter den veränderten wirtschaftlichen und politischen Rahmenbedingungen über-haupt eine Zukunft habe, und wenn ja, auf welchem Arbeitsfeld und in welchen Regionen diese liegen würde. Wäre hier nicht eine fundamentale Neuausrichtung gelungen, hätte die Berlinische Boden-Gesellschaft den Bruch sicher nicht überstanden. So aber entstand nach einigen Anlauf-schwierigkeiten ein neues und erfolgreiches Unternehmenskonzept.

PROBLEME DES NEUBEGINNS – DIE RÄUMLICHE TRENNUNG DER GESELLSCHAFT

Die Bewältigung der Vergangenheit bildete eine wichtige Voraussetzung für den Neuanfang. Die Bilanz für 1944 wurde im Dezember 1947 festgestellt, die Jahresabschlüsse für 1945 bis 1947 entstanden im April 1949. Darauf folgten mit einiger Verzögerung Reichsmark-Schlussbilanz und DM-Eröffnungsbilanz im Dezember 1950. Das Grundkapital wurde dabei von 5,1 Mio. RM auf 3 Mio. DM herabgesetzt.[2] Besprechungen und Beschlussfassungen litten unter der räumlichen Trennung der Gesellschaft, da infolge der Blockade Berlins von Juni 1948 bis Mai 1949 Reisen von Vorstands- und Aufsichtsratsmitgliedern aus Berlin nach Westdeutschland immer wieder scheiterten und erforderliche Dokumente nicht beigebracht werden konnten. Damit war es lange Zeit unmöglich, einen Überblick über den Status der Gesellschaft zu gewinnen und zentrale Aufgaben wie etwa den Lastenausgleich in Angriff zu nehmen.

Die Probleme gingen aber noch weiter, denn in der gegebenen Situation kam es beinahe zwangsläufig zu einem Gegensatz zwischen Berlin und dem Westen und zu Differenzen innerhalb der Unternehmensleitung.[3] In Berlin war Ernst Lührse, der Anfang 1946 in den Vorstand berufene ehemalige Generalbevollmächtigte Kurt Haberlands, für Groß-Berlin und die sowjetische Besatzungszone zuständig. Wilhelm Combecher, im März 1946 wegen seiner Mitgliedschaft in der NSDAP abberufen, trat auf Anweisung der US-Militärregierung zu Jahresbeginn 1948 wieder in den Vorstand ein.[4] Zusammen mit Neumann bearbeitete er von Hamburg aus das Geschäft in den Westzonen. Dabei bildeten sich unterschiedliche Vorstellungen über die künftige Geschäftspolitik heraus: Während Lührse und die Berliner Mitglieder des Aufsichtsrats am Standort Berlin festhalten wollten, waren der Hamburger Vorstand sowie die in Westdeutschland lebenden Aufsichtsräte davon überzeugt, dass sich die Gesellschaft stärker nach Westen orientieren müsse. Hier, das ließ sich tagtäglich beobachten, würde künftig das wirtschaftliche Schwergewicht Deutschlands liegen und nur hier würden auf längere Sicht ausreichende Betätigungsmöglichkeiten gegeben sein. Die Neuaufstellung der Berlinischen Boden-Gesellschaft in Westdeutschland erschien damit als Überlebensfrage.

ABSCHIED VOM BODENGESCHÄFT, ABSCHIED VON BERLIN

Die Auseinandersetzungen spitzten sich vor allem an der Frage des Verkaufs von Grundstücken in Berlin zu. Aus westdeutscher Perspektive erschien es vernünftig, den dort vorhandenen, verhältnismäßig umfangreichen Grundbesitz zu mobilisieren, die Erlöse in die Niederlassungen und Tochtergesellschaften im Westen zu investieren und so die Basis für ein verstärktes Engagement im Wohnungs- und Industriebau zu schaffen. Damit zeichneten sich die Ansätze einer neuen Strategie ab. Bereits im Dezember 1947, als Aufsichtsrat und Hauptversammlung erstmals nach Kriegsende zusammentraten, war sie in groben Zügen skizziert worden: Suche nach neuen Tätigkeitsgebieten, Verstärkung der Aktivitäten in den westlichen Besatzungszonen mit neuen Schwerpunkten in Hamburg, im Ruhrgebiet und in Süddeutschland sowie schließlich Konzentration der Verwaltung in der Hansestadt.[5] Anknüpfungspunkte bildeten bestehende bzw. neu zu errichtende Niederlassungen und Tochtergesellschaften, vor allem diejenige in Hamburg und die bereits 1921 gegründete Baugesellschaft Westdeutschland mit Sitz in Essen.[6] Von hier aus wurde die *Reorganisation der Gesellschaft* und ihre *Ausweitung über das Bundesgebiet* betrieben. Die ebenfalls anvisierte Wiederbelebung der

Auslandsverbindungen nahm nur eine nachgeordnete Position ein und sollte sich in der Praxis kaum auswirken. Erfolglos sondierte Combecher mögliche Aufträge, beispielsweise 1952 Hafenbauten in Brasilien, und versuchte dabei auch Neumanns Erfahrungen in diesem Land zu verwerten.[7]

Die gegensätzlichen Positionen der beiden Verwaltungen beruhten auf unterschiedlichen Perspektiven und Erfahrungen. Die westliche Unternehmensseite erlebte das beginnende Wachstum, in Berlin überwog dagegen die emotionale Bindung an den traditionsreichen Sitz der Gesellschaft Haberlands. Denn aus der neuen Strategie folgte, dass sich das Gewicht Berlins reduzieren würde und der Abschied möglicherweise nicht zu vermeiden war. Lange Zeit argumentierte Combecher vergeblich für eine vollständige Verlagerung der Verwaltung nach Westen, während Lührse jede Schwächung des Standorts Berlin zu verhindern suchte.[8] Erst als sich die Lage der Stadt durch die Blockade drastisch verschärfte und sich die deutsche Teilung im Zuge des Ost-West-Konflikts immer mehr vertiefte, schwenkte der Berliner Vorstand auf die Linie Hamburgs ein. Auch Lührse sah ein, dass die ehemalige Reichshauptstadt keine hinreichenden Entfaltungsmöglichkeiten für eine privatunternehmerische Bautätigkeit mehr bot und die Rahmenbedingungen zu unsicher geworden waren. Gleichzeitig wurde es seit dem Sommer 1948 auf Grund der politischen Risiken und der als problematisch eingeschätzten wirtschaftlichen Aussichten der „Frontstadt" Berlin immer schwerer, Käufer für Grundstücke zu finden: *Allgemeine Aussprache, Lage unübersichtlich* […], *Notwendigkeit der Veräußerung von Grundstücken* […], *Hinweis auf politisches Risiko, Enteignung des Grundbesitzes* – diese Stichworte Combechers für seinen Vortrag in der Aufsichtsratssitzung im März 1949 sprechen für sich.[9] Auch auf der Hauptversammlung der Gesellschaft im Monat darauf berichtete Combecher von vergeblichen Versuchen, Grundstücke zu verkaufen. Deutlicher als jedes Protokoll spiegeln solche Äußerungen Lage und Selbstwahrnehmung des Unternehmens während dieses

Hamburg, das Ruhrgebiet und Süddeutschland als neue Schwerpunkte

Erste Ansätze einer Unternehmensstrategie im Nachkriegsdeutschland

a) Alle Maßnahmen und Handlungen der Geschäftsleitung sind, unter Wahrung und Förderung der sozialen Belange von Angestellten und Arbeitern, auf das anzustrebende Ziel zu richten, die durch die Kriegs- und Nachkriegswirkungen stark betroffene Organisation und Substanz der Gesellschaft nach besten Kräften zu festigen und im Sinne einer Arbeitsintensivierung und Erfolgssicherung voll auszunutzen und weiter auszubauen.

b) Dabei ist von dem Gesichtspunkt auszugehen, dass brachliegende Substanzwerte belastet und zu Gunsten einer weitestgehenden Entwicklung und Stärkung von arbeitsintensiven und wirtschaftsbelebenden Aufgaben umgewandelt werden sollten.

c) Angesichts der Bedeutung und der zu erwartenden starken wirtschaftlichen Entwicklung des Ruhrgebiets, sollte die Baugesellschaft Westdeutschland A.G., Essen, neu belebt, mit einem zulänglichen Geschäftspart versehen und aussichtsreichen Aufgaben zugeführt werden.

d) Dem Ausbau der Export-, Bau- und Handels-Gesellschaft, Berlin, und der Wiederanknüpfung von ausländischen Geschäftsbeziehungen ist eine gesteigerte Aufmerksamkeit zuzuwenden. Die bereits seit längerem verfolgte Absicht der Errichtung einer Zweigniederlassung in Hamburg sollte alsbald ihrer Verwirklichung zugeführt werden.

e) Eine Ausgliederung und Verselbständigung der Süddeutschen Zweigniederlassung der Berlinischen Baugesellschaft m.b.H., Berlin, sollte in Erwägung gezogen werden, um eine freiere Entwicklung zu gewährleisten.

f) Die Konzentration der Hauptverwaltung der Gesellschaft in Hamburg ist zu beschleunigen. Zur Überwindung der Schwierigkeiten, die sich aus der Frage der Zulassung und Wohnungsbeschaffung für übersiedelnde Angestellte ergeben sollten, sind die erforderlichen Mittel gesellschaftsseitig bereitzustellen.

Richtlinien für den Vorstand der Berlinischen Boden-Gesellschaft zu Hamburg für die zu verfolgende Geschäftspolitik (Dezember 1947).[10]

Übergangs wider. Immerhin gelang es im Frühjahr 1949, größeren Grundbesitz in Schmargendorf und Lankwitz zu verkaufen. Der Erlös betrug insgesamt 1,1 Mio. DM.[11] Bereits im März hatte die Stadtverwaltung Berlin ein Grundstück in Steglitz für 1,6 Mio. Ostmark erworben. Diese wurden anschließend in 350.000 DM umgetauscht und unter schwierigen Umständen nach Westen transferiert.[12] Über die Verwendung dieses Erlöses kam es jedoch prompt wieder zu Konflikten. Die Berliner Seite hoffte immer noch auf einen *Tendenzumschwung* und darauf,

„… entsprechende Kapitalmittel in Berlin freimachen"

Wo liegt die Zukunft des Unternehmens?

*In der vergangenen Woche weilte Herr Dr. Lührse [...] hier in Hamburg. Wir haben uns
grundlegend in Zukunftsfragen der B.B.G. ausgesprochen und erfreulicherweise, auch
in der zwischen uns besprochenen Angelegenheit der Schmargendorfer Boden AG,
eine volle Übereinstimmung der Auffassung über die zu verfolgende Ausrichtung der
Gesellschaftsinteressen erzielen können. Die mahnende Krisenlage, in der sich Berlin
befindet und voraussichtlich auch für die Folgezeit wird auf sich nehmen müssen, hat
offenbar einen entscheidenden Einfluss in dieser Richtung ausgeübt. Für eine weitere
Aufrechterhaltung der bisher unausgesprochen vorhandenen Frontenstellung Berlin
contra den Westen wäre die Verantwortung nicht länger zu tragen gewesen. Kostbare
Zeit ist leider tatenlos vertan worden. Es gilt nunmehr in der Frage der Risikoverteilung
und Verlagerung, wenn auch unter gewissen zeitbedingten und politisch-wirtschaftlichen Druckverhältnissen nach besten Kräften alles zu tun, was nur irgend möglich
und angetan ist, Versäumtes nach Möglichkeit nachzuholen und die Chancen, die sich
im Westen bieten und weiterhin bilden werden, auszunutzen.*
*Ich hoffe, in etwa 4 Wochen in Berlin zu sein und dort, gemeinsam mit Herrn Dr. Lührse,
nunmehr angebahnte Verwertungs- und Verlagerungsversuche erfolgreich abschließen
zu können. Wenn die politischen Spannungen nicht inzwischen zur Zerreißung und damit
zum Kriege führen werden – und ich hoffe mit der gesamten verantwortungsbewussten
Menschheit, dass dem so sei –, dann besteht die zuversichtliche Aussicht, dass wir uns,
auch als B.B.G., bald im Westen werden wieder aktiver regen können. Unsere Chance
liegt in der Schaffung der Voraussetzung, dass wir noch in der Zeit der allgemeinen
Geldverknappung entsprechende Kapitalmittel in Berlin werden freimachen und nach
hierhin transferieren können.*

Schreiben von Wilhelm Combecher an Alfred Hölling vom 19. Juli 1948.[13]

*dass Berlin auf jeden Fall gehalten werden wird und der Konflikt zwischen Ost und West in
nicht allzu ferner Zeit in befriedigendem Sinne seine Lösung finden* werde.[14] Lührse erwartete
für die Berliner *Bautätigkeit Möglichkeiten und Chancen, die die der Jahre 1919 bis 1929 bestimmt übersteigen, zum mindesten ihnen aber gleichkommen* würden.[15] Er hätte das wertvolle
Lankwitzer Grundstück mit Blick auf zukünftige Verwertungsmöglichkeiten offensichtlich lieber
behalten. Eventuelle Verkaufserlöse wollte er in die Wiederherstellung beschädigter Berliner
Gebäude investieren und den Lichtburg-Komplex am Bahnhof Gesundbrunnen im Norden der
Stadt mit Kino, Büros und Ladengeschäften sowie ein beschädigtes Hotelgebäude in Berlin-
Hardenberg wieder aufbauen.

Siedlungshaus in Astatting/Oberbayern, um 1950

STRATEGISCHE NEUAUFSTELLUNG ALS BAUUNTERNEHMEN IN WESTDEUTSCHLAND

So sehr die Berliner Kreise auch die *Verlagerung von Vermögenswerten von Berlin weg* kritisierten,[16] die Zukunft gehörte Combecher. Er arbeitete unermüdlich darauf hin, dass die *im Westen in aufsteigender Linie sich entwickelnden Tochtergesellschaften in die Lage versetzt werden, den an sie herantretenden Anforderungen gerecht zu werden.*[17] Bei allen Problemen, welche die Mobilisierung des Grundbesitzes mit sich brachte, etwa der schwierigen Suche nach Interessenten, dem Erzielen eines angemessenen Kaufpreises unter ungünstigen politischen Bedingungen, der Gefahr der Enteignung im Osten sowie der eventuellen Schwierigkeiten beim Währungsumtausch und Transfer,[18] war der Kapitalzufluss aus dem Osten von unermesslichem Wert. Angesichts der dramatischen Kapitalverknappung, die von der Wirtschaftspolitik der Bizone bzw. der späteren Bundesrepublik zwecks Erhaltung der Währungsstabilität bewusst initiiert wurde, bedeutete er für das Unternehmen einen wichtigen Wettbewerbsvorteil. Die Kapitalausstattung der beiden wichtigsten Tochtergesellschaften, der Baugesellschaft Norddeutschland GmbH in Hamburg und der Essener Baugesellschaft Westdeutschland AG (seit 1952 „Baunord" Baugesellschaft Norddeutschland AG bzw. „Bauwest" Baugesellschaft Westdeutschland AG) wurde ständig verbessert. Im Januar und August 1949 konnten mit der Hoch- und Stahlbetonbau GmbH in Frankfurt am Main und einer gleichnamigen Gesellschaft in München zwei weitere Tochtergesellschaften gegründet werden. Die Münchner Gesellschaft entstand aus der 1947 errichteten Zweigniederlassung in Kastl bei Altötting und hielt zehn Prozent der Anteile am Frankfurter Schwesterunternehmen.[19] Zusammen mit der Berlinischen Bau-Gesellschaft GmbH trugen diese fünf wichtigsten Beteiligungen das operative Baugeschäft des Firmenverbunds. Daneben bestanden in Berlin und im Bundesgebiet zehn weitere, teilweise

Beteiligung	Stammkapital (DM)	Anteil BBG	Buchwert (DM)	
Baugesellschaft Norddeutschland mbH, Hamburg	300.000	100 %	300.000	Beteiligungen der Berlinischen Boden-Gesellschaft[20]
Baugesellschaft Westdeutschland AG, Essen	250.000	100 %	250.000	
Hoch- und Stahlbetonbau GmbH, Frankfurt am Main	250.000	90 %	225.000	
Hoch- und Stahlbetonbau GmbH, München	150.000	100 %	150.000	
Treuhandgesellschaft für Rückerstattungsvermögen mbH, Hamburg	100.000	90 %	90.000	
Hermann T. Mahr Wohnungsbau GmbH, Hamburg	20.000	75 %	15.000	
Schmargendorfer Boden AG, i. Abw., Berlin	–	90,5 %	1	
Berlinische Bau-Gesellschaft mbH, Berlin	250.000	100 %	1	
Domus Bau AG, Berlin	50.000	99 %	1	
Ravensbergerstraße Baugesellschaft mbH, Berlin	32.000	50 %	16.000	
Portikus-Industriegesellschaft mbH, Berlin	20.000	75 %	3.751	
Export Bau- und Handels GmbH, Berlin	–	–	1	
Terraingesellschaft Berlin Südwesten i. Abw., Berlin	–	–	1	
„Heim und Garten" Siedlungs- und Wohnungsbaugesellschaft mbH, Berlin	–	–	1	
Sächsische Baugesellschaft mbH, Chemnitz	–	–	1	
			1.049.758	

in Liquidation befindliche, teilweise wegen Enteignung oder unabsehbarer Lasten nur noch mit einem Erinnerungswert bilanzierte Tochtergesellschaften. Überwiegend verwalteten sie einzelnen Grundbesitz. Die meisten davon waren als Organgesellschaften eng mit der Zentrale verbunden. Die Berlinische Boden-Gesellschaft selbst fungierte als verwaltende Konzernspitze.

Mit der Etablierung der westdeutschen Bautöchter war die 1947 eingeleitete neue Strategie im Gründungsjahr der Bundesrepublik organisatorisch umgesetzt und ein Gerüst geschaffen, um wirtschaftlich im Westen Fuß zu fassen. Aktionäre und Aufsichtsrat der Gesellschaft gingen diesen Weg stets bereitwillig mit, zumal die Umstellung durch die klaren und überschaubaren Verhältnisse erleichtert wurde. Im Aufsichtsrat dominierten nach wie vor Alfred Hölling und Hermann Pünder. Letzterer machte in der Bizone und in der Bundesrepublik eine steile politische Karriere, wovon das Unternehmen außerordentlich profitierte. Im April 1949 wurde der Präsident der Berliner Anwaltskammer Kurt Wergin zugewählt, da mit Rücksicht auf das schwebende Restitutionsverfahren eine unabhängige Persönlichkeit des öffentlichen Lebens berufen werden sollte. Nach dem Ausscheiden Wergins Ende 1951 rückte Adolf Schäfer von der Rhein-Ruhr Bank AG in Düsseldorf nach. Diese war im Frühjahr 1948 als eines der drei Nachfolgeinstitute der von den Alliierten aufgelösten Dresdner Bank entstanden und verwaltete deren Anteile an der Berlinischen Boden-Gesellschaft. Nach Einigung mit den Haberlandschen Erben blieb sie mit 63,7 Prozent dominierender Großaktionär. Bei den übrigen Anteilseignern handelte es sich bis zu Beginn der fünfziger Jahre im Wesentlichen noch um jene Personen und Gesellschaften, welche die Aktien im Zuge der Arisierung 1937/38 übernommen hatten. Auf den Hauptversammlungen waren in der Regel sämtliche Aktionäre persönlich oder per Vollmacht präsent.[21]

Aktionäre der Berlinischen Boden-Gesellschaft Ende 1950 vor Umstellung des Grundkapitals[22]

Anteilseigner	Beteiligung (RM)	Anteil
Dresdner Bank Zentralstelle, Düsseldorf	3.251.000	63,7 %
Eigenbesitz BBG	901.000	17,7 %
Wilhelm Combecher, Hamburg	518.000	10,2 %
Eduard Palm GmbH, Düsseldorf	120.000	2,4 %
Paul Wierzoch, Berlin-Wilmersdorf	33.000	0,7 %
Paul Rohde'sche Erben, Berlin	205.000	4,0 %
Charlotte Leese, Berlin-Lankwitz	24.000	0,5 %
Hermann Pünder, Köln	24.000	0,5 %
Carl Goetz, Königswinter	24.000	0,5 %
	5.100.000	

HERMANN PÜNDER, STELLVERTRETENDER VORSITZENDER DES AUFSICHTSRATS

Die Berlinische Boden-Gesellschaft trat im westdeutschen Baugeschäft mit dem anfänglichen Handicap des Neulings ohne Beziehungen an. Auch die Essener „Bauwest" hatte bis 1949 keine große Rolle gespielt. Dieser Nachteil wurde jedoch mehr als wettgemacht durch eine überaus wichtige, für das Unternehmen unersetzliche Persönlichkeit, die wesentlich dazu beitrug, profitable Verbindungen in alle Richtungen zu knüpfen: Hermann Pünder (1888–1976). Seit März 1937 Mitglied des Aufsichtsrats und zunächst als Vorsitzender, seit November 1938 als Stellvertreter amtierend, trug er im Verlauf seiner steilen politischen Karriere im Nachkriegsdeutschland wesentlich dazu bei, dass die Berlinische Boden-Gesellschaft rasch und erfolgreich Fuß fassen konnte. Nach Jurastudium, Kriegsdienst 1914/18 und einer Ausbildung im preußischen Justizdienst sowie in der Finanzverwaltung des Reichs hatte es der aus dem Rheinland stammende gläubige Katholik bereits in der Weimarer Republik zum Staatssekretär in der Reichskanzlei und Mitarbeiter Heinrich Brünings gebracht. Pünder war vor allem durch die Vorbereitung der Notverordnungen des Reichskanzlers, als Leiter internationaler Delegationen der Reichsregierung sowie als Kommentator der Steuergesetzgebung hervorgetreten. 1933 war er Oberpräsident des Regierungsbezirks Münster und wurde als Mitglied der Zentrumspartei von den Nationalsozialisten aus dem Staatsdienst entlassen. Wegen seiner Verbindungen zum Widerstandskreis um den Leipziger Oberbürgermeister Carl Friedrich Goerdeler wurde Pünder 1944 verhaftet und von der Gestapo sowie der SS in verschiedene Konzentrationslager verschleppt. Im Herbst 1945 ernannte ihn die britische Militärregierung als Nachfolger Konrad Adenauers zum Oberbürgermeister von Köln; 1948 wurde er zum Vorsitzenden des Verwaltungsrats des Vereinigten Wirtschaftsgebiets, der Bizone, gewählt und war damit Leiter der ersten länderübergreifenden Exekutive in Deutschland nach 1945. In dieser bedeutenden Funktion prägte er – nicht zuletzt in Kooperation mit seinem Mitarbeiter Ludwig Erhard, dem späteren Wirtschaftsminister und „Vater" des Wirtschaftswunders – wesentlich die Wirtschafts- und Gesellschaftsordnung der entstehenden Bundesrepublik.

Durch eine beinahe unüberschaubare Häufung politischer Funktionen sowie kirchlicher und kultureller Ehrenämter – unter anderem als Mitbegründer der CDU in Westfalen, Landtags- und Bundestagsabgeordneter, Stadtverordneter von Köln und prominentes Mitglied des Deutschen Städtetags, Sprecher der deutschen Delegation bei der Beratenden Versammlung des Europarats in Straßburg, Senator der Max-Planck-Gesellschaft, Träger des Großkreuzes des päpstlichen Gregoriusordens und Präsident des Zentraldombauvereins in Köln, schließlich seit 1952 als erster Vizepräsident der Montanunion – gehörte Pünder zum innersten Führungszirkel der Bundesrepublik unter Adenauer und war in zahlreiche wichtige politische und ökonomische Netzwerke eingebunden. Wie die Julius Berger AG vom Aufsichtsratsvorsitzenden Schniewind, so profitierte die Berlinische Boden-Gesellschaft von Pünder. Seinen Bemühungen war es im Wesentlichen zu verdanken, dass das im Westen unbekannte Unternehmen bald zu wichtigen Ausschreibungen herangezogen und bei der Auftragsvergabe berücksichtigt wurde. Die nach damaligem Verständnis wichtige Funktion eines Aufsichtsratmitglieds, nämlich dem Unternehmen Aufträge zu verschaffen und die dazu erforderlichen Kontakte zu pflegen, erfüllte Pünder so rührig und bravourös wie kein anderer.

Wann immer Kurt Neumann, Wilhelm Combecher und später auch Martin Klinge Informationen über eventuelle Bauvorhaben zu Ohren kamen, meist kannte Pünder die entscheidenden Personen und wusste, an wen er sich mit entsprechenden Empfehlungen zu wenden hatte.[23] Das galt für die Privatwirtschaft, insbesondere für das Banken- und Versicherungsgewerbe, ebenso wie für die Politik. Pünder vermittelte Kontakte zum Verkehrsministerium, als es 1957 um die Moselkanalisierung ging, sowie zur Max-Planck-Gesellschaft, wenn diese neue Forschungsinstitute plante. Dabei nutzte er auch seine alten Verbindungen aus der Weimarer Zeit, beispielsweise zu ehemaligen preußischen Staatsunternehmen wie der Preußenelektra oder der Bergwerksgesellschaft Hibernia. Vor allem aber wurde Pünder zum wertvollen Verbindungsmann zwischen der BBG und der katholischen Kirche. Sein Engagement im Dunstkreis des rheinischen Katholizismus bescherte der Gesellschaft zahlreiche Aufträge der Kirche und ihrer Organisationen. Die BBG baute auch für Orden und darunter wiederum besonders häufig für die Dominikaner. Für die Albert Magnus-Stiftung entstand der bemerkenswerte Neubau der Akademie in Walberberg bei Bonn. Und im Stadtteil Köln-Marienburg, dem Wohnort Pünders, errichtete die BBG 1953/54 die von dem bekannten Architekten Dominikus Böhm entworfene, architektonisch bedeutende Kirche „St. Maria Königin".

Kirche des Dominikaner-Ordens, Braunschweig, 1957

„... gerade auch in katholischen Kreisen sich höchsten Ansehens erfreute ..."

Hermann Pünder, die BAUBOAG und die katholische Kirche

Bonn, den 2. August 1950
Sehr verehrter Herr Professor!
Wie ich höre, plant der Caritasverband Frankfurt/M. den Bau eines Alters- und Jugendheimes in Frankfurt. Um diesen Bauauftrag hat sich u. a. die Hoch- und Stahlbeton GmbH, Frankfurt a. M., Goethestr. 10, bemüht. [...] Die Hoch- und Stahlbetonbau GmbH ist eine Tochtergesellschaft der in Berlin seit Jahrzehnten und Generationen hochangesehenen Berlinischen Bodengesellschaft, die heute ihre Geschäfte – wenn auch naturgemäß in beschränktem Rahmen – von Hamburg aus leitet. Wir im Westen haben eine Verpflichtung gegenüber Berlin und den unter dem Sowjetjoch leidenden

deutschen Gebieten, Landsleuten und deutschen Firmen, sie bei ihren neuen Gehver-
suchen hier im Westen zu stützen. Ich würde es deshalb außerordentlich begrüßen,
wenn der Caritasverband Frankfurt der Hoch- und Stahlbetonbau GmbH in Frankfurt
den Zuschlag erteilen könnte.
Abschrift dieser meiner Empfehlung werde ich mir erlauben, Herrn Geistlichen Rat
Ekkert in Frankfurt, zu übersenden. Mit besten Grüßen und Dank im voraus verbleibe
ich, gez. Dr. Pünder

Schreiben Pünders an den Direktor des Caritasverbands Frankfurt am Main, Prof. Dr. Richter,
vom 2. August 1950.[24]

1. Juli 1953
Sehr geehrter Herr Giefer!
Da ich während meiner Frankfurter Oberdirektorzeit, wie Ihnen vielleicht nicht be-
kannt ist, als wohnungsloser Strohwitwer gütige Aufnahme in einem katholischen
Krankenhaus gefunden hatte, bin ich auch heute noch über laufende Bauvorhaben
aus dem Umkreis katholischer Krankenhäuser und anderer Anstalten einigermaßen
im Bilde. So höre ich, dass Sie als bauausführender Architekt maßgeblich beteiligt
sind an der Bauausführung des St. Elisabeth-Krankenhauses in Frankfurt. Sollte diese
mir gewordene Mitteilung zutreffen, so möchte ich Ihre Aufmerksamkeit hiermit auf
die Hoch- und Stahlbeton GmbH, Frankfurt a. M., Goethestr. 10, Tel. 9 20 35, lenken.
Diese Baugesellschaft ist eine Tochtergesellschaft der früher weithin bekannten und

Kapelle in Buchenbusch
bei Neu-Isenburg, 1960

hochangesehenen Berlinischen Bodengesellschaft in Berlin, die vor etlichen Jahren ihren Sitz nach Düsseldorf verlegt hat. Aus meiner engen Zusammenarbeit mit diesen Kreisen weiß ich, dass die Hoch- und Stahlbeton GmbH in Frankfurt zur größten Zufriedenheit vieler prominenter Bauherren im Frankfurter Raum arbeitet. Hierbei nenne ich lediglich als Beispiel die Bundesschuldenverwaltung in Homburg, die Messehallen in Frankfurt, die Frankfurter Bauten der Versicherungsgesellschaft Allianz und viele Neubauten für Post und Bundesbahndienststellen im Frankfurter Raume. Ich glaube, Sie würden Ihren eigenen Zielen und denen des Elisabethen-Krankenhauses nur dienen, wenn sie den technischen Direktor dieser Frankfurter Gesellschaft, Herrn Walter Kempa, einmal empfangen wollten.
Mit freundlichen Grüßen verbleibe ich
Ihr sehr ergebener Hermann Pünder.

Schreiben Pünders an den Architekten Alois Giefer, Frankfurt am Main, vom 1. Juli 1953.[25]

Sehr geehrter Herr Pastor!

Wenn wir beide uns gegenseitig von Angesicht zu Angesicht vermutlich kaum kennen, erlaube ich mir doch, mich mit diesen Zeilen persönlich an Sie zu wenden, und

Albertus-Magnus-Akademie in Walberberg bei Bonn, 1965

zwar in Angelegenheit des Neubaus des St. Katharinen-Krankenhauses in Frechen. Ich weiß, dass sich um die Vergebung der Rohbauarbeiten [...] die BAUBOAG in Düsseldorf beworben hat. Ich glaube auch im Interesse dieses geplanten Neubaus zu handeln, wenn ich Ihnen und dem entscheidenden Kuratorium diese Baufirma hiermit wärmstens empfehle.

Da ich – wie Ihnen vielleicht bekannt – bis zum Ausscheiden des Herrn Altreichskanzlers Dr. Heinrich Brüning im Sommer 1932 sehr lange Jahre in Berlin gelebt habe, ist mir aus jener Zeit die Rechtsvorgängerin dieser BAUBOAG, nämlich die Berlinische Boden-Gesellschaft, genauestens bekannt gewesen, die damals in Berlin gerade auch in katholischen Kreisen sich höchsten Ansehens erfreute. Ich habe mich daher auch

Kirche „St. Conrad" in Berlin-Schöneberg, um 1965

gerne bereit gefunden, als diese angesehene Berliner Firma nach dem Zusammenbruch in neuer Gestalt und mit neuem Namen sich in Düsseldorf als BAUBOAG etablierte, ihr bei ihren baulichen Bemühungen in Westdeutschland und vor allem auch im Umkreis von Köln behilflich zu sein. Aber solche persönlichen Empfehlungen würden ohne Wirkung geblieben sein, wenn nicht die BAUBOAG durch große Zuverlässigkeit und Sachkenntnis sich selber einen besonderen Ruf geschaffen hätte. Dies ist vor allem auch im katholischen Umkreis seit 1945 in geradezu überraschender Weise der Fall gewesen. Von solchen größeren katholischen Bauvorhaben möchte ich nur einige aufführen:

Das großartige Gebäude der Albertus-Magnus-Akademie in Walberberg bei Bonn. Seit diesem Bau ist die BAUBOAG geradezu zur Hausfirma des Dominikanerordens geworden. So sei auch die Dominikanerklosterkirche in Braunschweig erwähnt. Ferner möchte ich das St. Marien-Krankenhaus in Frankfurt/Main, Richard-Wagner-Straße, aufzählen, sowie auch die Kirchenbauten der katholischen Pfarrämter Gravenbruch bei Frankfurt und von Sindorf bei Köln. Für die katholische Gemeinde Jügesheim hat die BAUBOAG eine neue Pfarrei gebaut sowie eine Kapelle in Buchenbusch bei Neu-Isenburg. Diese Beispiele genügen vielleicht. Jedenfalls könnte ich meinerseits Ihr Kuratorium nur beglückwünschen, wenn Sie die BAUBOAG mit Ihrem Bauauftrag betrauen sollten.

Schreiben Pünders an Pfarrer Schneider, Pfarramt St. Automar, Frechen bei Köln vom 2. März 1966.[26]

Ähnlichen Stellenwert wie Pünder besaßen Hölling und Schäfer für den Bereich der Rhein-Ruhr Bank und ihr Umfeld sowie das im April 1949 zugewählte Aufsichtsratsmitglied Eduard Christ vom Vorstand der Westdeutschen Bodenkreditanstalt. Auch dieser war für die „geist-lichen" Bauprojekte nützlich: Unter Verweis auf seinen *verstorbenen Bruder, Jesuitenpater Christ, der in fast allen größeren Städten Deutschlands Missionen und Exercitien hielt*, warb er 1958 bei den Franziskanerinnen für die BAUBOAG, als diese sich um den Auftrag für einen Erweiterungsbau der Franziskus-Oberschule in Berlin bemühte.[27] Über Hölling, Schäfer und Christ, allesamt führende Personen der rheinischen Finanzwirtschaft, ergaben sich aber vor allem Ver-bindungen zum Umfeld und zu den Kunden der Rhein-Ruhr Bank, zu den öffentlichen Banken und Hypothekenbanken, zu Versicherungen und zur Industrie. Durch den Kapitalmarktexperten Christ und seine „Westboden" erhielt die Essener Baugesellschaft zudem den wichtigen Zugang zu öffentlichen Mitteln, mit denen der Wohnungsbau gefördert wurde. Gerade angesichts der Kapitalknappheit und der politischen Zinsbewirtschaftung erhielt der Unternehmensverbund der Berlinischen damit eine wichtige Hilfestellung.

Rhein-Ruhr Bank, Düsseldorf, 1953

Folgerichtig gewannen das Ruhrgebiet und der Rhein-Main-Raum für alle Bereiche des Geschäfts immer mehr an Bedeutung und überflügelten den Standort Hamburg deutlich. Nur Frankfurt konnte in der Entwicklung mit der Essener Gesellschaft mithalten, während Süddeutschland noch auf lange Zeit ohne Impulse dahintrieb. Im Raum Köln-Düsseldorf baute das Unternehmen regelmäßig für die Rhein-Ruhr Bank, unter anderem den Düsseldorfer Neubau des Instituts. Zu den Kunden zählten außerdem die „Nordstern" und andere Versicherungen, Großunternehmen und Hypothekenbanken wie die befreundete „Westboden" in Köln. In den Jahren 1951/52 wurde in Arbeitsgemeinschaft mit Grün & Bilfinger das Kraftwerk der im Krieg beschädigten Möhnetalsperre neu errichtet. Im Rhein-Main-Gebiet bauten die Essener und die Frankfurter Gesellschaft für die Bundesschuldenverwaltung in Bad Homburg, für die Frankfurter Messe, für den Allianz-Konzern, für Post und Bundesbahn sowie für den Caritas-Verband.[28] Allerdings tat sich die Berlinische Bodengesellschaft in dieser Region deutlich schwerer als im Ruhrgebiet, da die Protektion durch den Großaktionär hier ihre Grenze fand. Die Rhein-Main Bank, das

Rhein-Ruhr Bank, Bielefeld, 1957

Schwesterinstitut aus dem Dresdner Bank-Verbund, unterstützte stattdessen die im eigenen Haus verwalteten Baubeteiligungen wie Julius Berger und Grün & Bilfinger.[29]

Westdeutsche Bodenkreditanstalt, Köln, 1951

*Bundesanstalt für Flug-
sicherung, Frankfurt am
Main, um 1955*

*Bundesschulden-
verwaltung, Frankfurt
am Main, um 1955*

*Messehallen, Frankfurt
am Main, um 1955*

SITZVERLEGUNG NACH DÜSSELDORF UND UMFIRMIERUNG

Angesichts der räumlichen Schwerpunktbildung am Rhein erschien es folgerichtig, auch den Hauptsitz des Unternehmens aus der Randlage Hamburg näher an das Zentrum des Geschäfts heranzurücken. Ein entsprechender Vorschlag des Vorstands vom Dezember 1950 wurde Ende 1951 von der Hauptversammlung angenommen und im Sommer 1952 vollzogen. Düsseldorf, das expansive Zentrum der bundesdeutschen Finanzwirtschaft, Sitz des Großaktionärs und Standort zahlreicher Großunternehmen, erhielt dabei den Vorzug vor Essen.[30] Zeitgleich mit dem Beschluss zur Sitzverlegung wurde der Vorstand der BBG erweitert. Als stellvertretende Mitglieder traten Kurt Neumann und Maximilian Reisinger ein. Beide amtierten als Vorstände bei der Hamburger Verwaltungsgesellschaft Grundwert AG.[31] Das neue Arrangement trug dazu bei, den ganzen Unternehmenskomplex enger zu vernetzen. Eine förmliche Verschmelzung und Reduzierung von Beteiligungen hätte zwar die Schlagkraft noch stärker erhöht, kam aber damals noch nicht in Frage, da zuvor bei zahlreichen Gesellschaften weitere Altlasten zu bereinigen waren. Der Zentralisierung diente auch die Zusammenfassung des gesamten westdeutschen Kreditgeschäfts der Konzerngesellschaften bei der Düsseldorfer Zentrale der Rhein-Ruhr Bank. Nur Berlin verblieb bei der Bank für Handel und Industrie, dem örtlichen Nachfolgeinstitut der Dresdner Bank, das der westdeutsche Dresdner Bank-Verbund als gemeinsame Tochtergesellschaft gegründet hatte.[32]

Im März 1950 hatte in Berlin eine *kleine Festlichkeit* aus Anlass des 60-jährigen Bestehens der Haberlandschen Terrain-Gesellschaft stattgefunden. Auch wenn Ernst Lührse die starke Beteiligung und das große Interesse von Öffentlichkeit und Medien betonte,[33] war nicht zu übersehen, dass die Firma „Berlinische Boden-Gesellschaft" ebenso wie die Verbindung mit der alten Reichshauptstadt immer mehr historischen Charakter annahm. Für die Gegenwart und für den geschäftlichen Erfolg in der Zukunft wurde dagegen der Hinweis auf die Berliner

Herkunft nicht nur belanglos, sondern geradezu kontraproduktiv. Der Mentalitätswandel in der bundesdeutschen Öffentlichkeit und das jenseits offizieller Sonntagsreden zunehmende Desinteresse an Berlin und an der deutschen Frage hinterließ offenbar auch im Unternehmen Spuren: *Die Namensgebung Berlinische Boden-Gesellschaft*, meinte Wilhelm Combecher im Februar 1953, *hatte in der Vergangenheit, insbesondere in Berlin, ihre zweckgebundene Berechtigung und ein in der Tradition und aus der Leistung entstandenes Gewicht. Im Rahmen ihrer nunmehrigen Betätigung und Zielsetzung, insbesondere in dem durch die erfolgte Neuorganisation bedeckten Bundesgebiet, vermag jedoch die alte Firmierung nicht mehr attraktiv zu wirken, sondern bedeutet für die Werbung und wirkungskräftige Entfaltung der Gesellschaft nur eine abträgliche Erschwerung.*[34] Insbesondere im süddeutsch-bayerischen Raum musste das Unternehmen tagtäglich erfahren, dass der Hinweis auf die Berliner Herkunft eher Aversionen denn Vertrauen hervorrief. Eine Umbenennung stand also an, und dabei konnte zugleich die Satzung dem veränderten Gesellschaftszweck angepasst, die Bedeutung des Bauens gegenüber der Erschließung und Projektierung gestärkt werden. Im Juni 1954 beschloss die Hauptversammlung die Änderung der Firma in BAUBOAG, Bau und Boden Aktiengesellschaft. Dem Berliner Sitz wurde aus Traditionsgründen der alte Name belassen. Er firmierte seither als „Berlinische Boden-Gesellschaft. Zweigniederlassung Berlin der BAUBOAG Bau und Boden

„Das Wort ‚Berlinische' ist besonders in Süddeutschland abträglich …"

Überlegungen zur Änderung der Firma 1953

Die Organe unserer Gesellschaft haben sich bereits wiederholt mit der Frage beschäftigt, den Namen und darüber hinaus auch die Art der Aufgliederung unserer Gesellschaft den veränderten und gegebenen Verhältnissen anzupassen. Das Wort „Berlinische" ist besonders in Süddeutschland abträglich, und die Bezeichnung „Boden" wirkt bei der jetzigen Fassung unserer Firmenbezeichnung sozusagen als alleiniges Eigenschaftswort verwirrend und störend, nachdem wir ein reines Unternehmen der Bauindustrie geworden sind.

Bei den Überlegungen, welche Firmenbezeichnung heute zweckmäßiger Weise gewählt wird, muss berücksichtigt werden, dass es wünschenswert ist, das alte Firmenzeichen der BBG zu erhalten. Auch muss daran gedacht werden, dass der Name allen Teilen Deutschlands angepasst ist, für den Fall, dass es zu einer Veränderung insofern einmal kommen kann, als anstelle von Tochtergesellschaften die übliche Form der Niederlassungen erscheint. Im letzteren Fall kann allerdings die Niederlassung den alten Namen der Tochtergesellschaft immer noch als Untertitel führen.

Wir möchten daher alle Herren bitten, sich vorher hiermit zu beschäftigen und uns Vorschläge für eine eventuelle neue Firmierung in der Aussprache zu unterbreiten.[35]

Aktiengesellschaft, Düsseldorf". Für das Gesamtunternehmen wurde allein das alte Signet der Haberlandschen BBG mit der angedeuteten Häuserzeile und dem dynamisch aufragenden „H" beibehalten. Es gab einen letzten Hinweis auf die Herkunft der nun nicht mehr „berlinischen", sondern eindeutig „bundesrepublikanischen" Baugesellschaft.

GESCHÄFTLICHE ENTWICKLUNG: KONSOLIDIERUNG – EXISTENZBEDROHENDER EINBRUCH – SANIERUNG

Die Entwicklung in den ersten Jahren nach Kriegsende war gekennzeichnet durch Improvisation, durch das Bemühen, einen Überblick über Schäden und Verluste zu gewinnen, und durch den Versuch, neue Substanz aufzubauen und das Unternehmen durch Investitionen wieder handlungsfähig zu machen. Etwa um das Jahr 1950 war eine erste Konsolidierung erreicht oder zumindest absehbar. Anlaufverluste bei den neu gegründeten Tochtergesellschaften konnten zunächst durch die Gewinne in Hamburg kompensiert werden. 1951 erwirtschaftete der Unternehmensverbund mit insgesamt rund 1.200 Arbeitern, 100 Angestellten und einem einigermaßen kompletten Maschinenpark einen Umsatz von etwa 8 Mio. DM, was einer Steigerung von mehr als 50 Prozent gegenüber dem Vorjahr entsprach.[36] Essen, Frankfurt und Berlin, das von der verstärkten öffentlichen Förderung durch amerikanische und westdeutsche Subventionen profitierte, arbeiteten bereits an der Kapazitätsgrenze. Durch ausgezeichnete Leistungen, Termintreue und das hilfreiche Quentchen Protektion erarbeitete sich der Firmenverbund der BBG verhältnismäßig rasch eine gute Position im westdeutschen Baugeschäft. 1952 konnte die Bauleistung auf 12 Mio. DM gesteigert werden. Die Prognose vom Sommer 1954 rechnete für das laufende Jahr mit mindestens 17,7 Mio. DM, davon sollten 6 Mio. in Essen, 5 Mio. in Berlin, je 3 Mio. in Hamburg und Frankfurt, aber nur 750.000 DM in München erwirtschaftet werden.[37] Mit Ausnahme von Frankfurt waren

Jahr	Leistung (Mio. DM)	Bilanzsumme (Mio. DM)	Bilanzgewinn (Mio. DM)	Dividende
1948/49	k.A.	5,3	0,010	–
1950	5,3	5,8	0,014	–
1951	8,0	6,2	0,018	–
1952	12,0	6,4	0,006	–
1953	k.A.	10,3	–1,472	–
1954	k.A.	10,4	0,000	–
1955	k.A.	16,0	0,011	–
1956	k.A.	10,6	0,186	4 %
1957	k.A.	10,9	0,120	4 %

Bilanzkennzahlen Berlinische Boden-Gesellschaft / BAUBOAG 1948/49–1957

alle Kapazitäten voll ausgelastet. Dass dennoch nur ein ausgeglichenes Ergebnis erzielt werden konnte, führte der Vorstand auf *die ungesunden Konkurrenz- und Preisverhältnisse* sowie auf eine die *Wirtschaftlichkeit mindernde Art der Vergabe und Terminstellungen* zurück.[38] Auch noch immer wirksame Reibungsverluste infolge der Umstellung trugen zu dieser unbefriedigenden Situation bei. Mit Gewinnen und einer Wiederaufnahme von Dividendenzahlungen war frühestens für 1952 zu rechnen, die Stärkung der Gesellschaften besaß vorläufig Priorität.[39]

Insgesamt lautete die Prognose zu Beginn der fünfziger Jahre günstig, wenn es dem Unternehmen gelingen würde, an den *nach wie vor bestehenden und in ihren Bedürfnismassen geradezu unlösbar erscheinenden Wiederaufbauaufgaben* zu partizipieren.[40] Dazu waren jedoch eine gute Kapitalbasis und ausreichende Finanzierungsmöglichkeiten erforderlich. Die Forderung galt also weiter, sich *mit allem Ernst und besten Kräften […], zwecks der notwendigen Erreichung einer stärkeren Flüssigkeit, um eine weitere Verwertung* [des] *unbebauten und bebauten Grundbesitzes zu bemühen.*[41] Der Wiederaufbau beschädigter Gebäude in Berlin lief dem freilich entgegen, weil er das gebundene Vermögen immer weiter erhöhte. Der Bilanzposten *bebaute Grundstücke* wuchs zwischen 1949 und 1953 von 1,1 auf 2,4 Mio. DM und band damit einen erheblichen Teil des Kapitals. Seit 1954 überstieg er mit 3,9 Mio. DM das Grundkapital deutlich und engte damit den Bewegungsspielraum des Unternehmens weiter ein. Grundstücksverkäufe allein konnten die Liquidität nicht mehr hinreichend verbessern. Zwangsläufig stellte sich damit immer dringender die Frage neuer Kredite oder gar einer Kapitalerhöhung, die vom Vorstand stets befürwortet, vom Großaktionär dagegen hinhaltend behandelt wurde.[42] Mit der im Sommer 1953 hereinbrechenden Krise wurden solche Überlegungen zunächst jedoch gegenstandslos.

Gemessen an vergleichbaren, bauwirtschaftlichen Verhältnissen und angesichts des Umstandes, dass unter schwierigsten Einführungs- und Konkurrenzverhältnissen eine weitgehende Umstellung der ursprünglichen Zielsetzung und ein organisatorisch völlig neuer Aufbau erfolgen mussten, hatte der Vorstand die Lage zu Jahresbeginn 1953 der Bank gegenüber als durchaus befriedigend geschildert.[43] Die Einschätzung entsprach zu diesem Zeitpunkt aber schon nicht mehr der Realität, denn reichlich überraschend war im Verlauf des Jahres 1952 eine sich rasch verschärfende Krise entstanden.[44] Zum ohnehin drückenden Liquiditätsproblem der Dachgesellschaft kamen Verluste im operativen Baugeschäft der Tochtergesellschaften. Allein Essen wies über mehrere Jahre hinweg stabile Ergebnisse aus, während bei den anderen Töchtern immer wieder überraschende und dramatische Einbrüche auftraten. Vor allem Frankfurt entwickelte sich 1953 und 1954 zum Sorgenkind. Hier kam es teils witterungsbedingt, teils aber auch durch Fehler der Bauleitung zu erheblichen Ausfällen bei größeren Vorhaben, insbesondere bei den Frankfurter Messehallen sowie bei einer amerikanischen Schule in Kaiserslautern-Vogelweh.[45] Erhebliche Außenstände bei diesem Projekt und bei anderen *Besatzungsbauten* sowie beim Neubau der Bundesschuldenverwaltung in Bad Homburg belasteten die Liquidität zusätzlich.[46]

Zu diesen Problemen im Westen kamen Schwierigkeiten bei der Berliner Bau-Gesellschaft: In einem politisch unsicheren, von öffentlicher Förderung hochgradig abhängigen wirtschaftlichen Umfeld hatte sie sich als mittelgroßes Bauunternehmen zunächst gut etabliert. Im Sommer 1952 beschäftigte die Gesellschaft rund 260 gewerbliche Arbeitnehmer und war im Neubau

„Über diese Sachlage ist sich die Bank noch nicht recht im Klaren"

Liquiditätsengpass, Verschuldung und Sanierung

Unser Debetkonto bei der Bank ist inzwischen auf über DM 1.500.000,- angestiegen. Berlin steht darüber hinaus mit DM 500.000,- in der Kreide und unsere westdeutschen Kinder – Essen ausgenommen – mit weiteren DM 500.000,-. Über diese Sachlage ist sich die Bank noch nicht recht im Klaren. Sie wird es aber sein und sein müssen, wenn wir demnächst wieder zu einer grundlegenden Aussprache zusammentreten.

Es kommt hinzu, dass laufend weiterer Bedarf vorliegen wird, demgegenüber zunächst mit Rückflüssen nicht gerechnet werden kann.

Wie bei dieser Sachlage die Kreditabsprachen mit der Bank bzw. die Erörterung einer eventuellen Kapitalerhöhung dirigiert und gemeistert werden sollen, will mir bei aller Einsatzfreudigkeit doch recht fragwürdig erscheinen. Bei aller Genugtuung, die wir bei dem Blick nach rückwärts und angesichts des inzwischen erreichten Organisations- und Leistungsstandes empfinden dürfen, verbleibt hinsichtlich unserer Flüssigkeit und damit unserer Beweglichkeit die mehr als unbefriedigende Feststellung und Tatsache, dass wir in allen Entscheidungen und Handlungen in geradezu krisenhafter Weise bankenabhängig geworden sind.

Die entscheidende Frage ersteht nun: Wie wird sich demgegenüber künftighin die Bank einstellen? Wird das persönliche und langjährige Vertrauen, welches zurückliegend gegenseitig bestand, schwer genug wiegen, um ihr die Entscheidung zu Gunsten einer Kapitalerhöhung und damit einer in unserem Sinne befreienden Lösung des finanziellen Problems zu erleichtern und zu ermöglichen?

Wir müssen uns darüber im Klaren sein, dass eine positive Stellungnahme nur nach vorausgegangener Unterrichtung und Anhörung des Bankenaufsichtsrates erfolgen kann. Denn sie bedeutet nichts mehr und nichts weniger als die Festlegung von etwa 10 % des Nominalkapitals der Bank in BBG-Aktien. [...]
Wie sich aber auch immer die bevorstehenden Erörterungen im Ergebnis gestalten sollten, für uns besteht und verbleibt die unabdingbare Verpflichtung, Alles zu tun, was nur irgend denkbar und möglich ist, dazu beizutragen, eine Auflockerung der vorliegenden Verfixung aus Eigenem wenigstens teilweise zu erreichen. [...] Die Berliner Substanz, die früher unser goldwertiger Rückhalt war, muss unter allen Umständen und unter letztem Einsatz einer Verwertung zugeführt werden.

Schreiben von Wilhelm Combecher an Ernst Lührse vom 7. Februar 1953.[47]

Gewinne und Verluste der fünf großen Tochtergesellschaften bzw. Niederlassungen der Berlinischen Boden-Gesellschaft / BAUBOAG 1948–1958 (Mio. DM)[48]

Jahr	Essen	Hamburg	Frankfurt	München	Berlin
1948/49	- 0,041	0,193	- 0,030	- 0,037	- 0,016
1950	- 0,012	0,102	- 0,074	- 0,096	- 0,106
1951	0,140	- 0,123	- 0,047	0,043	0,010
1952	0,287	- 0,003	0,001	- 0,025	- 0,233
1953	0,273	0,011	- 0,491	- 0,022	0,120
1954	0,262	- 0,132	- 0,363	- 0,010	0,067
1955	0,188	- 0,261	0,081	0,116	0,013
1956	0,595	- 0,230	0,058	- 0,120	- 0,051
1957	0,395	- 0,083	- 0,151	0,230	- 0,051
1958	0,113	0,086	- 0,031	-0,122	0,035

bzw. bei der Reparatur von Büro-, Geschäfts- und Wohnhäusern sowie im Industrie- und Ingenieurbau engagiert. Daneben betrieb sie den Wiederaufbau beschädigter und zerstörter Gebäude auf Grundstücken der Berlinischen Boden-Gesellschaft. Noch im Jahr 1953 musste sich das Unternehmen allerdings mit dem einst von den Nationalsozialisten propagandistisch ausgeschlachteten Unfall beim Bau der Nord-Süd S-Bahn im Jahr 1935 auseinandersetzen: Als in Berlin der U-Bahn-Bau wieder begann und die Bauverwaltung offenbar in Erinnerung an jene Affäre die Berlinische Bau-Gesellschaft nicht bei den Ausschreibungen berücksichtigen wollte, musste die Unternehmensleitung alles daransetzen, um nachzuweisen, dass es sich *in der Hauptsache um einen politischen Prozess gehandelt* hatte.[49]

Wohnhäuser der "Gagfah", Berlin, 1955

Bank für Handel und
Industrie, Berlin, 1956

Geschäftshaus in der
Tauentzienstraße, Berlin,
um 1955

Seit Jahresanfang 1952 brachten Verzögerungen beim Zahlungseingang und der Ausfall ungesicherter Forderungen die Gesellschaft in einen scharfen Liquiditätsengpass.[50] Bis August des Jahres wuchsen die Außenstände auf rund 433.000 DM an, hinzu kamen 514.000 DM an Forderungen, die zur Kreditsicherung an die Hausbank abgetreten worden waren. Immer deutlicher stellte sich heraus, *dass in dieser Kreditierung die ganze Liquidiätsschwierigkeit der Gesellschaft ihre Ursache hatte*, denn für fehlende Betriebsmittel mussten ständig neue Kredite aufgenommen werden.[51] Gleichzeitig wurde immer deutlicher, dass trotz befriedigender Umsätze die Erlöse nicht ausreichten, um die Geschäftskosten zu decken, Risiken abzusichern und Gewinne zu erwirtschaften. Die vom neuen technischen Geschäftsführer Hermann Holzhausen kalkulierten erforderlichen Zuschläge gingen weit über das am Markt Erzielbare hinaus. Das hieß nichts anderes, als dass die Verwaltung zu teuer war und dass das Unternehmen letztlich *geführt worden ist wie ein Großunternehmen, welches aber Erzeugnisse eines Kleinbetriebes herstellt.* In einem ohnehin ertragsschwachen Umfeld, das Berlin auch für andere Unternehmen zu einem Zuschussgeschäft machte – bei Julius Berger und anderen Firmen wurde laut Holzhausen offen zugegeben, dass das Weihnachtsgeld nicht aus den Berliner Erträgen bezahlt werden konnte, sondern *dass die Gelder hierfür von der Zentrale zur Verfügung gestellt* wurden – musste das auf Dauer die Substanz aufbrauchen.[52]

Entlassungen, Vereinfachung der Verwaltung und Senkung der Gemeinkosten waren ebenso wie verbesserte Abrechnungs- und Kalkulationsverfahren ein erster Versuch, den Zusammenbruch aufzuhalten. Die Muttergesellschaft stellte 400.000 DM bereit, um rückständige Steuern

Hotel Kempinski, Berlin, um 1960

und Versicherungsbeiträge abzudecken sowie die notwendigen Betriebsmittel zu gewähr-leisten. Dennoch war der Fortbestand des Unternehmens grundsätzlich in Frage gestellt. Anfang 1953 wurde deshalb allen Angestellten prophylaktisch gekündigt: *Bei einem Teil der gekündigten Arbeitnehmer wird eine Entlassung in jedem Fall durchgeführt werden. Bei den übrigen Arbeitnehmern ist zum Ausdruck gebracht worden, dass gegebenenfalls eine Vertragsverlängerung zu erwarten ist, allerdings mit der Maßgabe, dass die Sonderrechte wie Urlaubsgeld, verringerte Arbeitszeit und zum Teil übertarifliche Zahlungen in Fortfall kommen. Der Aufsichtsrat der Berlinischen Boden-Gesellschaft hat sich in der am 8.1.1953 stattgefundenen Sitzung dahin entschieden, dass die Entwicklung der ersten sechs Monate des Jahres 1953 noch abgewartet werden soll, ehe weitere Beschlüsse über die zukünftige Gestaltung der Berlinischen Bau-Gesellschaft gefasst werden. Sofern eine Entscheidung dahingehend getroffen werden sollte, die Tätigkeit der Berlinischen Bau-Gesellschaft einzuschränken, sind die Voraussetzungen hierfür zu einem gewissen Teil durch die ausge-sprochenen Kündigungen bereits gegeben.*[53]

Auf Konzernebene wurde die Dimension des Problems erst im Lauf des Jahres 1953 erkannt, nicht zuletzt durch die hinhaltende Informationspolitik des Vorstands.[54] Zu diesem Zeitpunkt war es jedoch bereits gelungen, die Defizitwirtschaft in Berlin zu beenden. Den Verlustvortrag schleppte die Gesellschaft allerdings noch bis zu ihrer Auflösung im Jahr 1962 mit sich. Er schwankte in den folgenden Jahren zwischen 150.000 und 350.000 DM und verwies auf die nach wie vor bestehenden Schwierigkeiten des Geschäfts in Berlin. Die Verbesserung, die vor allem Holzhausen zu verdanken war, erleichterte dem Aufsichtsrat den Beschluss zur Weiterführung, obwohl das Unternehmen nicht dauerhaft gesichert war, wie die schwankenden Ergebnisse belegten.[55] Der Aufsichtsratsvorsitzende Hölling übte scharfe Kritik an der verzögerten Unter-richtung des Kontrollgremiums und an der mangelnden Kontrolle über die Tochtergesellschaften. Er drohte dem Vorstand, der sich unter Verweis auf die ganze Entwicklung seit 1933 und auf die Startschwierigkeiten der Nachkriegszeit herauszureden versuchte, mit harten Maßnahmen. Trotzdem blieb keine andere Wahl, als sowohl den Berliner Baubetrieb wie auch die Gesellschaft insgesamt weiterzuführen.[56]

An der Sanierung und an einer Reform der Organisation des ganzen Firmenverbunds führte kein Weg vorbei. Das *persönliche und langjährige Vertrauen, welches zurückliegend gegenseitig bestand* und auf das Combecher seine Hoffnungen setzte, erwies sich bei allen Kontroversen letztlich als stark genug, die Bereinigung zu bewältigen.[57] Ihre Gesamtkosten beliefen sich am Ende auf 2,18 Mio. DM; die Bilanz für 1953 wies davon 1,472 Mio., jene für 1954 708.000 DM aus. Sie wurden abgedeckt durch eine Halbierung des Grundkapitals mit gleichzeitiger Wiederanhebung auf 3 Mio. DM, durch die Auflösung der Rücklagen (400.000 DM) sowie durch einen Verzicht der Rhein-Ruhr Bank auf ausstehende Zinsforde-rungen in Höhe von rund 280.000 DM. Dafür übernahm das Institut im Sommer 1954 von der Berlinischen Bodengesellschaft den ursprünglich aus dem Vermögen von Kurt Haberland stammenden Bestand eigener Aktien, nominal 530.000 DM, zum Buchwert von 250.000 DM bzw. einem Kurs von gut 47 Prozent.[58] Angesichts des von der Bank gebrachten Sanierungs-opfers war dies eine nicht zu beanstandende Gegenleistung, die zudem die Liquidität weiter verbesserte. Bereits 1951 hatte die Dresdner Bank nominal 80.000 DM von Combecher übernommen, 1954 und 1955 kaufte sie auch die Aktien von Goetz, Leese und Pünder sowie von Wierzoch und Palm auf. Dadurch stieg der Anteil der Bank zunächst auf 88,5 Prozent und erhöhte sich 1955 weiter auf 94,25 Prozent, da sie bei der Zusammenlegung des Kapitals den Aufstockungsbetrag in Höhe von 1,5 Mio. DM voll übernahm.[59] 1958 verkauften die Erben Rohde ihre Aktien an Combecher, Neumann, Klinge und Pünder. Im August 1966 wurde das Grundkapital auf 5 Mio. DM erhöht, und bis Dezember 1967 stockte die Dresdner Bank ihren Anteil durch kleinere Übernahmen noch bis auf 95,94 Prozent auf. Daneben waren weiterhin die Erben Combechers, Martin Klinge, Kurt Neumann und Hermann Pünder an der BAUBOAG beteiligt.[60]

Anteilseigner	1954	1955*	1958	1967
Dresdner Bank	2.654.706	2.827.300	2.827.300	4.796.800
Wilhelm Combecher bzw. Erben	224.706	112.300	129.700	115.000
Paul Rohde'sche Erben	120.588	60.400		
Martin Klinge			17.000	36.600
Kurt Neumann			16.000	35.000
Hermann Pünder			10.000	16.600
	3.000.000	3.000.000	3.000.000	5.000.000

Aktionäre der BAUBOAG 1954–1967 (Anteile in DM)

* nach Reduzierung und Wiederaufstockung des Grundkapitals

BEREINIGUNG DER KONZERNSTRUKTUR, ENTWICKLUNG EINFR UNTERNEHMENSSTRATEGIE

Die Krise von 1953/54 hatte die strukturellen Probleme noch deutlicher hervortreten lassen, mit denen der Unternehmensverbund belastet war: das weiterhin bestehende Liquiditätsproblem, die mangelnde Rentabilität des umfangreichen Grundbesitzes, dessen Erträge nicht die hohen Bank- und Hypothekenschulden und die erheblichen Verwaltungskosten deckten, sowie das unübersichtliche und kostspielige System der zahlreichen Organgesellschaften mit jeweils eigener Verwaltung. Eine einheitliche Konzernstrategie fehlte ebenso wie eine auf die Gesamtsituation abgestimmte Finanzierung, eine klare Regelung der Zuständigkeiten und Verantwortungsbereiche sowie eine vorausschauende Ergebnisplanung. Auf allen diesen Feldern wurde nun eine grundlegende Neuordnung vorgenommen.[61] Zu Jahresbeginn 1955 erfolgte die im Sommer 1954 beschlossene Umwandlung der Töchter auf die Düsseldorfer Dachgesellschaft. Nach der Herabstufung der Firmensitze bestanden Niederlassungen in Essen, Frankfurt, Hamburg, München, Köln und Düsseldorf. Nur die Berlinische Bau-Gesellschaft mbH wurde wegen ihrer prekären Lage und der noch durchzuführenden Sanierung davon ausgenommen und blieb rechtlich selbstständig.

Parallel zu dieser großen Umstellung erfolgte die Vereinheitlichung der Abrechnungsverfahren, insbesondere die konzerneinheitliche Definition des Umsatzes, die bilanzmäßige Behandlung der Arbeitsgemeinschaften und der halbfertigen bzw. noch nicht abgerechneten Bauten sowie die Aufstellung von Monatsbilanzen. Hinzu kam der Erlass einer Geschäftsordnung mit klaren Verantwortlichkeiten für einzelne Niederlassungen, für die verschiedenen Sachgebiete, für Etats und Personal. Durch zahlreiche Sparmaßnahmen gelang es, die Kosten deutlich zu senken. Neue, kostenorientierte Kalkulationsverfahren und die Umlage der zentralen Geschäftskosten auf die Filialen machten die Kostenseite transparenter.[62] Das galt auch für die kapitalmäßige Trennung von Grundstücks- und Baugeschäft: Erst jetzt wurde deutlich, welche Belastung der Grundbesitz bedeutete. Als die verstärkten Bemühungen um eine Verwertung endlich Erfolge zeitigten und es gelang, in Hamburg neben einzelnen Grundstücken auch die Wohnhausgesellschaft Glindweg mbH mit ihren großen Wohnblocks zu veräußern, konnten die hohen Bankschulden bis Ende 1955 um ca. 1,7 Mio. DM vermindert werden.[63] Die BAUBOAG arbeitete nun dauerhaft mit einem erträglichen Kreditrahmen von rund einer Million gegenüber 3,6 Mio. DM auf dem Höhepunkt der Krise.[64] Die Verwertung des Berliner Lichtburg-Komplexes war allerdings durch das noch immer schwebende Restitutionsverfahren vorerst blockiert.

Im Sommer 1954 traf schließlich auch jene neue Führungsmannschaft zusammen, die das Unternehmen endgültig aus der Krise bringen, für zwei Jahrzehnte maßgeblich prägen und nicht zuletzt erfolgreich durch zwei Fusionen führen sollte: Während Lührse und Reisinger ihren Abschied nahmen und von der alten Riege nur Combecher verblieb, trat Martin Klinge (1909–1994) als stellvertretendes Mitglied in den Vorstand der BAUBOAG ein. In Breslau geboren, war er nach dem Studium des Bauingenieurwesens und Assistententätigkeit an der örtlichen Hochschule seit 1937 in der Bauwirtschaft tätig. Bei dem Düsseldorfer Bauunternehmen Carl Brandt hatte er Großbaustellen geleitet und war während des Zweiten Weltkriegs auch als Bauleiter für die Organisation Todt in Frankreich im Einsatz gewesen. 1950 war Klinge in den Vorstand der Essener „Bauwest" übergewechselt und hatte sich hier, bei der erfolgreichsten Tochtergesellschaft, eine starke Position erarbeitet.[65] Im März 1955 kam zu Neumann und Klinge der 1952 bei der Berlinischen Bau-Gesellschaft als Geschäftsführer und Sanierer eingestellte Bauingenieur Hermann Holzhausen als weiteres stellvertretendes Vorstandsmitglied hinzu. Alle drei erhielten im Juni 1956 den Status ordentlicher Mitglieder. Holzhausen schied jedoch krankheitsbedingt bereits Ende 1957 wieder aus.[66] Seine Position wurde nicht mehr besetzt, darin kam auch der weiter sinkende Stellenwert Berlins zum Ausdruck. Die gesamte Führungsspitze war nun in Düsseldorf konzentriert.

In der Kombination Neumann und Klinge ergänzten sich kaufmännisch-akquisitorische und technische Kompetenzen kongenial, auch mit dem nach wie vor aktiven Combecher kooperierten sie gut. Beiden war es in der Hauptsache zu verdanken, dass die BAUBOAG nach der Sanierung rasche Fortschritte machte. Mit der von Neumann im Sommer 1954 verfassten Bestandsaufnahme begann zugleich das Zeitalter der Unternehmensstrategie, also der Aufstellung langfristiger Ziele, die aus einer Analyse von Entwicklungstendenzen der Volkswirtschaft im Allgemeinen und der Bauwirtschaft im Besonderen abgeleitet wurden.[67] Wohnungsbau und Industriebau, so das Fazit, würden in Zukunft stärkere Bedeutung erlangen und das auslaufende Geschäft mit dem Bau von Bürohäusern für Banken und Versicherungen ersetzen müssen. Um sich hier zu etablieren, war es allerdings erforderlich, neue Kontakte zu entsprechenden Auftraggebern zu knüpfen.

Neue Auftraggeber – neue Bereiche – Industriebau – Wohnungsbau?

Überlegungen zur Unternehmensstrategie

Aus den Besprechungen und z. T. zwanglosen Unterhaltungen, die in den letzten Wochen mit unseren bisherigen Auftraggebern und sonstigen Geschäftsfreunden geführt wurden, ergibt sich, von Ausnahmen abgesehen, folgendes Bild: Bei den Versicherungsgesellschaften ist der Eigenbedarf an Büroräumen in der Hauptsache erfüllt bzw. wird dies der Fall sein, wenn die jetzt noch schwebenden Projekte ausgeführt sind. [...] Abgesehen von diesen Plänen haben andere Versicherungsgesellschaften weitere Projekte, die aber für unsere Betrachtungen ausscheiden, da wir zu diesen Gesellschaften keine Beziehungen unterhalten [...].

Ein weiterer Auftraggeber waren bisher die Banken. Es besteht kein Zweifel, dass der Raumbedarf dieser Institute im Jahre 1955 in der Hauptsache befriedigt ist. Die Bürohäuser, welche die sonstigen Handels- und Industriefirmen noch planen, finden ihre natürliche Begrenzung in dem allgemein befriedigten Bedarf an Büroräumen. Es verbleiben also nur noch die Industriebauten, die immer angefallen sind und die auch in Zukunft ständig vorhanden sein werden. Unsere Verbindungen zur Industrie müssen als schwach bezeichnet werden. Es wird daher für uns erforderlich sein, diese zu schaffen und sie zu pflegen.

Für die meisten Unternehmungen der Bauindustrie dürfte sich im allgemeinen die gleiche Situation ergeben – mit dem Unterschied, dass zur Industrie vielfach langjährige, feste Bindungen bestehen. In vielen Fällen werden allerdings langjährige Großprojekte im In- und Ausland ein gewisses Auftrags- und Beschäftigungsfundament bilden. Es wird aber überall eine Anpassung an die sich zwangsläufig ergebende, gewisse Verlagerung der Bauaufgaben notwendig sein. Der Wohnungsbau wird dabei für die Bauindustrie eine größere Rolle als bisher spielen müssen. Für unseren Betrieb wird darüber hinaus die Gewinnung neuer Auftraggeber in der Industrie und im Bergbau von entscheidender Bedeutung sein.

Aktennotiz Neumanns „Allgemeines zur Frage, welche Auftragschancen für uns und für die Bauindustrie überhaupt in Zukunft bestehen" vom 17. August 1954.[68]

Dass der Schwerpunkt im Inland liegen würde, schälte sich immer deutlicher heraus. Das Auslandsgeschäft, welches bei der Berlinischen Boden-Gesellschaft nie besonders stark gewesen war, ließ sich trotz entsprechender Versuche nicht mehr beleben. Obwohl sich Vorstand und Aufsichtsrat aufmerksam umschauten und Möglichkeiten in Spanien und im Irak,[69] in Griechenland und Ägypten sondierten, wo im Frühjahr 1953 deutsche Ingenieure das Assuan-Projekt untersuchten und sich die deutschen Großbanken für die Finanzierung interessierten,[70] kamen keine Aufträge zustande. Auch die 1949 gegründete Treuhandgesellschaft für Rückerstattungsvermögen mbH blieb wirkungslos.[71] Diese Tochtergesellschaft sollte ursprünglich die sich aus den bundesdeutschen Restitutionsgesetzen für arisierten jüdischen Grundbesitz ergebenden Möglichkeiten bearbeiten und sich auch in den deutsch-israelischen Handelsaustausch einschalten. *Die Erklärungen, die seitens des Herrn Bundeskanzlers über die Bereitschaft der Bundesrepublik, mit dem Staat Israel und dem Judentum zwecks Regelung der Wiedergutmachungsfrage Verhandlungen aufzunehmen,* so der Vorstand im Januar 1952, *werden aller Voraussicht nach zur alsbaldigen Aufnahme von Handelsbeziehungen zwischen der Bundesrepublik und Israel führen.* Die Hoffnungen, an bestehende Kontakte aus der Vorkriegszeit anknüpfen zu können, als die Berlinische *über eine ihrer Tochtergesellschaften als Exporteurin von Bau- und anderen einschlägigen Industrieerzeugnissen nach Palästina tätig gewesen* war und in *Zusammenarbeit mit namhaften jüdischen Firmen in Palästina* umfangreiche Geschäfte abgewickelt hatte, erfüllten sich jedoch nicht.[72] Ebenfalls erfolglos blieben Ansätze, das traditionelle Geschäft der Projektierung, Entwicklung und Finanzierung großer Bau- und Siedlungsvorhaben sowie ganzer Stadtviertel wieder aufzunehmen. So scheiterte etwa der von Aufsichtsratsmitglied Eduard Christ angeregte Plan zur Gründung einer Kölner City-Bau AG, die in Kooperation mit der „Westboden" alle Grundstücke am Kaiser-Wilhelm-Ring übernehmen und für eine einheitliche Bebauung und Planung dieses Herzstücks der Kölner Innenstadt sorgen sollte.[73] Den anlässlich des Neubauvorhabens der Rhein-Ruhr Bank in Köln 1953 aufgestellten Finanzierungsmodellen war ebenso wenig Erfolg beschieden,[74] und auch Pläne, in Kooperation mit der Bodenkreditanstalt ins Bank- und Baufinanzierungsgeschäft einzusteigen, zerschlugen sich.[75]

VIER PROZENT FÜR 1956 UND 1957 – ERSTE DIVIDENDENZAHLUNG NACH KRIEGSENDE

Die BAUBOAG wurde immer mehr zu einem reinen Bauunternehmen und war nur noch in zweiter Linie eine Grundstücksverwaltungsgesellschaft, letzteres hauptsächlich in Berlin. Damit fuhr sie nicht schlecht, und bereits im Sommer 1955 zeichnete sich eine deutliche Verbesserung ab. Unnachgiebig forderte der Vorstand Aktivitäten ein und bemühte sich selbst darum, die vorhandenen Kapazitäten auszuschöpfen, um ähnliche Erfolge zu erzielen wie die Konkurrenz. Es *erscheint doch wohl auf die Dauer untragbar*, so Combecher, *dass wir ihr in so eklatanter Weise unterlegen bleiben sollten.*[76] Am Ende wurde 1955 bei einem Umsatz von 15 Mio. DM ein Bilanzgewinn von über 160.000 DM erzielt und größtenteils zur Auffüllung der Rücklagen verwendet. Für die Geschäftsjahre 1956 und 1957 schüttete das Unternehmen erstmals seit

Kriegsende wieder eine Dividende von jeweils vier Prozent auf das Grundkapital aus, obwohl vereinzelt immer wieder Rückschläge bei einzelnen Projekten verkraftet werden mussten. Hinzu kamen plötzlich auftauchende Altlasten, Steuernachforderungen oder außerordentliche Abschreibungen. Außerdem entwickelte sich die Berliner Bau-Gesellschaft zu einem Dauerproblem: Sie arbeitete praktisch ohne Eigenkapital, mit der Folge, dass die Zinsbelastung die ohnehin knappen Ergebnisse immer wieder aufzehrte. Auch die Niederlassung Hamburg war eher schwach. Angesichts von Verlusten wurde mehrfach ihre Schließung erörtert, zunächst wurde ihr aber *noch ein weiteres Beobachtungsjahr* gewährt.[77] Als *mit Abstand führend und tragend* bewährte sich dagegen immer wieder die Niederlassung in Essen. Ihre stabilen und durchgehend positiven Ergebnisse bildeten das Fundament des Unternehmenserfolgs.

1958 trug Essen, dem die Zweigniederlassungen in Köln und Düsseldorf angegliedert waren, mit 9,1 Mio. DM oder 56 Prozent zum Gesamtumsatz des Unternehmens in Höhe von 16,3 Mio. DM bei.[78] Im Frühsommer des Folgejahres entfielen mit 6,1 von 8,6 Mio. DM. über 70 Prozent des Auftragsbestands auf diese stärkste Niederlassung. Mit einem Neubau für die Dresdner Bank in Köln, Fernsehstudios für den Westdeutschen Rundfunk sowie Wohn-, Geschäfts- und Bürohäusern für verschiedene Unternehmen standen mehrere Großprojekte in den Auftragsbüchern.

Fernsehstudios des Westdeutschen Rundfunks, Köln, um 1965

Hochhaus der Phoenix-
Rheinrohr AG, Düssel-
dorf, 1960

Hauptverwaltung der
Volkshilfe-Versicherung,
Köln, 1960

Volkshilfe-Versicherung,
Essen, 1957

Den größten Einzelposten aber bildete der Auftrag zum Bau des Kaufhauses Hertie in Bremen mit einem Volumen von über 3,8 Mio. DM. Daneben war die Niederlassung in Arbeitsgemeinschaften mit 2 Mio. DM am Bau zweier Kaufhof-Warenhäuser in Wuppertal-Elberfeld und in Düsseldorf beteiligt. Die Niederlassung Frankfurt errichtete ebenfalls für die Kaufhof AG in Arbeitsgemeinschaft mit Beton & Monierbau ein Kaufhaus in Ludwigshafen/Rhein im Wert von 1,6 Mio. DM und baute 1960 in Dortmund ein Warenhaus um. Hinzu kamen das Kaufhaus Kalle in Wiesbaden sowie verschiedene Großaufträge von Hertie in Wuppertal, Kassel, Wiesbaden, Kaiserslautern und schließlich in Frankfurt, wo das Unternehmen die neue Zentralverwaltung des Hertie-Konzerns errichtete.[79] Die BAUBOAG konnte sich damit in einem wichtigen Marktsegment etablieren. Der Bau von Warenhäusern war profitabel und gut geeignet, die Kompetenz des Unternehmens im Hinblick auf Termintreue und die Bewältigung komplexer Aufgaben zu demonstrieren. 1962 trug der Bereich mit 19,5 Mio. DM bereits 47 Prozent zum Gesamtumsatz bei. Im Juli 1964 lagen Kaufhaus-Aufträge in Höhe von 17,7 Mio. DM vor, was 66,5 Prozent des gesamten Auftragsbestands entsprach.[80]

„Kaufhof",
Mönchengladbach,
um 1965

„Hertie", Wuppertal,
1960

„Hertie", Bremen, 1961

HERTIE, WERTHEIM, KAUFHOF, HORTEN, BILKA, KALLE – KAUFHAUSBAU ALS SPEZIALGEBIET

Die großen Warenhäuser entstanden gegen Ende des 19. Jahrhunderts. Ihr zweiter Aufstieg war ein wesentlicher Bestandteil der sich entwickelnden Wohlstands- und Konsumgesellschaft in der Bundesrepublik.[81] Dieser Trend zog große Bauaufgaben nach sich: Bereits 1952/53 hatte die Berlinische Bau-Gesellschaft für C. & A. Brenninkmeyer in Berlin-Neukölln ein Kaufhaus errichtet. Für die Horten-Merkur AG wurde 1955/56 ein Warenhaus in Essen gebaut und gleichzeitig in Düsseldorf innerhalb von nur drei Monaten *mit allen Kräften* [...] *termingemäß das repräsentative Hochhaus* [...] *auf der Grafenberger Allee erstellt.*[82] 1957 kamen Aufträge der Kaufhof AG in Rheydt und Hanau sowie von Hertie in Emden hinzu. Die BAUBOAG baute für alle Warenhausgesellschaften, aber von besonderer Bedeutung war die Beziehung zum Hertie-Konzern: Schon in den zwanziger Jahren hatte die Berlinische Bau-Gesellschaft für Wertheim, Karstadt und Hermann Tietz gearbeitet. Es ist möglich, dass bereits damals eine persönliche Bekanntschaft zwischen Kurt Neumann, der 1925 bei Haberland eingetreten war, und dem „Kaufhauskönig" Georg Karg entstand, welche der BAUBOAG in den fünfziger Jahren den Einstieg in dieses Geschäft erleichterte. Karg arbeitete ab 1926

„Kaufhof", Ludwigshafen am Rhein, 1961

bei Tietz und wurde nach dem von den Nationalsozialisten erzwungenen Ausscheiden der Eigentümer zunächst Geschäftsführer und später Alleineigentümer des ab 1948 in Hamburg, seit 1965 in Frankfurt ansässigen Hertie-Konzerns. Ende der sechziger Jahre betrieb er über 60 Hertie-Häuser, vier Wertheim-Filialen und 25 Bilka-Kleinpreis-Geschäfte und lag mit einem Umsatz von 4,6 Mrd. DM (1971) unter den führenden deutschen Warenhausgruppen hinter Karstadt an zweiter Position.

Karg, in der Öffentlichkeit kaum bekannt, regierte den Konzern mit einem ausgeprägt patriarchalischen Führungsstil. In den sechziger Jahren verband ihn mit Neumann eine wichtige „Jagdfreundschaft", und die oft freihändig vergebenen Aufträge des zweitgrößten deutschen Warenhauskonzerns trugen wesentlich zu den Gewinnen der BAUBOAG bei. Auf ähnliche Weise bahnte Alfred Hölling die Kontakte zur Kaufhof AG an, dem zweiten gro-ßen Auftraggeber in diesem Sektor.[83] Hier besaß die Dresdner Bank als Großaktionär neben der Commerzbank maßgeblichen Einfluss und konnte die Auftragsvergabe zugunsten der BAUBOAG, die gewissermaßen als *Hausfirma der Dresdner Bank* erschien, beeinflussen.[84] In ähnlicher Weise wie Hertie war auch der Ruhrtalsperrenverein als weiterer wichtiger Auftraggeber der BAUBOAG durch die Freundschaft Klinges mit dessen Vorsitzenden dem Unternehmen verbunden.

„C&A", Berlin-Neukölln, 1955

„Jagdfreundschaft", Geschäftsbeziehungen und Kaufhausbau

Hertie-Chef und „Kaufhaus-König" Georg Karg und Vorstand Kurt Neumann von der BAUBOAG

In Oldenburg konnte der Auftrag für ein unterirdisches Parkhaus für HERTIE mit einer Auf-
tragssumme von DM 6,5 Mio. in Arbeitsgemeinschaft unter unserer Federführung herein-
genommen werden. Die Gesellschaft hat berechtigte Hoffnung, an den KAUFHOF-Bauten
in Gelsenkirchen und Hagen beteiligt zu werden. Nachdem in Berlin das Kaufhaus „bilka"
in Schöneberg mit besonderer Anerkennung für unsere Leistungen seitens des Bauherrn
fertiggestellt worden ist, hat die Gesellschaft in Berlin von HERTIE einen Anschlussauftrag
ohne Konkurrenz für ein Parkhaus in der Chausseestrasse und für einen Anbau an dem
bestehenden Kaufhaus in der Chausseestrasse erhalten. [...] In Süddeutschland ist die
Gesellschaft an größeren Bauten in Hanau, Singen, Böblingen, Frankfurt für HERTIE und
in Saarbrücken, Amberg und Darmstadt für den KAUFHOF tätig.

Aufsichtsratsprotokoll der BAUBOAG vom 6. Dezember 1965.[85]

Herr Georg Karg (sen.) und Herr Hans-Georg Karg (jun.) sind in der Nähe ihres Gutes
Sossau Pächter des Staatl. Hochwildreviers von Bergen/Obb. Das angrenzende Staatl.
Hochwildrevier „Bacherwinkl-Dieselbach" vom Forstamt Ruhpolding-West ist durch das
Ableben des bisherigen Pächters im Dezember vor. Js. zur Neuverpachtung gekommen.

   Vor dem Versteigerungstermin sind die Herren Karg an Herrn Neumann mit der
Frage herangetreten, ob von seiten des Herrn Neumann nicht Interesse besteht, dieses
Hochwildrevier zu pachten. In dem fraglichen Revier liegen einige Almwiesen mit einer
Almhütte, welche zum Gut Sossau der Herren Karg gehören. Das Rotwild wechselt
laufend von dem Revier Bergen zu dem Revier Ruhpolding und ist von dem Revier
Ruhpolding für Herrn Karg sen. leichter zu bejagen als von dem Revier Bergen. Eine
gemeinschaftliche Jagdausübung wäre für beide Pächter sehr interessant. Auch hätten
wir die Möglichkeit, die Alm des Herrn Karg mit zu benutzen. Die Herren Karg haben
auch zum Ausdruck gebracht, dass sie bereit wären, sich an der Pacht zu beteiligen.
Das Interesse auf der Seite Karg ist so stark, dass z. B. Herr Neumann bei seiner letz-
ten Anwesenheit in Berlin telegrafisch und telefonisch angesprochen worden ist, den
Versteigerungstermin in Ruhpolding selbst wahrzunehmen und nicht einen Vertreter
zu entsenden. Dies ist dann auch geschehen.

   In dem Versteigerungstermin kam Herr Neumann mit Gebot von DM 8,- pro Hektar
bei einer Reviergröße von etwa 1.200 ha zu den drei Höchstbietenden. Nach Abgabe
dieses Gebots hat Herr Karg über Herrn Burkhardt, Wien, den für sein Revier zustän-
digen Forstmeister Zimmermann um Befürwortung ansprechen lassen. Ferner ist

Herr Oberregierungsrat Rauch von der Oberforstdirektion in München angesprochen
worden. Auch Herr Dr. Pöhner als Staatssekretär im Bayr. Kultusministerium wurde
um ein Leumundszeugnis für Herrn Neumann ersucht. Der Vorgang liegt nunmehr der
Forstabteilung im Bayr. Landwirtschaftsministerium zur Entscheidung vor, und zwar mit
einer Empfehlung der Oberforstdirektion, Herrn Neumann den Zuschlag zu erteilen.

Der Vorstand gab Herrn Hölling davon Kenntnis, dass er die bisherigen Schritte unternommen hat, da gar keine Ausweichmöglichkeit bestand. Nach reiflicher Überlegung
ist der Vorstand aber zu dem Ergebnis gekommen, dass eine derart enge persönliche
Bindung zu der Familie Karg sich günstig auf die weitere Geschäftsentwicklung auswirken muss. Jede andere Baufirma würde eine derartige Möglichkeit in keinem Falle
vorübergehen lassen. Allein schon die Vorverhandlungen in dieser Angelegenheit haben

Verwaltungsgebäude
der Helmut Horten
GmbH, Düsseldorf, 1954

sich so ausgewirkt, dass wir die Aufträge für die Kaufhäuser in Gießen und in Emden freihändig bekommen haben.

Herr Hölling nahm hiervon Kenntnis und erklärte dazu, dass er seine Zustimmung ohne weiteres erteilen würde, wenn er nicht auf gewisse bankinterne Gründe Rücksicht nehmen müsste. Aus diesem Grunde halte er es für zweckmäßig und notwendig, mit dem weiteren Aufsichtsratsmitglied der Dresdner Bank bei unserer Gesellschaft, Herrn Dr. Schäfer, Rücksprache zu nehmen und dessen Ansicht zu hören. Diese Aussprache sollte anschließend sofort stattfinden. Etwa eine Stunde später hat Herr Hölling Herrn Neumann angerufen und mitgeteilt, dass er nach Rücksprache mit Herrn Dr. Schäfer sich in diesem Fall damit einverstanden erklärt hat, dass Herr Neumann den Vorgang weiter behandelt bis einschließlich Abschluss eines Pachtvertrags. In welcher Form und auf welchem Wege die Gesellschaft Herrn Neumann die Pacht- und sonstigen Unkosten während der Laufzeit des Pachtvertrags erstattet, sollen noch Vorschläge vom Vorstand unterbreitet werden.

Notiz über eine Besprechung zwischen Klinge, Neumann und Hölling vom 14. Januar 1964.[86]

Parkhaus-Auffahrt des „Kaufhof", Wuppertal, 1960

„bilka", Kassel, 1962

„Hertie", Köln, 1957

FORTDAUERNDE BELASTUNG DURCH DAS GRUNDSTÜCKSGESCHÄFT
– STILLE LIQUIDIERUNG DER BERLINISCHEN BAU-GESELLSCHAFT

Angesichts der beeindruckenden Erfolge auf dem Gebiet des Warenhausbaus wirkte der Ausfall der Dividende in den Jahren 1958 und 1959 um so enttäuschender. Die Ursachen lagen nicht allein in den konjunkturbedingt schwachen Ergebnissen der einzelnen Niederlassungen, sondern auch in der Tatsache, dass das Gesamtunternehmen noch immer mit chronisch hohen Kosten belastet war. Wie eine detaillierte Nachprüfung ergab, rührten sie vom Grundstücksbereich und dessen Verwaltungs- und Kreditkosten her. 1958 reichte ein nur leicht positives Ergebnis im Baubereich mit einem saldierten Gewinn der fünf großen Standorte von 81.000 DM – gegenüber 340.000 DM im Jahr 1957 – nicht aus, um diese Kosten zuzüglich einer angemessenen Verzinsung des Eigenkapitals zu erwirtschaften. Nur durch außerordentliche Erlöse, d.h. Buchgewinne bei Verkäufen, kam das Grundstücksgeschäft in die schwarzen Zahlen.[87] In der Normalrechnung zehrte das *Betriebsergebnis des Grundvermögens* die Ergebnisse des Baubereichs weitgehend auf. 1961 entstand ein Minus von 827.219 DM, dem ein Ergebnis der beiden Niederlassungen Essen und Frankfurt von zusammen rund 1,1 Mio. DM gegenüberstand.[88] Wenn einzelne Niederlassungen Verluste erwirtschafteten, übte der Aufsichtsrat wiederholt massive Kritik am Vorstand. Sie ging jedoch an der Wirklichkeit des schwankenden Baugeschäfts wie an der Gesamtsituation vorbei:[89] Abhilfe war nicht primär von Organisationsreformen oder von der Einschränkung chronischer Verlustbringer auf der Bauseite, sondern nur durch eine grundlegende Bereinigung des Strukturproblems der Gesellschaft zu erwarten. Gefragt war also ein neues Unternehmenskonzept. Von mehreren diskutierten Alternativen setzte sich schließlich die forcierte Abwicklung des Grundstücksbereichs gegen die Ausgründung des Baugeschäfts in einer eigenen Gesellschaft durch. Da auch die Stelle von Ernst Lührse in Berlin einschließlich seines Büros wegfallen sollte und anteilige Kosten für einen Kaufmann eingespart werden konnten, würde das für die Jahre ab 1960 auf rund 200.000 DM geschätzte *Bauergebnis* [...] *voll verfügbar sein.*[90]

Dieses anvisierte Ergebnis stand freilich unter dem Vorbehalt, dass es gelang, den Baubereich dauerhaft in die schwarzen Zahlen zu bringen, und das hieß an erster Stelle, die Berlinische Bau-Gesellschaft endgültig zu liquidieren. Nach der Sanierung war dieses Unternehmen auf Betreiben des Vorstands mit viel Hoffnung auf stärkere Beschäftigung und wenig realem Erfolg weitergeführt worden. Auf Drängen des Aufsichtsrats erfolgte dann aber nach und nach eine Verkleinerung, weil immer deutlicher wurde, *dass die Weiterführung der Gesellschaft wirtschaftlich nicht mehr vertretbar ist. Lediglich die derzeitigen politischen Verhältnisse lassen es nicht zu, die Liquidation der Gesellschaft zu beschließen. Die Geschäftsführung der Berlinischen Bau-Gesellschaft mbH ist zu beauftragen, die bereits seit Monaten angestrebte Verringerung der festen Geschäftsunkosten weiter fortzusetzen.*[91] Dies gelang nach und nach, verursachte zunächst aber neue Kosten für Abfindungen. Den Endpunkt der im Frühjahr 1960 definitiv beschlossenen stillen Liquidation, d.h. der allmählichen Einschränkung der Geschäftstätigkeit und Übernahme wesentlicher technischer und kaufmännischer Aufgaben durch die Essener Niederlassung, bildeten der formelle Auflösungsbeschluss vom November 1962 und

Abschied von der Berlinischen Bau-Gesellschaft

Anschließend an die Hauptversammlung nahm Herr Hölling Veranlassung, sich an Hand
des Wirtschaftsprüferberichtes über das Jahresergebnis der Berlinischen Bau-Gesell-
schaft mbH., Berlin-Tempelhof, im Einzelnen und Gesamten zu äußern. Er stellte hierzu
fest, dass der mit rund DM 36.000,- ausgewiesene Reingewinn fiktiv und nur dadurch
möglich geworden sei, dass die BAUBOAG auf eine Zinsbelastung aus den von ihr ge-
gebenen Krediten verzichtet habe. Auch wenn die Berlinische Bau-Gesellschaft mbH
in 1958 die steuerlichen Anforderungen aus der erfolgten Betriebsprüfung verkraftet
habe, sei das Jahresergebnis bei einem Leistungsumsatz von etwa DM 4.000.000,- völlig
unbefriedigend. Eine grundlegende Rationalisierung auf dem Wege eines sukzessiven,
organisatorischen Abbaues zu einer eventuellen Auflösung sei zwingend geboten.
Die nähere Behandlung und Entscheidung auch in dieser Frage soll Gegenstand der zum
30. Juli ds. Js. ohne besondere Tagesordnung einberufenen Aktionärsversammlung sein.

Vermerk Combechers vom 28. Juli 1959.[92]

Die Berlinische Baugesellschaft wird durch stille Liquidation zurückgeführt. Es muss
hier sehr vorsichtig wegen der alten Betriebsangehörigen und der politischen Lage
vorgegangen werden. In der Bilanz 1959 der BAUBOAG ist wegen der Berlinischen
Baugesellschaft bereits eine Wertberichtigung von DM 100.000 erfolgt.

Notiz Höllings für Aufsichtsrat und Hauptversammlung der Dresdner Bank vom
21. Juni 1960[93].

die Löschung aus dem Handelsregister, die im Dezember 1963 erfolgte. Mit einem Bilanzverlust
von 287.000 DM ging die Geschichte der 1906 gegründeten Berlinischen Bau-Gesellschaft zu
Ende.[94]

RÜCKSCHLAG DURCH DEN MAUERBAU: DER VERKAUF DES LICHTBURG-KOMPLEXES

Um 1960 verwaltete die *Grundstücksabteilung* der BAUBOAG neben wenigen Liegenschaften
in Hamburg und München vor allem den bebauten und unbebauten Berliner Grundbesitz. Seine
Schwerpunkte lagen in Wilmersdorf und Schöneberg – dort also, wo einst Kommerzienrat
Haberland bevorzugt tätig gewesen war. Grundstücke in der Gegend des Heidelberger Platzes
waren 1958/59 veräußert worden, Beteiligungsgesellschaften, die Grundbesitz verwalteten, wie
die „Domusbau", die „Ravensbergerstraße" oder die Terraingesellschaft Berlin-Südwesten, hatte
man nach und nach liquidiert. Im März 1961 wurde das letzte unbebaute Grundstück an der
Ecke Kufsteiner Straße / Waghäuseler Straße in Wilmersdorf an das Land Berlin verkauft, das

dort eine Berufsschule errichten wollte. Die Bindung des Kapitals war damit bereits deutlich reduziert worden, freilich verblieben mit einem großen Wohnhausblock im Bayerischen Viertel, einem Hausgrundstück in der Schöneberger Hauptstraße sowie dem 1929 errichteten Lichtburg-Komplex am Bahnhof Gesundbrunnen in Wedding noch einige größere Posten. Sie aufzulösen bildete die vordringliche Aufgabe der neuen, 1958 definitiv beschlossenen Politik.[95]

Insbesondere die Verwertung des Lichtburg-Areals mit Kino, Ladengeschäften und Wohnungen versprach entweder eine deutliche Liquiditätsverbesserung oder – bei vorläufigem Verzicht auf einen Verkauf – eine renditestarke Anlage.[96] Eine Lösung hatte sich allerdings durch einen langwierigen Restitutionsprozeß mit dem früheren Eigentümer Karl Wolffsohn verzögert. Erst zum Jahresende 1959 erfolgte nach Abschluss eines Vergleichs die Übernahme für das Unternehmen unter zunächst guten Konditionen. Einem Buchwert von ca. 850.000 DM standen jährliche Mieteinnahmen von etwa 156.000 DM gegenüber. Wegen der *erheblichen Risiken, die in dem Kino-Pachtvertrag an sich und den Aussichten in der Filmtheaterbranche liegen*, beschloss der Aufsichtsrat im März 1960 dennoch den Verkauf. Kaum waren aber entsprechende Verhandlungen mit der Kinobetreiberin in Gang gekommen, brachte der Bau der Berliner Mauer einen dramatischen Rückschlag, denn das Grundstück lag direkt an der innerstädtischen Sektorengrenze gegenüber dem Bahnhof Gesundbrunnen. Als im Gefolge der Absperrung immer mehr Geschäfte in dem Komplex aufgegeben wurden und sich auch die Schließung des „Corso-Filmtheaters" abzeichnete, war an einen Verkauf nicht mehr zu denken. Versuche, es gemeinsam mit der Kino-Pachtgesellschaft, zum *Kultur- und Unterhaltungszentrum für den Norden* zu machen und den Berliner Senat als Betreiber zu gewinnen, scheiterten. Die Stadtverwaltung erkannte klar, dass dies nur ein Versuch des Unternehmens war, seine wirtschaftlichen Interessen im Fahrwasser der westlichen Politik der Selbstbehauptung zu verfolgen. Auch Interventionen von Pünder, der das zuständige Bonner Ministerium für gesamtdeutsche Fragen einschaltete und davor warnte, dass es *für die Ulbricht-Leute ja geradezu ein gefundenes Fressen wäre, wenn in den nächsten Wochen das „Corso-Filmtheater" seine Pforten schließen sollte*, blieben ergebnislos.[97]

Wohnhäuser am
Meraner Platz, Berlin,
um 1955

„… wäre es für die Ulbricht-Leute ja geradezu ein gefundenes Fressen"

„Lichtburg-Komplex" und Mauerbau 1961

Von den 13 Läden sind 5 bisher gekündigt bzw. aufgegeben worden. Die Möglichkeit einer anderen Vermietung hoffen wir, im Laufe der Zeit zu finden. Die uns hierdurch entstehenden Mietausfälle sind beachtlich, insbesondere mit Rücksicht auf die sonstigen Verlustquellen, die wir in Berlin haben. Diese Einbußen sollen aber zunächst in Anbetracht der politischen Zielsetzung nicht entscheidend sein. Der sichtbare wirtschaftliche Rückgang am Bahnhof Gesundbrunnen unmittelbar an der Grenze zum Osten und im Blickpunkt der Ost-Propaganda ist politisch schon bedenklicher.

Auf dem Grundstück befindet sich nun noch bekanntlich u. a. das Lichtspieltheater „Corso-Filmtheater", welches seit Jahren als Festspieltheater des Nordens ausgestattet und betrieben wird. […] Eine Schließung dieses Theaters würde schockierend auf die Umgebung wirken und der derzeitlichen östlichen Propaganda, dass in Berlin ein allgemeiner Rückgang zu verzeichnen sei, eine sichtbare Bestätigung geben. Aus diesen Überlegungen und aus dieser Überzeugung ist auch unser Vorschlag entstanden, den ganzen Block mit Theater, Restaurant und sonstigen freiwerdenden Räumen als Kultur- und Unterhaltungsstätte für den Norden aufzuziehen. Dies würde eine Übernahme durch den Senat Berlin bedingen, weil es sich um eine öffentliche und politische Aufgabe handelt.

Unsere bisherigen diesbezüglichen Verhandlungen haben uns aber nicht gerade ermutigt. Es ist uns u. a. zu verstehen gegeben, dass für uns mehr oder weniger nur wirtschaftliche, unternehmerische Interessen im Vordergrund stehen. Man gewinnt allgemein den Eindruck, dass die große politische Linie in der Mühle der Bürokratie untergeht. […] Täglich spricht die Ost-Propaganda durch Lautsprecher an der Mauer und im Funk und Fernsehen von der Ratlosigkeit in Berlin über den allgemeinen Rückgang. An z. T. künstlich aufgezogenen Beispielen wird gezeigt, wie alles zurückgeht. […] Es liegt auf der Hand, welche Möglichkeit der östlichen Propaganda vom Bahnhof Gesundbrunnen für Wochen gegeben würde, wenn das große „Festspieltheater", die „Kulturstätte des Nordens", der „Leuchtturm nach dem Osten" die Pforten schließt und der ganze Block im östlichen Scheinwerfer verlassen liegt. Daneben fragt sich natürlich jeder, was von der „Nun-erst-recht"-Devise, von der Behauptung und Förderung des Lebenswillens, besonders auf kulturellem Gebiet, übrig bleibt.

Schreiben der BAUBOAG an Hermann Pünder vom 8. November 1961.[98]

Wenn es überhaupt noch eines Anstoßes bedurfte, endgültig Abschied von Berlin zu nehmen, dann gab ihn der Mauerbau. Seither konzentrierten sich alle Bemühungen darauf, die verbliebenen Grundstücke zu veräußern und dabei notfalls auch Buchverluste in Kauf zu nehmen. Da *die bisherigen Buchwerte durch die politische Entwicklung in Berlin über den Verkehrswerten liegen*, so der Aufsichtsrat im April 1962, wurden jetzt erhebliche Abschreibungen vorgenommen: auf die Lichtburg 260.000 DM, auf den Schöneberger Wohnblock zwischen Kufsteiner, Badenscher und Meraner Straße 300.000 DM.[99] Bereits im Herbst 1963 konnte dann das Kino-Areal für 622.000 DM an die Pächterin verkauft werden. Vor dem Mauerbau hatte man an eine Million DM gedacht, aber wegen des herabgesetzten Buchwerts ergab sich trotz des niedrigeren Preises ein Gewinn.[100] 1964 wurde das Anwesen in der Schöneberger Hauptstraße und im April 1966 schließlich der Wohnblock Badensche Straße zum Preis von rund 2,6 Mio. DM und mit einem Buchgewinn von 800.000 DM an eine Versicherungsgesellschaft abgegeben. *Mit dem Verkauf dieses Grundstücks haben wir, abgesehen von den Grundstücken im Ostsektor, in Berlin keinen Grundbesitz mehr.*[101] Bereits im Frühjahr 1963 war das alte Verwaltungsgebäude am Hamburger Orchideenstieg verkauft worden und auch

Turmkraftwerk zwischen Lister- und Biggetalsperre, 1965

der Erinnerungsposten für den Ostberliner Grundbesitz verschwand schließlich aus der Bilanz.

Die neuerliche Änderung der Firma in BAUBOAG Aktiengesellschaft für Ingenieurbauten des Hoch- und Tiefbaues, die auf der Hauptversammlung vom August 1962 vorgenommen wurde, sollte den eingetretenen Veränderungen Rechnung tragen und noch deutlicher zum Ausdruck bringen, dass die Gesellschaft jetzt ein reines, auf den Ingenieurbau spezialisiertes Bauunternehmen war. Gleichzeitig ließ sich dadurch die lästige Verwechslung mit der Deutschen Bau- und Bodenbank AG in Frankfurt am Main abstellen. Schon seit der ersten Umfirmierung hatte man diese Namensähnlichkeit immer wieder moniert.[102] Dass die neue Firma mit dem Wettbewerber Hochtief AG verwechselt werden könne, befürchtete der Vorstand nicht, denn er wollte in Zukunft das Kürzel BAUBOAG zum Markenzeichen machen. Die Berliner Niederlassung, die aus der liquidierten Berlinischen Baugesellschaft hervorgegangen war, firmierte nun als „BAUBOAG Aktiengesellschaft

für Ingenieurbauten des Hoch- und Tiefbaues, vormals Berlinische Boden-Gesellschaft, Niederlassung Berlin" und erinnerte damit weiterhin an die Herkunft des Unternehmens.

Stützmauer an der Biggetalsperre, 1960

Ruhrtalbrücke Mintard, 1965

ABWERFEN VON BALLAST UND BEEINDRUCKENDER AUFSTIEG: DIE „GOLDENEN SECHZIGER JAHRE"

Trotz der massiven Abschreibung auf die Berliner Grundstücke erzielte die BAUBOAG 1961 einen stattlichen Bilanzgewinn von 300.000 DM. Berücksichtigt man, dass durch den verringerten Wertansatz weitere Gewinne aus dem Jahr 1961 nach 1963, 1964 und 1966 verschoben wurden, als der Verkauf der Grundstücke erfolgte, dann wird deutlich, wie gut das Unternehmen zu Beginn der sechziger Jahre wieder verdiente. Bereits das Geschäftsjahr 1959 erbrachte ein echtes Betriebsergebnis, das allerdings zur Bildung von Rücklagen verwendet wurde: *Der Vorstand erklärt, dass die Gesellschaft aus der Verlustzone heraus ist und dass auch für 1960 mit einem zufriedenstellenden Ergebnis gerechnet werden kann.*[103] Die Grundstücksabschreibungen und Wertberichtigungen bei der Berlinischen Baugesellschaft verzögerten den weiteren Aufstieg nochmals kurz, konnten ihn aber nicht mehr aufhalten. Nachdem sie 1961 verkraftet waren, wiesen alle Kennzahlen steil nach oben. Die eingeschlagene Strategie der Loslösung vom Grundbesitz hatte sich also vollauf bewährt. Der Erfolg der Bausparte, zu deren Aufstieg auch die Konjunktur wesentlich beitrug, führte nun zu echten Gewinnen, die wesentlich höher ausfielen, als noch 1959/60 erwartet. Neuanschaffungen wurden seither degressiv abgeschrieben und die freien Rücklagen bereits seit 1959 bescheiden, ab 1962/63 deutlich gestärkt. Auch die 1960 wieder aufgenommene Dividendenzahlung konnte kontinuierlich von acht bis auf 18 Prozent im Jahr 1965 gesteigert werden. Dieser Satz wurde bis 1968, dem letzten Jahr der Selbstständigkeit, beibehalten.

Bilanzkennzahlen
der BAUBOAG
1958–1968[104]

Jahr	Leistung (Mio. DM)	Bilanzsumme (Mio. DM)	Bilanzgewinn (Mio. DM)	Dividende
1958	k.A.	11,0	0,000	–
1959	20,5	11,5	0,000	–
1960	31,8	10,7	0,240	8 %
1961	38,0	12,0	0,300	10 %
1962	41,7	14,7	0,368	12 %
1963	46,5	19,4	0,431	14 %
1964	49,2	20,5	0,488	16 %
1965	57,8	23,2	0,546	18 %
1966	58,2	24,3	0,912	18 %
1967	47,1	22,6	1,076	18 %
1968	52,2	22,8	1,013	18 %

Auch die Belegschaft profitierte vom Erfolg der BAUBOAG: 1963 wurde eine Unterstützungskasse auf Basis freiwilliger Leistungen des Unternehmens eingerichtet. Die Zuweisung sollte ursprünglich 25.000 DM im Jahr betragen,[105] sie wurde aber schon 1964 auf 150.000 DM zuzüglich der Verzinsung, später auf 250.000 DM erhöht. Langfristig wurde eine Dotierung mit ca. 0,5 Prozent der Lohn- und Gehaltssumme angestrebt.[106] Eine zusätzliche Zuwendung ermöglichte es im Dezember 1965, auch die ursprünglich nicht einbezogenen ehemaligen Beschäftigten der Berlinischen Bau-Gesellschaft aufzunehmen.[107] Bereits 1956 war eine solche Unterstützungseinrichtung versprochen worden, wegen des wirtschaftlichen Einbruchs aber nicht zustande gekommen. Die 1965 abgeschlossene Betriebsvereinbarung gewährte zusätzlichen bezahlten Urlaub, eine von Fall zu Fall zu vereinbarende Weihnachtsgratifikation sowie einmalige Unterstützungsleistungen bei Arbeitsunfähigkeit, Sterbefällen und sonstigen Notfällen. Jubiläumszahlungen waren nach Dauer der Betriebszugehörigkeit abgestuft: 200 DM bei zehn, 600 DM bei 25 und 900 DM bei 40 Jahren. Im Frühjahr 1962 kamen ein Essenszuschuss von einer Mark sowie Zuschläge zu den Tariflöhnen und -gehältern zwischen zehn und dreißig Pfennigen je Stunde bzw. 25 und 75 DM je Monat hinzu.[108] Aus Anlass des 75-jährigen Bestehens des Unternehmens erhielten im März 1965 alle Arbeitnehmer je nach Dauer der Betriebszugehörigkeit eine steuerfreie *Jubiläumsgabe* zwischen 25 DM und 500 DM, der Gesamtaufwand dafür betrug 167.550 DM.[109] *Wir wünschen und hoffen*, so der damit verbundene Appell des Vorstands, *dass auch in Zukunft jeder an seinem Platze sein Bestes gibt, was nicht zuletzt zur Sicherung des Arbeitsplatzes beiträgt und damit der Erhaltung der eigenen Existenz dient.*[110] Solche freiwilligen sozialen Leistungen des Unternehmens dienten natürlich auch dazu, die Arbeitskräfte an den Betrieb zu binden und dem gerade im Zeitalter der Vollbeschäftigung gravierenden Problem der Abwanderung entgegenzuarbeiten – mit Erfolg, wie der Vorstand 1962 feststellte: *Eine Abwerbung von Arbeitskräften ist nicht mehr festzustellen. Die bei der Gesellschaft tätigen alten Stammkolonnen sind nach wie vor die Träger der Hauptleistung.*[111]

Das Baugeschäft dieser Jahre wurde überwiegend von den Niederlassungen Essen und Frankfurt am Main getragen. Hamburg, München und Berlin steuerten nur wenig zu Umsatz und Ergebnis bei. Das Kaufhausgeschäft blieb weiter ein Schwerpunkt, gebaut wurde für Hertie und Kaufhof, vor allem in Südwestdeutschland sowie an Rhein und Ruhr, vereinzelt auch in Bayern, Norddeutschland und in Berlin.[112] 1967 errichtete die BAUBOAG zusammen mit den Krupp-Baubetrieben die Hauptverwaltung der Karstadt AG in Essen. Bei diesem Objekt mit einer Bausumme von 16 Mio. DM und einem BAUBOAG-Anteil von einem Drittel machte das Unternehmen allerdings gut 2,5 Mio. DM Verlust.[113] Mit wesentlich besserem Erfolg baute die Frankfurter Niederlassung die neue Hertie-Zentrale und eine Reihe von Kaufhäusern im Rhein-Main-Gebiet. Industrieunternehmen wie die Farbwerke Hoechst und Wasserwirtschaftsverbände waren weitere wichtige Kunden. Für letztere wurden Kraftwerke und sonstige Bauten in den rechtsrheinischen Mittelgebirgen errichtet, unter anderem an der Möhnetalsperre sowie an der Bigge- und der Hennetalsperre. *Der wesentliche Kern der Bauherrschaft* blieb über die Jahre verhältnismäßig konstant und bestand, wie der Vorstand gegen Ende der selbstständigen Zeit der BAUBOAG berichtete, *aus alten Kunden wie Hertie, Kaufhof, Kaufhalle, Farbwerke Hoechst, Kalle und anderen, zu denen in letzter Zeit noch*

Über dem Berg

Die BAUBOAG zu Beginn der sechziger Jahre

Die Gesellschaft (Grundkapital: DM 3.000.000,-, welches uns [der Dresdner Bank, d. Verf.] mit 2.827.300,- gehört) ist nach jahrelangen Schwierigkeiten wirtschaftlich und personell in Ordnung. Per 31.12.1960 wird ein Reingewinn von DM 240.000,- ausgewiesen, welcher zur Verteilung einer Dividende von acht Prozent (erstmalig!) verwandt werden soll. In den Vorräten stecken angemessene Reserven.

Die Liquidation der außerhalb der jetzt in eine Baugesellschaft umgewandelten Firma gelegenen Vermögenswerte wird weiter fortgeführt. Der Restitutionsprozess auf dem Berliner Grundstück Behmstraße ist verglichen worden; es schweben aussichtsreiche Verhandlungen, eine Hypothek aufzunehmen und dann das Grundstück zu verkaufen, wobei voraussichtlich ein angemessener Buchgewinn bleiben wird. Auch wegen Verkauf eines alten, großen Mietobjekts in Berlin-Schöneberg stehen Verhandlungen kurz vor dem Abschluss.

Die Umorganisation der Gesellschaft ist durchgeführt, die Verlustquellen in den verschiedenen Filialen sind restlos beseitigt und auch dort die entsprechenden personellen Umbesetzungen erfolgt.

Die Berliner Tochtergesellschaft wird langsam liquidiert, die Lösung der Arbeitsverhältnisse alter Angestellter der ehemaligen Berlinischen Boden-Gesellschaft, die teuer war und wobei besonders große soziale Rücksichten genommen werden mussten, ist weitgehend durchgeführt, so dass die weitere Liquidation voraussichtlich nur noch unerhebliche Beträge kosten wird.

Die Umstellung der Gesellschaft auf eine gesunde Basis, die jetzt erreicht worden ist, hat viel Energie, Mühe und natürlich auch viel Ärger gekostet; wir betrachten die jetzt erstmals ausgeschütteten acht Prozent Dividende als einen Anfang!

Vermerk Alfred Höllings für den Vorstand der Dresdner Bank vom 29. Juni 1961.[114]

neue Kunden hinzugekommen sind, z. B. die Goldzackwerke. Außerdem wird für die Städte Essen und Düsseldorf gebaut.[115] Für öffentliche Auftraggeber wie Bahn und Post, Landes- oder Kommunalbehörden entstanden Verwaltungsgebäude, Schwimmbäder, Krankenhäuser und Strafanstalten. Vereinzelt wurden auch Straßenbrücken gebaut. Einen der größten Aufträge bildete der 1965 begonnene Bau der Ruhr-Universität Bochum. An diesem nicht nur bautechnisch, sondern auch bildungspolitisch bedeutenden Großprojekt im Gesamtumfang von zwei Milliarden DM war die BAUBOAG in einer Arbeitsgemeinschaft von zehn Firmen unter Führung der Strabag beteiligt. Neben Straßen, Parkplätzen und eigens für die Universität geschaffenen Autobahnabfahrten waren Institutsgebäude nach standardisierten Bauverfahren unter Verwendung vorgefertigter Teile zu erstellen. Auch für die Max-Planck-Gesellschaft wurde gebaut. Pünder knüpfte hier ebenso die Kontakte wie bei den Neubauvorhaben der Kölner Universität.[116] Dass die Arabische Liga die BAUBOAG wegen Pünders Aktivitäten bei der deutsch-israelischen Verständigung 1963 auf ihre Boykottliste setzte, konnte dem Unternehmen nichts anhaben.[117]

Institutsgebäude der
Ruhr-Universität
Bochum, 1966

Hauptverwaltung der
Hertie AG, Frankfurt-
Niederrad, 1969

Ruhr-Universität
Bochum, 1968

ZWISCHENBILANZ

Die sechziger Jahre bildeten für die BAUBOAG, die nach dem Wechsel Combechers in den Aufsichtsrat im Sommer 1960 von dem eingespielten Team Neumann und Klinge allein geführt wurde, insgesamt eine Zeit des Erfolgs und der Gelassenheit. Für alle möglichen Risiken, auch für einen Rückgang der Konjunktur, wurde durch starke Abschreibungen, Bildung von Rücklagen und vorsichtige Bewertung des Vermögens Vorsorge getroffen. Gleichwohl konnte die Dividende kontinuierlich gesteigert werden, ganz so wie es die Unternehmensleitung zu Beginn des Jahrzehnts angestrebt hatte.[118] Zwischen 1959 und 1960 war der BAUBOAG ein Umsatzsprung von 20,5 auf 31,8 Mio. DM einschließlich des Berliner Geschäfts gelungen. Bereits 1962 wurden 40 Mio. überschritten, 1964 die Marke von 50 Mio. knapp erreicht. Dies alles bewältigte das Unternehmen mit einem Anlagevermögen, das zwischen 1958 und 1962 nur mäßig von 2,1 auf 3,3 Mio. DM wuchs. Danach ging es trotz hoher Investitionen bis 1966 auf 1,2 Mio. DM zurück, was auf massive Abschreibungen zurückzuführen ist. Mit den vorhandenen Kapazitäten konnte nach Ansicht der Unternehmensleitung problemlos ein Umsatz von bis zu 100 Mio. DM im Jahr bewältigt werden, wobei die wirtschaftliche Untergrenze bei 40 Mio. DM gesehen wurde.[119]

Die durchgreifend verbesserte innere Leistungsfähigkeit führte nicht nur zu einer exzellenten Rentabilität, sondern sorgte auch dafür, dass die BAUBOAG problemlos durch die Rezession von 1966/67 kam und von Turbulenzen verschont blieb, die ihren Wettbewerbern zu schaffen machten. Während manches Unternehmen unter Druck geriet, weil es zu viel investiert hatte, war man sich in Düsseldorf sicher, dass trotz der Eintrübung *für unsere Gesellschaft noch kein Grund zur Beunruhigung vorliegt.*[120] Das Anlagevermögen war niedrig und wurde vom 1966 erhöhten Grundkapital mehrfach überdeckt. Der Umsatz konnte gehalten werden und das Auftragspolster war bei der BAUBOAG zu Beginn der Rezession deutlich höher als im Durchschnitt der Bauindustrie. *Zwischenbilanz per 30.9.1966 ausgezeichnet. Vorausschau auf den Jahresabschluss ergibt die Unterbringungsnotwendigkeit von etwa DM 3 Mio. Gewinn, hervorragend aus bisher noch guten Objekten; angeblich soll auch noch das Jahr 1967 rentabilitätsmäßig günstig werden.* So notierte Hölling im Dezember 1966.[121] Immer noch gelang es, kostendeckende Aufträge hereinzuholen. Das Unternehmen profitierte von seiner Ausrichtung auf den anspruchsvollen Hochbau, der weniger von der Krise betroffen war, nach wie vor auch vom Warenhausbau, von seinen privaten Auftraggebern und vor allem von seinem exzellenten Ruf. Allerdings mehrten sich auch *Bemerkungen von Bauherren, dass die BAUBOAG zu hohe Preise hätte (u.a. Karg von Hertie).*[122] Bis 1966 hatten sich in den offenen Rücklagen fünf Millionen DM angesammelt. Daraus wurde die erforderliche Kapitalerhöhung von drei auf fünf Millionen DM bestritten. Auch das neue Kapital konnte problemlos mit einer Dividende von 18 Prozent bedient werden. Im selben Jahr fiel der Beschluss zum Bau einer neuen Hauptverwaltung, für die in Essen ein Grundstück erworben wurde.

1965: 75-JÄHRIGES FIRMENJUBILÄUM UND DAS „ENDE DER NACHKRIEGSZEIT"

Am 23. März 1965 beging die BAUBOAG das 75-jährige Jubiläum der Gründung von Haberlands Berlinischer Boden-Gesellschaft, die am 24. Februar 1890 stattgefunden hatte, mit einem *Herrenessen im kleinen Kreise*, wie es in der Einladung des Aufsichtsratsvorsitzenden hieß.[123] Knapp dreißig handverlesene Gäste aus der Führungsetage des Unternehmens, aus dem Aufsichtsrat und dem Kreis der Berater, Kunden und Geschäftsfreunde trafen sich im Düsseldorfer Hotel Breidenbacher Hof: *19:30 Abendessen. Nach der Vorspeise Begrüßung von mir. Nach der Suppe Vorstandsbericht von Herrn Neumann*, notierte sich Alfred Hölling für den Ablauf. Kurt Neumann hatte die letzten vierzig Jahre der Unternehmensgeschichte selbst miterlebt und tatkräftig mitgestaltet. In einem eher persönlichen Ton ließ er das bewegte Schicksal der Gesellschaft noch einmal Revue passieren: von den „goldenen" Jahren vor 1914 über die Krisen und Konjunkturen der Weimarer Epoche bis hin zum Nationalsozialismus und der als *sehr kritische Zeit* sowie als Bedrohung für das Unternehmen im Gedächtnis gebliebenen Phase der „Arisierung".[124] In der knapp gehaltenen Ansprache des seit 1937 eng mit dem Unternehmen verbunden Aufsichtsratsvorsitzenden Hölling war dagegen von Haberland gar nicht und von der Vergangenheit des Unternehmens in Kaiserreich, Weimarer Republik und NS-Deutschland nur wenig die Rede, viel mehr dagegen vom Wiederaufbau nach 1945 und dem seither Erreichten.

Nach schwieriger *Umstellung auf eine reine Baugesellschaft* sei die BAUBOAG *schließlich – bescheidener Weise gesagt – eine kleine Perle unter den deutschen Baufirmen, die sich durch große technische Leistungen und beste Kenntnisse das Vertrauen aller ihrer Bauauftraggeber erworben habe.* Bauleistungen und Bilanzen bestätigten das positive Fazit, welches der Aufsichtsratsvorsitzende aus der jüngsten Unternehmensgeschichte zog – angesichts der Erfolgszahlen kam die Charakterisierung beinahe einer Untertreibung gleich. Die neu aufgestellte und höchst profitable Baugesellschaft hatte ihren Platz in der prosperierenden bundesdeutschen Volkswirtschaft gefunden.

Das Jubiläumsjahr 1965 lässt sich auch im größeren Rahmen als Epochenschwelle begreifen: In der Bundesrepublik war der Wiederaufbau erfolgreich abgeschlossen. Das Land hatte den Anschluss an die westliche Welt nicht nur erreicht, sondern nahm in ihr einen ökonomisch und politisch bedeutenden Platz ein. Gleichzeitig war nicht zu übersehen, dass sich die wirtschaftlichen Wachstumskräfte allmählich erschöpften und die außergewöhnliche Entwicklung der vorangegangenen 15 Jahre einer neuen Normalität mit geringeren Wachstumsraten, stärkeren Verteilungskonflikten und einer höheren Verschuldung der öffentlichen Haushalte weichen würde. In seiner Regierungserklärung vom 10. November sagte Bundeskanzler Ludwig Erhard, das Jahr 1965 liege *hinter jener weltpolitischen Phase, die wir als Nachkriegszeit bezeichnen – die Nachkriegszeit, in der die Bundesrepublik entstand, in der sie zunächst als Objekt der Weltpolitik, später als aktiv handelnde Macht Gewicht erlangte* [...]. *Unser deutsches Modell einer modernen Wirtschafts- und Sozialordnung gerät aus dem Höhenflug des einstmals als „Wunder" erschienenen Erfolges in die natürliche Phase alltäglicher Bewährung.*[125] Im Sommer 1965 hatte der vierte Konjunkturzyklus in der Geschichte der Bundesrepublik, getrieben vor allem von der Auslandsnachfrage nach deutschen Industrieerzeugnissen, seinen Höhepunkt erreicht. Im Herbst des darauffolgenden Jahres machte sich die neue Normalität als erste Rezession der Nachkriegszeit bemerkbar. Auch für die BAUBOAG und nicht zuletzt für die Bauindustrie insgesamt sollte bald eine neue Epoche beginnen. Sie war von stärkeren Schwankungen und vermehrter Unsicherheit, vor allem aber von grundlegenden strukturellen Veränderungen geprägt. Dieses neue Klima bildete den Rahmen für einen einschneidenden Wandel in der Entwicklung der drei Vorläuferunternehmen von Bilfinger Berger. Nicht ohne Grund sollte die prosperierende BAUBOAG im anlaufenden Fusionsprozess immer wieder das Interesse anderer Baugesellschaften auf sich ziehen.

DIE BILFINGER BERGER AG

ENTSTEHUNG UND ENTWICKLUNG DES UNTERNEHMENS VON DEN SECHZIGER JAHREN BIS ZUR GEGENWART

In der Wirtschaftsgeschichte der Bundesrepublik bilden die sechziger Jahre eine Übergangszeit. Auf den Wiederaufbau und die Beseitigung der Kriegsschäden, welche die vorangegangenen anderthalb Jahrzehnte geprägt hatten, folgte eine Phase der Konsolidierung und Neuorientierung. Die Gewichte zwischen den Wirtschaftssektoren verschoben sich und technische Innovationen gewannen an Bedeutung. Ein allgemeiner Trend zu Rationalisierung und steigendem Kapitaleinsatz, das Entstehen immer größerer industrieller Einheiten und schließlich die zunehmende Öffnung der Märkte auf europäischer und internationaler Ebene veränderten die Struktur der bundesdeutschen Volkswirtschaft in hohem Tempo. Dabei dauerte das „goldene Zeitalter" der Expansion, der Vollbeschäftigung und des steigenden Wohlstands zunächst noch an, aber die Zuwachsraten des Sozialprodukts gingen bereits seit Beginn der sechziger Jahre kontinuierlich zurück. Immer deutlicher zeichnete sich ab, dass die Wachstumskräfte der Nachkriegszeit bald erschöpft sein würden. In den Jahren 1966/67 erlebte die Bundesrepublik schließlich die erste regelrechte, wenn auch im Vergleich mit späteren Tiefs noch sehr harmlose Rezession mit einem realen Rückgang des Sozialprodukts um 0,5 Prozent und einem kurzfristigen Anstieg der Arbeitslosigkeit von 161.000 Personen im Jahr 1966 auf 460.000 im Folgejahr. Diese Krise leitete das Ende der „Rekonstruktionsperiode" (Abelshauser) und den Übergang zu einem neuen ökonomischen Bewegungsmuster ein.[1]

1964/65: DIE BAUINDUSTRIE AM KULMINATIONSPUNKT – ABSCHIED VOM „NORMALEN WACHSTUM"

An den Leistungen der Bauwirtschaft lässt sich diese Entwicklung nachvollziehen. Zu Beginn der sechziger Jahre hatten die Prognosen durchaus günstig gelautet: Bei einem angenommenen Wirtschaftswachstum von real vier bis fünf Prozent rechnete man mit einer jährlichen Zunahme des Bauvolumens um drei Prozent, im Durchschnitt der Jahre 1950 bis 1959 hatte sie noch 8,5 Prozent betragen.[2] Für die einzelnen Bereiche wurden dabei unterschiedliche Steigerungsraten erwartet: Der Wohnungsbau würde stagnieren und sich vom sozialen Mietwohnungsbau auf den Eigenheimbau und die Sanierung vorhandener Gebäude verlagern. Im Industriebau wurde durchschnittliches Wachstum mit einem deutlichen Schwerpunkt auf der Errichtung von Gebäuden für den Handel vorhergesehen. Weiterhin überproportionale Zuwachsraten von insgesamt 6,5 Prozent wurden für den öffentlichen Bau prognostiziert, der Tiefbau sollte dazu mit 7,5, der Hochbau mit 5,5 Prozent beitragen. Bis 1964 übertrafen die Umsätze des

Bauhauptgewerbes diese günstigen Wachstumsprognosen. Dann allerdings machte sich eine deutliche Abschwächung bemerkbar. Seit Jahresanfang 1966 gingen die Aufträge und in ihrem Gefolge auch die Investitionen zunächst leicht, ab Sommer des Jahres dramatisch zurück, wie eine Studie des Ifo-Instituts für den Hauptverband der Deutschen Bauindustrie belegte.[3] Seit der zweiten Jahreshälfte 1966 zeichneten sich nicht nur ein konjktureller Einbruch, sondern auch ein grundlegender Strukturwandel ab. Die volkswirtschaftliche Abteilung der Dresdner Bank in Düsseldorf sah eine *Abschwächung der Expansion im Baugewerbe* voraus und prognostizierte eine längere Stagnationsperiode: *Zweifellos befindet sich die Bauwirtschaft damit nunmehr in einer kritischen Phase ihrer Entwicklung. Es treffen strukturelle Nachfrageveränderungen mit einer allgemeinen Konjunkturabschwächung und einer Liquiditätsanspannung in der gesamten Wirtschaft zusammen.* Von einer regelrechten Krise mochten die Volkswirte der Dresdner Bank allerdings nicht sprechen: *Die Veränderungen – so einschneidend sie zum Teil auch sein mögen – sind nicht zuletzt auch als eine Normalisierung anzusehen. Für einen Wirtschaftszweig, der jahrelang in so außergewöhnlichem Maße expandierte, kann ein Umschwung in der bisherigen Entwicklung nicht ganz überraschend kommen.*[4]

Obwohl es sich tatsächlich nur um eine Konsolidierung nach Jahren beispielloser Expansion handelte, wurde in der wachstumsverwöhnten deutschen Wirtschaft die Stagnation mit Bedenken aufgenommen. Regelrecht bedrohlich erschien die Situation aber, als sich für das Jahr 1967 erstmals ein Rückgang der Bauleistung abzeichnete. Die erwartete Abnahme um zehn Prozent, so formulierte etwa der Vorstand der BAUBOAG, *bedeutet eine Abschwächung – gemessen am normalen Wachstum – um rund 15 Prozent.*[5] Eben von dieser Selbstverständlichkeit „normalen Wachstums" musste sich die Bauwirtschaft wie alle anderen Branchen verabschieden. Sie wurde allerdings durch einen Einbruch der öffentlichen Bautätigkeit besonders heftig getroffen. Er resultierte aus den seit 1962 immer größer werdenden Etat-Defiziten. 1965 belief sich der Fehlbetrag aller öffentlichen Haushalte in der Bundesrepublik bereits auf zwei Milliarden DM. Die Folge waren trotz eines weiterhin bestehenden Investitionsbedarfs massive Einschränkungen im Straßenbau und im sonstigen öffentlichen Bau. Da dieser Bereich mittlerweile rund 60 Prozent des gesamten Bauvolumens ausmachte, wirkten sich Kürzungen entsprechend negativ aus.[6] Forderungen nach ausgabensteigernden *Lenkungsmaßnahmen der öffentlichen Hand*, wie sie die Bauwirtschaft damals erhob, besaßen wenig Aussichten auf Erfolg.[7]

STRUKTURWANDEL DER BAUINDUSTRIE

Der Geschäftsbericht der Grün & Bilfinger AG für das Jahr 1966 formulierte besorgt: *Ob der Tiefpunkt für die Bauwirtschaft noch vor uns liegt, wird zur Zeit niemand erkennen; die Meinungsäußerungen sind zu unterschiedlich. Wir glauben, richtig zu handeln, wenn wir uns auf eine längere Durststrecke einstellen.*[8] Geringere Auslastung und schwindende Auftragspolster bei ausgeweiteten Kapazitäten, Konkurrenz zu Preisen unter Selbstkosten und schließlich hohe Zinsen, die Bauindustrie und Auftraggeber gleichermaßen belasteten, verdunkelten die Aussichten deutlich. Gemessen an späteren Einbrüchen waren Ergebnisse, Gewinne und Dividenden des Mannheimer Unternehmens ebenso wie der BAUBOAG aber immer noch vergleichsweise üppig.

„Neue Schatten über der Bauwirtschaft"

Rezession, öffentliche Haushalte und Kapitalmarkt im Spiegel der Fachpresse

In den letzten Wochen haben sich die Wolkenschatten über der Bauwirtschaft trotz vieler schöner Versprechungen unserer um ihre Wiederwahl besorgten Politiker zunehmend verfinstert. […] Durch Rundschreiben hat Bundesfinanzminister Dahlgrün bereits die obersten Bundesbehörden aufgefordert, für 1965 von Anträgen auf Befreiung von der 20 prozentigen Bausperre für Bundesbauten von vornherein abzusehen; Ausnahmen gelten nur für dringendste Bedürfnisse der Wissenschaft. […]

Aus diesen Ausführungen ergibt sich, dass der Hauptleidtragende wieder die Bauwirtschaft sein wird, denn die Bauetats sind nach alter Erfahrung nun einmal am leichtesten dem Rotstift zugänglich. Kürzungen am Personalaufwand sind, nicht nur wegen der verbrieften Beamtenrechte, nur durch langfristige Rationalisierungsmaßnahmen möglich, die bisher immer wieder stecken geblieben sind. […]

Zu den Sorgen, die der Bauwirtschaft die Anspannung des Bundeshaushalts und der mit ihm wie durch kommunizierende Röhren verbundenen Haushalte der Länder und Gemeinden verursacht, kommt auch noch die zunehmende Anspannung des Kapitalmarktes hinzu, die in den vergangenen Wochen eine neue Zuspitzung erfahren hat. Diese Entwicklung beschneidet nicht nur den Finanzierungsspielraum der Auftraggeber der Bauwirtschaft, sondern belastet sie auch mit Zinsmehrkosten, die über kurz oder lang sich in der Zurückstellung von Bauplänen auswirken müssen. Dies gilt sowohl für die privaten Auftraggeber wie für die vielen öffentlichen Hände, die nicht unmittelbar dem Rotstift des Bundesfinanzministers zugänglich sind.[9]

Es war jedoch nicht zu übersehen, dass sich die Bauwirtschaft in einem strukturellen Übergang befand, der neue Anforderungen stellte. Infolge der zunehmenden Mechanisierung wuchs das Anlagevermögen der Unternehmen, das immer weniger allein durch Eigenkapital abgedeckt werden konnte. Das durchschnittliche Auftragsvolumen stieg, und die mit der Finanzierung bzw. Vorfinanzierung von Großaufträgen verbundenen Probleme ließen sich von der stark kleinbetrieblich geprägten Branche kaum bewältigen. 1965 besaßen immer noch 48.000 oder drei Viertel der Unternehmen des Bauhauptgewerbes weniger als 20 Beschäftigte, 56.000 Betriebe oder 87 Prozent erwirtschafteten einen Umsatz von weniger als einer Million DM. In den Unternehmen und Verbänden der Bauwirtschaft setzte sich immer mehr die Einsicht durch, dass eine beschleunigte Entwicklung zum industriellen Großbetrieb mit entsprechenden Ressourcen und Finanzierungsmöglichkeiten erforderlich sei. Die einsetzende Stagnation verstärkte den Druck. Bereits bevor sich die Rezession in der Bauwirtschaft bemerkbar machte, brachte sie einzelne Gesellschaften in massive Schwierigkeiten. Betroffen waren besonders jene, die ihre Kapazitäten kurz zuvor noch ausgeweitet hatten. Insgesamt steuerten aber alle Unternehmen

„… einer der letzten Wirtschaftszweige, die vom
Konzentrationsprozess erfasst werden"

Fusionsprognosen für die Bauindustrie aus dem Jahr 1963

*Alle Anzeichen deuten darauf hin, dass sich die Bauindustrie in dem Anfangs-
stadium eines Konzentrationsprozesses befindet, der seinesgleichen sucht. Das
Besondere ist, dass die Bauindustrie einer der letzten Wirtschaftszweige ist, die
vom Konzentrationsprozess erfasst werden. Der Grund hierfür ist, dass das Baugewerbe bis zum Zweiten Weltkrieg mehr handwerklich als industriell ausgerichtet
war. Die Mechanisierung setzte relativ spät ein, weil das Baugewerbe nicht stationär
ist und den kontinuierlichen gleichmäßigen Produktionsprozess nicht kennt. […]
Die Wirtschaftszweige, die ihren Konzentrationsprozess bereits vor Jahrzehnten und
länger begonnen haben, wie Banken, Stahlindustrie und Petrochemie, zeigen der
Bauindustrie das Bild ihrer eigenen Zukunft, mit dem Unterschied, dass der Konzentrationsprozess in der Bauindustrie sich ungleich schneller vollziehen wird. […] Dieser
Prozess wird schmerzhaft sein, aber er ist unvermeidlich. […] Die Konzentration steht
in engem Zusammenhang mit der Industrialisierung der Bauindustrie, die seit den
fünfziger Jahren ein immer schnelleres Tempo angenommen hat. Dieser früher sehr
lohnintensive Produktionszweig wird heute mehr und mehr kapitalintensiv. […]*

*   Die gegenwärtige Struktur der deutschen Bauindustrie deutet darauf hin, dass der
Konzentrationsprozess erst begonnen hat und in den nächsten Jahren immer schärfere
Formen annehmen wird. […] Die Entstehung eines großen Marktes in Europa wird den
Zwang zur Konzentration in der Bauindustrie weiter verschärfen. Die EWG erfordert
größere Unternehmen, denn sie bringt nicht nur den größeren Wirtschaftsraum, sondern
auch die größere Konkurrenz.*

Götz Hohenstein: „Konzentration in der Bauwirtschaft", in: Frankfurter Allgemeine
Zeitung, Wirtschaftsblatt vom 11. Mai 1963.

auf eine schwierige Zeit zu, wenn es ihnen nicht rechtzeitig gelang, den neuen Anforderungen
gerecht zu werden.

In diesem Klima des Strukturwandels, der Krisenszenarien und erster Firmenzusammenbrüche
verdichteten sich die Bemühungen, die Leistungsfähigkeit der Bauwirtschaft durch Zusammen-
schlüsse zu verbessern und die Unternehmensgrößen der allgemeinen industriellen Entwicklung
anzupassen. Die Akquisition von Beteiligungen und der Firmenzusammenschluss gewannen als
Expansionsstrategien neben der Umsatzausweitung immer mehr an Bedeutung; vor allem der
überwiegend mittelständische Charakter der Bauwirtschaft legte dies nahe. In der ersten Hälfte
der sechziger Jahre wurden entsprechende Überlegungen in den Verbänden der Bauindustrie, bei

allen Unternehmen der Branche und in der Fachpresse verstärkt angestellt: *Das nächstliegende, nämlich, dass Ingenieurbaufirmen, die zur „gehobenen Mittelklasse" gehören, sich zu einer freiwilligen Interessengemeinschaft zusammenschließen oder sogar fusionieren, ist bisher noch nicht vorgekommen. Doch dürfte es nur eine Frage der Zeit sein, dass die Entwicklung diesen freiwilligen Zusammenschluss erzwingt.*[10] Derartige Bündnisse, wie sie ein weit vorausschauender Fachmann bereits 1963 kommen sah, scheiterten zunächst freilich am Streben der einzelnen Gesellschaften, ihre Eigenständigkeit auch unter schwieriger werdenden wirtschaftlichen Bedingungen zu erhalten. Erste Beispiele für die einsetzende Konzentration waren das Zusammengehen des Essener Unternehmens E. Hegerfeld Industriebau KG mit der Huta, Hoch- und Tiefbau AG aus Hannover zur neuen Huta-Hegerfeld-AG im Jahr 1962 oder die Übernahme der Aktienmehrheit der Düsseldorfer Boswau & Knauer AG durch die gewerkschaftseigene Deutsche Bauhütten GmbH im Frühjahr 1965. Boswau & Knauer selbst hatte noch ein Jahr zuvor die Kölner Artur Simon Baugesellschaft mbH aufgekauft. Ab 1964 übernahm die Strabag in Köln sukzessive die Düsseldorfer Allgemeine Hoch- und Ingenieurbau AG (AHI), die unter Kapitalmangel litt und infolge starker Ausweitung des Umsatzes erhebliche Verluste machte.[11] Götz Hohenstein, Vorstandsvorsitzender der AHI, wurde dabei zum prominenten Opfer seiner eigenen Prophezeiungen.

KAPITEL 7

ZEIT DER FUSIONEN – ERSTE ETAPPE

WIRTSCHAFTLICHER STRUKTURWANDEL UND DER ZUSAMMENSCHLUSS VON JULIUS BERGER UND BAUBOAG 1965 BIS 1971

Die Fusion von Grün & Bilfinger, Julius Berger und BAUBOAG zur späteren Bilfinger + Berger Bauaktiengesellschaft bildete einen Zusammenschluss von *Ingenieurbaufirmen der gehobenen Mittelklasse*, wie er zu Beginn der Konzentrationsdebatte vorhergesagt worden war. Dabei befanden sich die drei Unternehmen in einer besonderen Situation: Auf Grund der Beteiligung der Dresdner Bank schien ein Bündnis zwischen ihnen und eventuell weiteren Gesellschaften im Einflussbereich der Bank besonders naheliegend zu sein. Möglicherweise konnte es zum Kristallisationskern eines größeren Zusammenschlusses werden, der aus einer Reihe von mittelgroßen Unternehmen einen schlagkräftigen Baukonzern ersten Ranges formieren würde. Die Fusion – zunächst zwischen Berger und BAUBOAG, anschließend mit Grün & Bilfinger – erfolgte in mehreren Schritten innerhalb eines vergleichsweise engen Zeitraums von 1969 bis 1975. Sie ist jedoch eingebunden in den skizzierten Kontext konjunktureller und struktureller Veränderungen von Volkswirtschaft und Bauwirtschaft und in die jahrelange Diskussion über den erforderlichen Wandel des Sektors. Die Geschichte des Fusionsprozesses beginnt deshalb bereits in der ersten Hälfte der sechziger Jahre. Das Ende der beispiellosen Expansion und der sich abzeichnende Einbruch in der Bauwirtschaft seit 1964 sowie – als Reaktion darauf – die industriepolitischen Konzeptionen der Dresdner Bank gaben wichtige Anstöße. Der entscheidende Anlass bildete dann aber die sich seit Mitte der sechziger Jahre anbahnende und 1968 voll ausbrechende Krise bei Julius Berger.

FRÜHE FUSIONSÜBERLEGUNGEN – SCHAUPLATZ DÜSSELDORF

Bereits 1959 hatten die Vertreter der Dresdner Bank im Aufsichtsrat von Grün & Bilfinger dem Unternehmen angeboten, die BAUBOAG zu übernehmen.[12] Das Hauptmotiv von Carl Goetz und Erich Vierhub bestand darin, der Mannheimer Gesellschaft neue Impulse zu vermitteln. Durch einen Zusammenschluss wäre gleichzeitig eine Bereinigung der Beteiligungsverhältnisse erreicht worden, außerdem hätte die Bank eine steuersparende und damit wertvollere Schachtelbeteiligung an der vergrößerten bzw. fusionierten Gesellschaft erhalten. Die Angelegenheit zog sich ergebnislos bis in den Sommer 1960 hin, wie sich aus den Akten der BAUBOAG belegen lässt.[13] Der Vorstand von Grün & Bilfinger schlug das von Seiten der Dresdner Bank mehrfach wiederholte Angebot aus. Möglicherweise fehlte der wenige Jahre zuvor neu

links: Carl Goetz
(1885–1965),
rechts: Erich Vierhub
(1901–1998)

formierten Unternehmensleitung unter Werner Bansen noch der Mut zu diesem Schritt in eine größere Dimension. Auch Übernahmeängste auf Mannheimer Seite sind als Gründe für die Ablehnung nicht auszuschließen. Zwar schüttete die BAUBOAG für 1958 und 1959 keine Dividende aus, angesichts der erfolgreichen Sanierung der Gesellschaft, ihres Renommees und ihrer Spezialisierung auf lukrative Tätigkeitsgebiete wäre die BAUBOAG aber ein interessanter Übernahmekandidat gewesen.

Alfred Hölling
(1888–1972)

Andere Unternehmen verhielten sich weniger zögerlich. Im Zeichen des Baubooms suchten sie nach Expansionsmöglichkeiten und stießen dabei zwangsläufig auf die relativ kleine BAUBOAG, die in jenen Jahren einen beeindruckenden Aufstieg vollzog und exzellente Bilanzen vorlegen konnte. Im August 1963 wurde die Münchner Held & Francke Bau-Aktiengesellschaft bei der Dresdner Bank in Düsseldorf vorstellig. Das Unternehmen wollte in Nordrhein-Westfalen expandieren und die prosperierende BAUBOAG kaufen. Der Aufsichtsratsvorsitzende Alfred Hölling gab sich zunächst durchaus offen und erklärte, dass es *im Grundsatz nicht die Tendenz der Dresdner Bank ist, beinahe das gesamte*

Kapital einer Baugesellschaft in den Händen zu behalten, sondern dass wir der Meinung sind, dass die Gestion des Unternehmens auf die Dauer nicht bei uns liegen sollte. Freilich wollte die Bank für sich eine Sperrminorität und zugleich die BAUBOAG als selbstständige Gesellschaft erhalten, nicht zuletzt wegen des *erstklassigen* Vorstands. Sogar ein Verkaufskurs war bereits im Gespräch: genannt wurden mindestens 300 Prozent. Einen Aktientausch wünschte die Bank dagegen nicht, so dass sich die Angelegenheit zerschlug. *Verabredet wurde, dass die Leitung der BAUBOAG keinerlei Informationen über dieses Vorgespräch erhält.*[14]

UNTERSCHIEDLICHE INTERESSENTEN, KOMBINATIONEN UND ZIELE

Auch eine Anfrage des Krupp-Konzerns, der für seine Bauabteilung (später Krupp Universal-bau GmbH) eine Erweiterung suchte und im Herbst 1964 Kontakt mit dem Aufsichtsratsvorsitzenden der BAUBOAG aufnahm, wurde von der Dresdner Bank abschlägig beschieden. Es habe sich herausgestellt, so Hölling, *dass Krupp, wenn überhaupt, nur das gesamte Aktienkapital kaufen und eine Kombination, wonach wir eine Schachtelbeteiligung behielten, für Krupp nicht akzeptabel sein würde.*[15] Dass Krupp damals intensiv auf der Suche nach möglichen Beteiligungen in der Baubranche war, belegt die zeitgleiche Zusammenarbeit mit Grün & Bilfinger. Die 1965 beschlossene Kooperation in der Nassbaggerei war für das Mannheimer Unternehmen Anlass, über eine *noch intensivere Verbindung mit den Krupp-Baubetrieben* nachzudenken.[16] Werner Bansens Argumentation in Vorstand und Aufsichtsrat verdeutlicht jedoch, dass er Vorbehalte gegenüber einem derart großen und übermächtigen Partner hatte. Die Angelegenheit zog sich bis in den Sommer 1967 hin und zerschlug sich dann. Als das Direktorium des Krupp-Konzerns erneut bei Grün & Bilfinger nachhakte, empfahl Erich Vierhub dem Vorstand eine Verzögerungstaktik und riet zunächst nur zu einer Interessengemeinschaft, mit *der Absicht, dann zu einer Fusion zu gelangen, falls sich die Dinge beiderseitig zufriedenstellend einspielen.* Vierhub war jedoch strikt dagegen, *auf eine Fusion direkt zuzugehen.*[17]

Ebenfalls im Herbst 1964 kam es zu Gesprächen der Dresdner Bank mit der Julius Berger AG zwecks Übernahme der BAUBOAG-Aktien. Auslöser war die geschilderte Anfrage von Krupp bei der Bank, woraufhin diese beschloss, die Düsseldorfer Beteiligung zunächst dem Wiesbadener Unternehmen anzubieten. Ernst Matthiensens Angebot stieß bei Berger-Vorstand Max R. Schulz auf reges Interesse, denn dieser suchte selbst schon geraume Zeit nach möglichen Akquisitionen, um wieder Anschluss an die Entwicklung der Branche zu finden. Sein Hauptmotiv war die Erkenntnis, dass das Unternehmen wachsen müsse, um auf dem europäischen und weltweiten Markt mithalten zu können: *Mit der zunehmenden Integration im EWG-Raum und der gesteigerten Betätigung des deutschen Baugewerbes im Ausland*, so die Argumentation, *gewinne die Frage der Unternehmensgröße eine ständig wachsende Bedeutung. Die deutschen Gesellschaften seien im Auslandsgeschäft nicht mehr wettbewerbsfähig, wenn nicht bestimmte Größenordnungen erreicht würden, die eine genügende Leistungsfähigkeit im großen Geschäft erwarten ließen. Hinzu kämen die erhöhten Anforderungen, die an den Service und an die Forschungsarbeit gestellt würden, was wiederum ausreichende Betriebs- und Kapitalverhältnisse voraussetze. Bei einem derzeitigen Umsatz von etwa DM 150 Mio.*

im Jahr bestände bei Julius Berger die Gefahr, den „Anschluss zu verpassen", so dass alles darangesetzt werden müsse, umsatzmäßig an die zweite Gruppe der deutschen Baugesellschaften [Dyckerhoff & Widmann, Strabag, Beton- und Monierbau, d. Verf.], *wenn nicht an die erste* [Holzmann, Hochtief] *heranzukommen.*[18]

Zwar ließ die Düsseldorfer Niederlassung der Bank bereits Berechnungen über den inzwischen deutlich gestiegenen Unternehmenswert der BAUBOAG anstellen, das ganze Vorhaben zerschlug sich aber rasch, als deutlich wurde, dass Julius Berger unbedingt selbstständig bleiben und keine Sperrminorität der Bank akzeptieren wollte. Der Vorstand von Berger war *nicht bereit, seine Unabhängigkeit zu verlieren, d. h. die Mehrheit der BAUBOAG gegen eine qualifizierte Minderheit der Dresdner Bank bei Berger einzutauschen.* Einen Aktientausch lehnte Schulz deshalb rundweg ab, außerdem wollte er die BAUBOAG nicht bei Berger, sondern bei Tesch eingliedern oder sie separat als zweite Beteiligungsgesellschaft führen. Eine Sperrminorität der Dresdner Bank bei Berger sollte verhindert werden. Für den Fall, dass sie doch zu Stande kommen sollte, forderte Schulz die Zusage der Bank, dass sie ihren Anteil am neuen Unternehmen wieder unter die 25-Prozent-Marke bringen würde. Für die Dresdner Bank kam eine solche Lösung nicht in Frage, denn sie hätte die angestrebte Schachtelbeteiligung an einem vergrößerten Unternehmen verhindert und zugleich den BAUBOAG-Vorstand geopfert. Ihm trauten die Bankdirektoren bereits damals mehr zu als der Berger-Führung. Genau aus diesem Grund versuchte Schulz, die Kollegen von der BAUBOAG zu diskreditieren. Offensichtlich bestanden auch innerhalb der Dresdner Bank selbst Gegensätze: Während die Frankfurter Zentrale unter Ernst Matthiensen bei Industriebeteiligungen eine Quote von unter 50 Prozent anstrebte, wollte die Düsseldorfer Verwaltung die profitable BAUBOAG unbedingt behalten.

Das Verhalten des Berger-Vorstands ist mit einem stark ausgeprägten Wunsch nach Erhaltung der Selbstständigkeit zu erklären. Als die Fusion dann kam, sollte ihm das massive Kritik eintragen. Gleichzeitig zeigt es, dass in Wiesbaden offensichtlich erhebliche Vorbehalte gegen den Großaktionär bestanden, dessen Anteil sich damals auf etwa 11 Prozent belief.[19] Auch Otto Schniewind erschien eine „Machtübernahme" der Dresdner Bank bei Berger in Form einer Schachtelbeteiligung bedrohlich: Im Dezember 1964 hatte er sich von Matthiensen für diesen Fall den Vorsitz im Aufsichtsrat explizit garantieren lassen.[20] Parallel dazu bemühte sich die Julius Berger AG damals auf eigene Faust, einen Partner zu finden und damit Abhängigkeiten zu vermeiden. Ziel war es, spezielle Fähigkeiten, besonders im Straßenbau und im industriellen Hochbau, sowie neue Auftraggeber in der Privatwirtschaft zu gewinnen. Das eigene Tätigkeitsspektrum sollte erweitert werden, um zu einer deutlichen Umsatzausweitung zu gelangen. Versuche dazu wurden offenbar auf mehreren Wegen und über verschiedene Kanäle unternommen. Dabei entstanden innerhalb der Führungsgremien beträchtliche Konflikte. Matthiensen gegenüber nannte Schulz Anfang September 1964 die Firmen Kögel aus Bad Oeynhausen und F. Kirchhoff AG aus Stuttgart, die im Mittelpunkt der Überlegungen in Wiesbaden standen. Seit Sommer 1964 gab es jedoch beim Aufsichtsratsvorsitzenden Schniewind konkrete *Erwägungen über ein Zusammengehen mit einer anderen Baufirma*, über die er zwar die Dresdner Bank ausführlich, den eigenen Aufsichtsrat aber nur ganz allgemein und ohne Nennung von Namen informierte. Den Vorstand von

Berger versuchte er dabei systematisch zu übergehen.[21] Bei der ins Auge gefassten *neuen Partnerin* handelte es sich um die Münchner Baufirma Polensky & Zöllner. Dass Vorstand und Aufsichtsrat darüber nur mit großer Verspätung aufgeklärt wurden, zeigt die internen Reibungen bei Berger ebenso deutlich wie der Streit zwischen Martens und Schniewind, der sich an dieser Angelegenheit erneut entzündete. Ponto meinte später, da Schniewind den potentiellen Partner aus München ins Gespräch gebracht habe, werde Martens immer dagegen sein.[22] Für den Aufsichtsratsvorsitzenden bedeutete es daher eine persönliche Niederlage, als sich das Vorhaben nach langen Verhandlungen im November 1966 endgültig zerschlug. Im Februar 1967 informierte er das Gremium darüber, dass die insgesamt zweieinhalb Jahre dauernden Verhandlungen *über die Fusion mit einer Personalgesellschaft als gescheitert anzusehen sind*.[23]

Im September 1965 berichtete die Fachpresse über die *tatsächlich im Umlauf befindlichen Gerüchte wegen der Gründung einer Bauunternehmung durch Zusammenschluss der Firmen Julius Berger AG, Grün & Bilfinger AG und Wayss & Freytag KG.*[24] Ursache für solche Spekulationen war die Tatsache, dass die Dresdner Bank damals begann, ihren Anteil bei Berger aufzustocken und bald darauf die 25-Prozent-Schwelle überschritt. Die Schlussfolgerung, dass damit neue Kombinationen ermöglicht werden sollten, war im Prinzip richtig. Was jedoch mögliche Beteiligte anging, liefen die Vermutungen in die falsche Richtung, wie Hölling der

„Vorerst dementiert die Großbank"

Fusionsgerüchte im September 1965

FRANKFURT. Am Montag dieser Woche bildete die mutmaßliche Gründung eines großen deutschen Baukonzerns das Gespräch der Frankfurter Börse. Der Dresdner Bank werden Vorbereitungen nachgesagt, die drei bekannten Baufirmen Julius Berger AG, Wiesbaden, Grün & Bilfinger AG, Mannheim, und Wayss & Freitag KG, Frankfurt, die alle der genannten Großbank nahe stehen, zusammenzuschließen. Die in Aussicht genommene Konzentration sollte selbst bei einem sehr lockeren Zusammengehen einen stärkeren Rationalisierungseffekt der genannten Baufirmen bewirken.

Die Dresdner Bank dementierte noch am gleichen Tage. Angeblich bestünden keine konkreten Pläne zur Bildung einer solchen Interessengemeinschaft. Nicht auszuschließen sei dagegen, dass ein Zusammenschluss – gleich welcher Art – in der nächsten Zeit im Hochbau denkbar sei. Zur Stunde müssten alle Meldungen dieser Art als Spekulation angesehen werden, denn niemand könne sagen, ob eine Interessengemeinschaft zwischen den genannten Firmen oder einer Anzahl anderer Firmen zu erreichen wäre.

Baupraxis Zeitung. Informationen für Führungskräfte im Bauwesen Nr. 37 vom 17. September 1965.

Jürgen Ponto
(1923–1977)

alarmierten BAUBOAG bestätigte. Denn trotz der Schachtelbeteiligung der Dresdner Bank an Wayss & Freytag hatte hier ein anderer Groß-aktionär das Sagen: Die in Frankfurt ansässige Berliner Handels-Gesellschaft (BHG) hielt in zwei Stufen über ihre Beteiligungsgesellschaft Allgemeine Lokalbahn- und Kraftwerke-AG und deren Tochter Aktiengesellschaft für Industrie und Verkehrswesen über 50 Prozent der Aktien dieses Bauunternehmens und zeigte kein Inter-esse an einem Zusammenschluss.

EINE NEUE STRATEGIE – HAUPTAKTEUR DRESDNER BANK

Tatsächlich hatte sich die Dresdner Bank nach dem Scheitern der Verhandlungen mit Berger zurückgezogen und überließ die Angelegenheit den Unternehmen selbst. Während des ganzen Jahres 1965 herrschte Stillstand, erst im Sommer 1966 bahnte sich eine neue Entwicklung an. Zur treibenden Kraft entwickelte sich Jürgen Ponto, damals stellvertretendes Vorstandsmitglied der Bank. Als Ernst Matthiensen auf Grund neuer aktienrechtlicher Bestimmungen im Frühjahr 1966 seine Aufsichtsratsmandate reduzieren musste und deshalb bei Berger ausschied,[25] trat Ponto in den Aufsichtsrat des Unternehmens ein und wurde dort im Juli zum stellvertretenden Vorsitzenden gewählt. Unmittelbar darauf brachte er die vertagten Fusionsüberlegungen wieder in Gang. Dahinter stand aber eine neue Strategie: Bislang waren einzelne Bauunternehmen, die sich Ergänzungen zulegen wollten, aktiv geworden. Nun löste sich die Dresdner Bank von ihrer passiven Rolle und von der bisher verfolgten Linie einer Reduzierung ihrer Industrie-beteiligungen. Matthiensens Diktum, es sei *nicht Aufgabe einer Großbank, Geschäfte von anderen Gesellschaften verantwortlich zu betreiben*, galt nicht mehr.[26] Stattdessen setzte sie auf ein neues Konzept. Es sah vor, kleinere oder mittelgroße Unternehmen in ihrem Einflussbereich zusammenzubringen. Dahinter standen Überlegungen, dass durch die Bildung eines größeren Konzerns aus vorhandenen Beteiligungen der Wert der entsprechenden Aktienpakete deutlich gesteigert und dem Bankinstitut weiterhin maßgebender Einfluss gesichert werden könne. Die kritische Situation der Bauwirtschaft begünstigte diese Linie. Gleichzeitig stärkte sie die Position der Bank gegenüber den beteiligten Unternehmen und zwang diese zur Kooperation. Insbesondere im Aufsichtsrat der Julius Berger AG sollte die Initiative von Otto Schniewind und Ernst Martens bald völlig auf die Dresdner Bank übergehen. Klarer als alle anderen Mitglieder des Gremiums sah Jürgen Ponto, der ständig mit den Wirtschaftsprüfern von Berger Kontakt hielt und deren Sorgen teilte, dass das Unternehmen ohne einschneidende Kurskorrektur auf eine Krise zusteuerte.[27]

Neben der sich zunehmend verschlechternden Lage bei Berger lieferte das neuerliche Interesse der Held & Francke AG an einer Kooperation einen weiteren Auslöser und konkreten Anknüpfungspunkt für Fusionsüberlegungen.[28] Ponto, der sich gegen Schniewind rasch als der eigentliche Stratege profilierte, stand dabei vor der Doppelaufgabe, das Wiesbadener Unternehmen zu reformieren und gleichzeitig den noch reichlich vagen Fusionsplan unter Einbeziehung des Münchner Interessenten, der sich im Herbst 1966 wieder gemeldet hatte, zu konkretisieren. Daraufhin untersuchte das Büro für Finanzanalysen der Dresdner Bank in rascher Folge alle denkbaren Kooperationsformen und Kombinationen und schuf damit die Grundlage zur Entscheidungsfindung.[29] Am Anfang stand das Modell „Held & Francke – Julius Berger". Beide Unternehmen hatten am Bauboom nur unterdurchschnittlich partizipiert. Held & Francke wies dabei eine noch schwächere Umsatzrendite auf als Berger, profitierte aber von seinem großen Immobilienbesitz. Den größten Nachteil einer möglichen Fusion sahen die Analysten darin, dass sowohl die Anteile der Dresdner Bank als auch die der Bayerischen Hypotheken- und Wechselbank unter die 25-Prozent-Marke fallen und die Institute damit das Schachtelprivileg verlieren würden: *Es wäre also zu prüfen, wie die hieraus hervorgehenden – auf die Dauer sehr beträchtlichen – Nachteile für die Großaktionäre beseitigt oder gemildert werden können.*[30]

ZWEIER- UND DREIERLÖSUNGEN ZWISCHEN BERGER, HELD & FRANCKE, BAUBOAG

Der Ausweg lag darin, die BAUBOAG einzubeziehen, und folgerichtig wurde der Plan in diese Richtung fortgeschrieben. Unter Zugrundelegung der vorab ermittelten Umtauschrelationen ergab sich bei der neuen Dreierkombination ein Anteil der Dresdner Bank von 35 Prozent am neuen Unternehmen: *Falls es im Interesse des Zustandekommens der Verbindung erforderlich wäre, könnten wir bis knapp 10 Prozent des zusammengefassten Grundkapitals an Bayern Hyp abgeben und damit deren Besitz auf etwa 18 Prozent aufstocken, so dass noch 7 bis 8 Prozent, d.h. nominell 1,5 bis 1,7 Mio. Berger-Aktien aus dem Markt aufgenommen werden müssten, um diesem Partner zu einer Schachtel zu verhelfen.*[31] Vor allem aber bestand die Aussicht, die hervorragende Geschäftsführung der BAUBOAG in ein vergrößertes Unternehmen zu übernehmen. Alle Aktionäre würden den *beträchtlichen Vorteil* erhalten, *an einem finanziell gesunden Unternehmen beteiligt zu sein, das in einigen Jahren voraussichtlich wesentlich rentabler arbeiten würde, als es den Einzelunternehmen möglich wäre.* Dass eine Dreierfusion aber noch größere organisatorische und zwischenmenschliche Probleme bereiten würde, war auch den Finanzanalysten bewusst. Deshalb wurde als Alternative gleichzeitig die kleine Variante „Berger – BAUBOAG" geprüft. Da sie schneller und reibungsloser zu verwirklichen war und zudem eine spätere Ergänzung zum Trio nicht ausschloss, wurde sie schließlich nachdrücklich empfohlen. Zudem könne die Bank mit einem Anteil von gut 51 Prozent stärkeren Einfluss auf das Zusammenwachsen und auf die erforderlichen Personalentscheidungen nehmen. Gerade dieser Punkt aber, der dem BAUBOAG-Vorstand einzuräumende *gewisse Vorrang* innerhalb des Gesamtvorstands, sollte auch Widerstände der selbstbewussten und nach Unabhängigkeit strebenden Führung von Berger provozieren. Zwar beschäftigte sich auch Berger-Vorstand Schulz seit Sommer 1966 in allgemeiner Form mit der Frage eines Unternehmenszusammenschlusses;[32] er glaubte jedoch bis zum Schluss, dass die Führung in einem Verbund selbstverständlich dem Wiesbadener Unternehmen zufallen müsse. Im November 1967 erhob Ponto heftige Vorwürfe, dass der Vorstand in Wiesbaden die in Gang gebrachten Gespräche mit Held & Francke hintertreibe. Ursache sei das *auf Prestigedenken abgestellte Verhalten der Herren von Berger [...], das aufgegeben werden müsse, wenn man diese oder eine andere Lösung für die Zukunft verwirklichen wolle.*[33] Vergleichsweise harmlos erschienen dagegen die Widerstände der Düsseldorfer Bankzentrale gegen die Zusammenlegung ihrer Musterbeteiligung BAUBOAG mit Berger.

Erste Fusionsüberlegungen Julius Berger – BAUBOAG

Herr Ponto war vor einigen Tagen bei mir und sprach mich wegen der BAUBOAG an. Er sagte mir, dass er als Nachfolger von Herrn Matthiensen in den Aufsichtsrat von Julius Berger AG eingetreten sei, und dass er mit dieser Sache einige Sorgen habe.

Er meinte, da die BAUBOAG so außerordentlich rentabel und flüssig sei, ob man nicht beide Firmen kombinieren könne. Ich habe ihm von den früheren Verhandlungen kurz berichtet und gesagt, dass eine solche Möglichkeit nicht bestände, da die BAUBOAG durch ihre Auftraggeber ein ganz anderes Fundament hätte als die anderen Großbau-Gesellschaften. Er wird noch einmal auf die Angelegenheit zurückkommen.

Herrn Dr. Schäfer [Dresdner Bank Düsseldorf, Aufsichtsratsmitglied der BAUBOAG und ab Juni 1967 als Nachfolger von Hölling Vorsitzender, d. Verf.] *habe ich heute telefonisch unterrichtet.*

Vermerk von Alfred Hölling, Aufsichtsratsvorsitzender der BAUBOAG, vom 16. Dezember 1966.[34]

EINE GROSSE LÖSUNG? DAS „FÜNFER-KONZEPT" VOM SOMMER 1967

Die Anfrage der Held & Francke AG und ihr Interesse an Berger lieferte den Anlass, konkrete Überlegungen für eine große Bau-Fusion unter Federführung der Dresdner Bank zu entwickeln. Dabei gewannen zwei grundsätzlich verschiedene Richtungen schärfere Kontur: ein Zusammenschluss mit dem Münchener Unternehmen einerseits und eine Kombination innerhalb des Kreises der Baubeteiligungen der Dresdner Bank andererseits. Beide wiesen Vor- und Nachteile auf: Die Bereitschaft von Held & Francke stand dabei gegen die sich ergebenden Mehrheitsver-hältnisse zwischen der Bank und den Münchener Aktionärsgruppen, der Einfluß der Dresdner Bank auf die vier anderen Unternehmen gegen deren stark ausgeprägtes Selbstständigkeits-streben. Deshalb wurden noch für längere Zeit beide Kombinationen parallel verfolgt, auch eine Verknüpfung zwischen beiden schien nicht ausgeschlossen. Ein im Juli 1967 vorgelegtes großes „Fünfer-Konzept" bildete schließlich den Generalplan und berücksichtigte alle denk-baren Varianten.[35] Im extremen Idealfall einer Fusion aller fünf Gesellschaften – BAUBOAG, Berger, Grün & Bilfinger, Held & Francke, Wayss & Freytag – wäre auf einen Schlag der größte deutsche Baukonzern mit einer jährlichen Leistung von rund 900 Mio. DM entstanden. Er hätte den Holzmann-Konzern, der eine Leistung von 830 Mio. DM aufwies,[36] deutlich übertroffen und die Dresdner Bank wäre daran mit 39 Prozent beteiligt gewesen.

Dass der BAUBOAG in jedem Fall die Führungsrolle zufallen musste, bildete für die Ana-lysten der Bank einen unbestreitbaren Grundsatz. Außerdem war ihnen bewusst, dass der ganze Plan ausschließlich unter Synergie-Gesichtspunkten entwickelt worden war und deshalb nur den idealen Fluchtpunkt einer praktischen Lösung bilden konnte. Die konkrete Umsetzung hing von den realen Kräfteverhältnissen und den jeweiligen Interessen der einzelnen Akteure ab. Dementsprechend wurden während des gesamten Jahres 1967 verschiedene Wege zu gleicher Zeit begangen, betroffene Unternehmen und Personen informiert, Interessenlagen und -konstellationen untersucht. Im Frühjahr 1967 erklärte der Vorstandsvorsitzende Werner Bansen in Mannheim seinen Kollegen, bei der Dresdner Bank stehe *die Idee einer engeren Zusammenfassung der Firmen Grün & Bilfinger, Wayss & Freytag und Julius Berger immer noch im Raum*.[37] Im November 1967 unterrichtete Erich Vierhub den Aufsichtsrat von Grün & Bilfinger offiziell von *Überlegungen innerhalb des Vorstandes der Dresdner Bank, die zum Ziel haben, zwischen den Bau-Firmen, an denen die Dresdner Bank eine Beteiligung besitzt, eine verstärkte Zusammenarbeit zu erreichen*.[38] Die Bank ging zeitweise sogar von einer sechs Unternehmen umfassenden *Großen Lösung* aus und beabsichtigte, *Berger, G&B, BAUBOAG, H&F – evtl. auch Wayss & Freytag und Krupp – an einen Tisch zu bringen*.[39] Als einen Monat später konkrete Schritte erfolgten, hatte sich der Kreis der potentiellen Kandidaten allerdings schon wieder verändert: Im Dezember 1967 konferierten Grün & Bilfinger, BAUBOAG, Julius Berger sowie Held & Francke mit der Dresdner Bank in Frankfurt, die *Firmen W&F und Krupp Baubetriebe* waren *nicht eingeladen*. Seit diesem Zeitpunkt stand eine Vierer-Fusion als Maximallösung fest.

WIDERSTÄNDE, ABSAGEN, DENKPAUSEN

Bei dieser ersten Zusammenkunft aller betroffenen Unternehmen erlebte Werner Bansen, dass sich der Vorstand von Julius Berger am intensivsten für eine engere Zusammenarbeit engagierte, die meisten Vorschläge ins Spiel brachte und sich sogar bereit erklärte, die verabredete Studie zur Fusion zu erstellen.[40] Das von Max R. Schulz mit einiger Zeitverzögerung ausgearbeitete Papier war dagegen in einem zurückhaltenden Ton abgefasst. Die Art und Weise, in der Schulz die Notwendigkeit umfangreicher Voruntersuchungen betonte, *einen genauen Zeit- und*

„Für Verbindungen zwischen den fünf Gesellschaften gibt es
theoretisch 26 Möglichkeiten"

Der größte deutsche Baukonzern – unter Führung der Dresdner Bank?

*Betr.: Überlegungen zu einer Verbindung von BAUBOAG, Julius Berger AG, Grün &
Bilfinger AG, Wayss & Freytag KG, Held & Francke Bauaktiengesellschaft.*
*Mit Bauleistungen von 50 bis 300 Mio. DM jährlich zählen die vorgenannten Gesell-
schaften zu den mittelgroßen Unternehmen ihrer Branche. Die wesentlichen Vorteile
einer Verbindung von zwei oder mehreren dieser Gesellschaften wären:*
*1. Es entstünden Unternehmenseinheiten, die auf Grund ihrer Größe und finanziellen
Stärke bessere Aussichten hätten, an Großprojekten – u. a. im Ausland – beteiligt zu
werden oder in großen Projekten zu führen.*
*2. In diesen Unternehmenseinheiten bestünden auf Grund des größeren Geschäfts-
volumens und des dichteren Niederlassungsnetzes bessere Voraussetzungen für die
Anwendung des kapitalintensiven Fertigbaues.*
*3. Durch die Zusammenlegung von Niederlassungen an gleichen Orten und (auf längere
Sicht) der Hauptverwaltungen ließen sich erhebliche Kosten einsparen, ebenso durch
den rationelleren Einsatz von Datenverarbeitungsanlagen.*
*4. Gewisse Schwächen der Einzelunternehmen hinsichtlich Geschäftsstruktur und
Kundenkreis würden durch die Vereinigung gemildert mit der Folge einer größeren
Krisenfestigkeit.*
    *Die Summe dieser Vorteile ist umso größer, je mehr Unternehmen in den Zusam-
menschluss einbezogen werden. Andererseits wachsen mit der Zahl der Gesellschaften
aber auch die organisatorischen Probleme, so dass eine gleichzeitige Verschmelzung von
mehr als drei Gesellschaften in der Praxis kaum durchführbar sein wird. Von Bedeutung
ist schließlich, welche Veränderungen in den bisherigen Kapitalverhältnissen durch den
Zusammenschluss eintreten. Diese Frage wiederum hängt eng mit der Bewertung der
einzelnen Unternehmen zusammen.*
    *[...] Für Verbindungen zwischen den genannten fünf Gesellschaften gibt es
theoretisch 26 Möglichkeiten [...]. Unsere hohe Beteiligungsquote an BAUBOAG und ihr
hoher Kurswert bewirken, dass fast bei allen Kombinationen unter Einschluss dieser
Gesellschaft unser Anteil an dem fusionierten Unternehmen entweder über 50 Prozent
oder nur wenig darunter liegt. Die hohe Liquidität und die leistungsfähige Geschäftsleitung von BAUBOAG würden jeder solchen Kombination kräftige Impulse geben.
Zusammenfassend sind wir der Meinung, dass folgende Kombinationen die meisten Vorteile aufweisen und deshalb bevorzugt und genauer untersucht werden
sollten:*

BAUBOAG / Berger / Grünfinger
BAUBOAG / Berger / Wayss & Freytag
BAUBOAG / Grünfinger / Wayss & Freytag

Als kleine Lösung und evtl. als Vorstufe zu einer der obengenannten Verbindungen
bieten sich folgende Möglichkeiten an:

BAUBOAG / Berger
BAUBOAG / Grünfinger
BAUBOAG / Wayss & Freytag.

Bericht des Büros für Finanzanalysen der Dresdner Bank vom 7. Juli 1967.[41]

Organisationsplan forderte und auf die noch unklaren steuerlichen Rahmenbedingungen hinwies, ließen erahnen, dass er es mit dem Zusammengehen nicht eilig hatte.[42] Neben den Vorteilen – Zusammenfassung von vier Hauptverwaltungen, Einsparungen von 15 der 35 vorhandenen Lager- und Werkplätze, Einsparung von 23 doppelt vorhandenen Niederlassungen und dennoch Vertretung an 36 Standorten – machte die Studie deutlich, welche Hindernisse für die Fusion auf der persönlichen Ebene bestanden. Dieser „menschliche Faktor" machte sich um so stärker bemerkbar, je näher konkrete Entscheidungen rückten. Bei einem internen Treffen im März 1968, das der Vorbereitung auf eine große Gesprächsrunde mit den Bankvertretern diente, war bereits die Rede davon, dass man nochmals grundsätzlich *die Vorteile einer Vereinigung untersuchen müsse, um festzustellen, ob ein Zusammenschluss wirtschaftlich sinnvoll sei.*[43] Die rechnerischen Vorteile und die Aussicht, bei einem Zusammengehen die Geschäftskosten um 1 bis 1,5 Prozent senken und dadurch bei einem erwarteten Umsatz von 600 Mio. DM rund 6 bis 9 Mio. DM jährlich einsparen zu können, boten offenbar keinen ausreichenden Anreiz, die Abwehrhaltung aufzugeben.

Da offene Opposition gegen die Wünsche der Bank nicht möglich war, verlagerten sich die Bremsversuche auf die Ebene der Detailfragen. Erich Vierhub und seinen Kollegen, die am liebsten die sofortige Fusion aller vier Partner gesehen hätten, ging die Angelegenheit sichtlich zu langsam voran, aber seit Frühjahr 1968 verlor sie noch mehr an Fahrt. Immer deutlicher zeigten sich auf allen Seiten die Widerstände. Dahinter stand letztlich die Furcht vor dem Verlust der Selbstständigkeit. Bereitschaft zur Fusion war dagegen nur dort ansatzweise zu erkennen, wo Machtgewinn auf Kosten anderer möglich schien. So verständigte sich der Vorstand von Grün & Bilfinger zwar darauf, dass eine *Zusammenarbeit nur durch Fusion möglich sei.*[44] Offensichtlich war das Mannheimer Unternehmen aber vor allem an einer Übernahme der BAUBOAG interessiert und wollte einen eventuellen weiteren Zusammenschluss allenfalls Schritt für Schritt vornehmen und dabei so wenig wie möglich von seiner Eigenständigkeit abgeben. Bansen war im Grunde davon überzeugt, dass Grün & Bilfinger die Rezession allein überstehen könne und *eine Fusion nicht nötig habe*, wie er Schulz gegenüber erklärte.[45] Er selbst sei *vor 13 ½ Jahren in eine* [...] *völlig verkalkte Firma hineingesetzt worden, mit der Auflage, die Gesellschaft zu modernisieren*, und habe dies mit Unterstützung der Bank in einer Phase guter Konjunktur geleistet. Schulz dagegen vollzog den Schwenk zur Befürwortung einer Fusion, möglicherweise ahnte er die kritische Entwicklung seines Unternehmens voraus. Er erwartete dabei allerdings wie selbstverständlich eine Führungsrolle. Vor der für Juni 1968 verabredeten Vorbesprechung der Unternehmen untereinander gab er im Berger-Vorstand die Devise aus *Tendenz positiv, jedoch hinhaltend*.[46] Die Leitung der BAUBOAG war nach anfänglicher Zurückhaltung mittlerweile *außerordentlich positiv eingestellt*, zwischen ihr und der Dresdner Bank bestand jetzt völliges Einvernehmen.[47]

Wie stark die Vorbehalte in Mannheim waren, zeigt die Tatsache, dass Grün & Bilfinger das für Juni verabredete Gespräch platzen ließ.[48] Obwohl sich die Bank damals bereits auf eine große und rasche Lösung festgelegt hatte und die Absage ihren Vorstellungen widersprach, folgten erstaunlicherweise keine Konsequenzen. Ponto versuchte zunächst, die Vorteile nochmals herauszustellen: *Unabhängig von der derzeitigen Ertragslage bestehe die Notwendigkeit für jeden Beteiligten, in eine andere Größenordnung zu gelangen, um damit jenen anderen Unkostenkoeffizienten zu erreichen und schließlich die in ihrer Art spezialisierten vier Unternehmen unter ein Dach zu bekommen*.[49] Seine Ankündigung, stärkeren Druck auszuüben und den Gesprächen einen *neuen Anstoß von Seiten der Dresdner Bank* zu geben, blieb aber folgenlos.[50] Eine für November 1968 in Mannheim angesetzte Besprechung fiel ins Wasser, weil in Wiesbaden unerwartete Ereignisse eintraten.[51] Als bei Berger die Krise ausbrach, kamen alle Aktivitäten zum Erliegen. Den Fusionsgegnern bot dieser Zwischenfall einen willkommenen Anlass, sich zu verabschieden. Im Januar 1969 beschloss der Vorstand von Grün & Bilfinger endgültig, alle Vorbereitungen abzusagen. Die Berger-Angelegenheit diente als Begründung: *Es besteht Einigkeit darüber, dass seitens des Vorstandes eine derartige Fusion keineswegs angestrebt werden kann, und Herr Dr. Bansen hat es übernommen, diesen Standpunkt in einem Gespräch mit Herrn Dr. Vierhub darzulegen*.[52] Der nächste Partner aus dem ursprünglichen Kreis der Interessenten ging verloren, als sich auch Held & Francke gegen den Willen seines Vorstands, aber unter dem Druck der Aktionäre aus den Gesprächen zurückzog.[53] Auch ein *Dreier-Zusammenschluß* war damit erledigt.

WACHSENDE PROBLEME BEI JULIUS BERGER

Lange bevor auf der unternehmenspolitischen Ebene die Entscheidung für das Zusammengehen von Berger und BAUBOAG fiel, lagen die fertigen Pläne zur Fusion in Pontos Akten. Zunächst traten aber die Probleme bei der Julius Berger AG in den Vordergrund. Auf längere Sicht flossen sie in die Überlegungen zur Fusion mit ein und beschleunigten die Entwicklung. Im Aufsichtsrat von Berger erlebte Ponto den einsetzenden Niedergang Schritt für Schritt mit. Die negative Entwicklung des Wiesbadener Unternehmens im Inland stand in krassem Gegensatz zum erfolgreichen Geschäftsverlauf im Ausland. Die Krise setzte zum gleichen Zeitpunkt ein, als mit dem Auftrag für die Eko-Bridge die vielversprechende Tätigkeit in Nigeria begann. Nur

durch die Gewinne des Auslandsbereichs, zunehmend aber auch durch Auflösung von Reserven, konnten die steigenden Verluste im Inland kompensiert werden. Zwar litten auch andere Baugesellschaften unter der Rezession der Jahre 1966/67, bei Berger hatte die negative Entwicklung aber deutlich früher eingesetzt. Das deutete auf hausgemachte Probleme hin, welche durch die Konjunkturkrise verschärft wurden. Während Berger stagnierte, expandierten andere Unternehmen in neue Geschäftsfelder und bauten ihre Verbindungen aus. Im Februar 1967 notierte Ponto bestürzt und neidisch zugleich, dass *die RWE-Beteiligung bei Hochtief dazu geführt hat, dass alle Atomkraftwerke unmittelbar oder mittelbar von Hochtief gebaut werden*.[54]

Bereits im Sommer 1967 warnten die Finanzanalysten der Dresdner Bank, die Berger laufend beobachteten, dass sich die schweren Verluste des Vorjahrs wiederholen könnten. Als Ursache identifizierten sie die fehlerhafte Geschäftspolitik.[55] Die Optimisten im Aufsichtsrat, vor allem Otto Schniewind und Ludwig Kastl, aber auch Karl Pfeiffer und Friedrich Sperl, gaben auf solche Warnungen nicht viel. Im Gegensatz zu Ernst Martens, Carl Deilmann und vor allem Jürgen Ponto hielten sie die Krise bereits für überstanden.[56] Zu den wirtschaftlichen Problemen kamen offensichtlich unterschiedliche Wahrnehmungen und persönliche Querelen innerhalb der Führung, daneben auch Defizite bei der Personalentwicklung und der Rekrutierung des Nachwuchses. Unübersehbar war eine Überalterung der Unternehmensführung. Mit Ausnahme von Max R. Schulz, der seit 1958 bei Berger war und seit 1963 dem Vorstand angehörte, wiesen alle Vorstände Dienstzeiten von drei bis vier Jahrzehnten auf. Friedrich Sperber und Otto Karl Starke arbeiteten seit 1927 im Unternehmen. Martens war bereits im April 1919 zu Berger gekommen und Ende 1962 – im Alter von 79 Jahren – aus dem Vorstand in den Aufsichtsrat gewechselt. Kurt Pega, am selben Tag wie Martens eingetreten und zusammen mit ihm der Dienstälteste, schied im Juli 1966 aus, nachdem er über 47 Jahre dem Unternehmen angehört hatte, aber erst im Sommer 1962 im Alter von 63 Jahren in den Vorstand berufen worden war. Jüngeres Führungspersonal, das hätte aufrücken können, war nicht vorhanden. Auch Ernst H. Bolten und Alfred Riegraf, die 1967 in den Vorstand berufen wurden, waren seit 1939 bei Julius Berger tätig.[57] Alle diese Personen kannten sich aus jahrzehntelanger Arbeit und waren durch gemeinsame Erfahrungen miteinander verbunden – trotzdem schien das ganze Unternehmen *von Intrigen durchsetzt* zu sein, wie Ex-Vorstand Karl Pfeiffer gegenüber Ponto

Stahlbetonsilos der
Rusch-Mühlenwerke,
Itzehoe, 1967

Bau der U-Bahn unter
der Binnenalster,
Hamburg, 1967

Aluminiumhütte,
Ludwigshafen am
Rhein, 1969

bemerkte.[58] Die vergleichsweise üppigen Vorstandsgehälter, die unterschiedlichen, nicht nach einheitlichem Maßstab geregelten Pensionen und die Praxis großzügiger Sonderzahlungen, die laut Schniewind *zu einer merkwürdigen Tradition des Unternehmens* gehörten, belasteten das Klima zusätzlich.[59]

Im Gegensatz zu Schniewind und Kastl, die in einer raschen Fusion das Heil suchten und an den Strukturen bei Berger möglichst wenig verändern wollten, vertrat Ponto die Auffassung, dass das Unternehmen zunächst gründlich reorganisiert werden müsse. Das bedeutete Einstellungsstopp und *Abbau von unfähigem Personal*, Einschränkung der Investitionen und vor allem Abkehr vom rein umsatzorientierten Denken ohne Rücksicht auf kostendeckende Preise.[60] Auch die mangelhafte Finanzplanung, das nachlässige Einziehen von Außenständen und die fehlende Berichterstattung bzw. Ergebniskontrolle wurden kritisiert und die Einrichtung einer *zentralen Finanzdisposition und auch einer zentralen Einzugsstelle gefordert*.[61] Erst wenn diese Aufgaben erledigt seien, so Ponto, könne an einen Zusammenschluss gedacht werden. Die Bemühungen der Unternehmensleitung, das eigene Haus in Ordnung zu bringen, waren nicht konsequent genug. Offenbar war innerhalb der bestehenden Strukturen keine Lösung möglich. Bei aller Dynamik und Großzügigkeit, welche die Julius Berger AG nach Berichten von Zeitzeugen damals auszeichneten, und trotz des kameradschaftlichen Geistes unter den Mitarbeitern schien der Vorstand den Anforderungen der Zeit nicht mehr gewachsen zu sein.

Für den Aufsichtsrat galt dasselbe. Weder Schniewind noch Kastl oder Martens nahmen sich der Sache ernsthaft genug an. Sie widmeten den Problemen zu wenig Aufmerksamkeit und schwankten zwischen Rücktrittsgedanken und Festhalten an ihren Ämtern. Bereits die

Bestellung Jürgen Pontos zum stellvertretenden Vorsitzenden des Aufsichtsrats musste mit größtem Fingerspitzengefühl durchgesetzt werden, um Ludwig Kastl nicht zu brüskieren. Auch Otto Schniewind wich einem Rücktritt immer wieder aus, obwohl er ihn selbst mehrfach angeboten hatte.[62] Erst gegen Ende des Jahres 1967 erklärte er sich auf Druck Pontos bereit, zusammen mit Kastl und Martens sein Amt zur kommenden Hauptversammlung im Sommer 1968 zur Verfügung zu stellen.

Ungelöst blieben die Personalprobleme auf Vorstandsebene. Wiederum auf Drängen Pontos rangen sich Vorstand und Aufsichtsrat im Sommer 1967 dazu durch, die Führung zu ergänzen und per Stellenanzeige in der Frankfurter Allgemeinen Zeitung nach einer Nachwuchskraft zu suchen. Als das Vorhaben scheiterte, eskalierte der Streit über personelle Alternativen im eigenen Haus. Die Ernennung von langjährigen Mitarbeitern zu stellvertretenden Vorstandsmitgliedern war nur eine Notlösung.[63] Als Führungskräfte aus der zweiten Reihe konnten die neu berufenen Vorstände Bolten und Riegraf eine grundlegende Reform des Unternehmens gegen ihre weiterhin amtierenden Kollegen Schulz und Starke nicht durchsetzen. Sie wurden vielmehr – auf besonders tragische Weise Ernst H. Bolten – in den Niedergang mit hineingezogen.

DIE FUSION JULIUS BERGER – BAUBOAG

Jürgen Ponto übernahm zwar im August 1968 den Vorsitz im Aufsichtsrat der Julius Berger AG, auf Vorstandsebene gelang die Reorganisation jedoch nicht.[64] Eine entscheidende Wende nahm die Entwicklung erst, als sich die bereits überwunden geglaubte Krise zuspitzte und zur Beinahe-Katastrophe ausweitete. Überraschend zeichnete sich im Spätsommer 1968 ein Einbruch der Ergebnisse ab – zu einem Zeitpunkt, als alle Beteiligten mit einer nachhaltigen Besserung rechneten. Dieser Schock verhalf dem im Raum stehenden Fusionsgedanken zum Durchbruch und überwand den Widerstand der Betroffenen. Bis dahin waren alle Überlegungen und Verhandlungen am Kalkül der beteiligten Unternehmen gescheitert. Wer sich als der schwächere Partner zu erkennen gab, würde bei einer Fusion die meisten Opfer bringen müssen. Nun traf es ausgerechnet die prominente und bislang so selbstbewusste Julius Berger AG.

Entgegen den Darstellungen und Prognosen des Vorstands wurde ab Herbst 1968 ein immer größeres Defizit des Inlandsbereichs offenbar. Im Oktober war von 3 Mio. DM, im November bereits von 6,4 Mio. DM die Rede.[65] Die Verluste entstanden im wesentlichen aus neu übernommenen Aufträgen. *Zu geringe Auslastung unserer Kapazitäten, stark gestiegene Personal- und Sachkosten, unvorhersehbare technische Schwierigkeiten und Unterschätzung von Risiken* brachten das Unternehmen an den Rand des Ruins.[66] Der Fehlbetrag belief sich am Ende auf über 8 Mio. DM. Die erhoffte Kompensation durch das Auslandsgeschäft blieb aus, denn die Eko-Bridge war fertig gestellt und der in Aussicht stehende Anschlussauftrag ließ auf sich warten. Nur durch Inanspruchnahme sämtlicher Reserven war es möglich, einen Bilanzverlust von lediglich 272.000 DM auszuweisen. Später stellte sich heraus, dass bereits der Abschluss für 1967 nicht korrekt gewesen war. Der Vorstand hatte den Rückstellungsbedarf um 7 Mio. DM zu niedrig angegeben.[67] Die umgehend eingeschalteten Wirtschaftsprüfer bemängelten die fehlende Kontrolle der Lohnkosten, obwohl sie den größten Teil der Verluste erzeugten.

Kurt Neumann
(1903–1978)

Darüber hinaus stellten sie als Hauptproblem fest, dass im Unternehmen kaum Kenntnisse über die eigenen Kosten vorhanden waren. Obwohl die Geschäftskosten etwa zehn Prozent der jeweiligen Auftragssumme betrugen, erbrachten die hereingenommenen Aufträge bestenfalls acht Prozent. Mit jedem neuen Projekt wurden also *automatisch weitere Verluste eingekauft.* Demgegenüber hatte der Vorstand und insbesondere Max R. Schulz bis in den Spätsommer hinein immer wieder erklärt, *die Verlustbaustellen seien abgeschlossen und neue Großverluste seien nicht zu erwarten. Völlig überraschend,* so Pontos Vorwurf, trage er *nun eine neue Entwicklung vor.*[68] Damit verlor die Unternehmensleitung endgültig ihre Glaubwürdigkeit.

So katastrophal die Lage auch war, für Ponto kam sie im Hinblick auf seine längst feststehende Strategie gerade zum richtigen Zeitpunkt. Nicht nur das Defizit an sich, sondern vor allem die monatelange Ungewissheit, die widersprüchlichen und sich ständig ändernden Zahlen sowie der fehlende Überblick des Vorstands untermauerten nachhaltig die immer wieder vorgetragene Kritik des großen Strategen am *Fehlen einer modernen Industrieorganisation und insbesondere eines einheitlichen Systems bei Berger.*[69] Angesichts der massiven Verluste, die sich gegen Ende des Jahres 1968 immer deutlicher abzeichneten, konnte niemand mehr ernsthaft bestreiten, dass der Knoten aus strukturellen und konjunkturellen Problemen, organisatorischen Schwächen und persönlichen Querelen endlich durchschlagen werden musste, wenn das Unternehmen weiter existieren sollte.[70] Allein durch ein verbessertes Berichtswesen, zu dem sich der Vorstand nach Aufforderung durch Ponto durchrang, war dem Übel nicht mehr beizukommen.[71]

Die Krise besaß damit auf längere Sicht auch Gutes: Sie zwang zum Handeln und bot zugleich die Chance zur Veränderung und Erneuerung. Vor allem fügte sie sich in die langfristige Zukunftsplanung des Aufsichtsratsvorsitzenden, der damit die lange angestrebte Fusion endlich auf den Weg brachte. Dabei benutzte er geschickt die vorgelegten Zahlen und die Art und Weise, in der sie präsentiert wurden, um sein Vorhaben durchzusetzen. Anfang Dezember 1968 informierte Ponto den Gesamtvorstand der Dresdner Bank und ließ sich freie Hand für eine Neuordnung geben.[72] Nach einer Reihe von Krisensitzungen beschloss der Berger-Aufsichtsrat im Dezember 1968 in Abwesenheit des Vorstands, *dass Herr Schulz das Unternehmen nicht mehr führen darf und dass seine Funktion im wesentlichen auf akquisitorische Aufgaben reduziert werden sollte.*[73] Die falsche und verspätete Unterrichtung über die hohen Verluste diente als Hauptargument für seine Entmachtung. Mit Rücksicht auf die geschilderten Personalprobleme und auf das öffentliche Ansehen des Unternehmens sah der Aufsichtsrat allerdings von einer fristlosen Kündigung ab.[74] Noch vor Weihnachten erläuterte Ponto dem Präsidium des Aufsichtsrats sein Sanierungskonzept, kurz vor Jahresende stellte er es dem Vorstand von Berger vor.[75] Die Äußerung der Wiesbadener Führungsmannschaft, das schlechte Halbjahresergebnis habe erst im Juli oder August 1968 vorgelegen, sei aber *vom Vorstand „nicht geglaubt worden"*, diskreditierte sie endgültig.

Ein personeller Neuanfang wurde daher dringend benötigt, nicht zuletzt angesichts anhaltender vorstandsinterner Querelen und eines in der Krise grotesk anmutenden Gerangels um Statusfragen und Pensionsregelungen. Den Ausweg bot die von Ponto vorgeschlagene Berufung des BAUBOAG-Vorstands Kurt Neumann, sie erfolgte *selbstverständlich in der Erwartung, dass Berger und BAUBOAG fusionieren werden.* Im Januar 1969 stimmte der Berger-Aufsichtsrat beiden Maßnahmen, dem Eintritt des BAUBOAG-Vorstands und der Fusion, grundsätzlich zu. Auch *Vorstand und Aufsichtsrat der BAUBOAG*

Martin Klinge
(1909–1994)

seien nunmehr fest entschlossen, so Ponto, *mit Julius Berger zusammenzugehen, wobei in dieser zur Fusion führenden Kooperation die erste Stufe gesehen werden solle zu einer Zusammenarbeit mit weiteren Firmen.*[76] Nach einem entsprechenden Beschluss des Vorstands der Dresdner Bank wurden zum 1. Februar 1969 Kurt Neumann und auf seinen Wunsch hin auch Martin Klinge unter Beibehaltung ihrer Verträge mit der BAUBOAG zu Vorstandsmitgliedern der Julius Berger AG bestellt.[77] Die öffentlichen Verlautbarungen über dieses Revirement verknüpften den Lagebericht mit einer zunächst verhaltenen, dann definitiven Ankündigung der Fusion. Sie besaßen einige Brisanz, weil sie dem Eingeständnis einer schwerwiegenden Krise gleichkamen, während gleichzeitig am 8. Februar 1969 die offizielle Einweihung der Eko-Bridge stattfand und der Abschluss eines zweiten Kapitalhilfeabkommens mit Nigeria für die Verlängerung der Brücke bekannt gegeben wurde. Entsprechend aufmerksam beobachtete die Wirtschaftspresse den Vorgang.[78]

Öffentliches Eingeständnis der Krise – Ankündigung der Fusion

Presseerklärungen zur Berger-Krise

Nachwirkungen der Rezession bei Julius Berger AG
Der Vorstand der Julius Berger AG teilt mit, dass das Geschäftsjahr 1968 einen unerwartet schlechten Verlauf genommen hat. Aus verschiedenen, vorwiegend in der Rezessionsperiode – insbesondere in Arbeitsgemeinschaften – übernommenen Aufträgen sind der Gesellschaft Verluste entstanden, die durch Gewinne der übrigen Baustellen im In- und Ausland nicht ausgeglichen wurden. Ertragsmindernd hat sich auch ausgewirkt, dass der Umsatz des Geschäftsjahres 1968 gegenüber den Erwartungen zurückgeblieben ist und nach Auslaufen der Rezession eine Kostensteigerung einsetzte. Der Verlust wird im wesentlichen durch Inanspruchnahme der Rücklagen sowie Auflösung stiller Reserven ausgeglichen werden. Mit der Zahlung einer Dividende für 1968 ist nicht zu rechnen.

Die Gesellschaft weist zum Jahresende 1968 einen Bestand an halbfertigen Bauten aus, der sich gegenüber dem Vorjahresabschluss erheblich vergrößert hat. Dieser Bestand ist nur zu Herstellungskosten, d.h. ohne Gewinnanteile, aktiviert. Auch der Auftragsbestand zum Jahresbeginn 1969 liegt wesentlich höher als in den Vorjahren. Eine günstige Entwicklung zeichnet sich auch für das Auslandsgeschäft ab, dessen Pflege bei Berger traditionell besondere Bedeutung zukommt.

Die von der Verwaltung seit langem mit dem Ziel einer Kooperation und damit einer Verbreiterung der Ertragsbasis geführten Verhandlungen werden fortgesetzt. Die Gespräche haben einen Stand erreicht, der es erwarten lässt, dass die Verwaltung der Julius Berger AG bereits in der nächsten ordentlichen Hauptversammlung entsprechende Vorschläge unterbreiten kann.

Pressemitteilung der Julius Berger AG vom 15. Januar 1969.[79]

Die Julius Berger AG, Wiesbaden, und die BAUBOAG AG für Ingenieurbauten des Hoch- und Tiefbaus, Düsseldorf, teilen mit, dass sie im Zuge ihrer vor einiger Zeit angekündigten Kooperationsbestrebungen ihren Aktionären vorschlagen werden, die beiden sich in ihrer Struktur besonders gut ergänzenden Unternehmen zusammenzuführen. Im Zusammenhang hiermit sind – unter Beibehaltung ihrer bisherigen Funktion – aus dem Vorstand der BAUBOAG bereits die Herren Dipl.-Ing. Martin Klinge und Kurt Neumann in den Vorstand der Julius Berger AG berufen worden. Dresdner Bank AG – Pressestelle – (im Auftrag der beiden im Text genannten Unternehmen).

Pressemitteilung der Dresdner Bank vom 13. Februar 1969.[80]

REORGANISATION UND BETRIEBSWIRTSCHAFTLICHE ORIENTIERUNG

Die personelle Bereinigung folgte Zug um Zug:[81] Seit März nahmen Kurt Neumann und Martin Klinge an den Vorstandssitzungen von Berger teil. Im selben Monat erfolgte die Ablösung von Max R. Schulz. Otto Karl Starke wurde auf Grund seiner Verbindungen für das Auslandsgeschäft weiterhin benötigt. Der Techniker Alfred Riegraf galt als weniger belastet, zumal er erst 1967 in den Vorstand eingetreten war. Dasselbe traf auch für Ernst H. Bolten zu; ihm lastete der Aufsichtsrat jedoch an, als Kaufmann in der Krise versagt zu haben. Sein Vertrag wurde zwar zunächst verlängert, damit er bei der Sanierung helfen konnte, eine spätere Kündigung bzw. deutliche Herabstufung unter die Vorstandsebene war jedoch beschlossene Sache. Wohl um dieser Blamage zu entgehen, setzte Bolten am 23. Juni 1970 seinem Leben ein Ende.

Das ganze Ausmaß der Probleme bei Berger kam ans Tageslicht, als die BAUBOAG-Mannschaft unterstützt von Finanzspezialisten der Bank mit der Reorganisation begann.[82] Als zentraler Vorwurf schälte sich dabei immer deutlicher heraus, dass der Vorstand bis Ende November den eintretenden Verlust nicht erkannt und stattdessen gehofft habe, die negativen Ergebnisse der ersten drei Quartale noch ausgleichen zu können. Ursache der Verluste seien wiederum Angebots- und Kalkulationsprobleme sowie fehlende Kenntnis der tatsächlichen eigenen Kosten und mangelnde Abrechnung der Baustellen gewesen. Im April 1969 stellte Klinge gegenüber Ponto fest, der *Krebsschaden bei Berger* liege darin, *dass man keine kaufmännische Verwaltung besitze. Es sei notwendig, auch in den Niederlassungen weitgehend die Leitung Kaufleuten anzuvertrauen. Berger trage jetzt die Folgen der Politik von Herrn Dr. Martens, die dahin gegangen sei, unfähige Leute an der Baustelle in die Zentrale zu versetzen und, wenn sie auch dort versagten, in die Buchhaltung zu übernehmen.*[83]

Unter diesen Umständen war es folgerichtig, Ergebnisplanung und Erfolgskontrolle zu stärken und sie institutionell wie personell im Vorstand zu verankern. Die wichtigste Neuerung und zugleich bedeutendste Leistung des neuen Managements bestand darin, dass eine umfassende Kostenkontrolle eingeführt und damit die zentrale Schwachstelle beseitigt wurde. Bereits ab März 1969, wenige Wochen nach der Übernahme der Verantwortung durch Klinge und Neumann, erfolgte eine laufende monatliche Berichterstattung über die erzielten Ergebnisse, und im Spätsommer war das bei der BAUBOAG bewährte System einer auf das jeweilige Jahresergebnis abgestellten, dabei laufend nachsteuerbaren Modellrechnung installiert.[84] Welchen Fortschritt dies bedeutete, zeigt ein Vergleich mit dem bei Berger bis dahin praktizierten System: Erst im September 1968 hatte das Halbjahresergebnis zum 30. Juni vorgelegen, zu einem Zeitpunkt, als bereits ein Verlust von zehn Millionen DM entstanden war und die Krise nicht mehr vermieden werden konnte. Zugleich hatte jegliche Vorausschau gefehlt und Äußerungen des Vorstands, dass sich das Defizit bis Jahresultimo 1968 auf drei Millionen DM ermäßigen werde, entbehrten jeder realen Grundlage.

Eine im Sommer 1969 verabschiedete neue Geschäftsordnung des Vorstands wies die Bereiche Planung und Berichtswesen einschließlich Steuern, Revision, Organisation und Datenverarbeitung dem im Dezember 1969 zum stellvertretenden Mitglied berufenen Götz Deimann zu. Ernst H. Bolten war für Personal, Finanzen und Einkauf sowie für die allgemeine

Verwaltung und die Rechtsabteilung zuständig. Alfred Riegraf unterstanden die süddeutschen Niederlassungen und die maschinentechnische Abteilung, Martin Klinge Norddeutschland und das technische Büro der Hauptverwaltung. Die Verantwortung für das Auslandsgeschäft lag bei Otto Karl Starke, die Gesamtleitung des Inlandsbereichs bei Kurt Neumann und Martin Klinge.[85] In dieser Organisationsstruktur spiegelte sich die starke Betonung betriebswirtschaftlichen und der Bedeutungsverlust ingenieurmäßig-technischen Denkens wider. Diese Entwicklung hatte die BAUBOAG längst vorweggenommen und war ausgezeichnet damit gefahren.

DURCHFÜHRUNG DES ZUSAMMENSCHLUSSES

Mit dieser durchgreifenden Reform waren die Weichen gestellt, um mit der nach wie vor exzellenten technischen Leistungsfähigkeit des Wiesbadener Unternehmens wieder kaufmännische Erfolge zu erzielen. Die akute Notlage in Gestalt eines drohenden Bilanzverlusts von 17 Mio. DM wurde in einer gemeinsamen Anstrengung des neuen Managements und der Dresdner Bank bewältigt. Durch Auflösung aller noch vorhandenen Rücklagen in Höhe von 7,8 Mio. DM und durch Übernahme von Bürgschaften für ausstehende Forderungen über 9,3 Mio. DM durch die Bank wurde es möglich, den Bilanzverlust für 1968 auf 272.000 DM zu begrenzen.[86]

Auf dieser Basis erfolgten seit Frühjahr 1969 die Vorbereitungen für die Fusion. Dabei sollte vermieden werden, *dass sich durch die Wahl der Form des Zusammenschlusses in der Öffentlichkeit der bereits durch andere Momente entstandene Eindruck verstärkt, der Zusammenschluss beider Unternehmen stelle praktisch eine Sanierung von Berger dar. Dieser Eindruck wäre sowohl bei den Auftraggebern von Berger wie bei dem Personal dieser Gesellschaft optisch ungünstig.*[87] An der Tatsache, dass 10 Mio. DM aus der Liquidität der BAUBOAG zur Sanierung von Berger benötigt wurden, ließ sich allerdings nichts ändern.[88] Im Juni fiel die Entscheidung zur Umwandlung der BAUBOAG auf die Julius Berger AG. Die Grundlage zur Ermittlung der Umtauschrelation bildeten die Gutachten zweier Wirtschaftsprüfer, die Verschmelzungsbilanz der BAUBOAG zum 31. März 1969 und der Vertrag vom 15. Juli 1969.[89] Am 15. August genehmigte eine außerordentliche Hauptversammlung der BAUBOAG den Zusammenschluss, am 29. August erteilten die Aktionäre von Berger ihre Zustimmung.[90] Dabei wurden rückwirkend zum Jahresbeginn die Umwandlung der BAUBOAG auf Berger, die Erhöhung des Grundkapitals um 7 auf 16 Mio. DM sowie die Umfirmierung zur Julius Berger-BAUBOAG Aktiengesellschaft beschlossen.[91] Das Umtauschverhältnis betrug 1:1,4 – für 5 Mio. DM Aktien der BAUBOAG wurden 7 Mio. DM Aktien des fusionierten Unternehmens ausgegeben – und fiel für die Berger-Aktionäre vergleichsweise günstig aus. Damit brachte die Dresdner Bank als Hauptaktionärin der BAUBOAG ein weiteres Opfer, um dem breiteren Kreis der Berger-Aktionäre die Transaktion schmackhaft zu machen, denn die Gutachten hatten deutlich höhere Relationen zwischen 1:1,76 und 1:2,2 – je nach Bewertung des *good will* von Berger – ergeben. Mit dem verbesserten Angebot ließ sich zugleich ein zu hohes Grundkapital vermeiden. Es belief sich nun auf 16 Mio. DM; Neumann hatte im Verhältnis zum Umsatz sogar 12 Mio. für ausreichend erachtet.[92] Am 15. August 1969 hielt die BAUBOAG ihre letzte Aufsichtsratssitzung ab, Alfred Hölling gab dabei einen kurzen *Rückblick auf die wechselvolle und erfolgreiche Entwicklung der*

BAUBOAG.[93] Bei Berger brachte die Debatte in der Hauptversammlung, wie ein Syndikus der Dresdner Bank notierte, *scharfe Angriffe gegen den Vorstand, dagegen viel Lob und wenig Kritik für den Aufsichtsrat. [...] Bei aller Kritik an der Vergangenheit erkannten die Redner die Leistungen des neuen Vorstands und auch den Einsatz des Aufsichtsrats nach Bekanntwerden des Desasters voll an. Das Umtauschverhältnis wurde als für die Berger-Aktionäre außerordentlich günstig bezeichnet, die Dresdner Bank AG wurde für ihr Verständnis und ihre Opfer ausdrücklich gelobt.*[94] Die Bank hatte seit Ende 1965 ihren Anteil an Berger von ursprünglich knapp elf Prozent fortlaufend bis auf etwa ein Drittel aufgestockt.[95] Nach weiteren Zukäufen, die bereits vor dem Hintergrund der Fusionsüberlegungen stattfanden, belief er sich im Sommer 1969 auf gut 40 Prozent. Mit dieser Beteiligung und als dominierende Mehrheitsaktionärin bei der BAUBOAG hielt sie nach der Umwandlung knapp 65 Prozent der Aktien der neuen Gesellschaft.

vor Umwandlungsbeschluss	BAUBOAG	Julius Berger AG
Grundkapital	5,0 Mio. DM	9,0 Mio. DM
Anteil Dresdner Bank	96,26 %	40,45 %

nach Umwandlungsbeschluss	Julius Berger-BAUBOAG	
Grundkapital	16,0 Mio. DM	
Anteil Dresdner Bank	64,9 %	

Beteiligung der Dresdner Bank an BAUBOAG, Julius Berger bzw. Berger-BAUBOAG vor und nach der Fusion[96]

BILANZ DER FUSION

Die neue Führung packte nicht nur die bestehenden Probleme an, sondern verstand es auch, das ganze Vorhaben den Mitarbeitern beider Unternehmen plausibel zu machen. Das war ein wichtiger Aspekt der Fusion, auf den auch Ponto trotz aller kühlen Strategie stets großen Wert gelegt hatte: *In einer Reihe großer Betriebsversammlungen mit bis zu 1.000 Teilnehmern habe man sich mit Erfolg bemüht, die Belegschaft über die Ziele des vereinigten Unternehmens zu unterrichten und das Zusammengehörigkeitsgefühl der Betriebsangehörigen zu stärken. Eine derartige innere Führung sei für einen Großbetrieb, der noch dazu auf eine Vielzahl von Betriebspunkten verteilt sei, unerlässlich. Herr Ponto nennt dieses Vorgehen ein Modell für weitere Firmenverbindungen.*[97] Zur weitgehenden Akzeptanz trug freilich der rasche Erfolg am meisten bei. Im August 1969 hatte Klinge noch um *Geduld bei der Sanierung des Unternehmens* gebeten und einen Zeitraum von *drei bis fünf Jahren* dafür angesetzt. *Zunächst sei ein ausgeglichenes Ergebnis schon als Erfolg anzusehen.* Zehn Jahre, in denen der Inlandsumsatz in völligem Gegensatz zum Branchentrend stagniert habe, seien aufzuholen. Immerhin ergab der Vergleich mit anderen Bauunternehmen, dass Berger-BAUBOAG mit Ausnahme der fehlenden Rücklagen *von der Struktur der Bilanz her gesehen sich in sehr guter Gesellschaft befinde.*[98] Die BAUBOAG hätte für sich betrachtet auch für 1969 wieder 18 Prozent Dividende ausschütten können. Nach dem Zusammenschluss stand damit *der nötige Fonds zur Verfügung, um die Bilanz des fusionierten Unternehmens ausgleichen zu können,* das schwierige Jahr 1969 zu überbrücken und einen Kapitalschnitt zu vermeiden.

Auf dieser Basis besserte sich die Lage rascher als erwartet. Die größten Verlustbereiche wurden umgehend gestrichen, so der Brückenbau bei Gottlieb Tesch, der nach Aussage von Klinge damals eine *komplette Katastrophe* darstellte.[99] Profitable Bereiche wurden verstärkt und die Geschäftskosten durch die fortschreitende Zusammenlegung aller Verwaltungsabteilungen drastisch gesenkt.[100] Die bereits 1968 einsetzende Konjunkturbelebung half zusätzlich. Eine im November 1969 aufgestellte, von Götz Deimann nach dem BAUBOAG-Verfahren regelrecht geplante und aus erwarteten Umsätzen und Geschäftskosten abgeleitete Prognose ergab für 1970 einen voraussichtlichen Gewinn von zwei Millionen DM; er wurde annähernd realisiert.[101] Im Sommer 1969 konnte die Wiederaufnahme der Dividendenzahlung für 1970 angekündigt werden – sehr viel früher als ursprünglich erwartet. Mit den Gewinnen, die wieder reichlicher flossen, wurden aber vorrangig die Rücklagen aufgefüllt. Auch Schuldenstand und Liquidität

Hochstraße, Koblenz-Oberwerth, 1972

verbesserten sich durchgreifend. Eine scheinbare Stagnation beim Ergebnis für 1972 war nur durch vorsichtigere und substanzstärkende Bewertungs- und Abschreibungsmethoden bedingt; insgesamt wurden stille Reserven in Höhe von 4,4 Mio. DM gebildet. Hinzu kam die erstmalige Belastung mit Ertragssteuern nach Abbau des Verlustvortrags. Ohne diese Posten wäre ein Gewinn von 5,9 Mio. DM erzielt worden.[102] Auf Grund ihrer Verdienste um Fusion und Sanierung waren Martin Klinge und Kurt Neumann bereits am 21. August 1970 zum Vorstandsvorsitzenden bzw. stellvertretenden Vorstandsvorsitzenden ernannt worden.[103]

Die Entwicklung der Gesellschaft bestätigte die Strategie und belohnte die Entscheidung der Dresdner Bank, zugunsten der Strukturverbesserung einige Opfer zu bringen wie etwa die Übernahme von Garantien oder den internen Bilanzausgleich mittels des BAUBOAG-Ergebnisses. Diese Entscheidung war im Gesamtvorstand der Bank wiederum von Ponto vorbereitet und durchgesetzt worden. Ponto war es auch, der die große Linie weiterführte und das langfristige Ziel beharrlich weiterverfolgte. Denn zunächst entstanden im Vorstand der Bank Überlegungen, ob nun *alsbald* die *weitere Fusion etwa mit Grün & Bilfinger angestrebt werden solle oder zunächst der Verkauf eines Teiles unserer Beteiligung nach dritter Seite sich empfehle.*[104] Immerhin wäre bei der Reduzierung des damaligen 65-Prozent-Anteils auf eine Schachtel-

Stadtautobahn, Berlin-Halensee, 1970

beteiligung ein Buchgewinn von gut 30 Mio. DM zu erzielen gewesen. Dieser Versuchung zu widerstehen, war beinahe eine ebenso große Leistung wie die Zusammenführung selbst. Im Lauf des zweiten Halbjahres 1969 setzte sich in der Führung der Bank die Meinung durch, dass man den günstigen Zeitpunkt nutzen und weiterhin die große Fusion anstreben müsse. Die sich abzeichnende rasche Erholung von Berger-BAUBOAG, die bemerkenswert freundlichen Reaktionen der Presse und die steigende Akzeptanz des Vorhabens bei potentiellen Kandidaten und Anteilseignern sprachen dafür. Im November berichtete Dresdner Bank-Vorstand Herbert Henzel über die verbesserten Aussichten, nun vielleicht auch die ursprünglich geplante *Einbeziehung von Wayss & Freytag KG* zu bewerkstelligen und die Widerstände des maßgebenden Großaktionärs Berliner Handels-Gesellschaft zu überwinden. Dort, so Henzel, herrsche jetzt eine deutlich *positivere Einstellung* gegenüber einem Zusammenschluss. Das Vorhaben zerschlug sich dann allerdings doch, und stattdessen rückten andere Modelle in den Mittelpunkt der Überlegungen.[105]

Aus rückschauender Perspektive wird deutlich, welch ausschlaggebende Bedeutung die Krise bei Berger für diese erste Fusion besaß. Offenbar reichten die vielfach angestellten Überlegungen, ja sogar die Bemühungen einer dynamischen Persönlichkeit wie Ponto allein nicht aus, die bestehenden Strukturen zu verändern. Erst als der Druck der geschäftlichen Misere hinzukam, geriet die Angelegenheit in Bewegung. Bei normalem Geschäftsverlauf hätte sich das Vorhaben – wenn überhaupt – nur sehr viel langsamer durchsetzen lassen. Die Krise wirkte damit ebenso als Katalysator wie die Person Pontos. Sein Verdienst bestand darin, dass er die diffusen Konzepte bündelte, den

Autobahn Stuttgart-Singen, Talbrücke Engen-Geisingen, 1971

günstigen Zeitpunkt erkannte und das Vorhaben entschlossen umsetzte. Die alte Führung von Berger wäre trotz partieller Bemühungen nicht zu diesem Schritt in der Lage gewesen. Dennoch wäre es verfehlt, dem Wiesbadener Unternehmen jeglichen positiven Beitrag in der beginnenden Neuformierung der Unternehmensgruppe abzusprechen. Zwar hätte Berger ohne fremde Hilfe das erste Halbjahr 1969 nicht überlebt, zugleich aber gab das Unternehmen der neuen Gesellschaft ein wertvolles Stück Zukunft mit auf den Weg. Denn die Verbindung nach Nigeria, die mit der Fortsetzung des Brückenprojekts gefestigt wurde, sollte sich wenige Jahre später als Grundlage eines ungeahnten Aufschwungs erweisen.

Jahr	Bilanz-summe	Bau-leistung	Gewinn im Geschäftsjahr	Zuweisung zu freier Rücklage	Bilanz-gewinn	Dividende*
1968		169				
1969	80,1	229	0,63	–	0,36	–
1970	87,5	313	2,21	1,28	1,28	8 %
1971	113,9	296	2,24	2,25	–	7 %
1972	141,4	386	2,59	2,60	–	8 %

*1971 und 1972 an außenstehende Aktionäre durch Grün & Bilfinger bezahlt

Bilanzkennzahlen der Julius Berger-BAUBOAG 1969–1972 (Mio. DM, Bauleistung 1968 als Vergleichswert)

ENTWICKLUNG DER FUSIONIERTEN GESELLSCHAFT IM IN- UND AUSLAND

Die offiziellen Begründungen für den Zusammenschluss stellten die Sanierung von Berger nicht in den Vordergrund, sondern betonten stattdessen die gute Ergänzung der technischen Kompetenzen, Tätigkeitsgebiete und Auftraggeber. Die tatsächliche Entwicklung sollte diese Sichtweise bestätigen, denn Berger-BAUBOAG entwickelte sich hervorragend. Martin Klinge und Kurt Neumann bewährten sich auch an der Spitze eines deutlich größeren Unternehmens sowie im für sie neuen Auslandsgeschäft. Sie wurden dabei allerdings von ihren Kollegen Starke, Riegraf und – bis zu seinem Tod – Bolten tatkräftig unterstützt. Im Inland wurden die Spezialgebiete der Vorläuferunternehmen erfolgreich weiterbearbeitet. Dies waren einerseits der Hochbau, speziell der Kaufhausbau sowie der Bau von Schulen und Verwaltungsgebäuden, und andererseits der Ingenieurbau, der vom Straßen-, Brücken- und sonstigen Verkehrsbau über den Wasserbau bis zum Bau von Kernkraftwerken ein breites Spektrum abdeckte. Höhepunkte bildeten zu Beginn der siebziger Jahre der Bau der Autobahnbrücke über das Moseltal bei Koblenz mit Pfeilern von 130 Meter Höhe, das Schiffshebewerk am Elbseitenkanal bei Lüneburg und der Hamburger Elbtunnel. Hinzu kamen verschiedene Bauten für die Olympischen Spiele in München, unter anderem das Stadion, das unter Federführung von Berger-BAUBOAG entstand. 1971 war das Unternehmen auf rund 360 Baustellen in Deutschland tätig. Der Erfolg schlug sich in wachsenden Umsätzen und steigenden Ergebnissen nieder.

Insgesamt konnte die Position im Inland nicht nur wiedergewonnen, sondern erheblich verstärkt werden. Sie bot eine solide Basis für die Tätigkeit im Ausland. Hier setzte sich die Berger-Tradition nahtlos fort. Nach vorübergehendem Stillstand – im Sommer 1966 hatte der Aufsichtsrat von Berger beklagt, dass infolge der Israelpolitik der Bundesregierung *große und interessante Objekte in Ägypten, Syrien und im Sudan verlorengegangen seien*[106] – war das Auslandsgeschäft gegen Ende der sechziger Jahre wieder stärker in Gang gekommen. Zur Zeit der Fusion erstellte das Unternehmen einen Hafen in Venezuela und die Gasversorgung der Stadt Maracaibo. Als Arge-Partner einer japanischen Firma errichtete es die Brücke über das Goldene Horn in Istanbul sowie etwas später eine Brücke über den Shatt El Arab im Irak. Der eigentliche Schwerpunkt lag in Westafrika, wo Aufträge für Straßenbauten in Dahomey, Sambia und Togo, für einen Tiefseehafen an der Elfenbeinküste und vor allem für zahlreiche Projekte unterschiedlichster Art in Nigeria übernommen wurden. Zentrale Bedeutung für das fusionierte Unternehmen besaß dabei die 1965 begonnene und innerhalb von drei Jahren fertig gestellte Eko-Bridge in Lagos. Diese größte Mitgift Bergers wurde zum Ausgangspunkt für die erfolgreiche, bis heute anhaltende Bautätigkeit in diesem Land. Dabei bewegte sich das Unternehmen – zunächst Julius Berger bzw. Berger-BAUBOAG, ab 1970 die Tochtergesellschaft Julius Berger Nigeria Ltd. (JBN) – in einem schwierigen, phasenweise völlig unüberschaubaren und zudem auch weltpolitisch schwierigen Umfeld. Um den Komplex „Nigeria" zu verstehen, ist es deshalb erforderlich, neben der eigentlichen Bautätigkeit den politisch-wirtschaftlichen Kontext im Verhältnis zwischen Bauindustrie, bundesdeutscher Entwicklungs- bzw. Kapitalhilfe sowie der nigerianischen Innenpolitik und der weltpolitischen Konstellation zu betrachten.[107]

*Schiffshebewerk
Lüneburg, 1972*

Autobahn Koblenz-
Ludwigshafen, Moseltal-
brücke Winningen, 1969

Kernkraftwerk Neckar-
westheim, 1974

Olympiastadion
München, 1970

Brücke über das Goldene
Horn, Istanbul, 1972

„Karstadt", Saarbrücken,
1971

NIGERIA – BAUEN UNTER SCHWIERIGEN POLITISCHEN RAHMENBEDINGUNGEN

Die westafrikanische „Federal Republic of Nigeria", ehemalige britische Kolonie und seit Oktober 1960 unabhängig, besaß auf Grund ihrer natürlichen Ressourcen besonders gute Entwicklungschancen und galt wegen der föderalen Struktur sowie des etablierten Mehrparteiensystems in den sechziger Jahren zugleich als „Musterdemokratie westlichen Typs" (Brockhaus).[108] Allerdings herrschten im bevölkerungsreichsten Land Afrikas (1969: 63,9 Mio. Einwohner) enorme ethnisch-religiöse Spannungen, vor allem zwischen den Volksgruppen der muslimischen Haussa und der christlichen Ibo. Hinzu kamen politisch-soziale Konflikte der verschiedenen Regionen und Bundesstaaten. Sie eskalierten seit Anfang 1966 in einer Serie von Staatsstreichen, in einem blutigen Pogrom gegen eine Minderheit der Ibo im Norden des Landes und schließlich im Bürgerkrieg der Militärregierung von Generalmajor Yakubu Gowon gegen die Ostregion Biafra, die sich unter dem Militärgouverneur Chukwuemeka Odumegwu Ojukwu im Mai 1967 vom Zentralstaat gelöst hatte. Erst mit der Kapitulation Biafras im Januar 1970 ging dieser Krieg zu Ende. Weltweit wurde „Biafra" seit Jahresbeginn 1968 zum Inbegriff unendlichen Elends, zum Symbol der Absurdität nationalistisch-ethnischer Politik auf dem afrikanischen Kontinent und nicht zuletzt zum Ansatzpunkt einer heftigen öffentlichen Kritik an der militärischen und finanziellen Unterstützung, welche die westlichen Staaten ebenso wie der Ostblock beiden Kriegsparteien zukommen ließen.

Straßenbau in Togo, um 1970

Straßenbau in Dahomey (Benin), 1966

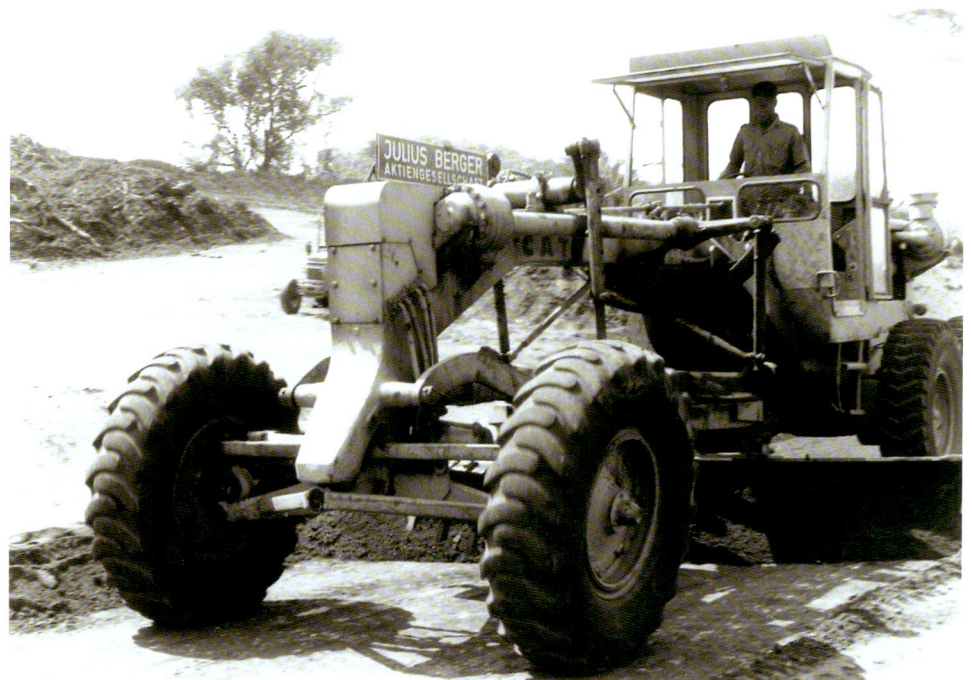

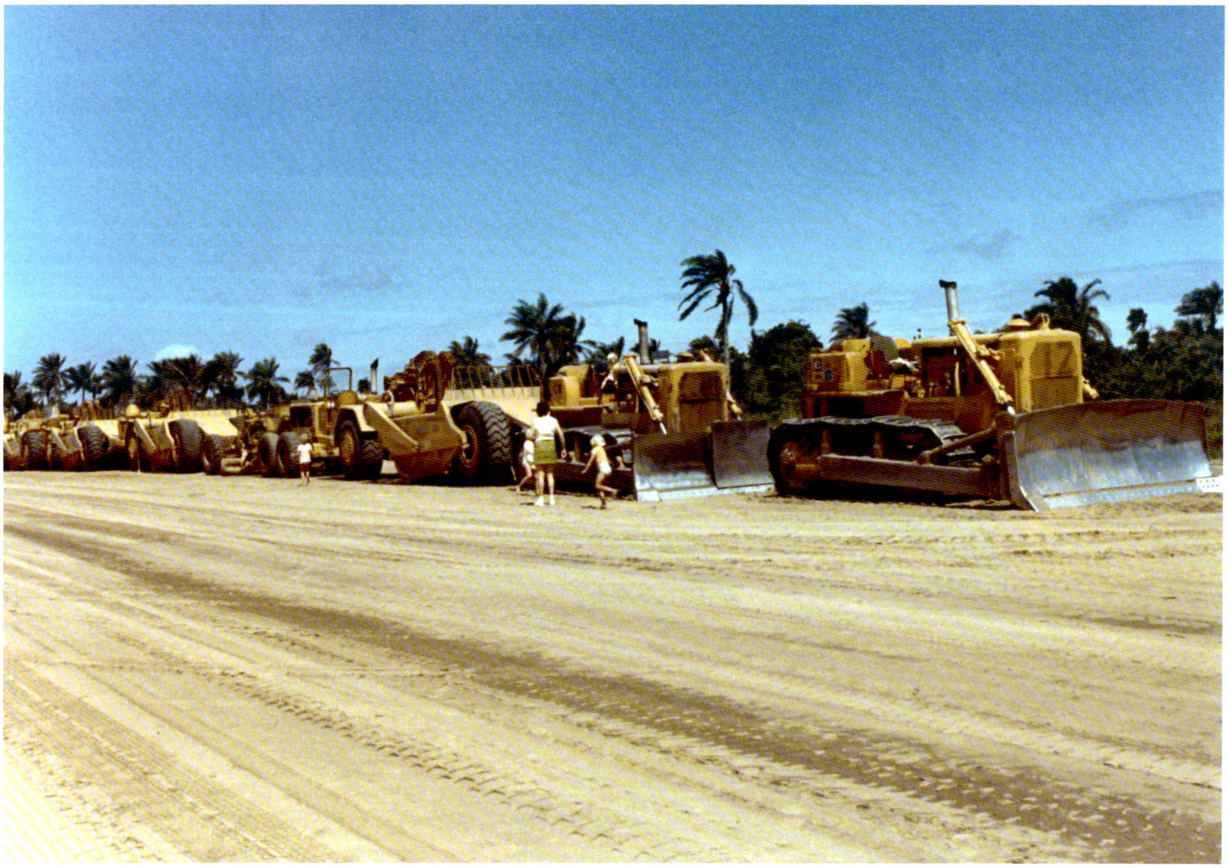

In die Kritik geriet auch die bundesdeutsche Entwicklungs- bzw. Kapitalhilfe, auf der die Bautätigkeit der Julius Berger AG basierte. Denn noch während des eskalierenden Biafra-Konflikts bemühte sich die nigerianische Staatsregierung um einen weiteren Kredit über etwa 50 Mio. DM für den Ausbau der Zufahrtsstraßen zur eben fertig gestellten Eko-Bridge, der so genannten zweiten Phase des Brückenprojekts. Gleichzeitig aber kritisierten Verbände, Kirchen und zahlreiche Bürger in Hunderten von Zuschriften an die Bundesregierung die deutsche Hilfe für ein Regime, das in ihren Augen für Völkermord, Vertreibung und den Hungertod unzähliger Menschen verantwortlich war.[109] Weitgehend erfolglos versuchte das Bundesministerium für wirtschaftliche Zusammenarbeit, die Kritiker mit dem Verweis auf den rein wirtschaftlichen Charakter der geförderten Projekte zu beruhigen. Da Vorhaben wie die Eko-Bridge oder der Krankenhausbau *keine militärische Zielsetzung haben, wäre ihr Abbruch nicht gerechtfertigt, zumal die nigerianische Seite noch nicht in der Lage ist, sie selbständig weiterzuführen*, so die Formel in den seit Sommer 1968 verwendeten standardisierten Antwortbriefen. Während die öffentliche Meinung in Deutschland trotz dieser Beschwichtigungsversuche eindeutig gegen die Militärregierung in Lagos Stellung bezog und vor allem das Elend in Biafra sah, zeichnete sich innerhalb des Bundeskabinetts eine problematische Spaltung ab: Der ebenso klaren wie öffentlichkeitswirksamen Position des Entwicklungshilfeministers Hans-Jürgen Wischniewski (SPD), dass *bei Bürgerkrieg keine Entwicklungshilfe* geleistet werden könne, weil keine sinnvolle Aufbauarbeit möglich sei,[110] widersprachen – freilich unter Ausschluss der Öffent-

Eko-Bridge Extension, 1972

lichkeit – die Realpolitiker im Auswärtigen Amt und im Bundeswirtschaftsministerium. Sie forderten, die Zusammenarbeit fortzusetzen. Dabei dachten sie nicht nur an die wirtschaftlichen Interessen der Bundesrepublik und der deutschen Unternehmen, sondern wollten gleichzeitig Nigeria politisch an den Westen binden. Denn seit Jahresbeginn 1968 zeigte die Sowjetunion auffälliges Interesse, Nigeria großzügig zu unterstützen. Vor diesem Hintergrund und angesichts einer gewissen Gereiztheit, welche die nigerianische Regierung unvermittelt gegenüber der Bundesrepublik an den Tag legte, erschien jede Zwangsmaßnahme wie eine Sperre der Hermes-Bürgschaften oder die Einstellung der Kapitalhilfe als *wirtschaftlich nicht zu vertreten*, da es eine *politisch aeusserst schwere belastung* [der, d. Verf.] *deutsch-nigerianischen verhaeltnisses zur folge haben* würde.[111] Diese Warnung, von Botschafter Günther Gnodtke aus Lagos bereits im Februar 1968 vorgebracht, bestimmte die Linie und trug maßgeblich dazu bei, dass sich handfeste wirtschaftliche und politische Interessen gegen moralische Prinzipien und die Grundlinien der Entwicklungshilfepolitik durchsetzten.

Unter Zugzwang geriet die deutsche Seite endgültig, als die Botschaft in Lagos im Mai 1968 den Antrag der nigerianischen Regierung auf Kapitalhilfe weiterleitete. Zunächst kamen die zuständigen Ressorts überein, laufende Projekte abzuschließen, aber keine neuen zu beginnen und entsprechende Anträge der nigerianischen Seite hinhaltend zu behandeln.[112] Unklar und umstritten blieb jedoch, ob die Brückenverlängerung als neues Vorhaben oder als Fertigstellung eines begonnenen zu bewerten sei. Während Wischniewski vor allem im Hinblick auf die Glaubwürdigkeit der Politik zunächst an seiner Position festhielt, dabei freilich auch Gefahr lief, den Partner zu brüskieren und damit jegliche Einflussmöglichkeit zu verspielen, neigte sein Stab

Eko-Bridge Extension,
1971

unter anhaltendem Druck des Auswärtigen Amts nach und nach einer pragmatischen Haltung zu. Mitte November geriet die Angelegenheit in Bewegung: Der neue Botschafter Theodor Axenfeld telegrafierte alarmiert nach Bonn, *dass ostblockstaaten sich fuer* [die] *verlaengerung* [der] *lagosbruecke interessieren*, und verwies zugleich auf die auffallend freundliche Behandlung der UdSSR in der nigerianischen Presse.[113] Als beide Staaten kurz darauf gar ein Abkommen über technische und wirtschaftliche Zusammenarbeit schlossen, fürchtete das Auswärtige Amt, den wichtigsten Handelspartner der Bundesrepublik in Westafrika zu verlieren und setzte seine Vorstellungen gegen den zurückweichenden Entwicklungshilfeminister durch.[114] Im Januar 1969 beschäftigte sich zunächst der „Interministerielle Referentenausschuss für Kapitalhilfe" mit dem Problem, und wenige Tage später segnete das Bundeskabinett die Linie ab. Im Juli 1969 trat dann das neue Kapitalhilfeabkommen über 51 Mio. DM in Kraft.[115] Anlässlich der Eröffnung der Eko-Bridge, die infolge des Krieges und wegen Verzögerungen bei den Anschlussarbeiten verschoben worden war und erst am 8. Februar 1969 stattfand, erfuhr die Öffentlichkeit von der erweiterten Kooperation. Und nicht nur dies: Der Botschafter betonte die unerwartet herzliche Aufnahme, welche Staatssekretär Udo Hein nun bei der nigerianischen Regierung fand – und das ausgerechnet bei jenen linksgerichteten Mitgliedern, die zuvor für eine *starke Annäherung Nigerias an die UdSSR* eingetreten waren. Schließlich konnte Hein mit Genugtuung feststellen, dass sowohl Staatschef Gowon als auch Außenminister Okoi Arikpo die heikle Frage der *Eröffnung von SBZ-Vertretungen in Nigeria* weiterhin ganz im Sinn des westdeutschen Alleinvertretungsanspruchs zu behandeln gedachten.[116]

Eko-Bridge Extension,
1971

„bruecke ueber lagune lagos ... als dokumentation nigerianisch-
deutscher freundschaft"

Julius Berger, die Eko-Bridge und die bundesdeutsche Außenpolitik

*am 8. februar von staatschef gowon im beisein gesamter militaerregierung, hoher
wuerdentrager und diplomatischen korps, eingeweihte bruecke ueber lagune lagos
wird in nigerianischer oeffentlichkeit als dokumentation nigerianisch-deutscher
freundschaft und beispiel guter zusammenarbeit gewuerdigt. rede nigerianischen
bautenministers unterstrich, dass mit deutscher 70 mio dm anleihe finanziertes projekt
trotz buergerkrieg habe zu ende gefuehrt werden koennen. passus, der von staatssekretär
dr. udo hein gemachten ausfuehrungen, wonach bundesregierung bereit ist durch weitere
anleihe projekt des baus von zugangsstrassen zur bruecke zu finanzieren wird besonders
unterstrichen ebenso wie presse hervorhebt, dass deutsche oeffentlichkeit tragische
geschehnisse in nigeria mit grosser anteilnahme verfolge und bundesregierung fuer
beide seiten konflikts hunmanitaere hilfe zur verfuegung stelle.*
*staatssekretär hein [...] wird am 10. februar von staatschef empfangen sowie unter-
redungen mit den fuer humanitaere hilfe zustaendigen organisationen u.a. mit dem
vom generalsekretaer u thant beauftragten beobachter gussing fuehren, bevor er
rueckreise antritt. axenfeld*

Fernschreiben der deutschen Botschaft in Lagos an das Auswärtige Amt in Bonn vom
10. Februar 1969.[117]

*[...] Das (unentschuldigte) Fernbleiben der Russen, Polen und Bulgaren wurde von
nigerianischer Seite mehrfach negativ vermerkt. Wieder waren der tschechoslowakische,
der ungarische, der jugoslawische und der rumänische Botschafter erschienen. [...] die
Eröffnung von SBZ-Vertretungen in Nigeria [...]. Ein Besuch bei Außenminister Arikpo
gab StS Dr. Hein Gelegenheit, das SBZ-Thema weiter zu vertiefen. Arikpo stellte fest,
Nigeria beabsichtige keine Änderung in seiner Haltung zur Deutschlandfrage. [...] Die
zunächst höflich zurückhaltende Einstellung nigerianischer Persönlichkeiten gegenüber
der deutschen Delegation erfuhr im Verlauf des Besuchs einen merklichen Wandel. [...]
Zum Abschluß des Besuches konnte man die Atmosphäre als herzlich bezeichnen. [...] Es
ist Herrn StS Dr. Hein und der deutschen Delegation gelungen, nicht nur atmosphärisch
eine Verbesserung in den beiderseitigen Beziehungen herbeizuführen, sondern auch
Verständnis für unsere Haltung und unsere Wünsche zu finden.*

Bericht des deutschen Botschafters Theodor Axenfeld, Lagos, an das Auswärtige Amt
in Bonn vom 15. Februar 1969.[118]

Sehr geehrter Herr Hawranke,

nach meiner Rückkehr möchte ich Ihnen persönlich nochmals für Ihre vorbildliche Arbeit in Nigeria danken. Ich habe während meines kurzen Besuches in Lagos die Überzeugung gewonnen, dass die Firma Julius Berger mit dem eindrucksvollen Bau der 2. Lagos-Brücke einen äußerst wichtigen Beitrag für die zeitweilig nicht unproblematischen deutsch-nigerianischen Beziehungen geleistet hat. Ich hoffe zuversichtlich, dass der Anschlussauftrag der Firma Berger die Möglichkeit gibt, das wohlgelungene Werk abzuschließen. Ganz besonders darf ich Ihnen für den Ausflug zum Strand am letzten Nachmittag unseres Aufenthaltes danken. Nach den vorhergegangenen anstrengenden Tagen empfand ich diese erholsamen Stunden am Meer als besonders wohltuend. Mit besten Grüßen

Udo Hein

Schreiben von Staatssekretär Udo Hein, Bundesministerium für wirtschaftliche Zusammenarbeit, an Baudirektor Günther Hawranke vom 20. Februar 1969.[119]

„BRÜCKEN NACH NIGERIA"

Unter geschickter Ausnutzung der politischen und ökonomischen Interessen der Bundesregierung hatte Nigeria also sein Interesse an deutscher Kapitalhilfe durchgesetzt. Für die deutsche Bauindustrie und die deutsche Wirtschaft insgesamt waren damit neue *Brücken nach Nigeria* geschlagen, wie das Handelsblatt seinen Bericht über die Einweihung der Eko-Bridge überschrieb.[120] Auch wenn es wegen des Krieges vorerst schlecht um Wirtschaft und Finanzen Nigerias stand, war allen Beteiligten klar, dass das Land wegen seiner Erdölvorkommen längerfristig gute Chancen auf wirtschaftlichen Aufstieg besaß und sich zu einem lukrativen Markt für deutsche Firmen entwickeln würde. Unter den Bauunternehmen befand sich dabei Julius Berger in der besten Ausgangsposition: Anders als die meisten Gesellschaften, die sich aus dem kriegsbedingten Chaos zurückgezogen und das Land verlassen hatten, setzte Berger die Arbeit an der Eko-Bridge fort, überzeugte durch Leistung und Termintreue und konnte sich in den Folgejahren als bevorzugter Auftragnehmer der nigerianischen Planungs- und Baubehörden etablieren. Zwar waren auch andere deutsche Unternehmen wie Strabag und Holzmann in Nigeria aktiv und bauten dort seit den fünfziger Jahren Straßen und Eisenbahnlinien;[121] mit der Eko-Bridge sicherte sich Berger-BAUBOAG aber einen wichtigen Vorsprung. Dabei verstand es das Unternehmen, sich den besonderen Gepflogenheiten, Kommunikationsformen und Arbeitsbedingungen in Afrika anzupassen und wichtige Netzwerke aufzubauen.

Nach Abschluß des Kreditvertrags begannen im August 1969 die Arbeiten an der Verlängerung der Eko-Bridge. Im Juli 1971 wurde sie in Anwesenheit von Außenminister Walter Scheel eingeweiht. Noch während dieses Projekt im Gang war, ergaben sich unvermittelt neue und weitaus größere Perspektiven für eine künftige Tätigkeit des Unternehmens in Nigeria: Nach dem Ende des Biafra-Krieges, der das ganze Land wirtschaftlich und finanziell gleichermaßen zurückgeworfen hatte, erstellte die Zentralregierung in Lagos ein umfassendes Investitionsprogramm zur Behebung von Kriegsschäden, zur Verbesserung der Infrastruktur und zur Förderung von Landwirtschaft und Industrie. Ein im November 1970 offiziell verkündeter, sich über vier Jahre erstreckender Entwicklungsplan sah Investitionen in Höhe von umgerechnet rund zehn Milliarden DM zur grundlegenden Verbesserung der Verkehrsinfrastruktur sowie der Wasser- und Elektrizitätsversorgung vor. Von dem enormen Betrag war ein knappes Viertel für den Verkehrsbereich, vor allem den Straßenbau vorgesehen. Multilaterale und bilaterale Kapitalhilfe des Auslands sollte dieses ehrgeizige Vorhaben finanzieren. Die verhältnismäßig geringe Auslandsverschuldung Nigerias, steigende Öleinnahmen und die zu erwartenden Wachstumsraten des Sozialprodukts boten eine solide Grundlage zur Absicherung der Kredite. Diese wurden vornehmlich durch die Weltbank, die Vereinigten Staaten, Kanada, Großbritannien und die Bundesrepublik gewährt.[122] Auf Grund des guten Rufs des Wiesbadener Unternehmens und der Kontakte, die seine Vertreter vor Ort zu den verschiedenen Regierungsstellen aufgebaut hatten, machte sich Berger-BAUBOAG berechtigte Hoffnungen, an diesem Bauboom zu partizipieren. Da sich ein dauerhaftes Engagement des Unternehmen in Nigeria abzeichnete, wurde 1970

*Bundesaußenminister
Walter Scheel bei der
Einweihung der Eko-
Bridge-Extension, 1971*

die Julius Berger Nigeria Ltd. (JBN) mit einem Grundkapital von 100.000 nigerianischen Pfund (ca. 1 Mio. DM) gegründet, wobei bewusst der alte, in Nigeria bestens eingeführte Firmenname gewählt wurde. Die Gründung der Tochtergesellschaft sollte für das wachsende Geschäft einen geeigneten rechtlichen und unternehmerischen Rahmen schaffen.

BERGER-BAUBOAG ALS NIGERIANISCHER „HOFBAUMEISTER" UND DIE „NIGERIANISIERUNG"

Mit der Umsetzung des Vierjahresplans begann der Aufstieg von Berger-BAUBOAG bzw. der nigerianischen Tochtergesellschaft zum *Hofbaumeister* des Landes, wie der Aufsichtsrat in Wiesbaden bald erfreut konstatierte.[123] An Bauaufgaben bestand kein Mangel und ab 1970 folgte ein Vorhaben dem anderen. Die Projekte wurden weiterhin durch ausländische Kapitalhilfe, zunehmend aber auch durch Nigeria selbst mittels steigender Einnahmen aus der Erdölförderung finanziert. In enger Kooperation zwischen Wiesbadener Dach- und nigerianischer Tochtergesellschaft, teilweise auch in Arbeitsgemeinschaft mit anderen deutschen Unternehmen wurden die im Biafra-Krieg zerstörte Niger-Brücke bei Onitsha im Süden des Landes wieder aufgebaut, der Flughafen in der Hauptstadt Lagos, zahlreiche Fernstraßen und die große Wasserversorgungsanlage von Jos in Zentral-Nigeria errichtet. 1973 folgte der abschließende dritte Bauabschnitt der Eko-Bridge auf Basis eines weiteren Kapitalhilfeabkommens über 32 Mio. DM.[124]

Im Vergleich zu anderen Ländern, wo durch Organisationsschwierigkeiten, unkalkulierbares Verhalten von Auftraggebern und Partnern, schleppende Zahlungseingänge sowie nicht zuletzt durch Währungsprobleme teilweise erhebliche Turbulenzen entstanden, verliefen die Projekte in Nigeria vergleichsweise reibungslos.[125] Dabei musste allerdings in Kauf genommen werden, dass das Land immer stärkere wirtschaftspolitische Restriktionen einführte und die einst verfolgte marktwirtschaftliche Linie verließ. Unter dem Schlagwort der „Nigerianisierung" betrieb die Militärregierung parallel zum Vierjahresplan eine Politik der stärkeren Beteiligung einheimischen Kapitals und einheimischer Führungskräfte mit dem langfristigen Ziel, Nigerias Wirtschaft von der Übermacht ausländischer Investoren zu emanzipieren. Mit dem „Nigerian Entreprises Promotion Decree" vom März 1972 erhielt dieser gemäßigt planwirtschaftliche Dirigismus einen gesetzlichen Rahmen. Das Dekret forderte eine nach Sektoren abgestufte Mindestbeteiligung nigerianischen Kapitals an ausländischen Unternehmen. Für die Bauindustrie galt eine Quote von 40 Prozent. Im Frühjahr 1974 übernahmen als Wunschpartner von Berger-BAUBOAG zwei nigerianische Bundesstaaten, der „Lagos State" und der „Benue Plate State", jeweils 20 Prozent des auf 1,5 Mio. Naira (ca. 6,3 Mio. DM) erhöhten Kapitals der JBN.[126]

Große Verdienste um das Nigeria-Geschäft erwarb sich Baudirektor Günther Hawranke. Nach Mitarbeit an der Maracaibo-Brücke war er ab 1965 als Oberbauleiter bei der Eko-Bridge tätig und übernahm 1970 die Geschäftsführung der nigerianischen Tochtergesellschaft. Die Korrespondenz Hawrankes mit Wiesbaden, vor allem seine privaten Schreiben an den Vorstand, spiegeln die atemberaubende Entwicklung nachhaltig wider. An Kurt Neumann schrieb er im Oktober 1972: *Die Geschäfte gehen hier in Nigeria sehr gut, und wir werden 1972 mit dem Jahresumsatz unsere Traumgrenze von 100 Mill. DM überschreiten.*[127]

*Eröffnung der Niger-
brücke bei Onitsha,
1970*

*Instandsetzung der im
Biafra-Krieg zerstörten
Nigerbrücke bei
Onitsha, 1970*

Afrika zwischen Geschäft und Exotik

Aus der Korrespondenz Lagos – Wiesbaden

*Hier laufen alle Arbeiten sehr gut; z. Zt. sind wir bei den Baustelleneinrichtungsarbeiten
für Iganmu Interchange und Ikorudu–Itoikin Road und teilweise bereits für Final Stage
Eko Bridge. Von Herrn Jaedicke habe ich gehört, dass wir von der nigerianischen Seite
aus praktisch das Auftragsschreiben für Final Stage Eko Bridge erhalten haben mit
dem Vorbehalt, dass die Bundesregierung dem Kreditantrag stattgibt. Um laufenden
und langwierigen Rückfragen der KfW bei der Erstellung des Prüfungsberichtes ent-
gegenzutreten, ist Herr Schleyer letzte Woche nach Deutschland geflogen, um möglichst
alle noch bestehenden Unklarheiten an Ort und Stelle zu klären. Wir haben hier wieder
denselben Fall wie bei Eko Bridge Extension und Jos. Die Bürokratie der KfW lässt sich
aber leider nicht umgehen.*

Schreiben von Günther Hawranke an Martin Klinge vom 17. November 1972.[128]

Günther Hawranke (l.)
und Hans Wittmann
(2.v.l.), im Hintergrund
die Eko-Bridge, 1974

Lieber Herr Klinge,
*Ihren Wunsch nach 2 Schildkrötenpanzern habe ich erhalten. Leider ist eine kurzfristige
Lieferung nicht möglich. Wir haben uns mit Fangschiffen in Verbindung gesetzt, und
sobald bei den Fängen Schildkröten dabei sind, werden wir diese erhalten. Dann jedoch
muss die Schildkröte ausgeschält werden und braucht dann 2 bis 3 Monate zum Trock-
nen. Anschließend wird der Panzer mit der Schleifscheibe ausgeschliffen und kann erst
dann farblos lackiert werden. Der ganze Vorgang dauert also ca. 4 bis 5 Monate.*

Schreiben von Günther Hawranke an Martin Klinge vom 19. Dezember 1972.[129]

Ich würde mich freuen, wenn Sie Ihren Plan mit Ihren Freunden beibehalten und uns im Januar / Februar hier in Lagos besuchen würden. Bitte, lassen Sie mich rechtzeitig wissen, was die Herren am meisten interessiert, z.B. Schiessen, Angeln, Golf spielen oder Reisen durch das Land. Ihrem Vorschlag, eine echte afrikanische Tanzgruppe für einen Abend einzuladen, werden wir selbstverständlich Folge leisten.

Die Geschäfte gehen hier in Nigeria sehr gut, und wir werden 1972 mit dem Jahresumsatz unsere Traumgrenze von 100 Mill. DM überschreiten.

Schreiben von Günther Hawranke an Kurt Neumann vom 10. Oktober 1972.[130]

„GOLDENES AFRIKA" — NIGERIA IN DER WIESBADENER BILANZ

In der Bilanz von Berger-BAUBOAG schlug sich dieser Erfolg deutlich nieder. Von den Gesamt-kosten des Baus der Eko-Brücke (1. Phase) in Höhe von 68,2 Mio. DM waren gut 34,5 Mio. DM für Material- und Gerätelieferungen nach Deutschland geflossen.[131] Auch nach der Fusion wurden Umsatz- und Ergebnissteigerungen sowie Bilanzgewinne vor allem durch das Nigeria-Geschäft getragen. Es besaß zudem den Vorteil, dass es auch auf Seiten der Auftraggeber relativ verlässlich und problemlos abgewickelt wurde. Fällige Gelder wurden in aller Regel ohne Schwierigkeiten frei-gegeben und konnten problemlos transferiert werden. Unverkennbar profitierte das neue Unter-nehmen von Bergers Leistungen, Erfahrungen und Kontakten im Ausland. Mit einer Steigerungsrate der Bauleistung von 28 Prozent zwischen 1971 und 1972 lag die Berger-BAUBOAG-Gruppe deutlich über dem Durchschnitt des Bauhauptgewerbes (9,5 %) und weit vor allen Konkurrenten wie Holz-mann (3 %), Hochtief (9 %) oder Beton- & Monierbau (9 %). Auch Grün & Bilfinger erreichte mit 17 Prozent nicht die Steigerungsrate von Berger-BAUBOAG.[132] Da das Auslandsgeschäft mit etwa 45 Prozent überproportional zum Gesamtergebnis beitrug,[133] spielte es eine zentrale, allerdings auch ambivalente Rolle für die Entwicklung des neuen Wiesbadener Unternehmens und im bald folgenden Zusammenschluss mit Grün & Bilfinger: Die Gewinne aus diesem Bereich brachten eine Entwicklung in Gang, die das Inlandsgeschäft allein nicht ermöglicht hätte. Gleichzeitig aber war gerade der große Nigeria-Komplex nur schwer in die Konzernorganisation zu integrieren, die sich in Deutschland herausbildete. Parallel zum Aufstieg in Nigeria ging hier seit der aktienrechtlichen Umwandlung die Arbeit an der faktischen Zusammenführung beider Unternehmensteile weiter. Sie verlief vergleichsweise problemlos. Zur gleichen Zeit lebte aber auch die sehr viel schwierigere Diskussion über eine größere Fusion wieder auf. Dabei kamen neben der Mannheimer Grün & Bilfinger AG bald auch neue Namen ins Spiel.

	1971	1972
Gesamtbauleistung	296,0	379,0
davon Inland	236,0	234,0
davon Ausland	44,0	137,0
Rohüberschuss	15,3	19,9
Jahresüberschuss	2,2	2,6

Leistungsziffern der Berger-BAUBOAG-Gruppe 1971 und 1972 (Mio. DM)[134]

KAPITEL 8

ZEIT DER FUSIONEN – ZWEITE ETAPPE

UNTERNEHMENSVERTRAG, EINGLIEDERUNG UND GRÜNDUNG DER BILFINGER + BERGER BAUAKTIENGESELLSCHAFT 1971 BIS 1980

Ab Oktober 1968 war die Dresdner Bank, die treibende Kraft der Fusion, für mehrere Monate durch die Sanierung von Berger in Beschlag genommen. Zwar gerieten die Gespräche auf Unternehmensebene ins Stocken, aber im engsten Zirkel zwischen Ponto, Schäfer und Vierhub sowie der hauseigenen Konsortialabteilung war die Angelegenheit keineswegs erledigt. Bereits Anfang Dezember wurde hier ein neuer Anlauf vorbereitet. Als Jürgen Ponto sich die Unterstützung des Düsseldorfer BAUBOAG-Vorstands zur Sanierung von Berger sicherte, bildete die damals verabredete Teil-Fusion nur eine Vorstufe zur Verwirklichung einer großen Lösung. Die Wiesbadener Betriebsverluste, so Kurt Neumann, beträfen nur die *Vermögenssphäre* [...] *und nicht die Leistungsfähigkeit von Berger im übrigen*, für einen weitergehenden Zusammenschluss sei also nach wie vor eine gute Basis vorhanden.[1] Konkrete Schritte folgten im März 1969. Zu diesem Zeitpunkt wurden mögliche Firmenverbindungen mit neuen Interessenten untersucht. So signalisierte die Babcock-Bau GmbH, eine Tochter des Kessel- und Anlagenbauers Deutsche Babcock & Wilcox AG aus Oberhausen, Interesse an Berger.[2] Zur gleichen Zeit brachte Klinge den Gedanken einer Kooperation mit der Volkswagen AG ins Spiel, die damals Überlegungen anstellte, eine konzerneigene Baugesellschaft zu gründen oder ein passendes Unternehmen zu kaufen.[3] Im Gespräch war zeitweise auch die Beton- & Monierbau AG aus Düsseldorf.[4]

PERSPEKTIVENWECHSEL: VON WIESBADEN NACH MANNHEIM

Priorität besaß jedoch nach wie vor die Fusion mit der Grün & Bilfinger AG. Ponto leistete hier entscheidende Überzeugungsarbeit und räumte Vorbehalte aus. Seine direkte Kontaktaufnahme mit dem Mannheimer Unternehmen, für das er formal gar nicht zuständig war, und die mehrfachen Gespräche mit Werner Bansen brachten die Wende. Er machte klar, dass eine große Lösung nicht mehr zu verhindern war.[5] Noch während in Wiesbaden und Düsseldorf die Umwandlungsbeschlüsse vorbereitet wurden, fiel die Entscheidung, die Verbindung des neuen Unternehmens Berger-BAUBOAG mit Grün & Bilfinger notfalls auch gegen Widerstände durchzusetzen. Sie besaß *absolute Priorität vor allen andern Gesprächen.*[6] Der Vorstand der Dresdner Bank war sich einig, *dass wir auf Herrn Dr. Bansen und Grün & Bilfinger auch Druck ausüben müssen, insbesondere ankündigen sollten, dass Grün & Bilfinger damit rechnen muss, dass wir unsere Beteiligung an Grün & Bilfinger in Berger einbringen.*[7]

Diese Drohung, aber auch die sich seit Sommer 1969 abzeichnende positive Entwicklung trugen dazu bei, die Barriere vor dem größeren Zusammenschluss zu überwinden. Im Dreieck zwischen Mannheim, Wiesbaden und Frankfurt wurde zunehmend intensiver und mit wachsender Begeisterung verhandelt. Anfang Oktober berichtete Martin Klinge *positiv über gestern geführte Verhandlungen mit Grün & Bilfinger. Man hat eine weitere Zusammenkunft im November vereinbart. Das Klima der Besprechung sei ausgezeichnet gewesen.*[8] Der Zusammenhang mit der raschen Besserung bei Berger-BAUBOAG war unverkennbar. Zugleich trugen hauseigene Probleme in Mannheim dazu bei, dass die Fusionsbereitschaft stieg, denn Grün & Bilfinger befand sich gegen Ende der sechziger Jahre selbst in einer angespannten Lage. Trotz hoher Umsätze waren die Ergebnisse unbefriedigend und es wurde schwieriger, eine ausgeglichene Bilanz vorzulegen.[9] Hinzu kamen im Herbst 1969 gravierende Probleme beim Bau einer Hafenanlage für Containerschiffe in Bremerhaven. Das Projekt „Stromkaje" hatte einen Auftragswert von 40 Mio. DM und wurde in einer Arbeitsgemeinschaft zwischen Grün & Bilfinger (70 %) und drei lokalen Unternehmen (je 10 %) ausgeführt. Beim Rammen von Spundwänden traten erhebliche Schwierigkeiten auf und der ursprüngliche, von Grün & Bilfinger erarbeitete Entwurf erwies sich als nicht durchführbar. Das Unternehmen entwickelte zwei neue Vorschläge, wodurch sich die Bauarbeiten jedoch erheblich verzögert und verteuert hätten. Der Auftraggeber zeigte sich zunächst wenig kompromissbereit und Grün & Bilfinger drohte ein Verlust in Höhe von 8,6 Mio. DM, hinzu kam ein erheblicher Imageschaden. Nach langwierigen Verhandlungen konnte schließlich im Februar 1971 eine Einigung erzielt werden, die den Verlust auf 1,1 Mio. DM begrenzte. Dieser nach Einschätzung des Aufsichtsratsvorsitzenden Erich Vierhub *tragische Fall* zeigte, wie rasch ein mittleres Unternehmen durch das Scheitern von Großprojekten an den Rand des Ruins gedrängt werden konnte.[10] Größe, so die Lehre daraus, vermittelte auch Sicherheit und durch eine Fusion von Grün & Bilfinger mit Berger-BAUBOAG würde immerhin der viertgrößte deutsche Baukonzern entstehen.

FUSION, ZWEITER TEIL: BERGER-BAUBOAG – GRÜN & BILFINGER

Die Weichen waren also längst anders gestellt, als Erich Vierhub dem Aufsichtsrat von Grün & Bilfinger im November 1969 erklärte: Es stimme, *dass BAUBOAG/Berger sich für ein Zusammengehen mit Grün & Bilfinger interessiere,* aber man werde sich *selbstverständlich nicht mit Kranken verbinden.*[11] Auf Vorstandsebene wurden damals bereits wichtige Vorbereitungen getroffen, Unternehmensvergleiche durchgeführt, Wertberechnungen erstellt und Personal- und Organisationsstrukturen verglichen.[12] Bereits im Sommer 1969 war ein Wertgutachten in Auftrag gegeben worden. Die Entscheidung bahnte sich im Februar 1970 an: *Die sehr vorsichtig geführten Gespräche mit Grün & Bilfinger,* schrieb Ponto Ende des Monats an Carl Deilmann, den stellvertretenden Aufsichtsratsvorsitzenden bei Berger-BAUBOAG, *haben ein Stadium erreicht, das nunmehr zuerst unsere Beratung im AR-Präsidium erfordert. […] Es geht wesentlich jetzt um die Frage, ob man einen möglichen Zusammenschluss noch in diesem Jahr oder erst für das kommende Jahr ins Auge fassen soll, wobei gegeneinander abzuwägen ist die nach Meinung der beteiligten Vorstände gute Stimmung für ein alsbaldiges Zusammengehen mit der Position*

Jahr	Leistung (Mio. DM)	Bilanzgewinn (Mio. DM)	Dividende (% des GK)
1965	k.A.	1,887	18
1966	k.A.	1,616	16
1967	k.A.	1,638	16
1968	> 300	1,428	14
1969	knapp 400	1,231	10
1970	470	1,620	10 + 2
1971	Konzern: 825 G&B AG: 530	3,150	14
1972	Konzern: 967 G&B AG: 580	3,600	16
1973	Konzern: 1.000 G&B AG: 619	3,600	16
1974	Konzern: 1.046 G&B AG: 670	2,700	12

Bilanzkennzahlen der Grün & Bilfinger AG 1965–1974

der beteiligten Aktionäre, die für ein kurzfristiges Zusammengehen wohl nur dann gewonnen werden können, wenn sich ein akzeptables Umtauschverhältnis darstellen lässt.[13] Ponto ließ dabei keinen Zweifel daran, dass er eine möglichst rasche Zusammenführung anstrebte. Er schuf Schritt für Schritt die erforderlichen Voraussetzungen und führte die entsprechenden Beschlüsse herbei. Ab diesem Zeitpunkt näherten sich die beiden Unternehmen immer rascher einander an. Intern wurde bei erforderlichen Neubesetzungen von Aufsichtsratsmandaten sowie bei der Regelung von Gehalts-, Tantieme- und Pensionsfragen der Vorstände bereits auf die angestrebte Fusion Rücksicht genommen.[14]

Im Mai stimmte der Gesamtvorstand der Dresdner Bank der Fusion endgültig zu.[15] Bis dahin war freilich noch nicht entschieden, in welcher Form sie erfolgen sollte. Dies hing entscheidend von der künftigen Unternehmensplanung, aber auch von rechtlichen und steuerlichen Rahmenbedingungen und nicht zuletzt von der Stimmungslage bei Unternehmensleitung und Belegschaft ab. An erster Stelle stand die Notwendigkeit, den noch aus der Krise von 1968 herrührenden Verlustvortrag bei Berger-BAUBOAG zu erhalten. Eine Umwandlung des Wiesbadener Unternehmens auf Grün & Bilfinger kam deshalb nicht in Frage, ebenso wenig wie die umgekehrte Variante. Sie hätte zwar steuerlich keine Nachteile gebracht, aber zu einem überhöhten Aktienkapital geführt und wäre angesichts der Größe von Grün & Bilfinger und der Stimmung innerhalb des Unternehmens nicht durchsetzbar gewesen. Im April 1970 musste Ponto, um nicht unüberwindliche Blockaden aufzubauen, auf der Bilanzpressekonferenz der Dresdner Bank sogar ausdrücklich erklären, *dass im Falle eines Zusammenschlusses der Firmenname Grün & Bilfinger sicher erhalten bleibe.*[16]

Als einzige Möglichkeit blieb der Aufbau einer Beteiligung von Grün & Bilfinger an Berger-BAUBOAG durch Übernahme des Dresdner Bank-Pakets und eine möglichst weitgehende Aufstockung durch weitere Zukäufe an der Börse bzw. durch ein Umtauschangebot an die freien Berger-BAUBOAG-Aktionäre. Bei einem Anteil von über 90 Prozent, so Vierhubs Erläuterung, könne dann *jede Art von Beherrschungsvertrag, verbunden mit einer Dividendengarantie, abgeschlossen [...] werden. Auf diese Weise könne das Zusammengehen gewissermaßen von unten her aufgebaut werden und z. B. zunächst die Niederlassungen und Bauhöfe zusammengefasst werden.*[17] Seit Sommer 1970 wurden in synchronen Schritten der Aufsichtsräte in Mannheim und Wiesbaden die Weichen gestellt.[18] Als mittelfristiges Ziel galt nach wie vor die *volle rechtliche Integrierung beider Gesellschaften.*[19] Nach dem Abbau des Verlustvortrags sollte etwa 1972 die *Vollfusion als Endstadium* des Zusammenschlusses erfolgen.[20] Es sei klar, meinte Ponto dazu vor dem Aufsichtsrat von Berger-BAUBOAG, dass für die *bis dahin dann durch Fusion entstehende vereinte Gesellschaft [...] im übrigen auch noch ein Name gefunden* werden müsse.[21] Das Etappenziel lautete zunächst aber Aufbau der angestrebten Beteiligung von 90 Prozent und Abschluss eines Organschaftsvertrags.

MEHRHEITSBETEILIGUNG, EINGLIEDERUNG ODER VERSCHMELZUNG?

Dieses schrittweise Vorgehen, das aus steuerlichen Gründen zwingend eingehalten werden musste, ließ nach und nach eine Alternative zur Fusion entstehen – und darin liegt seine eigentliche Bedeutung für die weitere Entwicklung. Möglicherweise war es gar nicht erforderlich, die beiden Unternehmen zu verschmelzen und dabei mindestens eine Gesellschaft, in diesem Fall Berger-BAUBOAG, erlöschen zu lassen und die andere umzufirmieren. Die wirtschaftliche und organisatorische Integration beider Unternehmen bei gleichzeitiger Erhaltung ihrer Selbstständigkeit und ihres „good will" reichte nach diesem Konzept nicht nur aus, sondern bot sogar Vorteile sowohl am Markt als auch innerhalb eines Unternehmensverbunds. Den rechtlichen Rahmen für eine derartige Lösung bot das 1965 novellierte bundesdeutsche Aktiengesetz mit dem neu eingeführten Instrument der Eingliederung. Es ermöglichte die wirtschaftliche Verschmelzung zweier Unternehmen bei gleichzeitiger Aufrechterhaltung ihrer rechtlichen Selbstständigkeit und bot damit ein maßgeschneidertes Modell für die Verbindung zwischen den beiden Gesellschaften. Eine Eingliederung von Berger-BAUBOAG, bei gleichzeitiger Übernahme der vollen Haftung für alle Verpflichtungen des Unternehmens und Abfindung der ausscheidenden Aktionäre, konnte erfolgen, wenn die Beteiligungsquote der zukünftigen Obergesellschaft 95 Prozent erreichte.

Auf der unternehmerisch-geschäftspolitischen Ebene entstand daraus die bis 1975 verfolgte und zunächst erfolgreiche, in ihren längerfristigen Wirkungen aber eher problematische „Zwei-Chancen-Theorie": Durch das Fortbestehen zweier Gesellschaften, die nach außen als selbstständige und unabhängige Einheiten auftraten, intern aber kooperierten, sollten Kostenersparnisse und Wettbewerbsvorteile erzielt werden.[22] Durch den Erhalt beider Unternehmen und vor allem der traditionsreichen Namen sollten auch Widerstände in psychologischer Hinsicht beseitigt werden. Emotionale Vorbehalte waren vor allem bei der Belegschaft von Berger-BAUBOAG aufgekommen. Das kleinere, durch die jüngste Vergangenheit ohnehin verunsicherte Unternehmen musste befürchten, vollständig aufgesogen zu werden. Aus gutem Grund strich Ponto immer wieder heraus, *dass es sich trotz des aus steuerlichen Gründen gewählten Weges beim Zusammenschluss um ein Zusammengehen gleichberechtigter Partner handele, und bat die Herren des Vorstands von Berger-BAUBOAG darum, diese von beiden Verwaltungen geteilte Grundsatzeinstellung in geeigneter Form insbesondere auch dem mittleren Management von Berger-BAUBOAG zu vermitteln.*[23] Jeder Eindruck der Abhängigkeit oder gar der Minderwertigkeit musste vermieden werden. Auch der Aufsichtsrat von Berger-BAUBOAG sollte nach dem Einstieg von Grün & Bilfinger deshalb zunächst nicht umgebildet werden, *um das Partnerschaftsverhältnis zwischen beiden Gesellschaften auch nach außen hin klarzumachen. Für die gewählte Konstruktion als Mutter-Tochter-Gesellschaft seien ausschließlich steuerliche Aspekte maßgebend gewesen.*[24] Unter diesem Druck und um den Eindruck einer feindlichen Übernahme zu vermeiden, vollzog auch Grün & Bilfinger im Verlauf der Diskussion einen deutlichen Schwenk von der Übernahme-Idee hin zur Vorstellung einer partnerschaftlichen Kooperation zwischen zwei verbundenen Unternehmen. Ein Zusammengehen, betonte der Aufsichtsrat, könne *nur dann erfolgreich sein* [...], *wenn nicht nur in der Spitze kooperiert wird, sondern die Zusammenarbeit in allen Instanzen gefordert und gepflegt wird.*[25] Die Mannheimer Unternehmensleitung vertrat danach stets die Position, dass ein erfolgreiches Zusammengehen letztlich nur auf der *Basis der Gleichberechtigung beider Firmen* möglich sei.[26]

„... das Akquisitionspotential der bisherigen Unternehmen erhalten"

Wie soll die Zusammenarbeit aussehen?

I. Allgemeine Grundsätze
1. Die technische Form einer Zusammenführung von Grün & Bilfinger und Berger/ BAUBOAG sollte folgende Grundsätze berücksichtigen: [...]
b) die immateriellen Werte der bisher selbständigen Unternehmen müssen erhalten bleiben. Dazu gehören insbesondere die Firmenbestandteile „Grün & Bilfinger", „Julius Berger" und „BAUBOAG".
2. Daraus folgt, dass beide Firmen nach außen rechtlich selbständig bleiben. Name und Firmensitz bleiben. Dies geschieht
– um das Akquisitionspotential nicht zu schmälern
– um Zeit für die letzten Endes anzustrebende völlige Integration der Firmen zu gewinnen
– um keine Beunruhigung in das Personal hineinzutragen.
3. Aus 2. folgt, dass beide Firmen ihren eigenen Vorstand und Aufsichtsrat haben. [...]
4. Intern ist eine gleichartige Organisation für beide Firmen aufzubauen, die eine einheitliche langfristige Geschäftspolitik der kooperierenden Firmen gewährleistet,

das Konkurrenzverhältnis intern beseitigt, eine nach gleichem System arbeitende Vor-
ausschau und Erfassung von Umsatz und Ergebnis ermöglicht und die zu erwartenden
Rationalisierungseffekte schnellstens herbeiführt.

II. Interne Organisation:
5. Zielsetzungen der allgemeinen Geschäftspolitik:
Die Richtlinien der gemeinsamen Geschäftspolitik sowie alle damit zusammenhängen-
den grundsätzlichen Entscheidungen werden in Gemeinschaftssitzungen der beiden
Vorstände beschlossen. Diese Sitzungen finden nach Bedarf, jedoch mindestens einmal
im Monat statt. Die Tagesordnung ist möglichst eine Woche im voraus festzulegen,
Referat über alle Punkte der Tagesordnung ist vor Beschlussfassung jeweils durch das
zuständige Vorstandsmitglied zu halten. Folgende Aufgaben fallen den vereint tagenden
Vorständen beider Firmen zu:
– Koordinierung der Niederlassungen im Inland
– Erarbeitung langfristiger Wachstumspläne, z. B. Planung zur Verlagerung der Tätigkeit
  auf bestimmte ertragreiche Sparten, langfristige Investitionsplanungen (industrieller
  Fertigbau, Anschaffung von Spezialgeräten für zukunftsträchtige Bausparten usw.)
– Steuerung der Akquisitionstätigkeit
– Festlegung der Kompetenzen und Verantwortung für die Teilaufgaben der Koopera-
  tionsmaßnahmen (Planungs- und Kontrollstellen).

Für die Detailarbeit, die sich aufgrund der gefassten Beschlüsse ergibt, setzen sich die
jeweiligen Vorstandsmitglieder beider Firmen unmittelbar in Verbindung.

Überlegungen des Vorstands der Grün & Bilfinger AG zur praktischen Zusammenarbeit
zwischen Grün & Bilfinger / Berger-BAUBOAG vom Juli 1970.[27]

Unerlässlich schien es allerdings, die Führung neu zu ordnen und die Gesellschaften orga-
nisatorisch und personell so eng wie möglich zu verzahnen. In beiden Punkten setzten sich
Martin Klinge und Kurt Neumann, unterstützt von Jürgen Ponto, gegen den widerstrebenden
Vorstand in Mannheim durch. Im Oktober 1970 fiel die Entscheidung, die beiden ehemaligen
BAUBOAG-Vorstände nach dem Abschluss des Unternehmensvertrags in die Führungsriege von
Grün & Bilfinger zu berufen, auch wenn dadurch *gegenüber Bauherren und Konkurrenten in einem*
unnötig frühen Zeitpunkt die wirtschaftliche Identität beider Unternehmen offenbart würde.[28]
Dieses von der Mannheimer Seite vorgebrachte und zweifellos gewichtige Argument ist ebenso wie
der Einwand, der Vorstand würde zu sehr aufgebläht, als Abwehrversuch zu interpretieren. Auch
bei Grün & Bilfinger war man offenbar nicht frei von Übernahmeängsten, und dies aus gutem
Grund: Bereits im Sommer hatten Klinge und Neumann ihrem Aufsichtsratsvorsitzenden Ponto

unmissverständlich erklärt, dass eine *Zusammenarbeit mit Herrn Dr. Bansen im Vorstand auf Dauer nicht in Frage komme*; hingegen seien sie mit den anderen Vorstandsmitgliedern einig.[29] Im Oktober 1970 wurden gemeinsame Sitzungen der Vorstände nach Art einer *zentralen Geschäftsleitung* beschlossen und daneben *paritätisch besetzte Arbeitsgruppen* zur Entwicklung einer neuen Organisation eingerichtet. Das *interne und externe Organisationsschema* sah vor, dass in einer ersten Stufe die beiden Gesellschaften nach außen jeweils eigenständig auftreten und die Niederlassungen ebenso wie die beiden Hauptverwaltungen zunächst noch eigenständig weiterarbeiten sollten. Auch für die 1972 zu erreichende zweite Stufe galt diese Struktur, allerdings sollte dann der gesamte innere Betrieb von *zentralen Service-Stellen* einheitlich gesteuert werden. Das Endstadium der vollständig *fusionierten Bau-Aktiengesellschaft* war für 1973 vorgesehen.[30] Am 8. Dezember 1970 fand die erste gemeinsame Vorstandssitzung statt.[31] Als wichtigste Aufgabe erschien es, das Bewusstsein zu schaffen, *dass die Zusammenführung der beiden Betriebe eine sinnvolle Verbreiterung der Geschäftsbasis zum Nutzen aller bedeutet.* Gleichzeitig galt es, jede Irritation bei den Mitarbeitern zu vermeiden. Zu diesem Zweck sollten die personellen Zuständigkeiten des Vorstands bei der Betreuung der Niederlassungen in der bisherigen Form, also getrennt für die beiden Unternehmen, vorerst erhalten bleiben.

1971: AKTIENTAUSCH UND UNTERNEHMENSVERTRAG

Um den außenstehenden Aktionären ein akzeptables Umtauschverhältnis zu bieten, und um die angestrebte hohe Beteiligung überhaupt finanzieren zu können, musste das Mannheimer Unternehmen in der zweiten Jahreshälfte 1970 zunächst eine Kapitalerhöhung durchführen. Sie diente auch zur Erreichung eines bilanziellen Gleichgewichts.[32] Aus Gesellschaftsmitteln, Bar- und Sacheinlagen finanziert, erfolgte sie in drei Schritten und war auf ein Umtauschangebot im Verhältnis von 1:2 (eine Grün & Bilfinger-Aktie für zwei Berger-BAUBOAG-Aktien) abgestimmt. Die letzte Stufe der Erhöhung auf 21.826.000 DM richtete sich nach der Zahl der bis Dezember zum Umtausch angemeldeten Aktien.[33]

Insgesamt übernahm Grün & Bilfinger rund 85 Prozent der Anteile an Berger-BAUBOAG, darunter als größten Posten die ehemalige Zwei-Drittel-Beteiligung der Dresdner Bank. Der Rest stammte aus Streubesitz, also aus dem Umfeld der einstigen Berger-Aktionäre. Durch weiteren Umtausch und laufende kleinere Zukäufe kam bis Ende 1971 ein Paket von deutlich über 90 Prozent zusammen. Im August 1971 erfolgte nochmals eine Kapitalerhöhung auf schließlich 22.500.000 DM. Damit hatte sich das Dreiecksverhältnis zwischen Dresdner Bank und den beiden Gesellschaften grundlegend gewandelt. Das angestrebte Abkommen kam im Mai 1971 zustande und fand nach ausdrücklicher Empfehlung durch die Verwaltungen problemlos die Billigung beider Hauptversammlungen am 1. und 2. Juli 1971.[34] Dass es nicht mehr als *Beherrschungs- und Gewinnabführungsvertrag* wie noch im Entwurf, sondern als *Unternehmensvertrag* deklariert wurde, zeigte nochmals die Bedeutung der Gleichberechtigungsproblematik.[35]

Der Unternehmensvertrag schrieb die Abführung anfallender Gewinne und Verluste, die statt einer Dividende zu leistende Ausgleichszahlung an die außenstehenden Aktionäre von

Kapital- und Betei-
ligungsverhältnisse
zwischen Grün &
Bilfinger, Julius
Berger-BAUBOAG
und Dresdner Bank

	Julius Berger-BAUBOAG	Grün & Bilfinger
August 1970		
Grundkapital	16,0 Mio. DM	10,0 Mio. DM
Anteil Dresdner Bank	66,5 %	28,64 %
Januar 1971		
Grundkapital	16,0 Mio. DM	21,826 Mio. DM
Anteil Dresdner Bank		45,0 %
Anteil Grün & Bilfinger	85 %	
Dezember 1971		
Grundkapital	16,0 Mio. DM	22,5 Mio. DM
Anteil Dresdner Bank		45,0 %
Anteil Grün & Bilfinger	92,9 %	

Berger-BAUBOAG und vor allem die unternehmerische Führungsrolle von Grün & Bilfinger sowie das Weisungsrecht gegenüber der neuen Tochtergesellschaft fest. Parallel dazu traten Martin Klinge und Kurt Neumann unter Beibehaltung ihrer bisherigen Ämter in den Vorstand von Grün & Bilfinger ein. Werner Bansen schied aus dem Gremium aus und übernahm den stellvertretenden Vorsitz im Aufsichtsrat. Dieser erhebliche Bedeutungszuwachs des Berger-BAUBOAG-Personals wurde ausbalanciert durch die gleichzeitige Ernennung von Wilhelm Klöckner zum Vorstandsvorsitzenden. Klinge fungierte als sein Stellvertreter. Die Bestellung von Götz Deimann zum ordentlichen Vorstandsmitglied bei Grün & Bilfinger war für einen späteren Zeitpunkt vorgesehen. Alfred Riegraf wurde dagegen nicht berücksichtigt, obwohl er der letzte Repräsentant der alten Julius Berger AG war und Neumann und Klinge sich für ihn stark gemacht hatten.[36]

Von einer Fusion mit weiteren Unternehmen war nach dem großen Revirement nicht mehr die Rede. Spätestens seit 1972 war auch ein Zusammenschluss mit Wayß & Freytag kaum noch wahrscheinlich. Im Aufsichtsrat von Berger-BAUBOAG erklärte Ponto im Februar, *ein Zusammengehen mit Wayß & Freytag könne vielleicht eines Tages akut werden, jedoch nicht morgen. [...] Auch für eine derartige weitergehende Zusammenfassung sehe er einen positiven sozialen Effekt, indem hierdurch die Zukunft durch Potenzierung der Kräfte und Mittel gesichert würde.*[37] Obwohl die Dresdner Bank auch an diesem Bauunternehmen mit über 25 Prozent beteiligt war, kam ein Zusammenschluss letztlich nicht zustande. Ohnehin musste vor jedem weiteren Schritt zunächst der Verbund zwischen Mannheim und Wiesbaden verwirklicht werden.

Nicht „Beherrschung", sondern partnerschaftliche Zusammenarbeit

Der Unternehmensvertrag vom Mai 1971

§ 1: Berger-BAUBOAG unterstellt hiermit die Leitung ihrer Gesellschaft der Grün & Bilfinger AG als herrschendem Unternehmen.

§ 2: Grün & Bilfinger ist berechtigt, dem Vorstand von Berger-BAUBOAG hinsichtlich der Leitung der Gesellschaft Weisungen zu erteilen. Das Weisungsrecht wird durch den Vorstand von Grün & Bilfinger ausgeübt und besteht nur gegenüber dem Vorstand von Berger-BAUBOAG. […]

§ 4: Die Handelsbilanz von Berger-BAUBOAG wird nach den für eine wirtschaftlich selbständige Gesellschaft geltenden Grundsätzen aufgestellt. Im Rahmen dieser Grundsätze darf die Berger-BAUBOAG Beträge aus dem Jahresüberschuss nur insoweit in die freien Rücklagen einstellen, als dies bei vernünftiger kaufmännischer Beurteilung wirtschaftlich begründet ist. Berger-BAUBOAG verpflichtet sich, den sich ergebenden Gewinn der Handelsbilanz in voller Höhe an die Grün & Bilfinger abzuführen, sobald der vorvertragliche steuerliche Verlust der Berger-BAUBOAG durch Gewinne oder Hinzurechnungen späterer Jahre ausgeglichen ist. […]

§ 5: (1) Als angemessenen Ausgleich gemäß § 304 Aktiengesetz garantiert Grün & Bilfinger den außenstehenden Berger-BAUBOAG-Aktionären für jedes Geschäftsjahr und für jede Berger-BAUBOAG-Aktie als Gewinnanteil die Zahlung von fünf Zehntel des Betrages, der für das gleiche Geschäftsjahr auf eine Grün & Bilfinger-Aktie gleichen Nennbetrags ausgeschüttet wird. […] Durch diese Garantie wird ein unmittelbarer Anspruch jedes außenstehenden Berger-BAUBOAG-Aktionärs gegen Grün & Bilfinger begründet.

(2) Unter „außenstehenden Berger-BAUBOAG-Aktionären" sind alle Berger-BAUBOAG-Aktionäre mit Ausnahme der Grün & Bilfinger AG zu verstehen.

§ 6: (1) Neben der in § 5 vorgesehenen Ausgleichszahlung verpflichtet sich Grün & Bilfinger gemäß § 305 Aktiengesetz, auf Verlangen eines außenstehenden Berger-BAUBOAG-Aktionärs dessen Berger-BAUBOAG-Aktien gegen Gewährung von Grün & Bilfinger-Aktien im Nennwert-Verhältnis von 2 Berger-BAUBOAG-Aktien für 1 Grün & Bilfinger-Aktie zu erwerben. […]

Unternehmensvertrag vom 14. Mai 1971.[38]

HARMONISIERUNG ZWISCHEN DEN VERBUNDENEN UNTERNEHMEN

Das Umtauschangebot vom November 1970 hatte nochmals die Stoßrichtung des ganzen Vorhabens deutlich gemacht und vor allem auf den erforderlichen Strukturwandel abgehoben: *Die fortschreitende Industrialisierung und Rationalisierung der Bauindustrie, der stetig wachsende Kapitalbedarf für die Durchführung von Großbaustellen im In- und Ausland sowie die Erfordernisse des internationalen Wettbewerbs und nicht zuletzt die erwartete Liberalisierung des EWG-Marktes haben die Verwaltungen der Grün & Bilfinger AG und der Julius Berger-BAUBOAG AG bewogen, sich für eine engere Zusammenarbeit auszusprechen. Zielsetzung ist es, eine erhöhte Nutzung des gemeinsamen Potentials und das Hineinwachsen in eine optimale Betriebsgröße zu erreichen.*[39] Die praktische Aufgabe lautete nun, bei laufendem Betrieb die Integration der beiden Gesellschaften voranzutreiben und gleichzeitig den strukturellen und konjunkturellen Veränderungen Rechnung zu tragen, neue Tendenzen und Märkte zu erkennen und entsprechende Schwerpunkte zu setzen. Das gesamtwirtschaftliche Umfeld und die Wachstumsaussichten für 1972 waren günstig. Hinzu kam eine überraschend positive Entwicklung im Auslandsbereich, vor allem in Nigeria. Dadurch verschoben sich allerdings die Gewichte innerhalb des Unternehmensverbunds mit entsprechenden Folgen für das Zusammenwachsen.

Am 28. Juli 1971 trat der neugebildete Vorstand von Grün & Bilfinger erstmals zusammen. Regelmäßige Sitzungen des Gesamtvorstands fanden daneben weiterhin statt, außerdem wurden die Mitglieder des Wiesbadener Vorstands bei Bedarf zu allen wichtigen Sitzungen des Mannheimer Gremiums hinzugezogen. Ein wesentliches Moment bildete der gegenseitige Informationsaustausch über laufende Ausschreibungen, geplante Angebote und die Entwicklung von Bauleistung, Auftragsbestand und Ergebnis bei jeder Gesellschaft. Ein zentrales Thema waren auch die Fortschritte bei der Organisationsangleichung. Sieben paritätisch besetzte und von jeweils zwei Vorstandsmitgliedern aus beiden Unternehmen kollegial geleitete Arbeitsgruppen beschäftigten sich mit einzelnen Fachgebieten.[40] Die Arbeit zeitigte bald erste Erfolge, sie machte allerdings auch deutlich, wie mühsam es war, zwei Unternehmen zusammenzuführen, in denen jeweils gut eingeübte, aber miteinander nur wenig kompatible Verfahrensweisen existierten. Am einfachsten ließen sich praktisch-organisatorische Aufgaben bewältigen. Lagerplätze und Reparaturwerkstätten wurden bald wechselseitig genutzt oder ganz zusammengelegt, in Neu-Isenburg entstand ein gemeinsames Werk zur Schalungsvorbereitung, und vereinzelt wurde bereits Personal ausgetauscht. Schwieriger war die ökonomische Integration, von der Kalkulation und Angebotserstellung über Abrechnung, Kostenkontrolle und Bilanzierung bis hin zur Finanzwirtschaft, zur Buchhaltung und zum Personalwesen.[41] Hier mussten in vielen Fällen erst einmal einheitliche Begriffe definiert und Bewertungsgrundsätze aufgestellt werden, bevor die Zahlen in der Bilanz und in der Ergebnisrechnung überhaupt vergleichbar waren. Nach und nach wurde das Rechnungswesen vereinheitlicht und zu einem Informationssystem ausgebaut.[42] Ausgehend von den Meldungen der einzelnen Baustellen und Niederlassungen erfasste es Leistung, Ergebnis und Auftragsbestand, aggregierte die Daten und verglich sie mit dem jeweils vorgegebenen Soll. Das System setzte freilich die Offenlegung von Abrechnungsreserven voraus. Nach einigen

Anlaufschwierigkeiten in diesem sensiblen Bereich wurde die angestrebte Transparenz in allen Konzernebenen bis hin zu den Niederlassungen erreicht. Insgesamt ergab sich durch das neue Verfahren nochmals eine deutliche Stärkung der kaufmännischen Seite gegenüber der technischen. Bei dieser zunehmend betriebswirtschaftlichen Ausrichtung besaß die Tochtergesellschaft einen deutlichen Vorsprung, insbesondere im Hinblick auf die Planung und Kontrolle des Erfolgs sowie die Intervalle der Bilanzierung. Das bereits bei der BAUBOAG von Götz Deimann entwickelte System wurde nun auf den neuen Konzern übertragen. Folgerichtig wurde er im Juli 1972 in den Mannheimer Vorstand berufen, als Kurt Neumann altersbedingt ausschied. Gleichzeitig wurde mit Christian Roth ein Ingenieur aus dem Führungsnachwuchs von Grün & Bilfinger zum stellvertretenden Vorstandsmitglied ernannt. Diese Maßnahme sollte ebenso wie die Erweiterung des Aufsichtsrats beide Gesellschaften weiter vernetzen.

„BEISPIELE NICHT POSITIVER ZUSAMMENARBEIT"

Zu diesem Zeitpunkt war die formale Koordinierung zu einem gewissen Abschluss gelangt. Die Anfang Juli verabschiedeten *Richtlinien für die Intensivierung der Zusammenarbeit innerhalb des Konzerns* sollten dazu beitragen, den neuen Rahmen zu füllen und die Kooperation im betrieblichen Alltag der Niederlassungen umzusetzen.[43] Sie forderten regelmäßige persönliche Kontakte der Niederlassungsleiter, Verbindlichkeit von getroffenen Absprachen, wobei *das Konzerninteresse im Vordergrund* stehen sollte, regelten den jeweiligen Vorrang bei doppelt angebotenen Projekten, forderten zugleich aber die Vermeidung von Doppelarbeit. Schließlich sollte *nach Angebotsabgabe [...] durch intensive Kontakte untereinander die Position des günstiger liegenden Partners ausgebaut werden*. Bereits zwei Wochen zuvor war das Vorstandsmitglied Rolf Hager zum Beauftragten für die *zentralen Service-Stellen* ernannt worden und hatte genaue Direktiven für seine firmenübergreifende Koordinierungsarbeit erhalten. Er war ermächtigt, künftig *alle Betriebsstellen der Konzernfirmen nach Anmeldung bei den entsprechenden Betriebsleitern [...] zu besuchen und Konferenzen der Sachbearbeiter der einzelnen Koordinationsgruppen einzuberufen*.[44] Damit war eine vom Vorstand ausgehende firmenübergreifende Interventionsmöglichkeit geschaffen, welche die Integration vorantreiben sollte. Allerdings brachten die getroffenen Anordnungen auch die bestehenden Probleme zum Ausdruck. Denn weshalb sonst hätten die Richtlinien die erforderliche faire Zusammenarbeit so betonen und das konkrete Verhalten im *Konkurrenzfall* derart minutiös regeln müssen? Tatsächlich stand es mit der Kooperation nicht zum Besten. Der Vorstand sah sich nach dem Optimismus des Beginns, der noch im Herbst 1971 vorgeherrscht hatte, anhand zahlreicher praktischer Fälle immer öfter mit der Tatsache konfrontiert, *dass die Zusammenarbeit beider Unternehmen nicht in allen Geschäftsbereichen befriedigend ist*. Niederlassungen arbeiteten gegeneinander und die verbundene Gesellschaft wurde eher als Gegner denn als Partner wahrgenommen und behandelt.[45]

Auch im Hinblick auf das Auslandsgeschäft bestanden Informationsdefizite, so dass beide Gesellschaften mehrfach unabhängig voneinander dieselben Projekte bearbeiteten.[46] Dieses Problem verschärfte sich in der Folgezeit noch mehr, da der Auslandsbereich bei Berger-BAUBOAG überproportional expandierte, das Wiesbadener Unternehmen ihn jedoch als sein ureigenes Revier betrachtete. Besonders gravierend wirkten sich Differenzen aus, die in dieser schwierigen Phase in Nigeria entstanden. Beteiligt waren die Leitung der Julius Berger Nigeria Ltd. unter Günther Hawranke und seinem Stellvertreter Hans Wittmann auf der einen sowie Rolf Hager auf der anderen Seite. Letzterer war nicht nur Koordinierungs-Beauftragter für den ganzen Konzern, sondern zugleich auch Leiter des Auslandsbereichs von Grün & Bilfinger. Hawranke und Wittmann beschwerten sich über Aktivitäten des Mannheimer Unternehmens in Nigeria, die sie als Konkurrenz für JBN durch die eigene Obergesellschaft wahrnahmen. Die Angelegenheit belastete das angespannte Klima im Konzern zusätzlich.[47] Die Grün & Bilfinger AG beteiligte sich tatsächlich an Ausschreibungen in Nigeria; im Sommer 1973 lag sie bei einem Los eines größeren Straßenbauprojekts an erster Stelle. Nach eigenem Bekunden wollte sie damit *das Geschäft von Berger-BAUBOAG in Nigeria nicht […] stören, auf der anderen Seite aber […] verhindern, dass andere Firmen in den Markt eindringen, auf die man keinen Einfluss nehmen könne. Darüber müsse man sich abstimmen.*[48]

Das Eigenleben beider Konzerngesellschaften, Kommunikationsdefizite zwischen den Beteiligten sowie der rasche Wiederaufstieg und das wachsende Gewicht von Berger-BAUBOAG erschwerten den ohnehin schwierigen Prozess des Zusammenwachsens noch weiter. Vor allem die Vorstandsprotokolle jener Übergangszeit machen teils offen, teils verklausuliert die bestehenden und tendenziell noch zunehmenden Reibungen deutlich. Die Kooperations-Richtlinien vom Sommer 1972 können deshalb auch als Mängelliste und als Katalog dessen gelesen werden, was in der Praxis eben noch keineswegs reibungslos funktionierte. Die paradoxe Formel von den *Beispielen nicht positiver Zusammenarbeit*[49] – im Grunde handelte es sich um Nicht-Zusammenarbeit – suchte die heiklen Verhältnisse jener Zeit zu kaschieren und brachte sie gerade deshalb um so unmissverständlicher zum Ausdruck. Eigens erlassene Richtlinien für die Koordinierung des Auslandsgeschäfts und der Großprojekte,[50] also der beiden sensibelsten Bereiche, konnten das Problem vorerst ebenso wenig lösen wie die im Frühjahr 1973 beschlossene *Oberleitung* Martin Klinges bei der *Neuorganisation des gesamten Auslandsgeschäfts im Konzern.*[51] Hier deuteten sich Schwierigkeiten an, die letztlich erst im Rahmen eines vollständig fusionierten Unternehmens beseitigt werden konnten.

Wilhelm Klöckner schätzte die Chancen eines raschen Zusammenwachsens eher vorsichtig ein. Gegenüber dem optimistischeren Klinge bemerkte er in der kritischen Phase des Sommers 1972, *dass sich Rationalisierungserfolge […] erst in der Zukunft besonders bemerkbar machen* würden.[52] Erleichtert wurde der Zusammenschluss jedoch durch Erfahrungen aus der vorangegangenen Fusion zwischen Berger und BAUBOAG. Deshalb besaß die Wiesbadener Seite auch größere Zuversicht. Vor allem Klinge wurde nicht müde, zwischen beiden Zusammenschlüssen eine positive Traditionslinie zu begründen, und rechtfertigte auf der Hauptversammlung von Berger-BAUBOAG im Juli 1972 die Bildung des neuen Konzerns: *Die Fusion der Unternehmen Julius Berger und BAUBOAG ist im menschlichen Bereich geglückt, hat sich im technischen und kaufmännisch-organisatorischen Bereich bewährt und trägt beständig Früchte. Die Zusammenführung der beiden Unternehmen kann nun als abgeschlossen angesehen werden. […] In der wirtschaftlichen und organisatorischen Entwicklung darf es aber für ein Unternehmen keinen Stillstand geben. Eine Vergrößerung zu stärkeren Wirtschafts-*

einheiten ist heute nach wie vor ein Gebot der Stunde. [...] Auch dieser Entschluss wird sich im Laufe der Zeit als richtig, wirtschaftlich und gewinnbringend erweisen.[53] Zwar hob er dabei sowohl auf den ökonomischen als auch auf den emotionalen Erfolg der Fusion ab, aber gerade im persönlichsten aller Bereiche, nämlich beim eigenen Einkommen, bestanden vorläufig noch die größten Unterschiede zwischen Wiesbaden und Mannheim. Im Verlauf der Integrationsarbeit stellte sich heraus, dass freiwillige soziale Leistungen, Pensionszusagen und Altersversorgung,[54] Weihnachtsgeld, Prämien und Erfolgsbeteiligungen, nicht zuletzt auch die Vorstandsgehälter[55] völlig unterschiedlich waren und sich kaum auf einen Nenner bringen ließen. Insgesamt lag Berger-BAUBOAG bei einfachen wie bei leitenden Mitarbeitern auf einem höheren Niveau, und daraus ergaben sich alle nur denkbaren Schwierigkeiten. Das lukrativere System allen Mitarbeitern des Konzerns zugänglich zu machen war freilich ebenso wenig möglich wie das Zurückschrauben erworbener Besitzstände. Das Problem ließ sich vorerst nicht lösen. Es sollte die Unternehmensleitung noch über die Schwelle des Jahres 1975 hinaus beschäftigen.[56]

DENNOCH ERFOLGREICHE ENTWICKLUNG DES NEUEN KONZERNS

Die Übergangsphase der Jahre 1971 und 1972 fiel in eine wirtschaftlich ausgesprochen gute Zeit, denn ein konjunkturelles Zwischenhoch bescherte der deutschen Bauwirtschaft steigende Umsätze und Ergebnisse. Sowohl im Mannheimer als auch Wiesbadener Konzernteil machten sich erste Rationalisierungseffekte und Fortschritte bei der Senkung der Geschäftskosten bemerkbar. Die Bauleistung stieg zwischen 1970 und 1972 von 783 Mio. DM auf 966 Mio. und 1973 wurde erstmals die Milliarden-Grenze erreicht.

Deutlicher als diese Zahlen, in denen ein erheblicher Preisauftrieb enthalten ist, zeigt die Verdoppelung des Bilanzgewinns der Grün & Bilfinger AG von 1,6 auf 3,2 Mio. DM

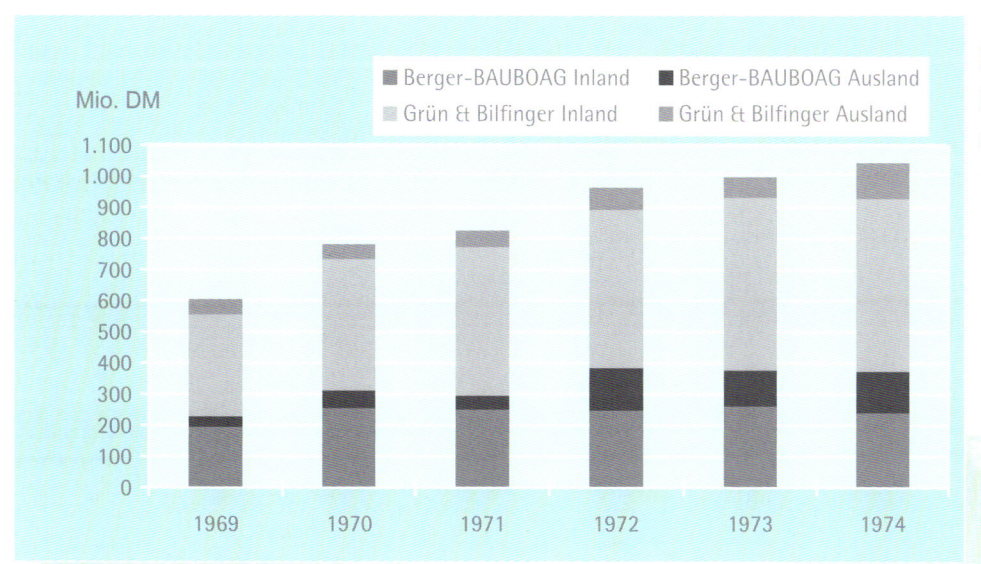

Bauleistung von
Berger-BAUBOAG
und Grün & Bilfinger
1969–1974

zwischen 1970 und 1971 die positive Entwicklung. Im Konzern stieg der Gewinn von 2,0 auf 4,5 Mio. DM und 1972 wurde nochmals ein Zuwachs auf 3,6 Mio. DM (Grün & Bilfinger AG) bzw. 4,8 Mio. DM (Konzern) erreicht. Gleichzeitig konnten – vor allem bei Berger-BAUBOAG – wieder Reserven größeren Umfangs gebildet werden.[57] Beide Unternehmen führten im Inland zahlreiche bedeutende Projekte aus. Unter anderem erstellte Grün & Bilfinger schlüsselfertig das neue Verwaltungsgebäude der Dresdner Bank in Frankfurt, das seinerzeit höchste Büro-gebäude in Europa, und war am damals bundesweit größten Bauvorhaben, dem Hamburger Elbtunnel, beteiligt. Berger-BAUBOAG hatte wie bereits erwähnt die Federführung beim Bau des Münchner Olympiastadions. Großer Stellenwert kam auch dem Kraftwerksbau sowie städtischen Verkehrsbauten zu. Neben bisherigen Spezialgebieten wie den Pfahlgründungen oder dem Bau von Kaufhäusern wurden die Planungs- und Projektierungstätigkeit sowie das schlüsselfertige Bauen als Generalunternehmer weiterentwickelt. In diesem Bereich ent-standen 1971 zwei neue Tochterunternehmen, die GBP – Gesellschaft für Bauplanung mbH und die PROPRIA Bauträger- und Verwaltungsgesellschaft mbH. 1972 wurden zwei weitere gemeinsame Gesellschaften zur Aufnahme des expandierenden Fertigteil- bzw. Schalungs-baus gegründet: die GBF – Fertigbau-GmbH in Mannheim und die Ingenieur-Schalungsbau GmbH in Neu-Isenburg.

Elbtunnel Hamburg,
1971

Hochhaus der Dresdner
Bank, Frankfurt am
Main, um 1980

Probleme bereitete im Inland allerdings die große und noch weiter steigende Bedeutung der öffentlichen Hand als Auftraggeber. Damit verbunden war eine zunehmende Abhängigkeit von Steuereinnahmen und Haushaltslage sowie von konjunkturpolitischen Maßnahmen, die verhältnismäßig rasch auf die Bautätigkeit durchschlugen. Hinzu kam der Preisauftrieb beim Material und vor allem die überproportionale Zunahme der Personalkosten, welche die arbeitsintensive Bauwirtschaft besonders traf. Die Belastung durch Lohn- und Gehaltserhöhungen, Neuregelung der vermögenswirksamen Leistungen, Verlängerung des Urlaubs und Erhöhung des Urlaubsgeldes sowie durch die Einführung der Lohnfortzahlung im Krankheitsfall war letztlich auf die veränderte politische Situation nach dem Wahlsieg der sozialliberalen Koalition im Herbst 1969 zurückzuführen. Zwischen 1970 und 1974 stiegen die Einkommen der Arbeitnehmer in der Bundesrepublik um durchschnittlich 12,4 Prozent pro Jahr. Die daraus folgende überproportionale Zunahme der Lohnquote und der Anstieg der Sozialleistungen hinterließen in der gesamtwirtschaftlichen Statistik wie in den Bilanzen der Unternehmen deutliche Spuren. Vor allem durch Einführung der Lohnfortzahlung stiegen im Geschäftsjahr 1970 die Soziallasten bei Grün & Bilfinger um 44 Prozent.[58] In dieser Entwicklung lag einer der stärksten Anreize zur weiteren Rationalisierung durch schlüsselfertiges Bauen und die Verwendung von Fertigteilen.[59]

Angesichts der Steigerung der Arbeitskosten wurde erstmals auch das Problem des „Sozialdumpings" und der niedrigeren Lohnnebenkosten von in Deutschland tätigen ausländischen Unternehmen erkannt. Damals kamen Vorschläge auf, sie *an die deutschen Sozialkassen anzugliedern, da andernfalls für diese Betriebe durch geringere Soziallasten ungerechtfertigte*

Wohnhäuser aus Fertigteilen, München Neu-Perlach, 1969

Polnische Botschaft,
Brasilia, 1973

Österreichische Botschaft, Brasilia, 1974

Konkurrenzvorteile entstehen würden.[60] Obwohl die Lohnsteigerung als drückend empfunden wurde, war sie letztlich doch erforderlich, *damit die Löhne in der Bauwirtschaft nicht weiter gegenüber anderen Branchen ins Hintertreffen gerieten.*[61] *Das Ansehen des Bauarbeiters müsse gestärkt,* die Abwanderung gebremst werden. Darüber waren sich Vorstand, Aufsichtsratsvorsitzender und Arbeitnehmervertreter bei Berger-BAUBOAG im Frühjahr 1971 völlig einig: *Herr Katzenmayer* [Arbeitnehmervertreter im Aufsichtsrat, d. Verf.] *kommt nochmals darauf zurück, dass im Hinblick auf das schlechte Image der Bauindustrie seit 1962 200.000 Mann die Baubetriebe verlassen hätten und die Bauindustrie daher gezwungen sei, ihre Leistungen an die Arbeitnehmer gegenüber anderen Branchen zu verbessern. Herr Ponto erwidert, das sei völlig klar. Er halte die Politik der Gewerkschaft Bau Steine Erden, die in diese Richtung ziele, für vernünftiger als die aller anderen Gewerkschaften. Die Vorschläge des Herrn Sperner* [Rudolf Sperner, Vorsitzender der IG Bau-Steine-Erden, d. Verf.] *könne man hundertprozentig unterschreiben.*

Möglichkeiten zur Kompensation bot das Auslandsgeschäft, wo im Verhältnis zum Umsatz schon seit jeher bessere Ergebnisse erzielt wurden. Die Schwerpunkte von Grün & Bilfinger lagen zu Beginn der siebziger Jahre in Brasilien, Libyen und Westafrika. Berger-BAUBOAG war in der Türkei, in Venezuela und vor allem in Nigeria tätig. Der Auslandsanteil am Umsatz lag bei Grün & Bilfinger bei rund zehn Prozent. Bei Berger-BAUBOAG betrug er 1970 und 1971 18 bzw. 15 Prozent, stieg aber bereits im folgenden Jahr auf 35,6 Prozent an. Hinter dieser fundamentalen Verschiebung, die sich beim Auftragseingang bereits unmittelbar nach Abschluss des Unternehmensvertrags abgezeichnet hatte und den Aufsichtsrat der Mannheimer Hauptgesellschaft ebenso sehr begeisterte wie beunruhigte, stand die außergewöhnliche Entwicklung in Nigeria.[62] Die Unterschiede zwischen beiden Unternehmen zeigten sich am deutlichsten in der Herkunft der Gewinne: Bei Grün & Bilfinger wurde im Sommer 1973 ein Ergebnis von 15 Mio. DM erwartet, von dem lediglich 1,4 Mio. DM aus dem Ausland stammten. Bei Berger-BAUBOAG lag das erwartete Ergebnis mit 16,1 Mio. DM etwa auf gleicher Höhe, hier steuerte das Ausland jedoch den deutlich überwiegenden Teil bei.[63]

Deutsche Botschaft, Brasilia, 1974

1973 BIS 1975: VON DER EINGLIEDERUNG ZUR VERSCHMELZUNG

U-Bahn-Bau am
Stephansplatz, Wien,
1974

Am Ende des Geschäftsjahres 1972 waren die Bilanzierungsmethoden der beiden Gesellschaften angeglichen und der Verlustvortrag bei Berger-BAUBOAG planmäßig abgebaut. Damit war der Weg frei für den nächsten Schritt. Mittlerweile wurde das ursprüngliche Ziel „Vollfusion" jedoch wieder in Frage gestellt. Bereits seit Ende 1971 überlegten Konzernleitung, Vorstände und Aufsichtsräte, ob es nicht sinnvoller sei, von einer Verschmelzung abzusehen und es bei einer bloßen Eingliederung zu belassen. Der Vorstand von Grün & Bilfinger hatte unter dem maßgeblichen Einfluss Klöckners diese Option ohnehin von Anfang an bevorzugt. Da es zunächst tatsächlich gelang, den jeweiligen Marktanteil bei beiden Firmen zu halten, sah er seine „Zwei-Chancen-Theorie" bestätigt und konnte sich dafür die Zustimmung des Aufsichtsrats sichern. Nicht die juristische Form, so Vierhub, sondern der geschäftliche Erfolg sei entscheidend. Die Form des endgültigen Zusammenschlusses *müsse sich nach den Erfordernissen richten*.[64] Im Februar 1972 legte sich der Mannheimer Vorstand endgültig auf diese Linie fest, dabei gab die Befürchtung den Ausschlag, *dass bei Ausscheiden einer Gesellschaft aus dem Wettbewerb der Auftragseingang rückläufig*

Autobahn Koblenz-
Ludwigshafen,
Ahrtalbrücke bei
Bad Neuenahr, 1975

sein würde.[65] Die erfolgreiche Verschmelzung von BAUBOAG und Berger könne in diesem Fall nicht zum Vorbild genommen werden, weil *Arbeitsgebiete und Auftraggeber* beider Unternehmen unterschiedlich gewesen seien. Zudem waren die steuerlichen Belastungen durch eine aufgeschobene oder ganz unterlassene Verschmelzung minimal.

Die Motive für den Verzicht auf die Fusion erscheinen nachvollziehbar, zweifellos hatte diese Entscheidung aber auch unerwünschte Folgen. Vor allem förderte sie zwangsläufig jenes auf das Einzelunternehmen ausgerichtete Denken, das in der Konzerngemeinschaft fehl am Platz war. Der sachlich begründete Entschluss, auf die vollständige Fusion zu verzichten, trug somit zu den mentalen Problemen des Zusammenschlusses erheblich bei. Moralische Appelle, wie sie die skizzierten Richtlinien vom Sommer 1972 darstellten, waren nicht geeignet, dem Firmen-Egoismus zu begegnen. Im November 1972 erklärte Karl-Jörg Heinze, stellvertretendes Vorstandsmitglied der Norddeutschen Hypotheken- und Wechselbank, im Aufsichtsrat von Berger-BAUBOAG: *Die Konstruktion der Eingliederung sei für die Zusammenarbeit beider Gesellschaften als ideal anzusehen, da sie nach außen ein getrenntes Auftreten erlaube, im Innenverhältnis jedoch eine besonders enge Zusammenarbeit ermögliche. An eine Änderung der sich durch die Eingliederung ergebenden gesellschaftsrechtlichen Situation sei nicht gedacht.*[66] Auch

Pfahlgründung der Amperbrücke bei Moosburg, 1974

Kurt-Schumacher-Brücke zwischen Mannheim und Ludwigshafen, 1972

Jürgen Ponto scheint damals unsicher geworden zu sein und den Schwenk des Aufsichtsrats mitvollzogen, zumindest jedoch toleriert zu haben. Als im Frühjahr 1973 das aktienrechtliche Procedere zur Eingliederung von Berger-BAUBOAG eingeleitet wurde, galt uneingeschränkt die Devise: *Organisatorisch und menschlich sei die Annäherung beider Gesellschaften so weit gediehen, dass faktisch die Eingliederung bereits geschehen sei. Es sei nunmehr nur noch der letzte rechtliche Schritt zu tun, der es im übrigen erlaube, von einer Fusion abzusehen.*[67]

Im Frühjahr 1972 befanden sich immer noch rund sieben Prozent des Grundkapitals von Berger-BAUBOAG in Streubesitz. Die zur Eingliederung erforderliche Schwelle von 95 Prozent wurde im Herbst des Jahres erreicht.[68] Das im Mai 1973 beschlossene Abfindungsangebot an die außenstehenden Aktionäre sah ein Umtauschverhältnis von 1:2 oder eine Barentschädigung von 390 DM je Aktie vor.[69] Nach entsprechenden Beschlüssen der beiden Hauptversammlungen am 11. und 12. Juli 1973 wurde die Eingliederung rückwirkend zum Jahresbeginn wirksam.[70] Im August erfolgte die Eintragung in das Handelsregister. Nostalgische Stimmung prägte die letzte Sitzung des Aufsichtsrats von Berger-BAUBOAG in der alten Zusammensetzung. Man schied *voneinander mit guten Gefühlen füreinander und in der Gewissheit, gemeinsam eine erfolgreiche Arbeit geleistet zu haben.*[71] Bei der Neukonstituierung

Hochhaus Mainzer Landstraße, Frankfurt am Main, 1975

Heizkraftwerk, Berlin-Lichterfelde, 1974

der Gremien wurde nun – anders als zwei Jahre zuvor – den Abhängigkeitsverhältnissen zwischen beiden Gesellschaften vollständig Rechnung getragen: Martin Klinge wechselte vom Vorstand bei Berger-BAUBOAG in den von neun auf sechs Mitglieder verkleinerten Wiesbadener Aufsichtsrat. Auch Kurt Neumann, bislang Aufsichtsrat bei Grün & Bilfinger, trat in dieses Gremium ein. Jürgen Ponto übernahm den Vorsitz im Aufsichtsrat von Grün & Bilfinger, Erich Vierhub und Werner Bansen legten ihre Ämter vereinbarungsgemäß nieder.

Fernmeldeturm Mannheim, 1975

„... dass die vornehmlich mittelständische Struktur der Bauindustrie
überholt sei"

Zukunftsstrategien und Fusionen

[...] *gibt Herr Dr. Klose namens der von ihm vertretenen Deutschen Schutzvereinigung für
Wertpapierbesitz e. V. seiner Genugtuung darüber Ausdruck, dass es dem Vorstand in so
kurzer Zeit gelungen sei, das Unternehmen wieder in Ordnung zu bringen. Insbesondere
sei die Präzision der Voraussagen über die Ergebnisse der jeweiligen Entwicklungs-
abschnitte hervorzuheben. Die Interessen der freien Aktionäre seien durch den Vorstand
in vorzüglicher Weise gewahrt worden. Herr Klinge dankt Herrn Dr. Klose, wobei er
betont, dass dieser Wiederaufbau insbesondere auch als Ergebnis der guten Zusammenarbeit zwischen Geschäftsleitung und Belegschaft zu sehen sei. Er wolle seinerseits
an dem Tage, an dem die Mehrzahl der Herren des Aufsichtsrats ihr Amt beendeten,
dem Aufsichtsrat den Dank des Vorstands für die tatkräftige Unterstützung in der
schwierigsten Phase des Unternehmens sagen. Herr Ponto habe stets die Idee vertreten,
dass die vornehmlich mittelständische Struktur der Bauindustrie durch die Entwicklung
überholt sei. Auch auf diesem Sektor sei der Zusammenschluss zu größeren, rationeller
arbeitenden Einheiten erforderlich. Diese These sei durch die geglückte Fusion von Berger
und BAUBOAG in überzeugender Weise bestätigt worden. Die logische Weiterverfol-
gung dieser Idee sei nunmehr in der Zusammenarbeit mit Grün & Bilfinger zu sehen.*

Aufsichtsratsprotokoll der Julius Berger-BAUBOAG AG vom 11. Juli 1973.[72]

AM ENDE STEHT DOCH DIE „VOLLFUSION"

Seit dem ersten Zusammenschluss der beiden Unternehmen in den Jahren 1970/71 hatte die Doktrin von der internen Zusammenarbeit bei getrenntem Auftreten nach außen die Konzernpolitik
bestimmt. Sie wurde von der geschäftlichen Entwicklung zunächst bestätigt und deshalb anlässlich
der Eingliederung nochmals bekräftigt. Obwohl sie prinzipiell der These von der notwendigen
Überwindung der mittelständischen Struktur der Bauwirtschaft widersprach, hatte sie einiges für
sich, denn der Sektor wies gegenüber anderen Zweigen des produzierenden Gewerbes eben doch
markante Unterschiede auf. Die gewählte Konzernstruktur schien die Vorteile von Flexibilität und
überschaubaren Einheiten mit jenen der Arbeitsteilung, Spezialisierung und Rationalisierung zu
verbinden. Darüber hinaus konnten im Bedarfsfall kurzfristig Kapazitäten konzentriert und Risiken
ausgeglichen werden. Außerdem war es möglich, gewachsene Kundenbindungen zu bewahren.
Auch auf längere Sicht galt die Strategie als Ideallösung auf dem stagnierenden bundesdeutschen
Baumarkt. Nach innen trug die Erhaltung der rechtlichen Eigenständigkeit und besonders der
Firmennamen in der ersten Zeit wesentlich zur Akzeptanz des Zusammenschlusses bei. Sie bot
allerdings zugleich einen Anknüpfungspunkt für fortbestehenden Egoismus.

Um so überraschender kam der Niedergang dieses Konzepts. Die Strategie des „getrennten Marschierens" setzte voraus, dass die enge Verknüpfung der Firmen nicht oder zumindest nicht in ihrem vollen Umfang bekannt wurde. Das aber ließ sich in der Praxis nicht durchhalten. Im Herbst 1972 berichtete Christian Roth im Vorstand über Schwierigkeiten, *die es verschiedentlich wegen der Firmenschilder bei Vermietung von Gerät innerhalb der beiden Firmen gegeben hat. Vertreter der Bauherrschaft und anderer Firmen nehmen die Firmenschilder zum Anlass, darauf hinzuweisen, dass beide Firmen offenbar doch eine Einheit bilden.* Als Abhilfe schlug er vor, *dass vor Übernahme eines Gerätes die Schilder während der Einsatzzeit ausgetauscht werden sollten.*[73] Wie Aufsichtsrat und Vorstand erfahren mussten, verbreitete vor allem die Konkurrenz Nachrichten darüber, *dass Berger-BAUBOAG nicht unabhängig sei.*[74] Zudem sperrten sich öffentliche Auftraggeber dagegen, die beiden verbundenen Unternehmen gleichzeitig an Ausschreibungen zu beteiligen. Aktenkundig wurden Fälle in Berlin im Jahr 1972 und in Frankfurt im Herbst 1973.[75] Zwar konnte im Frankfurter Fall erreicht werden, dass sowohl Grün & Bilfinger als auch Berger-BAUBOAG Angebote abgeben konnten, aber falls *dieses Beispiel Schule machen würde*, so der postwendende Angriff Pontos gegen das von ihm nie völlig akzeptierte Konzept, würde die Theorie der zweifachen Chance zusammenbrechen. Es wäre dann sinnlos, *an vielen Orten doppelt vertreten zu sein* und die Fassade der unabhängigen Gesellschaften noch länger aufrechtzuerhalten.

Unerwartete Schützenhilfe erhielten die Gegner des Konzepts durch die wirtschaftliche Entwicklung, denn mit dem Ende des Zwischenhochs auf dem Baumarkt kam die Wende. Bereits vor der Ölkrise und der dadurch ausgelösten Rezession bremsten im Sommer 1973 Zinsanstieg und konjunkturdämpfende Maßnahmen der Bundesregierung wie die Investitionssteuer das Wirtschaftswachstum. Die Bauwirtschaft litt unter anhaltend hohen Kostensteigerungen und gleichzeitig unter einem zunehmenden Wettbewerbsdruck. Zunächst gingen die Aufträge, bald darauf auch die Ergebnisse zurück. Nach einem optimistischen Jahresbeginn wurde etwa ab Mai 1973 die bevorstehende Verschlechterung innerhalb des Konzerns immer deutlicher, und im Herbst des Jahres waren nur noch Aufträge für eine Beschäftigungsdauer von zweieinhalb Monaten vorhanden.[76] Bei Grün & Bilfinger ging das Ergebnis bereits im ersten Halbjahr 1973 gegenüber dem Vorjahr von 15,9 Mio. auf 8,8 Mio. DM zurück. Bei Berger-BAUBOAG konnte es trotz massiver Verschlechterung bei einzelnen Niederlassungen zunächst noch gehalten werden. Hier machte sich das Auslandsgeschäft bemerkbar, es war im ersten Halbjahr 1973 mit einem Drittel am Umsatz, aber mit zwei Dritteln am Ergebnis von 12,3 Mio. DM beteiligt und sorgte auch für eine vergleichsweise gute Liquidität.[77] In Mannheim dagegen zeichnete sich bereits im Sommer des Jahres ein deutlicher Engpass ab, der nur durch energische Maßnahmen wie Streckung der Investitionen, schärferes Eintreiben der Außenstände und Aufnahme neuer Kredite überbrückt werden konnte. Am Ende musste sogar die Wiesbadener Tochtergesellschaft mit einem Überbrückungskredit von zunächst 10 Mio. DM aushelfen – trotz der vom Mannheimer Vorstand klar vorausgesehenen *psychologischen Auswirkung derartiger Darlehensgebung auf das Berger-BAUBOAG-Personal.*[78] Als Begründung diente der Verzicht der Grün & Bilfnger AG auf eine Dividende, da die entsprechenden Beträge stattdessen in die Rücklagen von Berger-BAUBOAG geflossen waren. Das galt allerdings nur für die ausgewiesenen 2,4 Mio. DM. Für den Restbetrag ersetzte das

Mannheimer Unternehmen dem Wiesbadener den entstehenden Zinsverlust. Für 1974 wurde der Konzernzentrale sogar eine hausinterne Kreditlinie von 30 Mio. DM eingeräumt.[79]

AUSLÖSER DES UMDENKENS: KONJUNKTURELLE WENDE 1973 UND EINSETZENDE STRUKTURKRISE AM BAU

Seit dem Sommer 1973 sah die Konzernleitung die künftige Entwicklung klar voraus. Sie versuchte zunächst, durch interne Rationalisierung in den Hauptverwaltungen wie in den Niederlassungen die Fixkosten zu senken und dem sinkenden Auftragsvolumen anzupassen, zugleich aber die bestehende Konzernstrategie aufrechtzuerhalten. Die Verbesserungsmöglichkeiten blieben deshalb begrenzt. So kam die als dringend erforderlich erkannte Fusion der beiden Niederlassungen in Berlin, einem der schwächsten Plätze, schließlich doch nicht zu Stande.[80] Wegen der *möglichen Rückwirkungen auf die Firma Berger-BAUBOAG* erschien sie als *nicht opportun*; stattdessen erfolgte nur die seit Jahrzehnten verschobene Zusammenlegung der Berliner Berger-BAUBOAG-Niederlassung mit der Gottlieb Tesch GmbH. Appelle zur intensiveren Kooperation, insbesondere zur Vereinigung von Niederlassungen, scheiterten regelmäßig an dieser „Opportunitätsfrage", denn sie hätten die Firmenverbindung offensichtlich gemacht. Die Art und Weise, wie damals trotz der klar erkannten krisenhaften Zuspitzung gedacht, argumentiert und gehandelt wurde, zeigt wohl am deutlichsten ein Vorstandsbeschluss, der im November 1973 zu diesem Thema gefasst wurde: *Um die Geräte der beiden Firmen besser austauschen zu können, sollen die Berger-BAUBOAG-Geräte in Zukunft gelb gestrichen werden.* Das *Zweichancensystem* galt also immer noch als unumstößliche Doktrin. Allenfalls im Inland, so gestanden die leitenden Gremien ein, ergäben sich *in einigen Fällen Schwierigkeiten bei Interesse beider Gesellschaften für ein und dasselbe Objekt.*[81]

Kosmetische und farbliche Veränderungen reichten allerdings bald nicht mehr aus, da sich der Rückgang im Inland im Lauf des Jahres 1974 verschärfte und sich schließlich zu einer regelrechten Dauerkrise entwickelte. Zum Konjunktureinbruch, den die Ölkrise vom Herbst 1973 ausgelöst hatte, kam eine Strukturkrise der bundesdeutschen Volkswirtschaft. Die Rekonstruktionsperiode der Nachkriegszeit mit ihren hohen Wachstumsraten des Sozialprodukts, einer starken Kapitalbildung und einer sich ständig erneuernden Nachfrage ging unwiderruflich zu Ende. Massive Einbrüche im Wohnungsbau und ein gleichzeitiger Rückgang der öffentlichen Bauaufträge, der durch die einsetzende Zerrüttung der öffentlichen Haushalte verursacht wurde, trieben die Bauwirtschaft in eine existenzgefährdende Notlage. Ohne staatliche Hilfe für die Branche würde unweigerlich ein großer *Bereinigungsprozess* einsetzen, fürchtete der Vorstand im Sommer des Jahres.[82] Im September 1974 schätzte der Hauptverband der Bauindustrie die bestehenden Überkapazitäten auf 25 bis 30 Prozent; der Hochbau war dabei stärker betroffen als der Tiefbau. Angesichts der *Struktur- und Konjunkturkrise, eingebettet in weltwirtschaftliche Unsicherheit* forderte der Verband den Abbau von Kapazitäten und warnte die Unternehmen gleichzeitig vor ruinöser Preisdrückerei: *Es ist besser, auf Aufträge zu verzichten, als sie unter Gefahr für Ihr eigenes Vermögen zu übernehmen.*[83] Tatsächlich schrumpfte das Bauvolumen bis zum Sommer des Folgejahres um ein Fünftel. *Viele Baufirmen*, so konstatierte Wilhelm Klöckner damals, *seien praktisch am Ende.*[84]

Beim Mannheimer Baukonzern kamen zum generellen Rückgang der Inlandsaufträge verschärfende Belastungen durch das Wegbrechen einzelner Teilmärkte. So zog die Stagnation des Wohnungsmarktes Firmenzusammenbrüche im Bauträgergeschäft nach sich – entsprechende Verluste der Tochtergesellschaften waren die Folge. Auch im Fertigteilsektor, den das Unternehmen gerade mit großem Aufwand erweitert hatte, hinterließ die Krise deutliche Spuren. So vernünftig die Idee des schlüsselfertigen „Bauens nach Katalog" und die Entwicklung standardisierter und unter Verwendung von Fertigteilen zu erstellender Bauten auch war, jetzt bestand kaum noch Bedarf für die angebotenen Industriehallen, Hoch- und Tiefgaragen, für Schulen, Sport- und Turnhallen oder Schwimmbäder. Als sich die Misere ausweitete, musste im Frühjahr 1975 das Fertigteilwerk Kerpen I stillgelegt und der Betrieb im zweiten Kerpener Werk ebenso wie in Roxheim eingeschränkt werden.[85] Neue Tätigkeitsgebiete zu entwickeln, erwies sich in diesem Umfeld als schwierig. Diskutiert wurden der Einstieg ins Geschäft mit Offshore-Bohrplattformen sowie der Bau von Kernkraftwerken. Vor allem in diesem wichtigen und nach damaliger Auffassung zukunftsträchtigsten Bereich tat sich die Unternehmensgruppe schwerer als die Konkurrenz, die über deutlich bessere Verbindungen zu Elektrizitätsversorgern und Kraftwerksbauern wie AEG oder Siemens verfügte.

Fertigteilproduktion im Werk Kerpen, 1973

Speziell bei Grün & Bilfinger kamen im Auslandsbereich große Schwierigkeiten mit der brasilianischen Tochtergesellschaft Grubima hinzu. Angesichts hoher Inflationsraten wirkte sich das dort praktizierte Bauen zu Festpreisen katastrophal aus. Beim Bau eines VW-Werks, einer Reifenfabrik für den Firestone-Konzern und auf anderen Baustellen zeichnete sich seit Sommer 1974 ein Gesamtverlust ab, der zunächst auf fünf bis acht Millionen DM geschätzt wurde und sich dann tatsächlich auf vier Millionen belief.[86] In dieser extrem schwierigen Situation entstanden erste Überlegungen, die Tätigkeit in Brasilien einzuschränken oder sogar ganz aufzugeben. Gegen den Willen Pontos, der für Brasilien damals immer noch eine große Zukunft voraussah,[87] und nach mehrfachen Versuchen, eine Besserung zu erreichen, wurde die Grubima schließlich Ende 1975 geschlossen.[88]

VERSCHÄRFUNG DER NOTLAGE, SPARMASSNAHMEN, „ZENTRALE DIENSTLEISTUNGSSTELLE"

Ein widersprüchliches Bild ergab sich bei Berger-BAUBOAG. Das Unternehmen litt stärker unter der Inlandskrise und unter den permanenten Verlusten einzelner Niederlassungen, konnte dieses Defizit allerdings durch ein ausgezeichnetes Auslandsgeschäft mit *stark steigendem Gewinn* sehr viel besser kompensieren.[89] Aber auch in Wiesbaden, so die Berechnungen, würde der Gewinn von 16 Mio. DM im Jahr 1973 in einen Verlust von voraussichtlich 2,2 Mio. DM im Folgejahr umschlagen. Hauptgrund war ein Rückgang der Leistung im Auslandsbereich, vor allem die weitere Entwicklung in Nigeria ließ sich um die Jahreswende 1973/74 noch nicht absehen. Angesichts der Nigerianisierungs-Tendenzen rechnete die Unternehmensleitung zunächst mit einem deutlichen Rückgang.[90] Das Auslandsergebnis wurde aber dringend benötigt, denn für das Inland wurde nach dem Überschuss von 4,4 Mio. DM im Jahr 1973 ein Verlust von 1,1 Mio. DM erwartet, der nur durch verhältnismäßig hohe Zinserträge aus-geglichen werden konnte.

In jedem Fall wäre es falsch gewesen, nur auf ein vergrößertes Auslandsgeschäft zu setzen. Vor allem Ponto verwies im Aufsichtsrat immer wieder auf die Gefahr, einen chronisch defizitären Inlandsbereich auf Dauer durch Gewinne des Auslands zu subventionieren.[91] Ponto forderte, dass sich das Inland prinzipiell selbst tragen müsse, um damit das Gesamtunternehmen gegen ein nicht auszuschließendes Wegbrechen des internationalen Geschäfts zu immunisieren. Damit zeigte er einmal mehr – ähnlich wie bereits 1968/69 in der Krise von Berger – eine konsequente Haltung. Die Einstellung war vernünftig, auch wenn sich die Befürchtungen nicht bestätigten und sich das Auslandsgeschäft später noch besser entwickeln sollte als erwartet. Ende 1974 wurde bekannt, dass allein Berger-BAUBOAG im Inlandsbereich eine Million DM pro Monat verlor, während bei Grün & Bilfinger im Inland noch ein geringer Überschuss erwirtschaftet wurde. Ponto stellte daraufhin klar, *dass kein Unternehmen auf längere Dauer mit Verlust arbeiten kann und die Betriebskosten auf jeden Fall gedeckt werden müssen. Der Baumarkt sei in der Vergangenheit übersetzt gewesen, er sei noch übersetzt und werde das alte Volumen nicht wieder erreichen. Deshalb müsse sehr selbstkritisch geprüft werden, was zu tun sei und wie die Kosten entsprechend reduziert werden könnten, vor allem durch eine Überprüfung der Aufrechterhaltung aller Niederlassungen.*[92] Damit war das Thema einer effizienteren und kostensparenden Organisation der Unternehmensgruppe erneut auf die Tagesordnung gesetzt. Eine Sanierung des Inlandsbereichs ließ sich angesichts der Schärfe des Einbruchs jedoch nicht mehr mit einzelnen Sparmaßnahmen, sondern nur durch einschneidende Strukturverände-rungen erreichen.

Bei zurückgehenden Umsätzen mussten zuallererst die Geschäftskosten gesenkt werden. Die ersten Schritte dahin waren ein Einstellungsstopp und die Überprüfung des Personal-bestands sowie der gesamten Organisationsstruktur. Zwischen Ende 1971 und September 1973 hatte die Zahl der Angestellten in der Mannheimer Hauptverwaltung von 369 auf 491 zugenommen. Götz Deimann schlug vor, für die erforderliche Reorganisation eine Unter-nehmensberatung einzuschalten. Er begründete dies mit der Feststellung, *dass es sich bei den Steigerungen der allgemeinen Geschäftskosten und der Ausweitung des Personalbestands um ein strukturelles Problem handle. Es sei eine Erfahrung, dass bei einer langgewachsenen Organisation, die zudem noch den Trend zur Zentralisierung habe, ein „Wildwuchs" entstehe, dem man mit den üblichen Sparmaßnahmen nicht beikommen könne. Nur eine Überprüfung der gesamten technischen und kaufmännischen Betriebsorganisation auf der Basis einer genauen Stellenbeschreibung ermögliche eine Aussage darüber, wie viel Personal wirklich benötigt würde und wie man zu einer grundlegenden Rationalisierung kommen könne. Voraussetzung dafür sei zunächst eine Aufnahme des Ist-Zustands bei jedem Arbeitsplatz. Dies sollte zweckmäßigerweise durch eine von außen kommende Person geschehen, da Mit-arbeiter, die aus dem eigenen Betrieb kommen, erfahrungsgemäß voreingenommen sind.*[93] Im Verlauf des Jahres 1974 wurden alle Sachgebiete untersucht, Aufgaben und Zuständigkeiten überprüft und neu abgegrenzt, schließlich die künftige Personalstärke festgelegt. Für die maschinentechnische Abteilung bedeutete das beispielsweise eine Reduzierung von 61 Stellen Ende 1973 auf ein Soll von 47 zum Jahresende 1974. Längerfristig wurde ein Bestand von nur 20 angestrebt. Bei Berger-BAUBOAG wurden bis Herbst 1974 insgesamt etwa 540 Arbeitsplätze abgebaut.[94]

Die Ergebnisse der Organisationsprüfung flossen darüber hinaus in eine zweite wichtige Maßnahme der Strukturreform ein: Die Ausgliederung wichtiger Aufgabenbereiche aus beiden Gesellschaften und ihre Zusammenfassung in einer *zentralen Dienstleistungsstelle.* Ziel war es, auch auf der Ebene der Hauptverwaltungen *Kostenvorteile durch die gemeinsame Nutzung technischer und kaufmännischer Dienstleistungsabteilungen* zu erzielen. Die neue Einrichtung mit Sitz in Mannheim nahm zum Jahresbeginn 1975 ihre Arbeit auf, ein Aufsichtsgremium aus beiden Vorständen band sie in die Doppelstruktur beider Gesellschaften ein.[95] Diese Zentralisierung wichtiger Aufgabenbereiche außerhalb der Organisationsstruktur beider Gesellschaften sollte die Geschäftskosten senken. Knapp 50 Arbeitsplätze fielen dadurch in den Hauptverwaltungen weg.[96] Die Zusammenfassung weiterer Abteilungen war jedoch nicht vorgesehen, da die Zwei-Chancen-Strategie prinzipiell aufrecht erhalten wurde. Unter dem maßgeblichen Einfluss Klöckners bestimmte dieses Konzept auch im schwierigen Jahr 1974 noch immer die Politik des Unternehmens. Nur Rolf Hager vertrat eine andere Auffassung. Er strebte eine rasche Fusion an und sprach das innerhalb des Vorstands wie in einem Krisengespräch mit dem Aufsichtsratsvorsitzenden auch offen aus.[97] Möglicherweise beruhte diese Haltung auf seinen Erfahrungen als Kooperationsbeauftragter und der dabei gewonnenen vertieften Einsicht in die Probleme der Zusammenarbeit. Durchsetzen konnte er sich mit seiner Meinung allerdings nicht. *Fusion,* so notierte Klöckner als Ergebnis einer Besprechung mit Ponto, *erst später, z. Zt. unmöglich, da wir dafür gar keine Zeit sehen. Alle Vorstandsmitglieder dagegen, nur Hg* [= Hager, d. Verf.] *will Fusion. Nur gemeinsamer Beschluss möglich.*[98] Im Januar 1975 wiederholte sich diese Diskussion. Als Hager anregte, wenigstens das Auslandsgeschäft beider Gesellschaften zusammenzulegen, brachte Klöckner wiederum sein Konzept ins Spiel und schlug vor, parallel zur gerade eingerichteten zentralen Dienstleistungsstelle *gemeinsame Servicestellen für das Ausland zu errichten.*[99] Götz Deimann als Chef-Controller hatte sich mittlerweile von der Idee der Dienstleistungsstelle bereits wieder gelöst und wurde so zum Vordenker des nächsten Schritts. Im Januar 1975 betonte er, *er neige aus heutiger Sicht zu einer vollen Integration […]. Derzeit zeige das Inlandgeschäft im Konzern trotz an und für sich tragbarer Rohergebnisse der Baustellen rote Zahlen wegen zu hoher allgemeiner Geschäftskosten. Um diese Geschäftkosten zu senken, sei es besser, eine Großniederlassung an die Stelle von zwei kleineren Niederlassungen treten zu lassen. Nach seiner Meinung und auch nach den bisherigen Erfahrungen […] würden die Kostenverbesserungen im Fusionsfall die Umsatzverluste kompensieren. Er befürworte daher eine kurzfristige Fusion ohne äußere Zwänge.*[100]

DER FUSIONSBESCHLUSS

Als im November 1974 das Konzept der Dienstleistungsstelle den Niederlassungsleitern vor-gestellt wurde, kam prompt die Frage auf, ob die neue Einrichtung *der Anfang der Fusion sei*.[101] Die Konzernleitung verneinte das zwar, aber wenige Monate später bahnte sich die volle Zusammenlegung an. Den Ausschlag gab erneut die Kostenfrage, denn obwohl bei Berger-BAUBOAG bis zum Frühjahr 1975 eine Einsparung von 2 Mio. DM erreicht wurde, konnte der Anstieg der Geschäftskosten nicht mehr wettgemacht werden.[102] Kostendeckende Angebote waren in dieser Phase am Markt nicht mehr durchzusetzen. Im Februar 1975 erwartete man bei Grün & Bilfinger für das laufende Jahr bei einer Bauleistung von 550 Mio. DM einen Inlands-verlust von 10 Mio., bei Berger-BAUBOAG sogar ein Minus von 13 Mio. bei einer Leistung von 240 Mio. DM.[103] Mit Ausnahme von Frankfurt und Freiburg rechneten alle Niederlassungen mit erheblichen Defiziten. Erneute Sparmaßnahmen waren erforderlich und parallel dazu wuchs die Bereitschaft zum Umdenken. Angesichts der sich weiter verschlechternden Gesamtlage und des schrumpfenden inländischen Baumarkts erschien eine Anpassung der Kapazitäten nun sogar sinnvoll zu sein. Nach und nach schwenkte die Konzernleitung auf jene Linie ein, die sie im Frühjahr und Sommer 1974 noch entschieden abgelehnt hatte.

Texaco-Hauptverwal-tung, Hamburg, 1977

„… Zusatz von Herrn Marcks zum Protokollentwurf"

Das Partnerschaftsverhältnis zwischen beiden Gesellschaften in Theorie und Praxis

Die Vorgänge bei den Auftragsverhandlungen für das Verwaltungsgebäude der Texaco in Hamburg werden besprochen. Nach Abgabe der Angebote lag zunächst die Arge Grün & Bilfinger / Holzmann an günstigster Stelle. Durch nachträgliche Angebote hat die Arge Berger-BAUBOAG den Auftrag erhalten. Herr Dr. Walter trägt seine Auffassung vor, warum es zu einer Auftragsvergabe an die Arge Berger-BAUBOAG gekommen ist.

Herr Klöckner weist darauf hin, dass solche Vorgänge nicht erwünscht sind. Bereits früher ist zwischen den Vorständen vereinbart worden, dass nach Angebotsabgabe durch intensive Kontakte zwischen den Firmen die Position des am günstigsten liegenden Partners ausgebaut werden soll.

Zusatz von Herrn Marcks zum Protokollentwurf: Herr Marcks erklärt hierzu, dass er am 5.10. und 15.10.[1974] mit Herrn Klöckner über das Angebot gesprochen und am 26.11. ihm über das Gespräch Klinge-Rüping berichtet habe, wonach der Bauherr eine Viererarge unter Einschluss von Grün & Bilfinger und Berger-BAUBOAG vorschlug, die Herr Kießling abgelehnt hatte. Herr Klöckner wollte Herrn Kießling zu einer positiven Antwort veranlassen, die jedoch nicht erfolgte. Daraufhin sei mit Berger-BAUBOAG und anderen Bietern weiterverhandelt worden.

Herr Klöckner erklärt zu der nachträglich von Herrn Marcks (im Protokoll) abgegebenen Stellungnahme: Berger-BAUBOAG hat ursprünglich (18.10.) ein Angebot von ca. 17 Mio. DM abgegeben, Grün & Bilfinger und Holzmann einen Sondervorschlag in Höhe von ca. 13,2 Mio. DM. Herr Marcks wies in einer Gesamtvorstandssitzung darauf hin, dass der Preis von 13,2 Mio. DM unweigerlich zu einem großen Verlust führen müsste. Daraufhin wurde auf Veranlassung von Herrn Klöckner das Angebot mit Statik und Massenberechnung noch einmal in Mannheim überprüft. Das Ergebnis der Überprüfung teilte Herr Klöckner Herrn Marcks anlässlich der Aufsichtsratssitzung von Berger-BAUBOAG am 15. November 1974 mit, und zwar, dass die Überprüfung ergeben habe, dass der Preis von 13,2 Mio. DM in Ordnung sei.

Nach dieser Mitteilung an Herrn Marcks hat Berger-BAUBOAG ein Angebot gemacht (13,05 Mio. DM), das dann für Berger-BAUBOAG zum Auftrag geführt hat.

[Zusatz]: Dieser Punkt wurde mit Zustimmung aller Herren in der Sitzung des Gesamt-Vorstands am 24.4.1975 gestrichen.

Protokoll des Gesamtvorstands von Grün & Bilfinger und Julius Berger-BAUBOAG vom 21. Januar 1975.

Ein wichtiges Moment in den nun angestellten Überlegungen bildeten die anhaltenden Probleme zwischen beiden Gesellschaften. Eine neue Art der Verbindung bot möglicherweise auch die Chance, die immer wieder vorkommenden Rangeleien und Eifersüchteleien ein für allemal abzuschaffen. Wie es in der Praxis um das Miteinander bestand, hatte gegen Ende des Jahres 1974 der Fall des Neubaus der Texaco-Verwaltung in Hamburg besonders krass demonstriert. Kooperatives Verhalten war nicht zu entdecken, stattdessen versuchten beide Gesellschaften, sich regelrecht auszumanövrieren. Die Niederlassung von Berger-BAUBOAG unterbot ein Angebot von Grün & Bilfinger, nachdem sie davon Kenntnis erlangt hatte. Anschließend führten die Beteiligten ihren Streit mit heftigem Nachkarten und gegenseitigen Schuldzuweisungen noch im Gesamtvorstand weiter. Offenbar ließ sich das Problem in den bestehenden Strukturen nicht lösen – die Folge, als die gegenseitigen Schuldzuweisungen eskalierten: Der kompromittierende Passus wurde aus dem Vorstandsprotokoll gestrichen und die Stelle im Original überklebt.[104] Seither wurden über Fragen der Koordinierung zwischen Grün & Bilfinger und Berger-BAUBOAG separate Geheimprotokolle angefertigt, die umgehend unter Verschluss kamen.[105]

„... EIN STILISIERTES WEISSES ‚b' AUF BLAUEM GRUND"

Seit Beginn des Jahres 1975 untersuchten Wilhelm Klöckner und Rolf Hager gemeinsam die Möglichkeiten einer *organisatorischen Anpassung an die geänderte Struktur*.[106] Insbesondere Klöckner als Vorstandsvorsitzender verabschiedete sich jetzt rasch von der einst von ihm selbst maßgeblich formulierten Doppelstrategie. Anstelle einer *Aufrechterhaltung beider Firmen und jeweils getrennter Rationalisierung* bevorzugte er nun eindeutig die *Vollfusion*. Seine Argumente waren: Anpassung der Kapazitäten an den schrumpfenden Inlandsmarkt, Einsparung von Personal- und Sachkosten, rentablere Größen der zusammengeführten Niederlassungen, bessere Ausnutzung und Erweiterung der Spezialabteilungen, Lagerplätze und Reparaturwerkstätten und schließlich das Freiwerden von Führungskräften für das Ausland. Hinzu kam eine bessere Koordination des parallel betriebenen Auslandsgeschäfts durch dessen vollständige Zusammenfassung.[107] Es gebe dann auch nur noch einen Betriebsrat, und nach dem angekündigten neuen Mitbestimmungsgesetz mit paritätischer Besetzung des Aufsichtsrats würde ein späterer Fusionsbeschluss *außerordentliche Schwierigkeiten machen*. Denn die Zusammenlegung würde *Entlassungen in erheblichem Umfang*, entsprechenden Widerstand der Arbeitnehmerseite und zusätzliche Kosten für Sozialpläne nach sich ziehen.

Derartigen Problemen stand aber eine eindrucksvolle Liste von Vorteilen gegenüber. Vor allem, so die Erwartung, würde endlich der *dauernde Ärger und die dadurch notwendigen Schlichtungen zwischen Grün & Bilfinger und Berger-BAUBOAG entfallen* und das Betriebsklima besser werden. Die Konkurrenz zwischen Grün & Bilfinger und Berger-BAUBOAG würde dann nicht mehr existieren. Gerade dieses Argument zeigte deutlicher als alle offiziellen Verlautbarungen, wie schwer sich beide Unternehmen in der Praxis mit der vereinbarten Partnerschaft taten. Es kam letztlich dem Eingeständnis gleich, dass die ursprüngliche Konstruktion ein Fehler gewesen war, und gab Rolf Hager nachträglich recht. Auch in Wiesbaden setzte sich schließlich die Auffassung durch, dass eine Fusion *zum einen weitere Rationalisierungsmöglichkeiten eröffne und zum anderen die inneren Reibungsverluste des Konzerns infolge der Parallelität beider Gesellschaften vermeide.*[108]

„Herr Ponto war über den Gesinnungswechsel bei Grün Bilfinger etwas erstaunt …"

Der Entschluss zur Fusion

Da die Struktur sowohl des Inlands- wie des Auslandsgeschäftes sich völlig geändert hat, ist eine Neuorganisation erforderlich, ganz besonders deshalb, weil die Inlands-Auftragsbestände sehr schlechte Ergebnisse erwarten lassen.

[…] Nachdem die Zentralen Dienstleistungsstellen, in denen wir die gesamte kaufmännische Verwaltung zusammengefasst haben, Mitte dieses Jahres schon funktionieren werden, ist jetzt die Möglichkeit gegeben, an eine Fusion zu denken, um die nicht ausgelasteten Niederlassungen beider Firmen in Hamburg, Stuttgart, Berlin, München und Essen zusammenzulegen. Herr Ponto war über den Gesinnungswechsel bei Grün & Bilfinger etwas erstaunt und bat zu prüfen, welche Aufträge durch den Fortfall der Zwei-Chancen-Theorie verloren gehen bzw. welche Auftraggeber wir evtl. verlieren könnten. Ich konnte Herrn Ponto aber davon überzeugen, dass bei den schlechten Inlandspreisen ein gewisser Verlust am Inlandsmarkt überhaupt kein Nachteil, sondern ein Vorteil ist.

Vermerk Wilhelm Klöckners über ein Gespräch mit Jürgen Ponto vom 10. Februar 1975.[109]

Zwischen Februar und Mai 1975 fiel im inneren Führungskreis die Vorentscheidung. Der *vorausgesehene Verlust von 26 Mio. DM im Inland*, meinte Ponto, *wäre reichlich ein Anlass, die Fusion mit Macht voranzutreiben.*[110] Im Juli stimmte der Aufsichtsrat dem Vorhaben zu, das Protokoll vermerkte dazu: *Herr Klöckner bittet, von der Absicht der Umwandlung nichts nach außen, auch nicht den Betriebsratsmitgliedern gegenüber verlauten zu lassen, da andernfalls mit großen Schwierigkeiten, vor allem bei der Hereinholung von Aufträgen durch Berger-BAUBOAG zu rechnen sei.* Auch die Arbeitnehmervertreter akzeptierten nach anfänglichem Zögern das Argument, dass nur ein fusioniertes und damit gestärktes Unternehmen auf Dauer Arbeitsplätze sichern könne. Der verabredete Fahrplan sah vor, die juristische Seite des Vorhabens bis zum Jahresende abzuwickeln, Stichtag für die Fusion sollte der 1. Juli 1975 sein. Die *einfachste und kostengünstigste Lösung* bildete dabei eine Umwandlung von Berger-BAUBOAG auf Grün & Bilfinger. Das war insofern problematisch, als hier ein Auslöser für neuerliche Verstimmungen und Konflikte entstehen konnte und – wie sich später zeigen sollte – tatsächlich auch entstand, vor allem weil zu jener Zeit die übernommene Gesellschaft nach Ergebnis und

Liquidität eindeutig besser dastand und eine *grundsolide Bilanz mit erheblichen stillen Reserven vorwies.*[111] Eine Umfirmierung war ohnehin fällig und konnte möglicherweise dazu beitragen, Spannungen zu entschärfen. *Um den Zusammenschluß auch nach außen zum Ausdruck zu bringen und den goodwill des Namens Berger zu erhalten,* schlug der Aufsichtsrat vor, *die bisherige Firma von Grün & Bilfinger in Bilfinger + Berger Bauaktiengesellschaft zu ändern.* Das neue Firmenzeichen in der graphischen Sprache der siebziger Jahre, *ein kleines weißes b auf blauem Grund,* brachte den partnerschaftlichen Neubeginn nach außen wie nach innen zum Ausdruck. Es setzte sich gegen den ursprünglich präferierten Vorschlag eines doppelten „B" durch, knüpfte visuell aber eher an die Wiesbadener Gesellschaft an. Damit bildete es ein gewisses Gegengewicht zur aktienrechtlichen Konstruktion. In Nigeria wurde das alte und gut eingeführte Berger-Logo beibehalten.

Verschmelzungs-Symbolik. Firmenzeichen von Grün & Bilfinger und Julius Berger

Neues Logo der Bilfinger + Berger Bauaktiengesellschaft, 1975

„… endlich klare Verhältnisse geschaffen"

Fusion, Stärkeverhältnisse zwischen den beiden Unternehmen und das „menschliche Problem"

Der Vorstand habe weiterhin eine Geschäftsordnung ausgearbeitet und Herrn Ponto zur Genehmigung vorgelegt. Insgesamt werde das Inlandsgeschäft durch die Haupt-verwaltung in Mannheim betreut, das Auslandsgeschäft werde als Niederlassung von Wiesbaden aus unter Leitung der Herren Hawranke und Hager geführt, wobei Herr Hawranke Nigeria und Amerika, Herr Hager die übrigen ausländischen Gebiete betreuen werde. Aufgaben in den europäischen Nachbarländern würden jedoch jeweils von den angrenzenden inländischen Niederlassungen wahrgenommen. […] müsse weiterhin durch die Vorstände beider Gesellschaften klargestellt werden, dass die vorgesehene Neuordnung effektiv nicht eine Übernahme der einen Gesellschaft durch die andere, sondern die paritätische Zusammenführung beider Häuser beinhalte. Diese Klarstellung sollte zweckmäßigerweise in den Betriebszeitschriften beider Häuser veröffentlicht werden. […] Herr Klöckner führt aus, für den morgigen Tag sei eine Ge-samtbetriebsratssitzung im Hause Grün + Bilfinger anberaumt. Er werde in dieser Sit-zung nochmals die volle Gleichberechtigung beider Häuser herausstellen und besonders darauf hinweisen, dass derzeit Berger-BAUBOAG kräftiger sei als Grün + Bilfinger. […] [Aufsichtsratsvorsitzender Klinge]: Was wird die Zukunft bringen, ist eine bange Frage. Sie braucht aber nicht bange zu sein, wenn man optimistisch ist. Wir bauen uns unser Leben und unsere Zukunft selbst. Ich sehe der kommenden Entwicklung des neuen Unternehmens, das wir mit diesem Schritt beginnen und im Dezember in den Sattel heben, mit großem Vertrauen entgegen. Wir haben mit dem heutigen Schritt endlich klare Verhältnisse geschaffen. Das ist gut. Das neue Unternehmen mit neuem Namen wird unsere ganze Kraft und Einsatzbereitschaft verlangen, uns aber auch mehr Sicherheit und Lebensfreude schenken. Wir werden uns aber zusammennehmen müssen und Kleinlichkeiten, Egoismus und Selbstherrlichkeit ablegen müssen; denn keiner hat ein Recht, für sich Sonderrechte ableiten zu kön-nen. Alle drei Unternehmen haben eine große, erfolgreiche aber auch sorgenvolle Vergangenheit. […] Das Wesentliche bei dem Zusammenschluss ist das menschliche Problem, das viel Einfühlungsvermögen, Takt und guten Willen erfordert. Das richtig zu lösen, wird eine wesentliche Aufgabe in der nahen Zukunft von Aufsichtsrat und Vorstand sein. Hier muss jeder versuchen, über die einengenden Hürden zu springen.

Aufsichtsratsprotokoll der Berger-BAUBOAG AG vom 29. Oktober 1975.[112]

Nach den Empfehlungen der Aufsichtsräte fassten zwei außerordentliche Hauptversammlungen im Oktober bzw. Dezember 1975 die erforderlichen Beschlüsse rückwirkend zum 1. Juli 1975.[113] In den neuen Aufsichtsrat wurden sechs Mitglieder aus dem Kreis des Wiesbadener Gremiums gewählt, er hatte nun 15 statt neun Mitglieder. Alle am selben Ort befindlichen Niederlassungen wurden zusammengelegt und neun neue gegründet, darunter sieben Hauptniederlassungen. Teilweise wurden die Unterstellungsverhältnisse zwischen Haupt- und Zweigniederlassungen geändert und die Zuständigkeitsgebiete neu abgegrenzt. Einen Sonderfall bildete die Filiale in Essen, die mit Rücksicht auf das Warenhausgeschäft weiterhin unter der Firma BAUBOAG auftrat und nur den Zusatz *Niederlassung der Bilfinger + Berger Bauaktiengesellschaft* erhielt. Von den dadurch „eingesparten" 219 Angestellten gingen 68 ins Ausland, 50 wurden pensioniert, 101 mussten mit einer durch einen Sozialplan geregelten Abfindung entlassen werden. Im Januar 1976 folgte die Zusammenführung der Versorgungswerke in der neuen Unterstützungskasse der Bilfinger + Berger Bauaktiengesellschaft e. V. mit Sitz in Mannheim.[114] Im Zuge der Umwandlung wurden auch bei den Beteiligungsgesellschaften im In- und Ausland umfangreiche Bereinigungen vorgenommen.[115] Der Vorstand der Bilfinger + Berger Bauaktiengesellschaft wurde um Friedrich Marcks und Günther Hawranke aus dem Kreis der bisherigen Berger-BAUBOAG-Vorstände erweitert. Letzterer teilte sich mit Rolf Hager die Verantwortung für den in Wiesbaden angesiedelten Auslandsbereich. Sitz der Unternehmensleitung und der für das Inlandsgeschäft zuständigen Zentralabteilungen war Mannheim. Mit dieser Trennung der Zuständigkeiten zwischen Wiesbaden (Ausland) und Mannheim (Inland) wurde allerdings auf längere Sicht ein neuer Stolperstein für das weitere Zusammenwachsen geschaffen.

UNTER NEUER FIRMA: „BILFINGER + BERGER BAUAKTIENGESELLSCHAFT"

Im April 1976, nur wenige Monate nach den entscheidenden Fusionsbeschlüssen, musste Jürgen Ponto wegen neuer aktienrechtlicher Bestimmungen aus dem Aufsichtsrat ausscheiden, da er sonst die Zahl der erlaubten Mandate überschritten hätte. Zehn Jahre lang hatte er, beginnend bei der Julius Berger AG, das Unternehmen begleitet, den gesamten Prozess der Konzentration angestoßen und ihm immer wieder neue Impulse vermittelt. Mit warmen Worten wurde er verabschiedet und gleichzeitig zum Ehrenvorsitzenden des

Palmrainbrücke,
Weil am Rhein, 1978

Aufsichtsrats ernannt: *Ohne die weitsichtige Hilfe von Herrn Ponto wäre die schrittweise Zu-*
sammenführung der Firmen Julius Berger AG, BAUBOAG AG und Grün & Bilfinger AG nicht so
harmonisch und lautlos verlaufen. Herr Ponto habe den Strukturwandel in der Bauwirtschaft
frühzeitig erkannt und eine Ausweitung des Auslandsgeschäfts angeregt. Die Firma Bilfinger +
Berger spiele inzwischen auf dem deutschen Baumarkt eine viel bedeutendere Rolle als früher.
Ohne die Unterstützung von Herrn Ponto hätte man dies nicht erreicht.[116] Seinen Platz als
Vorsitzender des Aufsichtsrats nahm Karl Friedrich Hagenmüller ein. Rund ein Jahr später, am
30. Juli 1977, fiel Ponto einem terroristischen Attentat zum Opfer.

Mit der Fusion von Grün & Bilfinger und Berger-BAUBOAG stellte sich zum zweiten Mal
nach 1969 die Aufgabe, zwei Unternehmen mit ihren unterschiedlichen Schwerpunkten und
Eigenarten, ihren gewachsenen Strukturen, Traditionen und Mentalitäten zusammenzuführen.
Drei große Komplexe waren dabei gleichzeitig zu lösen: die Anpassung an die insgesamt un-
günstige wirtschaftliche Entwicklung im Inland, weiterer Ausbau, Absicherung und Verstetigung
des Auslandsgeschäfts und schließlich die volle Integration und Konsolidierung des neuen
Unternehmens in einem sich fortlaufend verändernden Umfeld. Weitere Fusionsschritte, obwohl gelegentlich noch einmal angedacht, besaßen deshalb nach 1975 keine Chance mehr.
Sie scheiterten bereits während der ersten Beratungen und hätten das Unternehmen auch mit
Sicherheit überfordert. Das galt sowohl für ein Angebot des Krupp-Konzerns, der im Frühjahr
1975 seine Beteiligungsgesellschaft „Universalbau" verkaufen wollte,[117] als auch für einen Zusammenschluss mit Wayss & Freytag, über den 1977 bei der Dresdner Bank zwecks Verwertung
ihres Anteils von 37 Prozent an diesem Unternehmen nochmals nachgedacht wurde.[118] Nur die
gemeinsam mit Krupp betriebene Nassbaggerei wurde zu Jahresbeginn 1976 vollständig von
Bilfinger + Berger übernommen, da sie sich im Auslandsgeschäft vorteilhaft einsetzen ließ.[119]

Kongresszentrum ICC,
Berlin, 1979

Rheinbrücke Konstanz,
1977

Großkraftwerk
Mannheim, 1981

DAUERKRISE IM INLAND UND LANGWIERIGE KONSOLIDIERUNG

Im Inlandsgeschäft wirkte sich die Dauerkrise von Volks- und Bauwirtschaft katastrophal aus. Vor diesem Hintergrund erwies sich der Beschluss zur Fusion als richtig, denn nur so konnten die Geschäftskosten auf ein verkraftbares Maß gesenkt werden. Zunächst aber setzte sich die negative Entwicklung fort: Die Stagnation des Umsatzes und der permanente Rückgang der Ergebnisse beschäftigte das Unternehmen für lange Zeit. Erst zu Beginn der achtziger Jahre sollte sich hier eine Besserung abzeichnen. Gleichwohl verwirklichte das Unternehmen auch im Inland zahlreiche herausragende und technisch anspruchsvolle Projekte, beispielsweise die Ahrtalbrücke bei Bad Neuenahr mit Spannweiten von über 100 Meter, die unter Einsatz des größten Vorschubgerüsts der Welt errichtet wurde. Die Ergebnisse sanken jedoch immer weiter, 1976 entstand bei den Niederlassungen im Inland ein Verlust von 18,9 Mio. DM.[120] Erwartungen und tatsächliche Ergebnisse verschlechterten sich immer weiter; im Sommer 1977 wurde für das laufende Jahr mit Verlusten von 21 Mio. DM und für 1978 sogar mit 28,5 Mio. DM gerechnet.[121] Das Grundproblem lag in den nominal stagnierenden, real sogar zurückgehenden Umsätzen und den dadurch bedingten zu hohen Geschäftskosten. Höherer Umsatz war aber angesichts der Konkurrenz nur unter Inkaufnahme von schlechten Preisen und weiteren Verlusten möglich.

Dass das Problem erst im Lauf des Jahres 1978 entschlossen angegangen wurde, war sicher durch die Belastungen der Fusion bedingt. Die erste und wichtigste Maßnahme, um das Inland wieder auf eigene Füße zu stellen, bestand in einer exakten Analyse der Verlustquellen nach Sparten, Niederlassungen und einzelnen Aufträgen. Sie wurde zunächst für die vorangegangenen fünf Jahre, in einem zweiten Schritt für den vorhandenen Auftragsbestand vorgenommen. Dadurch konnten chronische und akute Risiken identifiziert werden. Im November 1978 waren bei 62 Baustellen Verluste von 28 Mio. DM vorprogrammiert. Das eingeleitete *Fehlerquellenprojekt* zeigte, dass der größte Teil auf nicht kostendeckende Angebote zurückzuführen war. Daneben machten aber auch Fehlkalkulationen, schlechte Arbeitsvorbereitung oder mangelnde technisch-wirtschaftliche Kenntnisse in den

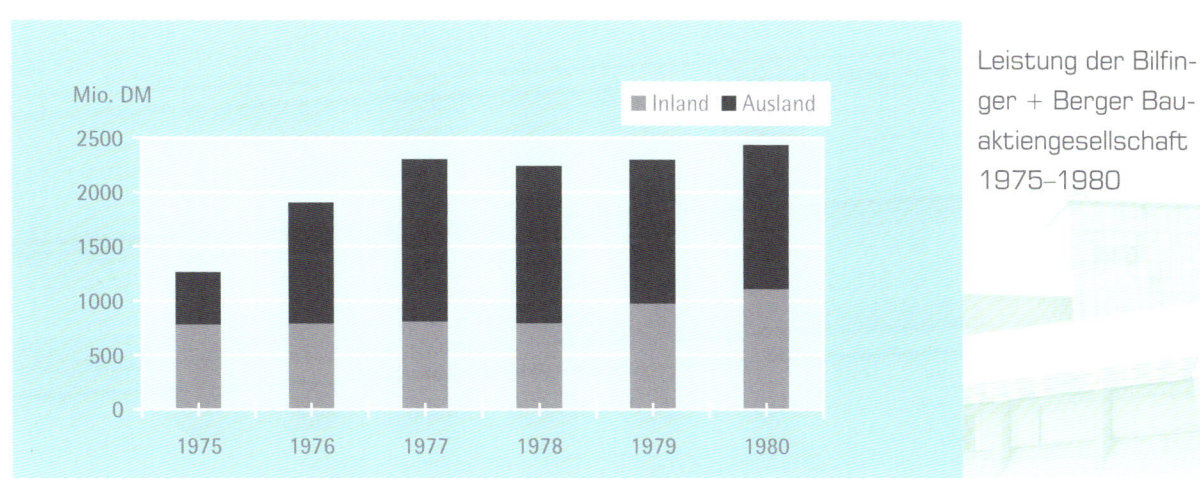

Leistung der Bilfinger + Berger Bauaktiengesellschaft 1975–1980

jeweiligen Sparten einen bedeutenden Anteil aus. Die Untersuchung ergab, dass bei der *Auftragsabwicklung* die Zusammenarbeit der *Hauptbeteiligten* deutlich verbessert werden musste. Nur so ließ sich verhindern, dass die Verantwortlichkeit für den wirtschaftlichen Erfolg eines Auftrags auf den langen Dienstwegen zwischen den verschiedenen zuständigen Abteilungen in den Niederlassungen und in der Hauptverwaltung versickerte. Die Einrichtung einer *Auftrags-Projektorganisation* mit Arbeitsgruppen für bestimmte Sparten und für einzelne Bauvorhaben war ein Versuch, die Vorteile persönlicher Initiative und individueller Verantwortung auch im Großbetrieb zu nutzen.[122] Begünstigt durch die bessere Konjunktur wurde dank dieses Neuansatzes die Wende erreicht. Im März 1980 schrieb der Inlandsbereich erstmals wieder schwarze Zahlen, 1979 hatte der Verlust hier noch 25 Mio. DM betragen.[123]

Parallel zur Reformarbeit im Bereich der Auftragsabwicklung wurde im großen Rahmen mit einer kontinuierlichen und institutionalisierten Unternehmensplanung begonnen. Den Ausgangspunkt bildete die Überprüfung der gesamten Organisation unter Zuhilfenahme externer Berater. Ziel war der Abbau überflüssiger und die bessere Auslastung verbleibender bzw. zukünftig erforderlicher Kapazitäten.[124] Der nächste Schritt bestand in der Entwicklung einer längerfristigen Strategie unter Berücksichtigung möglicher Zukunftschancen des Unternehmens. Dazu war eine fortlaufende Marktbeobachtung und -analyse sowie die ständige Suche nach neuen Aufgaben und Tätigkeitsgebieten erforderlich. Die dabei gewonnenen Informationen waren schließlich in konkrete Entscheidungen über Umfang und Richtung von Kapazitätserweiterungen umzusetzen. Expansion sollte künftig nur noch in klar umrissenen *Stufen erfolgen, wobei nach jeder Stufe erneut konsolidiert werden muss. [...] Voraussetzung für dieses Vorhaben sind genaue Untersuchungen über die vorhandenen Kapazitäten der Hauptverwaltung und der Niederlassungen sowie die Feststellung, welcher Umsatz mit diesen Kapazitäten gemacht werden kann. Sind die Umsätze im Verhältnis zu den vorhandenen Kapazitäten zu gering, muss eine Zeitplanung für die Ausfüllung der Kapazitäten gemacht werden.*[125] Seit Herbst 1978 war dem Thema Unternehmensplanung in jeder Vorstandssitzung ein Teil der Beratungszeit vorbehalten. Nach und nach wurden dabei die Voraussetzungen für eine gezielte Steuerung des Erfolgs geschaffen, von der das Unternehmen im folgenden Jahrzehnt profitieren sollte.

„Verlustanalyse" und „Fehlerquellenprojekt"

Versuche zur Konsolidierung des Inlandsbereichs

Herr Deimann weist darauf hin, dass in den letzten vier Jahren zwar nominelle Steigerungen der Bauleistungen bei den Niederlassungen eingetreten sind, Bilfinger + Berger aber real zurückgefallen ist. [...] Das negative Ergebnis der Niederlassungen wird sich in diesem Jahr nicht mehr wesentlich verbessern. Der Grund für das negative Ergebnis liegt in nur wenigen Verlustbaustellen, die Herr Deimann in einer Zusammenstellung „Verlustanalyse

1978" erfasst hat. Daraus ergibt sich, dass 23 Baustellen mit einer Jahresleistung von 100 Mio. DM allein 18 Mio. DM Verlust bringen. Demgegenüber resultieren aus den restlichen Baustellen mit einem Gesamtumsatz von 662 Mio. DM lediglich 7,5 Mio. DM Verlust.

Vorstandsprotokoll der Bilfinger + Berger Bauaktiengesellschaft vom 18. Oktober 1978.[126]

Es wird einstimmig beschlossen, dass die Niederlassungen ab sofort nur noch kostendeckende Angebote abgeben dürfen. Der Zuschlag muss mindestens 9 Prozent betragen. Niederlassungen, die eine höhere AGK [Quote der allgemeinen Geschäftskosten, d. Verf.] *als 9 Prozent haben, dürfen auf diesen Prozentsatz nur heruntergehen, wenn sie nachweisen, dass sie Maßnahmen ergreifen, die ihre Geschäftskosten auf diesen Prozentsatz herunterbringen, andernfalls müssen sie mit den tatsächlichen AGK ihrer Niederlassung kalkulieren. Abweichungen von dieser Regelung bedürfen der Zustimmung des zuständigen und eines zweiten Vorsandsmitglieds.*

Vorstandsprotokoll der Bilfinger + Berger Bauaktiengesellschaft vom 17. August 1978.

Für das Fehlerquellenprojekt liegt ein Termin- und Maßnahmenplan vor, der alle zu untersuchenden Baustellen erfasst. […] Herr Deimann berichtet, dass ein erstes Zwischenergebnis bereits die Tendenz erkennen lässt, dass bis zu 50 Prozent der Verluste markttechnische Ursachen haben, wobei die Verlustvorgaben nur zu einem Drittel vom Vorstand genehmigt waren, während zwei Drittel die Niederlassungen oder die Kalkulatoren selbst veranlasst haben. 25 Prozent der Verluste sind auf Kalkulationsfehler zurückzuführen (fahrlässige oder auch absichtliche Minderansätze, Massenfehler der technischen Büros), 30 Prozent der Verluste sind auf mangelhafte Arbeitsvorbereitung und Spartenkenntnisse sowie auf mangelhafte Betreuung durch die Niederlassungen zurückzuführen, wobei bei den vorgenannten insgesamt 105 Prozent wegen des in einigen Fällen besseren Verlaufs (als kalkuliert) rd. 5 Prozent gegengerechnet werden müssen.

Vorstandsprotokoll der Bilfinger + Berger Bauaktiengesellschaft vom 20. Februar 1979.[127]

FLUCHT INS AUSLAND?

1973, im Jahr der Eingliederung von Berger-BAUBOAG, hatte die Bauleistung im Konzern erstmals eine Milliarde DM erreicht, und die Kurve wies in den Folgejahren steil aufwärts. 1977 und 1978 waren deshalb zwei Kapitalerhöhungen auf 30 bzw. 40 Mio. DM erforderlich. Der Leistungszuwachs wurde bis 1978 allein durch das Auslandsgeschäft erbracht, und auch in den darauf folgenden fünf Jahren steuerte es den ganz überwiegenden Teil dazu bei. Damals sah es so aus, als ob die Bauindustrie nur noch im Ausland Geld verdienen könne. Bei Berger-BAUBOAG hatte der Auslandsanteil vor der Fusion bereits ein Drittel, im Konzern etwa 20 bis 25 Prozent der Leistung betragen, im Durchschnitt der deutschen Bauwirtschaft lag er 1976 bei rund elf Prozent.[128] Beinahe zwangsläufig kamen deshalb Überlegungen auf, diesen Bereich noch stärker zu gewichten. Im Frühjahr 1974 galt konzernweit ein Anteil von 40 Prozent an der Gesamtleistung als gerade noch vertretbar, jedoch nur bei einer Verteilung der Risiken auf mehrere Länder.[129] Allein zwischen Januar und Oktober dieses Jahres verdreifachte sich der Auftragsbestand im Ausland von 200 auf 600 Mio. DM.[130] Ein Jahr später belief sich der Anteil des Auslandsgeschäfts bereits auf die Hälfte der Leistung, und in der schwierigen Situation des Frühjahrs 1975 wurde die tolerierbare Maximalquote auf 60 Prozent heraufgesetzt, für Berger-BAUBOAG allein wurde zu diesem Zeitpunkt mit bis zu 75 Prozent gerechnet.[131] Damit schien die Sicherheitsgrenze jedoch erreicht, wenn nicht schon überschritten zu sein. Für den Augenblick bestand aber keine andere Wahl; angesichts der Tatsache, dass das Unternehmen seine Gewinne *allein aus dem Auslandsgeschäft ziehe*, müsse jede sich bietende Chance wahrgenommen und dem Auslandsbereich innerhalb des Konzerns *jede benötigte Unterstützung gegeben werden*.[132] Im Oktober 1975 fiel die Entscheidung, die Expansion in diesem Sektor nicht weiter zu forcieren.[133] Allerdings war zu diesem Zeitpunkt bereits abzusehen, dass die Entwicklung in Nigeria die Unternehmensgruppe trotz anderslautender Vorgaben noch stärker in Richtung Auslandsgeschäft lenken würde. Angesichts des Beschäftigungsmangels in Deutschland ging Berger-BAUBOAG seit Sommer 1974 dazu über, freie Kräfte ins Ausland zu schicken. Bald begann auf Konzernebene eine intensive Kooperation zwischen inländischen Niederlassungen und dem Auslandsbereich mit dem Ziel der besseren Auslastung brachliegender Kapazitäten. Seit Frühjahr 1975 wurden die inländischen Niederlassungen schließlich regelrecht durchkämmt und ganze Gruppen von Mitarbeitern ins Ausland geschickt – vor allem nach Nigeria, wo das Großprojekt Lagos Ring Road allmählich Konturen annahm.[134]

ERNEUT VON AUSSCHLAGGEBENDER BEDEUTUNG: NIGERIA

Ähnlich wie bei der ersten Fusion im Jahr 1969 fiel auch die des Jahres 1975 in eine Phase großer und folgenschwerer Veränderungen im Auslandsbereich. Dabei entwickelte sich Nigeria ein zweites Mal zum ausschlaggebenden Faktor für den ganzen Konzern. Hier hatte das Wiesbadener Unternehmen seine Tätigkeit mit Erfolg fortgesetzt. Die „Nigerianisierung" der Julius Berger Nigeria Ltd., anfänglich mit Unbehagen betrachtet, trug entgegen allen Befürchtungen wesentlich dazu bei, denn sie verankerte das Unternehmen letztlich noch stärker im Land. Dieser Prozess verlief parallel zur engeren wirtschaftlichen Verflechtung zwischen der Bundesrepublik und Nigeria. Das Land entwickelte sich in den siebziger Jahren zu einem wichtigen Partner Deutschlands, als Markt für Industrieerzeugnisse in der einen, als Rohstofflieferant in der anderen Richtung. Im Jahr 1973 stand Nigeria unter den erdölfördernden Ländern an achter Stelle und an fünfter der bundesdeutschen Öllieferanten mit einem Anteil von 10 Mio. Tonnen am Import, der insgesamt 110 Mio. Tonnen betrug. Zweifellos besaß die Kooperation mit dem nigerianischen Militärregime bei allem Wert der Aufbauarbeit erhebliche politische Brisanz. Dieses Problem betraf die gesamte deutsche Industrie, die sich in Nigeria engagierte. Es hatte seinen Ursprung in den Turbulenzen der sechziger Jahre und insbesondere im Biafrakrieg, wurde aber teilweise gemildert durch die vergleichsweise tolerante Einstellung der herrschenden Elite: *Oberstes Staatsorgan,* so der Länderbericht des Statistischen Bundesamts in Wiesbaden, *ist der Militärrat (Supreme Military Council). Den früher einflußreichen Stammesfürsten und Emiren wurde im Laufe der Neugliederung ihre politische Machtstellung genommen. Für eine Militärregierung ist (nach Meinung von Landeskennern) das Regime recht liberal. Kritik kann in gemäßigter Form sogar in den Massenmedien geäußert werden. Die politischen Parteien sind verboten. Für eine überhöhte Belastung hält man die für Friedenszeiten viel zu große Armee (rd. 250.000 Mann), die deshalb um etwa 100.000 reduziert werden soll. Als ein weiteres Problem wurde die Bekämpfung der Korruption in allen Bereichen erkannt.*[135]

Vor allem die Einnahmen Nigerias aus dem Erdölexport, die seit der ersten Ölkrise 1973 regelrecht explodierten, gaben der Bautätigkeit enormen Anschub. Gleichzeitig ging die Bedeutung der ausländischen Kapitalhilfe immer weiter zurück. Die eingeschlagene Richtung – Entwicklung von Volkswirtschaft und Infrastruktur bei gemäßigtem wirtschaftspolitischem Dirigismus – wurde auch beibehalten, als um die Mitte der siebziger Jahre erneut größere Turbulenzen in der nigerianischen Innenpolitik entstanden. Im Juli 1975 wurde Staatschef Gowon in einem unblutigem Staatsstreich abgesetzt. Sein Nachfolger, Brigadier Murtala Ramat Muhammed, galt bald als der eigentliche Erneuerer Nigerias, der die überdimensionierte Armee verkleinerte, gegen Verschwendung und Korruption vorging, die Inflation einzudämmen versuchte und den Übergang des Landes zur Demokratie konsequent vorbereitete. Als er im Februar 1976 einem Mordanschlag zum Opfer fiel, rückte Generalleutnant Olusegun Obasanjo, ein Mitarbeiter und entfernter Verwandter Muhammeds, nach. Er setzte dessen Politik der wirtschaftlichen Entwicklung bei gleichzeitiger Demokratisierung fort. Nach der Zulassung politischer Parteien im September 1978 und den ersten freien Wahlen seit anderthalb Jahrzehnten konnte im Oktober 1979 ein Zivilkabinett unter Staatspräsident Alhaji Shehu Shagari die Regierung übernehmen. Allerdings sollte das Land auch in den achtziger Jahren nicht von neuen Umwälzungen verschont bleiben.

Die großen Investitionsprogramme wurden von den politischen Veränderungen nicht berührt. Ein neuer nationaler Entwicklungsplan für die Jahre 1975 bis 1980 verfolgte das Ziel beschleunigter wirtschaftlicher Entwicklung mit einem weiteren Ausbau der Infrastruktur

Februar 1976: Putschversuch in Nigeria

Aus dem Monatsbericht von Julius Berger Nigeria

Der Putschversuch vom 13.2.1976 und die daraufhin festgelegte Ausgangssperre (22.00-6.00 Uhr) wirkten sich durchweg sehr negativ auf unsere Bauleistungen aus, da alle Nachtschichten ausfielen und Betonarbeiten tagsüber während sehr starker Verkehrsbehinderung in Lagos und Umgebung ausgeführt werden mussten.
Lagos, 4. März 1976. Julius Berger Nigeria Limited

Kurzbericht der Julius Berger Nigeria Ltd. für den Monat Februar 1976.[136]

und verstärkter Industrialisierung[137]. Bei einer Analphabetenrate von 70 Prozent der über 15-jährigen, einem Anteil der Landwirtschaft am Sozialprodukt von 64 Prozent und einem jährlichen Pro-Kopf-Einkommen von 300 US-Dollar um die Mitte der siebziger Jahre waren auf diesem Gebiet noch große Aufgaben zu bewältigen. Umgerechnet etwa 80 Mrd. DM wollte die öffentliche Hand während der Laufzeit des Plans investieren, davon über ein Viertel in die Verkehrs- und Telekommunikationsinfrastruktur. Eines der wichtigsten und aufwändigsten Projekte in diesem Rahmen bildete der großdimensionierte Ausbau des gesamten Straßensystems rund um die Lagunenmetropole Lagos, die in den siebziger Jahren regelrecht im Verkehr

Lagos Ring-Road, um 1980

zu ersticken drohte. In vorausschauender Erkenntnis des Bedarfs und aus eigener Initiative hatte Julius Berger Nigeria unter Federführung von Günther Hawranke und Hans Wittmann dafür ein vollständiges Konzept geplant. Es sah vor, ausgehend von der Eko-Bridge ein großes System von Umgehungsstraßen rings um die Hauptstadt mit Fernstraßen-Anschlüssen sowie Zufahrten zum Flughafen und zu den Hafenanlagen zu errichten. Wenige Wochen, nachdem der Mannheimer Aufsichtsrat die Umwandlung von Berger-BAUBOAG auf die neue Firma beschlossen hatte, und unmittelbar nach der Absetzung Gowons wurde der Auftrag Lagos Ring Road am 28. Juli 1975 an JBN verbindlich erteilt.[138] Das Großprojekt im Wert von mehr als einer Milliarde DM machte in der Bundesrepublik Schlagzeilen. Der Zuschlag führte nahezu zu einer Verdoppelung des Auftragsbestands im Ausland und ließ den gesamten Auftragsbestand von Bilfinger + Berger auf etwa 2,7 Mrd. DM ansteigen. Der Bau begann im Herbst des Jahres. Wegen der gestiegenen Bedeutung Nigerias war Günther Hawranke bereits im Sommer 1974 in den Wiesbadener Vorstand berufen worden[139].

Ende 1975 betrug das gesamte Auftragsvolumen für die deutsche Bauindustrie in Nigeria etwa 3,5 bis 4 Mrd. DM.[140] Von allen deutschen Unternehmen, die dort tätig waren – etwa Strabag oder Beton- & Monierbau – befand sich Bilfinger + Berger bzw. JBN in der besten Position. Neben dem großen Straßenprojekt in Lagos entstanden zahlreiche weitere Fernstraßen und Brücken, Staudämme und Industriebauten, darunter auch ein Montagewerk für den Volkswagen-Konzern.[141] Zeitweise war sogar der Bau eines Kernkraftwerks in Nigeria im Gespräch.[142] Ende 1976 tauchte erstmals das *Projekt „Neue Stadt"* in den Vorstandsprotokollen von Bilfinger + Berger auf. Unter maßgeblicher Beteiligung des Unternehmens entstand dann

VW-Werk Lagos,
um 1980

Niger-Brücken bei
Jebba, 1975

ab Beginn der achtziger Jahre die neue Hauptstadt Abuja im geographischen Zentrum des
Landes.[143] Bauboom und wirtschaftliche Expansion erzeugten selbst wieder Investitionsbedarf
und zogen weitere Großvorhaben nach sich. Bedingt durch die zahlreichen Bauvorhaben kam
es im Verlauf des Jahres 1975 zu einem regelrechten Transportstau, und zeitweise lagen bis
zu 500 vor allem mit Zement beladene Schiffe vor Lagos auf Reede.[144] Im Juli 1976 erhielt
JBN den Auftrag zum Bau des neuen Hafens „Tin Can Island", der in der Rekordzeit von nur
15 Monaten fertig gestellt wurde.

Die steigenden Umsätze erforderten größere finanzielle Kapazitäten, insbesondere zur
Abdeckung der geforderten Garantien. Seit 1976 erfolgten deshalb fortlaufend Kapitalerhöhungen bei JBN. Im selben Jahr wurden auch die Pläne der Regierung bekannt, die
Nigerianisierungs-Politik fortzusetzen. Für das Unternehmen bedeutete dies, dass ein weiteres
Fünftel abgegeben und der Anteil von Bilfinger + Berger auf 40 Prozent reduziert werden
musste. Da sich der ursprünglich geplante Verkauf an die Zentralregierung Nigerias nicht
verwirklichen ließ, erfolgte Ende 1978 die Abgabe von 20 Prozent des mittlerweile auf
12 Mio. Naira erhöhten Kapitals an etwa vier Dutzend *ausgesuchte nigerianische Privat-*
personen […], von denen man sich in Zukunft geschäftlichen Nutzen verspreche. Kein Pri-
vatmann dürfe nach den nigerianischen Vorschriften mehr als fünf Prozent des Kapitals
besitzen.[145] Bereits lange zuvor war überlegt worden, *wie die Leitung der JBN Ltd. so orga-*
nisiert werden kann, dass keine Behinderung bei der Durchführung der Projekte auftreten
kann (Trennung in einen Supervisory Board mit nigerianischer Mehrheit und einen Executive
Board mit Bilfinger + Berger Mehrheit).[146]

SUCHE NACH EINER BETEILIGUNG IN DEN VEREINIGTEN STAATEN

Mit der Abhängigkeit vom Ausland oder gar von nur einem Land stieg das Risiko, das war allen Beteiligten bewusst. Um mögliche negative Folgen politischer Umbrüche, wirtschaftspolitischer Restriktionen oder von Veränderungen der Währungsparitäten in einzelnen Ländern einzudämmen, war es erforderlich, übermäßige Konzentration zu vermeiden und die Aktivitäten breiter zu streuen. Zudem machte sich in der zweiten Hälfte der siebziger Jahre eine Abschwächung der Konjunktur in den Ölförderländern des Nahen und Mittleren Ostens bemerkbar. Aus der angestrebten stärkeren Gewichtung und gleichzeitigen Diversifizierung des Auslandsgeschäfts entstand das Engagement des neu formierten Konzerns in den USA. Es bildete auf längere Sicht

„... dass man sich in den USA unbedingt mit den richtigen Leuten zusammentun müsse"

Der Weg in die Vereinigten Staaten

Nach den Ausführungen von Herrn Klöckner beabsichtigt Bilfinger + Berger, in den USA eine Tochtergesellschaft zu gründen. Chancen auf dem US-Baumarkt bestehen besonders bei Spezialarbeiten; es können auch von den USA aus eine Reihe von Auslandsobjekten mit wesentlich größeren Erfolgsaussichten bearbeitet werden als von der Bundesrepublik aus. Da dies auch umgekehrt zutreffen kann, können durch ein gleichzeitiges Vorgehen über eine US-Gesellschaft und über eine deutsche Gesellschaft die Erfolgschancen verbessert werden. Darüber hinaus wird bereits jetzt für die Auslandsbaustellen von Bilfinger + Berger ein großer Teil der Maschinen und Geräte in den USA gekauft. Diese Möglichkeiten sollen ebenfalls aktiviert werden. Das Kapital der Gesellschaft soll 5 Mio. US-$ betragen. Der Name steht noch nicht fest. Es wird aber z. Zt. geprüft, ob die Verwendung des Namens von Bilfinger + Berger in der Firma der US-Gesellschaft möglich und zweckmäßig ist. Die Herren Klöckner und Hawranke beabsichtigen, Mitte Mai nach den USA zu reisen und Verhandlungen aufzunehmen.

Über die beabsichtigte Gründung einer Tochtergesellschaft in den USA und die damit verbundenen Risiken wird eingehend diskutiert. Herr Dr. Prentzel betont, dass man sich in den USA unbedingt mit den richtigen Leuten zusammentun müsse; andernfalls werde man sich später große Vorwürfe machen müssen. Herr Dyckerhoff weist darauf hin, dass bei Gründungen in den USA erfahrungsgemäß ein hohes Lehrgeld gezahlt werden müsse, was vorher einzukalkulieren sei.

Aufsichtsratsprotokoll der Bilfinger + Berger Bauaktiengesellschaft vom 21. April 1977.

eine der Wurzeln für die weltumspannenden Aktivitäten der Gegenwart. Seit Frühjahr 1976 beschäftigte sich der Vorstand auf maßgebliche Initiative Hawrankes mit der Partnersuche in den Vereinigten Staaten. Im April 1977 fiel der Grundsatzbeschluss; einen Monat später wurde die Bilfinger + Berger Holding Corporation in Boston gegründet.[147]

Zunächst war eine mögliche Zusammenarbeit mit der renommierten Gesellschaft Raymond International Inc. in Form einer Kapitalbeteiligung oder der Gründung einer gemeinsamen Tochtergesellschaft im Gespräch. Durch verschiedene Projekte, die Berger-BAUBOAG mit diesem auf Gründungsarbeiten und Wasserbau spezialisierten Unternehmen durchgeführt hatte, bestanden bereits besondere Beziehungen zwischen beiden Gesellschaften.[148] Als sich der Plan wegen Überfremdungsängsten der amerikanischen Seite zerschlug, brachte der Vorstand die Fru-Con Corporation in St. Louis als neuen Interessenten ins Spiel.[149] Im Juni 1978 übernahm Bilfinger + Berger 50 Prozent des Kapitals von Fru-Con. Wirtschaftliche Erfolge dieser Beteiligung ließen jedoch vorerst auf sich warten.[150]

Fruin + Colnon = Fru-Con

1872 gründete der in Irland geborene Jeremiah Fruin (1832–1912) in St. Louis ein Bauunternehmen. Zu diesem Zeitpunkt erlebte die Stadt einen enormen Aufschwung als Amerikas Tor zum Westen. Fruin war zunächst überwiegend im Straßen- und Eisenbahnbau tätig. 1892 trat der Bauingenieur Redmond S. Colnon (1862–1927) in das

*Bagger der Fru-Con,
um 1920*

Unternehmen ein, drei Jahre später wurde er Fruins Schwiegersohn und Geschäftspartner. Zu Beginn des 20. Jahrhunderts erweiterte die Fruin-Colnon Contracting Company ihr Tätigkeitsspektrum auf den Hochbau- und Industriebau, in den vierziger und fünfziger Jahren auch auf den Ingenieurbau. Zum Zeitpunkt der Übernahme durch Bilfinger + Berger verfügte die Fru-Con Corporation über zahlreiche Beteiligungsgesellschaften in den Vereinigten Staaten und war auch international tätig, unter anderem im Nahen Osten.

Civil Courts-Building,
St. Louis 1922

DAS AUSLAND ALS CHANCE UND ALS PROBLEM

Für das erste Geschäftsjahr unter der neuen Firma schüttete Bilfinger + Berger eine respektable Dividende von 14 Prozent aus. Damit hob sich das Unternehmen deutlich von anderen großen Bauunternehmen in der Bundesrepublik ab. Bei der Vorbereitung auf die Bilanzpressekonferenz diskutierte der Vorstand ausführlich *eine geeignete Antwort auf die mögliche Frage, aus welchen Gründen die Situation bei Bilfinger + Berger besser ist als bei anderen Baufirmen.*[151] Die Gründe waren eindeutig, auch wenn die Unternehmensleitung sie nicht öffentlich herausstellen wollte: Gestützt auf das stetig wachsende Auslandsgeschäft kam Bilfinger + Berger verhältnismäßig glimpflich und sehr viel besser durch die Dauerkrise im Inland als die Branche insgesamt. Diese litt erheblich und machte einen schmerzhaften Anpassungsprozess durch. Wie bereits 1975 wurde der Unternehmensgewinn auch in den folgenden Jahren nur im Ausland erwirtschaftet.[152]

Zweifellos war der Zusammenschluss auf Grund der *günstigen Auslandsauftragssituation sehr erleichtert* worden, wie Wilhelm Klöckner im Herbst 1975 betonte.[153] Der Alltag zeigte aber, dass gerade dadurch neue und gravierende Probleme entstanden. Die Mitarbeiterstatistik macht dramatische Veränderungen bereits im ersten Jahr nach der Fusion deutlich: Im Inland ging sowohl die Zahl der Angestellten als auch der gewerblichen Mitarbeiter deutlich zurück. Der Auslandsbereich einschließlich der Verwaltung in Wiesbaden verzeichnete dagegen enormen Zuwachs und beschäftigte bereits im September 1976 rund 70 Prozent aller Mitarbeiter der Aktiengesellschaft. Auch der Beschäftigungszuwachs bei den Beteiligungen war auf Auslandsaufträge zurückzuführen. Bilfinger + Berger befand sich auf dem besten Weg zu einem international tätigen Unternehmen mit angehängtem Inlands-Baubetrieb. Diese massiven strukturellen Verschiebungen und die außerordentliche Größe des Auslandsgeschäfts führten zu Problemen bei der Einbindung des Auslandsbereichs in die Konzernorganisation. Die Bedeutung einzelner Bereiche, Abteilungen und Personen veränderte sich. Gleichzeitig war das Unternehmen insgesamt alles andere als gefestigt. Selbst bei Berger-BAUBOAG hätte die überproportionale Entwicklung des Auslandsgeschäfts zu einem beträchtlichen Ungleichgewicht und damit zu Reibungen geführt. Erst recht musste das bei dem neuen Unternehmen Bilfinger + Berger der Fall sein.

„… DASS KEINE ZWEI FIRMEN ENTSTEHEN"

Hinzu kam das absolute Übergewicht des Nigeriageschäfts. Keiner der Schwerpunkte, die sich daneben entwickelten – unter anderem die Türkei, Libyen und der Irak – erreichte auch nur annähernd dessen Umfang. Hinzu kamen Probleme bei einzelnen Projekten wie der Staumauer Oymapinar, wo sich permanente Devisenengpässe der türkischen Regierung ausgesprochen negativ auswirkten.[154] Nigeria, das wurde immer deutlicher, war nicht mehr einzuholen. Im Februar 1976 wurden hier Aufträge über 1,75 Mrd. DM, Ende März bereits über 2,64 Mrd. DM erwartet.[155] Aus den unbestreitbaren Erfolgen in Nigeria entwickelte sich deshalb ein ausgeprägtes Sonderbewusstsein ehemaliger Berger-Mitarbeiter im Wiesbadener Auslandsbereich,

Zementfabrik Begnant, Lybien, 1974

das etliche Jahre die Unternehmenskultur prägte. Es stand auch deshalb gegen die Mannheimer Zentrale, weil das Auslandsgeschäft von Grün & Bilfinger trotz guter Verbindungen vor allem in den Nahen und Mittleren Osten sowie nach Asien zu keinem Zeitpunkt ähnliche Dimensionen besessen hatte wie bei Berger-BAUBOAG.

Konflikte zwischen Mannheim und Wiesbaden entzündeten sich vor allem am Geld und am Personal. Der Dauerstreit um die Verrechnung zentraler Kosten der Hauptverwaltung und ihre Umlage auf Auslands- und Inlandsbereich trübte das Klima ebenso wie die Abwerbung der besten Kräfte für Auslandsbaustellen, vor allem wenn sie ohne Wissen der für die Inlandsniederlassungen zuständigen Vorstands-

Mitarbeiterzahlen von Bilfinger + Berger vor und nach der Fusion[156]

	Dez. 1974		Dez. 1975		Sept. 1976	
	Ange-stellte	gewerbliche Mitarbeiter	Ange-stellte	gewerbliche Mitarbeiter	Ange-stellte	gewerbliche Mitarbeiter
Hauptverwaltung und Bauhof	567		533		453	
Niederlassungen Inland	1.502	5.049	1.263	4.465	1.134	4.140
Summe Inland	2.069	5.049	1.796	4.465	1.587	4.140
Niederlassung Ausland	87		141		246	
ins Ausland entsandt	88	96	145	208	232	340
im Ausland eingestellt	131	6.853	140	8.493	274	6.057
Auslandsbereich insgesamt	306	6.949	426	8.701	752	16.397
Auszubildende	85		68		52	
Beteiligungs-gesellschaften	268	482	270	497	292	620
Summe	2.728	2.480	2.560	13.663	2.683	21.157

Staumauer Oymapinar,
Türkei, 1979

mitglieder erfolgte.[157] Die Auslandsabteilung sah das Inland in erster Linie als Personalreservoir. Sie forderte, *dass in jedem Fall gewährleistet sein muss, dass das Inland genügend Mitarbeiter für das Ausland ausbilden und schulen kann*, und vertrat diese Position mit dem Argument, dass das Unternehmen ja nur vom Auslandsgeschäft lebe. Dieses Verhalten musste das Inland jedoch immer weiter schwächen und kollidierte letztlich mit den Versuchen, diesen Bereich wieder auf eigene Beine zu stellen. Praktische Probleme der Organisation und Arbeitsteilung zwischen Mannheim und Wiesbaden, aber auch innerhalb der *Hauptniederlassung Ausland* kamen hinzu. In Wiesbaden bestanden *Dependancen* einzelner Abteilungen der Hauptverwaltung, die sich von ihrem jeweiligen Pendant in Mannheim tendenziell entfernten. Es war schwierig, *eine arbeitsfähige Einheit zu schaffen, wenn in Wiesbaden die Mitarbeiter teils zur Hauptverwaltung und teils zum Auslandsbereich gehörten*. Eine derartige Trennung, so Rolf Hager, gebe es in keiner anderen Hauptniederlassung.[158]

Zwar war sich der gesamte Vorstand einig, *dass keine zwei Firmen entstehen* dürften und, wie Götz Deimann betonte, *Klammern* geschaffen werden müssten, *um das Unternehmen zusammenzuhalten*. In der Praxis aber entwickelten sich die beiden Unternehmensteile immer weiter auseinander. Organisations- und Kommunikationsprobleme, wie sie bei jeder Fusion auftreten, verschärften die Spannungen zusätzlich. In einem neugebildeten Unternehmen, dessen Vorstände über eine Entfernung von rund einhundert Kilometern auf zwei Verwaltungen verteilt waren, reichten monatliche Vorstandssitzungen nicht aus, um alle anstehenden Fragen gemeinsam zu besprechen und zu lösen, geschweige denn, um im gemeinsamen Tagesgeschäft engere und belastbare Beziehungen zwischen den maßgebenden Persönlichkeiten entstehen zu lassen. Im Januar 1977 eingeführte wöchentliche Treffen des Vorstands in Mannheim mit anschließendem Essen sollten die Verständigung fördern.[159] Allerdings waren sowohl Rolf Hager als auch Günther Hawranke permanent auf Reisen und fehlten deshalb oft bei den Sitzungen des Vorstands und den informellen Treffen. Dementsprechend verlief die Kommunikation allzu häufig über den Austausch von Vermerken, Gegenvermerken, schriftlichen Kritiken und Repliken.

VERSUCHTE LÖSUNG: INTERNE TRENNUNG UND „SPRECHERLÖSUNG"

Im Februar 1976 beschloss der Vorstand, *dass das alte Berger-BAUBOAG-Firmenzeichen am Bürogebäude in Wiesbaden mit Rücksicht auf die nigerianische Kundschaft noch für ein Jahr neben dem neuen Firmenzeichen angebracht bleibt*.[160] Im Juni wurde dieser Beschluss revidiert; es sollte nur noch das neue Logo gezeigt werden. Dieses Hin und Her brachte die Schwierigkeiten symbolisch zum Ausdruck.[161] Es zeigte, wie sehr die Konflikte zwischen der Mannheimer Zentrale und dem Auslandsbereich in Wiesbaden entlang der Grenzlinie zwischen den beiden Vorgängerunternehmen verliefen, sie damit vertieften und das Zusammenwachsen des neuen Unternehmens zusätzlich erschwerten. Neben dem Dauerstreit zwischen Wiesbaden und Mannheim bestanden erhebliche Differenzen innerhalb des Auslandsbereichs selbst. Sie wurden offenkundig bei der Verabschiedung des neuen Geschäftsverteilungsplans für den Vorstand im Sommer 1977. Als *Sprecher des Vorstands für den gesamten Auslandsbereich* erhielt Günther Hawranke die Federführung für das gesamte Auslandsgeschäft, also auch für die von Rolf Hager betreuten Regionen.[162] Hagers Gegenwehr blieb erfolglos, da sich Vorstand und Aufsichtsrat einvernehmlich auf diese Richtung festgelegt hatten.[163] Daraufhin schied Hager im Herbst 1977 aus dem Vorstand aus. Ende 1979 verließ er das Unternehmen. Auch dieser Konflikt war im Grunde auf den Gegensatz zwischen den beiden Vorläuferunternehmen zurückzuführen.

Zu diesem Zeitpunkt lief alles auf eine strikte Absonderung hinaus, wie sie vor allem Wiesbaden forderte. Die heftigsten Konflikte entwickelten sich dabei zwischen dem Auslandsbereich und jenem Teil der ehemaligen Berger-BAUBOAG-Mannschaft, der sich – mit Götz Deimann an der Spitze – auf der Ebene des Gesamtunternehmens die volle Integration zum Ziel gesetzt hatte. Auf den vernünftigen Vorschlag, die Personalangelegenheiten beider Bereiche in einer einzigen Abteilung zusammenzufassen, antwortete Hawranke im Frühjahr 1979, es sei nicht *gemeint gewesen* [...] alles *„in eine Schachtel" zu tun. Man könne nicht beides (In- und Ausland) zugleich bearbeiten. Der Dirigismus müsse aufhören.* Deimann verwies dagegen *auf seine Erfahrungen aus der Zeit der Zusammenführung von Berger-BAUBOAG und Grün & Bilfinger, als er noch zwei Vorständen angehörte. Erst nach Schaffung der zentralen Dienstleistungsstelle sei es nach und nach zu einer Zusammenarbeit gekommen.*[164] Damit konnte er sich jedoch nicht durchsetzen. In der neuen Geschäftsordnung für den Vorstand vom Herbst 1979 war die Personalverantwortung strikt nach den beiden Bereichen getrennt.[165] Parallel dazu ging auch in der Frage der Unternehmensstrategie die Tendenz eindeutig dahin, *Inland und Ausland* [...] *getrennt zu behandeln.*[166] Die Trennung der Personalverantwortung stand in engem Zusammenhang mit der Lösung des Grundproblems durch den Umbau des Vorstands – einer nur halbherzigen Lösung, wie sich später herausstellen sollte: Als Wilhelm Klöckner zum Jahresende 1979 sein Amt als Vorstandsvorsitzender aus Altersgründen niederlegte, wurde dessen Position nicht wieder besetzt und die des Stellvertreters gestrichen. Auf der Basis von Überlegungen Klöckners erhielten stattdessen Günther Hawranke für den Auslandsbereich und Christian Roth für das Inland eine herausgehobene Position als gleichberechtigte und voneinander unabhängige *Sprecher des Vorstands.*[167]

Mit dieser grundlegenden Neuerung markiert das Jahr 1980 einen Einschnitt. Die inneren Probleme der Zusammenführung waren aber noch längst nicht gelöst. Der Versuch, Inland und Ausland wie zwei getrennte Unternehmen zu behandeln, musste scheitern, weil er der Wirklichkeit und den tatsächlichen Beziehungen zwischen beiden Bereichen nicht gerecht wurde und weil diese sich nicht ohne immense Reibungsverluste trennen ließen. In der emotionsgeladenen Atmosphäre wurde damals von beiden Seiten übersehen, wie sehr Inlands- und Auslandsbereich letztlich aufeinander angewiesen waren. In einer Phase, in der im Inland nur Verluste entstanden, erwirtschaftete das Ausland willkommene und dringend erforderliche Gewinne. Es benötigte dazu aber gleichzeitig Kompetenzen und Qualifikationen, die Organisation und das Personal des Inlandsbereichs. Inlandsniederlassungen und zentrale Abteilungen der Hauptverwaltung halfen bei Planungsarbeiten aus. Vor allem bei der Personalentwicklung und der Rekrutierung von hochqualifizierten Kräften leisteten sie wertvolle, letztlich aber nur schwer bezifferbare Unterstützungsarbeit.

Bilanzkennzahlen
der Bilfinger +
Berger Bauaktien-
gesellschaft
1975–1980
(Mio. DM)

Jahr	Leistung	Bilanzgewinn		Dividende
		AG	Konzern	
1975	1.265	5,56	4,65	14 %
1976	1.910	7,41	6,60	18 %
1977	2.307	5,40	4,97	18 %
1978	2.246	7,20	7,96	18 %
1979	2.301	8,00	8,58	20 %
1980	2.439	8,00	8,84	20 %

EINE ÖKONOMISCHE UND KULTURELLE BILANZ DER FUSION

Im Oktober 1980 feierte das Unternehmen sein 100-jähriges Bestehen mit einem großen Fest-
akt im Mannheimer Rosengarten, zu dem 1.800 Gäste geladen wurden. Die internen Probleme
waren jedoch noch nicht bewältigt, und alle Vorstandsprotokolle des Jubiläumsjahrs zeigen,
wie sich die Konflikte immer wieder an zentralen Fragen ebenso wie an nebensächlichen Details entzündeten. Bilfinger + Berger war damals ein Jahrhundert alt, aber noch längst nicht
ein Unternehmen. Sprachliche Kosmetik konnte daran nichts ändern. Im September, also nur
wenige Wochen vor der großen Feier, ergab die Diskussion, *dass die Mehrheit im Vorstand*

100-Jahr-Feier am
17. Oktober 1980:
Die beiden Vorstands-
sprecher Günther
Hammeke (r.) und
Christian Roth (2.v.l.)
bei der Begrüßung von
Fritz Bilfinger (2.v.r.) und
Familienangehörigen.

den Firmennamen „Bilberg AG" für besser hält als Bilfinger + Berger Bauaktiengesellschaft.[168] Dieser radikale Vorschlag einer *Vereinfachung des Firmennamens* lässt sich wohl nur aus der Verzweiflung über die Grabenkämpfe und als Versuch verstehen, sie durch einen kompletten Neubeginn zu überwinden. Vor einer endgültigen Entscheidung sollten Mitarbeiter und auch Auftraggeber dazu befragt werden. *Wegen der enormen Werbewirkung, die die 100-Jahrfeier* [...] *für den Namen Bilfinger + Berger gebracht* hatte, wurde das Vorhaben Ende Oktober allerdings wieder zurückgestellt. Später verschwand es sang- und klanglos in der Schublade.[169]

Bis in die achtziger Jahre hinein bestimmten die Nachwirkungen der Fusion den Alltag im Unternehmen und ließen mehr ein Nebeneinander als ein Miteinander entstehen. Diese einschneidenden Erfahrungen sind bei den damals handelnden Hauptakteuren bis heute präsent. Die von Zeitzeugen mitgeteilten Erinnerungen und Urteile über die Fusion vermitteln davon drei Jahrzehnte nach den entscheidenden Ereignissen immer noch einen starken Eindruck. Bis in die Gegenwart existieren und konkurrieren unterschiedliche und teilweise unvereinbare Erzählungen über die Unternehmensgeschichte mit jeweils eigenem Wahrheitsanspruch. Vor allem die Frage, wer der schwächere und wer der stärkere Partner gewesen sei, wird immer noch unterschiedlich beantwortet. Obwohl die Fusion ökonomisch vernünftig war und sich das Unternehmen auch positiv entwickelte, auf das Betriebsklima wirkte sie sich zunächst belastend aus. Die Entspannung der Gegensätze und das Entstehen eines neuen Miteinander benötigten noch etliche Jahre.

Eine rückschauende Bilanz der Fusion sollte sich dagegen von Emotionen freihalten und die positiven wie negativen Folgen sachlich bewerten, vor allem aber ihre Voraussetzungen und ihr Umfeld und schließlich auch die damals überhaupt möglichen Alternativen berücksichtigen. Eine nüchterne Betrachtung wird ergeben, dass der Zusammenschluss sinnvoll war und durch den langfristigen Erfolg des Unternehmens wie durch die spätere Entwicklung der Bauwirtschaft in vollem Umfang bestätigt wurde. Keines der drei Vorgängerunternehmen hätte sich auf Dauer allein am Markt halten können. Deshalb war die Fusion die richtige Antwort auf die strukturellen Veränderungen der Branche, auf die höheren Anforderungen des Geschäfts und auf die schwieriger werdenden konjunkturellen Verhältnisse.

UNTERSCHIEDLICHE WAHRNEHMUNGEN UND DIE PSYCHOLOGIE DES UNTERNEHMENSZUSAMMENSCHLUSSES

Fusionen, das lehrt die Unternehmensgeschichte ebenso wie die aktuelle wirtschaftliche Entwicklung, sind immer eine problematische Angelegenheit. Verhältnismäßig häufig misslingt das Unterfangen, Gesellschaften zusammenzubringen, die sich hinsichtlich ihrer Arbeitsweise und Organisation, ihrer spezifischen Traditionen und Mentalitäten, nicht zuletzt auch im Umgangsstil und in der Art der personalen Beziehungen meistens stark unterscheiden. In jedem Fall benötigt es offenbar mehr Zeit und verursacht weitaus höhere Reibungen, als im Stadium des Entschließens, Planens und Vorbereitens vorhersehbar ist. Auch bei Bilfinger + Berger traten Schwierigkeiten auf, wie sie bei jedem Zusammengehen von Unternehmen mit gewachsener Kultur, Tradition und ausgeprägtem Selbstbewusstsein zu erwarten sind. Wo lagen die Gründe dafür? Eine Ursache bildete möglicherweise die Tatsache, dass der Anstoß durch die Dresdner Bank von außen und dazu verhältnismäßig früh kam, bevor die künftigen Partner selbst völlig von der Notwendigkeit eines Zusammenschlusses überzeugt waren. Ein weiterer Grund liegt paradoxerweise in der insgesamt günstigen wirtschaftlichen Entwicklung der neuen Bilfinger + Berger Bauaktiengesellschaft. Sie erschwerte das innere Zusammenwachsen, weil Inlands- und Auslandsgeschäft sich auseinanderentwickelten und ein Sonderbewusstsein des erfolgreicheren Auslandsbereichs entstand. Schließlich könnte man auch sagen, dass letztlich nicht rasch und entschieden genug fusioniert wurde: Die räumliche Trennung der beiden großen Bereiche, die „Zwei-Chancen-Theorie" und der vorübergehende Verzicht auf die Vollfusion, schließlich der Kompromiss der „Sprecher-Lösung" waren nur Versuche, dem vollständigen Zusammenschluss mit allen seinen Notwendigkeiten und Folgen aus dem Weg zu gehen. Sie haben das Zusammenwachsen der beiden Unternehmensteile verzögert.

Ein entschiedeneres Vorgehen – etwa durch sofortige Zusammenlegung von Hauptverwaltung und Auslandsabteilung an einem Ort oder gar durch die Wahl eines neuen Firmensitzes – hätte vielleicht helfen können, schneller ein verbindendes Unternehmensbewusstsein entstehen zu lassen und die größte Hürde davor, die unterschiedlichen Sichtweisen der Beteiligten auf das eigene Unternehmen und ihre Einstellungen gegenüber dem anderen, zu überwinden. Gerade in einer Zeit der Verunsicherung war Orientierung gefragt, und mangels eines geeigneten Bezugspunkts hielten die Menschen auf allen Ebenen an den vertrauten Wahrnehmungsmustern fest. Die Akten jener Jahre und ebenso die Erinnerungen der Beteiligten zeigen diese „Macht der Bilder" und ihr Übergewicht über die Wirklichkeit. Bei der ersten wie bei der zweiten Fusion stießen nicht verschiedene ökonomische Realitäten, sondern unterschiedliche Sichtweisen auf diese Realitäten gegeneinander und konkurrierten innerhalb des Unternehmens mit dem Anspruch auf Wahrheit: Aus der Perspektive der BAUBOAG erschien der Zusammenschluss von 1969 als Rettung eines Unternehmens, das aus eigenem Verschulden in die Krise geraten war, kurz vor dem Zusammenbruch stand und durch beherztes Eingreifen des aus Düsseldorf importierten Managements in kürzester Zeit erfolgreich saniert wurde. Bei Berger wurde der Vorgang dagegen als „Machtübernahme" wahrgenommen. Während das Unternehmen – so die noch lange nachwirkende Deutung – gerade im Begriff stand, sich aus eigener Kraft emporzuarbeiten und endlich von den Anstrengungen in Nigeria zu profitieren, habe sich eine von außen kommende Führung dieser Erfolge bemächtigt. Ähnliches gilt für den zweiten Zusammenschluss seit 1971. Der Furcht vor einer Übernahme und den daraus folgenden Abgrenzungsversuchen auf Mannheimer Seite entsprach in Wiesbaden das Gefühl, die stärkere Gesellschaft zu sein, aber durch Unternehmensvertrag, Eingliederung und aktienrechtliche Umwandlung letztlich zum Verlierer zu werden. Diese Bilder wirkten unabhängig von ihrem tatsächlichen Wahrheitsgehalt und produzierten entsprechende Emotionen. Sachargumente konnten diese Widersprüche der Wahrnehmung nur nach und nach auflösen – am schnellsten und klarsten erfolgte das bei jenen Personen, die mit den praktischen Aufgaben der Integration betraut waren. Alle, die an dieser gemeinsamen Arbeit beteiligt waren, kamen schließlich zur Einsicht, dass die Zukunft nicht im Festhalten an starren Positionen und Sichtweisen, sondern nur in einem neuen Miteinander liegen konnte. Dass sich diese Einsicht durchsetzte und dass Bilfinger Berger letztlich doch zu **einem** Unternehmen wurde, macht eine der bedeutendsten Entwicklungslinien der folgenden Jahrzehnte aus.

WACHSTUM UND WANDEL

DIE ENTWICKLUNG DES KONZERNS ZWISCHEN 1980 UND 2005

Die Darstellung der Unternehmensgeschichte von Bilfinger Berger in der Zeit zwischen 1980 und der Gegenwart unterscheidet sich von den vorhergehenden Kapiteln. Sie beruht nicht auf der Auswertung von Primärquellen, da diese – insbesondere die Vorstands- und Aufsichtsratsprotokolle – noch einer Sperrfrist unterliegen. Sie stützt sich im Wesentlichen auf Geschäftsberichte und andere Veröffentlichungen des Unternehmens. Eine abschließende historische Einordnung und Bewertung dieses Zeitraums ist daher noch nicht möglich. Die Grundlinien der Unternehmensentwicklung sind jedoch deutlich erkennbar: Die achtziger Jahre waren eine Phase der Konsolidierung, geprägt durch Schwankungen im Auslandsgeschäft und eine stagnierende Baukonjunktur im Inland. Erst gegen Ende des Jahrzehnts zeichnete sich ein Aufschwung ab, der in die Hochkonjunktur der frühen neunziger Jahre überging. Die deutsche Wiedervereinigung löste einen kräftigen Schub der Bauinvestitionen aus und die Bilfinger + Berger Bauakteingesellschaft expandierte in die neuen Bundesländer. Gleichzeitig fand eine weitere Internationalisierung des Konzerns durch die Übernahme von Beteiligungsgesellschaften in Hongkong, Australien, Frankreich und Polen statt. Der „Wiedervereinigungsboom" erreichte in den Jahren 1994/95 seinen Höhepunkt, danach setzte eine bis in die Gegenwart anhaltende scharfe Rezession ein. Ruinöser Wettbewerb, massive Verluste von Arbeitsplätzen und der Zusammenbruch von Großunternehmen wie Philipp Holzmann sowie zahlloser Mittel- und Kleinbetriebe kennzeichneten die Lage der Bauwirtschaft in Deutschland. Unter diesen Rahmenbedingungen war bei Bilfinger Berger erneut die Fähigkeit zum Wandel und zur Anpassung gefordert. Die Unternehmensleitung reagierte auf die jüngste Entwicklung mit der strategischen Neuausrichtung zur Multi Service Group, die im Jahr 2000 begann. Eines ihrer wesentlichen Elemente ist der erfolgreiche Aufbau einer Servicesparte, welche die traditionellen Baugeschäftsfelder durch vor- und nachgelagerte Dienstleistungen ergänzt und einen wesentlichen Beitrag zum Ergebnis leistet. Hinzu kommt ein verstärktes Engagement bei Betreiberprojekten.

GUTES AUSLANDSGESCHÄFT, STAGNIERENDE INLANDSKONJUNKTUR

Im Jahr 1980 erzielte die Bilfinger + Berger Unternehmensgruppe eine Leistung von rund 2,4 Mrd. DM, wovon 55 Prozent auf das Ausland entfielen. Außergewöhnlich hoch war in diesem Jahr der Auftragseingang. Mit 5,8 Mrd. DM stieg er auf eine zuvor *nie erreichte Größenordnung* und übertraf den Vorjahreswert um 122 Prozent.[1] Der Zuwachs kam ausschließlich

Straßenbau in Libyen, 1982

Nigerbrücke bei Ajaokuta, Nigeria, 1984

Stahlwerk Ajaokuta, Nigeria, 1985

aus dem Ausland, im Inland war die Zahl neuer Aufträge dagegen leicht zurückgegangen. Im Auslandsgeschäft spielte weiterhin Nigeria eine zentrale Rolle und hier vor allem der Bau des Stahlwerks Ajaokuta samt der zur Erschließung notwendigen Brücken über den Niger. In der neuen Hauptstadt Abuja erhielt Julius Berger Nigeria (JBN) einen umfangreichen Auftrag zur Erstellung von Stadtstraßen. Das Unternehmen ist seither permanent in Abuja tätig und hat dort auch zahlreiche Hochbauprojekte verwirklicht. Weitere Schwerpunkte der Auslandstätigkeit in den folgenden Jahren waren Libyen und der Irak; in beiden Staaten wurden hauptsächlich Straßen gebaut. Auch in Südostasien konnten Aufträge akquiriert werden: In der indonesischen Provinz Aceh wurde eine 200 Kilometer lange Straße mit zahlreichen Brücken gebaut, in Sri Lanka die Wasserkraftanlage Randenigala.

In den Jahren 1983 bis 1985 betrug die Leistung konstant 3,4 bis 3,5 Mrd. DM, der Auslandsanteil lag dabei im Mittel bei rund 63 Prozent. In Deutschland begann in den achtziger Jahren der Bau der Schnellstrecken der Deutschen Bundesbahn zwischen Hannover und Würzburg sowie Mannheim und Stuttgart. Im Zusammenhang mit diesen beiden großen Infrastrukturprojekten übernahm Bilfinger + Berger zahlreiche Aufträge und erstellte unter anderem mehrere große Talbrücken und Tunnelbauwerke.[2]

*Wasserkraftanlage
Randenigala, Sri Lanka,
1983*

Christian Roth

Am 7. Juli 1983 schied Günther Hawranke aus gesundheitlichen Gründen aus dem Vorstand aus und wechselte in den Aufsichtsrat. Damit endete die Phase der „Doppelspitze" mit zwei Vorstandssprechern. Für eine Übergangszeit gab es keine formell herausgehobene Position innerhalb des Vorstands, bis Christian Roth am 22. Oktober 1984 zum Vorsitzenden ernannt wurde.

Roth, 1933 in Gleiwitz/ Schlesien geboren, studierte an der TH Karlsruhe, trat 1958 als junger Bauingenieur bei Grün & Bilfinger ein und durchlief zunächst die klassischen Berufsstationen im Inland. In den sechziger Jahren war er dann unter anderem als Bauleiter in Liberia und Togo tätig, 1969 übernahm er die Leitung der Niederlassung Frankfurt am Main. Im Juli 1972 wurde Roth zum stellvertretenden, ein Jahr später zum ordentlichen Vorstandsmitglied ernannt. Er zählte zu den Befürwortern der Fusion mit Berger-BAUBOAG und hatte wesentlichen Anteil an der erfolgreichen Zusammenführung der Unternehmen sowie an der Überwindung der damit verbundenen Probleme.

Als Vorstandsvorsitzender prägte Christian Roth die Entwicklung von Bilfinger + Berger in den achtziger und neunziger Jahren entscheidend. Er bestimmte die strategische Ausrichtung des Konzerns und achtete dabei besonders auf die Berücksichtigung kaufmännischer Aspekte, die wesentlich zum wirtschaftlichen Erfolg des Unternehmens beitrugen. Neben dem Aufbau neuer Geschäftsfelder galt sein besonderes Augenmerk dem Ausbau des Auslandsgeschäfts durch die Erschließung neuer Regionen.

Darüber hinaus engagierte sich Roth für die Belange der Branche insgesamt. Von 1993 bis 1996 war er Präsident des Hauptverbands der deutschen Bauindustrie und wirkte an der Ausgestaltung gesetzlicher Regelungen zum Schutz des deutschen Baumarkts vor Wettbewerbsverzerrungen mit. Das Amt des Vorstandsvorsitzenden übte Christian Roth bis zu seinem Eintritt in den Ruhestand am 31. Dezember 1998 aus, danach war er bis zum Mai 2003 Mitglied des Aufsichtsrats. Er erhielt zahlreiche hochrangige Auszeichnungen, unter anderem die Ehrendoktorwürde der Technischen Universität München.

Hans Wittmann

Nach dem Ausscheiden von Günther Hawranke wurde der Auslandsbereich im Vorstand in erster Linie durch Hans Wittmann repräsentiert. Der 1935 in Fulda geborene Bauingenieur begann seine Laufbahn 1962 bei der Julius Berger AG. Ab 1969 war er als Projektleiter in Nigeria tätig und trug dort bald maßgeblich zum Unternehmenserfolg bei, ab 1971 als Stellvertreter Hawrankes. 1974 trat Wittmann in die Geschäftsleitung der JBN ein, 1979 wurde er in den Vorstand von Bilfinger + Berger berufen, zunächst als stell-

vertretendes, ab Mai 1980 als ordentliches Mitglied. Er forcierte die Ausweitung des Auslandsgeschäfts und die Erschließung neuer Märkte, insbesondere in Südostasien und Australien. Wittmann gehörte dem Vorstand bis zum 31. Dezember 1996 an, anschließend wechselte er für zwei Jahre in den Aufsichtsrat. Bis heute betreut Hans Wittmann das Nigeriageschäft von Bilfinger Berger und ist Vice-Chairman der Julius Berger Nigeria PLC. Für seine Verdienste um die deutsch-nigerianische Zusammenarbeit erhielt er zahlreiche hohe Auszeichnungen, außerdem ist er Ehrendoktor der University of Lagos.

VERÄNDERUNGEN VON MÄRKTEN UND GESCHÄFTSFELDERN

In den Jahren 1986 und 1987 sank die Leistung auf 2,7 bzw. 2,6 Mrd. DM. Dies war auf einen starken Rückgang des Auslandsgeschäfts zurückzuführen, während im Inland jeweils eine leichte Leistungssteigerung verbucht werden konnte. Auf Grund geringerer Deviseneinnahmen der OPEC-Staaten sanken die Auslandsaufträge der deutschen Bauindustrie insgesamt *auf das Niveau der Zeit vor der ersten Ölkrise*. Durch den Ausbruch des Krieges zwischen dem Iran und dem Irak wurde die Lage für Bilfinger + Berger zusätzlich verschärft, da die Aktivitäten des Unternehmens in dieser Schwerpunktregion weitgehend zum Stillstand kamen.[3] Das Auslandsgeschäft verlor nach Ansicht des Vorstands *mehr und mehr an Bedeutung*, sein Anteil an der Leistung sank bis auf 44 Prozent im Jahr 1987 und nahm in den folgenden Jahren nur geringfügig zu.[4]

Julius Berger Nigeria war nach wie vor eine tragende Säule der Auslandstätigkeit. Die Entwicklung der im Jahr 1978 übernommenen amerikanischen Beteiligungsgesellschaft Fru-Con blieb dagegen lange hinter den Erwartungen zurück. 1985 wurde mit einer *Umstrukturierung der vorhandenen Firmenorganisation* begonnen und aus mehreren Teilgesellschaften ein einheitliches, von St. Louis aus geführtes Unternehmen geschaffen. Durch zusätzliche Rationalisierungsmaßnahmen wurden die Kosten erheblich gesenkt, so dass 1987 ein ausgeglichenes Ergebnis erzielt werden konnte.[5]

Im Jahr 1988 setzte bei Bilfinger + Berger ein deutlicher Aufschwung ein: Die Leistung konnte um fast 25 Prozent gesteigert werden, wozu das Inlands- und das Auslandsgeschäft gleichermaßen beitrugen. In Deutschland profitierte die Bauwirtschaft von einer insgesamt günstigen Konjunktur, das Bauvolumen nahm real um 4,5 Prozent zu und übertraf damit die Steigerungsrate des Bruttosozialprodukts von 3,4 Prozent. Es konnte eine Reihe von Großaufträgen akquiriert werden, unter anderem errichtete Bilfinger + Berger eine Wartungshalle für die Lufthansa auf dem Areal des neuen Münchner Flughafens im Erdinger Moos. Beim Bau des Fahrlachtunnels in Mannheim wurde in großem Maßstab die Technik der Baugrundvereisung eingesetzt.

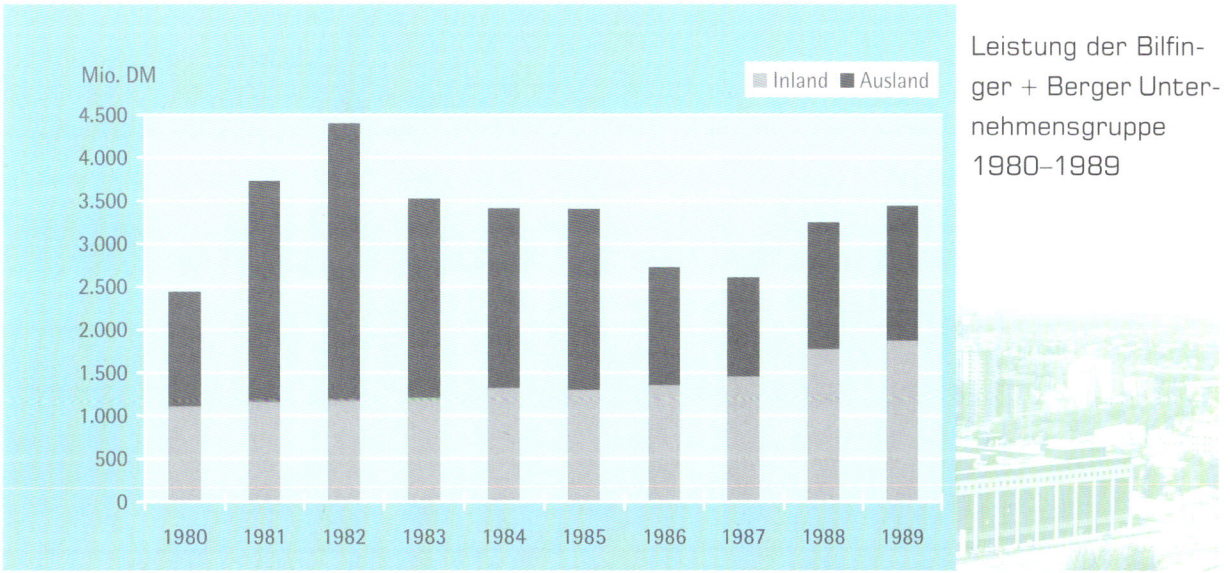

Leistung der Bilfinger + Berger Unternehmensgruppe 1980–1989

Gegen Ende der achtziger Jahre zeichnete sich in der gesamten deutschen Bauwirtschaft eine Verlagerung des Schwerpunkts der Auslandsaktivitäten ab, und zwar weg vom klassischen Direktgeschäft, wie es von Bilfinger + Berger beispielsweise im Irak betrieben wurde, hin zu Beteiligungsgesellschaften wie JBN oder Fru-Con. Mit dem Aufbau einer dauerhaften operativen Präsenz in den Zielregionen konnten die Märkte besser und nachhaltiger erschlossen werden als mit dem traditionellen, an einzelne Projekte gebundenen Export von Bauleistungen, der zudem höhere Risiken barg. Dieser Entwicklung wurde bei Bilfinger + Berger in der ersten Hälfte der neunziger Jahre durch den Erwerb einer Reihe ausländischer Unternehmen konsequent Rechnung getragen.

Lufthansa-Wartungs-
halle, Flughafen
München, 1991

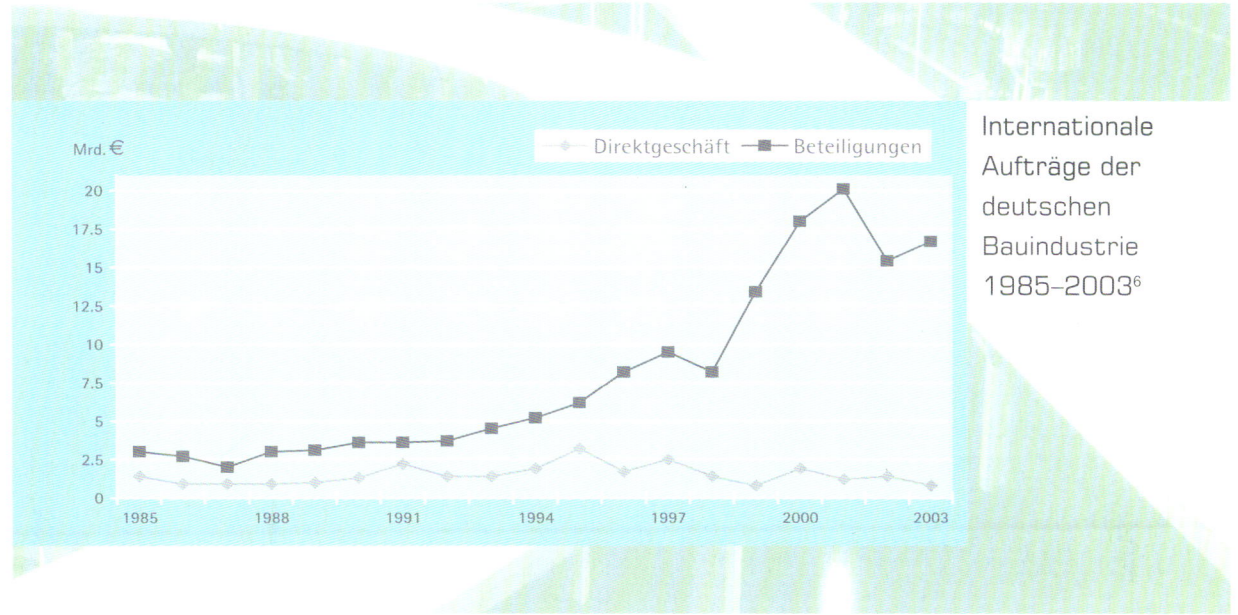

Internationale
Aufträge der
deutschen
Bauindustrie
1985–2003[6]

Mit Ausnahme von Österreich, wo das Unternehmen mit der Grün + Bilfinger Ges.m.b.H. in Wien vertreten war, konzentrierte sich das Auslandsgeschäft von Bilfinger + Berger auf außereuropäische Regionen, da die Märkte der Nachbarstaaten Deutschlands größtenteils abgeschottet waren. In der zweiten Hälfte der achtziger Jahre zeichnete sich eine Änderung der politischen und ökonomischen Rahmenbedingungen ab, denn in der Europäischen Union wurde über eine weitere Integration der Volkswirtschaften und die Schaffung eines gemeinsamen Binnenmarkts diskutiert. Schließlich vereinbarten die EU-Mitgliedsstaaten den Abbau aller noch bestehender Handelshemmnisse bis zum Ende des Jahres 1992. Im Hinblick darauf gründete Bilfinger + Berger bereits 1988 die Hauptniederlassung Europa mit Sitz in Mannheim, um die europäischen Märkte konzentriert zu bearbeiten. Dieser Ansatz erwies sich jedoch angesichts der tatsächlich weiter bestehenden unterschiedlichen Marktverhältnisse nicht als erfolgreich.

1988 erwarb Bilfinger + Berger die traditionsreiche Passavant-Werke AG. Das Unternehmen betätigte sich zu diesem Zeitpunkt hauptsächlich in den Bereichen Entwässerungstechnik, Wasseraufbereitung und Abwasserreinigung.[7] Vor dem Hintergrund des sich stark entwickelnden Umweltschutzgedankens bildete es den Kern des neuen Geschäftsfelds Umwelttechnik, zu dem neben dem Bau von Kläranlagen auch die Sanierung von Deponien und asbestbelasteten Gebäuden sowie die Boden- und Grundwasserreinigung zählten. Durch die Zusammenarbeit mit anderen Unternehmenseinheiten, beispielsweise dem Spezialtiefbau, ergaben sich Synergieeffekte, und in den folgenden Jahren führte Bilfinger + Berger zahlreiche Projekte erfolgreich durch. Gleichwohl erfüllten sich aus heutiger Sicht die Ende der achtziger Jahre gehegten Erwartungen nicht, da trotz eines nach wie vor hohen Bedarfs die Investitionen der öffentlichen Hand in den Umweltschutz permanent zurückgingen. Die Aktivitäten in der Umwelttechnik haben daher in Deutschland eine gewisse Größenordnung nicht überschritten. Im Ausland gewann das Geschäft dagegen mehr und mehr an Bedeutung.

Geschäftsfeld
Umwelttechnik:
Einbau einer Dichtwand
zur Sicherung einer
Deponie, Frankfurt
am Main, 1995

Im Jahr 1988 wurde in Peking der Grundstein des Hotel-, Büro- und Wohnkomplexes „Beijing Lufthansa Center" gelegt. Bilfinger + Berger beteiligte sich an der Projektgesellschaft, die dieses Objekt finanzierte, errichtete und auf 30 Jahre betreibt. Auch wenn es sich dabei nicht um die privatwirtschaftliche Erfüllung einer öffentlichen Aufgabe handelte, stellt diese Beteiligung die Keimzelle des heutigen BOT-Geschäfts dar.

BOT – Build, Operate, Transfer

Ein BOT-Projekt ist die Durchführung einer Bauaufgabe der
öffentlichen Hand im Rahmen
eines privatwirtschaftlichen
Betreibermodells. Dabei vereinbart ein Konzessionär mit
einem Konzessionsgeber, ein
Bauwerk auf eigene Rechnung
zu erstellen, für einen bestimmten Zeitraum zu betreiben und
es nach Ablauf dieser Frist dem
Konzessionsgeber in einem de-
finierten Zustand zu übergeben.
Im Rahmen von BOT-Modellen
können Projekte wie Straßen,
Brücken, Schulen, Krankenhäuser
und Verwaltungsgebäude oft ef-
fizienter gebaut und betrieben
werden als in staatlicher oder
kommunaler Regie.

    Die Bilfinger Berger AG ist in Deutschland BOT-Pionier. In den Jahren 1998 bis 2000
errichtete das Unternehmen die neue britische Botschaft in Berlin, die über einen Zeitraum von 30 Jahren betrieben wird und dann in das Eigentum Großbritanniens übergeht.
Darüber hinaus ist Bilfinger Berger weltweit an zahlreichen weiteren BOT-Projekten sowohl

DER „WIEDERVEREINIGUNGSBOOM"

Das zentrale Thema des Jahres 1989 war der politische Umschwung in Osteuropa und der DDR: Im Sommer öffnete Ungarn seine Grenze für DDR-Bürger in Richtung Westen, im Herbst verstärkten sich die Proteste gegen das SED-Regime und am 9. November 1989 fiel schließlich die Berliner Mauer. In den folgenden Monaten lösten sich die seit 1948/49 infolge des Ost-West-Konflikts fest gefügten politischen und staatlichen Strukturen in Deutschland und Europa rasch auf. Am Ende dieses Prozesses stand die deutsche Wiedervereinigung am 3. Oktober 1990. Sie war besonders für die Bürger der ehemaligen DDR mit der Hoffnung auf Wohlstand und Prosperität verbunden. Auch für die westdeutsche Wirtschaft und nicht zuletzt die Bauindustrie schien ein „goldenes Zeitalter" anzubrechen, galt es doch, den in vierzig Jahren Mangel- und Misswirtschaft entstandenen Rückstand der neuen Bundesländer im Bereich der öffentlichen Infrastruktur, bei Wohngebäuden und Industrieanlagen aufzuholen.

Diese Veränderung der politischen und wirtschaftlichen Rahmenbedingungen in Deutschland beeinflusste die Entwicklung von Bilfinger + Berger in den neunziger Jahren entscheidend. Am Anfang stand der Aufbau einer flächendeckenden Präsenz in den neuen Bundesländern. Bereits 1990 wurden sechs Niederlassungen eröffnet, weitere Standorte waren im Aufbau. Zur Bearbeitung des als besonders zukunftsträchtig angesehenen Markts in Berlin und Umgebung verstärkte die dortige Hauptniederlassung ihre Kapazitäten, außerdem wurde im Dezember 1991 die Bauunion Potsdam, ein ehemaliges DDR-Kombinat, erworben.[8]

Nach einer Reihe kleinerer Bauaufträge konnte Bilfinger + Berger im März 1991 das erste Großprojekt in der ehemaligen DDR akquirieren, die schlüsselfertige Erstellung einer Kläranlage in Gotha im Wert von rund 72 Mio. DM. Insgesamt erzielte das Unternehmen im ersten Jahr nach der Wiedervereinigung in Ostdeutschland eine Leistung von rund 400 Mio. DM. Der Vorstand hielt eine deutliche Steigerung dieses Werts in der Zukunft durchaus für realistisch: *Der immense Bedarf an Bauten aller Art in den neuen Bundesländern übertrifft das gegenwärtig noch niedrige Bauvolumen um eine Vielfaches. Dies lässt eine kräftige Bauexpansion über viele*

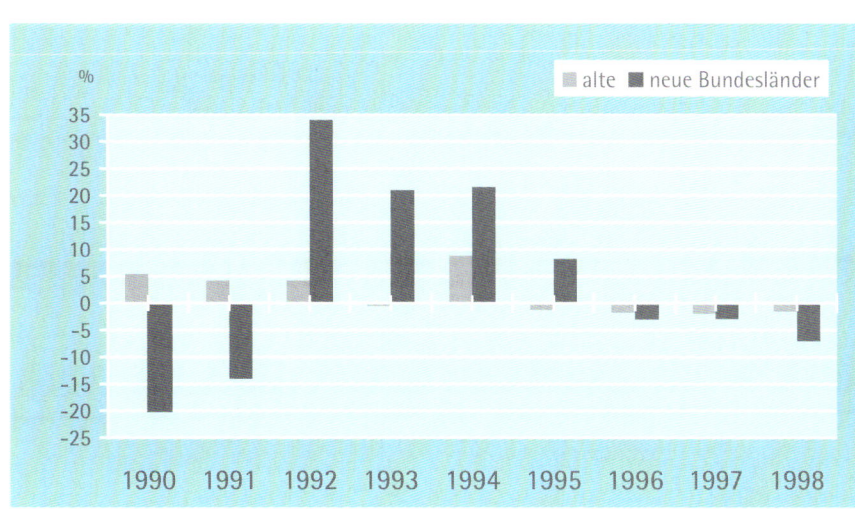

Zuwachsraten der Bauinvestitionen 1990–1998[9] (1990 geschätzt)

Jahre erwarten, sobald die noch bestehenden Investitionshemmnisse beseitigt sind.[10] Diese Prognose erwies sich zunächst als richtig; durch steuerliche Abschreibungsmöglichkeiten gefördert und hohe spekulative Erwartungen zusätzlich angeheizt, entwickelten sich in den folgenden drei Jahren die Bauinvestitionen in Ostdeutschland mit zweistelligen Zuwachsraten. Erst 1995 trat eine Abschwächung, im Jahr darauf bereits ein Rückgang ein. 1992 erzielte Bilfinger + Berger in den neuen Bundesländern eine Leistung von 920 Mio. DM, dieser Wert stieg bis 1996 auf rund 2 Mrd. DM, danach setzte vor allem dort der Konjunkturabschwung ein.

Auf dem Gebiet der Baustoffproduktion boten die neuen Bundesländer ebenfalls Chancen, die es rechtfertigten, einen neuen Geschäftszweig aufzubauen. 1990 wurde deshalb die Bilfinger + Berger Baustoffe GmbH gegründet, die ein Jahr später ihren Sitz von Mannheim nach Leipzig verlegte und sich durch den Erwerb mehrerer Stein- und Kieswerke in Sachsen und Thüringen eine Rohstoffbasis schuf. 1994 erhielt die Beteiligungsgesellschaft den Auftrag zur Versorgung aller Baustellen am Potsdamer Platz in Berlin mit Transportbeton. Sie errichtete in unmittelbarer Nähe des Baufelds ein Logistikzentrum und lieferte bis 2002 rund 1,8 Mio. Kubikmeter Beton für sämtliche Baumaßnahmen. 1996 folgte eine ähnliche Anlage im Spreebogen, wo die Bauten des neuen Regierungsviertels entstanden.[11] Mit dem Rückgang der Baukonjunktur in den neuen Bundesländern verschärfte sich der Wettbewerb in der Baustoffgewinnung und

Kläranlage Gotha, 1993

-produktion zusehends. Nach Auslaufen der Berliner Großprojekte verlor das Geschäftsfeld stark an Bedeutung, und im Jahr 2003 wurden schließlich die in diesem Bereich tätigen Unternehmenseinheiten verkauft.

Auch in die Immobilienprojektentwicklung setzte die Unternehmensleitung nach der Wiedervereinigung große Erwartungen. 1990 waren die Aktivitäten auf diesem Gebiet in der Bilfinger + Berger Projektentwicklung GmbH zusammengefasst worden, ab 1992 bildeten sie ein eigenes Geschäftsfeld. Ein Projekt, das in den neunziger Jahren besondere Aufmerksamkeit erfuhr, war das traditionsreiche Messehaus „Specks Hof" in Leipzig. Es wurde aufwändig saniert und denkmalgerecht rekonstruiert. Nach seiner Fertigstellung im Jahr 1995 entwickelte sich das Gebäude mit seinen Innenhöfen und Ladenpassagen rasch zu einem besonderen Anziehungspunkt. Die mit dem Projekt verbundenen wirtschaftlichen Erwartungen erfüllten sich jedoch nicht, da die Nachfrage nach hochwertigen Büroräumen in den neuen Bundesländern ab Mitte der neunziger Jahre bereits wieder stark zurückging. Später verschlechterte sich der Markt für Büroimmobilien auch in den alten Bundesländern deutlich. Angesichts der anhaltenden Schwäche des deutschen Immobilienmarkts und der mit Projektentwicklung verbundenen hohen Kapitalbindung wurden die Aktivitäten in diesem Bereich Ende 2003 eingestellt.[12]

Baustoff-Logistikzentrum am Potsdamer Platz, Berlin, 2000

Specks Hof, Leipzig,
1996

Sondierung des
Baugrunds vor dem
Reichstagsgebäude,
Berlin, 1995

Sowohl in den neuen als auch in den alten Bundesländern verwirklichte das Unternehmen in den neunziger Jahren eine Reihe von Großprojekten: In Berlin entstanden das Dienstleistungszentrum „Ostkreuz", der Verwaltungskomplex „Treptowers" und das Bürogebäude „Neues Kranzler-Eck". In Dresden wurden eine Fabrik für Mikrochips und die sächsische Landes- und Universitätsbibliothek erbaut. In München entstand ein neues Messegelände auf dem Areal des alten Flughafens Riem, und mit dem Engelberg-Basistunnel wurde ein Nadelöhr am Autobahnkreuz Leonberg beseitigt. Auch am Bau des Wasserstraßenkreuzes Magdeburg war Bilfinger + Berger maßgeblich beteiligt. Durch eine Kanalbrücke über die Elbe und eine neue Schleuse bei Rothensee wurden die Bedingungen für die Binnenschifffahrt zwischen Ost- und Westdeutschland erheblich verbessert. Das Projekt sollte ursprünglich bereits in den dreißiger Jahren verwirklicht werden, die Vorläuferunternehmen Grün & Bilfinger und Gottlieb Tesch hatten an den ersten Baumaßnahmen mitgewirkt. Nach Ausbruch des Zweiten Weltkriegs wurden die Arbeiten jedoch eingestellt und infolge der Teilung Deutschlands nicht wieder aufgenommen.

Verwaltungskomplex „Treptowers", Berlin, 1998

DIE ERSCHLIESSUNG NEUER MÄRKTE IM AUSLAND

Im ausländischen Baugeschäft erschloss sich Bilfinger + Berger in der ersten Hälfte der neunziger Jahre planmäßig neue Märkte in Asien und Australien. Sie bilden seither neben Nigeria
und den Vereinigten Staaten wichtige regionale Schwerpunkte der Unternehmenstätigkeit. Ziel
war es, das Auslandsgeschäft auf eine breitere Basis zu stellen, um Konjunkturschwankungen
in einzelnen Regionen besser ausgleichen zu können. Im September 1991 wurde zunächst die
Aktienmehrheit des im gesamten südostasiatischen Raum tätigen Unternehmens Beazer Asia
Ltd. in Hongkong übernommen. Die in B+B Asia umbenannte Gesellschaft war in den folgenden
Jahren überwiegend im Ingenieurbau tätig, unter anderem bei Projekten im Zusammenhang mit
dem Bau eines neuen Großflughafens in Hongkong.[13] In Südostasien entwickelte sich Thailand
für mehrere Jahre zu einem der wichtigsten Märkte für Bilfinger + Berger. Im Mittelpunkt stand
der Ausbau der Verkehrsinfrastruktur in der Hauptstadt Bangkok. 1990 erhielt das Unternehmen
Aufträge für mehrere Lose des „Second Stage Expressway". Innerhalb von drei Jahren wurden
35 Kilometer Hochstraße einschließlich der zugehörigen Unterbauten und Rampen erstellt. Die
Brückenbauwerke bestehen aus insgesamt 14.000 vorgefertigten Segmenten, deren Transport
zu den jeweiligen Einbaustellen eine besondere logistische Herausforderung darstellte. An diese
ersten Hochstraßenprojekte schloss sich der Bau des 55 Kilometer langen „Bang Na-Expressway"
in den Jahren 1995 bis 1999 an. Außerdem übernahm das Unternehmen 1998 Arbeiten für eine
U-Bahn-Linie in Bangkok, die bis 2004 abgeschlossen wurden.[14] Eine weitere Untergrundbahn,
die „Chungho-Line" in Taipeh, war das erste Großprojekt von Bilfinger + Berger in Taiwan. Die
rund sechs Kilometer lange Strecke mit vier Bahnhöfen und einem Depot wurde zwischen 1993
und 1998 betriebsfertig erstellt.

Bang Na-Expressway,
Montage vorgefertigter
Brückensegmente,
Bangkok, 1997

U-Bahn Bangkok, 1999

My-Thuan-Bridge,
Vietnam, 2001

Scardon-Viaduc bei
Abbéville, Frankreich,
1996

U-Bahn-Station
Centrum, Warschau,
1999

Im März 1993 gewannen die bis dahin eher sporadischen Aktivitäten von Bilfinger + Berger in Australien an Kontur. Mit dem Erwerb des renommierten Bauunternehmens Baulderstone Hornibrook sicherte sich Bilfinger + Berger ein Standbein auf dem fünften Kontinent. Das Unternehmen ist sowohl im Hoch- als auch im Ingenieurbau tätig; eines der ersten Projekte, das Baulderstone Hornibrook unter der Ägide von Bilfinger + Berger verwirklichte, war die „Anzac-Bridge", eine Schrägseilbrücke im Hafen von Sydney. Sie diente als Vorbild für die „My-Thuan-Bridge" in Vietnam, die Baulderstone Hornibrook, unterstützt durch den Spezial-tiefbau von Bilfinger + Berger, zwischen 1997 und 2000 errichtete.[15]

Die Wirtschaft des asiatisch-pazifischen Raums war in den neunziger Jahren von dynami-schem Wachstum geprägt. 1994 wuchs die Leistung von Bilfinger + Berger in dieser Region um 32 Prozent auf 1,7 Mio. DM und erreichte 55 Prozent des gesamten Auslandsumsatzes. Erst die durch Währungsturbulenzen ausgelöste Asienkrise der Jahre 1997/98 stoppte die Aufwärtstendenz.

Da sich die mit der Einführung des EU-Binnenmarkts verbundenen Hoffnungen, in den Nachbarstaaten Deutschlands durch Neugründung von Tochterfirmen Fuß fassen zu können, nicht im gewünschten Maß erfüllten, wurde auch in Europa die Akquisition von Beteiligungs-gesellschaften angestrebt. 1994 erwarb Bilfinger + Berger Mehrheitsbeteiligungen an dem französischen Unternehmen Entreprise Razel Frères S.A. sowie an der polnischen Hydrobudowa-6 S.A. Das 1880 gegründete Traditionsunternehmen Razel ist seit jeher im schweren Erd- und Ingenieurbau tätig, ein regionaler Schwerpunkt außerhalb Frankreichs liegt im frankophonen Afrika. Hydrobudowa-6 wurde 1947 gegründet; das in Warschau ansässige Unternehmen ver-fügt über vielfältige Erfahrungen im Ingenieurbau. Seit 1995 ist es maßgeblich am Ausbau der U-Bahn in der polnischen Hauptstadt beteiligt, verwirklichte aber auch Hochbauprojekte wie den Warschauer Justizpalast, der zwischen 1996 und 1999 erstellt wurde.[16]

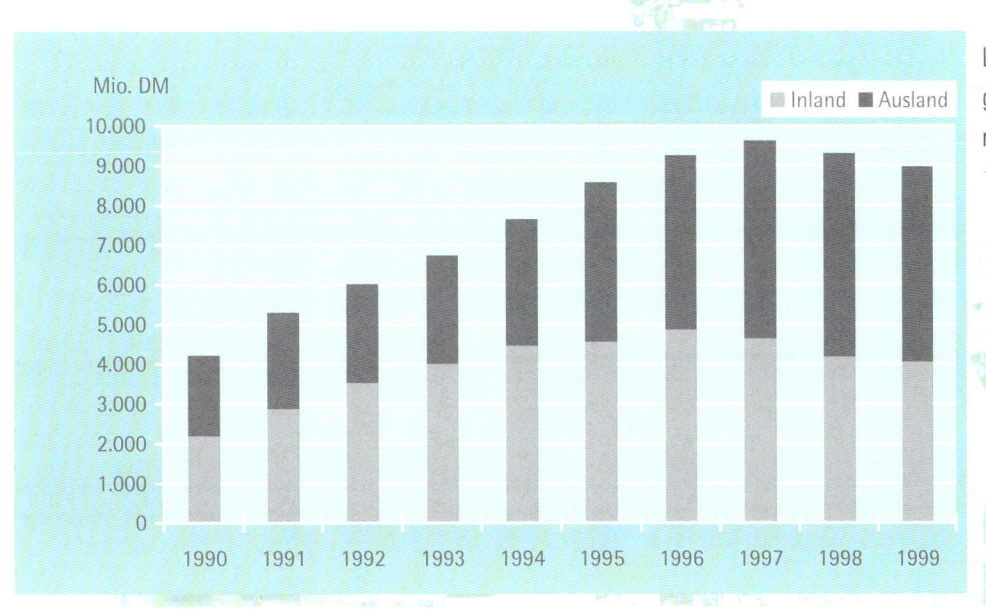

Leistung der Bilfin-ger + Berger Unter-nehmensgruppe 1990–1999

Baulderstone Hornibrook – Baumeister eines australischen
Wahrzeichens

Im Februar 1940 machte sich der gelernte Maurer Albert William Baulderstone
(1906–1972) in Adelaide in Südaustralien als Bauunternehmer selbstständig. Zuvor
hatte er mehrere Jahre in der von seinen Onkeln geleiteten Firma „Baulderstone Brothers"
gearbeitet. A.W. Baulderstone war zunächst überwiegend im Hochbau, ab den sechziger

Opernhaus Sydney, um 1965

Jahren auch im Ingenieurbau tätig. Im Juli 1985 fusionierte das Unternehmen mit der Hornibrook Group, die 1914 von Manuel Hornibrook (1893–1970) gegründet worden war. Der regionale Schwerpunkt dieser Gesellschaft lag in den australischen Bundesstaaten Queensland und New South Wales, der technische auf dem Gebiet des Brückenbaus. Im Oktober 1962 erhielt Hornibrook den Auftrag zum Bau des berühmten Opernhauses in Sydney nach den Plänen des dänischen Architekten Joern Utzorn. Mit seiner kühnen Dachkonstruktion ist das Gebäude ein architektonisches und bautechnisches Meisterwerk des 20. Jahrhunderts.[17]

Opernhaus Sydney,
um 1965

ERFOLGREICHE BEWÄLTIGUNG DER KRISE

Infolge der nachlassenden Inlandskonjunktur überwogen im Geschäftsjahr 1997 zum ersten Mal seit zehn Jahren mit 52 Prozent der Leistung wieder die Auslandsaktivitäten. In Deutschland ging die Leistung um fünf Prozent zurück, während im internationalen Geschäft noch eine Steigerung von 14 Prozent erzielt werden konnte. Ausgesprochen ungünstig entwickelte sich der Auftragseingang: Wegen der anhaltenden Baurezession sank er im Inland um 18 Prozent, im Ausland verursachte die Asienkrise einen Rückgang um 14 Prozent. Auch die Ertragslage war unbefriedigend: Der Jahresüberschuss des Konzerns ging von rund 92 Mio. auf knapp 41 Mio. DM zurück, jener der Bilfinger + Berger Bauaktiengesellschaft von 74 Mio. auf 36 Mio. DM.[18] Der Negativtrend setzte sich im folgenden Jahr fort. Auf Grund von Wertberichtigungen und

Rückstellungen bei Projekten in Südostasien ergab sich im Konzern ein Fehlbetrag von 91 Mio. DM. Die Leistung ging um drei Prozent zurück, der Auftragseingang zeigte mit einem Plus von sechs Prozent jedoch bereits wieder eine positive Tendenz.[19] Die Unternehmensleitung reagierte auf diese Entwicklung mit einer Straffung und Neuformierung der Unternehmensstruktur. Zunächst wurde 1998 die Zahl der Hauptniederlassungen im Inland verringert, ein Jahr später folgte die Einführung einer Spartenorganisation mit der systematischen Trennung der Bauaktivitäten in die Geschäftsfelder Ingenieurbau einerseits sowie Hoch- und Industriebau andererseits. Mit diesen Maßnahmen konnten Kosten gesenkt und Kompetenzen gebündelt werden, so dass sich die Ertragslage verbesserte. 1999 betrug der Jahresüberschuss im Konzern 43 Mio. DM, die AG erwirtschaftete 35 Mio. DM.[20] Seither wurden positive operative Ergebnisse mit steigender Tendenz erzielt.

AUFBRUCH INS 21. JAHRHUNDERT

Gotthard-Basistunnel, Los Sedrun, 2003

Unter der Leitung von Herbert Bodner, der am 1. Januar 1999 das Amt des Vorstandsvorsitzenden von Christian Roth übernahm, wurden die Ziele des Unternehmens neu definiert und die Entwicklung vom traditionellen Baukonzern zur Multi Service Group eingeleitet. Dabei

spielen die Baugeschäftsfelder weiterhin eine tragende Rolle, sie werden jedoch ergänzt durch verstärkte Aktivitäten im Bereich der Betreiberprojekte und vor allem der Dienstleistungen. Um diesen Wandel nach außen und innen deutlich zu machen, wurde das Unternehmen im Jahr 2001 in Bilfinger Berger AG umbenannt.

Der systematische Aufbau einer Dienstleistungssparte gewann rasch an Kontur: 2002 wurden die Rheinhold & Mahla AG, die HSG technischer Service GmbH und die Wollferts Unternehmensgruppe übernommen. Sie bilden den Kern des Geschäftsfelds Dienstleistungen, das im Jahr 2003 bereits rund 25 Prozent zur Leistung und mehr als 45 Prozent zum operativen Ergebnis beitrug. Rheinhold & Mahla übernimmt im Rahmen von langfristigen Verträgen die Wartung und Instandhaltung von Industrieanlagen, HSG und Wollferts sind überwiegend im Immobilienservice tätig. Durch den Erwerb des im US-Bundesstaat Virginia ansässigen Unternehmens Centennial Contractors Enterprises im Herbst 2003 sowie der Babcock Borsig Service Gruppe im Februar 2005 wurden die Serviceaktivitäten weiter gestärkt. Die 2003 in Australien übernommene Abigroup ist ebenfalls im Dienstleistungssektor tätig, vor allem aber im Ingenieur- und Straßenbau. Das Unternehmen ergänzt daher gut die Angebotspalette von Baulderstone Hornibrook. Durch diese Akquisition wurde Australien zum wichtigsten Auslandsmarkt von Bilfinger Berger.[21]

Dienstleistungen – zweites festes Standbein

Im Immobiliensektor und in der Industrie ist seit den neunziger Jahren ein nachhaltiger Trend zur Fremdvergabe von Dienstleistungen zu verzeichnen. Bilfinger Berger hat seine Aktivitäten durch gezielte Akquisitionen innerhalb kurzer Zeit auf profitable Bereiche im Immobilien- und Industrieservice ausgedehnt.

Die Sparte Facility Services umfasst in Deutschland vor allem kaufmännisches und technisches Facility Management. Bilfinger Berger betreut Sport- und Veranstaltungsarenen, Einkaufszentren oder auch komplette Immobilienportfolios. In den Vereinigten Staaten werden Instandhaltungs-, Wartungs- und Erweiterungsmaßnahmen auf der Grundlage langfristiger Rahmenverträge ausgeführt. Dort zählen die amerikanischen Streitkräfte, Organisationen wie die Weltbank sowie Universitäten und Schulen zu den wichtigsten Auftraggebern.

Im Mittelpunkt der Sparte Industrial Services stehen Wartung und Instandhaltung von Produktionsanlagen, vor allem der Prozessindustrie und von Energieerzeugern. Außer in Deutschland ist Bilfinger Berger vor allem in Europa, im Mittleren Osten sowie in Südafrika, Australien und in den Vereinigten Staaten tätig. Der Konzern bündelt Einzelleistungen zu integrierten Lösungen. Full Service Konzepte beinhalten Wartung und Revision kompletter Anlagen und das gesamte Instandhaltungsmanagement.

Das Geschäftsfeld Betreiberprojekte konnte ebenfalls ausgebaut werden, zum Jahresende 2004 war Bilfinger Berger an 16 BOT-Projekten beteiligt. Das Unternehmen konzentriert sich dabei auf die Verkehrsinfrastruktur und den öffentlichen Hochbau, die bedeutendsten Märkte sind Australien und Großbritannien. Bilfinger Berger ist an der privatwirtschaftlichen Realisierung einer 40 Kilometer langen Schnellstraße westlich von Sydney beteiligt und erstellt einen Mauttunnel unter der Innenstadt der australischen Metropole. In Großbritannien betreibt das Unternehmen eine Reihe von Schulen und Krankenhäusern. Eines der ersten größeren BOT-Projekte im Bereich der Verkehrsinfrastruktur in Deutschland ist der Herrentunnel in Lübeck, den Bilfinger Berger zusammen mit Hochtief verwirklicht.[22]

Dass Bauen im In- und Ausland weiterhin zu den Kernkompetenzen von Bilfinger Berger zählt, machen die zu Beginn des 21. Jahrhunderts verwirklichten Großprojekte deutlich: In Taiwan wurde zwischen 2000 und 2004 ein 80 Kilometer langes Teilstück einer Eisenbahn-Hochgeschwindigkeitsstrecke mit einem Auftragsvolumen von rund 1,3 Mrd. Euro erstellt. In der nigerianischen Hauptstadt Abuja entstand innerhalb von nur zweieinhalb Jahren ein modernes Stadion mit 60.000 Sitzplätzen, es war im Oktober 2003 Austragungsort der All Africa Games. In der Gallusanlage, mitten in der Frankfurter City, wurde das Hochhaus „Gallileo" der Dresdner Bank errichtet. Es bietet 60.000 Quadratmeter Nutzfläche in 37 Bürogeschossen. Ein Meisterstück des Ingenieurbaus ist die neue Svinesundbrücke zwischen Norwegen und Schweden, die im Juni 2005 eingeweiht wurde. In der Schweiz ist das Unternehmen am Bau des Gotthard-Basistunnels beteiligt. Dieses bedeutende europäische Infrastrukturprojekt soll im Jahr 2010 abgeschlossen sein.

Auch im jüngsten Abschnitt der Unternehmensgeschichte hat sich Bilfinger Berger frühzeitig auf Veränderungen des wirtschaftlichen Umfelds eingestellt. Dank hoher Flexibilität und der Fähigkeit zum Wandel gelang die erfolgreiche Weiterentwicklung zum Bau- und Dienstleistungskonzern, der seinen Kunden ganzheitliche Lösungen in den Bereichen Immobilien, Industrieservice und Infrastruktur anbietet.

Leistung der Bilfinger Berger Unternehmensgruppe 2000–2004

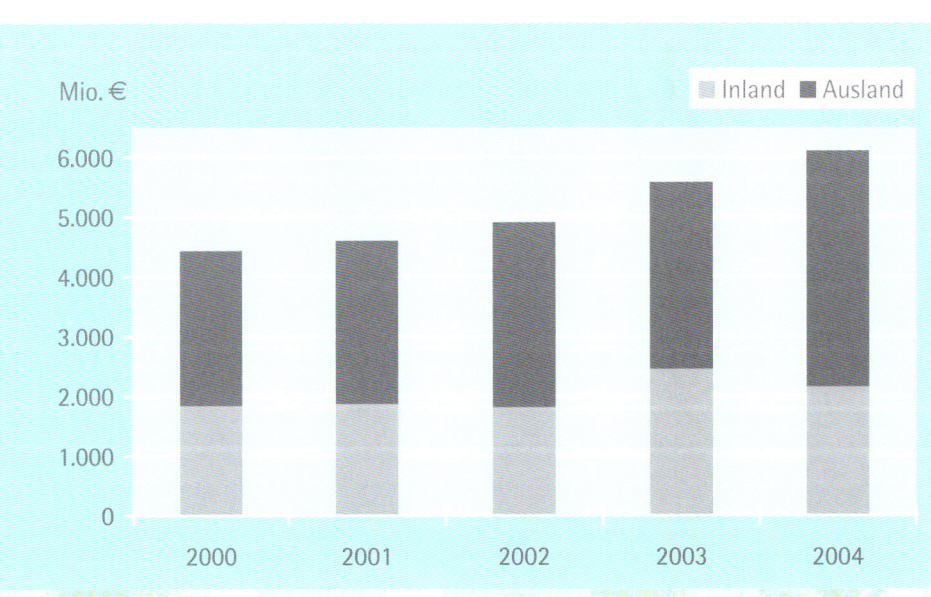

ANMERKUNGEN

TEIL 1

Einleitung/Kapitel 1

1 Vgl. Nipperdey: Deutsche Geschichte 1866–1918, Bd. 1, S. 9ff, 226ff, 268ff; Wehler: Deutsche Gesellschafts-geschichte, Bd. 3, S. 38ff, 510ff, 547ff; Berghahn: Das Kaiserreich 1871–1914, S. 41ff. Statistischer Überblick: Aubin/Zorn: Handbuch der deutschen Wirtschafts- und Sozialgeschichte, Bd. 2, S. 95f, 527ff. Grundlegende Zahlen: Hoffmann: Das Wachstum der deutschen Wirtschaft.

2 Quelle: Hoffmann: Das Wachstum der deutschen Wirtschaft, S. 390–393.

3 Vgl. Pohl: Philipp Holzmann, S. 13–32; Pohl/Siekmann: Hochtief, S. 14–24.

4 UA BB: Voege, Ernst: 75 Jahre Grün & Bilfinger, MS. masch. 1955, S. 1–7.

5 Vgl. Eisenlohr: Die Verkehrsanlagen, S. 267–277.

6 UA BB: Manuskript Voege, S. 7f.

7 Ebd., S. 9–11.

8 Ebd., S. 17f.

9 Vgl. Schmoll von Eisenwerth: Beitrag zur Geschichte der Druckluftgründung, Schleicher/Trau: Die Rheinbrücke bei Germersheim.

10 Vgl. Brennecke: Wie viel Zeit soll beim Ausschleusen aus höherem Luftdruck verwandt werden?

11 Reichsgesetzblatt 1920, Nr. 146, S. 1357–1382.

12 UA BB: Manuskript Voege, S. 13–17; vgl. Hilz: Benckiser.

13 Vgl. Fieser: Die neuerbaute Neckarbrücke Mannheim, S. 2–8.

14 Vgl. ebd., S. 8f; Hilz: Eisenbrückenbau und Unternehmertätigkeit in Süddeutschland, S. 106–111.

15 UA BB, A 669: Bauvertrag vom 27.12.1888.

16 Vgl. Fieser: Die neuerbaute Neckarbrücke Mannheim, S. 13–18.

17 UA BB: Manuskript Voege, S. 23–25; vgl. Verwaltungsbericht der Großherzoglich Badischen Hauptstadt Mannheim für die Jahre 1895–1899, Bd. 2, S. 423.

18 UA BB: Manuskript Voege, S. 26–28.

19 UA BB: Mietvertrag vom 5.5.1892.

20 UA BB: Manuskript Voege, S. 29.

21 Ebd., S. 31f.

22 Vgl. Kockelkorn: Die Lebensgeschichte des Schönhuter Tunnels; Kasper: Der Schönhuter Tunnel, S. 46–57.

23 Vgl. Pohl: Philipp Holzmann, S. 125f.

24 UA BB, A 1071: Vertrag zum Bau des Distelrasentunnels vom 30.1.1909; Nachtragsvertrag zum Schildvortrieb vom 21.2.1912; Hübler: Der Schlüchterner Tunnel, Sonderdruck aus: Unsere Heimat Nr. 2/3, 1914.

25 Vgl. Verwaltungsbericht der Großherzoglich Badischen Hauptstadt Mannheim für die Jahre 1895–1899, Bd. 2, S. 508–524.

26 Vgl. Landsberg: Der Wettbewerb um den Entwurf einer festen Straßenbrücke über den Neckar bei Mannheim.

27 Ebd., S. 17.

28 Zitiert ebd., S. 18.

29 Vgl. Verwaltungsbericht der Großherzoglich Badischen Hauptstadt Mannheim für die Jahre 1900–1902, S. 460–463; Verwaltungsbericht der Großherzoglich Badischen Hauptstadt Mannheim für die Jahre 1903 und 1904, S. 125–126; Eisenlohr: Die Straßenbrücken, S. 561f; Ders.: Die Verkehrsanlagen, S. 282f.

30 Vgl. Verwaltungsbericht der Großherzoglich Badischen Hauptstadt Mannheim für 1905, S. 43f, Zitat ebd.

31 Vgl. Verwaltungsbericht der Großherzoglich Badischen Hauptstadt Mannheim für die Jahre 1895–1899, S. 423–462; Schott: Der Industriehafen zu Mannheim.

32 Vgl. Verwaltungsbericht der Großherzoglich Badischen Hauptstadt Mannheim für die Jahre 1900–1902, S. 412–415; Eisenlohr: Der Industriehafen.

33 UA BB: Mietvertrag zwischen Bernatz & Grün und dem Stuckateur Friedrich Klein über dessen Halle in Z 6, 2 vom 12.5.1889.

34 UA BB, A 4460: Aufsichtsratprotokoll Grün & Bilfinger vom 15.4.1916.

35 UA BB, A 871: Verträge zwischen Grün & Bilfinger und Josef Walter vom 13.11. und 13.12.1906; Exposé und Rentabilitätsberechnung zum Erwerb des Steinbruchs Olsbrücken vom 15.12.1906.

36 UA BB: Manuskript Voege, S. 29–31.

37 UA BB: Bilanzen und Vermögensübersichten der Grün & Bilfinger OHG 1892 bis 1902.

38 UA BB: Manuskript Voege, S. 36.

39 UA BB: Gesellschaftsvertrag der Grün & Bilfinger AG vom 10.3.1906.

40 UA BB, A 4460: Aufsichtsratprotokolle Grün & Bilfinger vom 8.4.1918 und 7.4.1919; vgl. Feldman: Das Großunternehmen im deutschen Industriesystem: Die M.A.N. 1900–1925.

41 Vgl. Walz: Hohenzollern und seine Bahnen, S. 42–52.

42 UA BB, A 4460: Aufsichtsratprotokolle Grün & Bilfinger vom 17.12.1906, 26.2.1907 und 22.6.1907; zur Eisenbahnrentenbank vgl. HA-DrBk: Geschäftsbericht der Dresdner Bank für 1904, S. 7.

43 Eine Krone entsprach 0,85 Mark.

44 UA BB, A 4460: Aufsichtsratprotokoll Grün & Bilfinger vom 22.6.1907; A 4483: Exposé über die Donau-Eipeltal-Bahn und ihre Finanzierung vom April 1911.

45 UA BB, A 4565: Mitteilungen der Grün & Bilfinger AG an die im Krieg befindlichen Angestellten vom 1.4.1915, Nachruf auf August Grün.

46 UA BB, A 4460: Aufsichtsratprotokolle Grün & Bilfinger vom 11.3.1908 und vom 17.12.1908; A 4483: Vereinbarung zwischen der Dresdner Bank und der Grün & Bilfinger AG vom 9.12.1908.

47 UA BB, A 4460: Aufsichtsratprotokoll Grün & Bilfinger vom 31.3.1910.

48 UA BB, A 775: Vertrag zur Korrektion des Rheinbettes vom 6./16.3.1909; A 767: Vertrag über die Ausführung des Unterbaus der Kraftzentrale vom 13./17.1.1910. Vgl. Die Wasserkraftanlage am Rhein bei Laufenburg.

49 UA BB, A 2001: Vertrag zum Bau der Landungsbrücke in Lomé vom 11./17.11.1911; A 830: Vertrag zum Bau der Landungsbrücke in Swakopmund vom 27.12.1911/2.1.1912. Vgl. Hafenbautechnische Gesellschaft (Hg.): Die deutschen Kolonialhäfen, S. 25–27, 33–37, 68–75.

50 UA BB, A 2117: Vertrag zur Herstellung der Ufermauer in Tanga vom 21./28.12.1911; A 1651: Verträge zur Herstellung von Kaimauern in Duala vom 15./22.4.1913 und 16./22.4.1913. Vgl. Kröger: Die Hafenerweiterung von Tanga in Deutsch-Ostafrika in den Jahren 1912–13; Hafenbautechnische Gesellschaft (Hg.): Die deutschen Kolonialhäfen, S. 27–30, 38f, 79–81.

51 UA BB, A 4483: Schreiben der Dresdner Bank Berlin an die Grün & Bilfinger AG vom 1.4.1911, 5.4.1911 und 4.5.1911.

52 Ebd.: Schreiben der Grün & Bilfinger AG an die Dresdner Bank Berlin vom 9.4.1912; Schreiben der Dresdner Bank Berlin an die Grün & Bilfinger AG vom 27.4.1912; Verkaufsprospekt und Zeichnungsschein für Grün & Bilfinger Aktien vom Mai 1912; Mannheimer Handelsblatt vom 9.5.1912.

53 Berliner Morgenpost vom 10.5.1912; Buchwalds Börsen-Berichte Nr. 106 vom 8.5.1912.

54 Vgl. Groener: Lebenserinnerungen, S. 131f.

55 UA BB, A 4465: Bericht an den Aufsichtsrat für 1913.

56 UA BB, A 4442: Vorstandsprotokoll Grün & Bilfinger vom 9.1.1917.

57 Vgl. Mommsen: Die Urkatastrophe Deutschlands, S. 66–113, 134–150; Wehler: Deutsche Gesellschaftsgeschichte, Bd. 4, S. 112–147; Chickering: Das Deutsche Reich und der Erste Weltkrieg, S. 82–102, 170–178, 215–227.

58 UA BB, A 4460: Aufsichtsratprotokoll Grün & Bilfinger vom 8.4.1918.

59 UA BB, A 4465: Bericht an den Aufsichtsrat zum 1.10.1914; Bericht an den Aufsichtsrat für 1914.

60 Ebd.; UA BB: Korrespondenz von Bernhard Karl Bilfinger mit seiner Frau Emma.

61 UA BB, A 4465: Bericht an den Aufsichtsrat für 1914.

62 UA BB, A 4465: Bericht an den Aufsichtsrat zum 1.10.1914; Bericht an den Aufsichtsrat für 1914; Bericht an den Aufsichtsrat für 1916.

63 Vgl. Groener: Lebenserinnerungen, S. 275; Sarter: Die deutschen Eisenbahnen im Kriege, S. 185f.

64 Vgl. Das deutsche Feldeisenbahnwesen, S. 74f.

65 UA BB, A 1059: Baubericht über die Erweiterung und Auswechslung des Tunnels südlich Trois-Ponts, in den Monaten Mai–Dezember 1915, vom September 1916; Erinnerung an den Bau der Kriegsbahn Rivage–Vielsalm–Poteau–Born (Eifel) 1915/16, Mannheim o.J.

66 UA BB, A 1342: Baugeschichte der Geultalbrücke bei Moresnet vom März 1919; Beschreibung der Geultalbrücke bei Moresnet vom 20.1.1921; Kriegsbahn Tongern-Visé-Gemmenich 1915/16, Mannheim o.J.

67 UA BB, A 1100: Baugeschichte für Los X der Kriegsbahn Tongern–Visé-Gemmenich–Aachen West vom April 1919; Baubeschreibung für Los X der Kriegsbahn Tongern–Aachen.

68 Ebd.

69 Vgl. Groener: Lebenserinnerungen, S. 130f.

70 UA BB, A 1142: Bauvertrag Brücke Remagen vom 19.11.1917; A 1213: Bauvertrag Tunnel Erpel vom 21.3.1917 und Nachtragsverträge vom 31.10.1917 und 30.3.1918; A 1159: Kostenvoranschlag Brücke Neuwied-Engers vom 20.4.1916.

71 UA BB, A 2044: Bauvertrag Tunnel Pommern/Mosel vom 23.7.1917; vgl. Sarter: Die deutschen Eisenbahnen im Kriege, S. 181.

72 UA BB, A 4442: Vorstandsprotokoll Grün & Bilfinger vom 20.3.1917; A 4460: Aufsichtsratsprotokoll vom 30.3.1917.

73 Vgl. Tabelle S. 57.

74 Vgl. Mai: Kriegswirtschaft und Arbeiterbewegung in Württemberg, S. 72f; Burchardt: Zwischen Kriegsgewinnen und Kriegskosten, S. 103.

75 Vgl. Wehler: Deutsche Gesellschaftsgeschichte, Bd. 4, S. 148–225, 239–434, 512–593; Blaich: Der Schwarze Freitag; Petzina: Die deutsche Wirtschaft in der Zwischenkriegszeit, S. 5–22, 75–107; James: Deutschland in der Weltwirtschaftskrise.

76 UA BB, A 4460: Aufsichtsratsprotokoll Grün & Bilfinger vom 7.4.1919.

77 UA BB, A 4465: Bericht an den Aufsichtsrat für 1918.

78 Vgl. Nast: Arbeitszeit und Arbeitslohn im deutschen Baugewerbe, S. 25f.

79 UA BB, A 4465: Bericht an den Aufsichtsrat für das erste Halbjahr 1919.

80 Vgl. Holtfrerich: Die deutsche Inflation, S. 15.

81 UA BB, A 4465: Bericht an den Aufsichtsrat für die Monate Juli bis Oktober 1919; Bericht an den Aufsichtsrat für 1919.

82 UA BB, A 4465: Bericht an den Aufsichtsrat für das erste Halbjahr 1920.

83 UA BB, A 4460: Aufsichtsratsprotokoll Grün & Bilfinger vom 16.4.1920; A 4486: Schreiben an das Reichsbank-direktorium vom 21.5.1920.

84 UA BB, A 4460: Aufsichtsratsprotokoll Grün & Bilfinger vom 16.4.1920.

85 Ebd.: Aufsichtsratsprotokoll Grün & Bilfinger vom 22.4.1920.

86 Vgl. Stier: Auf der Wasserstraße in die Moderne; Seidelmann: Der Neckar-Donau-Kanal.

87 Vgl. Böhmler: Der Rhein-Neckar-Donaukanal und die Neckarwasserkräfte; ders.: Mannheim-Heidelberg und der Neckar-Donau-Kanal.

88 UA BB, A 4471: Protokoll der Generalversammlung Grün & Bilfinger vom 19.5.1920.

89 UA BB, A 4486: Schreiben von Grün & Bilfinger an das badische Innenministerium und das Reichsbankdirektorium vom 21.5.1920; Schreiben des Innenministeriums an Grün & Bilfinger vom 29.6.1920; Antwort von Grün & Bilfinger vom 2.7.1920; Genehmigung des Innenministeriums vom 13.7.1920; Zeichnungsschein vom 19.5.1920.

90 Ebd.: Aufforderung zur Ausübung des Bezugsrechts vom 25.9.1920; Schreiben der Dresdner Bank Mannheim an Grün & Bilfinger vom 4.10.1920; Zeichnungsliste der Angestellten und Vorstandsmitglieder vom 8.9.1920.

91 UA BB, A 4484: Schreiben von Grün & Bilfinger an die Dresdner Bank Mannheim vom 4.11.1920; Schreiben von Grün & Bilfinger an das badische Innenministerium vom 5.11.1920; Antwort des Innenministeriums vom 8.11.1920.

92 Ebd.: Konsortialvertrag vom 15.12.1920.

93 UA BB, A 4486: Übersicht vom 22.7.1922.

94 UA BB, A 4465: Bericht an den Aufsichtsrat für das dritte Vierteljahr 1920.

95 Ebd. und Bericht an den Aufsichtsrat für 1920.

96 UA BB, A 4466: Berichte an den Aufsichtsrat für das zweite und dritte Vierteljahr 1921.

97 UA BB, A 2196: Beschreibung der Zellen-Bauweise; A 4460: Aufsichtsratsprotokoll Grün & Bilfinger vom 16.12.1921.

98 UA BB, A 4466: Bericht an den Aufsichtsrat für das dritte Vierteljahr 1921.

99 UA BB, A 4534: Zusammenstellung der abgegebenen Angebote von April 1921 bis August 1923.

100 UA BB, A 4466: Bericht an den Aufsichtsrat für 1921; A 4460: Aufsichtsratsprotokolle Grün & Bilfinger vom 16.12.1921 und 8.4.1922.

101 UA BB, A 4460: Aufsichtsratsprotokoll Grün & Bilfinger vom 21.10.1922.

102 Vgl. Pohl/Siekmann: Hochtief, S. 83–92.

103 UA BB, A 4466: Vorlage zur Aufsichtsratssitzung am 21.10.1922.

104 UA BB, A 4442: Vorstandsprotokoll Grün & Bilfinger vom 27.11.1922; A 4460: Aufsichtsratsprotokoll Grün & Bilfinger vom 4.12.1922.

105 UA BB, A 4487: Exposé zur Kapitalerhöhung vom 13.12.1922.

106 UA BB, A 4460: Nachtrag zum Aufsichtsratsprotokoll Grün & Bilfinger vom 4.12.1922; A 4471: Protokoll der Generalversammlung Grün & Bilfinger vom 29.1.1923.

107 UA BB, A 4487: Schreiben von Grün & Bilfinger an die Direktion der Dresdner Bank, Filiale Mannheim vom 8.1.1922; Übersicht über die Aktienverkäufe durch die Dresdner Bank vom 29.1.1923.

108 Ebd.: Auszüge aus den *Actien-Verkaufs-Conten* von Paul Bilfinger, Bernhard Karl Bilfinger, Ernst Geber und Arthur Grün; Schreiben der Geschäftsstelle Berlin an den Vorstand in Mannheim vom 11.1.1923.

109 Ebd.: Übersicht der Erlöse und Kosten der Kapitalerhöhung vom 22.2.1923.

110 UA BB, A 4442: Vorstandsprotokolle Grün & Bilfinger vom 31.3.1923 und 13.10.1923.

111 UA BB: Geschäftsbericht Grün & Bilfinger 1923.

112 UA BB, A 4442: Vorstandsprotokoll Grün & Bilfinger vom 11.9.1924; A 4443: Vorstandsprotokoll Grün & Bilfinger vom 11.11.1924. Als Maßnahme zur Währungsstabilisierung wurde die deutsche Wirtschaft zu Gunsten der Rentenbank mit einem Gesamtschuldenbetrag von 3,2 Mrd. GM belastet, vgl. Holtfrerich: Das Elend der Mark, S. 14–29.

113 UA BB, A 4443: Vorstandsprotokoll Grün & Bilfinger vom 17.11.1924; A 4460: Aufsichtsratsprotokoll Grün & Bilfinger vom 20.11.1924; A 4471: Protokoll der Generalversammlung Grün & Bilfinger vom 15.12.1924.

114 UA BB, A 4443: Vorstandsprotokoll Grün & Bilfinger vom 11.11.1924.

115 UA BB, A 4443: Vorstandsprotokoll Grün & Bilfinger vom 17.11.1924; A 4460: Aufsichtsratsprotokoll Grün & Bilfinger vom 20.11.1924.

116 UA BB, A 4443: Vorstandsprotokoll Grün & Bilfinger vom 16.12.1924, die Summe wurde wie folgt aufgeteilt, da der Vorstand fünf Mitglieder zählte, ist die genaue Zuordnung unklar:

Vorsitzender des Aufsichtsrates	4.000 RM
4 Mitglieder des Aufsichtsrates	8.000 RM
2 Mitglieder des Vorstands	20.0000 RM
4 Mitglieder des Vorstands	8.000 RM
	40.000 RM

117 UA BB, A 4460: Aufsichtsratsprotokoll Grün & Bilfinger vom 20.11.1924; A 4443 Vorstandsprotokoll Grün & Bilfinger vom 17.1.1925.

118 UA BB, A 4443: Vorstandsprotokoll Grün & Bilfinger vom 23.2.1925.

119 UA BB, A 4460: Aufsichtsratsprotokoll Grün & Bilfinger vom 21.4.1925; A 4443: Vorstandsprotokoll Grün & Bilfinger vom 13.5.1925.

120 UA BB, A 4471: Protokoll der Generalversammlung Grün & Bilfinger vom 22.5.1925; A 4460: Aufsichtsratsprotokoll Grün & Bilfinger vom 22.5.1925.

121 UA BB, A 4460: Aufsichtsratsprotokoll Grün & Bilfinger vom 21.5.1925.

122 Ebd.

123 UA BB, A 4466: Berichte zu den Aufsichtsratssitzungen vom 14.11.1925, 17.4.1926, 27.11.1926 und 7.3.1927.

124 Ebd.: Beilage zum Bericht an den Aufsichtsrat vom 14.11.1925.

125 Ebd.: Bericht zur Aufsichtsratssitzung vom 26.4.1924.

126 Ebd.: Berichte zu den Aufsichtsratssitzungen vom 20.11.1924, 14.11.1925 und 27.11.1926; A 2170: Vereinbarung zwischen Grün & Bilfinger, Lenz & Co. und M.A. Diamantopolous.

127 UA BB, A 4466: Berichte zu den Aufsichtsratssitzungen vom 26.4.1924, 20.11.1924, 14.11.1925 und 17.4.1926; A 784: ARGE-Vertrag zwischen Grün & Bilfinger und Philipp Holzmann vom 9.5.1925.

128 Ebd.: Bericht zur Aufsichtsratssitzung vom 17.4.1926.

129 Ebd.

130 UA BB, A 4466: Aktennotiz vom 14.3.1929.

131 UA BB, A 4467: Übersicht der Ergebnisse bei den Bewerbungen der Jahre 1921 bis einschließlich 1934 vom 1.4.1935.

132 Schaper: Die Brücke über den Kleinen Belt, S. 4.

133 Vgl. ebd. S. 5–9.

134 Vgl. Schaper: Die Straßen- und Eisenbahnbrücke über den kleinen Belt in Dänemark, S. 10–28.

135 UA BB, A 4460: Aufsichtsratsprotokolle Grün & Bilfinger vom 10.12.1928, 19.11.1929, 20.8.1930, 21.11.1931 und 30.4.1932.

136 UA BB, A 4460: Aufsichtsratsprotokoll Grün & Bilfinger vom 13.4.1929; A 4466: Bericht an den Aufsichtsrat für 1928 vom 13./14.3.1929.

137 Vgl. Sobotschinski: Die deutsche Bauwirtschaft in der Weltwirtschaftskrise.

138 Quelle: Wagemann (Hg.): Konjunkturstatistisches Handbuch 1936, S. 49f: Jahresindexziffern der deutschen Industrieproduktion seit 1925.

139 UA BB, A 4467: Bericht an den Aufsichtsrat zur Vermögens-, Gewinn- und Verlustrechnung für das Geschäftsjahr 1931 vom 12.4.1932.

140 UA BB, A 4460: Aufsichtsratsprotokoll Grün & Bilfinger vom 14.4.1928.

141 UA BB, A 4466: Bericht an den Aufsichtsrat vom 15.11.1929; A 4460: Aufsichtsratsprotokoll Grün & Bilfinger vom 19.11.1929.

142 UA BB, A 4460: Aufsichtsratsprotokoll Grün & Bilfinger vom 19.11.1929.

143 Ebd.: Aufsichtsratsprotokolle Grün & Bilfinger vom 11.4.1931 und 21.11.1931.

144 Vgl. Barkai: Das Wirtschaftssystem des Nationalsozialismus, S. 153f.

145 UA BB, A 4460: Aufsichtsratsprotokoll Grün & Bilfinger vom 25.10.1932.

146 UA BB, A 4467: Schreiben des Vorstands an die Vertreter der Anteilseigner im Aufsichtsrat vom 18.11.1932.

147 Ebd.; A 4460: Aufsichtsratsprotokoll Grün & Bilfinger vom 25.10.1932.

148 UA BB, 4467: Schreiben von Rudolf Sinner an den Vorstand von Grün & Bilfinger vom 29.11.1932.

149 Ebd.: Schreiben von Richard Graner an den Vorstand von Grün & Bilfinger vom 21.11.1932.

150 Ebd.: Schreiben von George de Thierry an den Vorstand von Grün & Bilfinger vom 21.11.1932; Schreiben von Felix Jüdell an den Vorstand von Grün & Bilfinger vom 22.11.1932; Schreiben von Ferdinand von Zuccalmaglio an den Vorstand von Grün & Bilfinger vom 25.11.1932.

151 Ebd.: Schreiben von Ernst Geber an den Vorstand von Grün & Bilfinger vom 26.11.1932.

152 Ebd.: Bericht des Vorstands für die Aufsichtsratssitzung vom 21.11.1931; A 4460: Aufsichtsratsprotokolle Grün & Bilfinger vom 21.11.1931, 30.4.1932 und 25.10.1932; A: 4461: Aufsichtsratsprotokolle Grün & Bilfinger vom 18.11.1933, 7.4.1934 und 17.11.1934. Vgl. Blaich: Der Schwarze Freitag, S. 87f; Wehler: Deutsche Gesellschaftsgeschichte, Bd. 4, S. 526.

153 Vgl. Blaich: Der Schwarze Freitag, S. 95–106; Wehler: Deutsche Gesellschaftsgeschichte, Bd. 4, S. 251f, 520; Heyde: Das Ende der Reparationen.

154 UA BB, A 4467: Bericht des Vorstands für die Aufsichtsratssitzung vom 21.11.1931; A 4460: Aufsichtsratsprotokolle Grün & Bilfinger vom 21.11.1931 und 25.10.1932; A 4461; Aufsichtsratsprotokolle Grün & Bilfinger vom 18.11.1933 und 17.11.1934.

155 Vgl. Blaich: Der Schwarze Freitag, S. 61.

156 Quelle: Wagemann (Hg.): Konjunkturstatistisches Handbuch 1936, S. 247.

157 Quelle: Wagemann (Hg.): Konjunkturstatistisches Handbuch 1936, S. 17, 21, 38, 42. Angegeben ist die Zahl der beschäftigten Arbeiter bzw. Angestellten „in von Hundert der Arbeitsplatzkapazität" auf Basis der gewerkschaftlichen Arbeitslosenstatistik.

158 UA BB, A 4460: Aufsichtsratsprotokoll Grün & Bilfinger vom 21.11.1931; A 4444: Vorstandsprotokolle Grün & Bilfinger vom 31.1.1931, 19./20.11.1931, 14.3.1932, 18.5.1932, 20.6.1932 und 28.6.1932; A 871: Pachtvertrag zwischen Grün & Bilfinger und Steinbruchmeister Johann Busch vom 3.6.1932.

159 Vgl. Pohl/Siekmann: Hochtief, S. 116.

160 Vgl. ebd., S. 111–113.

161 Vgl. Barkai: Das Wirtschaftssystem des Nationalsozialismus, S. 150–162; Wehler: Deutsche Gesellschaftsgeschichte, Bd. 4, S. 642–646; Buchheim: Zur Natur des Wirtschaftsaufschwungs in der NS-Zeit; Ders.: Die Wirtschaftsentwicklung im Dritten Reich. Zum Beginn des Autobahnbaus vgl. Schütz/Gruber: Mythos Reichsautobahn, S. 7–37.

162 Vgl. Wehler: Deutsche Gesellschaftsgeschichte, Bd. 4, S. 691–699; Plumpe: Unternehmen im Nationalsozialismus.

163 Vgl. Schütz/Gruber: Mythos Reichsautobahn, S. 67.

164 Vgl. Barkai: Vom Boykott zur „Entjudung", S. 23–43.

165 UA BB, A 4460: Aufsichtsratsprotokoll Grün & Bilfinger vom 26.4.1933; A 4461: Aufsichtsratsprotokoll Grün & Bilfinger vom 7.4.1934; der Briefwechsel mit Jüdell ist nicht überliefert. Zum Ausscheiden Frischs aus dem Vorstand der Dresdner Bank vgl. Meyen: 120 Jahre Dresdner Bank, S. 102.

166 BArch Berlin, BDC 31XX, NSDAP-Reichskartei, Film S 40, Bl. 894f. Bernhard Michael Bilfinger und Josef Koder waren Mitglieder des NS-Lehrerbunds (BArch Berlin, BDC, MF A 19, Bl. 1726, bzw. MF B 30, Bl. 1752).

167 UA BB, A 4461: Aufsichtsratsprotokolle Grün & Bilfinger vom 18.11.1933 und 7.4.1934; A 2124: Vertrag zum Bau der Autobahnstrecke durch den Lorscher Wald vom 17.2.1934.

168 UA BB, A 4461: Aufsichtsratsprotokolle Grün & Bilfinger vom 18.11.1933, 17.11.1934 und 22.11.1935; zur Devisenzwangswirtschaft vgl. Barkai: Das Wirtschaftssystem des Nationalsozialismus, S. 162–173.

169 UA BB, A 4461: Aufsichtsratsprotokolle Grün & Bilfinger vom 6.4.1935 und 27.11.1935.

170 Ebd.: Aufsichtsratsprotokolle Grün & Bilfinger vom 7.12.1937 und 1.12.1938; zum Bau der Autobahnbrücken vgl. Strommer: Triumph der Technik.

171 UA BB, A 4444: Vorstandsprotokoll Grün & Bilfinger vom 18.7.1938; A 4461: Aufsichtsratsprotokoll vom 1.12.1938; A 2051: ARGE-Vertrag Deutsches Stadion vom 12.8.1938; A 689: ARGE-Verträge Große Halle. Zum „Deutschen Stadion" vgl. Doosry: „Wohlauf, laßt uns eine Stadt und einen Turm bauen...", S. 206–350; Dietzfelbinger/Liedtke: Nürnberg – Ort der Massen, S. 58–60; zur „Großen Halle" vgl. Reichhardt/Schäche: Von Berlin nach Germania, S. 109–117.

172 Zur Wifo vgl. Karlsch/Stokes: „Faktor Öl", S. 180–182.

173 UA BB, A 4461: Aufsichtsratsprotokoll Grün & Bilfinger vom 12.11.1936.

174 Ebd.: Aufsichtsratsprotokolle Grün & Bilfinger vom 3.4.1936 und 12.11.1936. Vgl. Petzina: Autarkiepolitik im Dritten Reich, S. 84f; Plumpe: Industrie, technischer Fortschritt und Staat, S. 587–591.

175 UA BB, A 4461: Aufsichtsratsprotokoll Grün & Bilfinger vom 7.4.1938.

176 Vgl. Tempel: Kurze Beschreibung der Geschichte des Westwallbaus; Schütz/Gruber: Mythos Reichsautobahn, S. 14–20.

177 UA BB, A 4461: Aufsichtsratsprotokoll Grün & Bilfinger vom 1.12.1938.

178 Ebd.

179 Ebd.; UA BB, A 11: Jahresbericht des Hauptbüros Kehl (Baustelle Westwall) vom 31.12.1938.

180 Vgl. Mason: Arbeitsklasse und Volksgemeinschaft, Dok. 110, S. 699f: Verordnung zur Sicherstellung des Kräftebedarfs für Aufgaben von besonderer staatspolitischer Bedeutung vom 22.6.1938.

181 UA BB, A 11: Jahresbericht des Hauptbüros Kehl (Baustelle Westwall) vom 31.12.1938.

182 UA BB, A 4461: Aufsichtsratsprotokoll Grün & Bilfinger vom 1.12.1938; zu den Arbeitsbedingungen beim Westwallbau vgl. Tempel: Kurze Beschreibung der Geschichte des Westwallbaus.

183 UA BB, A 4461: Aufsichtsratsprotokolle Grün & Bilfinger vom 7.4.1938 und 1.12.1938.

184 UA BB, A 2124: Vertrag zum Bau der Autobahnstrecke durch den Lorscher Wald vom 17.2.1934; A 3150: Vertrag zum Bau der Autobahnbrücke über das Lahntal vom 13.7.1937.

185 Mason: Arbeitsklasse und Volksgemeinschaft, Dok. 66, S. 501f: Anordnung des Präsidenten der Reichsanstalt für Arbeitsvermittlung und Arbeitslosenversicherung über den Arbeitseinsatz bei Maurern und Zimmerern vom 6.10.1937; Dok. 80–82, S. 550–555: Anordnung über den Arbeitseinsatz von Arbeitern und technischen Angestellten in der Bauwirtschaft vom 30.5.1938, erläuternder Erlass des Präsidenten der Reichsanstalt an die Landesarbeitsämter vom 2.6.1938, Erlass des Präsidenten der Reichsanstalt an die Landesarbeitsämter und Arbeitsämter vom 5.12.1938.

186 Vgl. UA BB, A 11: Bau- und Jahresberichte der Niederlassungen für 1938.

187 Mason: Arbeitsklasse und Volksgemeinschaft, Dok. 119, S. 695–698; vgl. Petzina: Die Mobilisierung deutscher Arbeitskräfte.

188 UA BB, A 12.

189 UA BB, A 11; vgl. Braedt et al: Die Spengstofffabrik Tanne in Claustahl-Zellerfeld.

190 Vgl. Gruner: Der Geschlossene Arbeitseinsatz deutscher Juden, S. 55–106.

191 UA BB, A 899.

192 UA BB, A 901: Bericht über die Baustelle Falkensee-Brieselang vom August 1939.

193 UA BB, A 13: Bericht der Baustelle Falkensee für das Jahr 1940 vom 25.1.1941.

194 UA BB, A 899.

195 UA BB, A 12.

196 Vgl. als Überblick: Benz: Zwangsarbeit im nationalsozialistischen Staat; ausführlich: Spoerer: Zwangsarbeit unter dem Hakenkreuz; Herbert: Fremdarbeiter; Ders.: Arbeit und Vernichtung.

197 Vgl. Konieczny: Die Zwangsarbeit der Juden in Schlesien im Rahmen der „Organisation Schmelt"; Gruner: Juden bauen die „Straßen des Führers".

198 UA BB, A 12: Jahresberichte der Niederlassung Breslau vom 31.12.1939 und vom 31.12.1940.

199 UA BB, A 897: Verträge über die Erdlose E 9 und E 10 vom 14./21.1.1941 bzw. 3./13.3.1941.

200 UA BB, A 13: Jahresbericht der Niederlassung Breslau vom 31.12.1941.

201 UA BB, A 897: Nachweis der zusätzlichen Kosten für Erdlos E 10 vom Juli 1942.

202 UA BB, A 14: Jahresbericht der Niederlassung Breslau vom 31.12.1943; A 4500: Übersicht der eingefrorenen Forderungen und Kriegsschäden vom 31.12.1945.

203 UA BB, A 14: Bericht der Baustelle Karlshagen I vom 31.12.1943.

204 Vgl. Fröbe: Der Arbeitseinsatz von KZ-Häftlingen und die Perspektive der Industrie; Schulte: Zwangsarbeit und Vernichtung, S. 406–412; Herbert: Arbeit und Vernichtung, S. 412–415.

205 LHA Sachsen-Anhalt Magdeburg, Bestand Grün & Bilfinger, Nr. 7: Bericht der Baustelle Malachit vom 24.1.1945.

206 UA BB, A 1194: Richtlinien des SS-Wirtschaftsverwaltungshauptamts vom 9.6.1943 (Abschrift); Vertrag zwischen der Bauleitung der Waffen-SS, Baustab Heese und der NL Halle von Grün & Bilfinger vom 30.11.1944.

207 Ebd.

208 Ebd.

209 Vgl. Neander: Das Konzentrationslager „Mittelbau", S. 75–77.

210 LHA Sachsen-Anhalt Magdeburg, Bestand Grün & Bilfinger, Nr. 7: Bericht der Baustelle Malachit vom 24.1.1945.

211 UA BB, A 4500: Übersicht der eingefrorenen Forderungen und Kriegsschäden vom 31.12.1945.

212 UA BB, A 14: Jahresbericht der NL Breslau vom 31.12.1943; Baubericht der Baustelle Auschwitz vom 4.1.1944. Zur Standortwahl des I.G. Farben-Werks vgl. Stokes: Von der I.G. Farbenindustrie AG bis zur Neugründung der BASF, S. 302-308.

213 Vgl. Rauh-Kühne: Hitlers Hehler?, S. 44–54.

214 UA BB, A 4461: Aufsichtsratsprotokolle Grün & Bilfinger vom 9.4.1940 und 3.4.1941; Brandt: Die Talsperre Cruz del Eje in der Provinz Córdoba, Argentinien. Zum deutsch-argentinischen Verhältnis in der Zeit des National-sozialismus vgl. Schönwald: Deutschland und Argentinien nach dem Zweiten Weltkrieg, S. 36–52.

215 Reichsgesetzblatt 1941, Teil 1, Nr. 67, S. 323–327; vgl. Rauh-Kühne: Hitlers Hehler?, S. 22f.

216 UA BB, A 4467: Schreiben des Vorstands an den Aufsichtsrat vom 28.6.1941; A 4461 Aufsichtsratsprotokolle Grün & Bilfinger vom 3.4.1941 und 12.7.1941; A 4474: Protokoll der Hauptversammlung Grün & Bilfinger vom 25.8.1941.

217 Vgl. Wehler: Deutsche Gesellschaftsgeschichte, Bd. 4, S. 918–920.

218 UA BB, A 4461: Aufsichtsratsprotokolle Grün & Bilfinger vom 30.4.1942 und 9.4.1943.

219 UA BB, A 3093: ARGE-Vertrag zwischen Grün & Bilfinger und Christiani & Nielsen vom 1./18.9.1943; Vertrag zwischen der ARGE und der OT vom 5./6.8.1943; Leistungsverzeichnis vom 17.6.1943.

220 UA BB, A 1205: ARGE-Vertrag vom 11.5.1942; Schreiben der NL Berlin von Grün & Bilfinger an den Vorstand vom 27.6.1942; A 1209: Vertrag zwischen der ARGE und der OT vom 1.10.1942; A 4461: Aufsichtsratsprotokolle Grün & Bilfinger vom 30.4.1942 und 9.4.1943. Vgl. Riedel: Bergbau und Eisenhüttenindustrie in der Ukraine unter deutscher Besatzung.

221 UA BB, A 4468: Bericht des Vorstands an den Aufsichtsrat vom 24.11.1944; A 4500: Zusammenstellung der eingefrorenen Forderungen und Kriegsschäden vom 31.12.1945.

222 LHA Sachsen-Anhalt Magdeburg, Bestand Grün & Bilfinger, Nr. 7: Baubericht der Baustelle Felsenkeller vom 20.1.1945.

223 UA BB, A 14: Baubericht der NL Berlin vom 31.12.1943; BStU, MfS-HA IX/11, FV 87/70, Bd. 25: ARGE-Vertrag vom 14.7.1944. Vgl. Bornemann: Geheimprojekt Mittelbau, S. 85, 90–94.

224 UA BB, A 4444: Vorstandsprotokoll Grün & Bilfinger vom 23.8.1943; A 4468: Schreiben des Vorstands an den Aufsichtsrat vom 9.1.1945.

225 UA BB, A 4500: Zusammenstellung der eingefrorenen Forderungen und Kriegsschäden vom 31.12.1945; A 4461: Aufsichtsratsprotokoll Grün & Bilfinger vom 3.4.1941.

226 UA BB, A 4468: Schreiben des Vorstands an den Aufsichtsrat vom 8.6.1945.

Kapitel 2

1 Vgl. Mosse: Jews in the German Economy, S. 363f.

2 Berger: Meine Lebenserinnerungen, S. 7.

3 Vgl. Aschkewitz: Zur Geschichte der Juden in Westpreußen, S. 25, 83, 106.

4 Vgl. Berger: Meine Lebenserinnerungen, S. 7ff.

5 Vgl. ebd., S. 12f.

6 Faschinen sind Rutenbündel zur Stabilisierung von Böschungen.

7 Vgl. Berger: Meine Lebenserinnerungen, S. 15ff, Zitat, S. 23.

8 Vgl. Böhm: Industrie und Gewerbe in Bromberg, S. 21ff.

9 Vgl. Berger: Meine Lebenserinnerungen, S. 24ff; UB BB, A 211: Vertrag zwischen der Stadtgemeinde Bromberg und der Julius Berger OHG vom 24.4.1903.

10 Vgl. Berger: Meine Lebenserinnerungen, S. 28; Kronecker: Julius Berger, S. 3, 14f.

11 Vgl. Berger: Meine Lebenserinnerungen, S. 29f.

12 UA BB, A 4431: Gründungsurkunde der JBTAG vom 18.12.1905 (Abschrift) und Protokoll der ersten Generalversammlung vom 18.12.1905.

13 BArch Berlin, R 3118, Nr. 158: Protokoll der Generalversammlung JBTAG vom 21.10.1909.

14 UA BB, A 4431: Aufsichtsratsprotokoll JBTAG vom 27.9.1906.

15 BArch Berlin, R 3118, Nr. 158: Protokoll der Generalversammlung der JBTAG vom 21.10.1909; Schreiben des Bankhauses Fromberg & Co. an die Zulassungsstelle der Berliner Börse vom 8.4.1910. UA BB, A 4431: Aufsichtsratsprotokoll JBTAG vom 27.9.1906. Handbuch der Deutschen Aktiengesellschaften 1910/11, Bd. 1, S. 360. Vgl. Berger: Meine Lebenserinnerungen, S. 31.

16 UA BB, A 4431: Aufsichtsratsprotokolle JBTAG vom 18.11.1911 und 16.1.1912; Prospekt über die Börsenzulassung vom 22.9.1911.

17 UA BB, A 4431: Aufsichtsratsprotokoll JBTAG vom 13.4.1907; vgl. Berger: Meine Lebenserinnerungen, S. 32ff.

18 UA BB: Geschäftsberichte JBTAG 1907 und 1908.

19 UA BB, A 4431: Aufsichtsratsprotokolle JBTAG vom 2.10.1908 und 21.10.1909; BArch Berlin, R 3118, Nr. 158: Protokoll der Generalversammlung JBTAG vom 21.10.1909; vgl. Berger: Meine Lebenserinnerungen, S. 35ff.

20 Berger: Meine Lebenserinnerungen, S. 38.

21 Vgl. Kronecker: Julius Berger, S. 3f; UA BB: Geschäftsbericht JBTAG 1912.

22 BArch Berlin, R 3101, Nr. 7582: Nachweisung der aus Anlass des Erweiterungsbaues zwischen dem Kaiserlichen Kanalamt in Kiel einerseits und den Erdarbeitenunternehmern andererseits entstandenen, inzwischen beendeten Streitigkeiten vom 29.8.1917; vgl. Berger: Meine Lebenserinnerungen, S. 39f.

23 Vgl. Wiesmann: Der Bau des Hauenstein-Basistunnels; Berger: Meine Lebenserinnerungen, S. 40ff; Kronecker: Julius Berger, S. 30 ff; UA BB: Geschäftsberichte JBTAG 1911 und 1913.

24 UA BB: Geschäftsberichte JBTAG 1915–1918; Berger: Meine Lebenserinnerungen, S. 47.

25 Berger: Meine Lebenserinnerungen, S. 48.

26 UA BB: Projektverzeichnis JBTAG 1890–1945.

27 UA BB: Geschäftsbericht JBTAG 1915.

28 Vgl. Epstein: Matthias Erzberger und das Dilemma der deutschen Demokratie.

29 Der Erzberger-Prozeß. Stenographischer Bericht über die Verhandlungen im Beleidigungsprozeß des Reichsfinanzministers Erzberger gegen den Staatsminister a.D. Dr. Karl Helfferich, Berlin 1920, S. 312–389.

30 BArch Berlin: R 3101, Nr. 7593: Schiedsspruch über Nachforderungen der JBTAG aus den Losen 17 und 18 vom 6.6.1916.

31 Vgl. Der Erzberger-Prozeß, S. 363–369; UA BB, A 4431: Aufsichtsratsprotokoll JBTAG vom 5.12.1916.

32 Vgl. Der Erzberger-Prozeß, S. 344–348.

33 Vgl. ebd., S. 320, 323.

34 Ebd., S. 1011.

35 Der Erzberger-Prozeß, S. 344–348.

36 Vgl. ebd., S. 333.

37 BArch Berlin, R 43 I, Nr. 342, Fiche 4.

38 Ebd., S. 3.

39 Ebd., S. 8.

40 Ebd., S. 8–10.

41 Vgl. Kronecker: Julius Berger, S. 200ff.

42 UA BB, A 4435: Aufsichtsratsprotokoll JBTAG vom 4.12.1922.

43 Vgl. Berger: Meine Lebenserinnerungen, S. 52.

44 Vgl. Kronecker: Julius Berger S. 26ff.

45 Vgl. ebd., S. 144ff.

46 Vgl. ebd., S. 176ff.

47 Vgl. ebd., S. 154ff.

48 Vgl. ebd., S. 220ff.

49 UA BB: Geschäftsbericht JBTAG 1920; vgl. Berger: Meine Lebenserinnerungen, S. 50.

50 Vgl. Kronecker, Julius Berger, S. 53ff.

51 UA BB, A 203: Verträge und Korrespondenz zwischen der JBTAG und Briske & Prohl 1914–1934; A 4435: Aufsichts-
    ratsprotokolle JBTAG 1922–1928; BArch Berlin, R 3118, Nr. 159: Protokoll der Generalversammlung der JBTAG vom
    6. Januar 1923. Zum Mandat bei der deutschen Orientbank vgl. Wenzel: Deutscher Wirtschaftsführer, Sp. 308.

52 UA BB, A 203: Verträge vom 12.1.1914 und 3.9.1917.

53 Ebd.: Konsortialvertrag vom 17.3.1921 mit Nachtrag vom 16.1.1925, später wurde das Beteiligungsverhältnis bei
    Baugeschäften in der Türkei zu Gunsten der JBTAG auf 70:30 geändert.

54 Vgl. Kronecker: S. 71ff; Berger: Meine Lebenserinnerungen, S. 55.

55 Vgl. Kronecker: Julius Berger, S. 77ff.

56 UA BB, A 272: Bauvertrag zwischen dem türkischen Ministerium für öffentliche Arbeiten und dem Julius Berger
    Konsortium vom 15.6.1927 (Abschrift), Finanzierungsvertrag zwischen der türkischen Regierung, der Deutschen
    Orientbank und dem Bankenkonsortium vom 15.6.1927 (Abschrift); BArch Berlin, R 3101, Nr. 19213: Bürgschafts-
    erklärung des Reichsfinanzministeriums vom 30.6.1927 sowie Korrespondenz und Zeitungsausschnitte.

57 UA BB, A 272: Bericht des Wirtschaftsprüfers Willibald Dorow über das Ergebnis des türkischen Eisenbahnbau-
    geschäftes vom 18.6.1940.

58 BArch Berlin, R 3101, Nr. 19217: Schreiben der JBTAG und der Philipp Holzmann AG an das Reichswirtschaftmi-
    nisterium vom 13.4.1933.

59 BArch Berlin, R 3101, Nr. 19218: Schreiben Prohls an das Reichswirtschaftministerium vom 20.10.1933, Auszug
    aus einer Vereinbarung zwischen der JBTAG und Briske & Prohl vom 13.4.1931, Schreiben von Briske & Prohl an
    die JBTAG vom 30.9.1933 und Antwort der JBTAG vom 6.10.1933, Schreiben des Reichswirtschaftsministeriums
    an Prohl vom 8.11.1933.

60 BArch Berlin, R 3101, Nr. 19217: Schreiben des Staatssekretärs Claussen (Wirtschaftsministerium) an Staatssekretär
    Pfundtner (Innenministerium) vom 23.5.1933.

61 UA BB, A 4435: Aufsichtsratsprotokoll JBTAG vom 25.9.1933.

62 BArch Berlin, R 3101, Nr. 19217: Schreiben des Reichswirtschaftsministeriums an das außenpolitische Amt der
    NSDAP vom 29.5.1934.

63 UA BB, A 356: Konsortialvertrag zwischen JBCO, Holzmann und Siemens Bauunion vom 1.9.1927, Syndikatsvertrag
    zwischen dem deutschen Konsortium und Ulen & Company vom 17.3.1928; A 358: Vertrag zwischen der persischen
    Regierung und dem Syndikat vom 26.4.1928. Vgl. Kronecker: Julius Berger, S. 137ff; Pohl: Philipp Holzmann, S. 189f.

64 UA BB, A 354: Verträge Bahnhof Teheran; A 350 Verträge Landungsbrücke Bandar Shah; A 349–351: Verträge
    Zollkai, Slipanlage und Ufermauer Bandar Pahlevi; A 347: Verträge Hüttenwerk Keredj; A 346: Verträge Univer-
    sitätsklinik Teheran.

65 UA BB, A 353: Bericht vom 29. November 1941 betr. die letzten Vorgänge auf der Baustelle Hüttenwerk Keredj
    (Aug./Sept. 1941), Schreiben von Ernst Krüger an Friedrich Linsenhoff (Vorstand Philipp Holzmann AG) vom
    24.8.1944; A 364: Schriftverkehr und Vereinbarungen zur Abwicklung der ARGEN im Iran.

66 UA BB: Memoria detallada de los estudios del Rio Magdalena, obras proyectadas para su arreglo y resumen del presupuesto. Presentada al Gobierno por Julius Berger Konsortium, a virtud de contrato celebrado el 2 de diciembre de 1920, Bogotà 1926; Geschäftsberichte JBTAG 1926 und 1928; vgl. Kronecker: Julius Berger, S. 243f; Berger: Meine Lebenserinnerungen, S. 37f.

67 UA BB: Geschäftsberichte JBTAG 1930 und 1936; vgl. Kronecker: Julius Berger, S. 208.

68 HA-DrBk, 65/1903: Sammlung von Presseberichten zur Generalversammlung der JBTAG vom 3.5.1930.

69 Ebd., Presseberichte von November 1928 bis März 1929.

70 Kronecker: Julius Berger; vgl. Berger: Meine Lebenserinnerungen, S. 61f.

71 Vgl. Berger: Meine Lebenserinnerungen, S. 5, 66.

72 UA BB, A 4435: Aufsichtsratsprotokoll JBTAG vom 4.5.1929.

73 UA BB, A 4439: Generalversammlungsprotokolle JBTAG vom 9.5.1931, 7.5.1932 und 6.5.1933; vgl. BArch Berlin, R 3101, Nr. 19217: Schreiben des Staatssekretärs Claussen (Wirtschaftsministerium) an Staatssekretär Pfundtner (Innenministerium) vom 23.5.1933, danach betrug der Aktienbesitz Bergers und seiner Familie im Mai 1933 zwei Prozent des Grundkapitals.

74 UA BB, A 4569: Schreiben des Rechtsanwalts Hans Strauss an die Wiedergutmachungskammer beim Landgericht Frankfurt/Main vom 15.2.1955.

75 Vgl. Berger: Meine Lebenserinnerungen, S. 67.

76 UA BB, A 4439: Generalversammlungsprotokoll JBTAG vom 6.5.1933; A 4435: Aufsichtsratsprotokoll JBTAG vom 6.5.1933; BArch Berlin, R 3101, Nr. 19217: Schreiben des Staatssekretärs Claussen (Wirtschaftsministerium) an Staatssekretär Pfundtner (Innenministerium) vom 23.5.1933.

77 UA BB, A 4435: Aufsichtsratsprotokoll JBTAG vom 10.8.1933.

78 Ebd.: Aufsichtsratsprotokoll JBTAG vom 11.12.1933.

79 UA BB, A 4569: Aktenvermerk von Ernst Martens und Karl Pfeiffer vom 24.8.1951.

80 Vgl. Marcuse: Julius Berger und das Dritte Reich, S. 9.

81 UA BB, A 4435: Aufsichtsratsprotokoll JBTAG vom 26.4.1939.

82 UA BB, A 4569: Schreiben des Rechtsanwalts Hans Strauss an die Wiedergutmachungsbehörde in München; vgl. Marcuse: Julius Berger und das Dritte Reich, S. 38f.

83 UA BB, A 4435: Aufsichtsratsprotokolle JBTAG vom 17.5.1940, 1.6.1940 und 16.10.1942.

84 Vgl. Marcuse: Julius Berger und das Dritte Reich, S. 54f.

85 UA BB, A 4569: Aktennotiz vom 17.4.1952.

86 Ebd.: Schreiben der JBTAG an Rechtsanwalt Strauss vom 17.4.1952.

87 Ebd.: Eidesstattliche Erklärung von Federico (Fritz) Kahn vom 7.2.1952, eidesstattliche Erklärung von Rudolph Steinfeld vom 4.7.1956, eidesstattliche Erklärung von Betty Steinfeld vom 13.7.1956.

88 Ebd.: Vernehmungsprotokolle des Amtsgerichts Schöneberg vom 31.5.1956.

89 Ebd.: Beschluss der Wiedergutmachungskammer des Landgerichts Frankfurt am Main vom 12.6.1957.

90 Ebd.: Schreiben der JBTAG an Rechtsanwalt von Godin vom 31.10.1957.

91 UA BB: Geschäftsbericht JBTAG 1934.

92 UA BB: Projektverzeichnis JBTAG 1890–1945.

93 UA BB, A 4435: Aufsichtsratsprotokoll JBTAG vom 1.10.1937.

94 HA-DrBk, 17810-2000: Protokoll des Personalausschusses des Aufsichtsrats der JBTAG vom 13.12.1937.

95 Ebd.: Protokoll des Personalausschusses des Aufsichtsrats der JBTAG vom 24.1.1938.

96 Ebd.: Protokoll des Personalausschusses des Aufsichtsrats der JBTAG vom 31.1.1938.

97 UA BB, A 4435: Aufsichtsratsprotokolle JBTAG vom 28.4.1938 und 24.6.1938; A 4441: Aufsichtsratsprotokoll Tesch vom 3.10.1939.

98 HA-DrBk, 17810-2000: Protokoll des Personalausschusses des Aufsichtsrats der JBTAG vom 3.5.1938.

99 Vgl. Johr/Roder: Der Bunker, S.16.

100 UA BB, A 4441: Aufsichtsratsprotokolle Gottlieb Tesch vom 19.7.1945, 1.10.1945 und 19.11.1947.

101 UA BB: A 4435: Aufsichtsratsprotokoll JBTAG vom 14.11.1938.

102 Ebd.: Aufsichtsratprotokoll vom 17.11.1944.

103 Ebd.: Aufsichtsratprotokoll vom 2.2.1945.

Kapitel 3

1 Literatur zur Bevölkerungsentwicklung, Urbanisierung und Wohnungsfrage im Kaiserreich: Nipperdey: Deutsche Geschichte 1866–1918. Bd. 1, S. 9ff, 125ff; Wehler: Deutsche Gesellschaftsgeschichte. Bd. 3, S. 493ff; Teuteberg: Urbanisierung im 19. und 20. Jahrhundert; Reulecke: Geschichte der Urbanisierung in Deutschland; Teuteberg/Wischermann: Wohnalltag in Deutschland 1850–1914; Zimmermann: Von der Wohnungsfrage zur Wohnungspolitik; Geschichte des Wohnens. Bd. 3: 1800–1918. Speziell zu Berlin: Berlin und seine Bauten. Teile II und IV; Geist/Kürvers: Das Berliner Mietshaus 1862–1945; Bernhardt: Bauplatz Groß-Berlin, S. 72ff. Zur Berliner Stadtgeschichte: Korff/Rürup: Berlin, Berlin. Die Ausstellung zur Geschichte der Stadt; Stratenschulte: Kleine Geschichte Berlins; Winteroll: Die Geschichte Berlins.

2 Scarpa: Berlin und seine ersten Bauherren, bes. S. 84ff; Geist/Kürvers: Das Berliner Mietshaus 1862–1945, S. 320ff, hier auch zum Beginn von S. Haberlands Tätigkeit (1880/82 Kauf von Abrisshäusern vor dem Hamburger Tor und Neuparzellierung des Geländes); Haberland: Aus meinem Leben, S. 9ff, mit den folgenden Informationen zur Biographie von Georg Haberland. Die Informationen zu Booth: Escher: Berlin und sein Umland, S. 265ff; Bernhardt: Bauplatz Groß-Berlin, S. 54ff, 65ff.

3 Die Begründung für das Ausscheiden Booths wird von der Forschung in Frage gestellt; vgl. dazu: Bernhardt: Bauplatz Groß-Berlin, S. 65 Anm. 89. Zu den Kapital- und Beteiligungsverhältnissen vgl. UA BB, A 4361: Aktionärsverzeichnis der BBG; A 4347: Gutachten des öffentlich bestellten Bücherrevisors Paul Donath vom 25.9.1935.

4 Literatur: Haberland: Der Einfluß des Privatkapitals auf die bauliche Entwicklung Groß-Berlins, S. 10ff; Die Geschichte der Berlinischen Boden-Gesellschaft, S. 12ff, 27ff. 40 Jahre Berlinische Boden-Gesellschaft, S. 9ff; Haberland: Aus meinem Leben, S. 47ff; Twardawa: Der Viktoria-Luise-Platz in Berlin; Escher: Berlin und sein Umland, S. 272ff; Bernhardt: Bauplatz Groß-Berlin, S. 185ff; Berlin und seine Bauten. Tl. XI: Gartenwesen, S. 158ff, 276, 293.

5 Sitte: Der Städtebau.

6 Zur jüdischen Geschichte des Bayerischen Viertels: Orte des Erinnerns. Beiträge zur Debatte um Denkmale und Erinnerung. Bd. 2; Stih/Schnock: Arbeitsbuch für ein Denkmal in Berlin. Orte des Erinnerns im Bayerischen Viertel; Dies.: Orte des Erinnerns. Ausgrenzung und Entrechtung, Vertreibung, Deportation und Ermordung von Berliner Juden in den Jahren 1933 bis 1945.

7 Escher: Berlin und sein Umland, S. 357f, Tab. VII.

8 Die folgenden Projekte: Haberland: Der Einfluß des Privatkapitals auf die bauliche Entwicklung Groß-Berlins, S. 13ff; Die Geschichte der Berlinischen Boden-Gesellschaft, S. 15ff; 40 Jahre Berlinische Boden-Gesellschaft, S. 21ff; Haberland: Aus meinem Leben, S. 54ff; Berlin und seine Bauten, Teil IV, Bde. A–D, passim; Bernhardt: Bauplatz Groß-Berlin, S. 199ff, speziell zum Rheingau-Viertel S. 219; Berlin und seine Bauten. Tl. XI: Gartenwesen, S. 170ff, 291.

9 Handbuch der Deutschen Aktien-Gesellschaften 1913/14. Bd. 2, S. 61f.

10 Handbuch der Deutschen Aktien-Gesellschaften 1913/14. Bd. 1, S. 435.

11 Ausführliche Information über die Konstruktion der Gesellschaft und die Dimensionen des Projekts: Handbuch der deutschen Aktiengesellschaften 1913/14. Bd. 2, S. 53ff. Literatur: Berlin und seine Bauten. Teil IV, Bd. A: Die Voraussetzungen. Die Entwicklung der Wohngebiete, S. 125ff, 159ff, 340f; Teil IV, Bd. B: Die Wohngebäude – Mehrfamilienhäuser, S. 16, 21f; Escher: Berlin und sein Umland, S. 300ff, 322f; Haberland: Aus meinem Leben, S. 74ff, 125ff. Das folgende zeitgenössische Zitat nach: Bernhardt: Bauplatz Groß-Berlin, S. 47.

12 Überblick: Fisch: Grundbesitz und Urbanisierung. Entwicklung und Krise der deutschen Terraingesellschaften; Escher: Berlin und sein Umland, S. 216ff, 241ff, 246ff; Bernhardt: Bauplatz Groß-Berlin. Zeitgenössische Informationen zum Terraingeschäft, allerdings stark vom Interessensstandpunkt der Branche selbst und des Grundbesitzes dominiert: Meinardus [= Paul Busch]: Die Terrain-Technik. Der Verfasser war Berliner Stadtrat (Auflösung des Pseudonyms: Bernhardt: Bauplatz Groß-Berlin, S. 35). Zum preußischen „Gesetz betreffend die Anlegung und Veränderung von Straßen und Plätzen in Städten und ländlichen Ortschaften" vom 2. 7.1875 vgl.: Artikel „Städtebau", in: Handwörterbuch der Staatswissenschaften. 4. Aufl., Bd. 8, S. 1017–1042.

13 Meinardus: Die Terrain-Technik, S. 17.

14 Handbuch der Deutschen Aktien-Gesellschaften 1913/14, Bd. 1, S. 390.

15 Eberstadt: Berliner Communalreform, S. 590; vgl. auch: ders.: Handbuch des Wohnungswesens und der Wohnungsfrage, S. 67ff.

16 Artikel „Bodenbesitzreform", in: Handwörterbuch der Staatswissenschaften. 4. Aufl., Bd. 2, S. 935–954, das Zitat S. 943. Die Forderungen der Bodenreformer: Damaschke: Die Bodenreform.

17 Zuwachssteuergesetz vom 14.2.1911: Reichsgesetzblatt 1911, S. 33–56. Vgl. dazu: Artikel „Wertzuwachssteuer", in: Handwörterbuch der Staatswissenschaften. 4. Aufl., Bd. 7, S. 830–846, sowie: Haberland: Die Wertzuwachssteuer; Escher: Berlin und sein Umland, S. 311ff.

18 Zusammenfassung der Debatte und aktueller Forschungsstand: Bernhardt: Bauplatz Groß-Berlin, S. 28ff, 70f.

19 Zweckverbandsgesetz für Groß-Berlin vom 19.7.1911; Gesetz über die Stadtgemeinde Berlin vom 27.4.1920; vgl. Escher: Berlin und sein Umland, S. 318ff.

20 Haberland: Die Entwicklung des Bayerischen Viertels mit besonderer Beleuchtung der letzten kommunalen Vorgänge in Schöneberg; ders.: Aus meinem Leben, S. 90ff. Ausführliche Darstellung des Konflikts: Bernhardt: Bauplatz Groß-Berlin, S. 181ff.

21 Damaschke: Als die Haberlands in Berlin „arbeiteten"; Dominicus: Kommerzienrat Haberland und Groß-Berlin.

22 HIDB, K 05/0444: Geschäftsberichte BBG 1905 und 1907; Gesetz, betreffend die Abänderung der Gewerbeordnung vom 7.1.1907: Reichsgesetzblatt 1907, S. 3–5; Gesetz über die Sicherung der Bauforderungen vom 7.6.1909: Reichsgesetzblatt 1909, S. 449–468; zur Problematik vgl. Bernhardt: Bauplatz Groß-Berlin, S. 135ff.

23 HIDB, K 05/0444: Geschäftsberichte BBG 1902 bis 1911 sowie Pressenotizen über die Bilanzen der Folgejahre von 1913 und 1915; die Angaben für 1912 ergänzt aus: Reichsanzeiger und königlich Preußischer Staatsanzeiger vom 2.4.1913.

24 Haberland: Aus meinem Leben, S. 51ff, 96ff, 119ff, 125ff, 135ff.

25 Vgl.: Meinardus: Die Terrain-Technik, S. 17.

26 HIDB, K 05/0444: Geschäftsbericht BBG 1903; vgl. auch: Die Geschichte der Berlinischen Boden-Gesellschaft, S. 20.

27 Vgl. dazu: Bernhardt: Bauplatz Groß-Berlin, S. 145ff, S. 181ff; detailliert zu Schöneberg, S. 199ff zu Wilmersdorf.

28 Bernhardt: Bauplatz Groß-Berlin, S. 299ff; Die Geschichte der Berlinischen Boden-Gesellschaft, S. 18, S. 23f (Übersicht über die Kriegsbauten).

29 Überblick: Schulz: Kontinuitäten und Brüche in der Wohnungspolitik von der Weimarer Zeit bis zur Bundesrepublik, bes. S. 137; Geschichte des Wohnens. Bd. 4: Reform, Reaktion, Zerstörung.

30 HIDB, K 05/0444: Geschäftsberichte BBG 1924ff; Bernhardt: Bauplatz Groß-Berlin, S. 307.

31 Vgl. Bernhardt: Bauplatz Groß-Berlin, S. 296ff.

32 Vgl. ebd., S. 304ff.

33 Die Geschichte der Berlinischen Boden-Gesellschaft, S. 21.

34 Haberland: Aus meinem Leben, S. 162ff, 167ff, 183ff.

35 Haberland: Groß-Berlin; ders.: Die Wohnungsversorgung nach dem Kriege; ders.: Wie kommen wir aus der Wohnungsnot heraus? Zu dieser Epoche: Haberland, Aus meinem Leben, S. 167ff.

36 Handbuch der deutschen Aktiengesellschaften 1924/25. Bd. 1a, S. 527.

37 UA BB, A 4361: Aktionärsverzeichnis der BBG.

38 Überblick über die Tätigkeit: 40 Jahre Berlinische Boden-Gesellschaft; vgl. auch: Bernhardt: Bauplatz Groß-Berlin, S. 223f.

39 Literatur: vgl. Anm. 12, sowie: Die Geschichte der Berlinischen Boden-Gesellschaft, S. 46ff; 40 Jahre Berlinische Boden-Gesellschaft, S. 32ff; 10 Jahre Siedlung Tempelhofer Feld. Über den umstrittenen, zwischen Tradition und Moderne oszillierenden „expressiven Realismus" der Siedlung: Berlin und seine Bauten. Tl. IV, Bd. A, S. 75; Tl. IV, Bd. D: Reihenhäuser, Berlin 2002, S. 20, 84–89; Tl. XI: Gartenwesen, S. 111ff; Haberland: Aus meinem Leben, S. 170ff.

40 UA BB, A 4337: Satzung der Baugesellschaft Westdeutschland. Vgl.: Handbuch der deutschen Aktiengesellschaften 1931. Bd. 3, S. 3771. Die im Folgenden genannten Tochtergesellschaften sind im Handbuch der deutschen Aktiengesellschaften nicht nachgewiesen; vermutlich handelte es sich also um Gesellschaften mit beschränkter Haftung.

41 Zu den Kaufhausbauten: Berlin und seine Bauten. Tl. VIII: Bauten für Handel und Gewerbe. Bd. A: Handel, S. 16ff, 20f, 30ff, 37ff, 57ff. Zum Kaufhausbau der BBG bzw. BAUBOAG nach 1945 vgl. Kapitel 6.

42 Berlin und seine Bauten. Tl. IX: Industriebauten, Bürohäuser, S. 60ff, 107.

43 UA BB, A 4344: Satzungen der BBG von 1921 und 1928.

44 Schulz: Kontinuitäten und Brüche in der Wohnungspolitik, Tab. S. 171.

45 HIDB, K 05/0444: Geschäftsbericht BBG 1927. Die Kritik an der Bauordnung von 1925: Haberland: Wohnungsversorgung und Bauordnung; vgl. auch HIDB, K 05/0444: Geschäftsberichte BBG 1925ff.

46 HIDB, K 05/0444.

47 HIDB, P 05644: Interner Vermerk der Deutschen Bank vom 26.4.1931.

48 HIDB, K 05/0444: Geschäftsberichte BBG 1924ff; Angaben über die beschäftigten Arbeiter: Geschäftsberichte 1929 und 1930.

49 HIDB, K 05/0444.

50 BLHA Rep. 36A, Nr. 2374: Bericht über die Betriebsprüfung der BBG durch die Stelle für Devisenbewirtschaftung beim Oberfinanzpräsidenten Berlin vom 7.8.1937.

51 UA BB, A 4364: Aufsichtsratsprotokoll BBG vom 11.5.1933.

52 Ebd.: Notariatsurkunde vom 11.5.1933.

53 Ebd.

54 HIDB, P 5641: Notiz vom 16.11.1933.

55 BLHA, Rep.36 II, Nr. 13435: Akte der Vermögensverwertungsstelle beim Oberfinanzpräsidenten Berlin zu Werner Haberland.

56 Landgericht Hamburg, Wiedergutmachungskammer, Rückerstattungssache Haberland: Abschrift des Testaments vom 25.1.1932 mit Nachträgen vom 21.7.1932 und 4.2.1933.

57 BLHA Rep. 36A, Nr. 2374: Bericht über die Betriebsprüfung der BBG durch die Stelle für Devisenbewirtschaftung beim Oberfinanzpräsidenten Berlin vom 7.8.1937.

58 HIDB, P 5641: Schreiben der BBG an v. Stauß vom 8.2.1934; Schreiben Gutmanns an v. Stauß vom 6.2.1934 (Zitat).

59 Walther Frisch war im September 1933 auf Druck der NSDAP aus dem Vorstand der Dresdner Bank ausgeschieden und zum Bankhaus Hardy gewechselt; vgl. Kapitel 1.

60 HIDB, P 5641: Schreiben Kurt Haberlands an v. Stauß vom 15.12.1933.

61 Vgl. James: Die Deutsche Bank im Dritten Reich, S. 85–87.

62 Vgl. HIDB, P 5641: Schreiben v. Stauß' an Reichsbahn-Oberbaurat Grabski vom 24.2.1934.

63 Vgl. Feilchenfeld/Michaelis/Pinner: Haavara-Transfer nach Palästina.

64 HIDB, P 5641: Schreiben Haberlands an v. Stauß vom 27.4.1934.

65 Vgl. ebd.: Bericht über die Ergebnisse der Palästina-Reise der Vertreter der BBG vom April bis Juni 1934; Tagesordnung des Arbeitsausschusses der BBG vom 2.8.1934; Treuhändervertrag zwischen der BBG und Kurt Haberland vom 23.8.1934; Abkommen zwischen der Anglo-Palestine-Bank und Kurt Haberland vom 1.8.1934.

66 BLHA Rep. 36A, Nr. 2374: Bericht über die Betriebsprüfung der BBG durch die Stelle für Devisenbewirtschaftung beim Oberfinanzpräsidenten Berlin vom 7.8.1937.

67 HIDB, P 5647: Zeitgenössische Presseberichte zum Prozess. Hoffmann und zwei weitere Angeklagte wurden im Oktober 1936 zu Haftstrafen verurteilt.

68 Ebd.: Auszug aus der Anklageschrift vom 30.12.1935.

69 Ebd.: Stellungnahme Hoffmanns vom Januar 1936; Stellungnahme Combechers vom 10.10.1935.

70 UA BB, A 4347: Gutachten des öffentlich angestellten und vereidigten Bücherrevisors Paul Donath vom 25.9.1935.

71 HIDB, P 5641: Schreiben v. Stauß' an den Vorstand der BBG vom 31.3.1936; Entwurf des Empfehlungsschreibens an Reichsbahn-Oberbaurat Grabski vom 24.2.1934.

72 Vgl. HIDB, P 5647: Stellungnahme Hoffmanns vom Januar 1936.

73 HIDB, P 5641: Schreiben v. Stauß' an den Vorstand der BG vom 31.3.1936.

74 HIDB, P 5647: Stellungnahme Hoffmanns vom Januar 1936.

75 UA BB, A 4634: Aufsichtsratsprotokoll BBG und Notariatsurkunde vom 31.3.1937. Im November 1938 übernahm Alfred Hölling den Vorsitz im Aufsichtsrat und Hermann Pünder wurde zum stellvertretenden Vorsitzenden gewählt (UA BB, A 4364: Aufsichtsratsprotokoll BBG vom 25.11.1938.

76 UA BB, A 4352: Bemerkungen zur Rechtslage in der Restitutionsangelegenheit Nachlass Haberland des Rechtsanwalts Kurt Schindler in Tel Aviv vom 22.9.1949; Landgericht Hamburg, Wiedergutmachungskammer, Rückerstattungssache Haberland: Schriftsatz der Rechtsanwälte Kersten, Scherzberg, Buch vom 12.3.1953.

77 UA BB, A 4634: Notariatsurkunde vom 7.10.1937.

78 Landgericht Hamburg, Wiedergutmachungskammer, Rückerstattungssache Haberland: Schriftsatz der Rechtsanwälte Kersten, Scherzberg, Buch vom 6.9.1950.

79 Ebd.: Schriftsätze der Rechtsanwälte Kersten, Scherzberg, Buch vom 18.8.1950 und 31.8.1953; UA BB, A 4364: Aufsichtsratsprotokoll BBG vom 7.11.1938.

80 UA BB, A 4364: Aufsichtsratsprotokoll BBG vom 10.3.1939; BLHA Rep. 36A, Nr. 2374: Aktenvermerk zum Bericht über die Betriebsprüfung der BBG durch die Stelle für Devisenbewirtschaftung beim Oberfinanzpräsidenten Berlin vom 7.8.1937.

81 Landgericht Hamburg, Wiedergutmachungskammer, Rückerstattungssache Haberland: Schreiben des Rechtsanwalts Julius Fliess an das Zentralamt für Vermögensverwaltung vom 28.1.1949; Schriftsatz der Rechtsanwälte Kersten, Scherzberg, Buch vom 18.8.1950; Schreiben des Berliner Senators für Justiz an die Wiedergutmachungskammer vom 28.9.1954; Protokoll der Aussage von Ernst Lührse in der öffentlichen Sitzung vom 8.3.1955. BLHA, Rep. 36 II, Nr. 13434: Vermerke der Vermögensverwertungsstelle beim Oberfinanzpräsidenten Berlin-Brandenburg vom 14.6.1944 und 2.9.1944.

82 UA BB, A 4361: Aktionärsverzeichnis der BBG.

83 UA BB, A 4360: Aktienbuch der BBG/BAUBOAG.

84 Vgl. hierzu Kapitel 6.

85 Landgericht Hamburg, Wiedergutmachungskammer, Rückerstattungssache Haberland: Rückerstattungsantrag vom 21.10.1948; Schriftsätze der Rechtsanwälte Kersten, Scherzberg, Buch vom 18.8.1950 und 27.10.1950.

86 Ebd.: Vergleichsvereinbarungen vom 23.4.1951; Schriftsatz der Rechtsanwälte Kersten, Scherzberg, Buch vom 12.3.1953.

87 Ebd.: Schreiben des Rechtsanwalts P. Elstermann an das Hanseatische Oberlandesgericht vom 5.11.1957.

88 Ebd.: Schreiben des Rechtsanwalts Josef Sprotte an die Wiedergutmachungskammer vom 15.1.1954; Anordnung des Berliner Senators für Justiz über die nachträgliche Anerkennung der Eheschließung zwischen Kurt Haberland und Dagmar Jonsson vom 4.11.1953; Schreiben des Rechtsanwalts Josef Sprotte an die Wiedergutmachungskammer vom 10.7.1956.

TEIL 2

Einleitung

1 Vgl.: Meyen: 120 Jahre Dresdner Bank, S. 149–163.

2 Gesamtdarstellungen zur wirtschaftlich-sozialen, politischen und kulturellen Entwicklung in Deutschland nach 1945: Görtemaker: Geschichte der Bundesrepublik Deutschland; Kielmannsegg: Nach der Katastrophe. Eine Geschichte des geteilten Deutschland; Kleßmann: Die doppelte Staatsgründung. Deutsche Geschichte 1945–1955; ders.: Zwei Staaten, eine Nation. Deutsche Geschichte 1955–1970, bes. S. 21ff, 193ff; Schildt/Sywottek: Modernisierung im Wiederaufbau. Die westdeutsche Gesellschaft der 50er Jahre; Schildt/Siegfried/Lammers: Dynamische Zeiten. Die 60er Jahre in den beiden deutschen Gesellschaften; Herbert: Wandlungsprozesse in Westdeutschland; Morsey: Die Bundesrepublik Deutschland; Rödder: Die Bundesrepublik Deutschland. Aktueller Forschungsüberblick: Nützenadel: Abschied vom „Sonderweg"; speziell zur Wirtschaftsgeschichte: Abelshauser: Wirtschaftsgeschichte der Bundesrepublik Deutschland; Ders.: Deutsche Wirtschaftsgeschichte seit 1945. Zu den folgenden Zahlenangaben vgl. neben der genannten Literatur: Statistisches Jahrbuch für die Bundesrepublik Deutschland 1, 1952ff.

3 Bruttosozialprodukt je Einwohner zu konstanten Preisen von 1985. Statistisches Bundesamt: Volkswirtschaftliche Gesamtrechnungen. Revidierte Ergebnisse 1950–1990, S. 71.

4 Überblick über Kriegsschäden, Wohnungsbau und Wohnungspolitik sowie Städtebau: Schildt: Moderne Zeiten, S. 48ff; Schulz: Wiederaufbau in Deutschland, hier S. 349 detaillierte Zahlenangaben; von Beyme: Der Wiederaufbau, S. 25ff sowie die Tabellen S. 121, 260, 342f; Geschichte des Wohnens. Bd. 5: 1945 bis heute, S. 19ff, 90ff.

5 Maier/Bischof: Deutschland und der Marshall-Plan.

6 Schulz: Wiederaufbau in Deutschland, insbesondere die Tabellen S. 349ff; vgl. auch die in Anm. 4 genannte Literatur sowie: Dreis: Wohnungswirtschaftliche Zahlen.

7 Geschichte des Wohnens. Bd. 5: 1945 bis heute, S. 121, Tab. 2; Schulz: Wiederaufbau in Deutschland, S. 355, Tab. 11.

8 Arndt: Das Bauvolumen von morgen, S. 36.

9 Grundlegend: Klenke: Bundesdeutsche Verkehrspolitik und Motorisierung; Südbeck: Modernisierung, Verkehrsentwicklung und Verkehrspolitik in der Bundesrepublik Deutschland, hier S. 27ff die folgenden Angaben; Schmucki: Der Traum vom Verkehrsfluß, S. 83ff.

10 Zahlen zur Verkehrsentwicklung und Verkehrspolitik: Südbeck: Motorisierung, Verkehrsentwicklung und Verkehrspolitik, S. 77ff.

11 Reichow: Die autogerechte Stadt.

12 Statistisches Jahrbuch für die Bundesrepublik Deutschland 1, 1952ff, besonders die Abschnitte über Erwerbs-
    tätigkeit, das Bauhauptgewerbe sowie zur volkswirtschaftlichen Gesamtrechnung. Spezielle statistische Reihen
    zur Bauwirtschaft: Das Bauhauptgewerbe. Ergebnisse der Totalerhebung 1, 1949ff; Das Baugewerbe in der
    Bundesrepublik Deutschland. Zahlen für die Bauwirtschaft 1, 1955 bis 3, 1957 sowie diverse Sonderhefte;
    in erweiterter Form fortgesetzt durch: Statistisches Bundesamt Wiesbaden: Fachserie E. Bauwirtschaft, Bau-
    tätigkeit, Wohnungen. Reihe 1: Ausgewählte Zahlen für die Bauwirtschaft 1956ff; Reihe 2: Bauhauptgewerbe
    1957ff. Die Serie ist ab 1977 fortgesetzt als: Ausgewählte Zahlen für die Bauwirtschaft; vgl. auch: Bausta-
    tistisches Jahrbuch 1972ff. Zahlendifferenzen in der Literatur sind z. T. mit unterschiedlichen Methoden
    der Erfassung (nach Stichtagen bzw. Jahresdurchschnitten) sowie durch mehrfache Umgliederungen der
    Statistik seit den 1950er-Jahren zu erklären; vgl. dazu: Kresling: Statistisches Handbuch der Bauwirtschaft;
    Schneider/Thoenes/Trageser: Die deutsche Bauwirtschaft. Wachstum und Strukturwandel seit 1960, S. 39f,
    S. 54ff grundsätzliche Ausführungen über die Besonderheiten der Bauwirtschaft gegenüber anderen Zweigen
    der Volkswirtschaft, S. 393ff eine Übersicht über die verschiedenen die Bauwirtschaft betreffenden Fachserien
    des Statistischen Bundesamts.

13 Statistisches Jahrbuch für die Bundesrepublik Deutschland 20, 1971, Abschnitt „Bauwirtschaft, Bautätigkeit,
    Wohnungen"; bis 1959 Bundesgebiet ohne Saarland und Berlin.

14 Statistisches Jahrbuch für die Bundesrepublik Deutschland 19, 1970, S. 226; S. 226ff der umfangreiche Abschnitt
    über „Bauwirtschaft, Bautätigkeit, Wohnungen". Kurzer Überblick: von Lucadou: Kleines statistisches ABC der
    Bauwirtschaft.

15 Die Angaben zur Größenstruktur: Kresling: Statistisches Handbuch der Bauwirtschaft, S. 75ff; vgl. auch: Das
    Bauhauptgewerbe im Juli 1952.

16 Zur Ausländerbeschäftigung generell: Herbert: Geschichte der Ausländerpolitik in Deutschland, bes. S. 191ff mit
    umfangreichem Zahlenmaterial. Vgl. auch Statistisches Jahrbuch für die Bundesrepublik Deutschland 15, 1966,
    S. 160.

17 Vgl. Arndt: Das Bauvolumen von morgen.

18 Kresling: Statistisches Handbuch der Bauwirtschaft, S. 157.

19 Vgl. die Einzeldarstellungen zu Grün & Bilfinger, Julius Berger und BAUBOAG in den folgenden Kapiteln. Zur
    Strabag, die in den 1950er-Jahren den Hoch- und Ingenieurbau aufnahm, vgl. Pohl: Strabag, S. 241ff.

20 Die Bauwirtschaft und die Hochkonjunktur; das folgende Zitat aus dem Vorwort des Präsidenten Karl Pfeiffer,
    Vorstandsmitglied der Julius Berger Tiefbau AG.

21 Rossig: Konjunkturgerechte Vergabe der öffentlichen Bauaufträge, hier auch das Folgende.

22 Gesetz zur Einschränkung der Bautätigkeit vom 8.6.1962 (Bundesgesetzblatt 1962. Tl. I, S. 365f), verlängert bis
    Jahresende 1963 durch Gesetz vom 27.6.1963 (Bundesgesetzblatt 1963. Tl. I, S. 439).

23 de le Roi: Hemmnisse rationeller Bauproduktion, das folgende Zitat S. 42. Vgl. auch: von Halász: Industrialisierung
    der Bautechnik; de le Roi/Brüggemann: Die Industrie ohne Fabriken; dies.: Die Industrie der wandernden Fabriken;
    de le Roi: Produktiver bauen.

24 Kresling: Statistisches Handbuch der Bauwirtschaft, S. 131; Statistisches Jahrbuch für die Bundesrepublik
    Deutschland 15, 1966, S. 285. Vgl. auch: Schleicher: Segen und Fluch der Mechanisierung.

25 Müller: Straßenbau hat noch freie Kapazitäten, S. 56.

26 von Lucadou: Kleines statistisches ABC der Bauwirtschaft, S. 93.

27 Arndt: Das Bauvolumen von morgen, S. 37 (Empirische Werte für 1954–1959, Schätzung für 1960ff).

28 Aule/von Monschaw: Konjunkturelle Sonderentwicklung der Bauwirtschaft, die Angabe nach der Grafik S. 54.

29 Prange: Die Hochkonjunktur fordert genaues Rechnen, S. 82.

30 Meyer-Keller: Kostenartenschlüssel für den Baubetrieb.

31 Stein: Innere Ordnung im Wettbewerb, S. 65.

32 Geschäftsbericht Julius Berger Tiefbau AG 1951.

33 Buchheim: Die Wiedereingliederung Westdeutschlands in die Weltwirtschaft 1945–1958. Speziell zur Bauwirt-
    schaft: Schoen: Aufgaben und Tätigkeit der westdeutschen Bauindustrie in den Entwicklungsländern; Hafner:
    Die Besonderheiten des Auslandsmarktes für Bauleistungen. Zu den Auslandsaktivitäten von Grün & Bilfinger
    und Julius Berger vgl. die folgenden Kapitel.

34 Schoen: Aufgaben und Tätigkeit der westdeutschen Bauindustrie in den Entwicklungsländern, S. 60.

35 Ebd., S. 188.

36 Gesetz über die Übernahme von Sicherheitsleistungen und Gewährleistungen im Ausfuhrgeschäft vom 26.8.1949 (Gesetzblatt der Verwaltung des Vereinigten Wirtschaftsgebietes 1949, S. 303). Die weitere Entwicklung: Schoen: Aufgaben und Tätigkeit der westdeutschen Bauindustrie in den Entwicklungsländern, S. 86, 98.

37 Schoen: Aufgaben und Tätigkeit der westdeutschen Bauindustrie in den Entwicklungsländern, S. 86.

38 Ebd., Anlage 1.

39 Schoen: Aufgaben und Tätigkeit der westdeutschen Bauindustrie in den Entwicklungsländern, S. 219f, die folgenden Angaben: ebd., Anlage 3, S. 4.

Kapitel 4

1 Vgl. Abelshauser: Deutsche Wirtschaftsgeschichte seit 1945, S. 22–28.

2 UA BB, A 4468: Aktennotiz vom 28.3.1947.

3 Gesetz Nr. 8 der Militärregierung der amerikanischen Zone vom 12.10.1945, in: Ruhl (Hg.): Neubeginn und Restauration, S. 275f; UA BB, A 4445: Vorstandsprotokolle Grün & Bilfinger vom 16. und 19.10.1945; BArch Berlin, BDC 31XX, NSDAP-Reichskartei, Film B 137, Blatt 896f; GLA 465a/56/7/5893: Entnazifizierungsakte Fritz Bilfinger, Erklärung vom 22.10.1945.

4 GLA 456a/56/S/31: Entnazifizierungsakte Ernst Ufer, Erklärung Ufers vom 8.11.1945.

5 Ebd.: Erklärung Klees vom 8.11.1945.

6 Ebd.: Erklärung Ufers vom 15.11.1945.

7 Ebd.: Schreiben Ufers an die Spruchkammer Mannheim, vom 15.6.1946.

8 Ebd.

9 Ebd.: Entscheidung der Spruchkammer Mannheim vom 23.11.1946.

10 UA BB, A 4477: Protokoll der Hauptversammlung Grün & Bilfinger vom 28.5.1951.

11 UA BB, A 4461: Aufsichtsratprotokoll Grün & Bilfinger vom 10.4.1946; A 4446: Vorstandsprotokolle Grün & Bilfinger vom 6.2.1948 und 26.6.1950.

12 UA BB, A 4445: Vorstandsprotokolle Grün & Bilfinger vom 21.9.1945 und 10.4.1946; A 4446: Vorstandsprotokoll Grün & Bilfinger vom 6.2.1948; A 4461: Aufsichtsratprotokoll Grün & Bilfinger vom 29.6.1948.

13 Vgl. Pohl/Siekmann: Hochtief, S. 235–237; Pohl: Philipp Holzmann, S. 285–288.

14 UA BB, A 4468: Vorläufiger Bericht des Vorstands an den Aufsichtsrat über das Geschäftsjahr 1946, vom 17.3.1947.

15 UA BB, A 4445: Vorstandsprotokolle Grün & Bilfinger vom 4.9. und 21.9.1945; A 4461: Aufsichtsratprotokoll Grün & Bilfinger vom 4.10.1945.

16 UA BB, A 4461: Aufsichtsratprotokolle Grün & Bilfinger vom 4.10.1945, 10.4.1946 und 17.3.1947; A 4468: Bericht zur Geschäftslage vom 8.4.1946.

17 UA BB, A 4468: Leistungs- und Auftragsübersicht vom 17.3.1947.

18 UA BB, A 16: Baubericht der Baustelle Obrigheim vom 5.1.1947; A 4461: Aufsichtsratprotokolle Grün & Bilfinger vom 10.4.1946 und 25.11.1947. Zur Demontage von „Goldfisch" vgl. Schmid: Goldfisch, S. 505–511.

19 UA BB, A 15: Jahresbericht der Niederlassung Berlin vom 29.3.1946.

20 UA BB, A 15: Jahresbericht der Niederlassung Dresden vom 3.4.1946, Jahresbericht der Baustelle Böhlen vom 14.3.1946; A 16: Jahresbericht der Niederlassung Dresden vom 31.12.1946, Jahresbericht der Baustelle Böhlen vom 8.2.1947.

21 UA BB, A 15: Jahresbericht der Niederlassung Halle vom 31.12.1945; A 16: Jahresbericht der Baustelle Vockerode vom 16.1.1947.

22 Vgl. Steiner: Von Plan zu Plan, S. 40–42; Staritz: Die Gründung der DDR, S. 108f.

23 UA BB, A 523: Bescheinigung des Betriebsobmanns Klee vom 2.11.1945; Beschluss der Landesverwaltung Sachsen, Abt. Wirtschaft und Arbeit zur Aufhebung der treuhänderischen Verwaltung vom 13.11.1945; A 4445: Vorstandsprotokoll Grün & Bilfinger vom 23.11.1945.

24 UA BB, A 523: Bestätigung von 21./22.3.1946.

25 UA BB, A 524: Memorandum über die Sequestrierung der NL Halle mit Schriftverkehr Januar bis Dezember 1946; A 523: Bestallungsurkunde für Ernst Herzog vom 24. September 1946; A 4445: Vorstandsprotokoll Grün & Bilfinger vom 7./9.12.1946; A 4461: Aufsichtsratprotokoll vom 25.11.1947.

26 Vgl. Abelshauser: Deutsche Wirtschaftsgeschichte seit 1945, S. 106–119.

27 UA BB, A 4461: Aufsichtsratprotokoll Grün & Bilfinger vom 25.11.1947; A 4468: Bericht des Vorstands an den Aufsichtsrat vom 28.6.1948.

28 UA BB: Jahresabschlüsse 1944 bis 1946; A 4502: RM-Schlussbilanz; A 4504: DM-Eröffnungsbilanz mit Bericht des Vorstands; A 4461: Aufsichtsratsprotokoll Grün & Bilfinger vom 7.7.1950; A 4475: Protokoll der Hauptversammlung Grün & Bilfinger vom 28.5.1951.

29 Abelshauser: Deutsche Wirtschaftsgeschichte seit 1945, S. 158.

30 UA BB, A 4461: Aufsichtsratsprotokoll Grün & Bilfinger vom 4.4.1951.

31 Ebd.: Aufsichtsratsprotokolle Grün & Bilfinger vom 7.12.1949 und 7.7.1950; A 4446: Vorstandsprotokoll Grün & Bilfinger vom 16.3.1950.

32 UA BB, A 4461: Aufsichtsratsprotokolle Grün & Bilfinger vom 7.12.1949 und 24.9.1951; A 4468: Lagebericht zur Aufsichtsratssitzung am 24.9.1951.

33 UA BB, A 4446: Vorstandsprotokolle Grün & Bilfinger vom 17.12.1947, 24.3.1948 und 7./9.6.1948; A 4461: Aufsichtsratsprotokoll Grün & Bilfinger vom 29.6.1948.

34 UA BB, A 4461: Aufsichtsratsprotokolle Grün & Bilfinger vom 28.4.1949, 7.12.1949 und 7.7.1950.

35 UA BB, A 4445: Vorstandsprotokolle Grün & Bilfinger vom 11.1.1946 und 30.1.1946; A 4446: Vorstandsprotokoll Grün & Bilfinger vom 8.4.1948; A 4461: Aufsichtsratsprotokoll Grün & Bilfinger vom 8. 7. 1952.

36 Ebd.

37 Ebd.: Aufsichtsratsprotokoll Grün & Bilfinger vom 10.4.1953.

38 UA BB: Personalakte Werner Bansen; A 4446: Protokoll einer Besprechung zwischen Carl Goetz, Ernst Ufer, Hans Burkhardt, Wilhelm Bilfinger und Ferdinand Siemonsen über die Ergänzung des Vorstands vom 11.8.1954.

39 UA BB, A 4468.

40 UA BB: Personalakte Werner Bansen; A 4468: Schreiben von Alexander von Engelberg (Dyckerhoff AG) an Carl Goetz vom 3.11.1954; A 4469: Bericht an den Aufsichtsrat und Aufsichtsratsprotokoll Grün & Bilfinger vom 11.3.1955; Notiz für Carl Goetz und Walther Frisch über den Erwerb von Hüser & Co. vom 26.5.1955.

41 UA BB, A 4462: Aufsichtsratsprotokolle Grün & Bilfinger vom 3.7.1961, 18.1.1962, 6.6.1962 und 18.6.1963.

42 UA BB, A 4446: Protokoll einer Besprechung zwischen Carl Goetz, Ernst Ufer, Hans Burkhardt, Wilhelm Bilfinger und Ferdinand Siemonsen über die Ergänzung des Vorstands vom 11.8.1954; A 4469: Aktenvermerk über eine Besprechung zwischen Carl Goetz, Ernst Ufer und Juan Carlos Brandt vom 15.3.1955; A 4447: Aktennotiz von Wilhelm Bilfinger über den Eintritt von Juan Carlos Brandt in den Vorstand vom 30.3.1955.

43 UA BB, A 4461: Aufsichtsratsprotokolle Grün & Bilfinger vom 27.8.1955 und 13.12.1955; A 4462: Aufsichtsratsprotokoll vom 19.4.1958; Aufsichtsratsbeschluss vom 1.7.1958.

44 UA BB, A 4462: Aufsichtsratsprotokoll Grün & Bilfinger vom 5.9.1957.

45 UA BB, A 4469: Schreiben des Vorstands an Carl Goetz vom 15.6.1955 und Antwort vom 18.6.1955; A 4447: Vorstandsprotokolle Grün & Bilfinger vom 28.6.1955 und 26.8.1955; Protokoll einer Besprechung zwischen Carl Goetz, Erich Vierhub, Ernst Ufer, dem Vorstand und Fritz Bilfinger vom 1.7.1955.

46 UA BB, A 4461: Aufsichtsratsprotokolle Grün & Bilfinger vom 8.7.1952, 10.4.1953, 26.11.1953 und 13.5.1954.

47 Ebd.: Aufsichtsratsprotokoll Grün & Bilfinger vom 8.7.1952; A 4447: Vorstandsprotokoll vom 26.8.1955; A 4478: Protokoll der Hauptversammlung vom 5.6.1956; A 4490: Beschlüsse zur Durchführung der Kapitalerhöhung vom 24.5.1957 und 28.6.1958.

48 UA BB, A 3802: Auftragsschreiben der Kraftwerk Birsfelden AG vom 21.1.1952 und weitere Vertragsunterlagen; A 3803: Schreiben von Grün & Bilfinger an die Kraftwerk Birsfelden vom 17.11.1955 und weitere Unterlagen zur Bauzeitverzögerung; A 4447: Vorstandsprotokoll Grün & Bilfinger vom 26.8.1955.

49 Vgl. Schönwald: Deutschland und Argentinien nach dem Zweiten Weltkrieg, S. 87–157, 265–305.

50 UA BB, A 4461: Aufsichtsratsprotokolle Grün & Bilfinger vom 10.4.1953, 13.5.1954 und 27.8.1955.

51 UA BB, A 4447: Vorstandsprotokoll Grün & Bilfinger vom 18./19.10.1955; A 4462: Aufsichtsratsprotokolle Grün & Bilfinger vom 8.5.1961, 24.5.1961, 3.7.1961, 27.7.1961 und 18.1.1962.

52 UA BB, A 4469: Bericht von Juan Carlos Brandt über das venezolanische Geschäft vom 11.3.1955; A 4462: Aufsichtsratsprotokoll Grün & Bilfinger vom 5.9.1957.

53 UA BB, A 4461: Aufsichtsratsprotokoll Grün & Bilfinger vom 23.2.1957.

54 UA BB, A 4461: Aufsichtsratsprotokolle Grün & Bilfinger vom 27.9.1954, 7.5.1956, 5.6.1956 und 23.2.1957; A 4462: Aufsichtsratsprotokolle Grün & Bilfinger vom 3.5.1957 und 5.9.1957; A 4447: Vorstandsprotokolle Grün & Bilfinger vom 27.2.1956, 14.6.1956, 14./15.8.1956, 4.10.1956 und 2.1.1956; A 4469: Schreiben von Grün & Bilfinger an das Ingenieurbüro Coode & Partners in London vom 12.5.1956; Schreiben von Carl Goetz an den Vorstand vom 16.5.1956.

55 UA BB, A 4447: Vorstandsprotokoll Grün & Bilfinger vom 26.10.1959; A 4462: Aufsichtsratsprotokoll Grün & Bilfinger vom 3.5.1960.

56 UA BB, A 4462: Aufsichtsratsprotokolle Grün & Bilfinger vom 18.1.1962, 6.6.1962, 15.5.1963, 10.12.1963 und 9.12.1964.

57 Laut Geschäftsbericht verteilte sich im Jahr 1963 der Umsatz folgendermaßen auf die einzelnen Sparten: Tiefbau aller Art einschließlich Straßenbau: 45 %, Hoch- und Industriebau: 30 %, Wasserbau: 25 %.

58 Vgl. Harlander: Wohnen und Stadtentwicklung in der Bundesrepublik, S. 312–325.

59 UA BB, A 4462: Aufsichtsratsprotokolle Grün & Bilfinger vom 14.12.1962, 15.5.1963, 10.12.1963 und 9.12.1964; A 4463: Aufsichtsratsprotokoll Grün & Bilfinger vom 31.3.1966.

60 UA BB, A 4462: Aufsichtsratsprotokolle Grün & Bilfinger vom 14.12.1962, 15.5.1963, 9.12.1964, 14.6.1965, 6.7.1965 und 7.12.1965; A 4463: Aufsichtsratsprotokoll Grün & Bilfinger vom 31.3.1966.

61 Diesen Eindruck schilderten übereinstimmend und unabhängig von einander Dr. Detlev Anderson, Dr. Christian Roth und Wilhelm Klöckner in Gesprächen mit den Autoren am 31.10.2003, 7.11.2003 und 24.11.2003.

62 UA BB, A 4447: Vorstandsprotokolle Grün & Bilfinger vom 9.5.1959, 21.9.1959, 26.10.1959 und 14.1.1960.

63 Vgl. Pohl/Siekmann: Hochtief, S. 254. Exakte Zahlen zur Leistung von Grün & Bilfinger sind ab 1962 nicht mehr überliefert und wurden auch nicht veröffentlicht. Die zeitgenössische Wirtschaftspresse schätzte sie auf die angegebenen Werte.

Kapitel 5

1 UA BB, A 4434: Aufsichtsratsprotokoll JBTAG vom 17.11.1944.

2 UA BB, A 4434: Aufsichtsratsprotokoll JBTAG vom 2.2.1945. Zur Situation bei Kriegsende vgl. auch die Schilderung im Geschäftsbericht JBTAG 1945.

3 UA BB, A 4437: Aufsichtsratsprotokoll JBTAG vom 18.11.1947. Hinweise auf die Übergangszeit auch in: HA-DrBk 17811-2000: Die Entwicklung der Julius Berger Aktiengesellschaft nach 1945. Eine persönliche „Studie" von Max R. Schulz, Januar 1968.

4 UA BB, A 4434.

5 UA BB, A 4417: Vermerk vom 22.8.1945.

6 UA BB: Geschäftsbericht JBTAG 1945.

7 Vgl. HA-DrBk 17811-2000: Die Entwicklung der Julius Berger Aktiengesellschaft nach 1945. Eine persönliche „Studie" von Max R. Schulz, Januar 1968.

8 UA BB, A 4417: Schreiben von Martens an die Niederlassungen vom 10.10.1945.

9 UA BB, A 4436: Aufsichtsratsprotokolle JBTAG vom 14.11.1945 und 21.5.1947.

10 UA BB, A 4417: Schreiben von Martens an die Niederlassungen vom 10.10.1945.

11 UA BB, A 4417: Vermerk vom 22.8.1945.

12 UA BB, A 4417: Niederschrift über die Geschäftsleitungsbesprechung in München vom 11./12.9.1946.

13 UA BB, A 4429: Aufsichtsratsprotokoll JBTAG vom 23.7.1948; Protokoll der Hauptversammlung (Entwurf).

14 UA BB, A 4437.

15 UA BB, A 4437: Bericht von Martens an den Aufsichtsrat vom 18.11.1947.

16 UA BB, A 4429: Aufsichtsratsprotokoll Gottlieb Tesch vom 10.11.1948.

17 UA BB, A 4417: Vermerk vom 22.8.1945; vgl. auch ebd.: Monatsberichte verschiedener Niederlassungen für das Jahr 1946 sowie Niederschrift über die Geschäftsleitungsbesprechung vom 10.10.1947 in Wiesbaden.

18 UA BB, A 4401: Undatierter Bericht des Vorstands der JBTAG zur Aufsichtsratssitzung vom 19.8.1949.

19 UA BB, A 4417: Niederschrift über die Geschäftsleitungsbesprechung in München vom 11./12.9.1946.

20 UA BB, A 4434: Aufsichtsratsprotokoll JBTAG vom 21.5.1947.

21 UA BB, A 4417: Niederschrift über die Geschäftsleitungsbesprechung in Wiesbaden vom 10.10.1947.

22 UA BB, A 4434: Aufsichtsratsprotokoll JBTAG vom 21.5.1947. Die folgenden Informationen: UA BB, A 4417: Monatsbericht der Niederlassung Stuttgart für August 1946 vom 9.9.1946.

23 Zur Bedeutung der Besatzungsaufträge vgl. auch HA-DrBk 17811-2000: Die Entwicklung der Julius Berger Aktiengesellschaft nach 1945. Eine persönliche „Studie" von Max R. Schulz, Januar 1968.

24 UA BB, A 4430: Geschäftsbericht 1948 / Bericht über den Reichsmarkabschluss zum 20.6.1948; vgl. auch UA BB, A 4429: Aufsichtsratsprotokoll JBTAG vom 3.8.1950.

25 UA BB, A 4430: Bericht des Vorstands der JBTAG zur DM-Eröffnungsbilanz zum 21. Juni 1948.

26 UA BB, A 4401: Bericht des Vorstands der JBTAG zur Aufsichtsratssitzung am 19.8.1949.

27 Überblick über die Währungsreform in West- und Ostdeutschland: Fünfzig Jahre Deutsche Mark, bes. S. 11 /ff, 614ff.

28 UA BB, A 4428: Schreiben von Keller an Martens vom 24.5.1949.

29 UA BB, A 4429: Notarielle Urkunde über die Hauptversammlung vom 19.6.1951 und Bericht der Geschäftsführung vom 27.4.1951 über die DM-Eröffnungsbilanz.

30 UA BB, A 4401: Bericht des Vorstands der JBTAG vom Februar 1950.

31 UA BB, A 4433: Aufsichtsratsprotokoll JBTAG vom 19.8.1949.

32 UA BB, A 4428.

33 UA BB, A 4428. Schreiben von Keller an Martens vom 3.2.1949, hier auch das folgende Zitat.

34 UA BB, A 4430: Bauergebnisse und Vermögensrechnung der JBTAG-Zweigniederlassung Berlin vom 25.6.1948 bis 31.12.1949.

35 UA BB, A 4401: Bericht des Vorstands der JBTAG vom Februar 1950.

36 UA BB, A 4429: Bericht der Geschäftsführung über die DM-Eröffnungsbilanz zum 1. April 1949 und Vorschläge zur endgültigen Neufestsetzung des Stammkapitals vom 27.5.1951; Anlage zum Protokoll der Gesellschafterversammlung vom 19.6.1951.

37 UA BB, A 4401: Bericht des Vorstands der JBTAG vom Februar 1950.

38 UA BB, A 4429: Aufsichtsratsprotokoll Gottlieb Tesch vom 3.8.1949, hier auch die folgenden Informationen.

39 UA BB, A 4417.

40 UA BB, A 4428: Geschäftsbericht Gottlieb Tesch zum 1. Halbjahr 1950 (Anlage zum Schreiben Gottlieb Tesch an Spennrath vom 30.9.1950).

41 UA BB, A 4401: Bericht des Vorstands der JBTAG vom 22.6.1950.

42 UA BB, A 4429: Aufsichtsratsprotokoll Gottlieb Tesch vom 24./25.7.1948 und Protokoll der Gesellschafterversammlung vom 25.7.1948; UA BB, A 4428: Schreiben von Martens an Keller vom 14.9.1948 und Schreiben von Martens an Spennrath vom 9.2.1949; UA BB, A 4401: Bericht des Vorstands der JBTAG zur Aufsichtsratssitzung vom 19.8.1949.

43 UA BB, A 4429: Aufsichtsratsprotokolle Gottlieb Tesch vom 25.8.1948 und 10.11.1948.

44 UA BB, A 4428: Schreiben von Keller an Martens vom 3.2.1949.

45 UA BB, A 4429.

46 UA BB, A 4428: Schreiben von Keller an Martens vom 24.5.1949.

47 UA BB, A 4429: Protokolle der Gesellschafterversammlung Gottlieb Tesch vom 21.11.1950; Aufsichtsratsprotokolle Gottlieb Tesch vom 19.6.1951 und 31.3.1951; Protokolle der Gesellschafterversammlung Gottlieb Tesch vom 10.12.1954, 12.12.1955 und 12.12.1956.

48 UA BB, A 4429: Aufsichtsratsprotokoll JBTAG vom 31.8.1955.

49 UA BB, A 4401: Undatierter Bericht des Vorstands der JBTAG (Anlage zur Aufsichtsratssitzung vom 19.8.1949).

50 UA BB, A 4401: Bericht des Vorstands der JBTAG vom Februar 1950; vgl. auch Geschäftsbericht JBTAG 1948/49.

51 UA BB, A 4429: Protokoll der Gesellschafterversammlung Gottlieb Tesch vom 10.12.1954.

52 UA BB, A 4401: Bericht des Vorstands der JBTAG vom Februar 1950.

53 UA BB: Geschäftsbericht JBTAG 1950.

54 UA BB, A 4429: Aufsichtsratsprotokoll JBTAG vom 3.8.1950.

55 UA BB 4429: Aufsichtsratsprotokoll JBTAG 9.3.1951; vgl. auch UA BB, A 4401: Bericht des Vorstands der JBTAG vom Februar 1950 sowie vom 22.6.1950.

56 UA BB, A 4428: Schreiben von Martens an Spennrath vom 20.12.1950.

57 UA BB, A 4401: Bericht des Vorstands der JBTAG vom 22.6.1950.

58 Benannt nach Hugo Zinßer (1900–1955), Vorstandsmitglied der Rhein-Main Bank AG und Aufsichtsratsmitglied der JBTAG.

59 UA BB, A 4429: Aufsichtsratsprotokoll JBTAG vom 9.3.1951; vgl. auch ebd.: Aufsichtsratsprotokoll JBTAG vom 7.11.1951, sowie die rückblickende Einschätzung von Schulz aus dem Jahr 1968 (HA-DrBk 17811-2000) über *die guten Leistungen der ZN Wiesbaden [...], die dank einer sehr geschickten Geschäftsführung sofort einen guten Kontakt mit dem damals größten Auftraggeber – der amerikanischen Besatzungsmacht – bekam.*

60 UA BB, A 4428: Schreiben von Zinßer an Spennrath vom 7.12.1950, Schreiben von Martens an Spennrath vom 21.12.1950, Schreiben von Spennrath an Martens und Zinßer vom 10.1.1951.

61 UA BB, A 4401.

62 Ebd.: Berichte des Vorstands der JBTAG vom Februar 1950 sowie vom 29.3.1952; vgl. auch: UA BB, A 4433: Aufsichtsratsprotokolle JBTAG vom 9.3.1951 – hier das folgende Zitat – und vom 23.6.1951; sowie UA BB, A 4428: Schreiben von Martens an Spennrath vom 6.7.1951, hier die Informationen über das Angebot.

63 UA BB, A 4401.

64 UA BB, A 4429: Aufsichtsratsprotokoll JBTAG vom 22.7.1954; zum Hotelbau vgl. Schoen: Aufgaben und Tätigkeit der westdeutschen Bauindustrie in den Entwicklungsländern, S. 194f.

65 UA BB, A 4428: Schreiben der JBTAG an Spennrath vom 8.1.1952.

66 UA BB, A 4429: Aufsichtsratsprotokoll JBTAG vom 16.4.1955.

67 Ebd.: Aufsichtsratsprotokoll JBTAG vom 2.7.1953.

68 Ebd.: Aufsichtsratsprotokoll JBTAG vom 16.4.1955.

69 Ebd.: Aufsichtsratsprotokoll JBTAG vom 16.4.1955.

70 Ebd.: Aufsichtsratsprotokoll JBTAG vom 22.7.1954; vgl. auch UA BB, A 4428: Vermerk von Martens und Schreiben der JBTAG an Kastl vom 29.4.1955 (Anlagen zum Schreiben der JBTAG an Spennrath vom 29.4.1955), sowie Schreiben der AEG Frankfurt an Spennrath vom 6.5.1955.

71 UA BB, A 4429: Aufsichtsratsprotokoll JBTAG vom 2.7.1953.

72 Ebd.: Aufsichtsratsprotokoll JBTAG vom 28.4.1956; hier auch die folgende Angabe. Zum Brückenbau in Ägypten vgl. Schoen: Aufgaben und Tätigkeit der westdeutschen Bauindustrie in den Entwicklungsländern, S. 185ff.

73 HA-DrBk 17811-2000: Die Entwicklung der Julius Berger Aktiengesellschaft nach 1945. Eine persönliche „Studie" von Max R. Schulz, Januar 1968.

74 UA BB, A 4429: Aufsichtsratsprotokoll JBTAG vom 22.7.1954.

75 Ebd.: Schreiben von Martens an Spennrath vom 8.5.1953.

76 UA BB: Geschäftsbericht JBTAG 1952.

77 UA BB, A 4429: Ausführungen von Martens auf der Hauptversammlung der JBTAG vom 29.9.1955 (Anlage zum Schreiben von Martens an Spennrath vom 3.10.1955).

78 Ebd.: Vermerk vom 8.8.1955.

79 UA BB: Geschäftsbericht JBTAG 1950; vgl. auch UA BB, A 4428: Schreiben von Martens an Spennrath vom 1.9.1955.

80 UA BB, A 4424: Vorstandsbericht zur Bilanzsitzung des Aufsichtsrats der JBTAG vom 15.6.1959.

81 Ebd.: Bericht des Vorstands in der Bilanzsitzung des Aufsichtsrats der JBTAG vom 10.6.1960. Das scheinbare Sinken des Tiefbauanteils in den folgenden Jahren – z.B. 1962 auf 75 % – ist allein auf die veränderte Gliederung in Tiefbau und Industriebau zurückzuführen. Auch der Industriebau enthielt Tiefbauaufträge; vgl. dazu ebd.: Bericht des Vorstands in der Bilanzsitzung des Aufsichtsrats der JBTAG vom 28.6.1962 sowie die Erläuterungen im Geschäftsbericht JBTAG 1960.

82 UA BB, A 4408: Schreiben von Martens an Kastl vom 19.2.1964.

83 UA BB: Geschäftsbericht JBTAG 1962.

84 UA BB, A 4429: Aufsichtsratsprotokoll JBTAG vom 31.8.1955.

85 Ebd.: Aufsichtsratsprotokoll JBTAG vom 25.9.1956.

86 UA BB, A 4365: Ausführliche Bilanz der Berlinischen Boden-Gesellschaft 1944, Anlage zum Protokoll der Hauptversammlung vom 18.12.1947.

87 UA BB, A 4403: Aufsichtsratsprotokoll JBTAG vom 15.9.1959.

88 UA BB, A 4401: Streng vertraulicher Vermerk Pfeiffers vom 14.12.1950.

89 UA BB, A 4418: Protokoll der Besprechung der Geschäftsleitung vom 6.5.1957.

90 UA BB, A 4403: Aufsichtsratsprotokoll JBTAG vom 15.9.1959 (Kapitalerhöhung 1959); UA BB, A 4424: Aufsichtsratsprotokoll JBTAG vom 16.10.1963 (Kapitalerhöhung 1963).

91 UA BB, A 4424: Bericht des Vorstands in der Bilanzsitzung des Aufsichtsrats der JBTAG vom 15.6.1959.

92 Ebd.: Bericht des Vorstands in der Bilanzsitzung des Aufsichtsrats JBTAG vom 20.6.1961.

93 UA BB, A 4403: Aufsichtsratsprotokoll JBTAG vom 29.11.1961.

94 UA BB, A 4424: Bericht des Vorstands in der Bilanzsitzung des Aufsichtsrats der JBTAG vom 28.6.1962.

95 Ebd.: Aufsichtsratsprotokoll JBTAG vom 12.6.1963 sowie mündlicher Bericht von Schulz in dieser Sitzung.

96 Ebd.: Bericht des Vorstands in der Bilanzsitzung des Aufsichtsrats der JBTAG vom 28.6.1962.

97 Ebd.: Bericht von Schulz in der Aufsichtsratssitzung vom 12.6.1963.

98 Ebd.: Bericht des Vorstands in der Bilanzsitzung des Aufsichtsrats JBTAG vom 20.6.1961.

99 Zur Entwicklung bei Gottlieb Tesch vgl. ebd.: Vorstandsberichte für die Bilanzsitzungen des Aufsichtsrats der JBTAG.

100 HA-DrBk 17811-2000: Die Entwicklung der Julius Berger Aktiengesellschaft nach 1945. Eine persönliche „Studie" von Max R. Schulz, Januar 1968, Anlage 8.

101 UA BB, A 4429: Aufsichtsratsprotokoll JBTAG vom 25.9.1956. Zum Projekt: UA BB, A 4402: Vermerk von Martens vom 30.7.1957; Schreiben von Martens an Schniewind und die anderen Aufsichtsratsmitglieder vom 30.7.1957, 14.8.1957 und 12.10.1957; Aufsichtsratsprotokolle JBTAG vom 25.9.1956, 27.6.1957 und 21.11.1957; vgl. Schoen: Aufgaben und Tätigkeit der westdeutschen Bauindustrie in den Entwicklungsländern, S. 125ff (Sudan), 183ff (Maracaibo).

102 UA BB, A 4402: Schreiben von Martens an Schniewind und die anderen Aufsichtsratsmitglieder vom 30.7.1957. Zur Brücke vgl. die von Berger besorgte Publikation: Simons/Wind: Die Brücke über den Maracaibo-See in Venezuela.

103 Ebd.: Schreiben von Martens an Schniewind und die anderen Aufsichtsratsmitglieder vom 14.8.1957.

104 UA BB, A 4402.

105 Die weitere Entwicklung: Ebd.: Aufsichtsratsprotokoll JBTAG vom 23.6.1958; UA BB, A 4403: Aufsichtsratsprotokolle JBTAG vom 16.12.1958, 15.6.1959, 10.6.1960, 20.6.1961 und 29.11.1961.

106 UA BB, A 4402: Aufsichtsratsprotokoll JBTAG vom 23.6.1958.

107 UA BB, A 4403: Aufsichtsratsprotokoll JBTAG vom 20.6.1961.

108 Ebd.: Schreiben der JBTAG an Schniewind vom 24.4.1961.

109 UA BB, A 4403.

110 UA BB: Geschäftsbericht JBTAG 1964; vgl. auch UA BB, A 4424: Aufsichtsratsprotokoll JBTAG vom 10.4.1964.

111 UA BB, A 4424: Aufsichtsratsprotokoll JBTAG vom 12.6.1963.

112 UA BB: Geschäftsbericht JBTAG 1961.

113 UA BB: Geschäftsbericht JBTAG 1962.

114 UA BB, A 4424: Bericht des Vorstands zur Bilanzsitzung des Aufsichtsrats der JBTAG vom 15.6.1959.

115 Ebd.: Bericht des Vorstands in der Aufsichtsratssitzung vom 10.4.1964; Aufsichtsratsprotokoll JBTAG vom 9.12.1964.

116 HA-DrBk 18129-2000: Schreiben von Schulz an Ponto vom 20.6.1966, Anlagen.

117 Ebd.: Schreiben von Schulz an Ponto vom 20.6.1966; ergänzt für 1967 durch die Angaben im Statistischen Jahrbuch für die Bundesrepublik Deutschland bzw. in den Bilanzunterlagen der Julius Berger AG.

118 Vgl. UA BB, A 4425: Protokolle Aufsichtsratssitzungen JBTAG vom 9.6.1965, 24.11.1965 und 26.10.1966.

119 UA BB, JBTAG-Abschlussberichte, 1962–1966: Bericht der Treuhand-Vereinigung über den Jahresabschluss 1966.

120 UA BB, A 3: Aufsichtsratsprotokoll Julius Berger vom 8.6.1966.

121 UA BB, A 4419: Vorstandsprotokolle JBTAG vom 8.3.1968, 13.3.1968, 8.5.1968 und 24.5.1968.

122 UA BB, A 4408: Unterlagen zum Neubau Verwaltungsgebäude.

123 Vgl. ebd.: Korrespondenz zwischen Martens und Schniewind.

124 UA BB, A 4424: Entwurf des Berichts über den Halbjahresabschluss per 30.6.1964 zur Vorlage in der Aufsichtsratssitzung vom 9.12.1964, abgefasst von Pega am 6.12.1964; vgl. auch UA BB, A 4425: Wiederholung anlässlich der Aufsichtsratssitzung vom 24.11.1965.

125 UA BB, A 4425: Vorlage Boltens zur Aufsichtsratssitzung der JBTAG vom 26.10.1966.

126 UA BB, A 4419: Vorstandsprotokoll JBTAG vom 26.4.1966.

127 UA BB, A 4425.

128 Ebd.: Vorlage Boltens zur Aufsichtsratssitzung der JBTAG vom 26.10.1966.

129 Nicht mit Betriebsergebnis der Bilanz vergleichbar. Außerordentliche Erträge/Aufwendungen und unterschiedliche Arten der Ergebnisermittlung Inland und Ausland sind nicht berücksichtigt. Quelle: HA-DrBk 17811-2000: Die Entwicklung der Julius Berger Aktiengesellschaft nach 1945. Eine persönliche „Studie" von Max R. Schulz, Januar 1968, Anlage 3.

130 Zum Folgenden detailliert: HA-DrBk 18129-2000: Gedanken und Vorschläge zur Anpassung unserer Gesellschaft an die in naher Zukunft zu erwartende verschlechterte Marktlage im Baugewerbe vom 7.7.1966, vgl. auch HA-DrBk 18129-2000: Schreiben von Schulz an Ponto vom 20.6.1966; aus rückblickender Perspektive, HA-DrBk 17811-2000: Die Entwicklung der Julius Berger Aktiengesellschaft nach 1945. Eine persönliche „Studie" von Max R. Schulz, Januar 1968 und HA-DrBk 18132-2000: Schreiben von Schulz an Ponto vom 13.3.1968 mit Anlage Vorerhebungen zur Studie „Fusion" vom Februar 1968.

131 HA-DrBk 17811-2000, S. 15f.

132 HA-DrBk 18129-2000: Gedanken und Vorschläge zur Anpassung unserer Gesellschaft an die in naher Zukunft zu erwartende verschlechterte Marktlage im Baugewerbe vom 7.7.1966, S. 10. Aus diesem Papier auch das Folgende.

133 UA BB, A 9: Vermerk vom 15.3.1969 anlässlich der Verhandlungen über seine Pension.

134 HA-DrBk 18129-2000: Gedanken und Vorschläge zur Anpassung unserer Gesellschaft an die in naher Zukunft zu erwartende verschlechterte Marktlage im Baugewerbe vom 7.7.1966, S. 16.

135 Das Folgende vor allem nach den Akten des für Entwicklungshilfe zuständigen Bundesministeriums für wirtschaftliche Zusammenarbeit [künftig: BMZ], die auch Unterlagen der Kreditanstalt für Wiederaufbau enthalten: BArch Koblenz, B 213/3969ff, 11839ff.

136 UA BB, A 4420: Vermerk über eine Besprechung vom 22.2.1965.

137 UA BB, A 4406: Aufsichtsratsprotokoll JBTAG vom 24.11.1965.

138 Abkommen über Finanzhilfe vom 25.3.1963 (in Kraft gesetzt zum 1.11.1963; Rahmenabkommen über Kredite der KfW an Nigeria bis zu 100 Mio. DM für zu vereinbarende Projekte), in: Bundesanzeiger Nr. 5 vom 9.1.1964; darauf basierend die Kreditverträge zwischen Nigeria und der KfW vom 14.9.1964, 16.3.1966 und 20.8.1969. Überblick und zahlreiche Detailinformationen: BArch Koblenz B 213/11839: Prüfungsbericht der KfW vom März 1969; Anlage zum Schreiben der KfW an Bundeswirtschaftsministerium vom 9.4.1969. Die weiteren Vereinbarungen zur Finanzierung der Eko-Bridge: Kapitalhilfeabkommen vom 31.7.1969 (51 Mio. DM für zweite Phase): Bundesanzeiger Nr. 193 vom 16.10.1969; dass. vom 14.12.1973 (32 Mio. DM für dritte Phase): Bundesgesetzblatt 1974. Teil II, S. 629f.

Kapitel 6

1 HA-DrBk 18129-2000: Tischrede Neumanns zur 75-Jahr-Feier der BBG/BAUBOAG am 23.3.1965.

2 Vgl. die entsprechenden Protokolle in: UA BB, A 4365; sowie UA BB, A 4352: Vermerk über die Bilanzbesprechung vom 3.12.1950.

3 UA BB, A 4334: Aufsichtsratsprotokolle BBG vom 20.12.1950 und 20.12.1951.

4 Ebd.: Notiz Höllings vom 18.12.1947; Aufsichtsratsprotokoll BBG vom 18.12.1947.

5 Ebd.: Undatierte Richtlinien für den Vorstand der Berlinischen Boden-Gesellschaft zu Hamburg für die zu verfolgende Geschäftspolitik (Dezember 1947); das folgende Zitat: ebd.: Aufsichtsratsprotokoll vom 20.12.1950. Vgl. auch UA BB, A 4349: Schreiben der BBG Hamburg an die BBG Berlin vom 29.11.1948.

6 UA BB, A 4337: Satzung, Bilanzen und Protokolle der Baugesellschaft Westdeutschland.

7 UA BB, A 4390: Korrespondenz von Combecher mit dem Bankhaus Alfons Kassel, Berlin/Frankfurt am Main, März bis Mai 1952.

8 UA BB, A 4349: Schreiben von Combecher an Lührse vom 22.1.1948.

9 UA BB, A 4334: Undatierte handschriftliche Aufzeichnungen (März 1949) Combechers für die Aufsichtsratssitzung am 8.3.1949. Das Folgende: ebd.: Undatierte Notizen Combechers für die Hauptversammlung vom 28.4.1949 (*Verwertung des Grundbesitzes* [...], *vergebliche Verkaufsbemühungen*).

10 UA BB, A 4334.

11 UA BB, A 4390: Notarielle Urkunden vom 2./4.4.1949; Schreiben von Wergin an die BBG vom 2.4.1949 und Schreiben der BBG an Wergin vom 6.4.1949; UA BB, A 4352: Diverse Korrespondenzen zwischen der BBG und Wergin vom 2.4. bis 26.4.1949; Aufsichtsratsprotokoll BBG vom 28.4.1949.

12 UA BB, A 4352: Schreiben der BBG an die Rhein-Ruhr Bank vom 24.3.1949.

13 UA BB, A 4352.

14 UA BB, A 4349: Schreiben von Lührse an Hölling vom 10.3.1949.

15 Ebd.: Schreiben von Lührse an Combecher vom 14.2.1949.

16 UA BB, A 4352: Schreiben von Wergin an die BBG vom 21.4.1949.

17 Ebd.: Schreiben der BBG an Wergin vom 26.4.1949 (Entwurf).

18 Plastische Schilderung dieser Probleme: UA BB, A 4349: Schreiben der BBG Berlin an die BBG Hamburg vom 14.2.1949.

19 UA BB, A 4336: Gesellschaftsverträge für München/Kastl und Frankfurt.

20 UA BB, A 4364: Anlage zum Aufsichtsratsprotokoll BBG vom 24.1.1952 (Stand Ende 1950 nach Umstellung des Grundkapitals).

21 UA BB, A 4362: Präsenzlisten zu den Hauptversammlungen.

22 Ebd.: Präsenzliste zur Hauptversammlung am 20.12.1950.

23 UA BB, A 4353, A 4354, A 4355: zahlreiche Empfehlungsschreiben.

24 UA BB, A 4352.

25 Ebd.

26 UA BB, A 4355.

27 UA BB, A 4354: Schreiben von Christ an das Mutterhaus der Franziskanerinnen in Nonnenwerth vom 6.2.1958.

28 UA BB, A 4352: Diverse Hinweise und Korrespondenzen.

29 Ebd.: Schreiben der BBG an die Rhein-Ruhr Bank vom 6.4.1950.

30 UA BB, A 4334: Aufsichtsratsprotokoll BBG vom 20.12.1950; UA BB, A 4365: Protokoll der Hauptversammlung vom 20.12.1951.

31 UA BB, A 4352: Schreiben der BBG an die Rhein-Ruhr Bank vom 2.5.1952 mit Vorschlag Combechers: *Einbringen der Grundwert-Aktien in BBG, Vorbereitung näheren Zusammenrückens, später bessere Liquidität möglich, wenn Grundwert AG Grundstücke verkauft.*

32 UA BB, A 4352: Vermerk über die Besprechung zwischen Rhein-Ruhr Bank und BBG vom 1.8.1952.

33 Ebd.: Schreiben der BBG an die Rhein-Ruhr Bank vom 23.3.1950.

34 Ebd.: Schreiben der BBG an die Rhein-Ruhr Bank vom 5.2.1953, Anlage *Zur Frage einer eventuellen Kapitaler-höhung der Berlinischen Boden-Gesellschaft, Düsseldorf.*

35 UA BB, A 4334: Unterlagen für die Besprechung der BBG mit ihren Tochtergesellschaften am 18./19.12.1953, Anlage 3.

36 Ebd.: Tätigkeitsbericht und Ausblick des Vorstands auf der Hauptversammlung vom 20.12.1951. Vgl. auch: UA BB, A 4364: Erläuterungen zum Geschäftsbericht 1950; Anlage zum Aufsichtsratsprotokoll BBG vom 24.1.1952; sowie die Geschäftsberichte BBG 1948/49ff.

37 UA BB, A 4334: Vermerk über Geschäftsführerbesprechung vom 15.7.1954.

38 UA BB: Geschäftsbericht BBG 1951.

39 UA BB, A 4352: Undatierte Aufzeichnungen *Kurze Darstellung des Entwicklungsgangs der B.B.G. in den Jahren 1933 bis 1950* [ca. Ende 1950].

40 UA BB, A 4334: Tätigkeitsbericht und Ausblick des Vorstands auf der Hauptversammlung vom 20.12.1951.

41 UA BB, A 4352: Vermerk über eine Besprechung zwischen Rhein-Ruhr Bank und BBG vom 1.8.1952.

42 Ebd.: Schreiben der BBG an die Rhein-Ruhr Bank vom 5.2.1953, Anlage *Zur Frage einer eventuellen Kapitaler-höhung der Berlinischen Boden-Gesellschaft, Düsseldorf.*

43 Ebd.

44 Behandlung der Krise und Sanierung: UA BB, A 4396: Aufsichtsratsprotokolle BBG/BAUBOAG vom 12.8.1953, 24.5.1954, 24.6.1954, 25.4.1955, 27.5.1955 und 24.8.1955.

45 UA BB, A 4396: Aufsichtsratsprotokoll BAUBOAG vom 24.8.1955.

46 Ebd.: Aufsichtsratsprotokoll BBG vom 24.5.1954; UA BB, A 4336: Protokoll der Gesellschafterversammlung vom 9.12.1954 (Abberufung des Frankfurter Geschäftsführers Willy Langhoff im Dezember 1954), hier auch die entsprechenden Bilanzen der Gesellschaft.

47 UA BB, A 4350.

48 UA BB, A 4398: Aufsichtsratsprotokoll BAUBOAG vom 30.7.1959, Anlagen.

49 UA BB, A 4335: Beiratsprotokolle BBG vom 21.8.1953 und 9.11.1953, hieraus das Zitat.

50 Zum Folgenden vgl. ebd.: Beiratsprotokolle BBG vom 29.2.1952ff.

51 Ebd.: Beiratsprotokoll BBG vom 13.9.1952.

52 Ebd.: Beiratsprotokoll BBG vom 24.11.1952, sowie Anlage 1.

53 Ebd.: Beiratsprotokoll BBG vom 9.2.1953.

54 UA BB, A 4334: Handschriftliche Notiz Pünders zur Aufsichtsratssitzung vom 12.8.1953; UA BB, A 4350: Korres-pondenz zwischen Combecher und Lührse vom Februar 1953.

55 UA BB, A 4396: Aufsichtsratsprotokolle BBG/BAUBOAG vom 8.1.1953, 12.8.1953, 24.6.1954, 24.8.1955 und 7.12.1955.

56 Ebd.: Aufsichtsratsprotokoll vom 27.5.1955; ähnlich bereits Aufsichtsratsprotokoll vom 25.4.1955.

57 UA BB, A 4350: Schreiben von Combecher an Lührse vom 7.2.1953.

58 UA BB, A 4362: Schreiben der Rhein-Ruhr Bank an die BAUBOAG vom 4.6.1954.

59 Ebd.: Aufstellung über die Hauptversammlung vom 27.5.1955.

60 UA BB, A 4360: Aktienbuch der BBG/BAUBOAG.

61 UA BB, A 4334: Frage der Umwandlung und Auflösung der Tochtergesellschaften; handschriftliche Notizen Combechers über die Aufsichtsratssitzung vom 12.8.1953; Unterlagen für die Besprechung der BBG mit ihren

Tochtergesellschaften am 18./19.12.1953, Anlage 1. UA BB, A 4396: Aufsichtsratsprotokolle BAUBOAG vom 24.5.1954 und 24.6.1954. UA BB, A 4334: Vorstandsprotokolle BAUBOAG vom 31.1.1955 und 26.3.1955.

62 UA BB, A 4396: Aufsichtsratsprotokoll BAUBOAG vom 24.8.1955.

63 UA BB, A 4334: Vorstandsprotokoll vom 29.10.1955 mit Anlagen; UA BB, A 4396: Aufsichtsratsprotokolle vom 24.8.1955 und 7.12.1955.

64 UA BB, A 4396: Aufsichtsratsprotokoll BAUBOAG vom 24.8.1955.

65 UA BB, A 9: Lebenslauf Klinge.

66 UA BB, A 4397: Aufsichtsratsprotokoll BAUBOAG vom 21.11.1957.

67 UA BB, A 4334: Aktennotiz *Allgemeines zur Frage, welche Auftragschancen für uns und für die Bauindustrie überhaupt in Zukunft bestehen* vom 17.8.1954.

68 Ebd.

69 UA BB, A 4334: Aufsichtsratsprotokoll BAUBOAG vom 24.5.1954.

70 UA BB, A 4352: Schreiben der BBG an die Rhein-Ruhr Bank vom 11.3.1953, 17.3.1953 und 12.6.1953 sowie weitere Korrespondenzen.

71 Ebd.: Schreiben der BBG an die Rhein-Ruhr Bank vom 15.1.1949.

72 Das betreffende Unternehmen war die Export Bau- und Handels GmbH, Berlin. UA BB, A 4352: Schreiben der BBG an die Rhein-Ruhr Bank vom 15.1.1952 und Anlagen (Firmenliste, undatierter Vermerk BBG; hieraus das Zitat).

73 UA BB, A 4352: Schreiben der Westboden an die BBG vom 12.1.1950; Schreiben der BBG an die Westboden vom 17.1.1950 und 19.1.1950.

74 Ebd.: Schreiben von Combecher an Schäfer vom 14.4.1953.

75 Ebd.: Schreiben der BBG an die Rhein-Ruhr Bank vom 30.4.1952; ebd. weitere Informationen nach der Korrespondenz zwischen BBG und Pünder.

76 UA BB, A 4334: Vorbemerkungen Combechers zur Vorstandssitzung BAUBOAG vom 29.10.1955.

77 UA BB, A 4397: Schreiben der BAUBOAG an Pünder vom 30.11.1956; vgl. auch ebd.: Aufsichtsratsprotokoll BAUBOAG vom 27.5.1957.

78 Zum Folgenden: UA BB, A 4398: Auftragsübersicht per 24.7.1959; Ergebnisübersicht 1958; Übersichten über die Entwicklung der Gewinne einzelner Niederlassungen 1948ff; Anlagen zur Besprechung des Aufsichtsratspräsidiums vom 30.7.1959.

79 UA BB, A 4398: Aufsichtsratsprotokoll BAUBOAG vom 28.9.1960, Anlage Auftraggeber am 28.9.1960 – Großbaustellen.

80 UA BB, A 1: Zusammenstellung für die Aufsichtsratssitzung vom 1.9.1964; UA BB, A 4356: Aufsichtsratsprotokoll BAUBOAG vom 1.9.1964.

81 Zu Hertie und Kaufhof: vgl. Tietz: Hermann Tietz; Köhler: Zur Geschichte der Warenhäuser, bes. S. 25ff; Erlebniswelt Kaufhof. Allgemein zur Geschichte der Warenhäuser vgl. Frei: Tempel der Kauflust; Strohmeyer: Warenhäuser.

82 UA BB, A 4396: Bericht über den Geschäftsverlauf bei den Niederlassungen Düsseldorf, Köln und Essen, Anlage zur Aufsichtsratssitzung vom 24.8.1955.

83 UA BB, A 4355: Schreiben der BAUBOAG an Hölling vom 19.10.1965; Schreiben von Hölling an die BAUBOAG vom 20.10.1965.

84 UA BB, A 4420: Vermerk von Max R. Schulz (Julius Berger AG) vom 30.9.1964 über eine Besprechung mit Hölling und Schäfer (Dresdner Bank Düsseldorf) am 28.9.1964 zur geplanten Übernahme der BAUBOAG durch Berger.

85 UA BB, A 4357.

86 UA BB, A 4355.

87 Vgl. den retrospektiv nach Bau- und Grundstücksbereich aufgeteilten Jahresabschluss 1957: UA BB, A 4398: Aufsichtsratsprotokoll BAUBOAG vom 11.9.1958, Anlage.

88 UA BB, A1: Anlagen zur vorläufigen Bilanz zum 31.12.1961.

89 UA BB, A 4397: Aufsichtsratsprotokoll BAUBOAG vom 7.10.1957, Hölling zum Ergebnis der Niederlassung Frankfurt 1957: [...] *dass ein Versagen und mangelnde Aufsichtspflicht vorliegen, wenn erst nach Entstehung eines Verlustes in Höhe von 0,200 Mio. DM erforderliche Maßnahmen im Betrieb durchgeführt werden.* Vgl. auch ebd.: Aufsichtsratsprotokolle vom 21.11.1957 und 9.6.1959.

90 UA BB, A 4339: Vermerk von Combecher vom 5.9.1958; Aufsichtsratsprotokoll BAUBOAG vom 11.9.1958, Zitat aus der Stellungnahme des Vorstands zur Ausgründung vom 10.9.1958 (Anlage); Aufsichtsratsprotokoll vom 9.6.1959.

91 UA BB, A 4398: Besprechungsprotokoll des Aufsichtsratspräsidiums BAUBOAG vom 30.7.1959; vgl. ebd.: Aufsichtsratsprotokolle BAUBOAG vom 11.4.1958; Besprechung vom 11.5.1960, Anlage: Vermerk Treuhand-Vereinigung AG vom 3.5.1960.

92　UA BB, A 4368: Vermerk von Combecher vom 28.7.1959.

93　UA BB, A 4398: Redemanuskript Höllings vom 21.6.1960.

94　UA BB, A 4335: Bilanzen der Gesellschaft.

95　UA BB, A 4339: Vermerk vom 17.7.1958. Übersicht über den Grundbesitz der BBG in: UA BB, A 4381, A 4382.

96　UA BB, A 4339: Vermerk von Combecher vom 17.7.1958; vgl. auch: UA BB, A 4398: Aufsichtsratsprotokoll BAU-BOAG vom 9.6.1959; sowie Aufsichtsratsprotokoll BAUBOAG vom 30.3.1960, hieraus das folgende Zitat.

97　UA BB, A 4356: Aufsichtsratsprotokolle BAUBOAG vom 12.10.1961 und 14.12.1961; UA BB, A 4354: Schreiben der BAUBOAG an Pünder vom 8.11.1961; Schreiben von Pünder an das Ministerium vom 11.11.1961. Vgl. auch die entsprechende Korrespondenz, insbesondere UA BB, A 1: Schreiben der Kinobetreiberin an Willy Brandt, den Regierenden Bürgermeister von Berlin, vom 10.10.1961. Die endgültige Ablehnung des Kulturprojekts in: UA BB, A 4355: Schreiben des Berliner Senators für Volksbildung an die BAUBOAG vom 18.4./27.4.1962; Schreiben der BAUBOAG an Hölling vom 9.5.1962.

98　UA BB, A 4354.

99　UA BB, A 4356: Aufsichtsratsprotokoll BAUBOAG vom 5.4.1962; vgl. auch Geschäftsbericht BAUBOAG 1961, hier das Zitat.

100　UA BB, A 4345: Aufsichtsratsprotokoll BAUBOAG vom 11.12.1963.

101　UA BB, A 2: Schreiben des Vorstands der BAUBOAG an Hölling vom 19.4.1966. Der Vorgang in: UA BB, A 4382.

102　UA BB, A 4334: Diverse Notizen und Korrespondenzen sowie der abschließende Briefwechsel zwischen der BAUBOAG und der Deutschen Bau- und Bodenbank vom 9.6.1961, 12.7.1961 und 10.10.1961.

103　UA BB, A 4398: Aufsichtsratsprotokoll BAUBOAG vom 21.6.1960.

104　Leistung 1967 und 1968 wegen Mehrwertsteuer-Umstellung nicht voll vergleichbar.

105　UA BB, A 4354: Schreiben der BAUBOAG an Hölling vom 29.12.1960.

106　UA BB, A 4356: Aufsichtsratsprotokoll BAUBOAG vom 6.4.1965.

107　Ebd.: Aufsichtsratsprotokoll BAUBOAG vom 6.12.1965.

108　UA BB, A 4339: Betriebsvereinbarung vom 3.9.1956 mit Nachträgen.

109　UA BB, A 4338: Schreiben der BAUBOAG an die Niederlassungen vom 9.2.1965 und Schreiben des Gesamt-betriebsrats an den Vorstand vom 10.2.1965.

110　Ebd.: Rundschreiben des Gesamtbetriebsrats vom 18.2.1965.

111　UA BB, A 4356: Aufsichtsratsprotokoll BAUBOAG vom 19.12.1962.

112　Vgl. ebd.: Zahlreiche Beispiele in den Aufsichtsratsprotokollen BAUBOAG von 1964/65, bes. vom 6.12.1965.

113　Vgl. ebd.: Aufsichtsratsprotokolle BAUBOAG vom 18.8.1967, 23.9.1968 und 9.12.1968.

114　UA BB, A 1.

115　UA BB, A 4356: Aufsichtsratsprotokoll BAUBOAG vom 9.6.1969; vgl. UA BB, A 4398: Aufsichtsratsprotokoll BAUBOAG vom 28.9.1960, Anlage Auftraggeber am 18.9.1960 – Großbaustellen.

116　UA BB, A 4356: Aufsichtsratsprotokoll BAUBOAG vom 22.8.1966 (Max-Planck-Gesellschaft); UA BB, A 1: Schreiben von Pünder an Hölling vom 8.4.1965 (Köln).

117　UA BB, A 4355: Schreiben der Arabischen Liga an die BAUBOAG vom 3.5.1963.

118　UA BB, A 4398: Aufsichtsratsprotokoll BAUBOAG vom 14.12.1960.

119　UA BB, A 4356: Aufsichtsratsprotokoll BAUBOAG vom 18.8.1967.

120　Ebd.: Aufsichtsratsprotokoll BAUBOAG vom 3.6.1966.

121　UA BB, A 2: Vermerk Höllings vom 9.12.1966 über die Aufsichtsratssitzung am 6.12.1966.

122　Ebd.

123　UA BB, A 1, hier auch das folgende Zitat aus Höllings Begrüßungsansprache; UA BB, A 4355: Einladung, Speise-karte und Gästeliste.

124　HA-DrBk 18129-2000: Tischrede Neumanns zur 75-Jahr-Feier der Berlinischen Boden-Gesellschaft/BAUBOAG am 23.3.1965.

125　Zitiert nach: Kleßmann: Zwei Staaten, eine Nation, S. 193.

Einleitung/Kapitel 7

1 Zur wirtschaftlichen Entwicklung und zur Geschichte der Bauwirtschaft vgl. die Einleitung zu Teil 2 sowie die dort aufgeführte Literatur.

2 Arndt: Das Bauvolumen von morgen.

3 Aule/von Monschaw: Konjunkturelle Sonderentwicklung der Bauwirtschaft.

4 UA BB, A 2: Lage und Aussichten im Baugewerbe, Exposé vom 22.11.1966, die Zitate S. 4, 6f.

5 UA BB, A 2: Schreiben des Vorstands der BAUBOAG an Alfred Hölling vom 31.1.1967.

6 UA BB, A 2: Lage und Aussichten im Baugewerbe, Exposé vom 22.11.1966, S. 4.

7 UA BB: Geschäftsbericht Grün & Bilfinger AG 1966.

8 Ebd.

9 Neue Schatten über der Bauwirtschaft. An den Grenzen unserer Leistungskraft, in: Die Bauwirtschaft. Zentralblatt für das gesamte Bauwesen 19 (1965), Heft 32, S. 967f.

10 Hohenstein, Götz: Konzentration in der Bauwirtschaft, in: Frankfurter Allgemeine Zeitung vom 11.5.1963.

11 Vgl. Pohl: Strabag, S. 245ff.

12 UA BB, A 4447: Vorstandsprotokolle Grün & Bilfinger vom 9.5.1959, 21.9.1959, 26.10.1959 und 14.1.1960.

13 UA BB, A 2: Vermerk Höllings vom 11.8.1960 im Zusammenhang mit der Regelung von Pensionsangelegenheiten Combechers: *Sein* [Combechers. d. Verf.] *sonstiges Vermögen bestände aus Aktienbesitz der BAUBOAG, die für 1959 keine Dividende ausgeschüttet hat, auf die er gehofft hätte. Ich habe ihm gesagt, dass wir im Augenblick an eine Änderung der Pension nicht denken können, die Frage aber gern mit Grün & Bilfinger besprechen würden, falls es zu einem Kauf der Gesellschaft kommt. Die Besprechung würde aber erst im November stattfinden können, ich käme dann auf diese Angelegenheit zurück. Bei dieser Gelegenheit habe ich mit ihm auch über die Frage des Verkaufs seiner BAUBOAG Aktien an Grün & Bilfinger gesprochen und einen Kurs von 150 erwähnt.*

14 UA BB, A 1: Vermerk Höllings vom 8.8.1963. Die 1921 gegründete Held & Francke AG (Grundkapital 4 Mio. DM; Gesamtleistung ca. 70 Mio. DM) war mehrheitlich im Besitz der Bayerischen Hypotheken- und Wechselbank (25 %) sowie zweier privater Großaktionärsgruppen (Noris-Gruppe: 51 %; Fürst zu Löwenstein: 24 %); vgl.: Handbuch der deutschen Aktiengesellschaften 1966, S. 632 und 1235.

15 UA BB, A 1: Vermerk Höllings vom 22.9.1964.

16 UA BB, A 4462: Aufsichtsratsprotokolle Grün & Bilfinger vom 14.6.1965 (Zitat), 6.7.1965 und 7.12.1965; A 4450: Vorstandsprotokolle Grün & Bilfinger vom 25.10.1965 und 27.4.1967.

17 UA BB, A 4450: Vorstandsprotokoll Grün & Bilfinger vom 12.7.1967 mit einem Vermerk von Arno Seeger, Mitglied des Krupp-Direktoriums.

18 UA BB, A 1: Schreiben von Hölling an Matthiensen (Dresdner Bank Frankfurt) vom 29.9.1964 mit dem Protokoll der Besprechung zwischen der Dresdner Bank Düsseldorf und der Julius Berger AG vom 28.9.1964; Vermerk der Dresdner Bank vom 28.9.1964 und Gutachten über den Unternehmenswert vom 16.9.1964. Vgl. ebd. auch die Vermerke Höllings vom 22.4.1964 und 28.4.1964 über die Bemühungen der Julius Berger AG, das Kapital zu erhöhen und sich Beteiligungen zuzulegen.
Aus der Sicht von Julius Berger: UA BB, A 4420: Vermerk von Schulz vom 3.9.1964 über die Besprechung mit Matthiensen am 1.9.1964; Vermerk vom 30.9.1964 über die Besprechung mit Hölling und Schäfer, Dresdner Bank Düsseldorf, am 28.9.1964; Vermerk vom 5.11.1964 über die Besprechung des Berger-Vorstands mit Matthiensen am 3.11.1964. Vgl. auch UA BB, A 4424: Aufsichtsratsprotokoll Julius Berger vom 9.12.1964, Bericht über die Bemühungen um die Übernahme eines Aktienpaketes der BAUBOAG.

19 UA BB, A 4420: Vermerk von Schulz vom 1.9.1967; Äußerung von Schulz, als Berger im Sommer 1967 nicht zur Ausschreibung für den Neubau der Dresdner Bank in Nürnberg aufgefordert wurde: *Der Vorfall zeigt wieder, wie wenig wir von der Dresdner Bank zu erwarten haben.*

20 HA-DrBk 17810-2000: Vermerk über eine Besprechung zwischen Aufsichtsratspräsidium und Vorstand der JBTAG über die BAUBOAG-Angelegenheit vom 9.12.1964.

21 Die folgenden Informationen: UA BB, A 4419: Vermerk zur Vorstandsbesprechung Julius Berger vom 21.7.1965 und Notiz Sperbers vom 26.7.1965 über ein Telefongespräch mit Schniewind am 22.7.1965; hier auch der Konflikt mit Martens. Das folgende Zitat: UA BB, A 4406: Stellungnahme Schniewinds vor dem Aufsichtsrat Julius Berger vom 16.3.1966. Vgl. auch UA BB, A 4408: Schreiben des Wirtschaftsprüfers und Steuerberaters Rolf Kühn, Frankfurt

am Main, an Schniewind vom 13.1.1967; sowie UA BB, A 3: Aufsichtsratsprotokoll Julius Berger vom 26.10.1966. Die Angelegenheit aus Sicht der Dresdner Bank mit zahlreichen Detailinformationen: HA-DrBk 18132-2000, Unterabschnitt Fusionsakten Polensky & Zöllner; HA-DrBk 18129-2000: Schreiben von Matthiensen an Schniewind vom 6.12.1965; Vermerke von Ponto über Gespräche mit Pfeiffer am 9.9.1966 und Schniewind am 20.9.1966.

22 HA-DrBk 18132-2000, Unterabschnitt Fusionsakten Polensky & Zöllner: Vermerk Pontos vom 29.6.1966.

23 UA BB, A 3: Aufsichtsratsprotokoll Julius Berger vom 26.10.1966.

24 UA BB, A 2: Schreiben des Vorstands der BAUBOAG an Hölling vom 21.9.1965. Der zugrundeliegende Artikel: Baupraxis Zeitung vom 17.9.1965. Ebd. die Antwort Höllings an den Vorstand der BAUBOAG vom 30.9.1965: *Ihre freundlichen Zeilen vom 21. September habe ich erhalten und darf Ihnen den Artikel aus der „Baupraxis Zeitung" zurücksenden. Meine Erkundigungen haben ergeben, dass von einem solchen Zusammenschluß nichts bekannt ist. Trotzdem werde ich die Empfindung nicht los, dass in näherer oder fernerer Zukunft derartige Überlegungen einmal akut werden könnten. Wenn Sie mich über das, was Sie aus der Branche in dieser Sache hören, auf dem laufenden halten würden, wäre ich Ihnen dankbar.* Das Schreiben mit dem Artikel aus der „Baupraxis Zeitung" ist auch überliefert in: UA BB, A 4355.

25 UA BB, A 4406: Schreiben von Matthiensen an die Julius Berger AG vom 22.3.1966.

26 UA BB, A 4420: Vermerk vom 5.11.1964 über eine Besprechung des Berger-Vorstands mit Matthiensen am 3.11.1964.

27 HA-DrBk 18126-2000: Vermerk Pontos vom 13.12.1966 über eine Besprechung mit der Treuhandvereinigung.

28 HA-DrBk 18129-2000: Vermerke Pontos über Gespräche mit Pfeiffer am 9.9.1966 und Schniewind am 20.9.1966; Vermerk Pontos vom 16.12.1966. Der gesamte Komplex Held & Francke in: HA-DrBk 18132-2000, Unterfaszikel Fusionsakten Held & Francke. Vgl. auch UA BB, A 3: Vermerk Pontos vom 15.12.1966.

29 HA-DrBk 18132-2000, Unterabschnitt Unterlagen Büro Finanzanalysen: Berichte vom 14.11.1966 (Berger, Held & Francke), 12.12.1966 (Berger, Held & Francke, BAUBOAG bzw. Berger, BAUBOAG), 29.12.1966 (Berger, BAUBOAG) und 7.7.1967 (BAUBOAG, Berger, Grün & Bilfinger, Wayss & Freytag, Held & Francke).

30 Ebd.: Bericht vom 14.11.1966.

31 Ebd.: Bericht vom 12.12.1966.

32 HA-DrBk 18129-2000: Gedanken und Vorschläge zur Anpassung unserer Gesellschaft an die in naher Zukunft zu erwartende verschlechterte Marktlage im Baugewerbe vom 7.7.1966, S. 16.

33 HA-DrBk 18129-2000: Vermerk Pontos vom 10.11.1967. Vgl. HA-DrBk 18132-2000, Unterabschnitt Fusionsakten Held & Francke: Vermerke Pontos vom 26.7.1967, 28.7.1967 und 10.1.1969 zu einem Gespräch mit Neumann über die von diesem geführten Verhandlungen mit H&F in München: *Interessant war der Hinweis [...], dass der vor eineinhalb Jahren von H&F initiativ eingeleitete Versuch, mit Berger zusammenzuarbeiten und einen Teil der Aktien von Berger zu erwerben, letzten Endes nur daran gescheitert sei, dass die Herren Schulz und Dr. Pfeiffer gemeinsam einen Führungsanspruch für Berger vorgetragen hätten.*

34 UA BB, A 2.

35 HA-DrBk 18132-2000, Unterabschnitt Unterlagen Büro Finanzanalysen: Bericht vom 7.7.1967 (BAUBOAG, Julius Berger, Grün & Bilfinger, Wayss & Freytag, Held & Francke); vgl. auch den Bericht der Rechtsabteilung der Dresdner Bank an Ponto vom 15.6.1967 über die Zusammenfassung von BAUBOAG, Julius Berger sowie Grün & Bilfinger.

36 Pohl: Philipp Holzmann, S. 407.

37 UA BB, A 4450: Vorstandsprotokolle Grün & Bilfinger vom 27.4.1967 (Zitat), 17.5.1967 und 12.7.1967.

38 UA BB, A 4463: Aufsichtsratsprotokoll Grün & Bilfinger vom 9.11.1967. Das folgende Zitat: UA BB, 4450: Vorstandsprotokoll Grün & Bilfinger vom 29.11.1967.

39 HA-DrBk 18129-2000: Vermerk Pontos vom 10.11.1967.

40 UA BB, A 4450: Vorstandsprotokoll Grün & Bilfinger vom 19.12.1967. Aus der Sicht von Julius Berger: UA BB, A 4420: Protokoll von Schulz vom 18.12.1967 über die Besprechung am 14.12.1967.

41 HA-DrBk 18132-2000, Unterabschnitt Unterlagen Büro Finanzanalysen.

42 HA-DrBk 18132-2000: Studie über die Möglichkeiten einer Zusammenarbeit zwischen Firmen der Bauindustrie vom März 1968. Anlage 1 zu den Vorerhebungen zur Studie „Fusion" vom Februar 1968, diese wiederum als Anlage zum Schreiben von Schulz an Ponto vom 13.3.1968.

43 HA-DrBk 18132-2000: Erklärung der vier betroffenen Unternehmen nach einer Vorbesprechung am 14.3.1968, Anlage zum Schreiben Prentzels an Ponto vom 22.3.1968. Das Folgende ebd.: Vertraulicher Vermerk über die Besprechung mit Vierhub, Schäfer und Ponto am 28.3.1968. HA-DrBk 18129-2000: Vermerke Pontos vom 9.2.1968 und 13.3.1968. Vgl. auch UA BB, A 4420: Vermerk von Schulz vom 3.4.1968 über die Besprechung am 28.3.1968.

44 UA BB, A 4451: Bericht Bansens über die am 14.3.1968 in Wiesbaden abgehaltenen Besprechungen mit Vertretern der Firmen Julius Berger, Held & Francke und BAUBOAG; Vorstandsprotokolle Grün & Bilfinger vom 20.3.1968, 2.4.1968, 13.8.1968 und 6.11.1968.

45 HA-DrBk 18132-2000: Erinnerungsvermerk von Schulz vom 12.6.1968 über ein Gespräch mit Bansen am 11.6.1968.

46 UA BB, A 4419: Vorstandsprotokoll Julius Berger vom 10.6.1968.

47 HA-DrBk 18132-2000: Vermerk Pontos vom 1.10.1968.

48 UA BB, A 9: Vermerk Pontos über ein Gespräch mit Schulz vom 18.6.1968 (bei Unterlagen über Pensionsregelungen), daraus auch das folgende Zitat. Vgl. auch HA-DrBk 18132-2000: Vermerke Pontos vom 18.6.1968 und 21.6.1968 sowie die Äußerung Neumanns in einem Gespräch mit Ponto *bezüglich der Person von Herrn Dr. Bansen [...], der offenbar um seine Führungsrolle besorgt sei* und Vermerk vom 24.7.1968.

49 HA-DrBk 18132-2000: Vermerk Pontos vom 24.7.1968.

50 HA-DrBk 18129-2000: Schreiben Pontos an Felix Prentzel, den Vorstandsvorsitzenden der Degussa und Aufsichtsratsmitglied bei Berger vom 18.10.1968; Schreiben Prentzels an Ponto vom 17.10.1968, in der Anlage der Vermerk Prentzels über ein Gespräch mit Neumann vom 17.10.1968. Vgl. auch HA-DrBk 18132-2000: Vermerk vom 25.10.1968 über ein Gespräch zwischen Ponto und Neumann.

51 HA-DrBk 18132-2000, Unterabschnitt Gespräche der 4 Partner: JB, BAUBOAG, G+B, H+F: Vermerk Pontos vom 30.10.1968.

52 UA BB, A 4451: Vorstandsprotokoll Grün & Bilfinger vom 29.1.1969.

53 HA-DrBk 18132-2000. Unterabschnitt Fusionsakten Held & Francke: Vermerk vom 14.2.1969 über ein Gespräch zwischen Ponto und Erich Schoepf, Vorstandsvorsitzender bei Held & Francke. Vgl. auch HA-DrBk 18129-2000: Schreiben des Büros für Finanzanalysen an Ponto vom 22.1.1969.

54 UA BB, A 3: Vermerk Pontos vom 15.2.1967; vgl. auch ebd.: Aufsichtsratsprotokoll Julius Berger vom 6.6.1968.

55 HA-DrBk 18125-2000: Schreiben des Büros für Finanzanalysen an Ponto vom 19.7.1967.

56 UA BB, A 4420: Schreiben von Sperl an Pfeiffer vom 31.7.1967.

57 UA BB, A 9: Überblick über die Dienstzeiten: Vermerk vom 29.11.1967. Vgl. auch die Unterlagen in HA-DrBk 18125-2000, Unterabschnitt Allgemeine Personalangelegenheiten.

58 UA BB, A 9: Vermerk Pontos vom 21.5.1968.

59 UA BB, A 3: Vermerk Pontos vom 15.12.1966.

60 Ebd.: Aufsichtsratsprotokolle Julius Berger vom 22.7.1966 und 26.10.1966; Vermerke Pontos vom 22.7.1966 und 26.10.1966, daraus das Zitat.

61 HA-DrBk 18129-2000: Vermerk Pontos vom 8.9.1966.

62 UA BB, A 3: Vermerke Pontos vom 22.7.1966 und 15.2.1967; vgl. auch HA-DrBk 18133-2000: Vermerk Pontos vom 6.12.1967.

63 UA BB, A 4: Aufsichtsratsprotokolle Julius Berger vom 9.6.1967 und 27.7.1967; Vermerke Pontos vom 5.5.1967 und 12.6.1967. Ebd.: Vermerke Pontos vom 14.9.1967 und 6.12.1967.

64 UA BB, A 3: Aufsichtsratsprotokoll Julius Berger vom 9.8.1968.

65 Ebd.: Aufsichtsratsprotokolle Julius Berger vom 15.10.1968 und 28.11.1968.

66 UA BB: Geschäftsbericht Julius Berger AG 1968.

67 UA BB, A 4426: Aufsichtsratsprotokoll Julius Berger vom 25.3.1969.

68 UA BB, A 3: Aufsichtsratsprotokoll Julius Berger vom 28.11.1968; hier auch die folgenden Zitate.

69 Ebd.: Aufsichtsratsprotokoll Julius Berger vom 13.1.1969.

70 Vgl. HA-DrBk 18132-2000: Vermerke Pontos über Besprechungen mit dem Vorstand vom 10.10.1968, 17.10.1968 und 26.11.1968, sowie mit der Treuhand-Vereinigung vom 27.11.1968 und 3.12.1968.

71 UA BB, A 4419: Vorstandsprotokoll Julius Berger vom 4.10.1968 und 11.10.1968. Vgl. auch HA-DrBk 18130-2000: Vermerk über eine Tagung zum Thema Kostenkontrolle in Wiesbaden vom 25.11.1968.

72 HA-DrBk 18133-2000: Protokoll Gesamtvorstand Dresdner Bank vom 5.12.1968.

73 UA BB, A 3: Aufsichtsratsprotokoll Julius Berger vom 12.12.1968; Notizen Pontos über die in Abwesenheit von Vorstand und Protokollführer abgehaltenen Besprechungen. Vgl. auch die umfangreichen Notizen Pontos in HA-DrBk 18135-2000.

74 HA-DrBk 18129-2000: Vermerk über eine Besprechung im Anschluss an die Aufsichtsratssitzung am 14.1.1969. HA-DrBk 18125-2000: Vermerk Pontos vom 17.1.1969.

75 HA-DrBk 18131-2000: Vermerk über die Sitzung des Aufsichtsratspräsidiums Julius Berger vom 18.12.1968; HA-DrBk 18135-2000: Vermerk vom 6.1.1969 über die Besprechung des Aufsichtsratspräsidiums mit dem Vorstand Julius Berger am 30.12.1968.

76 UA BB, A 3: Aufsichtsratsprotokoll Julius Berger vom 13.1.1969; hierzu auch die Notizen Pontos über die ver-
    traulichen Besprechungen; sowie HA-DrBk 18129-2000: Vermerk über die Besprechung zwischen Ponto und
    Neumann vom 16.1.1969.

77 HA-DrBk 18125-2000: Vermerk Pontos vom 17.1.1969. UA BB, A 6: Gemeinschaftssitzung des Vorstands der
    Dresdner Bank am 22.1.1969, Nr. 5a.

78 Frankfurter Allgemeine Zeitung 16.1.1969: *Für 1968 keine Dividende*; ebd., 17.1.1969: *Ein Fall Berger* [über
    angebliche Insider-Verkäufe von Berger-Aktien]; ebd., 22.1.1969: *Warum Julius Berger in die roten Zahlen kam*;
    vgl. auch Handelsblatt 17./18.1.1969: *Der Dividendenausfall bei Berger*; ebd. 20.1.1969: *Kooperationsgespräche
    bei der Berger AG*.

79 UA BB, A 4426: Pressemitteilung vom 15.1.1969

80 HA-DrBk 7308-2002.MS.

81 UA BB, A 3: Aufsichtsratsprotokolle Julius Berger vom 27.1.1969, 15.3.1969, 16.6.1969 und 30.6.1969; auch
    hier wiederum die vertraulichen Besprechungen. Zur Entlassung von Schulz: UA BB, A 5: Vermerk Pontos vom
    14.2.1969; UA BB, A 9: auf den 30.3.1969 datiertes, aber erst um den 20.4. verfasstes und von Ponto am 30.4.
    bestätigtes Rücktrittsschreiben.

82 HA-DrBk 18130-2000: Vermerke des Büros für Finanzanalysen vom 7.1.1969 und 25.2.1969. HA-DrBk 18135-
    2000: Vermerke der Dresdner Bank vom 24.3.1969 und 27.3.1969.

83 UA BB, A 9: Vermerk Pontos vom 25.4.1969.

84 UA BB, A 3: Aufsichtsratsprotokolle Julius Berger vom 25.3.1969 – hier auch das Folgende – und 28.8.1969;
    Aufsichtsratsprotokolle Berger-BAUBOAG vom 29.8.1969 und 13.11.1969.

85 UA BB, A 5: Geschäftsordnung und Geschäftsverteilungsplan vom 10.7.1969.

86 UA BB, A 4419: Vorstandsprotokoll Julius Berger vom 10.3.1969. Die Bürgschaften: HA-DrBk 18133-2000: Schreiben
    der Dresdner Bank an Berger vom 24.2.1969. HA-DrBk 18125-2000: Protokoll Gesamtvorstand Dresdner Bank vom
    25.2.1969.

87 HA-DrBk 2854-2002.MS: Vermerk der Dresdner Bank vom 3.6.1969.

88 UA BB, A 4359: Aufsichtsratsprotokoll BAUBOAG vom 30.6.1969.

89 HA-DrBk 18124-2000: Bewertungsgutachten Treuhand-Vereinigung vom 11.6.1969 und Schwantag vom 12.6.1969;
    Vergleich der beiden Gutachten durch Treuhand-Vereinigung vom 26.6.1969; Niederschrift über die Sitzung
    des Ausschusses Berger für Bewertungsfragen vom 4.7.1969; Verschmelzungsvertrag. Vgl. auch: UA BB: Julius
    Berger Abschlussberichte 1967–1968: BERGER Aktiengesellschaft – BAUBOAG Aktiengesellschaft. Ermittlung
    der Wertrelation vom 25.6.1969.

90 UA BB, A 4375: Protokoll der außerordentlichen Hauptversammlung am 15.8.1969. HA-DrBk 18134-2000:
    Unterlagen über die Hauptversammlung Julius Berger. Hier auch die umfangreiche Presseberichterstattung zur
    Fusion.

91 UA BB, A 3: Aufsichtsratsprotokolle Julius Berger vom 16.6.1969, 30.6.1969, 10.7.1969 und 28.8.1969. Vgl. auch
    UA BB, A 6: Gemeinschaftssitzung des Vorstands der Dresdner Bank vom 3.6.1969, Nr. 5x.

92 UA BB, A 4359: Aufsichtsratsprotokoll BAUBOAG vom 30.6.1969.

93 Ebd.: Aufsichtsratsprotokoll BAUBOAG vom 15.8.1969.

94 HA-DrBk 2854-2002.MS: Notiz Laabs vom 1.9.1969 über die Hauptversammlung Julius Berger vom 29.8.1969.

95 1965: 10,5 %; vgl. UA BB, A 4406: Stellungnahme Schniewinds in Aufsichtsratssitzung Julius Berger vom 16.3.1966.
    1966: 27 %; 1967: 33,4 %; vgl. UA BB, A 4425: Unterlagen zur Aufsichtsratssitzung vom 27.7.1967, Anlage:
    Verzeichnis des zur Hauptversammlung von Julius Berger am 28.7.1967 angemeldeten Kapitals.

96 HA-DrBk 2854-2002.MS: Vermerke vom 18.6.1969 und 11.7.1969, für BAUBOAG korrigiert nach der Anwesen-
    heitsliste zur Hauptversammlung vom 15.8.1969 (UA BB, A 4375).

97 UA BB, A 6: Aufsichtsratsprotokoll Berger-BAUBOAG vom 15.3.1971.

98 UA BB, A 3: Aufsichtsratsprotokoll Julius Berger vom 28.8.1969; vgl. auch UA BB, A 4359: Aufsichtsratsprotokoll
    BAUBOAG vom 30.6.1969; sowie UA BB, A 3: Aufsichtsratsprotokoll Berger-BAUBOAG vom 13.11.1969.

99 UA BB, A 6: Aufsichtsratsprotokoll Berger-BAUBOAG vom 15.3.1971.

100 UA BB, A 4417: Vorstandsprotokoll Julius Berger vom 27./28.10.1969.

101 UA BB, A 3: Aufsichtsratsprotokoll Berger-BAUBOAG vom 13.11.1969.

102 UA BB, A 8: Schreiben der Abteilung Industriebüro-Finanzanalysen der Dresdner Bank an Ponto vom
    14.5.1973.

103 UA BB, A 6: Aufsichtsratsprotokoll Berger-BAUBOAG vom 21.8.1970.

104 Ebd.: Protokoll des Gesamtvorstands der Dresdner Bank vom 23.7.1969; hier auch die Informationen über die Beteiligung (Buchwert 117 %, Börsenkurs ca. 600 %).

105 Ebd.: Protokoll des Gesamtvorstands der Dresdner Bank vom 24.11.1969.

106 UA BB, A 3: Aufsichtsratsprotokoll Julius Berger vom 8.6.1966.

107 Zum Folgenden: Statistisches Bundesamt Wiesbaden, Länderbericht Nigeria 1967; sowie BArch Koblenz B 213/ 11844: Jährliche Wirtschaftsberichte der Deutschen Botschaft Lagos an das Auswärtige Amt.

108 Überblick: Falola: The History of Nigeria; Statistisches Bundesamt: Länderberichte Nigeria 1967 und 1977.

109 Die Zuschriften und das folgende Zitat aus dem Antwortbrief in: BArch Koblenz B 213/3971, Nigeria, Biafra (Privateinsender); B 213/3972.

110 Wischniewski in einem Vortrag vor der Evangelischen Akademie Tutzing am 8.7.1968 über das Zehnjahrespro-gramm für Entwicklungshilfe; abgedruckt in: Bulletin des Presse- und Informationsamtes der Bundesregierung Nr. 88 vom 11.7.1968, S. 766ff.; ebenso im SPD-Pressedienst vom 18.7.1968. Beide Dokumente in: BArch Koblenz B 213/3971.

111 BArch Koblenz B 213/3971, Biafra-Konflikt und humanitäre Hilfe, Heft 1: Schreiben der Deutschen Botschaft [künftig: DB] Lagos an das Auswärtige Amt [AA] vom 14.2.1968.

112 Ebd.: Heft 1: Vermerk des Entwicklungshilfeministeriums [BMZ] vom 1.7.1968 und die beiden Vermerke vom 26.7.1968 sowie Schreiben des AA an das BMZ vom 8.7.1968. Das Folgende: Ebd., Heft 2: Schreiben des AA an das BMZ vom 29.10. und 4.11.1968.

113 Ebd.: Heft 2; Schreiben der DB Lagos an das AA vom 13.11.1968. Vgl. auch ebd. die Fernschreiben vom 18.10.1968, 14.11.1968 und 22.11.1968.

114 Ebd.: Heft 2: Protokolle der Abteilungsleiterbesprechungen im BMZ vom 25.11.1968 und 2.12.1968. Der Proto-kollführer vermerkte in Klammern: *Ich hatte den Eindruck, dass Herr Minister in dieser Frage sich schließlich doch der Auffassung des AA anschließen wird.*

115 BArch Koblenz B 213/11839: Schreiben des BMWi an die Mitglieder des Interministeriellen Referentenausschusses für Kapitalhilfe (IRA) vom 23.12.1968; Bundesanzeiger Nr. 193 vom 16.10.1969: Kapitalhilfeabkommen vom 31.7.1969.

116 Ebd.: Bericht des deutschen Botschafters Theodor Axenfeld, Lagos, an das Auswärtige Amt in Bonn vom 15.2.1969.

117 Ebd.: Fernschreiben vom 10.2.1969.

118 Ebd.: Schreiben vom 20. Februar 1969.

119 HA-DrBk 18133-2000: Anlage zum Schreiben Hawrankes an Ponto vom 17.3.1969.

120 Vgl. Handelsblatt vom 10.2.1969; zur Einschätzung der Situation: BArch Koblenz B 213/11839: Vermerk des BMZ vom 16.4.1969.

121 Vgl. Pohl: Strabag, S. 299ff.

122 Allgemeine Informationen nach den Berichten der DB Lagos an das AA sowie nach den Länderberichten bzw. wirtschaftlichen Jahresberichten des AA über Nigeria in: BArch Koblenz B 213/3969, 11844ff. Zum Vierjahres-plan 1970–1974 und zur „Nigerianisierung": BArch Koblenz B 213/3969: Schreiben der DB Lagos an das AA vom 19.11.1970. Vgl. auch UA BB, A 4464: Aufsichtsratsprotokoll Grün & Bilfinger vom 24.3.1972.

123 UA BB, A 6: Aufsichtsratsprotokoll Berger-BAUBOAG vom 20.10.1971.

124 BArch Koblenz B 213/11847: Eko Bridge Lagos, Heft 5. Kapitalhilfeabkommen vom 14.12.1973: Bundesgesetzblatt 1974. Teil II, S. 629f.

125 UA BB, A 4453: Vorstandsprotokoll Grün & Bilfinger vom 28.7.1971.

126 UA BB, A 4464: Aufsichtsratsprotokoll Grün & Bilfinger vom 18.4.1974; vgl. auch UA BB, A 4427: Schreiben der Berger-BAUBOAG an den Aufsichtsratsvorsitzenden Klinge vom 28.3.1974.

127 UA BB, A 10: Schreiben von Hawranke an Neumann vom 10.10.1972; vgl. auch die Schreiben an Klinge vom 22.9.1972 und 17.11.1972. Das Folgende: Schreiben von Hawranke an Klinge vom 8.6.1973.

128 Ebd.: Schreiben von Hawranke an Klinge vom 17.11.1972.

129 Ebd.: Schreiben von Hawranke an Klinge vom 19.12.1972.

130 Ebd.: Schreiben von Hawranke an Neumann vom 10.10.1972.

131 BArch Koblenz B 213/11839: Schreiben der KfW an das BMWi vom 9.4.1969 mit Prüfungsbericht über die Eko-Bridge (1. und 2. Phase) vom März 1969.

132 UA BB, A 8: Schreiben der Abteilung Industriebüro-Finanzanalysen der Dresdner Bank an Ponto vom 14.5.1973. Vgl. ebd.: Hauptversammlung Berger-BAUBOAG vom 11.7.1973 (Stenoprotokoll Klinge).

133 UA BB, A 4454: Protokoll Gesamtvorstand vom 13.2.1973.

134 UA BB, A 8: Schreiben der Abteilung Industriebüro-Finanzanalysen der Dresdner Bank an Ponto vom 14.5.1973.

Kapitel 8

1 HA-DrBk 18136-2000: Vermerk Pontos über ein Gespräch mit Neumann vom 6.12.1968.

2 HA-DrBk 18124-2000: Vermerk der Dresdner Bank Düsseldorf vom 17.3.1969; Vermerke Cai Graf zu Rantzaus, Vorstandsmitglied der Dresdner Bank und Aufsichtsrat bei Berger, vom 18.3.1969 und 20.8.1969; Vermerk Pontos vom 29.8.1969. Vgl. auch HA-DrBk 18133-2000: undatierter Protokollauszug des Gesamtvorstands der Dresdner Bank (Bezug: Protokoll des Gesamtvorstands vom 25.2.1969); sowie HA-DrBk 18132-2000: Vermerk Pontos vom 10.6.1969.

3 HA-DrBk 18133-2000, Unterabschnitt Aktenvermerke: Vermerk Klinges vom 1.4.1969 über eine Besprechung mit Horst Münzner (Volkswagen AG) am 31.3.1969 in Wolfsburg, Randvermerk Pontos: *Lotz angesprochen am 15/IV; Gespräch fortsetzen.* Zu Babcock und VW vgl. auch HA-DrBk 18135-2000: Vermerk Pontos vom 25.4.1969.

4 HA-DrBk 18132-2000: Vermerk Pontos vom 3.7.1969.

5 UA BB, A 9: Vermerk Pontos vom 25.4.1969. HA-DrBk 18132-2000: Vermerk Pontos vom 21.4.1969 über ein Gespräch mit Bansen am 19.4.1969. Vgl. auch UA BB, A 4420: Vermerk von Schulz über ein Gespräch mit Bansen am 21.3.1969.

6 HA-DrBk 18129-2000: Vermerk Pontos vom 3.7.1969. Das folgende Zitat ebd.: Vermerk vom 19.6.1969.

7 Ebd.

8 UA BB, A 9: Vermerk Pontos vom 3.10.1969.

9 UA BB, A 4452: Vorstandsprotokolle Grün & Bilfinger vom 1.4.1970 und 5.10.1970.

10 UA BB, A 4463: Aufsichtsratsprotokolle Grün & Bilfinger vom 13.11.1969, 13.5.1970 und 4.5.1971; A 4451: Vorstandsprotokoll Grün & Bilfinger vom 4.11.1969; A 4452: Vorstandsprotokolle Grün & Bilfinger vom 21.1.1970, 18.2.1970, 6.4.1970, 21.5.1970, 4.8.1970 und 27.10.1970; A 4453: Vorstandsprotokoll Grün & Bilfinger vom 16.2.1971.

11 UA BB, A 4463: Aufsichtsratsprotokoll Grün & Bilfinger vom 13.11.1969; vgl. auch Aufsichtsratsprotokoll Grün & Bilfinger vom 25.7.1969.

12 UA BB, A 4451: Vorstandsprotokolle Grün & Bilfinger vom 7.8.1969, 14.10.1969, 4.11.1969, 11.11.1969 und 26.11.1969.

13 UA BB, A 6: Schreiben von Ponto an Deilmann vom 24.2.1970; vgl. auch ebd.: Schreiben vom 4.3.1970.

14 Ebd.: Protokoll des Aufsichtsratspräsidiums der Berger-BAUBOAG vom 9.4.1970; Aufsichtsratsprotokoll Berger-BAUBOAG vom 16.4.1970.

15 Ebd.: Protokoll der Gemeinschaftssitzung des Vorstands der Dresdner Bank vom 20.5.1970, 9b.

16 Mannheimer Morgen vom 15.4.1970.

17 UA BB, A 4463: Aufsichtsratsprotokoll Grün & Bilfinger vom 13.5.1970.

18 Ebd.: Aufsichtsratsprotokolle Grün & Bilfinger vom 8.6.1970, 11.8.1970, 6.10.1970 und 10.11.1970; UA BB, A 6: Aufsichtsratsprotokolle Berger-BAUBOAG vom 6.8.1970 und 21.8.1970; A 8: Schreiben von Ponto an Neumann vom 11.8.1970 und Unterlagen über die Hauptversammlung von Berger-BAUBOAG am 21.8.1970.

19 UA BB, A 6: Protokoll der gemeinsamen Sitzung der Aufsichtsratspräsidien und Vorstände von Grün & Bilfinger und Berger-BAUBOAG vom 16.10.1970.

20 UA BB, A 4463: Aufsichtsratsprotokoll Grün & Bilfinger vom 10.11.1970.

21 UA BB, A 6: Aufsichtsratsprotokoll Berger-BAUBOAG vom 12.11.1970.

22 Vgl. dazu das durch den Vorstand von Grün & Bilfinger formulierte Papier: UA BB, A 6: Überlegungen zur praktischen Zusammenarbeit zwischen Grün & Bilfinger/Berger-BAUBOAG, Juli 1970.

23 UA BB, A 6: Protokoll der gemeinsamen Sitzung der Aufsichtsratspräsidien und Vorstände von Grün & Bilfinger und Berger-BAUBOAG vom 16.10.1970.

24 UA BB, A 6: Aufsichtsratsprotokoll Berger-BAUBOAG vom 12.11.1970.

25 UA BB, A 4463: Aufsichtsratsprotokoll Grün & Bilfinger vom 11.8.1970.

26 Ebd.: Aufsichtsratsprotokoll Grün & Bilfinger vom 10.11.1970.

27 UA BB, A 6.

28 Ebd.: Protokoll der Gemeinsamen Sitzung der Aufsichtsratspräsidien und Vorstände von Grün & Bilfinger und Berger-BAUBOAG vom 16.10.1970.

29 UA BB, A 9: Vermerk Pontos vom 25.6.1970.

30 UA BB, A 6: Protokoll der gemeinsamen Sitzung der Aufsichtsratspräsidien und Vorstände von Grün & Bilfinger und Berger-BAUBOAG vom 16.10.1970. UA BB, A 6: Internes und externes Organisationsschema für die Neugliederung der Unternehmen Grün & Bilfinger und Berger-BAUBOAG vom 9.10.1970. Vgl. auch UA BB, A 6: Vorstandsprotokoll Grün & Bilfinger vom 5.10.1970; Aufsichtsratsprotokoll Grün & Bilfinger vom 10.11.1970, Aufsichtsratsprotokoll Berger-BAUBOAG vom 12.11.1970.

31 UA BB, A 4452: Protokoll der Gesamtvorstandssitzung vom 8.12.1970; hier auch die um personelle Zuordnung ergänzte Version des Organisationsschemas (1. Stufe); ebd. das folgende Zitat Klöckners.

32 UA BB, A 6: Protokoll der Gemeinschaftssitzung des Vorstands der Dresdner Bank vom 26.2.1970, 12g; vgl. auch ebd: Aufsichtsratsprotokoll Berger-BAUBOAG vom 6.8.1970.

33 UA BB, A 4453: Vorstandsbeschluss über Kapitalerhöhung vom 21.12.1970. UA BB: Geschäftsbericht Grün & Bilfinger 1970.

34 Berger-BAUBAOG: 1.7.1971, Grün & Bilfinger: 2.7.1971.

35 Entwurf des Beherrschungs- und Gewinnabführungsvertrags sowie des Aktionärsbriefs: UA BB, A 6: Aufsichtsratsprotokoll Berger-BAUBOAG vom 12.5.1971, Anlage.

36 UA BB, A 9: Vermerk Pontos vom 12.5.1971.

37 UA BB, A 6: Aufsichtsratsprotokoll Berger-BAUBOAG vom 8.2.1972; vgl. auch Aufsichtsratsprotokoll vom 16.11.1972.

38 UA BB, A 6.

39 UA BB, A 4463: Aufsichtsratsprotokoll Grün & Bilfinger vom 10.11.1970; vgl. auch UA BB, A 8: Unterlagen Pontos über die Hauptversammlung von Berger-BAUBOAG vom 1.7.1971, insbesondere den Sprechzettel.

40 Vorplanung/Angebotsbearbeitung, Bereichskoordinierung Inland, Auslandsabteilungen, Bautechnische Abteilungen, Maschinentechnische Abteilungen, Kaufmännisches Rechnungswesen, Personalwesen/Rechtsabteilung. Zur Berichterstattung über die Koordination vgl. UA BB, A 4453: Protokoll Gesamtvorstand vom 7.6.1971.

41 UA BB, A 6: Aufsichtsratsprotokoll Berger-BAUBOAG vom 20.10.1971. UA BB, A 4463: Aufsichtsratsprotokoll Grün & Bilfinger vom 10.11.1971.

42 UA BB, A 4454: Vorstandsprotokolle Grün & Bilfinger vom 15.10.1973, 14.2.1974 und 27.5.1974. Exemplarisch für Berger-BAUBOAG: UA BB, A 7: Leistungs- und Ergebnisrechnung für Februar 1974.

43 UA BB, A 4453: Protokoll Gesamtvorstand vom 3.7.1972, Anlage: Richtlinien für die Intensivierung der Zusammenarbeit innerhalb des Konzerns, hieraus die folgenden Zitate.

44 Ebd.: Protokoll des erweiterten Vorstands Grün & Bilfinger vom 20.6.1972, Anlage: Aktenvermerk zur Koordinierung der Firmen G&B - BB vom 21.6.1972; Protokoll Gesamtvorstand vom 3.7.1972, Anlage: Rundschreiben an die Niederlassungsleitungen, Abteilungsleiter der Hauptverwaltungen und Geschäftsführer der Beteiligungsgesellschaften über Koordination der Service-Stellen vom 1.7.1972. Die weitere Entwicklung: UA BB, A 4464: Aufsichtsratsprotokoll Grün & Bilfinger vom 9.11.1972, Anlage 1: Bericht Hagers über die Zusammenarbeit G&B - BB (Koordination).

45 UA BB, A 4453: Protokoll des erweiterten Vorstands Grün & Bilfinger vom 30.5.1972, hieraus das Zitat; Vorstandsprotokoll Grün & Bilfinger vom 17.7.1972; vgl. dagegen die positive Bewertung: ebd.: Protokoll des erweiterten Vorstands Grün & Bilfinger vom 5.11.1971.

46 Ebd.: Protokoll des erweiterten Vorstands Grün & Bilfinger vom 22.2.1972; Protokoll Gesamtvorstand vom 15.8.1972.

47 UA BB, A 10: Schreiben Hawrankes an Neumann vom 10.10.1972 mit dem Entwurf eines Schreibens an den Vorstand; Vermerk Wittmanns vom 10.10.1972; vgl. dazu: UA BB, A 4453: Protokoll Gesamtvorstand vom 10.10.1972.

48 UA BB, A 4453: Protokoll Gesamtvorstand vom 10.10.1972; A 4454: Vorstandsprotokoll Grün & Bilfinger vom 9.8.1973.

49 UA BB, A 4453: Protokoll des erweiterten Vorstands Grün & Bilfinger vom 30.5.1972.

50 Ebd.: Protokoll Gesamtvorstand vom 7.11.1972.

51 UA BB, A 4454: Vorstandsprotokoll Grün & Bilfinger vom 20.3.1973.

52 UA BB, A 4453: Protokoll Gesamtvorstand vom 3.7.1972.

53 UA BB, A 8: Protokoll der Hauptversammlung Berger-BAUBOAG vom 3.7.1972.

54 UA BB, A 4453: Vorstandsprotokoll Grün & Bilfinger vom 20.3.1972, Anlage: Aufwendungen für Altersversorgung 1973-1982; vgl. auch UA BB, 4454: Vorstandsprotokoll Grün & Bilfinger vom 18.4.1974.

55 Vgl. dazu UA BB, A 9, Korrespondenz: Schreiben des Büros für Finanzanalysen der Dresdner Bank an Ponto vom 14.7.1971.

56 UA BB, A 4453: Vorstandsprotokoll Grün & Bilfinger vom 7.10.1971; vgl. auch UA BB, 4464: Aufsichtsratsprotokoll Grün & Bilfinger vom 9.11.1972, Anlage 1 (Bericht Hagers zur Koordination); speziell zum Problem der Altersversorgung: ebd.: Aufsichtsratsprotokolle Grün & Bilfinger vom 17.5.1973, Anlage: Protokoll einer Besprechung über die bei Grün & Bilfinger und Berger-BAUBOAG praktizierten Systeme vom 17.5.1973; Aufsichtsratsprotokoll Grün & Bilfinger vom 9.11.1973 (Vorbesprechung).

57 UA BB, A 6: Aufsichtsratsprotokolle Berger-BAUBOAG vom 8.5.1972 und 16.11.1972.

58 Brutto-Einkommen aus unselbständiger Tätigkeit je Arbeitnehmer: Statistisches Bundesamt, Lange Reihen zur Wirtschaftsentwicklung 1976, S. 158.

59 UA BB: Geschäftsbericht Grün & Bilfinger 1971. Vgl. auch UA BB, A 6: Aufsichtsratsprotokoll Berger-BAUBOAG vom 15.3.1971.

60 UA BB, A 6: Aufsichtsratsprotokoll Berger-BAUBOAG vom 15.3.1971.

61 Ebd. (Klinge), hier auch das folgende Zitat. Vgl. auch UA BB: Geschäftsbericht Grün & Bilfinger 1971: *Die Bauindustrie verliert jedes Jahr Tausende von Facharbeitern, die durch die bequemeren Betriebsverhältnisse in der stationären Industrie angelockt werden. Der Nachwuchs ist ungenügend, die Gastarbeiterquote lässt sich kaum noch steigern.*

62 UA BB, A 4463: Aufsichtsratsprotokolle Grün & Bilfinger vom 2.7.1971 und 10.11.1971.

63 UA BB, A 4523: Vermerk Klöckners vom 21.9.1973. Zu den laufenden Entwicklungen des Ergebnisses vgl. auch UA BB, A 4422, A 4423: Vorstandsprotokolle Berger-BAUBOAG 1973/74.

64 UA BB, A 4463: Aufsichtsratsprotokoll Grün & Bilfinger vom 10.11.1971; vgl. auch A 4464: Aufsichtsratsprotokoll Grün & Bilfinger vom 24.3.1972.

65 UA BB, A 4453: Protokoll des erweiterten Vorstands Grün & Bilfinger vom 22.2.1972, Anlage: Vermerk über die steuerlichen Folgen unterschiedlicher Arten der Zusammenführung vom 18.2.1972.

66 UA BB, A 6: Aufsichtsratsprotokoll Berger-BAUBOAG vom 16.11.1972.

67 Ebd.: Aufsichtsratsprotokoll Berger-BAUBOAG vom 30.3.1973.

68 UA BB, A 4464: Aufsichtsratsprotokoll Grün & Bilfinger vom 9.11.1973.

69 Die Unternehmensbewertung: UA BB, A 6: Schreiben der Treuhand-Vereinigung an Berger-BAUBOAG sowie an Grün & Bilfinger vom 7.5.1973; Aufsichtsratsprotokoll Berger-BAUBOAG vom 16.5.1973. UA BB, A 4464: Aufsichtsratsprotokoll Grün & Bilfinger vom 17.5.1973. Das Umtauschangebot: Bundesanzeiger Nr. 99 vom 26.5.1973.

70 Berger-BAUBOAG: 11.7.1973, Grün & Bilfinger: 12.7.1973.

71 UA BB, A 7: Aufsichtsratsprotokoll Berger-BAUBOAG vom 11.7.1973.

72 UA BB, A 6.

73 UA BB, A 4453: Protokoll Gesamtvorstand vom 10.10.1972, 2c.

74 UA BB, A 4454: Vorstandsprotokoll Grün & Bilfinger vom 7.11.1973.

75 UA BB, A 4464: Aufsichtsratsprotokoll Grün & Bilfinger vom 9.11.1973; A 4453: Protokoll Gesamtvorstand vom 10.10.1972, 4b.

76 UA BB, A 4464: Aufsichtsratsprotokolle Grün & Bilfinger vom 17.5.1973 und 9.11.1973; A 4454: Vorstandsprotokoll Grün & Bilfinger vom 27.9.1973.

77 UA BB, A 4454: Vorstandsprotokoll Grün & Bilfinger vom 9.8.1973.

78 UA BB, A 7: Vorstandsprotokoll Berger-BAUBOAG vom 23.8.1973; Schreiben von Berger-BAUBOAG an den Aufsichtsrat vom 27.8.1973; Schreiben von Klinge an Berger-BAUBOAG vom 19.9.1973. UA BB, A 4454: Vorstandsprotokolle Grün & Bilfinger vom 9.8.1973 – hier das Zitat – und 21.8.1973.

79 UA BB, A 7: Aufsichtsratsprotokoll Berger-BAUBOAG vom 17.4.1974.

80 UA BB, A 4454: Vorstandsprotokolle Grün & Bilfinger vom 15.10.1973 und 23.11.1973, hier die folgenden Zitate.

81 UA BB, A 7: Aufsichtsratsprotokoll Berger-BAUBOAG vom 11.12.1973.

82 UA BB, A 4454: Vorstandsprotokoll Grün & Bilfinger vom 7.8.1974.

83 UA BB, A 7: Rundschreiben des Hauptverbands der Deutschen Bauindustrie e. V. vom 24.9.1974.

84 UA BB, A 4464: Aufsichtsratsprotokoll Grün & Bilfinger vom 10.7.1975.

85 Ebd.: Aufsichtsratsprotokoll Grün & Bilfinger vom 22.4.1975.

86 Ebd.: Aufsichtsratsprotokoll Grün & Bilfinger vom 2.12.1974.

87 UA BB, A 4523: Vermerk Klöckners vom 1.8.1974; A 4464: Aufsichtsratsprotokoll Grün & Bilfinger vom 23.10.1975.

88 UA BB, A 4456: Protokoll Gesamtvorstand vom 13.11.1975; vgl. auch ebd.: Vorstandsprotokoll Bilfinger + Berger vom 6.7.1976.

89 UA BB, A 6: Aufsichtsratsprotokoll Berger-BAUBOAG vom 11.7.1973; vgl. auch Aufsichtsratsprotokoll vom 30.3.1973.

90 UA BB, A 4455: Vorstandsprotokolle Berger-BAUBOAG vom 7.12.1973 und 15.1.1974; vgl. auch UA BB, A 7: Aufsichtsratsprotokoll Berger-BAUBOAG vom 17.4.1974.

91 UA BB, A 4464: Aufsichtsratsprotokolle Grün & Bilfinger vom 26.5.1975 und 23.10.1975.

92 UA BB, A 7: Aufsichtsratsprotokoll Berger-BAUBOAG vom 15.11.1974; Zitat: A 4464: Aufsichtsratsprotokoll Grün & Bilfinger vom 2.12.1974.

93 UA BB, A 4454: Vorstandsprotokoll Grün & Bilfinger vom 23.11.1973; vgl. zur weiteren Entwicklung: ebd.: Vorstandsprotokolle Grün & Bilfinger vom 20.3.1974, 11.6.1974, 4.7.1974 und 7.8.1974.

94 UA BB, A 7: Aufsichtsratsprotokoll Berger-BAUBOAG vom 15.11.1974.

95 UA BB, A 4454: Protokolle Gesamtvorstand vom 11.6.1974 und 4.7.1974 mit der Geschäftsordnung als Anlage. Ausgegliedert wurden folgende Sachgebiete: Maschinenwesen, Kalkulationsrichtlinien und Datentechnik, Fertigteilbau, Spannabteilung, Erfahrungsauswertung, -austausch und Patente, Informationssystem, Rechnungswesen (Bilanz, Betriebsabrechnung und -planung), Finanzen, Steuern, Liegenschaften, EDV, Betriebsorganisation, Revision, betriebliche Schulung.

96 Ebd.: Protokoll Gesamtvorstand vom 8.10.1974; UA BB, A 7: Aufsichtsratsprotokoll Berger-BAUBOAG vom 15.11.1974.

97 UA BB, A 4454: Vorstandsprotokoll Grün & Bilfinger vom 27.5.1974; vgl. auch ebd.: Vorstandsprotokoll Grün & Bilfinger vom 13.5.1974: *Koordinierung G+B / BB. Dieser Punkt der Tagesordnung wird eingehend diskutiert. Es besteht Einigkeit darüber, dass angesichts der schwierigen Lage im Inlandsgeschäft eine weitere Rationalisierung erfolgen muss, soweit sie die Zusammenarbeit der beiden Firmen betrifft. Über die einzuschlagenden Wege gehen die Meinungen jedoch auseinander.*

98 UA BB, A 4523: Handschriftliche Notizen Klöckners (Ponto 6 VI) über die Besprechung zwischen Ponto, Klöckner, Hager und Deimann am 6.6.1974.

99 UA BB, A 4456: Vorstandsprotokoll Grün & Bilfinger vom 20.1.1975.

100 UA BB, A 4423: Vorstandsprotokoll Berger-BAUBOAG vom 16.1.1975.

101 UA BB, A 4454: Protokoll Gesamtvorstand vom 5.11.1974.

102 UA BB, A 4427: Aufsichtsratsprotokoll Berger-BAUBOAG vom 23.4.1975.

103 UA BB, A 4523: Vermerk Klöckners über ein Gespräch mit Ponto vom 10.2.1975, dazu als streng vertrauliche Anlage: *Gedanken zur Rationalisierung der Unternehmensgruppe Grün + Bilfinger AG – Berger-BAUBOAG AG*, verfasst von Klöckner am 4.2.1975.

104 UA BB, A 4456: Protokolle Gesamtvorstand vom 21.1.1975 und 24.4.1975.

105 Vgl. UA BB, A 4456: Hinweise in den Vorstandsprotokollen vom 26.3.1975

106 UA BB, A 4456: Vorstandsprotokoll Grün & Bilfinger vom 20.1.1975.

107 UA BB, A 4523: Vermerk Klöckners über ein Gespräch mit Ponto vom 10.2.1975.

108 UA BB, A 7: Aufsichtsratsprotokoll Berger-BAUBOAG vom 29.10.1975.

109 UA BB, A 4523: Vermerk Klöckners vom 10.2.1975.

110 Ebd.: Vermerk Klöckners über eine Besprechung mit Ponto vom 26.5.1975 sowie Notizen Klöckners dazu vom 23.5.1975. UA BB, A 4456: Protokolle Gesamtvorstand vom 23.6.1975, 30.6./1.7.1975 und 3.7.1975. UA BB, A 4464: Protokolle Aufsichtsratssitzungen Grün & Bilfinger vom 26.5.1975 und 10.7.1975, daraus die folgenden Zitate.

111 UA BB, A 4464: Aufsichtsratsprotokoll Grün & Bilfinger vom 23.10.1975; ebd. die folgenden Zitate. Vgl. auch UA BB, A 7: Aufsichtsratsprotokoll Berger-BAUBOAG vom 29.10.1975: *Als neuer Name des Konzerns sei vorbehaltlich der Zustimmung durch die Hauptversammlung der Grün + Bilfinger AG die Firmierung „Bilfinger + Berger Bauaktiengesellschaft" vorgesehen. Als Firmenzeichen sei ein stilisiertes weißes „b" auf blauem Grund geplant, wobei die Tochtergesellschaften im Ausland das bisherige Zeichen beibehalten würden.*

112 UA BB, A 7.

113 UA BB, A 4464: Aufsichtsratsprotokoll Grün & Bilfinger vom 23.10.1975; A 4427: Aufsichtsratsprotokoll Berger-BAUBOAG vom 29.10.1975. UA BB, A 8: Protokolle der Hauptversammlungen Berger-BAUBOAG vom 29.10.1975 und Grün & Bilfinger vom 15.12.1975. Vgl. auch die Berichterstattung in: Frankfurter Allgemeine Zeitung, Handelsblatt, Süddeutsche Zeitung, Mannheimer Morgen, jeweils vom 16.12.1975.

114 UA BB, A 4456: Vorstandsprotokolle Bilfinger + Berger vom 6.7.1976 und 17.8.1976.

115 Ebd.: Protokoll Gesamtvorstand vom 15.10.1975.

116　Ebd.: Aufsichtsratsprotokoll Bilfinger + Berger vom 26.4.1976 (Klöckner).

117　Ebd.: Vorstandsprotokoll Grün & Bilfinger vom 26.3.1975; Protokoll Gesamtvorstand vom 23.6.1975.

118　HA-DrBk 8108-2002: Vermerk des Ressorts Industriebüro vom 20.6.1977.

119　UA BB, A 4456: Vorstandsprotokolle Bilfinger + Berger vom 13.1.1976 und 12.2.1976.

120　UA BB, A 4457: Vorstandsprotokoll Bilfinger + Berger vom 17.2.1977; vgl. auch ebd.: Vorstandsprotokoll Bilfinger + Berger vom 27.1.1977 und UA BB, A 4456: Vorstandsprotokoll Bilfinger + Berger vom 22.9.1976.

121　UA BB, A 4457: Vorstandsprotokoll Bilfinger + Berger vom 17.8.1977; A 4458: Vorstandsprotokoll Bilfinger + Berger vom 20.2.1979.

122　UA BB, A 4458: Vorstandsprotokoll Bilfinger + Berger vom 19.3.1979.

123　Ebd.: Vorstandsprotokoll Bilfinger + Berger vom 12.5.1980.

124　UA BB, A 4457: Vorstandsprotokolle Bilfinger + Berger vom 17.8.1978 und 27.11.1978; A 4458: Vorstandsprotokolle Bilfinger + Berger vom 31.7.1979; sowie vor allem A 4457: spezielle Sitzung zum Thema Unternehmensplanung vom 15.11.1978.

125　UA BB, A 4457: Vorstandsprotokoll Bilfinger + Berger vom 17.8.1978.

126　UA BB, A 4457.

127　Ebd.

128　Vgl. Schneider/Thoenes/Trageser, Die deutsche Bauwirtschaft, S. 269, Tab. 8.2; zur Auslandstätigkeit der deutschen Bauindustrie allgemein vgl. ebd., S. 263ff.

129　UA BB, A 4464: Aufsichtsratsprotokoll Grün & Bilfinger vom 29.5.1974.

130　Ebd.: Aufsichtsratsprotokoll Grün & Bilfinger vom 2.12.1974.

131　Ebd.: Aufsichtsratsprotokoll Grün & Bilfinger vom 22.4.1975; das folgende Zitat: UA BB, A 4456: Vorstandsprotokoll Grün & Bilfinger vom 20.1.1975.

132　UA BB, A 7: Aufsichtsratsprotokoll Berger-BAUBOAG vom 23.4.1975 (Klöckner).

133　UA BB, A 4464: Aufsichtsratsprotokoll Grün & Bilfinger vom 23.10.1975.

134　UA BB, A 7: Aufsichtsratsprotokolle Berger-BAUBOAG vom 23.4.1975, 23.5.1975 und 7.7.1975.

135　Statistisches Bundesamt Wiesbaden, Länderbericht Nigeria 1977, S. 13. In diesen Länderberichten finden sich auch detaillierte Informationen zur Geschichte sowie zur allgemeinen politischen und wirtschaftlichen Entwicklung des Landes.

136　UA BB, A 4456: Anlage zum Vorstandsprotokoll Bilfinger + Berger vom 1.4.1976.

137　Informationen zu den Investitionsprogrammen sowie zu einzelnen Projekten nach den Länderberichten des Statistischen Bundesamts sowie nach den von der Deutschen Botschaft erstellten Länderinformationen und Wirtschaftsberichten über Nigeria in: BArch Koblenz Koblenz B 213/11844-11848.

138　UA BB, A 4456: Protokoll Gesamtvorstand vom 5.8.1975.

139　UA BB, A 10: Schreiben des Vorstands der Berger-BAUBOAG an das Aufsichtsratspräsidium vom 19.6.1974.

140　Frankfurter Allgemeine Zeitung vom 7.11.1975.

141　UA BB, A 4456: Vorstandsprotokoll Bilfinger + Berger vom 2.12.1976.

142　Ebd.: Vorstandsprotokoll Bilfinger + Berger vom 22.9.1976.

143　Ebd.: Vorstandsprotokoll Bilfinger + Berger vom 2.12.1976.

144　Vgl.: Frankfurter Allgemeine Zeitung vom 7.11.1975 und 14.11.1975; Süddeutsche Zeitung vom 4.12.1975.

145　UA BB, A 4464: Aufsichtsratsprotokoll Bilfinger + Berger vom 17.4.1978, hier auch das folgende Zitat Hawrankes. Vgl. auch UA BB, A 4457: Vorstandsprotokoll Bilfinger + Berger vom 17.5.1978.

146　UA BB, A 4456: Vorstandsprotokoll Bilfinger + Berger vom 6.7.1976.

147　UA BB, A 4464: Aufsichtsratsprotokolle Bilfinger + Berger vom 21.4.1977 und 17.4.1978.

148　UA BB, A 4457: Vorstandsprotokolle Bilfinger + Berger vom 28.7.1977 und 17.8.1977.

149　Ebd.: Vorstandsprotokoll Bilfinger + Berger vom 27.2.1978.

150　Ebd.: Vorstandsprotokoll Bilfinger + Berger vom 8.6.1978.

151　UA BB, A 4456: Vorstandsprotokoll Bilfinger + Berger vom 22.5.1976.

152　Ebd.: Vorstandsprotokoll Bilfinger + Berger vom 1.4.1976.

153　UA BB, A 4464: Aufsichtsratsprotokoll Grün & Bilfinger vom 23.10.1975.

154　UA BB, A 4457: Vorstandsprotokolle Bilfinger + Berger vom 27.6.1977.

155　UA BB, A 4456: Vorstandsprotokoll Bilfinger + Berger vom 12.2.1976.

156　UA BB, A 4456: Vorstandsprotokoll Bilfinger + Berger vom 2.12.1976.

157　Ebd.: Vorstandsprotokolle Bilfinger + Berger vom 22.4.1976, 17.8.1976, 22.9.1976 und 18.10.1976.

158 Ebd.: Vorstandsprotokoll Bilfinger + Berger vom 4.3.1976 (Hager); hier auch die folgenden Äußerungen Klöckners und Deimanns.

159 UA BB, A 4457: Vorstandsprotokoll Bilfinger + Berger vom 27.1.1977.

160 UA BB, A 4456: Vorstandsprotokolle Bilfinger + Berger vom 12.2.1976 und 16.6.1976.

161 Ebd.: Vorstandsprotokoll Bilfinger + Berger vom 16.6.1976.

162 UA BB, A 4457: Vorstandsprotokolle Bilfinger + Berger vom 27.6.1977 und 28.7.1977.

163 UA BB, A 4521: Schreiben Klöckners an Hagenmüller vom 24.5.1977.

164 UA BB, A 4458: Vorstandsprotokoll Bilfinger + Berger vom 3.4.1979.

165 Ebd.: Vorstandsprotokoll Bilfinger + Berger vom 19.11.1979.

166 UA BB, A 4457: Vorstandsprotokoll Bilfinger + Berger vom 17.8.1978.

167 UA BB, A 4458: Vorstandsprotokoll Bilfinger + Berger vom 14.5.1979.

168 Ebd.: Vorstandsprotokoll Bilfinger + Berger vom 4.9.1980.

169 Ebd.: Vorstandsprotokoll Bilfinger + Berger vom 27.10.1980.

Kapitel 9

1 UA BB: Geschäftsbericht Bilfinger + Berger 1980, S. 13.

2 Vgl. UA BB: Geschäftsberichte Bilfinger + Berger 1981 und 1982.

3 UA BB: Geschäftsbericht Bilfinger + Berger 1986, S. 11.

4 UA BB: Geschäftsbericht Bilfinger + Berger 1987, S. 8.

5 UA BB: Geschäftsbericht Bilfinger + Berger 1986, S. 28; vgl. Geschäftsbericht Bilfinger + Berger 1987, S. 40.

6 Quelle: Hauptverband der Deutschen Bauindustrie; vgl. Kahlenbach: Deutsche Bauindustrie forciert weltweite Präsenz.

7 Vgl. UA BB: Geschäftsbericht Bilfinger + Berger 1988.

8 Vgl. UA BB: Geschäftsbericht Bilfinger + Berger 1990, S. 13.

9 Quelle: UA BB: Geschäftsberichte Bilfinger + Berger 1990–1998, basierend auf Berechnungen des deutschen Instituts für Wirtschaftsforschung.

10 UA BB: Geschäftsbericht Bilfinger + Berger 1991, S. 14.

11 Vgl. UA BB: Geschäftsbericht Bilfinger + Berger 1991, S. 44; Geschäftsbericht Bilfinger + Berger 1994, S. 67ff; Geschäftsbericht Bilfinger + Berger 1996, S. 56ff.

12 Vgl. UA BB: Geschäftsbericht Bilfinger + Berger 1990, S. 14; Geschäftsbericht Bilfinger + Berger 1995, S. 47ff; Geschäftsbericht Bilfinger Berger 2003, S. 46.

13 Vgl. UA BB: Geschäftsbericht Bilfinger + Berger 1991, S. 44; Geschäftsbericht Bilfinger + Berger 1993, S. 51; Geschäftsbericht Bilfinger + Berger 1995, S. 41.

14 Vgl. UA BB: Geschäftsbericht Bilfinger + Berger 1990, S. 30; Geschäftsbericht Bilfinger + Berger 1992, S. 40; Geschäftsbericht Bilfinger + Berger 1998, S. 54ff; b-aktuell 2/2000, S. 30f.

15 Vgl. UA BB: Geschäftsbericht Bilfinger + Berger 1992, S. 16f; Geschäftsbericht Bilfinger + Berger 1993, S. 51ff; Geschäftsbericht Bilfinger + Berger 1999, S. 44ff.

16 Vgl. UA BB: Geschäftsbericht Bilfinger + Berger 1994, S. 12; Geschäftsbericht Bilfinger + Berger 1999, S. 70f; b-aktuell 2/96, S. 36f; b-aktuell 1/2000, S. 14f. Zur Geschichte von Razel vgl. Sigaud: Les Années Ardentes.

17 Zur Geschichte von Baulderstone vgl. Donovan: Towards Excellence.

18 Vgl. UA BB: Geschäftsbericht Bilfinger + Berger 1997, S. 11ff.

19 Vgl. UA BB: Geschäftsbericht Bilfinger + Berger 1998, S. 18ff.

20 Vgl. UA BB: Geschäftsbericht Bilfinger + Berger 1998, S. 15; Geschäftsbericht Bilfinger + Berger 1999, S. 11ff.

21 Vgl. UA BB: Geschäftsbericht Bilfinger Berger 2003, S. 32f.

22 Vgl. UA BB: Geschäftsbericht Bilfinger Berger 2004, S. 49f.

QUELLEN- UND LITERATURVERZEICHNIS

ARCHIVBESTÄNDE

Brandenburgisches Landeshauptarchiv Potsdam (BLHA)
Rep. 36 A: Oberfinanzpräsident Berlin-Brandenburg, Devisenstelle
Rep. 36 II: Oberfinanzpräsident Berlin-Brandenburg, Vermögensverwertungsstelle

Bundesarchiv Berlin (BArch Berlin)
R 43 I: Reichskanzlei
R 3101: Reichswirtschaftsministerium
R 3118: Zulassungsstelle an der Berliner Börse
BDC: Berlin Document Center

Bundesarchiv Koblenz (BArch Koblenz)
B 213: Bundesministerium für wirtschaftliche Zusammenarbeit

Die Bundesbeauftragte für die Unterlagen des Staatsicherheitsdienstes der ehemaligen Deutschen Demokratischen Republik (BStU)

Deutsche Bank AG, Historisches Institut (HIDB)

Generallandesarchiv Karlsruhe (GLA)
465a: Spruchkammer Mannheim

Historisches Archiv der Dresdner Bank AG (HA-DrBk)

Landeshauptarchiv Sachsen-Anhalt Magdeburg (LHA)

Landgericht Hamburg

Unternehmensarchiv der Bilfinger Berger AG (UA BB)

INTERVIEWS

Dr. Detlev Anderson (31.10.2003, Mannheim)
Götz Deimann (3.11.2003, Mannheim)
Helmut Groggel (3.11.2003, Mannheim)
Rainer Herrmann (19.12.2003, Mannheim)
Wilhelm Klöckner (24.11.2003, Mannheim)
Margarete Mündörfer (21.5.2004, Heidelberg)
Dr. Christian Roth (7.11.2003, Mannheim)
Heinz Will (21.11.2003, Mannheim)
Dr. Hans Wittmann (9.2.2004, Wiesbaden)

GEDRUCKTE QUELLEN UND LITERATUR

10 Jahre Siedlung Tempelhofer Feld, Berlin-Tempelhof 1930.

40 Jahre Berlinische Boden-Gesellschaft. Ein Bild der Groß-Berliner Wohnungsversorgung und der Tätigkeit der Gesellschaft vor, während und nach der Kriegszeit, Berlin 1930.

60 Jahre Berlinische Boden-Gesellschaft, Berlin 1950.

Abelshauser, Werner: Deutsche Wirtschaftsgeschichte seit 1945, München 2004.

Ders.: Wirtschaftsgeschichte der Bundesrepublik Deutschland 1945–1980, Frankfurt am Main 1983.

Arndt, Klaus Dieter: Das Bauvolumen von morgen, in: Die Bauwirtschaft und die Hochkonjunktur. Eine Schrift des Hauptverbandes der Deutschen Bauindustrie, Frankfurt am Main 1961, S. 33–38.

Aschkewitz, Max: Zur Geschichte der Juden in Westpreußen, Marburg 1967.

Aubin, Hermann / Zorn, Wolfgang (Hg.): Handbuch der deutschen Wirtschafts- und Sozialgeschichte. Bd. 2: Das 19. und 20. Jahrhundert, Stuttgart 1976.

Aule, Olgred / von Monschaw, Bernd: Konjunkturelle Sonderentwicklung der Bauwirtschaft, in: Die Bauwirtschaft im Wandel der Konjunktur. Sieben Beiträge zur Baukonjunktur. Hg. vom Hauptverband der Deutschen Bauindustrie e. V., Frankfurt am Main 1966, S. 46–56.

Ausgewählte Zahlen für die Bauwirtschaft. Hg. vom Statistischen Bundesamt, Stuttgart 1977ff.

Barkai, Avraham: Vom Boykott zur „Entjudung". Der wirtschaftliche Existenzkampf der Juden im Dritten Reich 1933–1943, Frankfurt am Main 1988.

Ders.: Das Wirtschaftssystem des Nationalsozialismus. Ideologie, Theorie, Politik 1933–1945, Frankfurt am Main 1988.

Das Baugewerbe in der Bundesrepublik Deutschland. Zahlen für die Bauwirtschaft. Hg. vom Statistischen Bundesamt 1 (1955)–3 (1957).

Das Bauhauptgewerbe. Ergebnisse der Totalerhebung. Hg. vom Statistischen Bundesamt 1 (1949); 1950 (1951)–1956 (1957).

Das Bauhauptgewerbe im Juli 1952 (Ergebnisse der Totalerhebung). Hg. vom Statistischen Bundesamt Wiesbaden, Stuttgart/Köln 1953 (= Statistik der Bundesrepublik Deutschland. Bd. 78).

Baupraxis Zeitung 1965.

Baustatistisches Jahrbuch. Hg. vom Hauptverband der Deutschen Bauindustrie e. V., 1972ff.

Die Bauwirtschaft. Zentralblatt für das gesamte Bauwesen 19 (1965).

Die Bauwirtschaft im Wandel der Konjunktur. Sieben Beiträge zur Baukonjunktur. Hg. vom Hauptverband der Deutschen Bauindustrie e. V., Frankfurt am Main 1966.

Die Bauwirtschaft und die Hochkonjunktur. Eine Schrift des Hauptverbandes der Deutschen Bauindustrie, Frankfurt am Main 1961.

Benz, Wolfgang: Zwangsarbeit im nationalsozialistischen Staat. Dimensionen – Strukturen – Perspektiven, in: Dachauer Hefte 16 (2000), S. 3–17

Berger, Julius: Meine Lebenserinnerungen, Berlin 1933.

Berghahn, Volker: Das Kaiserreich 1871–1914. Industriegesellschaft, bürgerliche Kultur und autoritärer Staat, Stuttgart 2003.

Berlin und seine Bauten. Hg. vom Architekten- und Ingenieur-Verein zu Berlin. Teil II: Rechtsgrundlagen und Stadtentwicklung, Berlin/München 1964.

Berlin und seine Bauten. Hg. vom Architekten- und Ingenieur-Verein zu Berlin. Teil IV: Wohnungsbau. Bde. A – D, Berlin/München 1970–2002.

Berlin und seine Bauten. Hg. vom Architekten- und Ingenieur-Verein zu Berlin. Teil VIII: Bauten für Handel und Gewerbe. Bd. A: Handel, Berlin u. a. 1978.

Berlin und seine Bauten. Hg. vom Architekten- und Ingenieur-Verein zu Berlin. Teil IX: Industriebauten, Bürohäuser, Berlin u. a. 1971.

Berlin und seine Bauten. Hg. vom Architekten- und Ingenieur-Verein zu Berlin. Teil XI: Gartenwesen, Berlin u. a. 1972.

Berliner Morgenpost 1912.

Bernhardt, Christoph: Bauplatz Groß-Berlin. Wohnungsmärkte, Terraingewerbe und Kommunalpolitik im Städtewachstum der Hochindustrialisierung (1871–1918), Berlin/New York 1998.

von Beyme, Klaus: Der Wiederaufbau. Architektur und Städtebaupolitik in beiden deutschen Staaten, München/Zürich 1987.

Blaich, Fritz: Der Schwarze Freitag. Inflation und Wirtschaftskrise, München 1985.

Böhm, Bruno: Industrie und Gewerbe in Bromberg. Eine Darstellung der industriellen Entwicklung Brombergs vom technisch-wirtschaftlichen Standpunkte unter besonderer Berücksichtigung der letzten 50 Jahre, Bromberg 1907.

Böhmler, Emil: Mannheim-Heidelberg und der Neckar-Donau-Kanal, Heidelberg 1920.

Ders.: Der Rhein-Neckar-Donaukanal und die Neckarwasserkräfte. Vortrag gehalten am 12. Dezember 1919 vor dem Südwestdeutschen Kanalverein und den technischen Vereinen der Stadt Mannheim, Stuttgart 1920.

Bornemann, Manfred: Geheimprojekt Mittelbau. Vom zentralen Öllager des Deutschen Reiches zur größten Raketenfabrik im Zweiten Weltkrieg, Bonn [2]1994.

Braedt, Michael / Höerseljau, Hansjörg / Jacobs, Frank / Knolle Friedhart: Die Sprengstoffabrik Tanne in Clausthal-Zellerfeld, in: Arbeitsgemeinschaft Südniedersächsischer Heimatfreunde e.V. (Hg.): Rüstungsindustrie in Südniedersachsen während der NS-Zeit, Mannheim 1993, S. 66–118.

Brandt, Juan Carlos: Die Talsperre Cruz del Eje in der Provinz Córdoba, Argentinien, Sonderdruck aus „Die Bautechnik" 31, 1954.

Brennecke, Ludwig: Wie viel Zeit soll beim Ausschleusen aus höherem Luftdruck verwandt werden? In: Centralblatt der Bauverwaltung 17 (1897), S. 576–578.

Buchheim, Christoph: Die Wiedereingliederung Westdeutschlands in die Weltwirtschaft 1945–1958, München 1990.

Ders.: Zur Natur des Wirtschaftsaufschwungs in der NS-Zeit, in: Ders. / Hutter, Michael / James, Harold (Hg.): Zerrissene Zwischenkriegszeit. Wirtschaftshistorische Beiträge. Knut Borchardt zum 65. Geburtstag, Baden-Baden 1994, S. 97–119.

Ders.: Die Wirtschaftsentwicklung im Dritten Reich – Mehr Desaster als Wunder. Eine Erwiderung auf Werner Abelshauser, in: Vierteljahrshefte für Zeitgeschichte 49 (2001), S. 653–664.

Buchwalds Börsen-Berichte 1912.

Bundesanzeiger 1964ff.

Bundesgesetzblatt. Teile I und II, 1949ff.

Burchardt, Lothar: Zwischen Kriegsgewinnen und Kriegskosten: Krupp im Ersten Weltkrieg, in: Zeitschrift für Unternehmensgeschichte 32 (1987), S. 71–123.

Büscher, Wolfgang: Der Flugplatz Gütersloh im Wandel der Zeit. Chancen und Risiken für den Raum Gütersloh/Bielefeld durch die Schließung bzw. Umwandlung des britischen Royal Air Force Flughafens, Gütersloh 1994.

Chickering, Roger: Das Deutsche Reich und der Erste Weltkrieg, München 2002.

Damaschke, Adolf: Als die Haberlands in Berlin „arbeiteten", in: Bodenreform 44 (1933), S. 329ff.

Ders.: Die Bodenreform. Grundsätzliches und Geschichtliches zur Erkenntnis und Überwindung der sozialen Not. 9. Aufl., Jena 1913 [1. Aufl. 1902].

Das deutsche Feldeisenbahnwesen. Bd. 1: Die Eisenbahnen zu Kriegsbeginn (Der Weltkrieg 1914 bis 1918. Die militärischen Operationen zu Lande, bearbeitet im Reichsarchiv), Berlin 1928.

Dietzfelbinger, Eckart / Liedtke, Gerhard: Nürnberg – Ort der Massen. Das Reichsparteitagsgelände. Vorgeschichte und schwieriges Erbe, Berlin 2004.

Dominicus, Alexander: Kommerzienrat Haberland und Groß-Berlin, in: Bodenreform 45 (1934), S. 12ff.

Donovan, Peter F.: Towards Excellence. The A. W. Baulderstone story, Adelaide 1987.

Doosry, Yasmin: „Wohlauf, laßt uns eine Stadt und einen Turm bauen…" Studien zum Reichsparteitagsgelände in Nürnberg, Tübingen 2002.

Dreis, Henning: Wohnungswirtschaftliche Zahlen. 2. Aufl., Düsseldorf 1968.

Eberstadt, Rudolf: Berliner Communalreform, in: Preußische Jahrbücher 70 (1892), S. 577–610.

Ders.: Handbuch des Wohnungswesens und der Wohnungsfrage, Jena 1909.

Eisenlohr, Moritz: Der Industriehafen, in: Mannheim und seine Bauten, Mannheim 1907, S. 484–501.

Ders.: Die Straßenbrücken, in: Mannheim und seine Bauten, Mannheim 1907, S. 555–669.

Ders.: Die Verkehrsanlagen, in: Mannheim in Vergangenheit und Gegenwart. Bd. 3: Mannheim seit der Gründung des Reiches 1871–1907, Mannheim 1907, S. 267–287.

Epstein, Klaus: Matthias Erzberger und das Dilemma der deutschen Demokratie, Frankfurt am Main/Berlin/Wien 1976.

Erlebniswelt Kaufhof. Ein Warenhaus in Deutschland. Hg. von der Kaufhof Warenhaus AG, Köln 2001.

Der Erzberger-Prozeß. Stenographischer Bericht über die Verhandlungen im Beleidigungsprozeß des Reichsfinanzministers Erzberger gegen den Staatsminister a.D. Dr. Karl Helfferich, Berlin 1920.

Escher, Felix: Berlin und sein Umland. Zur Genese der Berliner Stadtlandschaft bis zum Beginn des 20. Jahrhunderts, Berlin 1985.

Falola, Toyin: The History of Nigeria, Westport/London 1999.

Feilchenfeld, Werner / Michaelis, Dolf / Pinner, Ludwig: Haavara-Transfer nach Palästina und Einwanderung deutscher Juden 1933–1939,Tübingen 1972.

Feldman, Gerald D.: Das Großunternehmen im deutschen Industriesystem: Die M.A.N. 1900–1925, in: Ders.: Vom Weltkrieg zur Weltwirtschaftskrise. Studien zur deutschen Wirtschafts- und Sozialgeschichte 1914–1932, Göttingen 1984, S. 161–181.

Fieser, O.: Die neuerbaute Neckarbrücke Mannheim 1889–1891, Mannheim 1891.

Fisch, Stefan: Grundbesitz und Urbanisierung. Entwicklung und Krise der deutschen Terraingesellschaften 1870–1914, in: Geschichte und Gesellschaft 15 (1989), S. 34–61.

Frankfurter Allgemeine Zeitung 1963, 1969, 1975.

Frei, Helmut: Tempel der Kauflust. Eine Geschichte der Warenhauskultur, Leipzig 1997.

Fröbe, Rainer: Der Arbeitseinsatz von KZ-Häftlingen und die Perspektive der Industrie 1943–1945, in: Herbert, Ulrich (Hg.): Europa und der „Reichseinsatz". Ausländische Zivilarbeiter und KZ-Häftlinge in Deutschland 1938–1945, Essen 1991, S. 351–383.

Fünfzig Jahre Deutsche Mark. Notenbank und Währung in Deutschland seit 1948. Hg. von der Deutschen Bundesbank, München 1998.

Geist, Johann Friedrich / Kürvers, Klaus: Das Berliner Mietshaus 1862–1945, München 1984.

Die Geschichte der Berlinischen Boden-Gesellschaft. Ein Rückblick auf ihre 30jährige Tätigkeit, Berlin 1921.

Geschichte des Wohnens. Bd. 3: 1800–1918. Das bürgerliche Zeitalter. Hg. von Jürgen Reulecke, Stuttgart 1997.

Geschichte des Wohnens. Bd. 4: Reform, Reaktion, Zerstörung. Hg. von Gert Kähler, Stuttgart 1996.

Geschichte des Wohnens. Bd. 5: 1945 bis heute. Aufbau, Umbau, Neubau. Hg. von Ingeborg Flagge, Stuttgart 1999.

Gesetzblatt der Verwaltung des Vereinigten Wirtschaftsgebietes 1949. Hg. vom Büro des Wirtschaftsrates, Frankfurt am Main 1949.

Görtemaker, Manfred: Geschichte der Bundesrepublik Deutschland. Von der Gründung bis zur Gegenwart, München 1999.

Groener, Wilhelm: Lebenserinnerungen. Jugend, Generalstab, Weltkrieg, Göttingen 1957.

Gruner, Wolf: Der Geschlossene Arbeitseinsatz deutscher Juden. Zur Zwangsarbeit als Element der Verfolgung 1938–1943, Berlin 1997.

Ders.: Juden bauen die „Straßen des Führers". Zwangsarbeit und Zwangsarbeiterlager für nichtdeutsche Juden im Altreich 1940 bis 1943/44, in: Zeitschrift für Geschichtswissenschaft 44 (1996), S. 789–808.

Haberland, Georg: Aus meinem Leben. 14. August 1931, Berlin 1931.

Ders.: Der Einfluß des Privatkapitals auf die bauliche Entwicklung Groß-Berlins, Berlin 1913.

Ders.: Die Entwicklung des Bayerischen Viertels mit besonderer Beleuchtung der letzten kommunalen Vorgänge in Schöneberg, Berlin 1909.

Ders.: Groß-Berlin, Berlin 1917.

Ders.: Die Wertzuwachssteuer. Kritische Betrachtungen, Berlin 1910.

Ders.: Wie kommen wir aus der Wohnungsnot heraus? Ein dringender Appell an Reichs- und Staatsregierung, Berlin 1919.

Ders.: Die Wohnungsversorgung nach dem Kriege, Berlin 1918.

Ders.: Wohnungsversorgung und Bauordnung, Berlin 1925.

Hafenbautechnische Gesellschaft (Hg.): Die deutschen Kolonialhäfen. Ihre technische und wirtschaftliche Entwicklung nebst ihren Bauten (Sonderdruck aus dem Jahrbuch der Hafenbautechnischen Gesellschaft. Bd. 17, 1938), Berlin 1939.

Hafner, Siegbert: Die Besonderheiten des Auslandsmarktes für Bauleistungen, Münster 1969.

von Halász, Robert: Industrialisierung der Bautechnik. Bauen und Bauten mit Stahlbetonfertigteilen, Düsseldorf 1966.

Handbuch der deutschen Aktiengesellschaften 1910/11. Bd. 1, 1913/14. Bd. 1 u. 2, 1924/25, 1931, 1966.

Handelsblatt 1969, 1975.

Handwörterbuch der Staatswissenschaften. 4. Aufl. in 8 Bänden., Jena 1923–1928.

Harlander, Tilman: Wohnen und Stadtentwicklung in der Bundesrepublik, in: Geschichte des Wohnens. Bd. 5: 1945 bis heute. Aufbau, Umbau, Neubau. Hg. von Ingeborg Flagge, Stuttgart 1999, S. 233–417.

Herbert, Ulrich: Arbeit und Vernichtung. Ökonomisches Interesse und Primat der „Weltanschauung" im Nationalsozialismus, in: Ders. (Hg.): Europa und der „Reichseinsatz". Ausländische Zivilarbeiter und KZ-Häftlinge in Deutschland 1938–1945, Essen 1991, S. 384–426.

Ders.: Fremdarbeiter. Politik und Praxis des „Ausländer-Einsatzes" in der Kriegswirtschaft des dritten Reiches, Neu-auflage Bonn 1999.

Ders.: Geschichte der Ausländerpolitik in Deutschland. Saisonarbeiter, Zwangsarbeiter, Gastarbeiter, Flüchtlinge, München 2001.

Ders. (Hg.): Wandlungsprozesse in Westdeutschland. Belastung, Integration, Liberalisierung 1945–1980, Göttingen 2002.

Heyde, Philipp: Das Ende der Reparationen. Deutschland, Frankreich und der Youngplan 1929–1932, Paderborn 1998.

Hilz, Helmut: Benckiser – Eisenbrückenbau für Baden, in: Becht, Hans-Peter (Hg.): Pforzheim im 19. und 20. Jahrhundert. Bausteine zur modernen Stadtgeschichte, Sigmaringen 1996, S. 119–131.

Ders.: Eisenbrückenbau und Unternehmertätigkeit in Süddeutschland. Heinrich Gerber (1832–1912), Stuttgart 1993.

Hoffmann, Walther G.: Das Wachstum der deutschen Wirtschaft seit der Mitte des 19. Jahrhunderts, Berlin u. a. 1965.

Hohenstein, Götz: Konzentration in der Bauwirtschaft, in: Frankfurter Allgemeine Zeitung 11.5.1963.

Holtfrerich, Carl-Ludwig: Das Elend der Mark im „Dreißigjährigen Krieg" 1914–1945, in: Ders. / James, Harold / Pohl, Manfred: Requiem auf eine Währung. Die Mark 1873–2001, Stuttgart/München 2001, S. 109–191.

Ders.: Die deutsche Inflation 1914 – 1923. Ursachen und Folgen in internationaler Perspektive, Berlin/New York 1980.

Hübler, Karl: Der Schlüchterner Tunnel, Sonderdruck aus: Unsere Heimat Nr. 2/3, 1914.

James, Harold: Die Deutsche Bank im Dritten Reich, München 2003.

Ders.: Deutschland in der Weltwirtschaftskrise 1924–1936, Stuttgart 1988.

Johr, Barbara / Roder, Hartmut: Der Bunker. Ein Beispiel nationalsozialistischen Wahns – Bremen-Farge 1943–1945, Bremen 1989.

Kahlenbach, Frank: Deutsche Bauindustrie forciert weltweite Präsenz, in: Bauwirtschaft + Politik 12/2004, S. 17–23.

Karlsch, Rainer / Stokes, Raymond G.: „Faktor Öl". Die Mineralölwirtschaft in Deutschland 1859–1974, München 2003.

Kasper, Klaus Christian: Der Schönhuter Tunnel. Vom Sorgenkind der K.P.E.V bis zum größten Einschnitt der Deutschen Reichsbahn. Bilder, Berichte und Dokumente, Bonn-Oberkassel 2003.

Kielmannsegg, Peter: Nach der Katastrophe. Eine Geschichte des geteilten Deutschland, Berlin 2000.

Klenke, Dietmar: Bundesdeutsche Verkehrspolitik und Motorisierung. Konfliktträchtige Weichenstellungen in den Jahren des Wiederaufstiegs, Stuttgart 1993.

Kleßmann, Christoph: Die doppelte Staatsgründung. Deutsche Geschichte 1945–1955. 5. Aufl., Bonn 1991.

Ders.: Zwei Staaten, eine Nation. Deutsche Geschichte 1955–1970. 2. Aufl., Bonn 1997.

Kockelkorn, Ernst: Die Lebensgeschichte des Schönhuter Tunnels im Waldenburger Bergland (Schlesien), Sonderdruck aus: „Die Eisenbahntechnik" 1949, H. 1 u. 2.

Köhler, Friedrich W.: Zur Geschichte der Warenhäuser. Seenot und Untergang des Hertie-Konzerns, Frankfurt am Main 1997.

Konieczny, Alfred: Die Zwangsarbeit der Juden in Schlesien im Rahmen der „Organisation Schmelt", in: Aly, Götz (Hg.): Sozialpolitik und Judenvernichtung. Gibt es eine Ökonomie der Endlösung?, Berlin 1987, S. 91–110.

Korff, Gottfried / Rürup, Reinhard (Hg.): Berlin, Berlin. Die Ausstellung zur Geschichte der Stadt, Berlin 1987.

Kresling, Hans: Statistisches Handbuch der Bauwirtschaft. Hg. vom IFO-Institut für Wirtschaftsforschung. 3. Aufl., Berlin/München 1954.

Kröger, E.: Die Hafenerweiterung von Tanga in Deutsch-Ostafrika in den Jahren 1912–1913 (Sonderdruck aus: dem Jahrbuch der Hafenbautechnischen Gesellschaft. Bd. 9, 1926), Berlin 1927.

Kronecker, Wilhelm: Julius Berger Tiefbau-Aktiengesellschaft Berlin 1905–1930, Berlin 1930.

Landsberg, Theodor: Der Wettbewerb um den Entwurf einer festen Straßenbrücke über den Neckar bei Mannheim (Sonderdruck aus: dem Centralblatt der Bauverwaltung), Berlin 1901.

von Lucadou, Emil: Kleines statistisches ABC der Bauwirtschaft, in: Die Bauwirtschaft und die Hochkonjunktur. Eine Schrift des Hauptverbandes der Deutschen Bauindustrie, Frankfurt am Main 1961, S. 93–96.

Mai, Gunther: Kriegswirtschaft und Arbeiterbewegung in Württemberg 1914–1918 (Industrielle Welt. Bd. 35), Stuttgart 1983.

Maier, Charles S. / Bischof, Günter (Hg.): Deutschland und der Marshall-Plan, Baden-Baden 1992.

Mannheimer Morgen 1970, 1975.

Marcuse, Bruno: Julius Berger und das Dritte Reich, Ulm 1946.

Mason, Timothy W.: Arbeitsklasse und Volksgemeinschaft. Dokumente und Materialien zur deutschen Arbeiterpolitik 1936–1939, Opladen 1975.

Meinardus, Leopold [= Paul Busch]: Die Terrain-Technik, Berlin 1913.

Meyen, Hans G.: 120 Jahre Dresdner Bank. Unternehmens-Chronik 1872–1992, Frankfurt am Main 1992.

Meyer-Keller, Georg: Kostenartenschlüssel für den Baubetrieb. Ein Hilfsmittel für die Betriebsabrechnung. Erarbeitet vom Gemeinschaftsausschuß Kalkulationswesen und Kontenplan des Hauptverbandes der Deutschen Bauindustrie, Wiesbaden/Berlin 1961.

Mommsen, Wolfgang J.: Die Urkatastrophe Deutschlands. Der Erste Weltkrieg 1914–1918, Stuttgart 2002.

Morsey, Rudolf: Die Bundesrepublik Deutschland. Entstehung und Entwicklung bis 1969. 4. Aufl., München 2000.

Mosse, Werner E.: Jews in the German Economy. The German-Jewish Economic Élite 1820–1935, Oxford 1987.

Müller, Kurt: Straßenbau hat noch freie Kapazitäten, in: Die Bauwirtschaft und die Hochkonjunktur. Eine Schrift des Hauptverbandes der Deutschen Bauindustrie, Frankfurt am Main 1961, S. 53–58.

Nast, Franz: Arbeitszeit und Arbeitslohn im deutschen Baugewerbe, Gleiwitz 1928.

Neander, Joachim: Das Konzentrationslager „Mittelbau" in der Endphase der nationalsozialistischen Diktatur. Zur Geschichte des letzten im „Dritten Reich" gegründeten selbständigen Konzentrationslagers unter besonderer Berücksichtigung seiner Auflösungsphase, Clausthal-Zellerfeld 1997.

Nipperdey, Thomas: Deutsche Geschichte 1866–1918. Bd. 1: Arbeitswelt und Bürgergeist, München 1990.

Nützenadel, Alexander: Abschied vom „Sonderweg". Neuere Forschungen zur Wirtschafts- und Sozialgeschichte der Bundesrepublik, in: Neue Politische Literatur 47 (2002), S. 277–299.

Orte des Erinnerns. Beiträge zur Debatte um Denkmale und Erinnerung. Hg. vom Kunstamt Schöneberg, Schöneberg-Museum in Zusammenarbeit mit der Gedenkstätte Haus der Wannsee-Konferenz. Bd. 2: Bartolomes, Susanne / Kaiser, Katharina (Hg.): Jüdisches Alltagsleben im Bayerischen Viertel. Eine Dokumentation, Berlin 1995.

Petzina, Dietmar: Autarkiepolitik im Dritten Reich. Der nationalsozialistische Vierjahresplan, Stuttgart 1968.

Ders.: Die Mobilisierung deutscher Arbeitskräfte vor und während des Zweiten Weltkrieges, in: Vierteljahrshefte für Zeitgeschichte 18 (1970), S. 443–455.

Ders.: Die deutsche Wirtschaft in der Zwischenkriegszeit, Wiesbaden 1977.

Plumpe, Gottfried: Industrie, technischer Fortschritt und Staat. Die Kautschuksynthese in Deutschland 1906–1944/45, in: Geschichte und Gesellschaft 9 (1983), S. 564–597.

Plumpe, Werner: Unternehmen im Nationalsozialismus. Eine Zwischenbilanz, in: Abelshauser, Werner / Hesse, Jan-Otmar / Plumpe, Werner (Hg): Wirtschaftsordnung, Staat und Unternehmen. Neue Forschungen zur Wirtschaftsgeschichte des Nationalsozialismus. Festschrift für Dietmar Petzina zum 65. Geburtstag, Essen 2003, S. 243–266.

Pohl, Manfred: Philipp Holzmann. Geschichte eines Bauunternehmens 1849 bis 1999, München 1999.

Ders.: Die Strabag 1923 bis 1998, München/Zürich 1998.

Pohl, Manfred / Siekmann, Birgit: Hochtief und seine Geschichte. Von den Brüdern Helfmann bis ins 21. Jahrhundert, München/Zürich 2000.

Prange, Herbert: Die Hochkonjunktur fordert genaues Rechnen, in: Die Bauwirtschaft und die Hochkonjunktur. Eine Schrift des Hauptverbandes der Deutschen Bauindustrie, Frankfurt am Main 1961, S. 79–85.

Rauh-Kühne, Cornelia: Hitlers Hehler? Unternehmerprofite und Zwangsarbeiterlöhne, in: Historische Zeitschrift 275 (2002), S. 1–55.

Reichhardt, Hans J. / Schäche, Wolfgang: Von Berlin nach Germania. Über die Zerstörungen der „Reichshauptstadt" durch Albert Speers Neugestaltungsplanungen, Berlin 1998.

Reichow, Hans Bernd: Die autogerechte Stadt, Braunschweig 1958.

Reichsanzeiger und königlich Preußischer Staatsanzeiger 1913.

Reichsgesetzblatt 1907ff.

Reulecke, Jürgen: Geschichte der Urbanisierung in Deutschland, Frankfurt am Main 1985.

Riedel, Matthias: Bergbau und Eisenhüttenindustrie in der Ukraine unter deutscher Besatzung 1941–1944, in: Vierteljahrshefte für Zeitgeschichte 21 (1973), S. 245–284.

Rödder, Andreas: Die Bundesrepublik Deutschland 1969–1990, München 2004.

de le Roi, Rudolf: Hemmnisse rationeller Bauproduktion, in: Die Bauwirtschaft und die Hochkonjunktur. Eine Schrift des Hauptverbandes der Deutschen Bauindustrie, Frankfurt am Main 1961, S. 39–42.

Ders.: Produktiver bauen. Erkenntnisse und Lehren des Baujahres 1955. Hg. vom Hauptverband der Deutschen Bauindustrie e. V., Frankfurt am Main 1955.

de le Roi, Rudolf / Brüggemann, Franz-Hartwig: Die Industrie ohne Fabriken. Worin unterscheidet sich die Bauindustrie von der stationären Industrie? Hg. vom Hauptverband der Deutschen Bauindustrie e. V., Wiesbaden 1952.

Dies.: Die Industrie der wandernden Fabriken. Hg. vom Hauptverband der Deutschen Bauindustrie e. V., Wiesbaden 1959.

Rossig, Johannes: Konjunkturgerechte Vergabe der öffentlichen Bauaufträge, in: Die Bauwirtschaft und die Hochkonjunktur. Eine Schrift des Hauptverbandes der Deutschen Bauindustrie, Frankfurt am Main 1961, S. 15–21.

Ruhl, Klaus-Jörg (Hg.): Neubeginn und Restauration. Dokumente zur Vorgeschichte der Bundesrepublik Deutschland 1945–1949, München 1982.

Sarter, Adolph: Die deutschen Eisenbahnen im Kriege (Veröffentlichungen der Carnegie-Stiftung für internationalen Frieden, Wirtschafts- und Sozialgeschichte des Weltkrieges, Deutsche Serie), Stuttgart 1930.

Scarpa, Ludovica: Berlin und seine ersten Bauherren, in: Stadt – Haus – Wohnung. Wohnungsbau der 90er Jahre in Berlin. Hg. von der Senatsverwaltung für Bau- und Wohnungswesen, Berlin 1995, S. 84–99.

Schaper, Gottwalt: Die Brücke über den Kleinen Belt, Sonderdruck aus: „Die Bautechnik", Berlin 1929.

Ders.: Die Straßen- und Eisenbahnbrücke über den kleinen Belt in Dänemark. Die Pfeiler des stählernen Überbaus über den Belt und die Vorlandüberbauten, Sonderdruck aus: „Der Bauingenieur", Berlin 1933.

Schildt, Axel: Moderne Zeiten. Freizeit, Massenmedien und „Zeitgeist" in der Bundesrepublik der 50er Jahre, Hamburg 1995.

Schildt, Axel / Sywottek, Arnold (Hg.): Modernisierung im Wiederaufbau. Die westdeutsche Gesellschaft der 50er Jahre, Bonn 1993.

Schildt, Axel / Siegfried, Detlef / Lammers, Karl Christian (Hg.): Dynamische Zeiten. Die 60er Jahre in den beiden deutschen Gesellschaften, Hamburg 2000.

Schleicher, Eugen: Segen und Fluch der Mechanisierung, in: Die Bauwirtschaft und die Hochkonjunktur. Eine Schrift des Hauptverbandes der Deutschen Bauindustrie, Frankfurt am Main 1961, S. 59–62.

Schleicher, Wilhelm / Trau, Josef: Die Rheinbrücke bei Germersheim mit besonderer Berücksichtigung der pneumatischen Fundirung [sic!] der Strompfeiler und des eisernen Oberbaus, Ludwigshafen am Rhein o. J. [1877].

Schmid, Michael: GOLDFISCH, Gesellschaft mit beschränkter Haftung. Eine Lokalhistorie zum Umgang mit Menschen und wie es den Initiatoren gelang, ihre Verantwortlichkeit zu verbergen, in: Das Daimler-Benz-Buch. Ein Rüstungskonzern im „Tausendjährigen Reich". Hg. von der Hamburger Stiftung für Sozialgeschichte des 20. Jahrhunderts, Nördlingen 1988, S. 482–513.

Schmoll von Eisenwerth, A.: Beitrag zur Geschichte der Druckluftgründung, insbesondere ihre Anwendung beim Bau der Eisenbahnbrücke über den Rhein nächst Kehl (1859), in: Zeitschrift des Österreichischen Ingenieur- und Architekten-Vereins 50 (1898), S. 513–518 und S. 525–530.

Schmucki, Barbara: Der Traum vom Verkehrsfluß. Städtische Verkehrsplanung seit 1945 im deutsch-deutschen Vergleich, Frankfurt am Main/New York 2001.

Schneider, Albert / Thoenes, Hans Joachim / Trageser, Hermann: Die deutsche Bauwirtschaft. Wachstum und Strukturwandel seit 1960, Hamburg 1982.

Schoen, Dieter: Aufgaben und Tätigkeit der westdeutschen Bauindustrie in den Entwicklungsländern (insbesondere Verkehr, Wasserwirtschaft und Industriebau). Forschungsarbeit für das Institut für Internationale Technische Zusammenarbeit an der TH Aachen, masch. Manuskript [1962].

Schönwald, Matthias: Deutschland und Argentinien nach dem Zweiten Weltkrieg. Politische und wirtschaftliche Beziehungen und deutsche Auswanderung 1945–1955, Paderborn 1998.

Schott, Sigmund: Der Industriehafen zu Mannheim. Festschrift zur Einweihung des Hafens am 3. Juni 1907, in: Ders.: Ausgewählte Schriften, Mannheim 1957, S. 16–98.

Schulte, Jan Erik: Zwangsarbeit und Vernichtung: Das Wirtschaftsimperium der SS. Oswald Pohl und das SS-Wirtschafts-Verwaltungshauptamt 1933–1945, Paderborn 2001.

Schulz, Günther: Kontinuitäten und Brüche in der Wohnungspolitik von der Weimarer Zeit bis zur Bundesrepublik, in: Teuteberg, Hans-Jürgen (Hg.): Stadtwachstum, Industrialisierung und sozialer Wandel. Beiträge zur Erforschung der Urbanisierung im 19. und 20. Jahrhundert, Berlin 1986, S. 135–173.

Ders.: Wiederaufbau in Deutschland. Die Wohnungsbaupolitik in den Westzonen und der Bundesrepublik von 1945 bis 1957, Düsseldorf 1994.

Schütz, Erhard / Gruber, Eckhard: Mythos Reichsautobahn. Bau und Inszenierung der „Straßen des Führers" 1933–1941, Berlin 1996.

Seidelmann, Wolf-Ingo: Der Neckar-Donau-Kanal. 200 Jahre Planung für eine Wasserstraße quer über die Alb (Beiträge zur südwestdeutschen Wirtschafts- und Sozialgeschichte. Bd. 6), St. Katharinen 1988.

Sigaud, Henri et Denise: Les années ardentes. Razel, l'ascension d'une famille de travaux publics qui misa sur la suprématie des valeurs humanistes, Paris 1995.

Simons, Hanns / Wind, Heinz: Die Brücke über den Maracaibo-See in Venezuela. General Rafael Urdaneta Brücke, Wiesbaden/Berlin 1963.

Sitte, Camillo: Der Städtebau nach seinen künstlerischen Grundsätzen. Ein Beitrag zur Lösung modernster Fragen der Architektur und monumentaler Plastik unter besonderer Beziehung auf Wien. 3. Aufl., Wien 1901 [1. Aufl. 1889].

Sobotschinski, Arnim: Die deutsche Bauwirtschaft in der Weltwirtschaftskrise, in: Die Bauwirtschaft im Wandel der Konjunktur. Sieben Beiträge zur Baukonjunktur. Hg. vom Hauptverband der Deutschen Bauindustrie e.V., Frankfurt am Main 1966, S. 67–75.

Spoerer, Mark: Zwangsarbeit unter dem Hakenkreuz. Ausländische Zivilarbeiter, Kriegsgefangene und Häftlinge im deutschen Reich und im besetzten Europa 1939–1945, Stuttgart/München 2001.

Staritz, Dietrich: Die Gründung der DDR. Von der sowjetischen Besatzungsherrschaft zum sozialistischen Staat, München 1995.

Statistisches Bundesamt (Hg.): Lange Reihen zur Wirtschaftsentwicklung 1976, Stuttgart/Mainz 1976.

Statistisches Bundesamt (Hg.): Volkswirtschaftliche Gesamtrechnungen. Fachserie 18. Reihe S. 15: Revidierte Ergebnisse 1950–1990, Stuttgart 1991.

Statistisches Bundesamt Wiesbaden (Hg.): Fachserie E. Bauwirtschaft, Bautätigkeit, Wohnungen. Reihe 1: Ausgewählte Zahlen für die Bauwirtschaft 1956 (1958/59)ff.

Statistisches Bundesamt Wiesbaden (Hg.): Fachserie E. Bauwirtschaft, Bautätigkeit, Wohnungen. Reihe 2: Bauhauptgewerbe 1957 (1958)ff.

Statistisches Bundesamt Wiesbaden (Hg.): Länderbericht Nigeria 1967ff., Stuttgart/Mainz 1967ff. (= Statistik des Auslandes).

Statistisches Bundesamt Wiesbaden (Hg.): Länderkurzberichte. Nigeria 1975, Stuttgart/Mainz 1975 (= Allgemeine Statistik des Auslandes).

Statistisches Jahrbuch für die Bundesrepublik Deutschland 1 (1952)ff.

Stein, Barthold: Innere Ordnung im Wettbewerb, in: Die Bauwirtschaft und die Hochkonjunktur. Eine Schrift des Hauptverbandes der Deutschen Bauindustrie, Frankfurt am Main 1961, S. 63–69.

Steiner, André: Von Plan zu Plan. Eine Wirtschaftsgeschichte der DDR, München 2004.

Stier, Bernhard: Auf der Wasserstraße in die Moderne. Der Bau des Neckarkanals im Spannungsfeld von Technik, Ästhetik und Politik 1920–1935, in: Zeitschrift für die Geschichte des Oberrheins 143 (1995), S. 287–351.

Stih, Renate / Schnock, Frieder: Arbeitsbuch für ein Denkmal in Berlin. Orte des Erinnerns im Bayerischen Viertel – Ausgrenzung und Entrechtung, Vertreibung, Deportation und Ermordung von Berliner Juden in den Jahren 1933 bis 1945, Berlin 1993.

Dies.: Orte des Erinnerns. Ausgrenzung und Entrechtung, Vertreibung, Deportation und Ermordung von Berliner Juden in den Jahren 1933 bis 1945. Denkmal/Memorial in Berlin-Schöneberg, Berlin 2002.

Stokes, Raymond G.: Von der I.G. Farbenindustrie AG bis zur Neugründung der BASF (1925–1952), in: Abelshauser, Werner (Hg.): Die BASF. Eine Unternehmensgeschichte, München 2002, S. 221–358.

Stratenschulte, Eckart D.: Kleine Geschichte Berlins. 2. Aufl., München 2000.

Strohmeyer, Klaus: Warenhäuser. Geschichte, Blüte und Untergang im Warenmeer, Berlin 1980.

Strommer, Rainer: Triumph der Technik. Autobahnbrücken zwischen Ingenieuraufgabe und Kulturdenkmal, in: Ders. (Hg.): Reichsautobahn. Pyramiden des Dritten Reichs, Marburg 1982, S. 48–76.

Südbeck, Thomas: Modernisierung, Verkehrsentwicklung und Verkehrspolitik in der Bundesrepublik Deutschland der 1950er Jahre. Umrisse der allgemeinen Entwicklung und zwei Beispiele: Hamburg und das Emsland, Stuttgart 1994.

Süddeutsche Zeitung 1975.

Tempel, Christoph: Kurze Beschreibung der Geschichte des Westwallbaus in den Jahren 1938–1945, in: Wir bauen des Reiches Sicherheit. Mythos und Realität des Westwalls 1938–1945, Berlin 1992, S. 8–31.

Teuteberg, Hans Jürgen (Hg.): Urbanisierung im 19. und 20. Jahrhundert. Geographische und soziale Aspekte, Köln 1983.

Teuteberg, Hans Jürgen / Wischermann, Clemens: Wohnalltag in Deutschland 1850–1914. Bilder, Daten, Dokumente, Münster 1985.

Tietz, Georg: Hermann Tietz. Geschichte einer Familie und ihrer Warenhäuser, Stuttgart 1965.

Twardawa, Susanne: Der Viktoria-Luise-Platz in Berlin, Berlin 2001.

Wagemann, Ernst (Hg.): Konjunkturstatistisches Handbuch 1936, Berlin 1935.

Die Wasserkraftanlage am Rhein bei Laufenburg. Beschreibung der Stromverhältnisse und der projektierten flussbaulichen und hydraulischen Anlagen, Straßburg 1902.

Wehler, Hans-Ulrich: Deutsche Gesellschaftsgeschichte. Bd. 3: Von der „Deutschen Doppelrevolution" bis zum Beginn des Ersten Weltkrieges 1849–1914, München 1995.

Ders.: Deutsche Gesellschaftsgeschichte. Bd. 4: Vom Beginn des Ersten Weltkrieges bis zur Gründung der beiden deutschen Staaten 1914–1949, München 2003.

Wenzel, Georg: Deutscher Wirtschaftsführer. Lebensgänge Deutscher Wirtschafts-Persönlichkeiten, Hamburg/Berlin/Leipzig 1929.

Wiesmann, Ernst: Der Bau des 8134 Meter langen Hauenstein-Basistunnels mit den anschliessenden offenen Strecken zur Verbesserung der Linie Sissach-Olten, ausgeführt durch die Julius-Berger-Tiefbau-Aktiengesellschaft Berlin 1912–1915, Berlin 1917.

Verwaltungsbericht der Großherzoglich Badischen Hauptstadt Mannheim für die Jahre 1895–1899. Bd. 2, Mannheim 1903.

Verwaltungsbericht der Großherzoglich Badischen Hauptstadt Mannheim für die Jahre 1900–1902, Mannheim 1905.

Verwaltungsbericht der Großherzoglich Badischen Hauptstadt Mannheim für die Jahre 1903 und 1904, Mannheim 1906.

Verwaltungsbericht der Großherzoglich Badischen Hauptstadt Mannheim für 1905, Mannheim 1906.

Walz, Werner: Hohenzollern und seine Bahnen. Geschichte, Technik, Organisation, Stuttgart 1990.

Winteroll, Michael: Die Geschichte Berlins. Ein Stadtführer durch die Jahrhunderte. 2. Aufl., Berlin 2004.

Zimmermann, Clemens: Von der Wohnungsfrage zur Wohnungspolitik. Die Reformbewegung in Deutschland 1845–1914, Göttingen 1991.

ABBILDUNGSNACHWEIS

S. 20f: Reproduktion aus: Mannheim und seine Bauten, Mannheim 1907

S. 49: MAN AG, Historisches Archiv

S. 50: Hohenzollerische Landesbahn AG

S. 216 oben: Museen Tempelhof-Schöneberg von Berlin

S. 234f: Reproduktion aus: 40 Jahre Berlinische Boden-Gesellschaft

S. 253: Deutsches Technikmuseum Berlin

S. 440 und 444: Historisches Archiv der Dresdner Bank AG

Alle übrigen Abbildungen: Unternehmensarchiv der Bilfinger Berger AG

Aufsichtsrats- und Vorstandsmitglieder der Grün & Bilfinger AG

Aufsichtsrat (Vorsitz)	Amtszeit	Vorstand (Vorsitz)	Amtszeit
August Grün (1906–1915)	1906–1915	Paul Bilfinger (1924–1928)	1906–1928
Hans Schuster	1906–1914	Bernhard Karl Bilfinger	1906–1924
Heinrich Maas	1906–1907	Emil Böhmler	1906–1920
Anton v. Rieppel	1906–1919	Wilhelm Fabel	1906–1917
Max Leibbrand (1916–1924)	1906–1924	Bernhard Michael Bilfinger (1928–1955)	1921–1955
Anton Reiser	1907–1910	Karl Hübler	1921–1935
Ferdinand von Zuccalmaglio	1911–1952	Philipp Völker	1921–1941
Felix Jüdell	1914–1933	Ernst Ufer	1921–1945
Robert Sinner	1916–1931	Josef Koder	1930–1952
Ernst Geber	1921–1939	Wilhelm Bilfinger	1936–1962
Richard Graner (1926–1936)	1926–1936	Dr.-Ing. Hans Burkhardt	1936–1955
George de Thierry (1936–1942)	1926–1942	Dr.-Ing. Ferdinand Siemonsen	1954–1956
Rudolf Sinner (1943–1945)	1931–1945	Dr.-Ing. Werner Bansen (1963–1971)	1955–1971
Dr. jur. Dr. phil. Walther Frisch	1933–1962	Helmut Lebsanft	1955–1960
Carl Goetz (1951–1965)	1934–1965	Karl Dahlbokum	1958–1971
Dr.-Ing. Philipp Völker (1945–1950)	1941–1954	Wilhelm Klöckner (1971–1975)	1958–1975
Caspar Dantscher	1942–1944	Dr.-Ing. Helmut Walter	1958–1975
Dr. jur. Wilhelm Rohn	1951–1954	Herbert Bussebaum	1961–1973
Ernst Ufer	1951–1961	Rolf Hager	1968–1975
Fritz Fischer	1954–1963	Martin Klinge	1971–1974
Johann Lexa	1954–1968	Kurt Neumann	1971–1972
Dr. h.c. Erich Vierhub (1965–1973)	1954–1973	Götz Deimann	1972–1975
Prof. Dr.-Ing. Friedrich Wilhelm Kraemer	1961–1973	Dr. h.c. Christian Roth	1972–1975
Dr.-Ing. Wilhelm Bilfinger	1962–1967	Dr.-Ing. Joachim Urban	1974–1975
Rolf Krinke	1963–1966		
Prof. Dr. jur. Hans Werner Osthoff	1966–1975		
Johann Ruppl	1966–1973		
Herbert Gomille	1968–1971		
Margarete Mündörfer	1968–1975		
Dr.-Ing. Werner Bansen	1971–1973		
Karl-Jörg Heinze	1972–1973		
Kurt Neumann	1972–1973		
Heinrich Katzenmayer	1972–1975		
Jürgen Ponto (1973–1975)	1973–1975		
Prof. Dr. Karl Friedrich Hagenmüller	1973–1975		
Dr. jur. Horst Klose	1973–1975		
Dr. jur. Felix Alexander Prentzel	1973–1975		
Dr. jur. Gerd Wollburg	1973–1975		

Aufsichtsrat (Vorsitz)	Amtszeit
Louis Aronsohn (1905–1928)	1905–1928
Hugo Hartung	1905–1912
Martin Friedländer	1905–1932
Alfred Kreidel	1905–1910
Eduard Simson	1905–1912
Dr. Paul (von) Krause	1909–1917
	1919–1923
Adolf Moser	1911–1925
Julius von Rogowski	1912–1935
S. Scheibner	1913–1922
Matthias Erzberger	1917–1918
Dr. h.c. Jakob Goldschmidt	1920–1933
Dr. Ernst Wilms	1920–1923
Paul Briske	1922–1928
Otto Fischbeck (1928–1939)	1922–1939
Alfred von Tilly (1939–1946)	1922–1932
	1933–1946
Friedrich Flick	1923–1924
Ferdinand Gattel	1923–1927
Arno Kell	1923–1927
Otto Hintze	1923–1924
Dr. Ernst Ottmann	1924–1935
Dr. Siegfried Wolffenstein	1924–1933
Herbert M. Gutmann	1927–1933
Fritz Kahn	1927–1933
Dr. jur. Ernst Moser	1927–1933
Dr. Erich Koch-Weser	1929–1932
Herbert Schlierike	1929–1934
Hans Engelhardt	1929–1930
Samuel Ritscher	1932–1933
Richard Frost	1933–1945
Erich Niemann	1933–1935
Ernst-Friedrich Rechberg	1933–1939
Dr. Hans Pilder	1935–1950
Dr.-Ing. Otto Blum	1937–1944
Fritz Spennrath (1946–1956)	1937–1959
Dr. Franz Schlegelberger	1944–1945
Walter Boese	1946–1948
Dr. Richard Koch	1946–1948
Dr. Otto Schniewind (1956–1968)	1948–1968
Dr. h.c. Ludwig Kastl	1948–1968
Curt Lebrecht	1948–1958
Walter Nadolny	1948–1953
Ludwig Plate	1949–1962
Hugo Zinßer	1949–1955
Heinz Bremer	1953–1958
Berthold Lau	1953–1958
Hugo Josef Schäfer	1953–1963
Ernst Matthiensen	1955–1966
Friedrich Sperl	1958–1970
Max Hofmann	1958–1970
Rudolf Lau	1958–1968
Carl Deilmann	1959–1970
Hugo Lang	1963–1968
Ernst Martens	1963–1968
Jürgen Ponto (1968–1973)	1966–1973
Dr. Felix Alexander Prentzel	1968–1973
Dr. jur. Karl Pfeiffer	1968–1969
Dr. jur. Gerd Wollburg	1968–1973
Herbert Grundmann	1968–1973
Emil Josef Mahl	1968–1975
Hans Wagenheimer	1969–1974
Karl-Jörg Heinze	1970–1975
Dr. jur. Horst Klose	1970–1973
Heinrich Katzenmeyer	1970–1973
Martin Klinge (1973–1975)	1973–1975
Kurt Neumann	1973–1975
Karl-Heinz Struffert	1973–1975
Wilhelm Klöckner	1974–1975

Vorstand (Vorsitz)	Amtszeit
Julius Berger (1905–1933)	1905–1933
Friedrich Hirt	1907–1911
Robert von Zabienski	1909–1912
Otto Heckler	1912–1914
Dr. jur. Hans Heymann	1912–1921
Helmut Hatzky	1914–1918
Alfred Morgenstern	1914–1917
Konrad Kolberg	1915–1929
Fritz Kolberg	1916–1918
	1924–1929
Emil Hirsch	1919–1923
Fritz Wohlgemuth	1919–1933
Ernst Martens (1937–1962)	1921–1962
Adolf Schuler	1924–1931
Paul Zunker	1933–1938
Silvio Walther	1939–1950
Hans Keller	1945–1955
Karl Pfeiffer	1948–1966
Kurt Pega	1962–1966
Friedrich Sperber	1952–1967
Wilhelm Buchholz	1955–1962
Max R. Schulz	1963–1969
Otto Karl Starke	1964–1970
Ernst H. Bolten	1967–1970
Alfred Riegraf	1967–1975
Martin Klinge (1970–1973)	1969–1973
Kurt Neumann (stv. 1970–1973)	1969–1972
Götz Deimann	1969–1975
Dipl.-Ing. Rolf Hager (1973–1975)	1973–1975
Dipl.-Ing. Friedrich Marcks	1972–1975
Günther Hawranke	1974–1975

Aufsichtsrats- und Vorstandsmitglieder der Julius Berger Tiefbau AG (ab 1969: Julius Berger-Bauboag AG)

Aufsichtsrats- und Vorstandsmitglieder der Berlinischen Boden-Gesellschaft / BAUBOAG

Aufsichtsrat (Vorsitz)	Amtszeit
Eugen Gutmann (1893–1921)	1893–1921
Emil Holländer	1893–1910
Jacob Dannenbaum	1893–1916
Salomon Haberland	1893–1914
Henry Nathan (1921–1932)	1911–1932
Bernhard Gutmann	1916–1923
Waldemar Mueller	1918–1924
Ludwig Bloch	1924–1933
Herbert M. Gutmann (1932/33)	1925–1934
Dr. Emil Georg von Stauß (1933–1937)	1925–1937
Dr. Walther Frisch	1933–1938
Paul Rohde	1933–1941
Dr. Hermann Pünder (1937–1938)	1937–1969
Alfred Hölling (1938–1967)	1937–1967
Dr. Ernst Leese	1937–1949
Carl Bolle	1941–1947
Dr. rer. pol. Eduard Christ	1950–1960
Dr. jur. Kurt Wergin	1949–1951
Dr. Adolf Schäfer (1967–1969)	1951–1969
Günther Leske	1953–1956
August Schreiber	1953–1956
Klaus Plewig	1956–1957
Walter Sachs	1956–1957
Josef Harlander	1957–1962
Heinrich Rundgeburt	1957–1969
Dr. jur. Wilhelm Combecher	1960–1964
Heinrich Katzenmayer	1962–1969
Dr. Hans-Joachim Laabs	1966–1967
Cai Graf zu Rantzau	1967–1969
Hans Wagenheimer	1967–1969

Vorstand	Amtszeit
Georg Haberland	1890–1933
Arthur Booth	1890–1893
Dr. Kurt Haberland	1929–1933
	1933–1937
Dr. jur. Wilhelm Combecher	1931–1959
Edmund Dallmann	1929–1933
Moniek Rybier	1931–1933
Dr. jur. Ernst Lührse	1945–1954
Kurt Neumann	1952–1969
Maximilian Reisinger	1952–1954
Hermann Holzhausen	1955–1957
Martin Klinge	1954–1969

Aufsichtsrat (Vorsitz)	Amtszeit
Jürgen Ponto (1975–1976)	1975–1976
Prof. Dr. Karl Friedrich Hagenmüller (1976–1980)	1975–1980
Dr.-Ing. Klaus Dyckerhoff	1975–1993
Martin Klinge	1975–1978
Dr. jur. Horst Klose	1975–1995
Kurt Neumann	1975–1978
Prof. Dr. jur. Hans Werner Osthoff	1975–1978
Paul-Ernst Penndorf	1975–1993
Dr. jur. Felix Alexander Prentzel	1975–1983
Dr. jur. Gerd Wollburg	1975–1990
Heinrich Katzenmayer	1975–1978
Margarete Mündörfer	1975–1983
Walter Waldeck	1975–1978
Armin Drawer	1976–1978
Hans Dieter Hauff	1976–1978
Dr. rer. pol. Manfred Meier-Preschany (1980–1985)	1976–1985
Hans L. Ewaldsen	1978–1988
Kurt Herforth	1978–1989
Dipl.-Ing. Rudolf Schultz	1978–1980
Brent C. M. Schwab	1978–1983
Willi Schwarzkopf	1978–1981
Karl-Heinz Struffert	1978–1983
Gustav Stützel	1978–1987
Franz-Xaver Uhl	1978–1987
Rainer Herrmann	1981–1983
Adolf Böhm	1982–1983
Gerold Fischmann	1983–1988
Gert Becker (1998–2004)	1983–2004
Heinz Gerlang	1983–1990
Günther Hawranke	1983–1995
Ing. Werner Hoffmeister	1983–1988
Lienhard Laube	1983–1993
Maria Schmitt	seit 1983
Jürgen Sarrazin (1985–1998)	1985–1998
Frank Brose	1987–1988 1990–1993 1998–2003
Klaus Kurzweg	1987–1988
Dr. jur. Peter Adolff	1988–1998
Rainer Klode	1988–1991 1993–1998
Rudolf Moehrke	1988–1994
Karl-Heinz Stobbe	1988–1993
Hartmut Tolle	1988–1993
Heinz-Otto Meier	1989–1992
Dr. jur. Jürgen Than	1990+1995 2000–2001
Prof. Dr.-Ing. Harry M. Greiner	1990–1993
Paul Plietker	1991–1993
Rolf Steinmann	seit 1992
Edwin Dengler	1993–1998
Dr. jur. Heinz R. Heigl	1993–1996
Hanspeter Kern	1993–1996
Herbert Kotsch	1993–2003
Dr. jur. Otto Majewski	1993–2000
Emil Mulack	1993–1998
Dr.-Ing. Peter Otto	1993–2000
Wolfgang Erdner	seit 1994
Michael Pohr	1995–2001
Jürgen Weber	1995–2000
Rainer Knerler	seit 1996
Dr. h.c. Hans Wittmann	1997–1998
Dieter Schmidt	1998–2003
Wolfgang Hilgendorf	1998–2003
Thomas Pleines	seit 1998
Dr. h.c. Christian Roth	1999–2003
Bernhard Walter	seit 1998
Hans Bauer	seit 2000
Dr. Jürgen Hambrecht	seit 2000
Dr. Horst Dietz	seit 2001
Dr. Klaus Trützschler	seit 2001
Reiner Jager	seit 2003
Harald Möller	seit 2003
Klaus Obermierbach	seit 2003
Friedrich Rosner	seit 2003
Udo G. Stark (seit 2004)	seit 2003
Dr. Hermut Kormann	seit 2004

Vorstand (Vorsitz)	Amtszeit
Wilhelm Klöckner (1975–1979)	1975–1979
Dr. h.c. Christian Roth (1984–1998)	1975–1998
Götz Deimann	1975–1990
Rolf Hager	1975–1977
Günther Hawranke	1975–1983
Friedrich Marcks	1975–1979
Dr.-Ing. Helmut Walter	1975
Dr.-Ing. Joachim Urban	1975–1980
Rolf Dill	1977–1986
Harry Bobzin	1979–1984
Dr. h.c. Hans Wittmann	1979–1996
Dieter Kadenbach	1983–1990
Hans-Peter Hock	1985–1999
Thomas Lampert	1988–1996
Werner Schlotmann	1991–1994
Dr. rer. pol. Jürgen Schneider	seit 1990
Bert Fischer	1994–1998
Dr.-Ing. Klaus-Dieter Ehlers	1995–2004
Prof. Hans Helmut Schetter	seit 1995
Herbert Bodner (seit 1999)	seit 1997
Dr. Walter Hinder	1998–2002
Carlos Möller	seit 2000
Dr. Joachim Ott	seit 2003

Aufsichtsrats- und Vorstandsmitglieder der Bilfinger + Berger Bauaktiengesellschaft (seit 2001: Bilfinger Berger AG)

DIE AUTOREN

Bernhard Stier, geb. 1958; Studium der Geschichte und Germanistik an der Universität Mannheim. 1982 Staatsexamen; 1987 Promotion („Fürsorge und Disziplinierung im Zeitalter des Absolutismus."). 1987–1993 Tätigkeit im Museumsbereich (Landesmuseum für Technik und Arbeit in Mannheim, Städtische Museen Heilbronn).

1993–1997 wissenschaftlicher Mitarbeiter an der Universität Mannheim; 1997 Habilitation („Staat und Strom. Die politische Steuerung des Elektrizitätssystems in Deutschland 1890–1950"). 1997–2000 Privatdozent an der Universität Mannheim; 1998–2000 Lehrauftrag an der Universität Hannover („Technikgeschichte als Gesellschaftsgeschichte"). Seit 2000 Professur für Neuere und Neueste Geschichte und deren Didaktik an der Universität Koblenz-Landau. Forschungsschwerpunkte: Technikgeschichte, Wirtschafts- und Sozialgeschichte, Unternehmensgeschichte.

Bernhard Stier bearbeitete Kapitel 3 (bis 1932), Kapitel 5 bis 8 und die Einleitungen zu den Teilen 2 und 3.

Martin Krauß, geb. 1960; Studium der Mittleren und Neueren Geschichte, Sozial- und Wirtschaftsgeschichte und Politischen Wissenschaft an der Universität Heidelberg. 1987 Magister Artium; 1992 Promotion („Armenwesen und Gesundheitsfürsorge in Mannheim vor der Industrialisierung 1750–1850/60").

1991–1993 Wissenschaftlicher Volontär am Landesmuseum für Technik und Arbeit in Mannheim. 1993–1995 freiberufliche Tätigkeit als Historiker. Seit 1995 Mitarbeiter in der Abteilung Kommunikation der Bilfinger Berger AG und unter anderem verantwortlich für die Bereiche Unternehmensarchiv und Unternehmensgeschichte.

Martin Krauß bearbeitete Kapitel 1 und 2, Kapitel 3 (ab 1933), Kapitel 4 und 9 sowie die Einleitung zu Teil 1. Daneben übernahm er die Endredaktion und die Bildauswahl.